长春
统计年鉴
CHANG CHUN STATISTICAL YEARBOOK

2016

长春市统计局
国家统计局长春调查队 编

长春统计年鉴

2016

长 春 市 统 计 局
国家统计局长春调查队 编

中国统计出版社
China Statistics Press

图书在版编目(CIP)数据
长春统计年鉴·2016 / 长春市统计局，国家统计局长春调查队编. -北京:
中国统计出版社，2016.12
ISBN 978-7-5037-8019-6

Ⅰ. ①长…
Ⅱ. ①长… ②国…
Ⅲ. ①统计资料-长春-2016-年鉴
Ⅳ. ①C832.341-54
中国版本图书馆 CIP 数据核字(2016)第 245235 号

长春统计年鉴-2016

作　　者/ 长春市统计局　国家统计局长春调查队
责任编辑/ 陈越月　闫大华　黄思念
装帧设计/ 吉林省科普印刷有限公司
出版发行/ 中国统计出版社
地　　址/ 北京市丰台区西三环南路甲 6 号　邮政编码/100073
电　　话/ 邮购(010)63376909　书店(010)68783171
网　　址/ http://csp.stats.gov.cn
印　　刷/ 吉林省科普印刷有限公司
经　　销/ 新华书店
开　　本/ 889mm×1194mm　1/16
字　　数/ 1380 千字
印　　张/ 33.75
版　　别/ 2016 年 12 月第 1 版
版　　次/ 2016 年 12 月第 1 次印刷
定　　价/ 300.00 元

如有印装错误，由本社发行部调换。

《长春统计年鉴——2016》编委会

《长春统计年鉴——2016》编辑人员

总 编 辑:闫大华

副总编辑:黄思念　高　岩

英文翻译:方　铭

校　　对:闫大华　黄思念　万宝军　高　岩

承　　印:吉林省科普印刷有限公司

编 者 说 明

一、《长春统计年鉴——2016》是一部全面反映长春市2015年经济和社会发展情况的资料性刊物。本书收录了2015年长春市经济和社会各方面大量的统计数据,以及重要年份的主要统计数据,是认识和研究长春市经济社会发展，指导经济工作和进行决策的经济类工具书。

二、全书共包括四部分。(一)特载,(二)县(市)区开发区经济,(三)统计资料,(四)主要统计指标解释。统计资料按其内容分为18个篇目,即(1)综合;(2)人口;(3)单位从业人员与劳动报酬;(4)固定资产投资;(5)能源消费与库存;(6)财政;(7)物价;(8)人民生活;(9)城市建设;(10)农业;(11)工业;(12)交通运输邮电通信业;(13) 建筑业;(14) 批发零售贸易和住宿餐饮业;(15) 对外经济贸易和旅游业;(16) 金融保险业;(17)教育、科技及文化事业;(18)体育、卫生及其他事业。

三、本书资料大部分来自于各专业年报资料,部分资料取自抽样调查。

四、本书中文字资料主要是统计部门人员撰写。

五、本书中所使用的价值量指标及构成，除已注明外，均按当年价计算，发展速度按可比价格计算。

六、本书采用国际统一标准计量单位。

七、书中符号使用说明:“#”表示其中的主要项,“空格”表示该项指标数据不详或无该数据。

PREFACE

Ⅰ.Changchun statistical yearbook –2016 is an annual statistical publication,which comprehensively reflects the conditions of economic and social development of changchun in 2015. We select various aspects of statistical data on economic and social development in 2013 and main statistical data in important years of changchun. It is an economic reference book for recognizing and researching on economic and social development of changchun guiding economic work and making decisions.

Ⅱ.This book covers the following four parts 1. Special reports. 2.Economy of counties (cities) and districts and developing area; 3.Statistical data; 4.Explanatory notes on main statistical indicators. Statistical data contains 18 lists of articles. That is (1)General survey (2)Population,(3)Employment and wages,(4) Investment in fixed assets,(5)Energy consumption and inventory,(6)Government finance,(7)Commodity price,(8)People′s livehood,(9)City construction, (10)Agriculture, (11)Industry, (12)Transportation , post and telecommunications services, (13)Construction, (14) Wholesale , retail trade and hotels catering,(15)Foreign trade and tourism,(16)Finance and insurance,(17) Education,science and technology, culture (18)Sports , health care and others.

Ⅲ.The major data sources of this publication are obtained from annual statistical reports , and some from sample survey.

Ⅳ.Special reports and special topics are obtained from statistical departments and relative departments.

Ⅴ.The quantity of value indicators and composition used in this book are at current price except notes have made , growth rate is calculated by constant price.

Ⅵ.The units of measurement used in this book are internationally standard measurement units.

城乡居居收入(元)

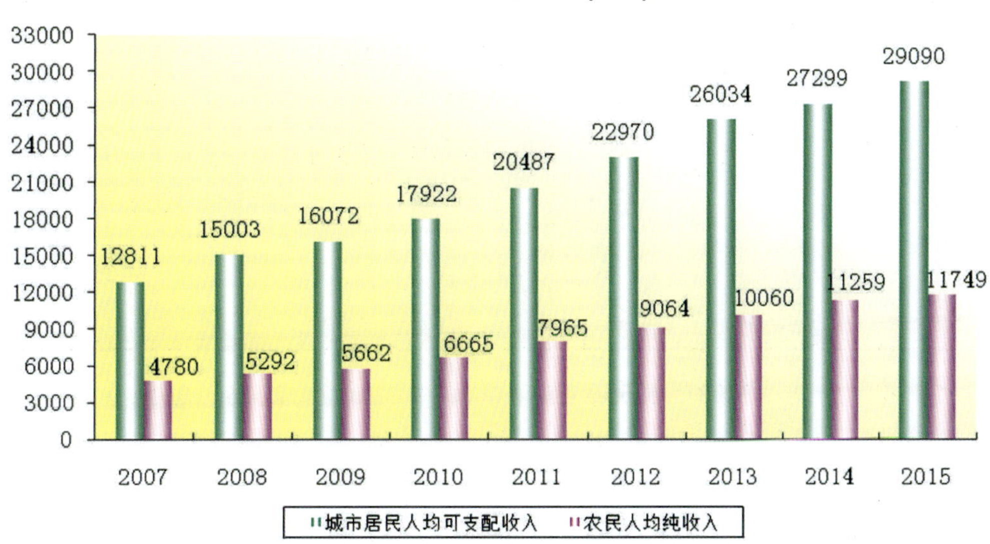

对外贸易进出口总额(亿美元)

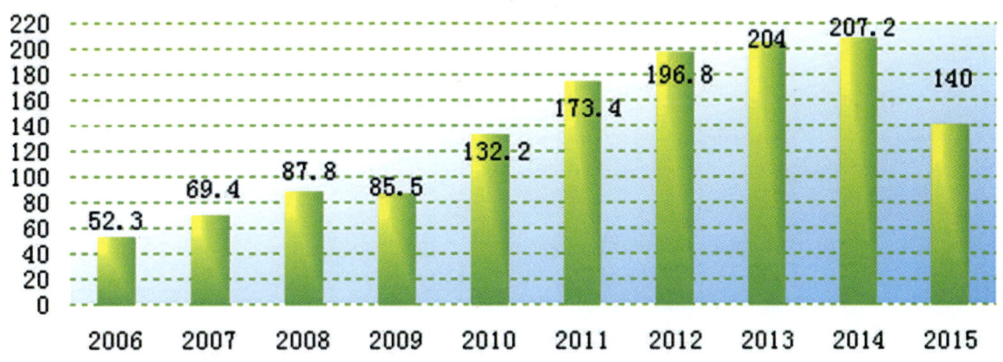

社会消费品零售总额(亿元)

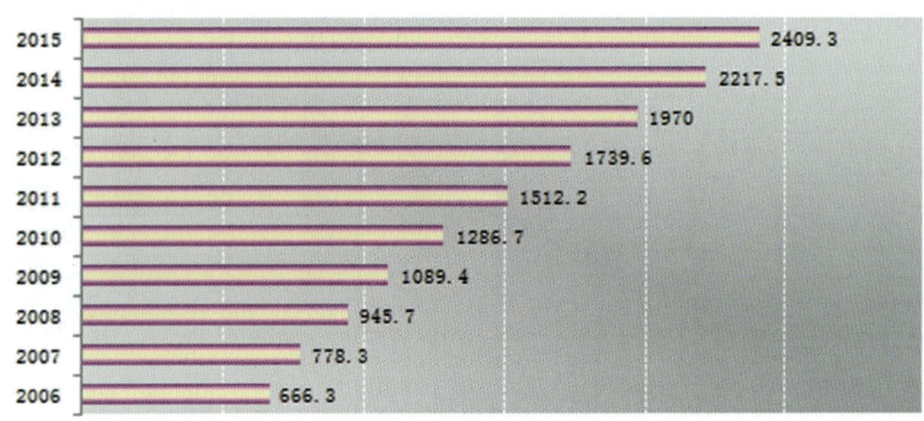

固定资产投资总额及增速

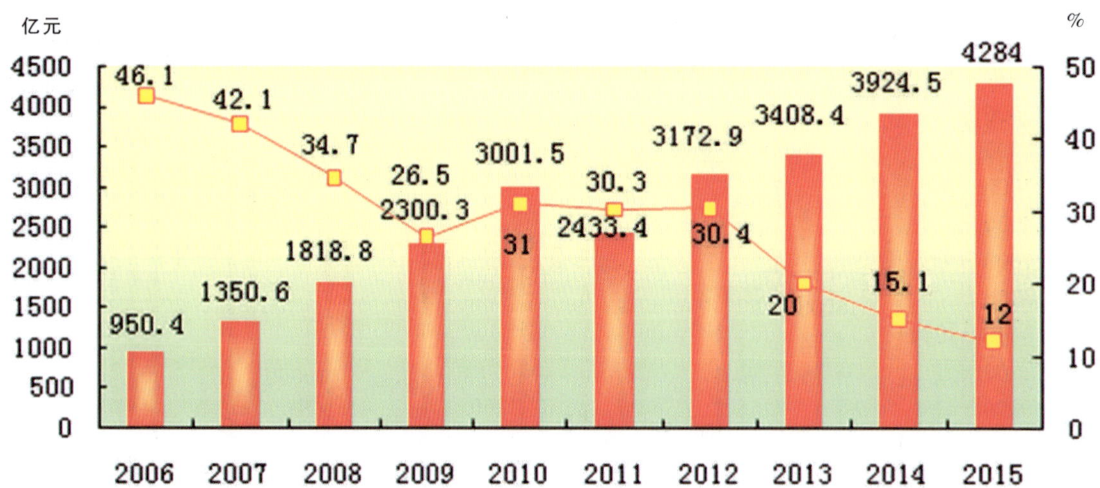

地区生产总值(亿元、当年价)

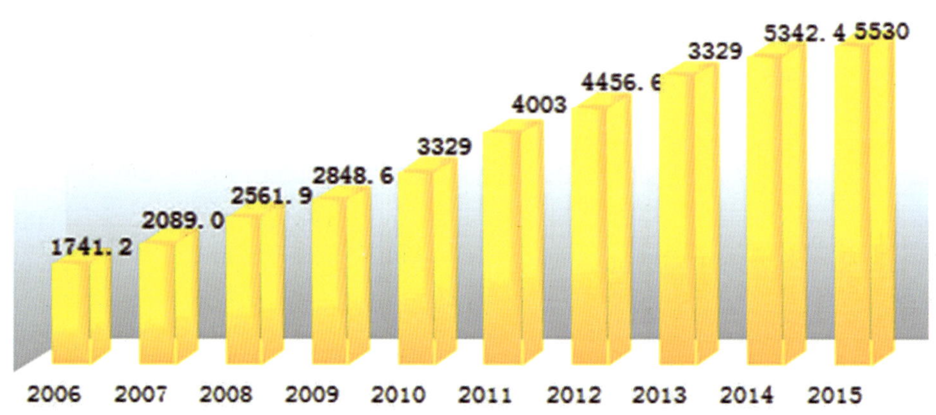

规模以上工业总产值(亿元)

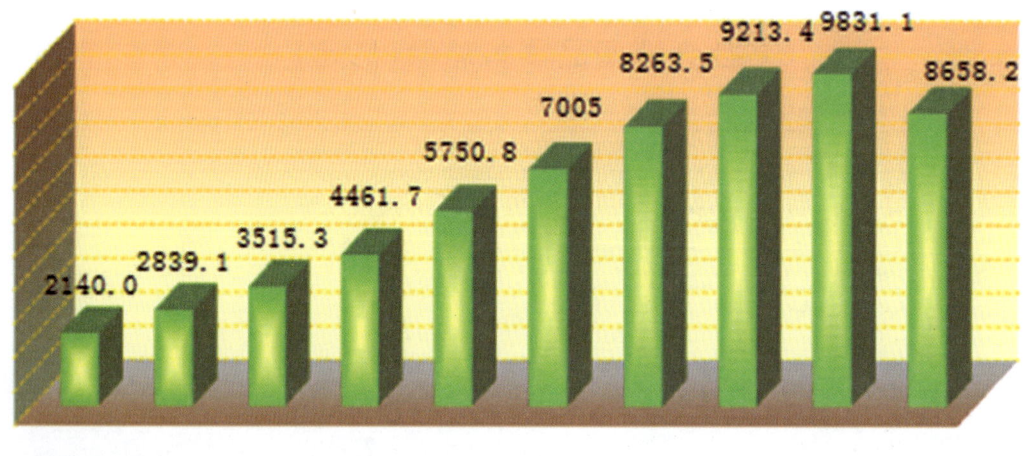

2015 年十五个副省级城市 GDP 情况及增速

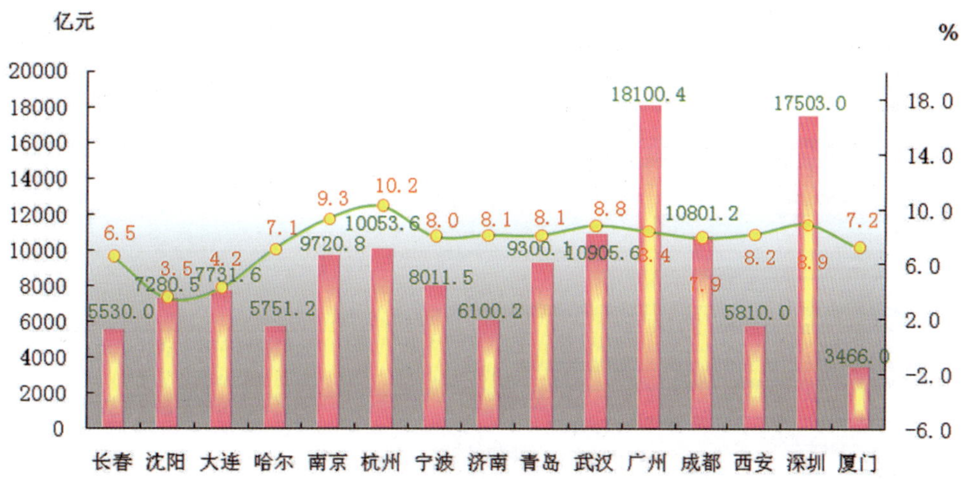

一般预算全口径财政收入(亿元)

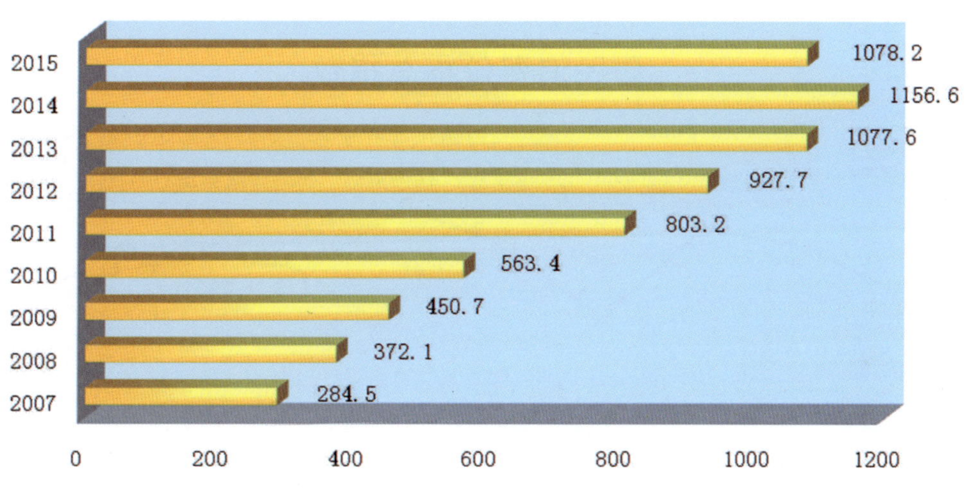

地方财政收入及支出(亿元)

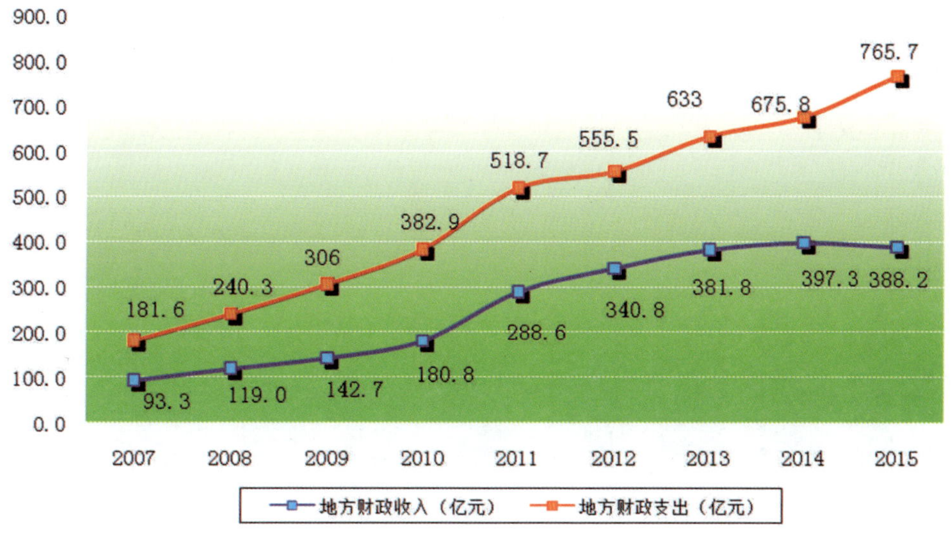

金融机构存贷款

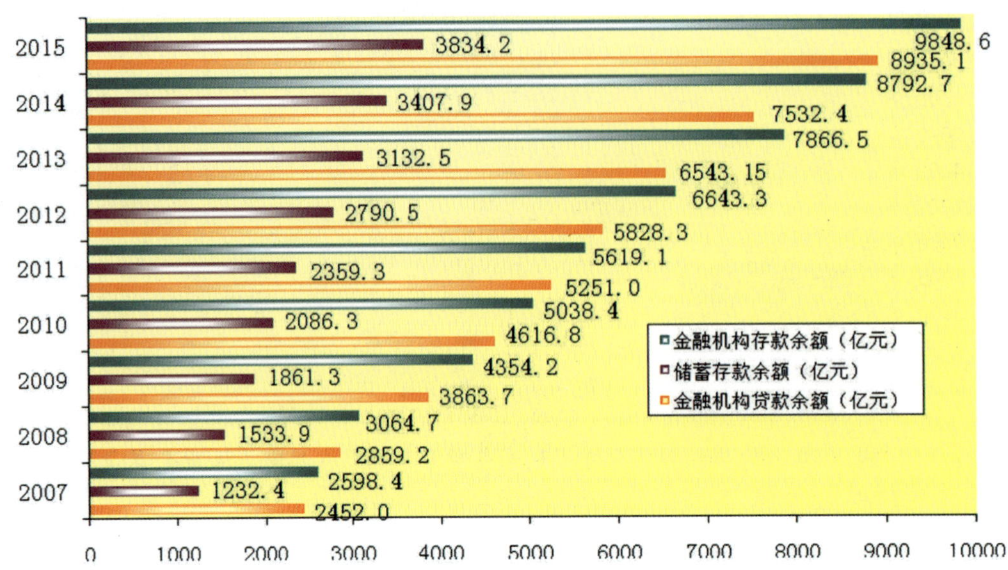

居民消费价格总指数

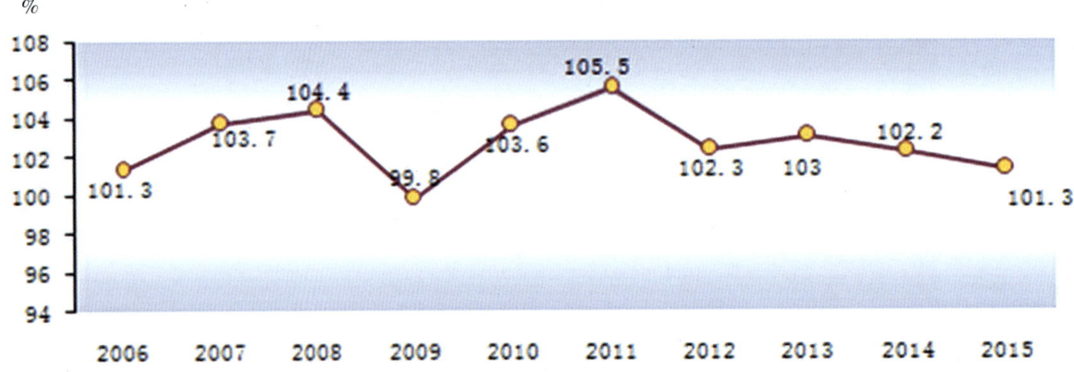

全市总人口

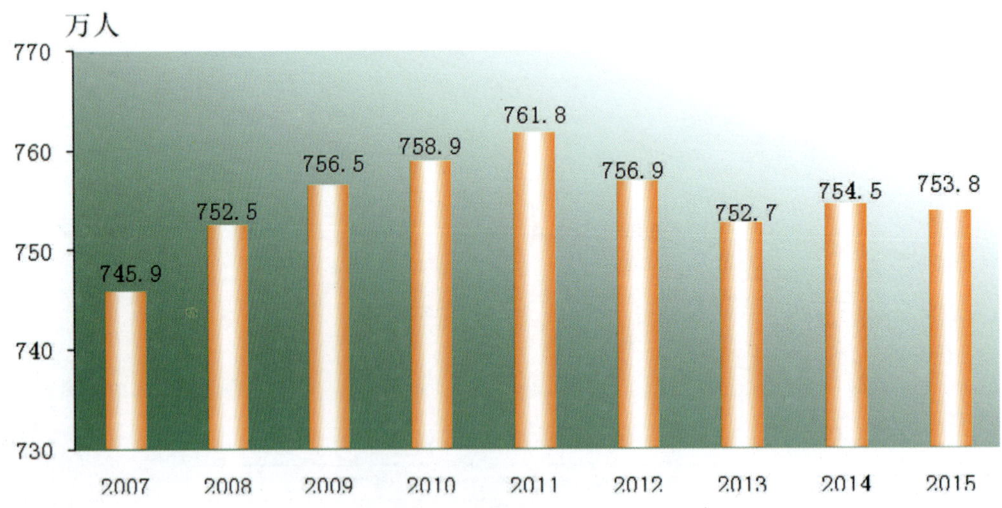

目　　录

特　　载

SPECIAL REPORT

县(市)区开发区经济

ECONOMY OF COUNTY (CITY) AND DISTRICT AND DEVELOPING AREA

统 计 资 料

STATISTICS

第一篇　综合

1. GENERAL SURVEY

第二篇　人口

2. POPULATION

第三篇　单位从业人员工资

3.EMPLOYMENT AND WAGE

第四篇　固定资产投资

4.INVESTMENT IN FIXED ASSETS

第五篇　能源消费与库存

5.CONSUMPTION AND STORAGE OF ENERGY

第六篇　财政

6.GOVERNMENT FINANCE

第七篇　物价

7.PRICE

第八篇　人民生活

8. PEOPLE'S LIVELIHOOD

第九篇　城市建设

9.GENERAL SURVEY OF CITY

第十篇　农业
10.AGRICULTURE

第十一篇　工业
11.INDUSTRY

第十二篇 交通运输、邮电通信业
12.TRANSPORTATION, POST AND TELECOMMUNICATION

第十三篇 建筑业
13.CONSTRUCTION

第十四篇 批发零售贸易和住宿餐饮业
14.WHOLESALE RETAIL TRADES AND HOTELS CATERING

第十五篇 对外经济贸易和旅游业
15.FOREIGN TRADE AND TOURISM

第十六篇 金融保险业
16.BANKING AND INSURANCE

第十七篇 教育、科技及文化事业
17.EDUCATION AND TECHNOLOGY CULTURE

第十八篇 体育、卫生及其他事业

18.SPORTS,PUBLIC HEALTH AND OTHERS

特载

SPECLAL REPORT

2016

政府工作报告

——2016年2月26日在长春市第十四届人民代表大会第四次会议上

市长　姜治莹

各位代表：

现在，我代表市政府，向大会作政府工作报告，请予审议，并请市政协委员提出意见。

一、“十二五”时期工作回顾

“十二五”时期，是长春发展进程中极不平凡的五年。在省委、省政府和市委的正确领导下，在人大、政协的监督支持下，我们紧紧依靠和团结全市人民，主动适应经济发展新常态，从容应对各种风险挑战，推动老工业基地振兴取得了新的历史性进步，建设幸福长春取得了新的可喜成就。

——这是经济发展实力稳步增强的五年。全市经济总量从3329亿元增加到5530亿元，年均增长9.3%。地方级财政收入从180.8亿元增加到388.2亿元，增加1.15倍。粮食产量实现“十二连丰”，传统制造业加快转型升级，现代服务业翻番式增长，新产业、新业态、新技术、新商业模式不断涌现。民营经济主营收入突破1万亿元，发展活力和贡献率显著提高。

——这是城市建设质量不断提升的五年。新的城市次中心在绕城高速公路以外竞相成长，主城区700多万平方米棚户区、4000多万平方米老旧楼宇经过改造旧貌换新颜。基础设施建设扎实推进，适应百万辆机动车保有量的立体交通体系基本形成，水、气、热供给能力实现从紧平衡到相对宽松的转变。

——这是人民生活面貌持续改善的五年。教育、文化、卫生、体育事业全面进步。城镇居民人均可支配收入年均增长11.1%，快于经济增长。农村居民人均可支配收入年均增长11.7%，快于城镇居民收入增长。城乡养老、医疗保险覆盖率均达到95%以上，初步实现人人享有基本社会保障。长春连续当选最具幸福感城市。

这份沉甸甸的成绩单为“十二五”划上了圆满的句号，凝聚着全市上下的共同努力和心血汗水，展示了广大干部群众建设幸福长春的坚定决心和必胜信念。

五年来，主要做了以下工作：

（一）始终把扩大有效投资作为第一抓手，推动经济在新常态下转型升级。我们坚持把项目建设摆在经济工作首位，用增量改造传统动能、培育发展新动能，努力推动经济实现更高质量、更有效率、更可持续的发展。五年累计实施亿元以上项目2650个，完成固定资产投资17339亿元，分别相当于“十一五”的2倍和1.8倍。

传统产业在规模扩张中优化升级。整车产量由160万辆提高到220万辆，轨道客车修造量由2000辆提高到4000辆，农产品加工业产值增加1.2倍，三大主导产业新产品产值率达到76%。体现工业质量效益的工业增加值率由22.8%提高到25.3%。一批重大农业增产技术得到推广，粮食亩产由887.2斤提高到1066.4斤，粮食产量达到191.1亿斤。长春被命名为“中国优质粳米之都”。综合农机化水平由64.8%提高到78.5%。家庭农场、农民合作社等新型经营主体数量增加8.5倍。畜禽规模饲养比例达到80%。积极培育文化、养老等服务性消费，社会消费品零售总额增长87%。旅游业总收入突破千亿元大关。启动建设41个商业综合体，300万平方米商务面积投入使用。引入29家域外金融机构，区域性金融服务能力显著提升。2户企业上市，22户企业新三板挂牌。服务业投资连续保持高速增长，对经济增长贡献率提高17.4个百分点。新兴产业成为支撑增长重要力量。先进装备制造、光电信息、生物制造、医药健康、新能源及新能源汽车、新材料产业投资额增长2.8倍，产值占规模以上工业产值比重从9.4%提高到17.1%。文化创意、信息服务等现代服务业集聚区入驻企业达到2250户。健康休闲、物流快递等新兴业态竞相成长。服务外包执行金额增加1.4倍。大力发展“互联网+”，电子商务企业超过200户、个体网店数量超过3万个，近1/4规模以上工业企业、1/3限额以上商业企业发展网上业务。成功发射“吉林一号”商业卫星，聚乳酸、无人机、工业机器人、单克隆抗体等一批高科技成果实现转化。科技金融创新服务中心投入运行。建成摆渡创新工场等10个众创空间，科技企业孵化器面积达到180万平方米，在孵科技企业超过千户。国家高新技术企业、科技型“小巨人”企业分别达到242户和400户，科技创新驱动发展能力不断增强。

（二）始终把全面深化改革作为第一动力，持续激发和释放发展新动能。我们坚持把全面深化改革作为头等大事，突出抓好具有标志性、关联性作用的重大改革举措落地，努力向改革要动力、要潜力、要红利。

扎实推进政府自身改革。取消下放577项审批权限，减放比例达到70.1%，市本级非行政许可实现“零审批”。撤销89个议事协调机构。事业单位改革稳步实施。改进行政审批服务。深化商事制度改革，降低市场准入门槛。不断完善民营经济融资担保、公共技术、要素配置等公共服务平台。政府权力的减法、服务的加法换来了市场活力的增强，五年累计新登记私营企业5.5万户，大众创业、万众创新热潮初步形成。

全力实施重点领域改革。新型城镇化、服务业综合改革、水生态文明建设、民营经济综合配套改革、农村集体产权制度改革、养老服务业综合改革等试点顺利实施。行政事业单位国有资产管理改革、集体林权制度配套改革完成阶段性任务。政府购买公共服务改革稳步推进。国有企业改革取得新进展。全面规范义务教育阶段公参民学校办学行为。基本完成文艺院团转企改制。市级以下公立医院启动综合改革。

坚持以对外开放促改革。主动融入"一带一路"战略,深度推进长吉图开发开放。兴隆综合保税区封关运行。一汽、长客等重点企业走出去到海外建立生产基地。皓月、希达等一批企业到境外设立产品展示营销中心。汽车零部件等高附加值机电产品出口额实现翻番。在长投资世界500强企业达到70户,五年实际利用外资增长2倍。

(三)始终把绿色宜居城市作为第一任务,稳步推进新型城镇化建设。我们以绿色、智慧、人文理念为指导,启动实施了新一轮的城市大建设、大改造。五年累计完成城建投资1625.1亿元,相当于"十一五"的2.65倍。

优化城市空间布局。主城区通过搬迁工业企业、拆除棚户区、完善基础设施,加速实现产业、功能和环境的有机更新。长东北、莲花山、经开保税等产业园区多点发力、齐头并进,汽开、净月、高新南区竞相建设、加速成长,九台卡伦、德惠米沙子、农安合隆、双阳奢岭积极承接主城区带动和产业转移。旧城与新城、城市与县域良性互动,重构了城市框架,优化了功能布局,也打开了长春未来的发展空间。

提升城市承载能力。"两横三纵"快速路投入使用,四环以内主要道路完成大中修。启动建设地铁1号线、2号线、北湖快轨,轻轨4号线投入运营。城市日供水能力由86万吨提高到116万吨,增加35%。天然气日供给能力由132万立方米提高到227万立方米,增加72%。供热能力由1.01亿平方米提高到1.89亿平方米,增加87%。污水日处理能力由85.8万吨提高到172.8万吨,增加1倍。新建改造各类地下管网5099公里,自来水漏失率下降17%,供热管网完好率达到89%,燃气管网高危率降低到5%以下。主城区清扫保洁面积由4305万平方米增加到6850万平方米,机械化清扫率达到73%。

改善城市环境质量。新建大块绿地229块。主城区对外开放公园数量增加1倍以上。伊通河综合整治取得实质性进展。淘汰3.2万辆黄标车,拆除1828台燃煤小锅炉,62.5万户煤制气居民用户完成天然气置换,狠抓工业烟粉尘治理、秸秆综合利用,PM10、PM2.5自2013年达到峰值以后分别下降17.8%和10.9%。修复文庙、杂技宫、沙俄领事馆等一批历史文化建筑。长影老厂区等18项文物晋级全国重点文物保护单位。净月潭、长影世纪城晋级国家5A级旅游景区。持续开展市容环境综合整治,从严整治管理顽疾。深入开展文明城创建,长春进入全国文明城行列。

(四)始终把保障改善民生作为第一目标,努力让广大群众有更多的获得感。我们坚持每年把新增财力70%以上用于改善民生,连续实施5个年度行动计划,为人民群众办了390余件实事。

提高居民收入。积极促进就业,城镇累计新增就业62.9万人,累计安置下岗失业人员29.2万人,城镇登记失业率始终控制在4%以下,"零就业家庭"保持动态为零。4次提高职工最低工资标准。在岗职工平均工资提高56.8%。城镇职工医疗保险、城镇居民医疗保险、新农合参保率均接近100%,城镇职工基本养老保险参保率达到95.5%,城乡居民养老保险参保率均超过95%。职工养老金、居民养老金、失业保险金标准分别提高64.5%、127%、151%。

改进公共服务。义务阶段公办学校全部就近划片入学,创建新优质学校127所,城区通过国家义务教育基本均衡评估验收。完成国家公共文化服务体系示范区创建,区(县)图书馆、乡镇文化馆、村文化室全部达标并免费开放。社区、行政村体育设施配置率分别达到100%和60%。县医院、乡镇卫生院、村卫生室全部完成标准化建设。养老机构床位数量增长1.84倍,居家、社区养老服务新模式在全国推广。深入开展幸福社区创建。主城区60%以上的社区用房建筑面积达到1000平方米。

扶助困难群众。5次提高城乡最低生活保障标准,城镇低保家庭老、少、病、残人员等特殊群体补助标准再增加50%。建立城乡居民临时救助、特困群众参加基本养老保险扶助制度。城区困难群众患急难重症到定点医疗机构"先住院、后付费"。残疾儿童抢救性康复救助、贫困重性精神病患者康复救助、贫困白内障患者复明手术实现"有一助一"。困难群众法律援助基本做到应援尽援。累计建设3.2万套保障性住房,为5.6万户居民发放租房补贴,低收入困难群众住房保障基本实现应保尽保。

改善人居环境。基本消除农村泥草房、城市D级危房。综合整治230个老旧散小区。主城区1007座二次供水泵站完成改造。158万农村居民饮水安全问题得到解决。三环以内巷道基本完成改造。创建公交都市示范城市,开辟优化60条公交线路,累计更新公交车2500余台。施划机动车停车泊位3.8万个。一批人行过街天桥投入使用。新建农村公路5998公里、桥梁280座。

强化社会治理。积极构建"人性化、网格化、信息化、法治化"社会治理模式,全面完善社会治安防控体系,城区重点区域高清探头实现全覆盖,公安干警对城区实施24小时不间断巡防,110警情、"两抢"案件、命案数量连续5年下降,长春荣获全国社会管理综合治理最高荣誉"长安杯"。深入开展国家食品安全城市创建试点,切实提升食品药品安全监管能力。全面抓好防震减灾,长春在全国考核评比中荣膺榜首。狠抓安全生产,累计排查整改安全隐患23.1万项,安全生产事故总数下降53.5%。

(五)始终把加强依法行政作为第一要求,加快建设服务型政府。我们始终坚持全心全意为人民服务的根本宗旨,不断加强政府自身建设,努力为群众提供优质高效服务。

主动接受监督。自觉接受人大及其常委会的法律监督、工作监督和政协的民主监督,坚持重大事项向人大报告、与政协协商制度。认真听取各民主党派、工商联以及无党派人士的意见建议。办理人大议案19件、人大代表建议1022件、政协建议案15件、政协提案1537件。

强化依法行政。制定政府部门权力清单、责任清单,认真执行规范性文件合法性审查、行政决策合法性分析及社会稳定风险评估机制,严格约束行政处罚自由裁量权,全面实施行政复议案件集中办理、依法行政示范单位创建,不断提升规范公正文明执法水平。

切实转变作风。深入开展党的群众路线教育实践活动、"三严三实"专题教育,大力整治庸政、懒政、怠政。坚决执行中央八项规定,停建楼堂馆所,清理公车、办公用房,实施公务卡制度,严格控制"三公"经费支出。

加强廉政建设。严格落实廉政建设主体责任和监督责任,着力健全惩治和预防腐败体系,及时公开市本级公共财政收支预算、市直部门"三公"经费预算决算,加大审计监督力度,强化项目招标、政府采购等重点领域监管,始终保持惩治腐败的高压态势。

努力化解矛盾。建成市民来信来访集中受理大厅,全面提高市长公开电话、局长接待日、读报读网工作水平,完善多元化矛盾纠纷化解机制,切实解决群众反映强烈的信访突出问题,群众信访总量稳步下降。

隆重纪念中国人民抗日战争暨世界反法西斯战争胜利70周年。军政军民团结奋进,创建全国双拥模范城获得"七连冠"。

尤其是2015年,面对"十二五"收官的决战之期、复杂严峻的发展环境,全市上下坚持稳中求进工作总基调,积极适应经济发展新常态,团结一心、善为实干、攻坚克难,推动振兴发展取得了新的突破,为"十三五"发展奠定了坚实基础。

一是经济在应对下行中保持稳定增长。先后出台17项稳增长政策,接连采取结构性减税等一揽子措施,全面加大对重点企业帮扶力度,全市经济止跌回稳、逐步提速,增长速度由一季度的5.9%、二季度的6.1%、三季度的6.2%,逐步回升到全年的6.5%,重新回到经济运行合理区间。

二是产业在提质增效中加快转型升级。战略性新兴产业迅速壮大,产值增速超过规模以上工业17.5个百分点。服务业明显提速,占经济比重提高2.56个百分点。"互联网+"行动计划稳步实施,电子商务交易额增长23%,众创、众包、众扶、众筹等新兴业态日渐兴起,新的增长动力加快形成并不断蓄积力量。

三是市场在改革开放中迸发内在活力。"五证合一"登记等37项重点改革任务取得突破。削减了53.9%的政府部门行政职权,行政审批时限整体压缩31%。"一门式"公共服务改革试点取得成效。民营经济综合配套改革向纵深推进,新登记私营企业数量增长21%。"长满欧"国际货运班列、长春至莫斯科货运航线正式开通,跨境电子商务出口业务量跃居全国第三。

四是城市在完善功能中提升质量档次。主城区交通指挥系统完成升级改造,高峰期主干路车速提高15%。国家西气东输干线、长春外环高压管网投入使用,冬季"气荒"全面缓解。百里伊通河生态长廊、百公里地下综合管廊工程全面启动。基本完成16个城市出入口改造。城区新增绿化面积相当于上年的1.9倍。

五是民生在保障兜底中惠及更多群众。城镇新增就业12.6万人,2万套公租房分配到户,7个城区托老中心、120个社区居家养老服务中心投入使用,失能人员医疗照护保险制度全面推行,农村贫困人口减少1.7万人,在经济下行压力不断加大的情况下民生状况得到新的改善和提升。

各位代表,过去五年经济社会发展取得的重大成就,源自于省委、省政府和市委的正确领导,得益于人大、政协以及社会各界的大力支持,归功于全市广大干部群众的团结奋斗。在此,我代表市政府,向为长春发展做出突出贡献的全市人民致以崇高的敬意!向给予我们监督与支持的人大代表、政协委员和社会各界人士,向积极参与长春发展建设的中省直驻长单位,人民解放军和武警驻长部队以及海内外的朋友们,表示衷心的感谢!

成绩来之不易、经验弥足珍贵。"十二五"发展实践充分说明:必须把发展作为解决长春所有问题的关键,始终坚持加快发展不动摇,努力实现更高质量、更有效率、更加公平、更可持续的发展;必须把改革开放作为推动长春发展的根本动力,不断解放思想、不断解放和发展社会生产力、不断解放和增强社会活力;必须把创新摆在长春发展振兴的核心位置,深入落实创新驱动发展战略,全面推动大众创业、万众创新,努力培育形成新的增长动力源泉;必须把改善民生、增进人民福祉作为发展的根本目的,多谋民生之利、多解民生之忧,真正把发展成果体现到人民生活改善上;必须把法治政府建设作为发展的重要保障,严格依法行政、深入简政放权、加快职能转变,努力以政府权力的减法换市场活力的加法。这些经验体会,是我们在实践中积累的宝贵财富,必须继续坚持和发扬。

在肯定成绩的同时也要清醒看到,前进的道路上还面临不少困难和问题。经济下行压力有增无减,结构调整、转型升级任务繁重;创新创业氛围不足,内生动力活力尚需释放;环境污染问题日益显性化,雾霾、水体治理任重道远;就业结构性矛盾突出,住房、医疗、养老、教育、收入分配、征地拆迁等方面群众不满意的问题依然较多；安全基础设施不完善，安全事故高发势头还没有从根本上得到遏制；政府依法行政水平不高，不廉不勤现象仍然存在。对于这些问题，我们必须高度重视，并在今后工作中认真加以解决。

二、"十三五"时期主要任务

"十三五"时期，是全面建成小康社会的决胜期、推动振兴发展的关键期。我们既要深刻认识形势的严峻性、复杂性和紧迫性，直面经济增速换挡、结构调整阵痛、动能转换困难叠加交织带来的艰巨挑战。更要清醒地看到，长春经济韧性好、潜力足、回旋余地大的基本面没有变，经济持续增长的良好支撑基础和条件没有变，结构调整优化升级的前进态势没有变，特别是全市广大干部群众满怀发展激情、奋发有为的精神力量势不可挡。只要我们坚定信心、群策群力、埋头苦干，就一定能够闯关夺隘、奋勇向前、行稳致远，把长春发展推向新的阶段。

今后五年，政府工作的指导思想是：深入贯彻党的十八大，十八届三中、四中、五中全会精神，认真落实习近平总书记系列重要讲话特别是视察吉林重要讲话精神，按照省委十届六次全会和市委十二届八次全会部署，以"四个全面"战略布局为引领，以新一轮振兴发展为主题，以建设吉林中部创新转型核心区为重点，坚持变中求新、变中求进、变中突破，发挥"五个优势"、推进"五项举措"、加快"五大发展"，努力走出一条质量更高、效益更好、结构更优、优势充分释放的发展新路，奋力夺取全面建成小康社会的伟大胜利，努力在实现"中国梦"的伟大征程中追逐"长春梦"。

今后五年，必须牢固树立并切实贯彻创新、协调、绿色、开放、共享的发展理念。坚持创新发展，把创新摆在发展全局的核心位置，让创新贯穿经济社会发展全过程，让创新在全社会蔚然成风。坚持协调发展，牢牢把握全面建成小康社会任务，努力拉长"短板"，不断提高发展的协调性和平衡性。坚持绿色发展，严格环境保护、强化生态修复、节约利用资源，努力建设美丽长春。坚持开放发展，着力引进域内外人才、资金、技术，搭建开放平台，畅通开放渠道，不断提高开放水平。坚持共享发展，更加注重保障和改善民生，使全体人民在共建共享中有更多获得感，朝着共同富裕方向稳步前进。

今后五年，全市经济社会发展的目标任务是：

——经济实力更强。我们要更加重视质量、更加重视效益、更加注重科技创新，在不断转变发展方式、优化经济结构、提高发展可持续性的基础上，确保 GDP 保持 7%左右的中高速增长，财政收入增幅与经济增长相适应，综合实力进入中等发达城市行列。

——发展动能更高。我们要充分发挥创新对发展的支撑引领作用，加快培育新产业、新业态、新技术、新商业模式，推动发展新动能不断壮大。全面实施传统产业升级改造，不断提升产业层次、素质和竞争力，让传统产业持续焕发生机和活力。

——经济结构更优。我们要调整产业结构，农业要争当现代化排头兵，制造业要迈向中高端，战略性新兴产业要在全国形成较强竞争力，服务业占经济比重要逐年提高。调整增长结构，发挥有效投资关键作用的同时，大幅提高消费的经济增长贡献率。

——城市面貌更新。我们要高质量建设新城，高水平改造旧城。落实公交优先战略，基本确立现代综合交通体系。基本完成棚户区、老旧楼宇"暖房子"、历史文化街区改造，切实加强城市管理，全面优化城市形象。大力发展城市文化，努力培育城市精神，促进软实力与硬实力同步提升。

——区域发展更快。我们要坚定不移地支持开发区转型升级，加速成为承载新型工业化、高端服务业的新城区。城区要成为服务业主战场，在环境建设、民生改善、社会和谐等领域实现全面进步。县(市)都要成为中等城市，人口加速向城镇集聚，新农村建设全面推进。

——改革开放更广。我们要全面深化重要领域改革，坚决破除一切不合时宜的束缚和桎梏，充分释放改革红利、动力和潜力。更加积极主动地对外开放，主动融入"一带一路"战略，深入实施长吉图开发开放，全面提升开放型经济水平。

——生态环境更好。我们要不断加大自然生态系统修复保护力度，完成百里伊通河生态长廊综合改造，新建改造一批城市公园、绿地。综合治理大气和水体污染，积极推行循环经济、低碳经济等绿色经济模式，努力把长春建设成为天蓝水净、空气清新的绿色宜居森林城。

——社会大局更稳。我们要加强基层社会管理和服务体系建设，充分发挥群众参与社会管理的基础作用。完善重大决策社会稳定风险评估机制，从源头减少和化解社会矛盾。健全民主法制，保障公共安全，努力开创社会和谐人人有责、和谐社会人人共享的生动局面。

——民生福祉更多。我们要加快完善基本公共服务体系，在学有所教、劳有所得、病有所医、老有所养、住有所居上持续取得新进展。大力推动富民增收，群众收入差距不断缩小，中等收入群体持续扩大，农村贫困人口全部脱贫，城镇低保群众得到更有针对性的帮扶，全市人民共同迈入全面小康社会。

根据上述考虑和安排，市政府制订了《长春市国民经济和社会发展第十三个五年规划纲要(草案)》，并经市委十二届八次全会讨论决定提交本次人代会审议。

三、2016 年重点工作

今年是"十三五"开局之年。面对依然复杂严峻的外部宏观环境和交织叠加的各种矛盾困难，我们既要积极适应、把握、引领新常态，在"变"中保持定力、趟出新路，更要认清、抢抓、用好新机遇，在“不变”中坚定信心、推动发展，以充分的准备、扎实的努力去争取最好的结果，确保“十三五”实现开门红。

全市经济社会发展主要预期目标是：地区生产总值增长7%左右，城镇居民人均可支配收入和农村居民人均可支配收入与经济基本保持同步增长，万元GDP能耗降低3%，城镇登记失业率控制在4%以内。

实际工作中，我们不仅要保持经济持续稳定增长的好势头，更要在解放思想中凝聚发展“新气场”，在改革创新中培育发展“新动力”，在转型升级中构建发展“新优势”，在改善民生中定位发展“新坐标”，确保各项工作取得新的更大成效。

(一)保持经济稳定增长

把稳增长摆在突出位置，挖掘增长潜力、激发市场动力、释放企业活力，确保经济运行在合理区间。

统筹三次产业支撑增长。对产值超10亿元工业企业跟踪包保，稳定经济增长大局。积极培育工业增长点，新增规模以上企业200户。促进健康、旅游、文化、绿色、养老消费，扩大移动互联网等信息消费。加快房地产去库存，稳定住房等大宗消费。社会消费品零售总额增长8%左右。夯实农业稳产增产基础，粮食产量正常年景下不低于180亿斤。

扩大投资规模拉动增长。加大对基础设施、科技创新、生态环保等领域政府投资，推广政府和社会资本合作(PPP)模式，引导和撬动社会资本更多投向制造业、战略性新兴产业和现代服务业。落实企业投资自主权，发挥民间投资主力军作用。支持企业上市，扩大直接融资规模。全年固定资产投资达到4800亿元以上。

优化发展环境促进增长。全面落实降低税率、降低电价、降低社会保险费、降低企业住房公积金缴存比例等相关政策，规范中介服务，清理涉企收费，改善物流服务，严格把握最低工资标准，切实降低企业经营成本。有针对性地帮扶遇到暂时困难的重点企业。强化改进政府服务，优化企业经营环境。

(二)加快产业转型升级

狠抓项目建设不动摇，提高供给能力、调整供给结构、优化供给质量，努力使产品和服务更好地满足市场需求，打造长春经济升级版。

落实“中国制造2025”长春实施纲要。积极推动大众Q工厂、一汽乘用车研发中心、长客动车检修、中粮聚乳酸制品等50个重大产业项目建设。加快建设新能源汽车、通用航空、智能制造等一批新型产业园区。不断壮大先进装备制造、光电信息、生物制造、医药健康、新能源及新能源汽车、新材料等战略性新兴产业。积极推动企业技术改造和产品创新。支持存量企业整合、并购、重组。工业投资增长10%以上，战略性新兴产业投资增长15%以上。

落实率先实现农业现代化总体规划。启动建设5个现代农业实验区。适度调减普通玉米种植面积，积极发展高效特色农作物。强化品牌建设，不断提升长春大米知名度和附加值。加快发展都市休闲农业。综合农机化水平提高2.5个百分点。土地流转比例提高4个百分点。启动实施皓月200万头优质肉牛养加销一体化等一批重大项目。完成免疫无口蹄疫区建设。

落实推进服务业创新发展实施意见。实施服务业发展攻坚，推动服务业发展提速、比重提高、水平提升。加快建设万达、诺睿德等商业综合体。规划建设一批特色商业街区。推动大数据、电子商务、服务外包、文化创意、动漫设计等现代服务业集聚区建设。大力发展旅游业。壮大会展业规模。推进共同物流配送。培育现代保险、互联网金融，加快建设东北亚区域性金融服务中心。

(三)全力实现创新驱动

采取更加有力的措施，发展新产业、新业态、新技术、新商业模式，努力营造大众创业、万众创新的生动局面。

培育新兴产业。实施“互联网+”行动计划，推动新一代信息技术与制造业、服务业深度融合。促进制造业企业开展个性化定制、柔性化生产，推动生产性服务业向专业化转变、向价值链高端延伸，支持生活性服务业加快向精细化和高品质提升，构建新兴产业集群。加快“智慧长春”建设。完善通信基础设施。

完善创新载体。启动建设国家级长春新区，在结构调整、科技创新、体制机制等方面先行先试、大胆实践。积极引导国家级开发区强化创新驱动，培育产业集群，加快转型升级。续建长东北科技创新中心、北湖科技园。完善众创、众包等小微企业孵化基地，力争新增创业孵化面积50万平方米。

强化技术创新。支持高校院所建设重点实验室。推进产学研协同创新，实施10个重大科技攻关、10个重大科技成果转化项目。培育10户制造业创新中心、100户企业技术中心。逐步建立鼓励创新创业的收入分配机制。推进“吉林一号”卫星图像数据商业化应用。加快无人机产业化进程。

优化创新环境。加强对中小微企业金融服务，降低创业创新门槛，营造破束缚、汇众智、促创新的良好氛围。强化知识产权管理保护。启动建设人力资源产业园。努力破除人才壁垒，多渠道选用人才，加快建设“人才强市”。全年力争15户企业新三板挂牌，新增50户科技型“小巨人”企业。

(四)深入推进改革开放

围绕供给侧结构性改革，实施一批标志性、引领性、突破性的改革措施，为发展提供持续动力。

继续实施简政放权。严格落实权力清单、责任清单，启动编制负面清单，放管结合、优化服务，激发市场活力和社会创造力。接住用好国家、省下放的审批事项，进一步削减市级行政审批事项。推行行政审批全流程运行管理，完善审批服务。市级行政审批项目全部进入政务大厅，做到大厅之外无审批。

推进重点领域改革。深化投融资、商事制度、市属国企国资等重点领域改革，推动市场在资源配置中起决定性作用。积极开展水生态文明建设、农村金融综合改革、民营经济综合配套改革试点。支持在长央企改革、中省直公立医院综合改革。发展混合所有制经济。推进财税体制改革，建立跨年度预算平衡机制。

扩大开放促进改革。加大招商引资力度，实际利用内、外资分别增长12%和10%左右。不断完善兴隆综合保税区功能。推进“长满欧”综合物流通道建设。开通至珲春、符拉迪沃斯托克(海参崴)的电商货物陆路运输通道。谋划建设东北中韩自贸区示范市。支持一汽、长客等企业开展国际产能合作。

(五)提高城市建管水平

牢固树立人民城市为人民的思想，转变城市发展方式，提高城市承载能力，优化城市环境质量。

构建现代交通体系。续建机场大道、亚泰大街南延长线、吉林大路东延长线、硅谷大街延长线、长吉互通立交桥等重点工程。完善南部新城路网。打通一批断头路、卡脖路。改造一批重要交通节点。建设一批人行过街天桥。加快停车场建设。机动车停车泊位基本做到应划尽划。推进龙嘉机场二期扩建。

坚持公交优先战略。地铁1号线试通车，地铁2号线、北湖快轨建设取得实质性进展。更新公交车辆400台。完善南部新城等重点区域公交线网。新建一批公交换乘枢纽、港湾式停靠站。每个城区、国家级开发区各建2处公交首末站。推行公交“一卡通”。完善公交专用道配套设施。

提升综合承载能力。基本完成城区二次供水设施改造。启动新一轮高压电网建设。改造供水管网380公里。新建改造燃气管网210公里。改造供热管网100公里。新增供热能力500万平方米。完成地下综合管廊建设10公里以上，逐步消除“马路拉链”现象。

推动城市管理创新。扎实开展市容环境综合整治。继续改造提升城市出入口。开展城市设计，培育城市风貌。争创国家历史文化名城。创新城市管理体制机制，积极推动管理重心下移，努力提高城市管理人性化、精细化、科学化水平。

(六)全面加强生态保护

把环境保护摆上更加突出的位置，下决心用硬措施完成硬任务，推动生态环境质量不断提升。

强力治理环境污染。淘汰10吨以下燃煤小锅炉500台、黄标车1.3万辆，秸秆综合利用率提高3个百分点。统筹推进伊通河及其支流截污治污和生态修复。实施一批污水处理厂提标改造。治理城区黑臭水体。推动莲花山退耕还林还水还湿工程。

深入实施节能减排。积极调整能源结构，促进煤炭高效利用，扩大供暖煤改气、煤改电规模。实行能源、资源消耗总量和强度控制。深化资源性产品价格改革，居民用气实行阶梯价格。续建餐厨垃圾处理厂、三道垃圾场环保生态公园。

创建国家森林城市。加快建设南溪湿地，启动建设7个公园，新植街路20条，新建大块绿地9块，绿化改造四环路。植树造林3000公顷。绿化美化村屯300个。建设海绵城市，减少硬化铺装，提高雨水自然蓄积能力。

(七)千方百计改善民生

着力践行以人民为中心的发展思想，实施第4个幸福长春行动计划，办一批群众最关心、最直接、最迫切的民生实事。

确保就业稳定。积极扶持高校毕业生、农村转移劳动力、城乡就业困难人员和退役军人就业，开发就业岗位13.5万个，城镇新增就业12万人，农村劳动力转移就业100万人次。对有需求的应届高校毕业生创业培训实现全覆盖。列支1.5亿元失业保险基金，对不裁员、少裁员企业提供稳岗补贴。

帮扶困难群众。城镇和农村低保标准分别提高到上年度人均可支配收入的20%和30%以上。为重度残疾人和贫困残疾人提供护理补贴、生活补贴。实施精准脱贫，确保5.3万名农村贫困人口脱贫。加强贫困村公路建设。优先改造农村贫困家庭危房。

强化养老服务。以政府购买服务方式为城区空巢、失能、失独老人提供居家养老服务。引导社会力量建设多种类型、不同档次的养老机构，新增养老床位3000张。推行高龄老人医疗照护保险、晚期癌症患者舒缓疗护。老年人免费乘坐公交车年龄放宽到65周岁、范围扩大到郊线车。

提升公共服务。继续实施基础教育质量提升工程，推动教育由均衡发展向内涵发展转变。大力发展学前教育、职业教育、民办教育，普及高中段教育。51家公立医院逐步取消药品加成，实行零差率销售。实施普遍二孩政策，强化服务保障支撑。启动少儿图书馆新馆建设。1692个村全部建成村级“一站式”服务群众平台。

改善生活条件。新建续建保障性住房8000套，建设回迁房8456套。实施238万平方米“暖房子”工程。综合改造30个老旧散小区。更新改造部分居民小区陈旧老化地下管网。解决6万农村居民饮水安全问题。主城区周边建成农村公路250公里以上，同步配建公交设施。完善城区“十分钟健身圈”，大力开展全民健身活动。

(八)切实强化社会治理

推动社会治理方式精细化和治理能力现代化，维护群众利益，保障城市安全，促进社会和谐。

积极化解社会矛盾。充分利用信访机构接待、局长接待日、市长公开电话等渠道，掌握群众诉求，解决群众困难。完善人民调解、行政调解、司法调解联动体系。推进幸福社区建设,提高社会组织自治管理水平。强化覆盖城乡的公共法律服务体系建设。

全力维护城市安全。创建国家安全发展示范城市,坚决遏制重特大事故发生。增强地震防灾减灾能力,通过国家防震减灾示范城市验收。创建国家食品安全城市,完善食品安全监管体系,切实保障群众"舌尖上的安全"。强化社会治安综合治理和防控体系建设,严厉打击刑事犯罪,努力提升人民群众的安全感。

深入开展双拥共建活动,推动军民融合深度发展,争创全国双拥模范城"八连冠"。

各位代表!实现"十三五"奋斗目标,完成今年各项工作任务,必须加强政府自身建设。

我们要坚持用创新思维来引领。深入开展解放思想大讨论,用新的思想、思维、思路破解难题,用新的信念、理念、观念谋划发展,用新的办法、举措、行动推动振兴,努力做到变中求新、变中求进、变中突破。

我们要坚持用法治理念来推动。坚持法无授权不可为、法定职责必须为。自觉接受市人大及其常委会的法律监督、工作监督,主动接受市政协民主监督,认真听取民主党派、工商联、无党派人士和各人民团体意见。

我们要坚持用纪律意识来强化。巩固党的群众路线教育实践活动和"三严三实"专题教育成果,始终把纪律和规矩挺在前面,严格执行廉洁自律准则,与一切腐败行为作斗争。厉行节约、反对浪费,严格控制"三公"经费,继续降低行政成本。

我们要坚持用宗旨观念来服务。坚持一切从人民群众根本利益出发,全心全意为人民服务,努力为群众排忧解难。把严格管理和热情关心结合起来,推动广大公务员心情舒畅、充满信心,积极作为、敢于担当。

各位代表!站在新的历史起点、加快推动振兴发展,是760万长春人民的殷切期盼、是我们义不容辞的责任使命。让我们紧密团结在以习近平同志为总书记的党中央周围,在省委、省政府和市委的正确领导下,凝心聚力、锐意进取、扎实工作,不断开拓新局面,持续创造新业绩,为实现"十三五"奋斗目标、全面建成小康社会而努力奋斗!

2015年长春市国民经济和社会发展统计公报

长春市统计局

2015年,全市人民在市委、市政府的正确领导下,全面贯彻落实党的十八大和十八届三中、四中、五中全会精神,积极应对复杂多变的国际国内经济环境,扎实推进各项工作,国民经济稳步增长,各项社会事业全面进步,民生状况不断改善,为全面建成小康社会奠定了良好基础。

一、综　合

初步核算,全年实现地区生产总值5530亿元,按不变价格计算,比上年增长6.5%。其中,第一产业增加值343.3亿元,比上年增长5.0%;第二产业增加值2770.9亿元,增长4.1%;第三产业增加值2415.8亿元,增长9.8%。三次产业结构为6.2:50.1:43.7。对经济增长的贡献率分别为:4.7%、33.4%、61.9%。人均生产总值达到73324元(按户籍年平均人口数计算),比上年增长6.4%,折合11299美元。

地区生产总值(亿元、当年价)

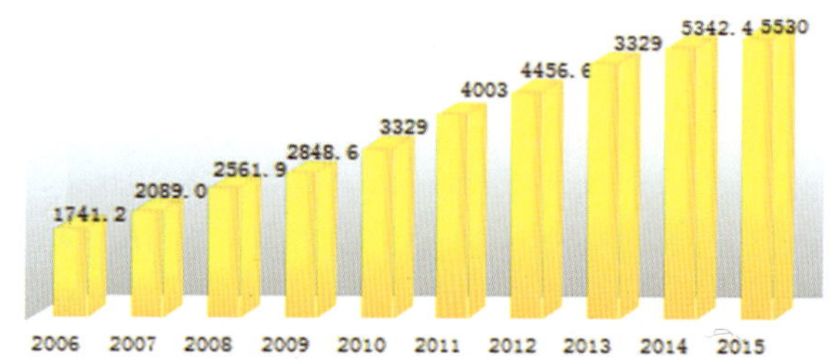

全市一般预算全口径财政收入1078.2亿元,下降6.8%。全市地方财政收入388.2亿元,下降2.3%,其中,税收收入300亿元,下降6.3%。地方财政支出765.7亿元,增长13.3%,其中,教育支出106.8亿元,增长24.7%;社会保障和就业支出105.7亿元,增长37.7%;医疗卫生与计划生育支出62.5亿元,增长23.7%;交通运输支出19.5亿元,下降35.2%。全口径财政收入占GDP的比重为19.5%。

居民消费价格指数

单位:%

指　标	2014年	2015年
居民消费价格总指数	102.2	101.3
服务项目价格指数	101.5	100.5
消费品价格指数	102.5	101.6
食　品	104.0	101.1
烟　酒	99.8	103.4
衣　着	101.9	102.4
家庭设备用品及维修服务	101.5	99.5
医疗保健和个人用品	100.2	103.3
交通和通讯	100.2	99.2
娱乐教育文化用品及服务	101.4	99.4
居　住	102.4	102.1
商品零售价格指数	101.2	99.1

全年居民消费价格总指数为101.3%,增幅比上年缩小0.9个百分点,分八大类看,食品、烟酒、衣着、医疗保健和个人用品和居住类价格比上年有所上涨,家庭设备用品及维修服务、交通和通讯和娱乐教育文化用品及服务价格有所下降。

工业品出厂价格下降1.6%，其中：生产资料价格下降2.3%，生活资料价格下降1.2%。工业生产者购进价格下降0.9%。

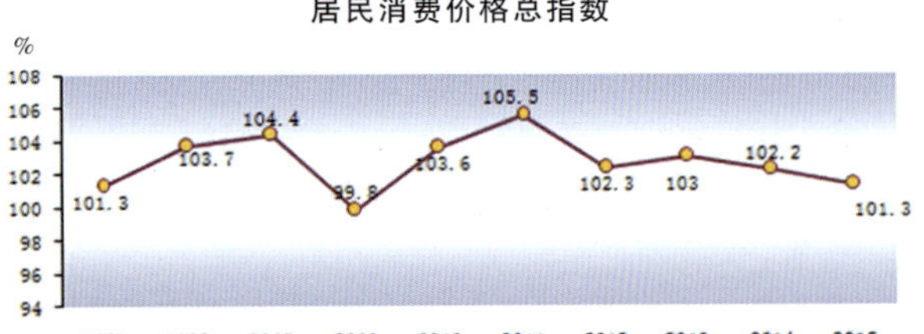

全市从业人员总数已达到541.5万人，增长18.9%。其中，城镇单位从业人员126.1万人，从事个体劳动的有84万人。2015年城镇非私营单位就业人员平均工资61039元，比上年增长8.97%。

二、农　业

全年完成农林牧渔业总产值649.6亿元，比上年增长6.2%。其中，种植业产值321.4亿元，增长2.6%；林业产值3.5亿元，增长9.8%；牧业产值302.1亿元，增长10.6%；渔业产值5.5亿元，增长6.8%；农林牧渔服务业产值16.96亿元，增长3%。

全年农作物总播种面积133.4万公顷，比上年下降0.17%。粮食总产量达到955.7万吨，比上年减少12.3万吨。其中，玉米产量796.6万吨，下降2.9%；水稻产量136.6万吨，增长9.3%。猪出栏619.4万头，下降2.0%；牛出栏108.8万头，增长1.4%；羊出栏39.3万只，增长4.4%；家禽出栏2.5亿只，增长3.3%。肉类产量达到114.4万吨，比上年下降1%；禽蛋产量达到33.4万吨，比上年增长5.3%；牛奶产量达到7.5万吨，比上年增长9.0%。

主要农副产品产量

指标	单位	2015年	比上年增长%
粮食总产量	万吨	955.7	-1.3
蔬菜总产量	万吨	288.6	12.0
肉类总产量	万吨	114.4	-1.0
禽蛋总产量	万吨	33.4	5.3
牛奶总产量	万吨	7.5	9.0
出栏生猪	万头	619.4	-2.0
出栏家禽	亿只	2.5	3.3

全年农业机械总动力为654万千瓦，比上年增长9%。

全市蔬菜耕地面积为76000公顷，比上年增长0.4%；蔬菜总产值94.6亿元，增长32.9%。全市有效使用绿色食品标志产品74个，有机食品32个，无公害农产品67个，认定无公害农产品基地15个，面积18.5万亩。

全年落实国家粮食直补、农资综合直补、农机购置补贴和良种补贴资金共24.29亿元。全市高标准建设省级新农村示范村73个，落实新农村建设项目5大类105项，获得省新农村建设项目补助资金3111万元；开展了长春首届“最美乡村”评选活动，陈家店村等18个村荣获长春市“最美乡村”称号。

全市农产品加工业企业产值实现1930亿元，比上年增长10.1%。新开工建设3000万元以上项目115个，完成投资367亿元，增长11.4%。省级以上和市级龙头企业数量分别发展到105户和209户。

三、工业　建筑业

全年完成规模以上工业增加值2131.8亿元，比上年增长3.3%。规模以上工业企业万元增加值综合能源消耗降低率为15.62%。

2015年主要工业产品产量

产品	单位	产量	比上年增减%
汽车	万辆	219.7	-12.2
#轿车	万辆	163.1	-10.5
#公路客车	万辆	2.5	25.5
#载货汽车	万辆	11	-28.5
铁路客车	辆	1062	-3.6
变压器	万千伏安	311.5	-23.2
橡胶轮胎外胎	万条	322.6	-7.4
中小型拖拉机	台	4339	-2.6
工业自动调节仪表与控制系统	万台	2.7	-30.2
发电量	亿千瓦时	228.95	-10.4
水泥	万吨	1784.3	-15.9
原煤	万吨	343.51	-17.4
钢材	万吨	14.9	-5.2
卷烟	亿支	198.1	-1
啤酒	万吨	27.1	-8.7
中成药	吨	10703.7	-4
饲料	万吨	394.8	-5.7
精炼食用植物油	万吨	33	42
软饮料	万吨	90.3	1.9
农用塑料薄膜	万吨	2.8	15.1
服装	万件	571.7	6.6

全年完成规模以上工业总产值8658.2亿元，比上年下降11.8%。汽车制造业累计完成产值4856.4亿元，下降17.8%，占规模以上工业总产值的56.1%；农副食品加工业完成产值1282.9亿元，下降9.3%，占规模以上工业总产值的14.8%；生物与医药工业完成产值140.3亿元，增长6.3%，占1.6%；光电子信息工业完成产值123.3亿元，增长1.1%，占

1.4%；建材工业完成产值 632.7 亿元，下降 3.5%，占 7.3%；能源工业完成产值 521.1 亿元，下降 5.5%，占 6%；装备制造业完成产值 673.8 亿元，增长 10%，占 7.8%。40 户重点工业企业完成工业总产值 5890 亿元，占规模以上工业总产值的比重达到 68%。

全年实现主营业务收入 8877.6 亿元，比上年下降 13.7%；利税总额 1275.6 亿元，下降 17.1%；盈亏相抵后实现利润总额 727.6 亿元，下降 20.2%。

全年建筑业完成增加值 425.6 亿元，比上年增长 8.0%。资质以上建筑业完成总产值 1114.7 亿元，比上年下降 10.3%。实现工程结算收入 1077.9 亿元，下降 7.4%。

四、固定资产投资

全年完成全社会固定资产投资总额 4284 亿元，比上年增长 12%。其中：房地产开发投资 506 亿元，下降 5.3%。新增固定资产 3294.1 亿元。固定资产交付使用率为 78.1%，比上年下降 9.5 个百分点。房屋面积竣工率为 9.6%，比上年下降 3.1 个百分点。

固定资产投资总额及增速

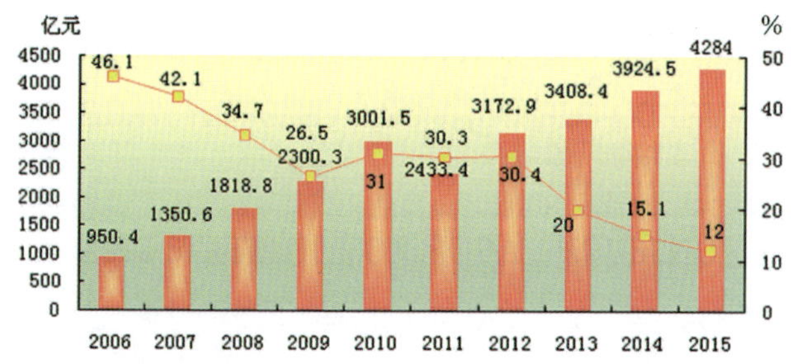

从各产业完成投资情况看，第一产业投资 26 亿元，下降 11.9%；第二产业投资 2183.9 亿元，增长 12.5%；第三产业投资 2008.4 亿元，增长 13.1%。从投资主体看，国有经济投资 1233.3 亿元，增长 20.5%；非国有经济投资 2985.0 亿元，增长 9.6%，占全社会固定资产投资的比重为 70.8%。民间投资 2888.6 亿元，增长 9.3%。全市工业投资 2146.4 亿元，增长 14.1%，对全社会投资增长的贡献率达 56.3%。

全市商品房施工面积 6147.8 万平方米，比上年增长 1.3%。商品房竣工面积 590.2 万平方米，下降 23.6%。商品房销售面积 810.7 万平方米，增长 6.8%。商品房销售额 534.2 亿元，增长 12.4%。

2015 年，二手房成交 4.7 万套，成交面积 423.3 万平方米，比上年增长 17.8%；其中：二手住房成交 4.6 万套，成交面积 387.1 万平方米，增长 24.0%。

五、国内贸易

全年实现社会消费品零售总额 2409.3 亿元，比上年增长 8.8%。分行业看，批发零售贸易业零售额 2172.1 亿元，增长 8.5%。其中：限额以上批发零售贸易业零售额 925.7 亿元，增长 1.6%；限额以下批发零售贸易业零售额 1246.4 亿元，增长 13.0%。住宿和餐饮业零售额 237.2 亿元，增长 12.0%。其中：限额以上住宿餐饮业零售额 25.5 亿元，增长 0.1%；限额以下住宿餐饮业零售额 211.7 亿元，增长 13.5%。

社会消费品零售总额(亿元)

2015 年社会消费品零售额及其增速

单位：亿元

指　标	2015 年	比上年增长%
社会消费品零售总额	2409.3	8.8
按行业分：		
批发、零售贸易业	2172.1	8.5
其中：限额以上批发零售贸易业	925.7	1.6
住宿、餐饮业	237.2	12.0

2015 年，我市限额以上批发和零售企业汽车类零售额 237.8 亿元，下降 6.0%；粮油、食品类零售额 93.8 亿元，增长 8.5%；服装鞋帽针纺织品类零售额 147.9 亿元，增长 4.2%；金银珠宝类零售额 37.1 亿元，增长 11.9%；家用电器和音像器材类零售额 57.1 亿元，增长 7.7%；石油及制品零售额 127.6 亿元，下降 8.2%。

六、对外经济　旅游　会展

全年实现进出口总额 140 亿美元，比上年下降 32.5%。其中，进口 120.7 亿美元，下降 33.9%；出口 19.3 亿美元，下降 22.2%。在出口企业中：一般贸易企业出口 13.7 亿美元，下降 25.3%；加工贸易企业出口 5.5 亿美元，下降 12.3%。

对外贸易进出口总额(亿美元)

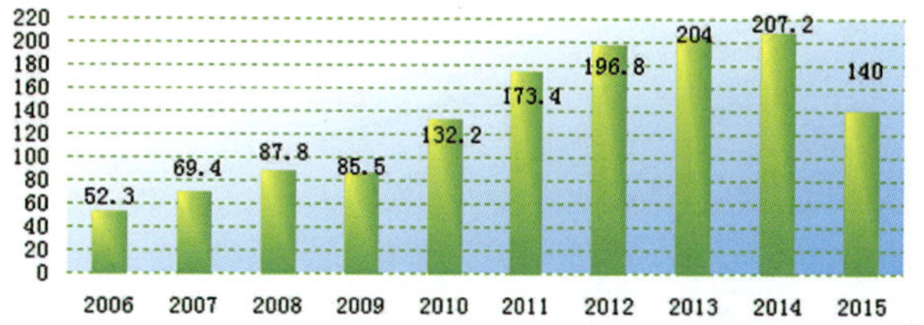

全年新批外资项目（企业）37 个，全年实际利用外资 56.6 亿美元，比上年增长 13.2%。其中，直接利用外资 12.0 亿美元，增长 13.0%。

全年来长旅游人数达到 5726.05 万人次，比上年增长 15.72%。其中，接待入境游客 43.06 万人次，比上年增长 9.14%；接待国内旅游者 5682.99 万人次，增长 15.77%。全年旅游总收入 1072.64 亿元，增长 25.13%。旅游外汇收入

31850.19 万美元,增长 10.2%。

全市共举办规模以上会展活动 122 项,展览面积 220 万平方米,同比分别增长 12.9%和 12%。展会直接收入 47 亿元,带动其他相关产业收入 415 亿元,同比分别增长 17.5%和 15.3%。

七、交通邮电业

全年公路货物周转量 356.8 亿吨公里,增长 6.6%;旅客周转量为 58.2 亿人公里,下降 1.3%。民航完成货邮吞吐量 77793.9 万吨,增长 5.8%;完成旅客吞吐量 855.6 万人,增长 15.3%。2015 年末全市民用汽车保有量 127.1 万辆,增长 11.0%。其中,私人汽车保有量 111.1 万辆,增长 15.1%。

2015 年完成邮电业务总量 74.4 亿元,增长 26.3%。其中:邮政业务总量 5.5 亿元,增长 1%;电信业务总量 68.9 亿元,增长 28.9%。全年特快专递完成 42 万件,下降 19.2%;邮政储蓄平均余额 2557.4 亿元,增长 1.8%。全市市话年末达到 121.8 万户,下降 6.7%;农话年末达到 24.5 万户,下降 5.4%。移动电话年末达到 1080.9 万户,下降 5.7%。互联网用户达到 511.6 万户,下降 8.0%,其中宽带用户 106.0 万户,增长 4.4%。

八、金融 证券 保险

截至 2015 年末,全市拥有银行信社类金融机构 39 家,保险公司 34 家,证券公司 2 家,证券公司分公司 19 家,证券营业部 60 家,上市企业 25 家。

全市金融机构本外币各项存款余额 9959.9 亿元,比年初增长 11.8%。住户存款余额 3834.2 亿元,增长 8.9%。金融机构本外币各项贷款余额 9009.12 亿元,比年初增长 19.5%。

2015 年金融机构本外币存贷款及其增长速度

单位:亿元

指　　标	2015 年	比年初增长%
各项存款余额	9959.9	11.8
其中:1.住户存款	3834.2	8.9
2.非金融企业存款	3636.3	11.4
3.广义政府存款	1971.9	5.6
各项贷款余额	9009.1	19.5
其中:住户短期贷款	361.1	9.8
中长期贷款	1496.0	18.1

全市股民帐户数达到 184.5 万户,比上年增长 33.4%。有价证券成交总额 24674.2 亿元,比上年增长 196.5%。其中,股票交易成交额 20651.8 亿元,增长 267.2%;国债成交额 3275.8 亿元,增长 42.9%;基金成交额 535.8 亿元,增长 164.3%。

全年保费收入 161.7 亿元,比上年增长 25.4%。其中,财产险保费收入 60.6 亿元,增长 10.7%;人身险保费收入 101.1 亿元,增长 36.3%。全年赔付总金额 55.4 亿元,增长 13.2%。其中,财产险赔付金额 33.5 亿元,增长 16.5%;人身险赔付金额 21.9 亿元,增长 8.5%。

九、城建

2015 年末,全市完成道路新建和扩建长度 248.6 公里,全市道路总面积达到 7655.2 万平方米,道路长度达到 3373.83 公里,人均道路面积 19.03 平方米。

2015 年,全市水厂日综合生产能力为 129.1 万立方米/日,城区使用自来水人数达 398.89 万人。全市天然气供气总量达到 45881.9 万立方米;液化石油气供气总量达到 3.77 万吨。城区使用天然气、石油液化气户数达到 134.4 万户。城区集中供热面积达到 18663.26 万平方米。

到 2015 年末,全市公园绿地面积达到 16646 公顷,建成区绿化覆盖面积达到 18926.27 公顷,建成区绿化覆盖率达到 41.5%。

十、科技 质量技术监督 教育

全年专利申请量由上年的 7853 件增加到 10184 件,增长 29.7%。全年通过鉴定、验收和认定的科技成果 237 项,获得市以上科技进步奖励成果 196 项。其中: 获省级奖励 196 项。

2015 年末,在全市各级各类科技人员中,驻长“两院”院士 40 人,其中,域内 24 人,双聘 16 人。全市拥有独立科学研究与技术开发机构 89 个。其中,自然科学和技术领域研究与开发机构 59 个,社会科学与人文领域研究与开发机 13 个,科技信息与文献领域机构 3 个。全市民营科技企业技术合同成交额达 24.46 亿元。市科技管理部门共投入科技经费 1 亿元。全市新认定高新技术企业 41 户。

全市有法定产品质量检验机构 3 家,法定计量技术机构 11 家,计量校准设备 83349 台/件,检验各类器具 186995 台/件。全年共定期监督检验产品 683 批次。受理委托检验 17000 批次。国家和省的监督抽查产品质量平均合格率分别达到 100%和 98.68%。

2015 年,长春市各级各类教育学校 1622 所(不含幼儿园,以下同),其中:在长普通高校 37 所(含独立学院 6 所),成人高校 8 所,中等职业学校 103 所,普通高中 67 所,初中 270 所(含职业初中,以下同),小学 1126 所,特殊教育 10 所,工读学校 1 所。

全市各级各类学校招生人数 34.5 万人,其中:研究生 1.6 万人,普通本专科 11.7 万人,成人本专科 3.7 万人,中等职业学校 1.6 万人,普通高中 3.9 万人,初中阶段 5.3 万人,小学 6.6 万人,特殊教育 131 人。

全市各级各类学校在校人数 131.4 万人,其中在读研究生 4.9 万人,普通本专科在校生 42.6 万人,成人本专科生 10 万人,中等职业学校在校生 4.3 万人,普通高中在校生 12.2 万人,初中在校生 17.7 万人,小学在校生 39.6 万人,特殊教育在校生 950 人。

全市各类教育学校专任教师 8.97 万人。其中:普通高等学校专任教师 2.64 万人,成人高校专任教师 926 人,民办机构 184 人,中等职业学校专任教师 0.49 万人,普通高中专任教师 1.02 万人,初中阶段专任教师 2.04 万人,小学专任教师 2.63 万人,特殊教育学校专任教师 360 人,工读学校 29 人。

十一、文化 卫生 体育

2015 年全市共有文化(文物)事业机构 225 家,其中艺术表演团体 3 家,艺术表演场馆 6 家,公共图书馆 12 家,艺术馆、文化馆 12 家,文化站 160 家,文化艺术科研、科技机构 2 家,文物保护研究机构 1 家,文物保护管理机构 3 家,其他文化事业 18 家,其他文化企业 1 家,博物馆 9 家。文化市场管理机构 15 家。公共图书馆总藏量 463.15 万册,其中少儿图书馆藏量 55.89 万册。

全市共有国家综合档案馆 11 个, 馆藏档案 143 万卷、146 万件,开放档案 16 万卷、8 万件。

2015 年,全市有各类文化经营场所 1134 家,其中互联网上网服务营业场所 696 家 (连锁 94 家), 文化娱乐场所 257 家,演出场所 23 家,音像制品经营场所 155 家,古玩(美术品)经营店 3 家。其中市区(含开发区)文化经营场所 591 家,其中互联网上网服务营业场所 575 家(连锁 89 家),文化娱乐场所 230 家,演出场所 12 家,古玩(美术品)经营店 3 家。

2015 年,全市有广播电台 4 座,节目 10 套,中波发射台和转播台 26 座,转播台 24 座,广播人口覆盖率为 100%;电视台 4 座,节目 9 套,电视人口覆盖率为 100%。

2015 年末,全市卫生医疗机构 4317 个,增长 2.32%。其中:医院、卫生院 301 所,与去年同期持平,拥有医疗床位 4.73 万张,比上年下降 0.21%。卫生技术人员为 4.75 万人,比上年增长 5.07%。每千人拥有执业医师和执业助理医师 2.73 人。

2015 年末,市辖区建成社区卫生服务中心 60 家,城区人口覆盖率达到 99.1%。374 万农民参加了新型合作医疗,常住人口参合率达到 99.52%,共筹集资金 17.96 亿元,已有 144.61 万参合农民受益,支付补偿金 15.35 亿元,占筹资总额的 91.16%。

全年成功承办了瓦萨国际越野滑雪赛、国际雪联越野滑雪赛中国巡回赛、世界罗佩特越野滑雪巡回赛、中美男篮对抗赛等国际国内大型体育赛事 10 余项次, 举办了市青少年短道、速滑、篮球等省市各级各类体育赛事 500 余项次。

以“繁荣群众体育,建设幸福长春”为主题,开展全民健身活动近 2000 项次,参与人数达百万人次,公布了《长春市民体质状况报告》。投入资金 650 万元,为城区安装 100 套健身路径,为 17 个乡镇、152 个行政村安装健身器材。全年体育彩票销售 15.36 亿元,占全省销售比例的 40.18%。

十二、环境保护

2015 年末, 全市区域环境噪声平均值控制在 56.1 分贝,道路交通噪声平均值控制在 69.5 分贝。

全年城区空气环境质量优良级天数 237 天,占总天数的 64.9%,其中,优级天数 39 天,占 10.7%;良级天数 198 天,占 54.2%;空气首要污染物细颗粒物(PM2.5)年日均值每立方米 66 微克,比上年下降 2 微克;二氧化硫年日均值每立方米 36 微克,比上年下降 5 微克;二氧化氮年日均值每立方米 45 微克,比上年上升 2 微克;饮用水源水质达标率 100%。

十三、人口 人民生活 社会保障

2015 年末,全市户籍总人口为 753.8 万人。其中,市区人口 436.1 万人,三县(市)人口 317.7 万人。全市人口出生率为 7.32‰,死亡率 5.17‰,自然增长率 2.15‰。

2015 年,城镇常住居民人均可支配收入达到 29090 元,比上年增长 6.6%。农村常住居民人均可支配收入 11749 元,增长 4.1%。

2015 年底, 全市城镇企业职工基本养老保险参保人数达到 204.2 万人,比上年增长 3.8%。其中,在职职工 144.4 万人,增长 3.6%;城镇失业保险参保人数达到 95.3 万人,增长 2.3%。全年征缴养老保险基金 128.6 亿元,增长 10.6%;征缴失业保险基金 15 亿元。全年共为 59.7 万名离退休人员发放养老金 145.9 亿元,增长 17.2%;为 2.5 万名失业人员发放失业金 1.1 亿元。

2015 年城镇医疗保险参保人数达到 407.4 万人,工伤和生育保险参保人数分别达到 138 万人和 113.3 万人。

2015 年全市共开发就业岗位 15.1 万个, 实现城镇新增就业 13.2 万人, 安置下岗失业人员实现在就业 5.8 万人,其中大龄就业困难对象再就业 1.2 万人。全市就业困难群体从事公益性岗位人员稳定在 2 万人以上,当年扶持 522 户零就业家庭实现就业。累计实现农村劳动力转移就业 119 万人次。到年底,城镇登记失业率为 3.66%。

截止到年末, 全市城市居民 51774 人享受最低生活保障;农村居民 18336 人享受最低生活保障。累计全年发放城乡低保资金 3.4 亿元(城区和双阳区数据)。

全市建设保障性住房 1429 套、建筑面积 7.7 万平方米、总投资额 39000 万元。

全市在民政部门注册养老服务机构共有 519 家,总床位数 37743 张。其中:国家办养老机构 6 家,社会力量投资兴办的养老机构 416 家。农村社会福利服务中心 97 所。全年销售社会福利彩票 13.5 亿元。募集善款 2372 万元,总支出慈善募捐款 2381.15 万元,受助群众达 3 万人次。

注:1、本公报各项统计数据为初步统计数。

2、本公报行业数据系有关部门(行业)提供。

3、本公报长春市生产总值、各产业增加值绝对数按现价计算,增长速度按可比价格计算。

县(市)区开发区经济

SPECLAL REPORT

2016

长春统计年鉴

CHANGCHUN STATISTICAL YEARBOOK

【农安县】 2015年是实施“十二五”规划的收官之年,也是我县经济转型发展取得新成效的一年。面对异常严峻复杂的宏观形势,在县委的正确领导下,在县人大、县政协的监督与支持下,县政府组织带领全县人民,紧紧围绕幸福农安建设,积极应对宏观经济下行压力,强化措施,狠抓落实,经济社会健康稳定发展,圆满实现了“十二五”规划目标,取得了令人振奋的成就。

一、综合

经济综合实力稳步提升,经济总量和质量不断提高,连续四年进入全国经济百强县并晋位升级。全年实现地区生产总值405.5亿元,按不变价格计算同比增长7.8%。其中,第一产业增加值94.98亿元,按不变价格计算同比增长4.6%;第二产业增加值120.2亿元,按不变价格计算同比增长7%;第三产业增加值190.3亿元,按不变价格计算同比增长10.1%。三次产业结构之比为23.4:29.6:47。按常住人口计算,全县人均地区生产总值达到35261元,同比增长6.6%。

2011年-2015年地区生产总值完成情况

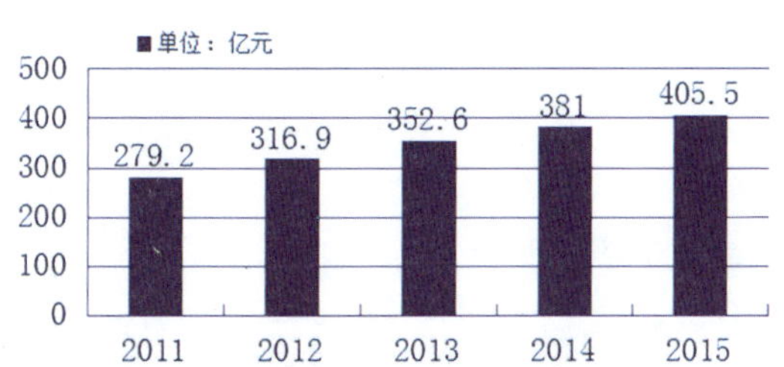

三次产业占地区生产总值比重

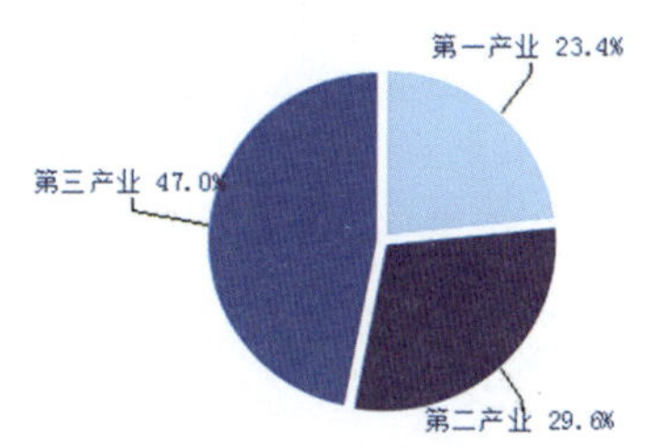

二、农业

全年实现农林牧渔业增加值97.8亿元,同比增长2.5%。其中,农业增加值54.5亿元,林业增加值0.7亿元,牧业增加值39.2亿元,渔业增加值0.6亿元,农林牧渔服务业增加值2.8亿元。

全县打赢“抗旱保粮”攻坚战,粮食产量稳定。全年粮食产量288万吨,同比下降4%。其中:玉米产量274万吨,同比下降3.2%;大豆产量1.7万吨,同比增长21.4%;水稻产量11.5万吨,同比增长36.9%。全年粮食播种面积35.3万公顷,其中:玉米播种面积33.7万公顷。经济作物播种面积3万公顷。全年油料总产量1.08万吨,其中:葵花籽产量0.5万吨。蔬菜产量75.6万吨;瓜果产量14.6万吨。

全年农用化肥施用量28万吨。农村用电量68508万千瓦/时。

三、工业和建筑业

全年实现规模以上工业总产值301亿元,同比增长9.3%。规模以上工业增加值78.2亿元。至年末全县规模以上工业企业共有166户,比去年增加47户。全年规模以上工业中,石油化工产业实现总产值29.3亿元,占比9.7%;食品产业实现总产值111.5亿元,占比37%。

2015年主要工业产品产量

产品名称	计量单位	产 量	同比增长(%)
饲料	吨	200175.38	16.02
其中:配合饲料	吨	78120.35	-10.49
混合饲料	吨	79019.03	50.82
鲜、冷藏肉	吨	374981.00	-17.46
冻肉	吨	2775.00	10.08
饮料酒	千升	175513.63	-5.13
其中:白酒	千升	31077.00	68.27
啤酒	千升	144421.63	-12.78
软饮料	吨	47888.00	-9.86
服装	万件	164.95	31.75
合成橡胶	吨	46442.00	-1.42
塑料制品	吨	4980.00	12.09
水泥	吨	3904975.00	-4.50
其中:强度等级42.5水泥	吨	3904975.00	-4.50

2015年末全县共有资质以上建筑业企业13家。全年实现建筑业总产值11.9亿元,同比增长65.3%。

四、固定资产投资和房地产开发

全年全社会固定资产投资完成261.0亿元,同比增长17%。其中:工业投资171.0亿元,占全社会固定资产投资额的65.5%。全年新建项目完成投资82.2亿元,比上年增长71.1%;扩建项目完成投资88.7亿元,增长120.2%;改建和技术改造项目完成投资82.1亿元,增长113.3%。

2011年-2015年全社会固定资产投资完成情况

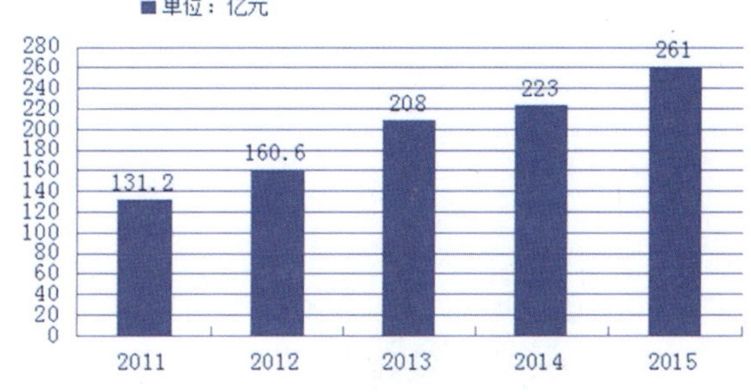

2015年末全县共有房地产企业26家,全年完成房地产开发投资11.1亿元,比上年下降15.3%。

五、贸易和服务业

贸易与服务业高速发展。全县依托现有商贸产业,重点发展以物流为主的生产性服务业,城乡商贸流通体系不断健全,现代物流业、城市商业网点向农村延伸。全年实现社会消费品零售总额130.6亿元,同比增长9.8%。

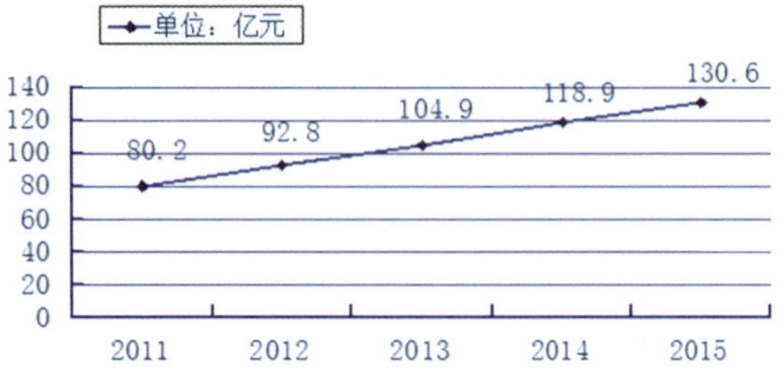

六、财政和金融业

全年预算执行情况良好,在各种减收因素的影响下,财政收入同比上年小幅回落。继续优化支出结构,社会事业持续投入,公共服务实现均衡发展。财政对资金的调控能力进一步提升,基本支出和项目支出均得到了有力保障。

财政:2015年,地方级财政收入完成12亿元,比上年减收2.2亿元,比上年下降15.8%,完成年度调整预算的100%;一般预算全口径财政收入完成23.7亿元,比上年减收2.3亿元,比上年下降8.8%,完成年度调整预算的100%。

分部门看:国税部门完成12.2亿元,比上年增收0.2亿元,比上年增长2.1%。地税部门完成8.9亿元,比上年减收1.5亿元,比上年下降14.0%。财政部门完成2.6亿元,比上年减收1.1亿元,比上年下降29.4%。

从主要税种收入完成情况看:增值税(100%部分)完成4.3亿元,同比增收0.6亿元,同比增长17.1%。营业税完成2亿元,同比减收0.7亿元,同比下降25.2%。企业所得税(100%部分)完成1.3亿元,同比减收0.3亿元,同比下降18.5%。个人所得税(100%部分)完成0.4亿元,同比增收910万元,同比增长34.3%。耕地占用税完成2.2亿元,同比减收0.6亿元,同比下降22.3%。消费税完成6.6亿元,同比减收0.3亿元,同比下降4.2%。

2015年,全县公共财政预算支出总计完成55.3亿元,同比增加7.8亿元,同比增长16.5%。

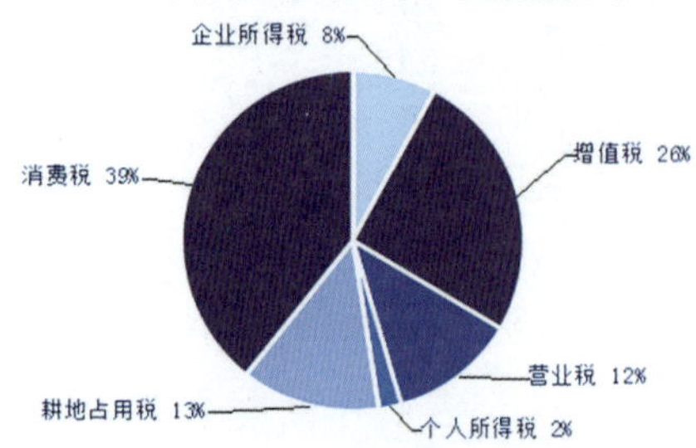

金融:全县年末金融机构人民币各项存款余额267.9亿元,同比增长17.9%;城乡居民储蓄存款214.1亿元,同比增长15.9%。金融机构各项贷款余额283.7亿元,同比增51.9%;其中,短期贷款余额210.9亿元,中长期贷款余额72.3亿元,票据融资0.5亿元。

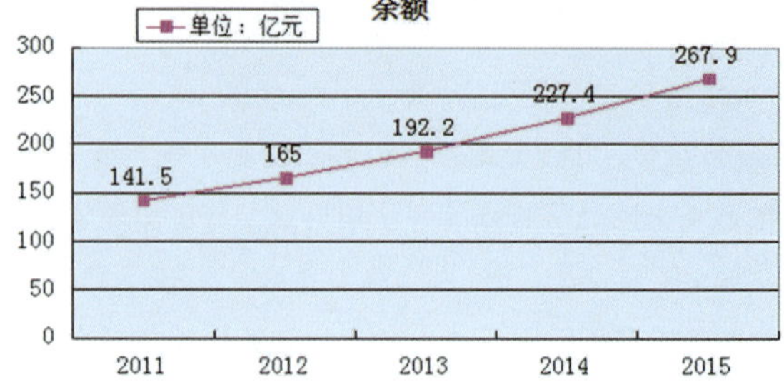

七、民政优抚

2015年,全县共新开发就业岗位8200个;就业保障服务中心正式投入使用,新增城镇就业7600人;积极推进"高质量就业示范村"创建工作,转移农村劳动力33万人次,实现劳务收入59亿元。全年民生投入40.5亿元,106件民生实事全面完成。城乡低保扩面提标,新农合实现全覆盖。集中解决16个乡镇、10万农村居民安全饮水问题。人民生活正在发生质的飞跃。

八、教育和卫生

全县实行中心校、村小一体化管理,农安四中、合隆长春职教园、合隆实验中学等学校建成使用。深化县级公立医院改革,县医院、中医院分别与吉大二院、吉大一院建立医疗联合体;新建100个标准化村级卫生室。

教育:2015年末全县共有5所高级中学、40所初级中学、1所职业中学、5所完全中学、306所小学、90所幼儿园和1所特殊教育学校。教职工人数共12209人。全县所有在校学生113678人,其中高级中学11756人,初级中学19849人,职业中学1183人,完全中学8543人,小学58200人,幼儿园14011人,特殊教育136人。

卫生:全县共有卫生机构(医院+乡村卫生所)410处,其中医院33处,乡镇卫生所(站)377处。全县卫生从业人员共有3196人,其中卫生技术人员2850人,拥有高级职称242人,全县每万人(常住人口)拥有卫生技术人员24.8人。全县共有床位2853张,每千人(常住人口)拥有床位2.47张。

九、人口与人民生活

全年民生投入持续加大,多项民生实事全面完成。就业保障服务中心正式投入使用,人民公园二期、宝塔游园、拥水公园等公共休闲活动场地的建成,显著改善了人民休闲娱乐生活。

2015年末,全县总人口达到1153371人,同比下降0.24‰。户数为381442,同比下降0.12%。全县人口出生率

5.15‰,人口死亡率5.13‰,人口自然增长率0.02‰。

全县年末在岗职工34870人，在岗职工年平均工资37631元(初步统计),同比增长2.3%。

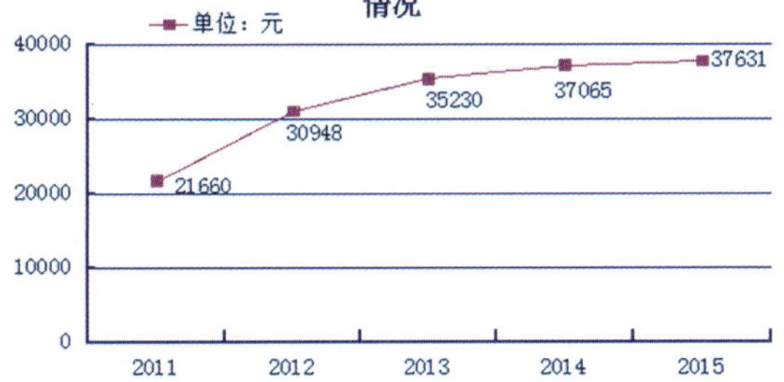

【九台市】 2015年,面对错综复杂的外部环境和经济下行压力,全区上下在区委、区政府的坚强领导下,按照“打先锋”“站排头”的要求和“对标高位”的工作理念,以“抢抓机遇”、“创新发展”、“解放思想大讨论”为动力,坚持稳中求进的工作总基调,统筹推进稳增长、促改革、调结构、惠民生的各项工作,全区经济在新常态下平稳运行,各项社会事业取得新的进步。

一、综合

初步核算,全区实现生产总值406.6亿元,按可比价格计算,比上年增长7.1%。其中,第一产业增加值40.5亿元,增长4.1%;第二产业增加值204亿元,增长4.1%;第三产业增加值162亿元,增长12.4%。三次产业结构调整为10:50:40。

全年实现全口径财政收入21.4亿元,比上年增长5%;地方级财政收入13.7亿元,比上年5.2%。地方级税收收入10.4亿元,比上年增长0.3%。全年财政支出53.7亿元,比上年增长25.6%。其中,教育、社会保障和就业以及医疗卫生等民生支出27.4亿元,占财政总支出的51%。

二、农林牧渔业

全年农林牧渔业完成总产值79亿元,比上年增长2.1%。其中,农业产值39.6亿元,下降1.5%;林业产值0.4亿元,与上年持平;牧业产值36.1亿元,增长5.9%;渔业产值1.3亿元,比上年增长28%。

全年农林牧渔业实现增加值41.3亿元，比上年增长4.1%。其中,农业增加值24.4亿元,按可比价格计算比上年增长0.3%;林业增加值0.15亿元,下降3.1%;牧业增加值15.3亿元,增长9.9%;渔业增加值0.6亿元,增长28.4%。

全区农作物播种面积达到181214公顷，比上年下降1.2%。粮食产量达到106.4万吨,下降21.1%。其中,玉米产量85.1万吨,下降23.2%。

全年肉类总产量19万吨,比上年下降1.2%;禽蛋产量4.6万吨,增长15%;奶类产量20.4万吨,增长15%。

三、工业和建筑业

2015年末,全区共有规模以上工业企业225户,全年规模以上工业实现总产值550.3亿元,比上年增长9.3%;全区工业形成了以机械加工、农副产品加工、生物制药、矿产能源、建材材料五个行业为主导产业,这五大主导产业占规上工业总产值的75%左右。全区实现工业增加值142.7亿元,,按可比价格计算,比上年增长7.7%,其中规上工业实现增加值10.4..2亿元,比上年增长8.8%;实现利润36.8亿元,比上年增长15.7%;完成销售收入532.7亿元,比上年增长9.4 %;实现税金22.7亿元,比上年增长15.2%.

全区有资质建筑业企业25户，全年建筑业实现产值227.3亿元，比上年下降1.4%，全年建筑业实现增加值61.3亿元,比上年下降4.4%。2015年九台区全年在建工程项目12个,在建工程建筑面积81万平方米。截至2015年末,竣工验收房屋2558套,竣工面积23万平方米。

四、固定资产投资

2015年全社会固定资产投资达到237亿元,比上年增长12.4%，其中工业投资完成156亿元，比上年增长19.3%。2015年,全区投资3000万元以上的新建、续建项目254个,其中亿元以上项目40个。

五、国内贸易和对外经济

全年实现社会消费品零售总额125.9亿元，比上年增长9.4%。按行业分,批发零售业实现零售额118.3亿元,占零售总额的94%;住宿餐饮业实现零售额7.6亿元,占零售总额的6%。全年限额以上零售额5.8亿元,占零售总额4.5%。

2015年全年实现进出口总额2085万美元，比上年下降6.7%。全区实际利用外资10900万美元,比上年增长29.5%

六、交通和邮电

到2015年末,全区公路总里程达6047.6千米。其中,省级、县级公路388.5千米;乡道501千米;村屯公路5129千米。在等级公路中,一级公路达62.26千米,二级公路达59.67千米,三级公路达231.57千米,四级公路达3541.7千米,通村砂石路2062.7千米。2015年完成货运周转量448691万吨千米;完成客运周转量84951万人千米。

2015年末，邮政业务总收入5506万元，同比增长18.3%,其中代理金融实现业务收入4 450.5万元,同比增长19.8%,邮务类业务收入941.4万元,同比增长24.5%。其中函件专业实现收入131.8万元；集邮专业累计完成342.61万元;分销专业累计完成45.93万元;报刊业务实现收入175.37万元;包裹业务实现收入23.51万元;代理速递实现收入55万元。

七、金融、保险业

2015年末全区金融机构各项存款余额188.9亿元,比上年增长12.1%。其中居民储蓄存款余额148.9亿元,比上年增长10.8%;全区金融机构各项贷款余额159.3亿元,比上年增长43.7%。

2015 年保险业实现总产值 34560 万元，比上年增长 14.6%。

八、教育

全区有各级各类学校 186 所。其中，幼儿园 59 所(教育部门办 28 所，民办 31 所)，小学 89 所(独立小学 14 所，村小 75 所)，普通初中 30 所(独立初中 7 所，一贯制学校 23 所)，普通高中 5 所(独立高中 4 所，完中 1 所)，特殊教育学校 1 所，职业学校 1 所，教师进修学校 1 所。在校学生总数 76521 人，教职工总数 9218 人，其中专任教师 7120 人。2015 年，全区教育经费总投入 125473 万元，其中预算内教育经费 121805 万元，教育费附加 16749 万元，事业收入 3579 万元，政府性基金 37 万元。义务教育保障公用经费 4 811 万元。

九、文化、体育和卫生

文化方面：全年城乡开展各类群众文化活动 105 次，参与活动 18 万人次。其中九台区 2015 迎新春文艺演出、2015 年九台区“大美九台·喜迎新春”演唱会、2015 年“美在九台·百姓春晚”农民文化节启动仪式、市民艺术节启动仪式、纪念抗日战争胜利 70 周年电视文艺晚会、青年歌手大赛等大型活动在群众中反响强烈，受到好评。九台图书馆馆内总流通人次 12 万人次，总流通册次 91280 册次。新购图书 3000 种 71826 册。九台境内国有可移动文物有 49 件套。其中二级文物 1 件、三级文物 7 件。

体育方面：九台少儿体校被吉林省体育局评为 2013~2016 年度吉林省体育后备人才基地，并顺利通过复检，正式挂牌。91 名运动员完成十八届省运会运动员注册。在 2014~2015 年吉林省青少年速度滑冰锦标赛中女子集体滑冰获得第一名，男子乙组单项获得第一名。吉林省 2015 年青少年柔道锦标赛男子甲组第一名等优异成绩。

卫生方面：2015 年，九台区有各级各类医疗卫生机构 1 101 家。区级卫生单位 7 家。医疗机构 1094 家，其中，有区直二级医院 3 家；省级医院 1 家；乡(镇)卫生院 23 家，街道社区卫生服务中心 4 家；城区内民营医院 8 家；驻区外系统医院 1 家(吉林省民航机场集团公司医院)；门诊部 20 家；个体诊所 123 家；驻区卫生所 8 家；村级卫生室及村诊所 903 家。全区有开放病床 3117 张，其中城区 2377 张，农村 740 张。全区各级各类医疗机构有卫生技术人员 2944 人，平均千人拥有卫生技术人员 4.27 人，平均千人拥有床位数 4.45 张。

十、人口、就业、收入和社会保障

年末全区户籍总人口为 80.6 万人。其中，非农业人口 21.7 万人，占总人口的 26.9%；农业人口 58.9 万人，占总人口的 73.1%。人口出生率为 12.6‰，死亡率为 7.9‰，自然增长率为 4.7‰。

开发城镇工作岗位 9500 个；城镇新增就业 7200 人；其中下岗失业人员再就业 4012 人；4050 大龄就业 560 人；全口径劳务输出 32 万人次，其中农村劳动力输出 28 万人次，劳务经济收入 24 亿元；城镇登记失业率控制在 4%以内；解决零就业家庭比率 100%；创业促就业成功项目 402 个，带动就业 2016 人；发放小额担保贷款 3800 万元；为下岗失业人员发放社会保险补贴 6860 人，发放资金 2200 万元，发放率 100%；为失业职工 1 552 人发放失业金。下岗失业人员职业技能培训 2150 人；农村劳动力引导性培训 22000 人，其中职业技能培训 3155 人，创业培训 600 人，创业成功率 55%，参加职业技能鉴定率 96%，职业技能鉴定合格率80%。

城镇职工和居民医疗保险参保 178203 人，续保缴费率 90%；生育保险参保 43103 人，工伤保险参保 45501 人，大额医疗保险参保 57462 人；财政全额拨款机关事业单位人员开展公务员补充医疗保险，参保 25573 人；财政全额拨款机关事业单位在职人员全都单独缴纳工伤保险。

2015 年末全区共有社会福利机构 26 家，拥有床位数 3040 张，收养人数 2650 人。全区城乡居民享受最低生活保障人数 48561 人，其中城市享受低保人数 18252 人，农村享受低保人数 30309 人。

2015 年全区非私营单位从业人员平均工资为 42088 元，比上年增长 23.7；全区城镇常住居民人均可支配收入为 19505 元，比上年增长 8.4%；农村常住居民人均可支配收入为 11564 元，比上年增长 5.4%。

十一、环境保护和城市建设

环境保护方面：九台区环境空气质量达到国家二级标准。其中日均值 SO2 0.015mg/m3 、NO2 0.013mg/m3 、PM100.066 mg/m3，与 2015 年同期相比主要污染物 PM10 浓度下降 12%。城市空气优良天数 341 天。优良率 93.4%。

城市建设方面：2015 年全社会用电量 95244 万千瓦时，比上年增长 4.6%。其中工业用电量 52991 万千瓦时，比上年增长 2.8%。

2015 年给排水有限责任公司完成居民进户安装 14 户，管线总长 280 米；完成 4 处单位安装，管线总长 660 米；完成 6 个新建小区一次网、二次网安装，管线总长 3980 米；完成 4 处给水改线工程，管线总长 1100 米；完成了原水输水工程 DN1000 管线 1304 米；完成二次供水外网改造 3900 米。

2015 年末全区城区供热面积 564 万平方米，供热户数 7.3 万户。设有 5 个供热所、56 个换热站。2015 年新建一次网总长 6256 米。

九台区城区污水处理率超 97%，污水收集率超 98%，负荷率全年预计超 80%。日处理水量达 2.4 万吨左右。2015 年 1 月 1 日至 2015 年 12 月 31 日连续达标排放处理水量累计 780.32 万吨，污泥处置量 2352 吨。全年化学需氧量 COD 减排量 1835.72 吨，全年氨氮减排量 199.26 吨。

【榆树市】 2015年,全市人民在市委、市政府的坚强领导下,迎难而上、主动作为,以提高经济发展质量和效益为中心,主动适应经济发展新常态,把稳增长、调结构、促改革、惠民生、保稳定、防风险,贯穿于经济社会发展的各个方面,经济总量迈上新台阶,结构调整成果显现,质量效益不断提升,社会发展和谐稳定,各项事业成绩喜人,实现了"十二五"的圆满收官,为"十三五"经济社会发展,决胜全面建成小康社会奠定了坚实基础。

综　合

2015年,全市生产总值实现4055378万元,按不变价格计算,比上年增长6.0%。其中:第一产业增加值实现1049965万元,按不变价格计算,比上年增长5.0%;第二产业增加值实现1071523万元,按不变价格计算,比上年增长6.0%,其中:工业增加值实现729178万元,按不变价格计算,比上年增长5.6%,其中:规模以上工业增加值实现293255万元,按不变价格计算,比上年增长6.5%;建筑业增加值实现342660万元,按不变价格计算,比上年增长7.1%;第三产业增加值实现1933890万元,按不变价格计算,比上年增长6.5%。第一、二、三产业增加值占全市生产总值的比重发展到25.9:26.4:47.7,与2010年相比,第一产业下降了3.0个百分点,第二产业上升了2.7个百分点,第三产业上升了0.3个百分点。

我市连续十二年荣获全国粮食生产先进县市,连续十年跻身全国最具投资潜力中小城市百强,连续两年获得最具幸福感城市,被评为全国生态文明先进市、绿色宜居城市、农业标准化示范市、群众体育先进市、文化先进市、中国民间艺术之乡,成为国家级生态示范区、全国国土资源节约集约模范县市、全国农产品加工创业基地、全国产业发展能力百强县市。

农　业

2015年,全市总播种面积391126公顷。其中:粮食播种面积378936公顷,比上年增加85公顷。水稻播种面积72054公顷,玉米播种面积298668公顷,大豆播种面积592公顷,马铃薯播种面积7610公顷。蔬菜播种面积10454公顷,瓜类播种面积1306公顷,烤烟播种面积430公顷。粮食总产量达到3334208吨,其中:玉米2717665吨,水稻558130吨,大豆2350吨,谷子84吨,薯类55979吨。我市连续十二年获得"全国粮食生产标兵县(市)"的荣誉称号。农业总产值实现1964809万元,比上年增长4.3%,其中:种植业产值1067224万元,林业产值7358万元,牧业产值833898万元,渔业产值11643万元,农林牧渔服务业产值44686万元。

2015年末,全市牧业小区达到796个,规模化畜禽饲养占饲养总量的80%以上。全市生猪存栏1085710头,牛存栏713663头,羊存栏106501只。奶类总产量29009吨,禽蛋总产量104658吨,肉类总产量253961吨。

工业和建筑业

2015年,全口径工业总产值实现3538060万元,比上年增长1.2%。增加值实现729178万元,按不变价格计算,比上年增长5.6%。其中:规模以上工业企业发展到67户,总产值实现1857306万元,比上年增长3.6%,增加值实现293255万元,按不变价格计算,比上年增长6.5%。

2015年,全市建筑业增加值实现342660万元,按不变价格计算,比上年增长7.1%。全市有资质建筑企业10户,产值实现63976万元。

民营经济

2015年,全市民营经济发展到23439户,从业人员达到293189人。民营经济总产值实现12401960万元,比上年增长4.7%,利润总额实现993642万元,比上年增长13.7%,实交税金61277万元,比上年下降14.2%,民营经济增加值实现3092696万元,比上年增长7.0%。民营经济增加值占全市生产总值的比重达到76.3%。

固定资产投资

2015年,全市共引进内资45.85亿元,引进外资8494.5万美元。全社会固定资产投资完成额2150290万元,比上年增长15.1%,其中:工业固定资产投资完成额1658598万元,比上年增长2.0%。房地产开发投资完成额45656万元。

2015年,市委、市政府认真贯彻落实棚户区改造政策,依法推进房屋征收。改造棚户区21.12万平方米,回迁2012户,其中异地安置1013户。

交通运输及邮电业

公路工程建设稳步推进。投资7500万元,改善榆江公路25公里。投资5000万元,新建、改建桥梁25座。投资1.5亿元,建设农村水泥路300公里。黑大公路(榆树段)工程项目和五右高速公路(榆树段)工程项目建设积极推进。公路项目升级成果显著。榆陶公路由县道升级为省道。480公里的农村公路升级为县级公路。8月中旬13路、14路、15路三条线路公交车辆上线运营。投资80万元,建设了4个渡口;投资60万元,建设了五棵树老牛道全省标准化示范码头。

国内贸易

2015年,全市社会消费品零售额实现1323015万元,比上年增长9.9%。其中:批发、零售贸易业零售额实现1033293万元,比上年增长9.7%,住宿、餐饮业零售额实现289722万元,比上年增长10.3%。

财政、金融

2015年,全市一般预算全口径财政收入116748万元,比上年下降17.3%,市本级一般预算财政收入88403万元,比上年下降21.5%,财政支出总计581429万元,比上年增长8.7%。

2015年,金融机构各项存款余额2150245万元,比上年增长13.3%,其中:城乡居民储蓄存款余额1722896万元,比上年增长13.6%;金融机构各项贷款余额2511978万元,比上年增长47.0%。

文化体育事业

城乡文体基础设施建设日益加强。投资1790万元,建成村级文体广场134个。投资266万元,建设拆装式小型全民健身中心一个、35套文体广场健身器材。举办了"翰墨关东魂,出彩榆树人"主题书法大赛。举办了纪念抗日战争胜利70周年社区文艺演出、全民阅读知识竞赛、全市艺术新人大赛。与教育局联合举办了全市高中、初中、小学学生排球赛。举办三季市直机关干部、职工气排球比赛,9月份又利用一周时间组织开展全市乡(镇、街)职工、干部气排球比赛和总决赛,引领和带动了广大群众参与气排球活动的积极性,发展气排球运动员4000多人,为着力打造"气排球之乡"奠定了坚实的基础。邀请长春市体科所为我市刘家镇、五棵树镇、大岭镇和市直机关进行体质检测,检测人员达1500多人。对全市文体广场建设、农家书屋建设、文体活动开展、文体人才培养等方面进行了全面普查登记。组织文化惠民送戏下乡演出120场。

宣传工作取得了突破性进展。紧紧遵循"三贴近"原则,按照"三进、三同、三为"宣传战略,积极发挥正确的舆论导向作用,强力打造宣传阵地,突出栏目特点,广角度、多视角,展开全方位宣传报道。坚持"精办时政新闻、增加社会新闻、扩大经济新闻、强化民生新闻"。新闻开辟了《春耕生产进行时》、《社会主义核心价值观》、《吉林好人走进校园》等专栏;《大粮仓》栏目更加突出三农实际,更好地为农村发展、农业丰收、农民致富服务;《视点》栏目更好地关注民生,充分发挥舆论监督作用,弘扬社会正能量。积极协调中央、省、市台,不断提高榆树域外知名度,在省台卫视频道新闻联播发稿25件,电台在中国之声发稿2件,在省、市台发稿30件。

教育和卫生

教育以均衡发展为主线,以提高质量、促进公平为重点,加快教育改革创新,积极推进教育转型升级,合理配置教育资源,全面实施素质教育。以"优化重组、激发活力"为原则,将五棵树高中整合到榆树一中,对五棵树高中教师进行了合理分流,有效盘活高中教育资源。深入实施"强弱联盟""城乡联盟""学科联盟"合作发展模式。创新模式,加快发展现代职业教育。系统设计,协调发展学前教育、特殊教育。深化应用,积极推进数字化校园建设。积极改善中小学办学条件。充分整合校舍专项维修等资金,投资7900万元,新建校舍30栋面积27846平方米;投资1776万元,强化了教育技术装备建设,进一步改善了各中小学校办学条件。投资498万元,新建农村中心园2所、维修幼儿园6所。2015年,总计补充教师362名。认真开展扶贫助学活动。为近7000人次的低保家庭学生落实营养午餐补贴资金607万元;为近4000人次的高中贫困学生落实助学金717万元;为1841名大学生授理生源地助学贷款1380万元。大力实施康复、训练、指导、就业"四位一体"办学模式,加强了以食品加工、家政服务等为主要内容的职业教育,满足了残疾儿童入学需求。

医药卫生体制改革不断深化。全面落实基本药物制度,药品实现零差价销售。新建村卫生室120个,所有村卫生室达到省级标准,基层卫生计生服务能力不断提升。医疗机构同全市70家养老、托老机构建立对接关系。制定《榆树市全民健康生活方式大巡讲实施方案》,启动全民健康生活方式大巡讲活动,现场解答群众健康性问题。积极推进公共卫生均等化项目进程,居民健康档案建档率达到90%以上,电子档案85%以上。

人口和人民生活

2015年末,全市总人口达到1263160人。其中,农业人口1047587人,非农业人口215573人。全市总户数443212户,其中:农业户数304638户。人口自然增长率负2.34‰。

2015年,城镇居民人均可支配收入实现19413元,比上年增长7.8%;全市非私营单位在岗职工年平均工资42844元,比上年增长14.6%;农民人均可支配收入实现11748元,比上年增长4.0%。

劳动就业和社会保障

2015年,市委、市政府积极实施扩大就业的发展战略,推进全民创业促就业进程。开发就业岗位8560个,新增就业7226人,再就业3122人。创业成功658人,带动就业2756人。农村劳动力转移就业48.23万人次,劳务经济收入达到80.56亿元。

参加基本养老保险职工45895人,失业保险职工40845人,城镇居民最低生活保障25411人,农村居民最低生活保障50021人,农村合作医疗保险977045人,居民养老保险409914人。基本医疗保险职工57208人,城镇居民医疗保险107939人。

生态环境保护

继续实施"蓝天工程",积极落实大气污染防治措施,大气环境质量稳步提升,环境整治取得明显成效。环境监管实行网格化管理,科学划分监管区域,落实网格化责任人,强化监管责任。充分利用"在线监测"系统,强化对企业监管,保证市区和五棵树开发区两个污水处理厂稳定达标运行。积极稳妥推进环境保护大检查,共检查企、事业单位526家。强化水污染防治,集中式饮用水和境内流域水质保持安全稳定。保证水源地水质基本指标达标率实现100%。持续打造"安静工程",区域噪声功能不断改善。有效实施《榆树市城区声环境适用功能区划标准》,加强了对建筑工地夜间施工扰民的监管力度。积极开展"绿色护考",采取提前介入、专人蹲点蹲守、考场护考等措施,为广大考生营造安静舒适的生活、学习和应试环境,创连续6年高考期间噪声污染"零投诉"佳绩。贯彻实施"五位一体"总体布局,积极推进"生态文明"建设步伐,生态创建形成梯次格局,创建省级生态村3家,长春市级生态村15家。

【德惠市】 2015年,德惠市地区生产总值实现405亿元,同比增长7%。其中,第一产业增加值71.5亿元,同比增长6.0%;第二产业增加值159.8亿元,同比增长4.8%;第三产业增加值173.7亿元,同比增长9.8%。规模以上工业总产值463.3亿元,同比增长15%。全社会固定资产投资233.4亿元,同比增长16.5%。一般预算全口径财政收入15.8亿元,同比下降17%;地方级财政收入10.8亿元,同比下降19.7%。社会消费品零售总额实现133.4亿元,同比增长9.7%。城镇居民人均可支配收入实现22119元,同比增长8%;农村居民人均可支配收入实现12366元,同比增长8.5%。民营经济主营业务收入1170亿元,同比增长8.6%。

一、工业经济稳中有升

全市规模以上工业企业137家,总产值463.3亿元。其中食品加工、生物化工、机械制造、新型建材、石油化工等主导产业产值363亿元,占78.4%。

"三园三区"功能增强。德惠经济开发区德佳生活垃圾发电项目完成设备安装,泉德新型建材项目主体工程完成,储备了济南圣泉集团唐和唐高科技产品等投资项目。米沙子工业集中区新建项目15个,续建项目10个;启达汽车配件、长春燃气调峰中心等16个项目陆续投产;香江物流与诸葛修车网吉林分公司确定战略合作关系;大学城项目配套设施开工建设。大成(德惠)生化工业区大成公司破产重组转型为国有控股企业,恢复生产运营,年产3万吨苏氨酸项目投产;吉林嘉鹏废弃料二期项目完成主体框架。朱城子食品加工产业园储备土地140公顷,建设排水1.1万米、道路3条。万宝高新材料化工产业园完成总体规划设计和66千伏变电所土建工程,吉林油田、锐达燃气等项目有序推进。布海汽车配件产业园完成24.6万平方米用地规划调整,建设道路排水8992米,架设供电线路1条;年产20万件汽车曲轴等3个项目签约。

项目建设进程加快。全市在建3000万元以上大项目299个,投资198.5亿元。其中亿元以上项目53个,投资56.7亿元。吉林达利公司投资2.7亿元,新上4条生产线,实现税金1.8亿元,呈现两年产值翻番、税收翻番、效益翻番的发展势头。回头客食品集团股份有限公司在北京新三板上市,总投资20亿元的吉林回头客食品加工项目破土动工。都邦药业股份有限公司累计投资4亿元,在全国中小企业股份转让系统举行了集体挂牌仪式。泉德秸秆综合利用项目制浆、污水处理、自备电厂等土建工程全部竣工,生活用纸车间生产形势良好。

招商引资质量提高。对招商项目实行审核制度,提高招商引资质量。引进项目83个,投资总额294.2亿元,到位资金66.5亿元。

二、农业经济健康发展

种植业结构优化。建设粮食高产示范片25个,国家新增千亿斤粮食产能规划田间工程全面实施,粮食作物面积21.6万公顷,粮食产量39亿斤;园艺特产业面积35万亩,产值28.4亿元。

畜牧业规模壮大。建设生猪小区40个,建成国家级畜禽标准化养殖示范场6个、省和长春市级97个。生猪存栏89.74万头,出栏161.81万头;肉鸡存栏2556.1万只,出栏11661.8万只;黄牛存栏36.04万头,出栏16.2万头。

产业化经营效果突出。新发展长春市级龙头企业6家、省级龙头企业2家。农产品加工业销售收入480亿元,同比增长6%。

农业基础设施增强。投资1.49亿元实施1.57万公顷高标准基本农田建设项目,修建田间道路384公里,涵桥336座,灌溉机井517眼,渠道清淤4.5公里。争取国家农机购置补贴资金8600万元,农机总动力达到119万千瓦。完成深松整地20万亩。更新农防林、改造残次林184公顷,清收林地4718公顷,还林600公顷。

三、民生事业全面进步

十件实事预期落实。市第三幼儿园、第十二中学、第二十中学新建工程完成基础建设;农村饮水安全工程打电机井26眼,建管理房26座,受益5万人;市福利中心扩建、救灾物资储备库、流浪儿童救助中心投入使用;万宝镇、同太乡村级卫生室新建扩建工程全面完成,同太乡卫生院交付使用,万宝镇卫生院履行建设手续;乡村水泥路建设100公里;城区破损路段及巷道维修改造工程全部完成;城区二次供水新建和改造供水泵站13座,更换智能水表3万块,供水服务建筑面积800多万平方米,实现全覆盖;完成"暖房子"工程60万平方米,累计284万平方米;老旧小区地沟通畅工程清淘579栋,惠及居民5000户;完成德惠西综合客运站及配套设施建设主体工程,高铁站前地面硬化铺装完毕。

就业水平稳步提高。开发就业岗位9281个,城镇新增就业8192人,下岗失业人员再就业3245人,失业率控制在4%以内。农村劳动力转移就业23.9万人次,劳务经济收入28.7亿元。

社会保障日益完善。城镇职工基本医疗保险7.5万人,城镇居民基本医疗保险15.5万人,城乡居民养老保险35.8万人。城市低保标准每人每月提高到353元,农村低保标准每人每年提高到2968元。扶贫开发完成年度任务,8700名贫困人口脱贫。被征地农民基本养老保险参保10635人。分散供养五保户标准每人每年2800元，集中供养五保户标准每人每年4700元。为1300名高龄老人发放津贴160万元，为270名企业军转干部按月发放生活困难补贴金，为224名六十年代精简老职工发放生活补助110万元。改造残疾人危房20户。

四、城乡管理不断加强

城市功能逐渐完善。开发楼房50万平方米，改造棚户区16.8万平方米，建设安置房2198套。修建城区道路22条，总长9000米。完成老火车站站前广场硬化、迎宾公园地面铺装。改造老旧供热管网21.6公里。完成泉德给水管线、德佳生活垃圾发电项目排水管线、污水处理厂截流干管和再生水利用等工程年度建设任务。主要街路栽植苗木1.7万余棵、花卉61万余株。完善物业管理制度，强化"老旧散"小区管理，实现全天候保洁和垃圾巡回接收。绿化美化285个有绿地楼院，栽植苗木1.5万棵，花卉18万株，新植草坪8306平方米。修改《城区供热管理办法》和《城市供水管理办法》，收缴追缴房屋维修专项资金3000余万元。新设交通监控探头24个，城区主要路口监控覆盖率85%。主要路段增设红绿灯10处，重点路段安装国家标准交通标志。

新农村建设成效突显。13个省级重点村申报新农村建设项目16个，新建农村水泥公路117公里、桥梁4座，维修加固险桥4座。米沙子镇太平沟村、朱城子镇良种场村、布海镇十三家子村被评为长春市"最美乡村"、吉林省"美丽乡村"。完成农村土地承包经营权确权登记颁证外业实测、数据录入工作。培育新型农业经营主体,发展合作社500个、家庭农场50个。修建1000平方米村级文化广场42个，提升农村文化大院51个。绿化村屯4个，改造农村危房3203户。米沙子镇农贸综合大市场投入使用。

五、社会事业协调发展。

保障教育安全。维修改造校舍2.5万平方米；投入4500余万元，推进中小学设施标准化建设；为69所中小学安装高清探头2707个。

推进医疗改革。县级公立医院全面实行基本药物制度和药品零差率；健全疾病防控体系和医疗救治体系，强化传染病防控预警和监测工作；新农合参合率95.7%。

提升农村文化生活。铺设农村有线电视网主干线105公里，新发展用户1056户。举办第五届长春(德惠)农民节，打造达家沟镇合义村农民艺术节等3个新农村文化品牌。

【南关区】 2015年，在区委、区政府正确领导下，积极转变经济发展方式，应对深刻变化的发展环境和转型升级的重大挑战，全区经济和社会发展情况良好。

一、综合

初步核算，全年国内生产总值259.04亿元，比上年增长6.5%，其中，第一产业增加值0.07亿元，比上年增长16.2%，第二产业增加值34.60亿元，比上年增长9.9%，第三产业增加值224.37亿元，增长5.8%。

全年全口径财政收入53亿元，比上年增加2.68亿元，增长5.3%，其中区本级财政收入10.1亿元，减少0.66亿元，下降6.1%。

二、农业

全区耕地面积186公顷，全年粮食作物总产量975吨。全年畜禽产品产量482吨，其中，猪肉产量437吨，牛肉产量28吨，禽肉产量9吨，禽蛋产量8吨。农林牧渔业总产值2031万元，其中农业产值169万元，牧业产值1184万元，，农林牧渔服务业产值678万元。

三、工业和建筑业

全区规模以上工业企业共两家，分别为长春市鼎丰真食品有限责任公司和吉林永利激光科技有限公司，共实现工业总产值8097.1万元，同比增长11%；工业利润482.6万元，同比增长42.86；综合能源消费量193.31吨。全年三级以上资质建筑业企业198户，比上年减少18户，实现建筑业总产值137亿，按可比口径计算，降低3%。

四、固定资产投资和招商引资

全年全社会固定资产投资106亿元，比上年增长17.5%。其中房地产开发投资70.3亿元，比上年增长18.2%。全年招商引资34.9亿元，利用外资6840万美元。年内实现亿元以上项目开复工建设60个，其中10亿元以上项目达到21个；开复工面积300万平方米；竣工面积170万平方米，其中商务商业面积占到30%以上。项目开复工率居于全市前列。长春国际金融中心、恒兴国际城等项目突破多年制约瓶颈，完成主体建设；长春活力城、希派创意城等项目投入运营，一大批符合现代新兴业态的企业已意向签约入驻，发展后劲不断增强。

五、商贸和服务业

传统商贸业总量稳步提升，新兴业态势头迅猛，全区社会消费品零售总额完成142.84亿元，同比增长9.2%。加快推进现代服务业发展，东北亚国际金融投资集团和吉林长春产权交易中心两个平台启动运营，招商银行等金融总部陆续进驻。引入吉林省汇城支付网络技术公司等优质税源企业47家，其中注册资本亿元以上企业达到8家。

六、民营经济

民营企业和个体工商户达到4.3万户，主营业务收入实现599亿元，民营经济规模不断壮大。私营企业户数达到15152户，增长11.2%，个体工商户达到28585户，增长9%。

七、民生发展

坚持把发展成果惠及民生，累计开发就业岗位15,665个，实现城镇新增就业13,898人。创建社区残疾人康复站点

22个，为残疾人提供训练指导等各类康复服务7,770人次。实施279万平方米的“暖房子”工程,90个“老旧散弃”小区实现了居民自治管理;提高扶贫工作精准性,重点开展了居家养老服务、流乞人员救助、免费健康体检等10项惠民项目,辖区百姓得到更多实惠。

八、市容环境

充分发挥市区联建的能动作用,持续推进市容环境综合整治,拆除违章建筑4.5万平方米,规范户外广告牌匾1,510块,查处各类占道行为1,600余处;大力推进排污、扬尘、秸秆禁烧等环保整治,淘汰撤并燃煤小锅炉193台,完成污染减排任务,城区环境面貌得到进一步改观。

九、教育、卫生和文化

现有普通中学10所,在校学生5364人,小学25所,在校学生16786人,特殊教育1所,在校学生102人。中等职业学校1所,在校学生165人。创新大学区管理模式,被教育部列入教师队伍管理全国首批19个“县管校聘”示范区;引进东北师大附中优质资源与26中学联合办学。区属医疗机构实行基本药物制度,药价下降幅度达50%以上;新农合参合27,420人,参合率稳定在99%以上。国家公共文化服务体系示范区创建工作顺利推进,8个精品街道文化站和20个社区文化活动室功能进一步完善;以纪念中国人民抗日战争暨世界反法西斯战争胜利70周年为主线，举办第九届社区文化艺术节和冰雪趣味运动会等文体活动83场次，参与群众达20万人次以上,营造了良好文化氛围。

十、人口和居民生活

2015年全区常住人口为47.53万人，户籍人口为47.20万人,全年人口出生率为3.65‰,人口死亡率为2.93‰,自然增长率为0.73‰,城市人均可支配收入为29089.7元,农民人均纯收入为14124元。

【宽城区】 宽城区位于长春市北部，辖宽城经济开发区、宽城工业集中区、兰家镇和十个街道办事处,区域面积238平方公里。

2015年宽城区在区委、区政府的正确领导下,以改造大铁北、建设“幸福宽城”为目标,牢牢把握稳中求进的总基调,全力抓好稳增长、调结构、促改革、惠民生、保稳定等各方面工作,经济和社会发展全区经济和社会各项事业取得大发展。

一、综合

综合实力进一步增强。经初步核算,全年实现地区生产总值249亿元,比上年增长7.1%。其中第一产业增加值1.7亿元,比上年增长0.7%;第二产业增加值72.9亿元,比上年增长5.4%;第三产业增加值174.4亿元,比上年增长7.9%。产业结构得到进一步优化，三次产业比重分别为0.7%:29.3%:70%。

全口径财政收入完成34.4亿元,比上年增长2.4%,地方级收入完成8.4亿元,比上年增长10.9%。全年税收收入完成32.5亿元,比上年增长5.6%。其中增值税完成6.5亿元,比上年增长1.2%;营业税完成9.3亿元,比上年减少5.3%;企业所得税完成8.7亿元,比上年增长21.3%。

地方财政支出24亿元,比上年增长31.8%。其中教育事业费支出6.8亿元,比上年增长65.8%;社会保障和就业支出1.8亿元,比上年减少14%;医疗卫生支出2亿元,比上年增长17.2%;节能环保支出0.4亿元,比上年减少69.2%;一般公共服务支出5.4亿元，比上年增长22.2%；城乡社区支出3.8亿元,比上年增长76.8%。

二、农业

2015年末耕地面积4435公顷，全年农作物播种面积5124公顷,其中粮食作物播种面积3560公顷,经济作物播种面积1564公顷,分占总播种面积的69.5%和30.5%。粮食作物总产量1.96万吨,经济作物产量3.3万吨。

2015年全区畜牧业生产受各方面条件的影响,发展有所下降。畜禽肉总产量988吨,其中猪牛羊肉产量883吨,禽肉产量105吨,生牛奶产量119吨,禽蛋产量394吨,肉猪出栏2.19万头,活家禽出栏84千只。

三、工业

2015年我区规模以上工业企业34户，完成工业总产值39.3亿元,比上年增长0.17%;实现利润总额2.4亿元,比上年增长31.3%。。

四、固定资产投资

2015年全社会固定资产投资完成235.5亿元,比上年增长13.2%。

五、国内服务贸易

2015年全年实现社会消费品零售总额258.1亿元,比上年增长9.5%。全区20户规模服务业实现营业收入6.3亿元,同比增长10.8%,利润总额1.3亿元,同比增长29.5%;其中重点行业服务业营业收入3亿元,同比增长18.4%。

六、招商引资

2015年招商引资工作成效显著。实际利用外资8480万美元,比上年增长13.1%;引进内资企业321户,引进内资总额69.5亿元。其中,投资亿元以上项目41个,占项目总数的12.8%;在引进内资项目中,工业项目28个,占项目总数的8.7%。

七、城市建设

2015年全区城市基础建设改造步伐加快，改造效果显著。市、区两级政府投入资金7868.4万元,完成大、中修道路17条,新建道路面积277.76万平方米,并为社区铺设方砖步道总面积12.2万平方米。2015年末，全区道路总面积达714.77万平方米，道路总长度达277.9公里，道路完好率达92%。

城市绿化水平不断提高。绿化面积达1030公顷,其中公共绿地面积397.8公顷。绿地覆盖面积1066.5公顷,其中公共绿地覆盖面积416.19公顷。全区绿化覆盖率已达39%。

八、科技、教育

2015年,全区列入市级各类科技发展计划项目2项;共有高新技术企业6户;企业中通过ISO系列标准认证的有51户;全年专利授权数299件;全年技术合同成交额4800万元;全年科学技术支出250万元。

教育工作稳步推进,教育事业健康有序发展。全区共有初中12所,在校学生0.92万人;小学26所,在校学生2.27万人;职业高中1所,在校学生0.15万人。义务教育发展指标持续巩固,小学适龄儿童入学率达100.0%,毕业率达到100.0%;小学毕业升入初中比例为100.0%,毕业率达到100.0%。教师队伍素质保持在较高水平,在专任教师中,初中专任教师具有本科及以上学历者占96.5%;小学专任教师具有专科及以上学历者占97.5%。(2015年9月后,宽城区奋进乡中心校由小学改列入九年一贯制初中。)

九、文化、卫生和体育

2015年图书馆藏书16.6万册,全年接待读者15.1万人次。

2015年末,全区共有区属卫生医疗机构346家,可开放床位数2438张,平均每千人拥有病床数为6张,病床使用率达到64.26%。全区卫生技术人员2140人,其中注册执业医师889人。全年诊疗人次数为12.6千人次。

体育事业蓬勃发展。2015年,全区体育场所拥有量21个,社区体育设施拥有量达到131件,举办群众性体育活动60次,参加群众性体育活动人数达12万人次。

十、环境保护

2015年全区环境保护事业持续发展,烟尘控制区总面积78.51平方公里,烟尘控制区覆盖率达100.0%,烟尘排放达标率97%,环境噪声达标区覆盖率77%,清洁能源使用率93%。全年空气质量好于二级以上天数比例64.9%。

十一、人口与人民生活

2015年末,全区总户数16.6万户,户籍总人口为38.7万人,其中男性为19.1万人,女性为19.6万人,乡村户籍人口3.9万人。全区人口出生率3.3‰,死亡率3.13‰,自然增长率0.16‰。

2015年,全区开发各类用工岗位1.51万个,新增1.4万人员就业,其中安置下岗失业人员实现再就业0.83万人,城镇登记失业率控制在4.0%。

截至2015年末,全区共有社会福利机构20家,床位872张,社区服务设施389个。全区有54282名企业退休人员实行了社会化管理,社会化管理率达100.0%。全区共有10.7万人次得到最低生活保障补助,全年共发放保障金5580万元。全区重点优抚对象683人,发放抚恤款457万元。

【朝阳区】 2015年是"十二五"收官之年。一年来,在市委、市政府和区委的坚强领导下,在区人大、区政协的监督支持下,区政府以稳增长、促转型、惠民生、构和谐为主线,着力适应经济发展新常态、开创振兴发展新局面,凝心聚力,攻坚克难,较好地完成了区十七届人大四次会议确定的各项任务。

一、经济保持平稳发展

2015年,全区地区生产总值实现445.5亿元,同比增长7.6%;全口径财政收入实现73.7亿元,同比增长9%,其中本级财政收入实现12.6亿元,按可比口径增长8%;固定资产投资实现241亿元,同比增长12%;服务业增加值实现319.5亿元,同比增长7.5%;社会消费品零售总额实现674.26亿元,同比增长9%。在宏观经济下行,工业发展持续承压的情况下,经过积极努力,规模以上工业产值预计实现135.5亿元。

招商引资和项目建设成果丰硕。依托"四区一城"整体布局,围绕"重点地块、重点园区、重点产业",编制《掘金计划手册》,谋划包装项目135个,借助"一会一活动"、"央企吉林行"等主题活动进行专项推介,成立招商小分队赴外招商。全年开展招商活动22次,组织参与大型投资环境说明和项目推介签约活动18次,拜访企业260余户,与贵州兴伟集团、大连万达集团等企业签订31个项目,签约总额435亿元,项目签约额度、数量和质量均居全市城区首位。全年引进内资71.97亿元,同比增长15%;利用外资1.16亿美元,同比增长13%。实施《朝阳区项目建设管理办法》,通过领导包保、联席会议、现场办公等有效举措,帮助企业解决各类实际问题。全年开工3000万元以上重点项目80个。万科柏翠园、海航荣御等一批项目实现竣工,东安开运福里、吉林远创商务楼宇等一批项目加速建设,万达文华公馆、高力华茂中心等一批项目陆续启动。

创新转型示范区建设初具规模。以"大众创业、万众创新"为引领,结合突出发展民营经济综合配套改革,设立朝阳区创新转型示范区,以"一区多园"建设为载体,推动机制创新、产业创新、科技创新。智慧城市高科技产业园入驻万易、科大迅飞等科技创新型企业46户,神州数码、方正集团等50余户企业正在积极洽谈,集聚效应初步显现。电子商务集聚园注册电商企业100余户,豪玛电商学院培训服务企业4000余户,阿里诚信通企业发展到2600家,杂粮(电子)交易中心、诚信通交易额均突破100亿元。服务外包产业园引进国博创富、安信卓越等29户服务外包企业;与"舌尖上的中国"栏目签约合作,打造国内首个融入云计算技术的餐饮企业孵化器和股权众筹平台。文化创意产业园入驻企业185户;建筑面积31万平方米、总长约2.3公里的长春影视文化街区项目正式启动,已与杜莎夫人蜡像馆等多家国内外知名企业签约合作。在此基础上,扶持民营经济快速发展。成立小贷公司

28家,为企业提供担保贷款1000万元,帮助50余户企业申请各类专项资金2661万元。预计2015年,民营经济主营业务收入实现1190亿元,同比增长8.3%;税金实现46.6亿元,同比增长6%;民营企业户数达到18600户,个体工商户达到33900户。

开发区升级步伐加快。按照"产城融合"理念,确定"一区、两轴、六园"发展布局,进一步明确开发区的功能定位和产业方向。编制《交通运输设备配套产业园发展规划》,并通过省级验收。盛家村村庄规划获批,成功申购耕地占补平衡指标100公顷。完成双山村棚户区改造和客家商会项目前期准备工作,硅谷大街、开运街延长线项目列入市建设计划。铺设中高压燃气管线4.8公里;开运街沿线自来水主线项目完成立项和施工设计;富锋66千伏输变电项目完成主体建设和设备安装,今年正式运行。绿化养护38万平方米,铺装道路3万平方米。着力打造项目、融资、用工、咨询、闲置资源、技术合作等六大服务平台,助推企业发展。全年开工项目30个,预计实现全口径工业产值208亿元。开发区被评为吉林省新型工业化产业示范基地和省级特色园区,在全省省级开发区评比中排名第二。

农业转型发展稳步推进。修改完善《现代都市观光农业示范区发展规划》。委托吉林大学对乐山进行地热探测,取得实质进展。乐山反恐基地项目完成规划设计和11.1公顷土地征收。总投资1.45亿元的千顷蔬菜基地项目,成为国家级蔬菜标准化园区。三期通过生产运营模式创新,为农业转型升级,吸引社会资本投入,探索新路径。现代农业快速发展,鱼菜共生、汽雾栽培等先进技术成功应用,杏鲍菇项目全面达产,优质蟹稻米项目扩大到30公顷。成立土地流转服务中心,在19个村设立土地流转服务站。农民专业合作社、经营大户等新型农业经济主体分别突破100家。全年新建、养护农村公路70公里。前进大街延长线完成初步设计。投资1500万元,开展农村环境综合整治。建设新型农村生态卫生厕所54座,顺利完成试点任务。乐山镇塘坊村被评为省级"美丽乡村"。预计农村经济总收入实现26亿元,同比增长16%;农民人均纯收入达到1.35万元,同比增长12.5%。

二、城区环境品质稳步提升

城市建设改造深入推进。完成大、中修市政道路27条,维护巷道314条,铺设沥青路面11.7万平方米、方砖13.5万平方米。施划停车泊位1.2万个。全面完成"两横三纵"、地铁二号线等重点工程年度征收任务;欧亚卖场东侧规划路、硅谷大街与绕城高速互通立交桥项目征收进入收尾阶段;顺利启动前进西街西地块、湖光路南地块征收工作,全年征收房屋8万平方米、土地17万平方米。棚户区改造工作稳步推进,新招标棚户区、旧城改造地块4处,面积29.2万平方米。建工学院旧城改造项目A、B地块完成净地出让,并全面动工。按照"原地址、原结构、原面积"原则对辽宁路2栋危房进行原地翻建,永安街危房改造主体封顶,为我市D级危房改造探索出一条新路径。

城市管理水平不断提升。充分发挥城管委"高位统筹、组织协调、监督指导、推动落实"职能,市容管理成效显著。开展占道经营、露天烧烤、乱堆乱放、野广告等专项整治,巩固重点区域和商圈市容环境秩序;拆除各类违规牌匾1170余块,提档升级900余块;拆除违法建筑4万平方米;疏堵结合,设立烧烤疏导点7处,打造了湖光路无烟烧烤美食街。开展全区单位庭院、居民小区和背街小巷环境整治,清理街巷1600余条、庭院2200余个。完成前进大街精品街路建设任务。对6条街路和新民广场实施冬季亮化美化工程。依托数字化管理平台,综合运用视频监控和保洁车辆GPS定位,全面推行环卫区域网格化管理和垃圾直运模式,建设2处封闭式转运站,机械化清扫率达到71%。我区在全市城区城市管理综合考评中排名第一。

城市生态环境显著改善。投入8000万元,实施220万平方米"暖房子"工程,综合整治欧风花园等8个"老旧散"小区,着力解决事关居民生活的水、电、气、热、路、地沟、基础绿化等问题。深入实施生态朝阳"123N"工程和绿色宜居"森林城"建设工程。新建湖光路社区公园和17处居住区绿地,对21所区管中小学及幼儿园进行绿化改造,高标准建设5条林荫道、2条公园连道、2处幸福微绿地,城区绿化覆盖率达到44.4%。投入5000万元,启动建设社会主义核心价值观主题公园—长春德苑。加强大气污染防治,开展"禁燃"、"秸秆禁烧"专项行动,淘汰10吨以下燃煤小锅炉272座。

三、幸福朝阳建设扎实推进

投入16.2亿元,全面落实《2015年幸福朝阳行动计划》,15个方面63项民生任务圆满完成。

就业和社会保障体系不断完善。开发城镇就业岗位14500个,安置城镇各类下岗失业人员13500人,城镇登记失业率控制在4%以内,零就业家庭保持动态为零。城乡居民基本养老保险参保33248人,城镇居民医疗保险续保210896人,实现应保尽保全覆盖。通过低保救助、慈善救助、医疗救助、应急救助等多种渠道,全年累计发放各类救助金4711.24万元。增设长春市第二医院、延安医院为医疗救助定点医院。为2263位老人提供了4万余小时的志愿服务和日间照料服务。构建残疾人就业服务网络,加快残疾人创业(就业)孵化基地建设,全年开发残疾人就业岗位204个,首批计划招聘残疾人公益岗位人员30名。持续开展失独家庭、特殊儿童关爱行动。推进廉租房、公租房并轨工作,分配保障性住房960套;改造农村危房100户。

教育卫生事业协调发展。高质量通过国家义务教育基本均衡督导评估验收。成立全省首家社区教育中心。投资1.1亿元,新建、改造项目10个,标准化食堂和操场改造项目全面竣工。投入740万元,启动中小学直饮水工程。投资2000万元,完善学校装备配备,全区学校建室率、配备率均达100%,在全省专项检查中排名第一。投入1045万元加强学校安全管理系统建设,全区学校实现校车服务、校园警务室建设、安全管理信息化"三个全覆盖"。精心组织,实现平安高考、中考目标。以朝阳区健康联盟为载体,积极实施健康朝阳行动计划,开展"身边的社区卫生服务"活动和家庭医生签约服务试点工作,切实提高基层医疗服务水平。投入67.5万元,全面完成9所标准化村卫生室的改造升级。全区13家计划免疫门诊标准化建设通过省级验收,社区卫生服务示范区和食品药品安全示范区顺利通过省复检。

科技文体事业繁荣发展。为各类科技企业协调争取省、市扶持资金3400万元。全年科技立项35项,累计申请专利3000项,同比增长29.6%,约占全市总量的50%。加强产学研合作,举办产学研对接活动13次,促成校企对接合作26项。投资92万元,改造小剧场1个,建设文化小广场4处,为7个村配备文体设施。中国老摄影家协会吉林工作站落户区图书馆。国学馆正式成立。成功举办千人柔力球、"雅韵朝阳"精品惠民文艺演出等特色活动,我区被中国老年体育协会评为"全国柔力球之乡"。全年开展群众性文体活动300余场次。

幸福社区建设扎实推进。开展"最后一公里"电商惠民服务、"幸福市集"、"助老圆梦工程"等特色便民利民活动。投入749万元,新建、改造农村社区18个。农村社区面积全部达到450平方米以上,城市"千米社区"达到60%。在21个城市社区和2个农村社区推行社区(村)协商民主试点,该模式被评为"中国社区治理十大创新成果提名奖"。我区被评为全国社区治理和服务创新实验区。

四、社会治理水平不断提升

平安创建深入推进。完善综治责任体系建设,实行街镇领导包片、机关干部包点、社区(村)主任包网格的层级责任机制。加强社会治安综合治理,实行24小时警务巡防,严厉打击违法犯罪,群众的安全感和满意度不断提升。全面落实新《安全生产法》,深入构建"四化融合"、"三位一体"安全监管防控体系,生产经营单位主体责任、部门和属地安全生产监管责任进一步强化。深入开展隐患排查治理,排查生产经营单位24241家,整改隐患1749项。

信息化建设稳步进行。加快推进"互联网+公共服务",从城市运营管理的精细化和社会公共服务便捷化入手, 经审慎论证、周密研究,制定"智慧城区·幸福朝阳"行动计划,并启动实施。投入600万元,完成视频监控系统二期建设,新增高清监控探头1266个;三期工程计划投资3000万元,现已全面启动。

社会保持和谐稳定。高位统筹,齐抓共管,落实领导干部接访、包案、督办等工作制度,全年共受理群众来信来访、网络投诉615件次,及时受理率、按期办结率均为100%。圆满完成全国"两会"、"9·3阅兵"、十八届五中全会等重要时期信访维稳工作。调解民间纠纷1510件,承办各类法律援助案件224件。受理市民投诉22133件,均做到件件有回复。加强应急管理,妥善处理群体性和突发性事件。

工商、税务、规划、国土、环保、交警、消防、质监、食药监、统计、社会经济调查、电力、供水等部门和公用企业服务区域发展能力持续增强。人民武装、拥军优属、妇女儿童、外事侨务、民族宗教等各项事业均实现新的发展。

五、政府自身建设不断完善

认真落实区委重大决策部署,严格执行区人大及其常委会决议,自觉接受人大依法监督和政协民主监督,定期向人大报告工作,向政协通报情况。全年办理区人大代表建议115件、政协提案230件,办复率100%、满意率98%以上。

以改革推进政府职能转变。制定政府"权力清单",向社会公开晒权881项。承接市政府下放行政审批项目89项。推进行政复议体制改革,设立行政复议委员会,行政复议案件统一集中到区政府办理。各街镇全部建立法律顾问团制度,法律顾问网络基本形成。完善并联审批机制,审批时限缩短20%,全年共办理行政审批事项92655件,办结率100%。

以制度规范政府行政行为。认真落实省委巡视组整改意见,加强政府投资项目招标管理。组建财政投资评审中心,实行国库集中支付,健全政府采购制度。强化审计监督,完成各类审计项目50项。大力推进政务公开,依法主动公开政府信息。

以作风建设保证勤政廉政。政府系统深入开展"三严三实"专题教育,坚持实事求是,突出问题导向,以上率下,驰而不息反对"四风",从严落实"八项规定",深刻查摆整改"不严不实"问题。认真落实党风廉政建设责任制,不断完善预防和惩治腐败体系。将政府重点工作纳入目标责任制考核,加大督查力度,保证工作实效。加强干部队伍建设,进一步强化政府公职人员责任意识、服务意识、廉政意识。

回顾过去的一年,面对复杂严峻的经济形势,我们迎难而上,奋力前行,取得了产业升级、效益提升、民生改善的新业绩。全年共承办国家及省、市各类现场会、工作研讨会37次,获得国家及省、市各类荣誉130余项。这些成绩的取得,是市委、市政府和区委正确领导的结果,是区人大、区政协和各位代表、委员鼎力支持与帮助的结果,是全区广大干部群众团结奋斗、开拓创新、真抓实干的结果。

在总结成绩的同时,我们也清醒地认识到,全区经济社会发展还存在不少矛盾和问题。一是受宏观经济形势影响,我区原有发展动力增势趋缓,新生发展动力支撑不足,保持经济中高速增长的压力依然较大; 二是城市基础设施建设、土地征收矛盾多、困难大,旧城改造、新区开发任务艰巨;三是在改善民生、城市管理、保障平安等方面仍有提升空间,与群众期待还有差距；四是干部队伍在适应经济发展、从严治党新常态上仍需加强，“三严三实”专题教育成果需要长期巩固提升。对于上述问题，我们将采取切实可行的措施认真加以解决。

【二道区】 但全区上下一心、攻坚克难，使我区整体经济呈现出稳中向好态势。全区生产总值(GDP)、固定资产投资、社会消费品零售总额、区属规上工业产值增速均居全市五城区首位。

一、自然情况

二道区现辖7个街道、1个镇共有42个社区、8个行政村，面积102平方公里。总人口为313259人，其中非农人口为303528人，人口自然增长率为1%。区内交通便利，哈大高速、102国道、长吉南线、长吉北线、长营、长哈、长沈、双九等公路，长-双-烟铁路均经过二道区，是长春市向北延伸和向省内周边城市地区辐射的出入口。全省唯一的内陆港座落区内，有48条铁路专用线和数十座仓储库。

二、综合

2015年，二道区国民经济在新常态下运行总体平稳。全区生产总值(GDP)增幅排名五城区第一位，高出全市增幅1.5个百分点。社会消费品零售总额增幅继续位居全市五城区首位，规上工业产值增幅位居全市五城区前列。

全区一般预算全口径财政收入40.3亿元，同比增长8.9%；地方本级财政收入9.3亿元，同比增长3.5%；财政支出24.7亿元，同比增长2.8%。

三、生产总值(GDP)平稳增长

全年我区GDP完成160.7亿元，按可比口径增长8.2%。其中第一产业达到0.2亿元，增长5.4%；第二产业达到54.8亿元，增长7.5%。其中：工业为38亿元，同比增长12%。建筑业达到16.8亿元，下降2.4%；第三产业达到105.7亿元，增长8.7%。三次产业比重为0.1:34.1:65.8。

2015年分产业GDP完成情况

	绝对值(亿元)	同比增长(%)
GDP	160.7	8.2
第一产业	0.2	5.4
第二产业	54.8	7.5
工业	38	12
建筑业	16.8	-2.4
第三产业	105.7	8.7

四、区属规模工业平稳增长

2015年我区区属规模以上工业实际完成总产值31.5亿元，同比增长11.7%，增速比去年下降了4.7个百分点；完成销售产值31亿元，同比增长12.1%，产销率达到98.4%；全年规上工业电力消费合计为4322.6万千万时，同比增长17.3%，与工业生产增速相匹配。

五、固定资产投资运行平稳

我区固定资产投资累计完成164.8亿元，同比增长16.9%，完成全年投资任务的100.5%。其中：全区工业投资完成25亿元，同比增长23.5%，占全年投资额的15.2%；三产投资完成139.8亿元，同比增长43.5%，占全区总投资额84.8%。三产中，房地产投资完成36.7亿元，占三产投资额的26.2%，其他三产投资完成103.1亿元，占三产投资额的73.8%。

六、消费品市场继续保持较快增长

我区全年完成社会消费品零售总额209.8亿元，同比增长9.6%，高于全市增幅0.8个百分点。增幅在五城区中排在第一位。

(注：本公报各项统计数据为初步统计数；数字均保留一位小数；生产总值、各产业增加值绝对数按现价计算，增长速度按可比价格计算)

【绿园区】 2015年，绿园区认真落实中央和省、市各项决策部署，全力以赴转方式、调结构、惠民生、保稳定，经济社会保持了稳定的发展局面。

一、综合

国民经济持续快速发展。2015年，全区实现生产总值228.0亿元，同比增长8.0%,其中，第一产业完成增加值4.7亿元，同比增长3.9%；第二产业完成增加值153.9亿元，同比增长10.3%,；第三产业完成增加值69.4亿元，同比增长2.7%。三次产业比重为2.1:67.5:30.4。

二、农业

2015年，全区实现农林牧渔业总产值85612万元，同比下降5.6%。其中，农业产值67684万元，同比下降8.8%；林业产值387万元，同比增长616.7%；牧业产值13528万元，同比增长7.7%；农林牧渔服务业产值4013万元，同比增长4.5%。

2015年，全年粮食播种面积4831公顷，粮食总产量达24430吨。蔬菜播种面积4423公顷，总产量148286吨。葡萄发展到155公顷。肉类总产量达到6572吨，禽蛋产量733吨。

三、工业、建筑业

工业经济稳步增长。2015年，全区实现区属口径工业总产值263.7亿元，同比下降15.5%；完成全口径工业增加值131.1亿元，同比增长12.3%，其中，全口径规模以上工业增加值完成123.0亿元，同比增长12.8%。工业产销衔接良好，产品产销率达到99.9%。

建筑业保持了较快发展。城市建设规模的不断扩大，为建筑业带来了良好的发展机遇。2015年完成建筑业总产值226.6亿元，同比增长2.0%。

四、固定资产投资

固定资产投资持续增长。2015年,全区固定资产投资开工项目178个,其中工业项目154个。完成全社会固定资产投资224.9亿元,同比下降0.2%,其中,完成工业投资155.3亿元,同比增长16.7%。

五、国内贸易、国外贸易

2015年,全区实现社会消费品零售额111.9亿元,同比增长9.2%。外贸进出口总额完成7.74亿美元,同比下降26.68%.

六、宜居质量持续提升

2015年,大中修城区道路14条,改造巷道192条。完成14年选址的天嘉公园、长春公园等5处二次供水泵站建设,维修改造配套管网81处。投资约1700万元解决了我区保障性住房两千余户居民的供水问题。市、区两级投入资金约9000万元,新增绿化面积65.5公顷,共计栽植乔木6万余株,灌木90余万株,宿根花卉5000多平方米。

七、招商引资

2015年,按照区内指标,到位内资53.2亿元,同比增长15%;到位外资8373万美元,同比增长13%。全区共引进投资亿元以上项目10个,其中工业项目4个,城市综合体1个,现代物流1个,地产及其它类4个。

八、财政

2015年,全区努力抓税源建设,强化税收征管,科学调度资金,严控各项支出,促使财政收入保持了较快的增长速度。2015年全区财政收入完成50.7亿元,同比增长4.6%。区本级财政留用收入完成8.0亿元,同比增长2.6%。

九、人口与人民生活

2015年末,全区常驻人口达到63万人,其中,农业人口8.8万人。城镇人均可支配收入达到29090元,同比增长6.6%,农民人均纯收入达到11749元,同比增长4.1%。

【双阳区】 2015年,双阳区坚持“打造三城一区、建设幸福双阳”的发展战略,努力适应经济发展新常态,牢牢抓住发展要务不放松,开拓创新、攻坚克难、真抓实干,产业结构进一步优化,人民生活水平进一步提高,经济社会平稳健康发展,“十二五”规划圆满收官。

2015年,全区经济保持快速发展,产业结构进一步改善。地区生产总值实现214.9亿元,按可比价格计算,比上年增长7.6%。其中,第一产业实现增加值19.1亿元,比上年增长4.3%;第二产业实现增加值100.3亿元,比上年增长6.5%;第三产业实现增加值95.5亿元,比上年增长9.8%。按户籍年平均人口数计算,人均生产总值达到56987元,比上年增长6.0%。三次产业比重为8.9:46.7:44.4,非农产业比重达到91.1%,比上年提高0.4个百分点。第二、三产业对经济增长的贡献率分别为43.4%和51.5%,拉动经济增长分别达到3.3和3.9个百分点。

2015年地区生产总值是2010年的1.7倍,“十二五”期间年均增长11.4%。其中,第一产业、第二产业和第三产业年均分别增长5.0%、11.7%和12.6%,三次产业结构由2010年的12.0:45.9:42.1调整为8.9:46.7:44.4,非农产业占比提高3.1个百分点。

第三产业发展迅速。2015年第三产业增加值为95.5亿元,是2010年的1.8倍,年均增长12.6%。其中:交通运输、仓储和邮政业增加值为18.7亿元,比2010年增长57.1%,年均增长9.5%;批发和零售业增加值为20.7亿元,比2010年增长71.1%,年均增长11.3%;住宿和餐饮业增加值为10.3亿元,比2010年增长90.7%,年均增长13.8%。

【经济技术开发区】 2015年,长春经济技术开发区紧紧抓住制约发展的主要矛盾,不断解放思想,稳增长、调结构、促转型、惠民生,经济社会发展取得了良好的成绩。长春兴隆综合保税区紧紧围绕综保区的产业定位及政策平台优势,充分发挥特殊区域的独特功能,全力推进高端装备制造、特色产品加工、现代物流、国际贸易四大产业招商引资工作,着力培育跨境电商、大数据中心及新能源汽车三大战略性新兴产业,呈现出了良好的发展势头。

一、综合

地区经济稳步增长。全区实现地区生产总值535.5亿元,同比增长6.2%。其中,第一产业实现增加值0.32亿元,第二产业实现增加值364.9亿元,同比增长6.0%;第三产业实现增加值170.3亿元,同比增长6.9%。三次产业的比重为0.06:68.14:31.8。

三次产业比重图

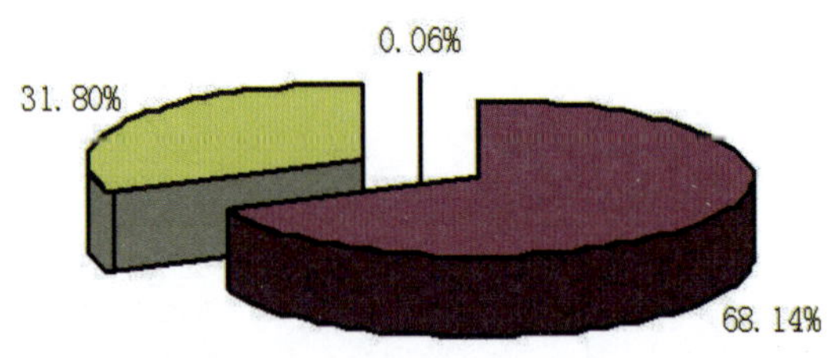

全区实现一般预算全口径财政收入73.9亿元,同比增长5.4%。其中:税收收入实现72.4亿元,比上年增长6.7%,占一般预算全口径财政收入的98%。

二、工业和建筑业

工业经济增长平稳。实现规模以上工业总产值716.4亿元,其中:汽车及汽车零部件产业实现产值479.8亿元,占规模以上工业总产值的67%;? 农产品深加工产业实现产值121.5亿元,占规模以上工业总产值的17%。

全年实现建筑业增加值42.1亿元,同比增长4.2%。

三、现代服务业

现代服务业发展平缓。全年实现增加值170.3亿元,同比增长6.9%。其中:交通运输、仓储及邮政业实现增加值20.2亿元,同比增长5%,占现代服务业增加值的11.86%;批发和零售业实现增加值35.6亿元,同比下降0.9%,占现代服务业增加值的20.9%;房地产业实现增加值35.1亿元,同比增长6.6%,占现代服务业增加值的20.6%。

现代服务业中各行业比重图

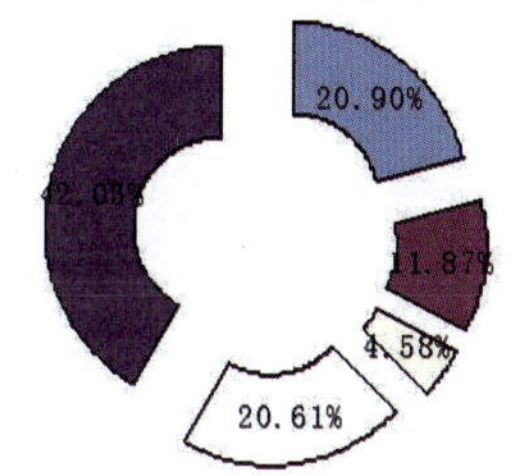

批发和零售业
交通运输、仓储和邮政业
住宿和餐饮业
房地产业
其他服务业

全年实现社会消费品零售总额151.1亿元,同比增长5.6%。

四、固定资产投资

全年完成固定资产投资531亿元,同比增长12.3%。其中,工业投资完成307亿元,同比增长9.6%。按建设性质分,其中:新建190.1亿元,同比增长80.5%;扩建75亿元,同比-35.7%;改建和技术改造19.3亿元,同比-84.7%。

五、招商引资和外贸出口

实现实际利用外资18.81亿美元,同比增长13.1%;实际利用内资139.2亿元,同比增长15%。

实现进出口总额169989万美元,同比下降3.88%,其中出口36986万美元,同比下降18.95%。

六、基础设施建设

全区新建道路4596米,给水管线5800米;绿化面积138346.6平方米,维修道路14万平方米。

七、社会事业

社会保障取得新进展。2015年我区城镇低保1311人,农村低保423人。

创造城镇就业岗位7119个;城镇新增就业人数4686人;下岗失业人员就业1178人;"4050"人员就业445人;下岗失业人员职业技能培训411人。

八、文教卫生

区内现有中学2所,班级31个,在校人数1130人;小学11所,班级236个,在校人数9455人。

全区共有医疗机构206家,其中:公立医疗机构5家(三级甲等综合医院1个、血站1个、附属医院分部1个、市属兴隆山分院1个、乡镇卫生院1个),民营医疗机构15家(民营医院14个、医学检验所1个),民营社区卫生服务中心2家,民营社区卫生服务站4家,门诊部33家,个体诊所147家。

共有卫生技术人员6243人,其中:执业(助理)医师2394人,注册护士3849人。

共有医疗床位5007张。

2015年,参加农村新型合作医疗保险人数31062人,参保率100%。

【净月国家高新技术产业开发区】 "十二五"时期,净月高新区明晰发展方向、积累发展优势、提升创新能力、汇聚建设成果,瞄准高位、抢抓机遇,创新型生态城建设步入了一个继往开来的历史新阶段。

2015年,全区营业总收入完成1950亿元,地区生产总值完成697亿元,全口径财政收入完成110亿元,分别是2010年的2.1倍、2倍和4.7倍。成为全省开发区转型升级、创新驱动的新典范;谋划产业结构、三大产业聚集发展,构建了"三业并举、融合共生、互动发展"的产业格局,全区的经济结构更加合理,产业层次更加丰富,产业链条更加完善。

2015年现代服务业增加值实现了487亿元,比2010年翻一番,占GDP比重达到70%,一跃成为全市转方式、调结构、促增长的重要增长极;招大引强成果丰硕、项目建设强势推进,五年内,成功引进招商项目328个,其中世界五百强28家,行业领军企业近百家,累计实现签约总金额2918亿元,是十一五期间的2.3倍;科学把握土地投放节奏,努力提高土地集约利用水平,目前全区土地出让均价达到3106元/平方米,是2010年的1.5倍;创新资源有效聚集、科技建设高点起步,先后引进微软创新中心服务平台、澳大利亚英可思、国家02专项等38家高科技龙头企业;累计打造了3个国家级孵化器、3个国家级众创空间;依托"535人才计划",建立了6个人才信息库、15个人才服务联盟,储备海外高层次人才600余人;制定出台了"6+1"创新创业扶持体系,打造了吸引创新资源、培育创业动能的强大引擎;建设管理推陈出新、城市功能要素彰显,五年累计投入238亿元,实现了"道桥水电气热信"同步大推进,新增城市绿地578万平方米。

全面实施"网格化"监管,城市管理模式收到社会各界高度赞誉,成功经验在全市推广。生态环境品质继续提高。建设了净月女神雕塑、瓦萨博物馆、森林木栈道,丰富了景区文化内涵;完成退耕还林1384公顷,景区森林覆盖率由2010年的66.7%提高到82.9%;加大力度塑造品牌、区域形象全面提升,先后举办了中国创投长春峰会、中国东北亚金融服务论坛等国家级论坛。放大休闲品牌、提升商街品牌、发展文化品牌,中国瓦萨成功跻身世界罗佩特,森林马拉松、国际自行车越野赛蜚声中外,净月潭森林公园和长影世纪城先后晋升5A级景区。彩织街、巴蜀映巷等商街构建了城市新地标。民生工作全面加强、幸福净月量质同升,完成全区16所中小学的新建和教育装备系统升级。全面开展西部回迁工程建设,有效解决了5800户居民的住房需求;累计安置就业8.9万人次,区域各项事业统筹推进。党建工作亮点频出、团队建设成效显著,深入开展党的群众路线教育和"三严三实"专题教育活动。累计投入帮扶资金5000余万元,解决群众实际问题近千件。

2015年,是"十二五"规划的收官之年。全区上下勠力同心、克服困难,实现了逆势提升,取得了诸多新的突破。经过"十二五"时期的大发展、快发展,净月高新区已经形成了提档升级、创新发展的全新优势,进入到了全面出形象、出品质、出效益的黄金时期。面向"十三五"时期的区域发展,净月高新区管委会主任管树森在会上提出:"未来五年,我们要以'创新、协调、绿色、开放、共享'五大发展理念为引领,遵循国家高新区'四位一体'的总体要求,以建设净月创新型生态城为目标,按照'一核、三带、九园'的生产力空间布局,坚持'三业并举'的产业发展方向,做增量,强优势,补短板,构建新兴产业体系,培育科技创新体系,提升城市功能体系,改善民生保障体系。将净月区打造成为东北亚地区现代服务业创新发展的重要引领区和高新技术产业发展的重要策源地"。

【高新技术产业开发区】 实施新一轮发展战略以来,全区上下抢抓机遇、改革创新、攻坚克难、主动作为,较好的完成了重塑基础和优质快速发展两个阶段性任务,经济社会实现持续、快速、健康发展。

一、综合经济实力显著增强

2014年,全区营业总收入实现4838亿元,是2008年的3倍;工业总产值实现4391亿元,在2008年的基数上净增约3000亿元,占全市的44.3%;地区生产总值实现1024.9亿元,是2008年的2.8倍,占全市19%;固定资产投资完成484亿元,在2008年的基数上实现了翻番,占全市12.3%;全口径财政收入完成569.9亿元,是2008年的4.5倍,占全市49.3%;一般预算财政收入完成84亿元,是2008年的3倍,区本级可用税收是2008年的11.6倍。在"国家高新区评价指标体系"中位次持续前移,综合排名由2008年的第20位上升到第15位。

二、产业结构不断优化升级

深入实施产业化、专业化招商,累计新落位产业化项目292个,在建3000万元以上的项目340个,201个项目实现投产,促进了战略性新兴产业集群发展。生物医药、光电子、新材料新能源等产业产值由2008年的61亿元增长到167亿元,年均增长18.3%;文化创意、软件服务外包企业发展到700余户,高端服务业收入由2008年的58亿元增长到385亿元,年均增长37.3%,有效带动产业结构优化升级。剔除一汽大众因素,2014年全区二三产业比重由2008年的87:13调整为75:25,第三产业增加值提高12个百分点。

三、科技创新体系日趋完善。

长东北科技创新中心初具规模,引进高水平研发机构36个,北湖科技园一期投入使用,吉林省集成创新综合体落户园区,一批创新型孵化器加快建设;区内企业授权发明专利1609项,希达电子、金赛药业等33户企业列入科技型"小巨人"企业,占全市50%以上;集聚各类金融中介服务机构100余家,搭建了完善的金融服务平台,培育上市企业9户,新三板挂牌企业5户,新储备上市企业60家;人才改革试验区建设取得新成效,76名高端人才入选"长白慧谷"英才计划,3人入选第四批吉林省高级专家,1人入选国家"千人计划",实现省内企业入选"千人计划"零的突破。

四、城市面貌发生巨大变化。

基础设施包括环境提升等累计完成投资540亿元,城市建成区由27平方公里增加到148平方公里,区域承载功能全面提升。长东北核心区北湖大桥、绕城高速互通式立交桥、两跨一穿等重大基础设施全部建成,成为长春北部内外联通的重要交通枢纽;长春北湖国家湿地公园、长春东北亚"黄金纽带"文化园对外开放,打造长春城市生态景观的新名片。深入实施精细化、数字化城市管理,长春高新区被确定为国家智慧城市试点。

五、民生保障水平持续提高。

深入实施幸福高新和基层基础建设三年行动计划,教育、文化、卫生等社会事业加快发展,基本公共服务设施不断完善,群众生活水平全面提升;积极构建覆盖全区各领域、各行业的安全监管网络,持续开展安全生产隐患大排查、大整改、大演练活动,确保群众生命财产安全;深入推进社会治理创新,妥善处理信访问题,积极解决群众关心的热点、难点问题,保持社会和谐稳定。

【汽车经济技术开发区】 2015年是汽车区全面深化改革,推进转型升级的重要一年,也是"十二五"收官之年。一年来,汽车区认真落实"四个全面"战略布局和"五位一体"总布局要求,在市委、市政府的领导下,主动适应经济发展新常态,以创新精神破解转型升级新难题,以优良作风落实从严治党新要求,较好地完成了各项目标和任务。

一、全力保持经济健康快速发展

2015年,全区地区生产总值完成540.6亿元,同比增长7%;固定资产投资完成546亿元,同比增长12.8%;区属规上工业产值完成119亿元,同比增长11%;一般预算全口径财政收入完成122.83亿元,同比增长15.45%;实际利用外资完成7.65亿美元,同比增长13%。实际利用内资完成143.3亿元,同比增长14.3%。各项主要经济指标继续位居全市各县(市)区、开发区前列,财政收入总量和增速列全市第一位。

坚持积极推进,招商引资取得新进展。坚持叩门招商,充分利用招商推介会和展会等形式,先后组织了日韩、长三角、珠三角等地零部件企业定向招商活动。全年共引进工业项目30个,计划总投资120亿元,预计可实现产值190亿元。积极抓好项目跟踪储备,全年共跟踪储备工业项目47个,商业项目12个。全力落实“一会一活动”招商，圆满完成了目标任务。吉林省机器人协会在汽车区正式成立。

坚持克难攻坚，项目建设稳步实施。积极破解征地拆迁难题，全年共完成征地100公顷，供地153公顷，房屋征收65万平米。全力推进项目开工，全年开工项目46个，其中工业38个，商业8个。投资158亿元的一汽-大众Q工厂、投资14亿元的一汽-大众EA211发动机三期等项目全面建设。星宇车灯、天元奥特等20余个项目竣工投产。

坚持全力配合，服务一汽工作卓有成效。加强项目服务，及时召开专题协调会争取省市支持，积极解决一汽大众Q工厂等项目建设中问题。坚持项目月调度制、报表制和领办、代办制，进一步提升了服务效率。全力支持一汽集团生活区“三供一业”接收工作，各项工程有序推进。

二、全面抓好城市建设和管理

坚持按需定建，基础设施建设扎实有序推进。全年共启动建设项目76项。实施道路桥梁工程，完成了大岭物流通道汽开区段建设，完成富民大路跨永春河桥、高尔夫路、乙二街等道路排水工程，建成道路10.5公里。围绕项目需求，加强配套设施建设。全年完成给水管线4公里、排水管线22公里，天然气管线75公里，通信管线60公里，电力线路92公里。实施了长沈路出城口和汽贸商街改造工程。

坚持建管并举，城市功能和面貌日益改善。加强市容环境综合整治，对违法占道经营、露天烧烤、建筑工地和校园周边进行了综合整治。加强市政建设和管理，完成道路维修9万平米，补植街路树木12120株，对20余万株树木进行了修剪和涂白。加快商服业发展，车城万达广场正式对外展示和销售，保利中央公园、西湖中铁城高档住宅加快建设，华航商业综合体、保利五星级酒店积极推进。环外多恩地产、一汽大学生公寓等项目进展顺利。生态工业园区创建工作通过国家专家组验收。

三、持续加大保障和改善民生力度

一年来，坚持以人为本理念，全面实施幸福汽开区计划，圆满完成各项任务。

就业创业卓有成效。开发就业岗位6306个，城镇新增就业4783人，城镇失业人员再就业1170人，农村劳动力转移就业1100人，引导扶持实现创业621人。

社会保障扎实推进。新增城镇企业职工基本养老保险954人，城乡居民养老保险19113人，被征地农民养老保险4840人，城镇居民医疗保险续保缴费76866人。机关和事业单位养老保险参保率达到100%，城乡居民基本养老保险数据质量达标工作达标率100%。

社会救助力度不断加大。进一步提高了城镇和农村居民最低生活保障标准，累计为城乡低保户发放低保金1100万元。积极开展医疗救助工作，为312名困难群众提供医疗救助金145万元。进一步做好拥军优属、老龄和残疾人工作。

安居建设积极推进。完成东风家园建设，实施了一汽143栋危房改造工程，全力推进日新家园建设。全年安置回迁居民1175户。

教育事业蓬勃发展。积极推进教育综合改革实验区建设，顺利通过国家义务教育均衡发展评估验收。深化管理体制改革，完成20所学校法人治理结构调整。启动了东风学校建设准备工作。教育教学水平不断提高，中高考再创佳绩。

文化体育事业稳步推进。组织开展了为弱势家庭捐书送书、构建幸福家庭联谊会、和谐邻里百家宴、热爱一汽读书演讲赛和社区艺术节等活动，丰富了群众业余生活。开展了国民体质监测工作，新增体育健身路径两套，我区公共体育基础设施覆盖率达到90%以上。

四、扎实推进社会治理创新

一年来，坚持以机制创新为突破口，进一步完善社会治理，努力构建和谐汽开区。

政法工作不断加强。以“平安医院”、“平安校园”为重点强化平安建设，“天网四期”全面交付使用。全面推进综治“六必进”工作，街道、社区和农村综治组织覆盖率达到100%。强化服务大局意识，广泛开展了“三官一律下基层”、“法治宣传服务月”等活动，依法治区能力和水平不断提升。

加强社区建设。加强综合信息平台建设，进一步提高了管理水平。启动了街道社区微信服务平台建设，探索了利用新媒体参与社区服务的新渠道。广泛开展文化和志愿服务活动，社区服务工作日益完善。加强社区阵地建设，新组建社区4个，新增社区办公用房5100多平米。加强社会工作者队伍和社工站建设，“红旗锦程社工服务站”被评为全市社会工作示范机构。深化社区民主自治，社区居民主人意识、权利义务观念明显提升。

安全稳定工作进一步加强。重视生产安全、公共安全、交通安全、消防安全、食品药品安全工作，落实了安全责任制，启动了隐患排查治理体系综合监管平台建设工作，开展了春季安全隐患集中整治、“夏季攻坚”和秋冬会战专项行动。通过齐抓共管，辖区群众安全感和满意度进一步提高。做好社会稳定工作，加大信访矛盾纠纷排查和化解力度，加强反邪教、戒毒和社区矫正工作，圆满完成了全国两会、9.3抗战阅兵及中央领导考察期间维稳工作。

精神文明创建活动持续深入。以社区、农村、行业为重点，积极开展培育和践行社会主义核心价值观和诚信教育活动，在农村和社区开展了幸福家园创建活动，在各行业开展行业标兵、道德模范创建工作，涌现出了一批先进典型和楷模。圆满完成了文明城复检、文明祭祀等工作。

扎实推进深化改革和依法治区工作。切实做好中央、省市深化改革承接工作，认真完成了我区各项改革任务。加强法治建设,扎实开展了“两张清单”梳理工作,强化法制培训,进一步提升了依法行政能力和水平。

农村工作有序推进。以“保稳定、促发展”为核心,全力做好征地征收的动员组织工作,认真落实农村经济社会和安全发展的各项措施,确保农村和谐稳定。

【莲花山开发区】 莲花山生态旅游度假区2010年9月经省委、省政府批准成立。度假区位于长春市的东部,北起经开区和九台市界,南至净月区和双阳区界,西起长春市主城区,东接吉林市永吉县,规划控制面积417平方公里,实际管辖面积362平方公里,辖劝农山镇、泉眼镇、四家乡,人口约4.9万,被国家环保部、旅游局评为国家级生态旅游度假区。

度假区以生态保护为首要原则,以现代服务业为发展方向,以高端度假旅游为开发重点,全面打造生态保护示范区、休闲旅游集聚区、低碳产业先行区、最宜人居新城区。

2015年,度假区着力实施开发开放、创新引领、生态先行、环境立区战略,努力推动各项工迈上新台阶。全年实现地区生产总值2.8亿元,同比增长17%;全口径财政收入实现2.0488亿元,同比增长-29%;地方口径财政收入实现1.1881亿元,同比增长-26%;固定资产投资完成9亿元,同比增长-73.6%,社会消费品零售总额达到1.0052亿元,同比增长9.2%。

统计资料

STATISTICS

▶综合

GENERAL SURVEY

2016

长春统计年鉴

CHANGCHUN STATISTICAL YEARBOOK

第一篇 综 合

长春位于北半球中纬地带，欧亚大陆东岸的中国东北平原腹地，地处东经124°18′–127°02′，北纬43°05′–45°15′，市中心座落在东经125°19′，北纬43°43′。气候为中温带大陆性季风气候，素有“塞北春城”的美誉。

2015年，全市总面积20593.5平方公里，市区面积4789平方公里，建城区面积506平方公里。下辖七区、三县(市)、四个国家级开发区，全市户籍总人口753.8万人，其中市区人口436.1万人。

2015年，全市实现GDP5530亿元，增长6.5%。其中，第一产业增加值343.3亿元，增长5%；第二产业增加值2770.9亿元，增长4.1%；第三产业增加值2415.8亿元，增长9.8%。规模以上工业总产值8658.2亿元，同比下降11.8%；规模以上工业增加值2131.8亿元，增长3.3%。固定资产投资总额4284亿元，增长12%；社会消费品零售总额2409.3亿元，增长8.8%。城镇常住居民人均可支配收入29090元，增长6.6%；农村常住居民人均可支配收入11749元，增长4.1%。

1-1 行政区划
DIVISIONS OF ADMINISTRATIVE

单位:个 unit

	城市 Urban area		农村 Rural area		
	街道办事处 Street agency	社区居民委员会 Residents committee	乡政府 Township government	镇政府 Town government	村民委员会 Villager committee
总计 Total	82	335	30	67	1677
市区 District	58	283	5	12	294
南关区 Nanguan	15	58	1		3
宽城区 Kuancheng	12	57		1	20
朝阳区 Chaoyang	10	52		2	24
二道区 Erdao	8	41	1	3	34
绿园区 Luyuan	9	58		3	22
双阳区 Shuangyang	4	17	1	3	134
县(市) County	24	52	25	51	1383
九台市 Jiutai	12	14	2	12	310
榆树市 Yushu	4	12	9	15	388
农安县 Nong'an	4	16	10	12	377
德惠市 Dehui	4	10	4	12	308

农村中:总计中乡政府包括高新技术开发区2个,镇政府包括净月开发区3个,经济开发区1个,村民委员会,包括净月开发区26个,经济开发区10个,高新开发区12个,汽车产业园9个。

Ⅰ、In rural area:In the Total row,township governments include 2 in High-Tech Development Zone,town governments include 3 in Jingyue Development Zone, 1 in Economic development Zone, villager committees include 26 in Jingyue Development Zone, 10 in Economic development Zone, 12 in High-Tech Development Zone, 9 in Automobile Industry Park.

1-2 自然概况
NATURAL CONDITIONS

	单位 Unit	长春市 Changchun	榆树市 Yushu	九台市 Jiutai	农安县 Nong'an	德惠市 Dehui
一、土地资源 Land resources						
1、国土面积 Area of territory	平方公里 sq·km	20593.50	4712.49	3371.52	5429.22	3460.85
2、耕地面积 Area of cultivated land	公顷 ha	1306607	391035	181827	377510	217259
二、水力资源 Water resources						
1、水资源总量 Surface water volume	亿立方米 100million cu·m	24.50	5.55	3.78	5.79	4.28
2、地下水资源量 Ground water volume	亿立方米 100million cu·m	14.61	2.99	2.45	3.77	2.27
三、林木资源 Forest resources						
1、森林面积 Forest area	万公顷 10000ha	32.00	3.90	6.61	5.05	2.47
2、森林覆盖率 Forest coverage rate	%	14.30	12.50	21.53	11.48	11.48

1-3 1996-2015年长春市社会经济主要指标
MAIN INDICATORS OF SOCIETY AND ECONOMIC (1996-2015)

年份 Year	年末总人口（万人） Population (10000person)	# 市区 District	从业人员（万人） Employment (10000person)	# 职工 Staff and workers	地区生产总值（亿元） Gross domestic products (100million yuan)	# 第一产业 Primary industry	# 第二产业 Secondary industry	# 第三产业 Tertiary industry
1996	676.8	274.2	346.2	131.9	434.9	92.7	191.0	151.2
1997	683.8	278.8	351.2	129.9	491.2	101.9	212.3	177.0
1998	686.9	282.7	334.6	105.1	569.6	109.9	242.1	217.6
1999	691.2	286.6	350.3	102.8	683.7	117.8	288.5	277.4
2000	699.6	292.8	311.4	96.9	803.2	109.7	352.6	340.9
2001	705.7	298.0	327.4	92.7	928.9	121.2	416.3	391.4
2002	712.5	303.9	329.4	90.4	1060.8	131.1	483.6	446.1
2003	718.2	310.0	334.7	89.0	1226.7	140.4	575.4	510.9
2004	724.1	314.7	376.1	88.4	1415.6	150.6	680.6	584.4
2005	731.5	337.2	353.9	83.7	1503.2	161.5	701.9	639.8
2006	739.3	348.8	326.4	83.8	1736.8	162.0	848.1	726.7
2007	745.9	358.1	329.4	84.1	2089.1	200.0	1033.4	855.7
2008	752.5	360.8	336.8	85.6	2501.3	217.8	1251.2	1032.3
2009	756.5	362.3	346.8	87.0	2848.6	223.9	1442.8	1181.9
2010	758.9	362.8	366.4	89.0	3329.0	252.7	1719.9	1356.4
2011	761.8	364.8	384.6	92.4	4003.0	290.1	2092.7	1620.2
2012	756.9	363.0	386.3	96.9	4456.6	317.1	2291.9	1847.6
2013	752.7	363.8	439.9	120.8	4964.7	324.1	2611.3	2029.3
2014	754.5	365.9	455.6	126.8	5342.4	332.0	2813.6	2196.8
2015	753.8	436.1	541.5	126.1	5530.0	343.2	2771.0	2415.8

1-3 续表 1 continued1 单位：亿元 unit:100million yuan

年份 Year	工业总产值 Gross industrial output value	农业总产值 Gross agricultural output value	固定资产投资总额 Investment in fixed assets	房地产开发 Real estate	建筑业总产值 Gross output value of construction
1996	475.8	172.9	120.6	19.3	57.8
1997	496.4	176.8	106.0	14.0	64.1
1998	502.4	198.9	141.7	16.2	66.6
1999	596.6	200.9	194.4	25.2	78.1
2000	749.7	106.8	235.2	30.3	113.1
2001	954.7	223.9	285.0	48.5	140.3
2002	1202.1	242.1	320.5	60.8	162.4
2003	1510.2	259.2	389.6	77.7	198.7
2004	1712.7	281.5	460.0	90.4	224.8
2005	1728.9	272.9	650.4	106.6	276.4
2006	2140.0	289.0	950.4	174.2	344.0
2007	2839.1	340.6	1350.6	259.5	428.0
2008	3515.3	405.2	1818.8	352.9	511.4
2009	4461.7	418.4	2300.3	443.9	569.5
2010	5884.2	474.7	3001.5	542.8	669.8
2011	7005.0	523.8	2433.4	666.4	787.0
2012	8263.5	562.5	3172.9	649.7	971.8
2013	9213.4	602.7	3408.4	613.6	1022.2
2014	9831.1	626.9	3924.5	534.4	1243.1
2015	8658.2	649.6	4284.0	506.0	1114.7

1-3 续表 2 continued2 单位:亿元 unit:100million yuan

年份 Year	全市财政收入 Government revenue	# 地方财政收入 Local government revenue	地方财政支出 Local government expenditures	金融机构存款余额 Balance of deposits of financial institutes	金融机构贷款余额 Balance of loans of financial institution
1996	45.0	17.0	29.8	465.4	534.1
1997	49.8	18.5	35.1	542.4	631.8
1998	56.5	21.9	37.7	581.2	744.9
1999	67.4	27.1	48.1	885.0	1082.2
2000	76.0	30.4	51.1	1013.2	1243.8
2001	97.4	36.3	59.0	1158.4	1344.8
2002	103.9	37.8	70.1	1403.6	1492.5
2003	134.8	46.0	85.8	1615.2	1629.6
2004	149.8	50.7	100.8	1766.3	1791.5
2005	184.8	61.0	121.7	2065.8	1893.5
2006	210.6	71.6	146.7	2396.2	2194.8
2007	284.5	93.3	181.6	2598.4	2452.0
2008	372.1	119.0	240.3	3064.7	2859.2
2009	450.7	142.7	306.0	4354.2	3863.7
2010	563.4	180.8	382.9	5038.4	4616.8
2011	803.2	288.6	518.7	5619.1	5251.0
2012	927.7	340.8	555.5	6643.3	5828.3
2013	1077.6	381.8	633.0	7866.5	6543.2
2014	1156.6	397.3	675.8	8792.7	7532.4
2015	1078.2	388.2	765.7	9959.9	9009.1

1-3 续表 3 continued3

年份 Year	职工工资总额(亿元) Wages (100million yuan)	在岗职工年平均工资(元) Annual average wage of employed persons (yuan)	年末储蓄存款余额(亿元) Balance of deposits at year end (100million yuan)	社会销售品零售总额(亿元) Total value of retail trade (100million yuan)	商品零售价格指数(%) Overall retail price index	居民消费品价格总指数(%) Overall consumer price index
1996	83.3	6370	331.9	171.4	106.1	110.9
1997	90.8	7052	388.6	204.5	101.5	104.2
1998	84.6	7869	411.7	237.9	98.3	100.6
1999	90.0	8618	480.4	268.3	96.4	98.6
2000	95.5	9752	533.7	311.2	97.5	98.8
2001	104.6	11090	608.1	358.3	100.7	102.3
2002	123.6	12869	713.9	402.2	98.7	99.7
2003	124.4	13867	831.4	438.3	100.7	101.0
2004	139.3	15722	910.4	495.3	102.7	104.1
2005	150.3	17742	1059.3	600.1	101.3	101.7
2006	167.7	19955	1174.6	666.3	101.4	101.3
2007	203.1	24190	1202.1	778.3	102.2	103.7
2008	230.1	26969	1507.3	945.7	105.6	104.4
2009	265.1	30448	1861.3	1089.4	100.6	99.8
2010	318.0	35723	2086.3	1286.7	104.6	103.6
2011	379.5	41473	2359.3	1512.2	104.8	105.5
2012	448.2	46674	2790.5	1739.6	101.8	102.3
2013	642.3	51564	3132.5	1970.0	101.3	103.0
2014	729.6	56014	3407.9	2217.5	101.2	102.2
2015	793.7	61039	3834.2	2409.3	101.3	99.1

注:从 2009 年,在岗职工年平均工资改为城镇非私营单位在岗职工年平均工资。

Note: the annual average income of current employees in 2009 is annual average income of current employees in urban non-private companies or orgnizations.

单位:个 unit

年份 Year	货物运输量(万吨) Freight traffic (10000ton)	旅客发送量(万人次) Passenger traffic (10000 person-time)	邮电业务总量(1990年不变价格)(万元) Volume of post and telecommunication services (10000 yuan)
1996	9363.0	4794.0	107927.0
1997	9397.0	4023.0	139600.0
1998	9326.0	4799.0	200000.0
1999	9533.0	4848.4	284000.0
2000	8334.0	1937.0	433564.4
2001	8693.0	2743.0	316487.5
2002	10773.0	7668.0	328971.0
2003	10892.0	6999.0	356593.4
2004	11576.0	7631.2	365994.2
2005	9601.3	5086.6	414432.8
2006	9943.0	5360.0	466281.5
2007	10485.2	5697.3	503000.0
2008	12452.5	6046.1	574881.3
2009	8812.6	9974.5	955116.4
2010	9763.1	10502.4	1333221.0
2011	12308.3	10239.0	1348253.0
2012	15479.4	11783.2	1435164.0
2013	17475.8	12388.6	746475.5
2014	9714.5	8258.3	576114.3
2015	10302.6	9026.8	743909.8

注:从2001年开始,将邮电业务总量改为邮电业务收入。

Note:Since 2001 post and telecommunication service have changed into revenue of post and telelcommunication services

1-3 续表5 continued5

年份 Year	外贸出口商品总额(亿美元) Exports ($100 million)	吸收外资 Foreign capital absorbed			接待海外旅游者人数(万人/次) Tourists overseas (10000 person-times)
		签订合同项目(个) Contracts (unit)	签订合同金额(亿美元) Amount of contractssigned ($100 million)	实际吸收外资金额(亿美元) Real amount of foreigncapital absorbed ($100 million)	
1996	1.50	127	3.10	0.70	3.3
1997	5.00	130	2.20	0.70	3.5
1998	3.70	146	2.10	2.90	3.4
1999	6.00	150	5.10	3.30	4.5
2000	7.60	161	5.10	3.60	5.5
2001	9.80	125	4.60	5.10	6.6
2002	12.70	119	4.00	6.30	7.6
2003	15.50	118	3.90	7.50	6.9
2004	8.30	132	13.20	9.00	8.3
2005	12.70	139	5.10	11.70	11.0
2006	10.90	149	7.20	14.10	15.1
2007	15.10	123	6.80	16.90	20.0
2008	16.40	67	5.12	20.30	21.7
2009	10.90	47	4.50	24.30	21.7
2010	20.00	80	7.90	26.70	25.0
2011	22.70	44	5.20	30.80	30.2
2012	29.00	42	8.50	36.80	35.7
2013	32.90	35	3.80	44.40	37.8
2014	24.70	41.00	4.30	50.00	39.45
2015	19.30	37.00	7.30	56.60	43.06

1-3 续表 6 continued6

年份 Year	全市科技成果(项) Major achievements in science and technology (item)	高等学校在校人数(万人) Students in higher education (10000person)	小学在校学生数(万人) Students in primary Schools (10000person)	学龄儿童入学率(%) Enrollment rate of school-age children(%)
1996	427	7.4	72.0	99.89
1997	245	7.7	73.8	99.85
1998	561	8.2	72.8	99.95
1999	522	9.9	69.9	99.86
2000	458	12.9	65.2	99.70
2001	498	15.6	60.0	97.00
2002	615	19.6	55.3	98.97
2003	723	23.1	51.5	99.50
2004	637	26.1	50.5	99.90
2005	692	29.1	47.6	99.96
2006	694	30.8	46.1	99.94
2007	677	33.1	45.4	99.98
2008	985	35.0	44.5	99.99
2009	1225	35.9	43.1	99.99
2010	143	36.5	42.2	99.99
2011	252	37.7	40.4	99.98
2012	235	38.8	40.2	99.98
2013	209	40.2	39.5	99.98
2014	276	49.8	38.4	99.98
2015	237	42.6	39.6	99.98

注:2010 年的全市科技成果要通过鉴定、验收和认定为准。

Note: the major achievements in science and technology of 2010 are to be confirmed after appraisal, acceptance and determination.

1-3 续表 7 ontinued7

年份 Year	卫生机构数(个) Health agencies (unit)	# 医院 Hospitals	医院病床(万张) Beds in hospitals (10000 beds)	卫生技术人员(万人) Medical technical personel (10000person)	# 医生 Doctors
1996	399	303	2.3	3.6	1.6
1997	642	304	2.3	3.8	1.6
1998	608	298	2.2	3.7	1.6
1999	672	294	2.4	3.7	1.6
2000	648	285	2.3	3.5	1.6
2001	660	291	2.2	3.6	1.6
2002	1498	298	2.4	3.4	1.4
2003	1554	298	2.3	3.5	1.5
2004	1642	294	2.3	3.4	1.4
2005	1659	288	2.4	3.3	1.4
2006	1832	320	2.6	3.5	1.6
2007	1941	320	2.7	3.6	1.6
2008	1923	313	2.9	3.6	1.6
2009	1920	309	3.4	3.7	1.7
2010	3853	310	3.7	4.0	1.8
2011	4153	306	3.9	4.0	1.8
2012	4092	302	4.2	4.3	1.8
2013	4224	299	4.5	4.4	1.8
2014	4219	301	4.7	4.5	1.8
2015	4317	301	4.7	4.8	1.8

1-4 1996-2015年长春市平均水平主要指标
PER CAPITA MAIN INDICATORS (1996-2015)

年份 Year	全市科技成果(项) Major achievements in science and technology (item)	高等学校在校人数(万人) Students in higher education (10000person)	小学在校学生数(万人) Students in primary Schools (10000person)	学龄儿童入学率(%) Enrollment rate of school-age children(%)
1996	6472	4164	2245	4.2
1997	7223	4702	2280	4.2
1998	8312	4751	2520	4.5
1999	9923	5110	2560	4.1
2000	11550	5568	2568	4.0
2001	13220	6339	2785	4.1
2002	14959	6963	3147	4.1
2003	17147	7905	3411	4.1
2004	19630	8900	3906	4.0
2005	20654	10065	4180	4.0
2006	23618	11358	4480	4.2
2007	28133	12811	4780	4.3
2008	33384	15003	5292	4.2
2009	37753	16072	5662	4.3
2010	43936	17922	6665	4.2
2011	52649	20487	7965	4.4
2012	58691	22967	9064	4.4
2013	65776	26034	10060	4.4
2014	70891	27299	11286	4.5
2015	73324	29090	11749	4.6

1-4 续表 1 continued1

年份 Year	全市科技成果(项) Major achievements in science and technology (item)	高等学校在校人数(万人) Students in higher education (10000person)	小学在校学生数(万人) Students in primary Schools (10000person)	学龄儿童入学率(%) Enrollment rate of school-age children(%)
1996	1900.0	7.8	4886.9	36.0
1997	1600.0	7.6	5238.5	35.2
1998	2070.0	11.7	9809.0	35.0
1999	1895.0	18.1	1835.9	34.7
2000	1277.0	21.5	29350.0	32.8
2001	1561.8	27.2	35584.0	34.0
2002	1718.1	36.6	50975.6	31.0
2003	1569.1	43.1	55457.1	32.0
2004	1982.9	56.8	55249.2	32.0
2005	1945.4	52.2	33939.4	32.8
2006	1967.4	61.7	49596.5	32.5
2007	1798.9	80.0	85353.9	36.2
2008	2198.7	86.7	87189.3	40.0
2009	1728.1	105.0	124423.5	44.0
2010	1842.0	122.6	162558.6	48.8
2011	1855.0	174.7	243566.1	51.2
2012	2074.9	171.1	224244.3	55.9
2013	2246.5	186.7	248576.4	58.7
2014	2231.4	194.7	304257.4	62.8
2015	2212.3	171.4	253762.4	62.4

1-5 长春市国民经济主要指标占全省比重
PROPORTION OF CHANGCHUN'S NATIONAL ECONOMIC INDICATORS TO JILIN PROVINCE

		全省 Total	长春 Changchun	长春占全省比重(%) Proportion (%)
土地面积(万平方公里)	Land area(10000sq·km)	18.7	2.1	11.2
年末总人口(万人)	Population at year-end(10000 person)	2753.3	753.8	27.4
地区生产总值(亿元)	Gross domestic products(100million yuan)	14274.1	5530.0	38.7
#第三产业(亿元)	Tertiary industry(100million yuan)	5340.8	2415.8	45.2
财政收入(亿元)	Government revenue(100 million yuan)	1229.3	388.2	31.6
工业增加值(亿元)	Gross industrial added value(100million yuan)	6054.6	2131.8	35.2
全社会固定资产投资总额(亿元)	Total investment in fixed assets(100million yuan)	12704.3	4284.0	33.7
社会消费品零售总额(亿元)	Total retail trade of consumer goods(100million yuan)	6646.5	2409.3	36.2
进出口商品总额(亿美元)	Total export and import($100million)	189.4	140.0	73.9
出口商品总额(亿美元)	Export($100million)	46.5	19.3	41.5
接待外国旅游人数(万人次)	Tourists overseas(10000person-time)	129.2	43.1	33.3

1-6 按当年价格计算的地区生产总值
GROSS DOMESTIC PRODUCT(AT CURRENT PRICE)

单位:万元 unit:10000yuan

		绝对额 Absolute number		构成(%) properation	
		2014	2015	2014	2015
地区生产总值	Gross domestic product	53424262	55300345	100	100
第一产业	Primary industry	3320314	3432410	6.2	6.2
第二产业	Secondary industry	28136169	27709805	52.7	50.1
第三产业	Terinary industry	21967779	24158130	41.1	43.7

1–7 2015 年长春市地区生产总值构成项目

单位：万元

		增加值 Added value
地区生产总值	Gross domestic product	55300345
农、林、牧、渔业	Agriculture,forestry,animal husbandry and fishery	3516371
工业	Industry	23563187
建筑业	Construction	4256186
批发和零售业	Wholesale, retailtrade	5510846
批发业	Wholesale	879801
零售业	Retail trade	4631045
交通运输、仓储和邮政业	Transportation storage, post and telecommunication	2615071
住宿和餐饮业	Hotel and catering service	1076209
住宿业	Hotels	317257
餐饮业	Catering services	758952
信息传输、软件和信息技术服务业	Information computer and software	1751784
金融业	Finance	2372720
房地产业	Real estate	1274492
租赁和商务服务业	Lease and service	2165149
科学研究和技术服务业	Scientific research and polytechnic services	909997
水利、环境和公共设施管理业	Water conservancy,environment and public services	198696
居民服务、修理和其他服务业	Resident sevices	1167444
教育	Education	2013672
卫生和社会工作	Health care,sports and social welfare	797276
文化、体育和娱乐业	Culture, sports and recreation services	723189
公共管理、社会保障和社会组织	Public management and social organization	1388056
第一产业	Primary industry	3432410
第二产业	Secondary industry	27709805
第三产业	Terinary industry	24158130

注：农林牧渔业中的农村牧渔业划入第三产业，工业中的开发辅助活动和金属制品、机械和设备修理业划入第三产业。

MAIN INDICATORS OF SOCIETY AND ECONOMIC IN 2015

unit:10000yuan

劳动者报酬 Wages	生产税净额 Net taxes on production	补贴 Subsidies	固定资产折旧 Depreciation in fired assets	营业盈余 Operation surplus
22117225	12075144	235484	9889585	11218391
3206406	-44114	44114	354079	
7696024	8196912	79400	5193417	2476834
2516777	564436	3155	273499	901474
1638293	1707861	2740	380445	1784247
190358	486474	2276	70591	132378
1447935	1221387	464	309854	1651869
613128	187664	65691	926813	887466
262567	84678	415	202529	526435
93723	28869	138	165339	29326
168844	55809	277	37190	497109
476376	147173		505299	622936
646369	296149		105194	1325008
177648	417479		523468	155897
497407	227034		507767	932941
425726	60374		129545	294352
104820	7547		33746	52583
290627	131411		65015	680391
1612921	20267		263683	116801
581578	17130		136044	62524
329656	22754		91230	279549
1040902	30389	39969	197812	118953
3153212	-44114	44114	323312	
10192669	8734155	82555	5400567	3382414
8771344	3385103	108815	4165706	7835977

1-8 2014-2015年长春市地区生产总值
GROSS DOMESTIC PRODUCT(2014-2015)

单位:万元　　unit:10000yuan

		2014		2015	
		绝对额 Absolute number	比上年增长% Indices (per=100)	绝对额 Absolute number	比上年增长% Indices (per=100)
地区生产总值	Gross domestic product	53424262	6.6	55300345	6.5
农、林、牧、渔业		3401469	4.7	3516371	4.9
工业	Industry	24157821	6.8	23563187	3.4
建筑业	Construction	4091632	7.7	4256186	8.0
批发和零售业	Wholesale, retailtrade	5146512	7.2	5510846	7.7
批发业	Wholesale	837680	7.0	879801	5.2
零售业	Retail trade	4308832	7.3	4631045	8.2
交通运输、仓储和邮政业	Transportation storage, post and telecommunication	2594860	4.0	2615071	2.1
住宿和餐饮业	Hotel and catering service	976684	7.1	1076209	9.1
住宿业	Hotels	283930	7.9	317257	11.5
餐饮业	Catering services	692754	6.8	758952	7.9
信息传输、软件和信息技术服务业	Information computer and software	1548881	8.9	1751784	12.3
金融业	Finance	2007243	13.0	2372720	18.6
房地产业	Real estate	1206116	-1.2	1274492	4.7
租赁和商务服务业	Lease and service	1917758	6.5	2165149	11.8
科学研究和技术服务业	Scientific research and polytechnic services	848878	8.8	909997	7.5
水利、环境和公共设施管理业	Water conservancy,environment and public services	185524	13.2	198696	7.5
居民服务、修理和其他服务业	Resident sevices	1012527	5.1	1167444	13.8
教育	Education	1731446	7.5	2013672	16.7
卫生和社会工作	Health care,sports and social welfare	679111	4.2	797276	15.7
文化、体育和娱乐业	Culture, sports and recreation services	643485	-1.8	723189	11.9
公共管理、社会保障和社会组织	Public management and social organization	1274315	7.2	1388056	5.1
第一产业	Primary industry	3320314	4.7	3432410	5.0
第二产业	Secondary industry	28136169	6.9	27709805	4.1
第三产业	Terinary industry	21967779	6.6	24158130	9.8

统计资料

STATISTICS

▶人口
POPULATION

2016

CHANGCHUN STATISTICAL YEARBOOK

第二篇　人　口

2015年,我市户籍人口总数为753.8万人,比上年减少7137人。城镇人口为358.1万人,乡村人口为395.7万人。总人口中,男性为379.1万人,女性为374.7万人,分别占人口总数的50.29%和49.71%。户籍人口出生率、死亡率、自然增长率分别为7.32‰、5.17‰和2.15‰　。

2-1 1996-2015 年全市户数与人口
POPULATION AND HOUSEHOLDS(1996-2015)

年份 Year	总户数(户) Households	总人口(人) Population (person)	按地区分 By region		按性别分 By sex		按农业、非农业分 By agriculture	
			市区 City	县(市) County	男 Male	女 Female	农业 Agriculture	非农业 Non-agriculture
1999	1887580	6912278	2866357	4045921	3516229	3396049	4100246	2812032
2000	1955634	6996354	2928250	4068104	3557370	3438984	4117996	2878358
2001	2005838	7057321	2980185	4077136	3586780	3470541	4120995	2936326
2002	2047139	7125055	3039375	4085680	3624060	3500995	4122300	3002755
2003	2071834	7182348	3100132	4082216	3650591	3531757	4051808	3130540
2004	2108261	7240845	3147366	4093479	3674807	3566038	4061950	3178895
2005	2189007	7314959	3372215	3942744	3706329	3608630	4104222	3210737
2006	2236543	7392561	3487724	3904837	3743788	3648773	4136041	3256520
2007	2317389	7459463	3581301	3878162	3770314	3689149	4169834	3289629
2008	2394247	7525303	3608314	3916989	3799417	3725886	4206770	3318533
2009	2437362	7565065	3623220	3941845	3815302	3749763	4229060	3336005
2010	2474784	7588921	3627536	3961385	3823596	3765325	4243699	3345222
2011	2556925	7617663	3648045	3969618	3835334	3782329	4167543	3450120
2012	2592938	7569037	3629752	3939285	3811781	3757256	4140626	3428411
2013	2661310	7526708	3638156	3888552	3788511	3738197	4176181	3350527
2014	2708655	7545472	3658620	3886852	3794374	3751098	4185658	3359814
2015	2738087	7538335	4361115	3177220	379085	3747480		

2-2 2015 年县(市)区户数与人口
POPULATION AND HOUSEHOLDS BY REGION IN 2015

		总户数(户) Households	总人口(人) Population (person)	按性别分 By sex		按城镇、乡村分 By town,county	
				男 Male	女 Female	城镇人口 Urban population	乡村人口 Rural population
总计	Total	2738087	7538335	3790855	3747480	3581564	3956771
市辖区合计	Total district	1662525	4361115	2166105	2195010	2973217	1387898
南关区	Nanguan	266773	698626	339943	358683	643108	55518
宽城区	Kuancheng	254083	643251	319480	323771	394903	248348
朝阳区	Chaoyang	264153	718403	349790	368613	673571	44832
二道区	Erdao	223451	572318	283387	288931	381664	190654
绿园区	Lvyuan	256252	659009	327954	331055	559796	99213
双阳区	Shuangyang	144109	376413	191300	185113	118572	257841
九台市	Jiutai	253704	693095	354251	338844	201603	491492
县(市)合计	Total county	1075562	3177220	1624750	1552470	608347	2568873
农安县	Nong'an	361594	1086844	556911	529933	206136	880708
榆树市	Yushu	443212	1263160	647145	616015	240601	1022559
德惠市	Dehui	270756	827216	420694	406522	161610	665606

2-3 1996-2015年全市人口增减变动

BASIC STATISTICS ON POPULATION CHANGING(1996-2015)

单位:人　　unit:person

年份 Year	总户数(户) Households	按地区分 By region		按性别分 By sex	
		市区 City	县(市) County	男 Male	女 Female
1996	6720346	89655	178698	34376	145431
1997	6802828	70108	110922	33726	82135
1998	6853272	51611	99196	34105	85125
1999	6890472	51275	123089	37263	104941
2000	6954316	72167	118519	38603	87096
2001	7026838	51263	119192	32918	85365
2002	7091188	51915	131735	32551	86590
2003	7153702	47149	138354	31981	94280
2004	7211597	64439	125259	34353	96285
2005	7277902	70680	143362	53076	121278
2006	7353760	71912	129371	32829	100289
2007	7426012	79787	121634	32566	105044
2008	7525303	78697	89565	22929	78840
2009	7545184	77521	83531	37155	82833
2010	7576993	79004	74714	50097	79334
2011	7603292	71132	81991	39044	85109
2012	7593350	77423	68445	93736	100629
2013	7547872	69230		30727	
2014	7536090	78175		41696	
2015	7541906	55205		38977	

2-4 2015年县(市)区人口增减变动

BASIC STATISTICS ON POPULATION CHANGING BY REGION IN 2015

单位:人　　unit:person

		年平均人口 Average population per year	增加 Increase		减少 Decrease	
			出生 Birth	迁入 Tmmigrant	死亡 Death	迁出 Emigration
全市总计	Total	7541906	55205		38977	
市辖区合计	Total district	4357573	34675		25785	
南关区	Nanguan	702614	6361		4722	
宽城区	Kuancheng	622308	5071		3658	
朝阳区	Chaoyang	732253	6076		4509	
二道区	Erdao	569922	4975		3300	
绿园区	Lvyuan	659157	5572		4048	
双阳区	Shuangyang	377068	2358		1244	
九台市	Jiutai	694251	4262		4304	
县(市)合计	Total county	3184333	20530		13192	
农安县	Nong′an	1087169	7353		3369	
榆树市	Yushu	1269190	7450		7066	
德惠市	Dehui	827974	5727		2757	

2-5 2015年城镇人口增减人数

BASIC STATISTICS ON URBAN POPULATION CHANGING IN 2015

单位:人 unit:person

		全市 Total	市区 Distric	县(市) County (city)
一、年末城镇人口数	Total at year-end	3581564	2973217	608347
二、本年增加的城镇人口	Increase of population this year	184123	172185	11938
1.出生	Birth	29170	25752	3418
2.城镇人口迁入	Settle in	144204	137739	6465
3.乡村人口转城镇人口	From agricultural population to non-agricultural	7883	6567	1316
①招生	Recruit students	337	337	
②录<聘>用	Recruit workers	131	58	73
③务工经商	Requisition land			
④购(租)房	Run to Relative	4035	3676	359
⑤投资	Settle in small town	3	3	
⑥投靠亲属	Investment in housing purchase	2588	2066	522
⑦移民搬迁	Others			
⑧城乡属性调整				
⑨其他		789	427	362
4.退出现役	Demobilized soldier	2011	1753	258
5.自港、澳、台和国外迁入	Settle in from Hongkong Macao Taiwan and foreign	27	27	
6.其他	Others	828	347	481
三、本年减少的城镇人口	Decrease of population	190785	168338	22447
1.死亡	Death	25938	21319	4619
2.城乡人口迁出	Emigration	154072	142665	11407
3.迁往港、澳、台和国外	To Hongkong Macao Taiwan and foreign	376	365	11
4.服现役	Join the army	1376	1191	185
5.其他	Others	9023	2798	6225

2-6 1996-2015年全市人口出生率、死亡率、自然增长率
BIRTH RATE, DEATH RATE AND NATURAL GROWTH RATE (1996-2015)

年份 Year	出生率(‰) Birth rate	死亡率(‰) Death rate	自然增长率(‰) Natural growth rate
1996	13.34	5.11	8.22
1997	10.30	4.95	5.34
1998	7.53	4.97	2.55
1999	7.44	5.40	2.03
2000	10.38	5.55	4.83
2001	7.30	4.68	2.61
2002	7.32	4.59	2.73
2003	6.59	4.47	2.12
2004	8.94	4.76	4.17
2005	9.71	7.29	2.42
2006	9.77	4.46	5.31
2007	10.74	4.39	6.36
2008	10.50	3.06	7.44
2009	10.30	4.92	5.35
2010	10.43	6.61	3.82
2011	9.36	5.14	4.22
2012	10.20	12.34	-2.14
2013	9.17	4.07	5.10
2014	10.36	5.53	4.83
2015	7.32	5.17	2.15

2-7 2015年县(市)区人口出生率、死亡率、自然增长率
BIRTH RATE, DEATH RATE AND NATURAL GROWTH RATE BY REGION IN 2015

		出生率(‰) Birth rate	死亡率(‰) Death rate	自然增长率(‰) Natural growth rate
总计	Total	7.32	5.17	2.15
市辖区合计	Total districts	7.96	5.92	2.04
南关区	Nanguan	9.05	6.72	2.33
宽城区	Kuancheng	8.15	5.88	2.27
朝阳区	Chaoyang	8.30	6.16	2.14
二道区	Erdao	8.73	5.79	2.94
绿园区	Lvyuan	8.45	6.14	2.31
双阳区	Shuangyang	6.25	3.30	2.95
九台市	Jiutai	6.14	6.20	-0.06
县(市)合计	Total counties cities	6.45	4.14	2.30
农安县	Nong'an	6.76	3.10	3.66
榆树市	Yushu	5.87	5.57	0.30
德惠市	Dehui	6.92	3.33	3.59

统计资料

▶ 单位从业人员与工资

EMPLOYMENT AND WAGE

STATISTICS

2016

CHANGCHUN STATISTICAL YEARBOOK

第三篇　单位从业人员与工资

2015 年，全市城镇非私营单位从业人员为 126.06 万人，比上年末减少 0.78 万人。从经济类型划分上看，国有和集体经济单位所占比重继续下降，其他经济类型单位所占比重仍在上升。2015 年末，我市城镇非私营国有单位从业人数为 54.93 万人，占 43.57%；集体经济单位从业人数 1.88 万人，占 1.49%；其他经济单位从业人数 69.25 万人，占 54.94%。

2015 年，全市城镇非私营单位从业人员工资总额为 793.66 亿元，比上年同期增长 8.78%，其中，国有经济单位 398.76 亿元，增长 7.83%；集体经济单位 7.05 亿元，增长 3.83%；其他经济单位 387.85 亿元，同比增长 9.87%。

2015 年全市城镇非私营单位就业人员平均工资 61039 元，增加 5025 元，比上年增长 8.97%；在岗职工平均工资 62519 元，比上年增长 9.73%。

3-1 1996-2015 年全市城镇非私营单位在岗职工工资总额
TOTAL WAGES OF STAFF AND WORKERS IN URBAN NON-PRIVATE UNITS(1996-2015)

单位:千元 unit:1000yuan

年份 Year	国有 State-owned		集体 Collective owned		其他 Others	
	全市 Total	# 市区 District	全市 Total	# 市区 District	全市 Total	# 市区 District
1996	6569798	5592362	1251084	1086908	507483	451905
1997	7123101	6032678	1294877	1121163	658380	572053
1998	6574523	5616192	1040812	929690	932068	838951
1999	6871783	5828124	912084	824582	1348814	1246909
2000	7375814	6281248	960764	883329	1606900	1500715
2001	7529152	6478360	853190	792029	2074950	1920863
2002	8778127	7497443	883896	811997	2700222	2558936
2003	9191194	7846909	797041	722583	3033574	2882323
2004	10061498	8630697	773975	693387	3704129	3539419
2005	10136616	8818260	624595	540620	4273860	4039930
2006	10907523	9476019	623169	549543	5236869	4937691
2007	13691045	11857798	629786	557273	6677494	6352869
2008	15018507	12463127	645458	550119	8034251	7486086
2009	15713196	13553638	745397	607174	10577684	10128067
2010	18110165	15780837	784564	630033	13518177	12892878
2011	20578244	17725860	692474	555296	16679583	15997321
2012	22905754	19417457	718829	526708	17619377	16752500
2013	30758894	26931567	596468	351133	26828912	25114186
2014	32808661	28780114	590960	349587	30543409	29125465
2015	39152880	35429927	642440	473031	37387771	36213610

3-2 1996-2015 全市城镇非私营单位在岗职工平均工资
STAFF AND WORKERS IN URBAN NON-PRIVATE UNITS (1996-2015)

单位:千元 unit:1000yuan

年份 Year	国有 State-owned		集体 Collective owned		其他 Others	
	全市 Total	# 市区 District	全市 Total	# 市区 District	全市 Total	# 市区 District
1996	6844	5592362	4547	4717	7027	7079
1997	7472	6032678	5076	5313	8382	8358
1998	7205	5616192	4452	4883	7436	7646
1999	7866	5828124	4345	4893	9009	9240
2000	8526	6281248	4814	5576	10220	10438
2001	11569	6478360	7005	7307	12177	12888
2002	11100	7497443	5215	6345	13066	13682
2003	11802	7846909	5227	6472	13786	14456
2004	13659	8630697	5576	6833	14910	15800
2005	18901	8818260	9563	9577	17389	18314
2006	21837	9476019	10925	10923	18455	19436
2007	27112	11857798	11862	11990	21599	22737
2008	30535	12463127	13143	13335	23854	24902
2009	33688	13553638	15579	14603	28204	29357
2010	38428	15780837	19129	18113	34143	35508
2011	43419	17725860	23852	23830	40646	41815
2012	49732	19417457	29417	28126	44353	45385
2013	60522	26931567	33300	28913	45844	46859
2014	66053	28780114	35866	31427	50179	51516
2015	73034	35429927	37675	34642	54868	55973

3-3 全市城镇非私营单位从业人员数

单位:人

		总计 Tota	
		全市 Total	市区 Distric
总计	Total	1260604	1134231
中央单位	Centre unit	227287	221987
省属单位	Provincial unit	99630	96452
市属单位	Unit belong to city	78530	77371
县及县以下单位	Unit below county	142272	66248
(一)农、林、牧、渔业	Farming,forestry,animal husbandry and fishery	12409	4214
1.农业	Farming	2342	572
2.林业	Forestry	1185	415
3.畜牧业	Animal husbandry	815	456
4.渔业	Fishery	42	42
5.农、林、牧、渔服务业	Farming,forestry,animal husbandry and fishery services	8025	2729
(二)采矿业	Mining industry	10234	10199
1.煤炭开采和洗选业	Coal mining and dressing	7991	7991
2.石油和天然气开采业	Extraction of petroleum and natural gas	54	19
3.黑色金属矿采选业	Minging and dressing of ferrous metals		
4.有色金属矿采选业	Mining and dressing of nonferrous metals	8	8
5.非金属矿采选业	Mining and dressing of nonmetal mineral products		
6.开采辅助活动	Mining auxiliary activities	2181	2181
7.其他矿采选业	Others		
(三)制造业	Manufacturing	382478	360164
1.农副食品加工业	Food processing	25001	15754
2.食品制造业	Food manufacturing	7209	4147
3.饮料制造业	Beverage manufacturing	6165	2714
4.烟草制品业	Tobacco processing	1235	1235
5.纺织业	Textile industry	1276	1276
6.纺织服装、鞋、帽制造业	Garments,shoes and hats	2761	2761
7.皮革、毛皮、羽毛(绒)及其制品业	Leather,furs,down and related products	71	71
8.木材加工及木、竹、滕、棕草制品业	Timber,bamboo,cane,palm and straw products	6927	6886
9.家具制造业	Furniture	466	456
10.造纸及纸制品业	Paper making and paper products	311	251
11.印刷业和记录媒介的复制	Printing and record medium reproduction	3608	3158
12.文教、工美、体育和娱乐用品制造业	Culture and education、Industrial art、Sports and entertainment products manufacturing	671	671
13.石油加工、炼焦及核燃料加工业	Petroleum processing coking and nuclear processing	1450	201
14.化学原料及化学制品制造业	Raw chemical material and chemical products	5601	4541
15.医药制造业	Medical and pharmacutical products	13995	13573
16.化学纤维制造业	Chemical fiber manufacturing	32	32
17.橡胶和塑料制品业	Rubber and Plastic products	5514	4675
18.非金属矿物制品业	Nonmetal mineral products	7096	5803
19.黑色金属冶炼及压延加工业	Smelting and pressing of ferrous metals	1399	1399
20.有色金属冶炼及压延加工业	Smelting and pressing of non-ferrous metals	382	347
21.金属制品业	Metal products	3951	3841
22.通用设备制造业	Ordinary machinery	6203	6138
23.专用设备制造业	Special purpose equipment	6220	6195
24.汽车制造业	Automobile industry	236501	235762

NUMBER OF EMPLOYED PERSONS IN URBAN NON-PRIVATE UNITS

unit:person

国有 State-owned		集体 Collective owned		其他 Others	
全市 Total	#市区 District	全市 Total	#市区 District	全市 Total	#市区 District
549364	463579	15376	1134231	692468	655276
227287	221987		221987		
99630	96452		96452		
78530	77371		77371		
142272	66248		66248		
11453	3331	36	4214	847	847
1890	140		572	432	432
1149	379	36	415		
546	187		456	269	269
			42	42	42
7868	2625		2729	104	104
46	46		10199	10188	10153
46	46		7991	7945	7945
			19	54	19
			8	8	8
			2181	2181	2181
143416	142930	2143	360164	236705	215091
70	70	215	15754	24716	15469
400	400	24	4147	6785	3723
			2714	6165	2714
1235	1235		1235		
		11	1276	1265	1265
44	44	114	2761	2603	2603
34	34		71	37	37
		120	6886	6766	6766
		1	456	465	455
			251	311	251
177	177	461	3158	2947	2520
		25	671	646	646
			201	1450	201
151	151	9	4541	5441	4381
562	535		13573	13433	13038
			32	32	32
65	65	22	4675	5277	4588
171	171	6	5803	6919	5626
95	95	73	1399	1231	1231
			347	382	347
		59	3841	3892	3782
947	947	143	6138	5113	5048
726	726	25	6195	5469	5444
138563	138104	439	235762	97499	97219

3-3 续表 1 continued1

		总计 Total	
		全市 Total	市区 District
25.铁路、船舶、航空航天和其他运输设备制造业	Railway、Ship、aerospace and other Transportation Equipment Manufacturing	23039	22968
26.电气机械及器材制造业	Electric equipment and machinery	3956	3956
27.计算机、通信及其他电子设备制业	Computer and Telecommunication equipment adn other electronic equipment	4134	4134
28.仪器仪表制造业	Instruments, meters	6630	6630
29.其他制造业	Others	258	173
30.废弃资源综合利用业	Comperehensive untilization of waste resources	413	413
31.金属制品、机械和设备修理业	Metal products、machinery、Equipment repair industry	3	3
(四)电力、燃气及水的生产和供应业	Electric power, gas and water production and supply	66308	62165
1.电力、热力的生产和供应业	Eleatrlc Power, and Head Power Production and Supply	58062	55163
2.燃气生产和供应业	Production and supply of gas	2160	2070
3.水的生产和供应业	Production and supply of water	6086	4932
(五)建筑业	Construction	149374	143836
1.房屋和土木工程建筑业	Building and civil construction	70969	69000
2.建筑安装业	Installment	43297	39779
3.建筑装饰业	Decoration	20762	20715
4.其他建筑业	Others	14346	14342
(六)批发和零售业	Wholesale and retail trade	59364	53379
1.批发业	Wholesale	19581	18072
2.零售业	Retail trade	39783	35307
(七)交通运输、仓储及邮政业	Transportation, storage, post and telecommunication	51605	47551
1.铁路运输业	Railway transportation	134	134
2.道路运输业	Highway transportation	28941	27023
3.水上运输业	Waterway	13	13
4.航空运输业	Air transportation	5748	5748
5.管道运输业	Pipeline transportation	1054	1054
6.装卸搬运和其他运输服务业	Handling and other transportation services	627	627
7.仓储业	Storage	6680	5216
8.邮政业	Post services	8408	7736
(八)住宿和餐饮业	Hotel and catering services	17564	17343
1.住宿业	Hotels	10998	10932
2.餐饮业	Catering services	6566	6411
(九)信息传输、软件和信息技术服务业	Information transmission、software、information technology services	36084	34614
1.电信、广播电视和卫星传输服务	Telecommunication、radio and television and satellite transmission services	25990	24520
2.互联网相关服务	Internet and related service	1177	1177
3.软件和信息技术服务业	Software and information technology services	8917	8917
(十)金融业	Finance	46226	41611
1.货币金融服务业	Monetary and financial services	32586	28308
2.资本市场服务业	Capital market services	2682	2682
3.保险业	Insurance	10285	9948
4.其他金融活动	Other finance services	673	673
(十一)房地产业	Real estate	33810	32452
其中:1.房地产开发经营	Real estate developing and management	11232	10394
2.房地产管理	Real estate management	19690	19647
3.房地产中介服务	Medium services	712	665
(十二)租赁和商务服务业	Leasing and services	32227	31515

单位:人 unit:person

国有 State-owned		集体 Collective-owned		其他 Others	
全市 Total	#市区 District	全市 Total	#市区 District	全市 Total	#市区 District
		296	296	22743	22672
150	150	48	48	3758	3758
21	21			4113	4113
5	5	37	37	6588	6588
				258	173
		15	15	398	398
				3	3
12511	9621			53797	52544
7673	6027			50389	49136
109	19			2051	2051
4729	3575			1357	1357
7511	7206	2085	2085	139778	134545
2039	2039	334	334	68596	66627
5081	4776	801	801	37415	34202
220	220	818	818	19724	19677
171	171	132	132	14043	14039
6446	5234	481	288	52437	47857
5673	4548	311	158	13597	13366
773	686	170	130	38840	34491
21562	18961	158	158	29885	28432
				134	134
9365	8900	120	120	19456	18003
				13	13
5617	5617			131	131
				1054	1054
				627	627
2864	1400	38	38	3778	3778
3716	3044			4692	4692
5136	5075	228	228	12200	12040
4201	4183	79	79	6718	6670
935	892	149	149	5482	5370
4374	3303	7	7	31703	31304
4065	2994			21925	21526
128	128			1049	1049
181	181	7	7	8729	8729
15326	13204	2338	826	28562	27581
12651	10793	2338	826	17597	16689
877	877			1805	1805
1633	1369			8652	8579
165	165			508	508
3121	2493	293	293	30396	29666
206	50	11	11	11015	10333
1193	1193	123	123	18374	18331
47				665	665
10043	9671	773	773	21411	21071

3-3 续表 2 continued2

		总计 Total	
		全市 Total	市区 District
1.租赁业	Leaseing	408	408
2.商务服务业	Services	31819	31107
(十三)科学研究、技术服务业	Scientific research technical services	42932	41081
1.研究与试验发展	Scientific research	10646	10646
2.专业技术服务业	Technical services	30138	28620
3.科技交流和应用服务业	Science and technology popularization and Application Services	2148	1815
(十四)水利、环境和公共设施管理业	Water conservancy,environment and public services	28230	23926
1.水利管理业	Water conservancy	4946	3541
2.生态保护和环境管理业	Ecological protection and Environment governance industry	343	308
3.公共设施管理业	Public management	22941	20077
(十五)居民服务、修理和其他服务业	Resident services,repair and other services	12238	12091
1.居民服务业	Resident services	2223	2076
2.机动车、电子产品和日常产品修理业	Motor vehicle、Electronics and daily consumer products repairing	1323	1323
2.其他服务业	Other social services	8692	8692
(十六)教育	Education	124530	90863
其中:1.初等教育	Primary education	33401	15727
2.中等教育	Secondary education	42824	27938
3.高等教育	Higher education	40602	40602
(十七)卫生和社会工作	Health and social work	59110	49652
1.卫生	Health care	57870	48498
2.社会工作	Social work	1240	1154
(十八)文化、体育和娱乐业	Culture,sports and recreation services	16855	15441
1.新闻出版业	News publishing	5821	5821
2.广播、电影、电视和影视录音制作业	Broadcast、TV、movies and video recording industry	4688	3900
3.文化艺术业	Culture and art	4205	3620
4.体育	Sports	1364	1323
5.娱乐业	Recreation services	777	777
(十九)公共管理、社会保障和社会组织	Public management,social security,social organization	79026	62134
其中:1.中国共产党机关	Chinese communist party	2391	1979
2.国家机构	State organs	73508	57536
3.人民政协和民主党派	Political consultation and democratic party	568	522
4.社会保障	Social security	1051	802
5.群众团体、社会团体和其他成员组织	The community,social organization and other members	1508	1295

单位:人 unit:person

国有 State-owned		集体 Collective-owned		其他 Others	
全市 Total	# 市区 District	全市 Total	# 市区 District	全市 Total	# 市区 District
57	57			351	351
9986	9614	773	773	21060	20720
27361	25573	201	201	15370	15307
9866	9866	5	5	775	775
16358	14840	196	196	13584	13584
1137	867			1011	948
20216	16300	5952	5599	2062	2027
4766	3481	120		60	60
191	191			152	117
15259	12628	5832	5599	1850	1850
1518	1385	960	960	9760	9746
643	510	384	384	1196	1182
330	330	29	29	964	964
545	545	547	547	7600	7600
116167	82500	32	32	8331	8331
32941	15267			460	460
40472	25586	1	1	2351	2351
37085	37085			3517	3517
52742	44412	2536	1569	3832	3671
51644	43400	2536	1569	3690	3529
1098	1012			142	142
11625	10376	91	67	5139	4998
3335	3335	23	23	2463	2463
2749	2094	23	23	1916	1783
3987	3434	24		194	186
1142	1101			222	222
412	412	21	21	344	344
78790	61958	171	111	65	65
2391	1979				
73337	57425	171	111		
568	522				
1051	802				
1443	1230			65	65

3-4 全市城镇非私营单位从业人员工资总额

单位:千元

		总计 Total	
		全市 Total	市区 District
总计	Total	79365818	74168737
中央单位	Centre unit	22212180	21905272
省属单位	Provincial unit	6439818	6278946
市属单位	Unit belong to city	4741892	4683893
县及县以下单位	Unit below county	6401279	3154880
(一)农、林、牧、渔业	Farming, forestry, animal husbandry and fishery	498193	208719
1.农业	Farming	72295	28770
2.林业	Forestry	49169	16942
3.畜牧业	Animal husbandry	39983	25299
4.渔业	Fishery	2671	2671
5.农、林、牧、渔服务业	Farming, forestry, animal husbandry and fishery services	334075	135037
(二)采矿业	Mining industry	526638	525563
1.煤炭开采和洗选业	Coal mining and dressing	355302	355302
2.石油和天然气开采业	Extraction of petroleum and natural gas	3499	2424
3.黑色金属矿采选业	Minging and dressing of ferrous metals		
4.有色金属矿采选业	Mining and dressing of nonferrous metals	281	281
5.非金属矿采选业	Mining and dressing of nonmetal mineral products		
6.开采辅助活动	Minging auxiliary activities	167556	167556
7.其他矿采选业	Others		
(三)制造业	Manufacturing	27511981	26761332
1.农副食品加工业	Food processing	923925	594738
2.食品制造业	Food manufacturing	248836	159792
3.酒、饮料和精致茶制造业	Wine、drinks and Refined tea Industry	289571	154488
4.烟草制品业	Tobacco processing	162213	162213
5.纺织业	Textile industry	44449	44449
6.纺织服装、服饰业	Textile and garment、Clothing industry	88605	88605
7.皮革、毛皮、羽毛(绒)及其制品和制鞋业	Leather、furs、feather and their products	2191	2191
8.木材加工及木、竹、滕、棕草制品业	Timber, bamboo, cane, palm and straw products	266649	265021
9.家具制造业	Furniture	15834	15474
10.造纸及纸制品业	Paper making and paper products	7417	6061
11.印刷业和记录媒介的复制	Printing and record medium reproduction	134627	124269
12.文教、工美、体育和娱乐用品制造业	Culture and education、Industrial art、Sports and entertainment products manufacturing	20766	20766
13.石油加工、炼焦及核燃料加工业	Petroleum processing coking and nuclear processing	44448	9744
14.化学原料及化学制品制造业	Raw chemical material and chemical products	266424	231274
15.医药制造业	Medical and pharmacutical products	698757	687877
16.化学纤维制造业	Chemical fiber manufacturing	1239	1239
17.橡胶和塑料制品业	Rubber adn Plastic products	256232	226440
18.非金属矿物制品业	Nonmetal mineral products	263116	227944
19.黑色金属冶炼及压延加工业	Smelting and pressing of ferrous metals	71547	71547
20.有色金属冶炼及压延加工业	Smelting and pressing of non-ferrous metals	16378	15538
21.金属制品业	Metal products	153236	150356
22.通用设备制造业	Ordinary machinery	360345	358255
23.专用设备制造业	Special purpose equipment	300136	299236
24.汽车制造业	Automobile industry	20100313	20071813

TOTAL WAGES OF EMPLOYED PERSONS IN URBAN NON-PRIVATE UNITS

unit:1000yuan

国有 State-owned		集体 Collective-owned		其他 Others	
全市 Total	# 市区 District	全市 Total	# 市区 District	全市 Total	# 市区 District
39875916	36097816	704864	535312	38785038	37535609
22212180	21905272				
6439818	6278946				
4741892	4683893				
6401279	3154880				
447888	160811	4980	2583	45325	45325
47261	4354	618		24416	24416
46586	14359	2583	2583		
29753	15069			10230	10230
				2671	2671
324288	127029	1779		8008	8008
1320	1320			525318	524243
1320	1320			353982	353982
				3499	2424
				281	281
				167556	167556
14304053	14284523	91583	85674	13116345	12391135
1672	1672	5026	5026	917227	588040
9430	9430	1126	1126	238280	149236
				289571	154488
162213	162213				
		300	300	44149	44149
1349	1349	2302	2302	84954	84954
1130	1130			1061	1061
		6900	5272	259749	259749
		13	13	15821	15461
				7417	6061
7262	7262	21449	21048	105916	95959
		2142	2142	18624	18624
				44448	9744
5547	5547	144	144	260733	225583
20654	19609			678103	668268
				1239	1239
4819	4819	4319	439	247094	221182
1220	1220			261896	226724
1889	1889	1662	1662	67996	67996
				16378	15538
		1572	1572	151664	148784
47481	47481	6991	6991	305873	303783
28088	28088	207	207	271841	270941
14004776	13986291	15196	15196	6080341	6070326

3-4 续表 1 continued1

		总计 Total	
		全市 Total	市区 District
25.铁路、船舶、航空航天和其他运输设备制造业	Railway、Ship、aerospace and other Transportation Equipment Manufacturing	1976152	1974891
26.电气机械及器材制造业	Electric equipment and machinery	217945	217945
27.计算机、通信及其他电子设备制业	Computer and Telecommunication equipment adn other electronic equipment	200014	200014
28.仪器仪表制造业	Instruments, meters	346045	346045
29.其他制造业	Others	7582	6118
30.废弃资源综合利用业	Comperehensive untilization of waste resources	26905	26905
31.金属制品、机械和设备修理业	Metal products、machinery、Equipment repair industry	84	84
(四)电力、燃气及水的生产和供应业	Electric power, gas and water production and supply	5054032	4872227
1.电力、热力的生产和供应业	Eleatrlc Power, and Head Power Production and Supply	4641815	4484317
2.燃气生产和供应业	Production and supply of gas	119272	117480
3.水的生产和供应业	Production and supply of water	292945	270430
(五)建筑业	Construction	7895438	7738209
1.房屋和土木工程建筑业	Building and civil construction	4574240	4495497
2.建筑安装业	Installment	1708751	1634428
3.建筑装饰业	Decoration	1019042	1014999
4.其他建筑业	Others	593405	593285
(六)批发和零售业	Wholesale and retail trade	2581840	2376708
1.批发业	Wholesale	1119157	1052213
2.零售业	Retail trade	1462683	1324495
(七)交通运输、仓储及邮政业	Transportation, storage, post and telecommunication	2713000	2581374
1.铁路运输业	Railway transportation	26421	26421
2.道路运输业	Highway transportation	1322795	1271343
3.水上运输业	Waterway	240	240
4.航空运输业	Air transportation	547725	547725
5.管道运输业	Pipeline transportation	82056	82056
6.装卸搬运和其他运输服务业	Handling and other transportation services	22921	22921
7.仓储业	Storage	253176	203454
8.邮政业	Post services	457666	427214
(八)住宿和餐饮业	Hotel and catering services	591685	584296
1.住宿业	Hotels	386983	383322
2.餐饮业	Catering services	204702	200974
(九)信息传输、软件和信息技术服务业	Information transmission、software、information technology services	2569848	2503115
1.电信、广播电视和卫星传输服务	Telecommunication、radio and television and satellite transmission services	1945600	1878867
2.互联网相关服务	Internet and related service	57974	57974
3.软件和信息技术服务业	Software and information technology services	566274	566274
(十)金融业	Finance	4624089	4318746
1.货币金融服务业	Monetary and financial services	3883173	3587506
2.资本市场服务业	Capital market services	256433	256433
3.保险业	Insurance	427051	417375
4.其他金融活动	Other finance services	57432	57432
(十一)房地产业	Real estate	1620400	1575982
其中:1.房地产开发经营	Real estate developing and management	828089	798057
2.房地产管理	Real estate management	646715	645454
3.房地产中介服务	Medium services	23677	22114
(十二)租赁和商务服务业	Leasing and services	1480322	1457126

单位：千元 unit:1000yuan

国有 State-owned		集体 Collective-owned		其他 Others	
全市 Total	#市区 District	全市 Total	#市区 District	全市 Total	#市区 District
		18380	18380	1957772	1956511
5358	5358	1215	1215	211372	211372
1045	1045			198969	198969
120	120	2065	2065	343860	343860
				7582	6118
		574	574	26331	26331
				84	84
843698	722849			4210334	4149378
603340	506798			4038475	3977519
3674	1882			115598	115598
236684	214169			56261	56261
458431	454631	74260	74260	7362747	7209318
161211	161211	24774	24774	4388255	4309512
274796	270996	13092	13092	1420863	1350340
15286	15286	32242	32242	971514	967471
7138	7138	4152	4152	582115	581995
485039	419397	12148	8308	2084653	1949003
448287	391125	8672	5312	662198	655776
36752	28272	3476	2996	1422455	1293227
1342437	1247321	4189	4189	1366374	1329864
				26421	26421
474535	459593	3097	3097	845163	808653
				240	240
543277	543277			4448	4448
				82056	82056
				22921	22921
121651	71929	1092	1092	130433	130433
202974	172522			254692	254692
172184	170529	6857	6857	412644	406910
139711	138918	2903	2903	244369	241501
32473	31611	3954	3954	168275	165409
295122	252472	304	304	2274422	2250339
277257	234607			1668343	1644260
7731	7731			50243	50243
10134	10134	304	304	555836	555836
1532378	1385325	146070	41601	2945641	2891820
1406956	1267634	146070	41601	2330147	2278271
47078	47078			209355	209355
65340	57609			361711	359766
13004	13004			44428	44428
160504	142260	10273	10273	1449623	1423449
7379	2194	275	275	820435	795588
51212	51212	2774	2774	592729	591468
1563				22114	22114
486928	473158	28588	28588	964806	955380

3-4 续表 2 continued2

		总计 Total	
		全市 Total	市区 District
1.租赁业	Leaseing	16481	16481
2.商务服务业	Services	1463841	1440645
(十三)科学研究、技术服务	Scientific research technical services	2945514	2863109
1.研究与试验发展	Scientific research	788276	788276
2.专业技术服务业	Technical services	2038566	1969458
3.科技推广和应用服务业	Science and technology popularization and application services	118672	105375
(十四)水利、环境和公共设施管理业	Water conservancy,environment and public services	922660	811760
1.水利管理业	Water conservancy	205320	163143
2.环境管理业	Environment	11339	9461
3.公共设施管理业	Public management	706001	639156
(十五)居民服务和其他服务业	Resident services and other services	384086	377683
1.居民服务业	Resident services	109491	103088
2.机动车、电子产品和日用产品修理业	Motor vehicle、Electronics and daily consumer products repairing	50871	50871
3.其他服务业	Other social services	223724	223724
(十六)教育	Education	7952811	6303071
其中:1.初等教育	Primary education	1806730	894915
2.中等教育	Secondary education	2314854	1633663
3.高等教育	Higher education	3404488	3404488
(十七)卫生和社会工作	Health and social work	3773385	3395295
1.卫生	Health care	3721194	3346951
2.社会工作	Social work	52191	48344
(十八)文化、体育和娱乐业	Culture,sports and recreation services	833531	773543
1.新闻出版业	News publishing	277360	277360
2.广播、电视、电影和影视录音制作业	Broadcast、TV、movies and video recording industry	212875	179662
3.文化艺术业	Culture and art	240290	215390
4.体育	Sports	72190	70315
5.娱乐业	Recreation services	30816	30816
(十九)公共管理、社会保障和社会组织	Public administration、social security、social organizations	4886365	4140879
其中:1.中国共产党机关	Chinese communist party	158279	137812
2.国家机构	State organs	4535209	3833490
3.人民政协和民主党派	Political consultation and democratic party	42238	39735
4.社会保障	Social security	55976	44658
5.群众团体、社会团体和宗教组织	Multitude organizations social organizations and religious organizations	94663	85184

单位：千元 unit:1000yuan

国有 State-owned		集体 Collective-owned		其他 Others	
全市 Total	#市区 District	全市 Total	#市区 District	全市 Total	#市区 District
2960	2960			13521	13521
483968	470198	28588	28588	951285	941859
2001076	1920391	19528	19528	924910	923190
754301	754301	240	240	33735	33735
1175648	1106540	19288	19288	843630	843630
71127	59550			47545	45825
670522	571480	157175	147195	94963	93085
200156	161045	3066		2098	2098
5848	5848			5491	3613
464518	404587	154109	147195	87374	87374
90415	84283	33022	33022	260649	260378
50693	44561	18087	18087	40711	40440
10799	10799	640	640	39432	39432
28923	28923	14295	14295	180506	180506
7553144	5903404	2419	2419	397248	397248
1778890	867075			27840	27840
2211633	1530442	68	68	103153	103153
3255557	3255557			148931	148931
3532754	3199351	98185	58988	142446	136956
3483316	3153760	98185	58988	139693	134203
49438	45591			2753	2753
624768	573714	4157	3225	204606	196604
175467	175467	645	645	101248	101248
139224	113641	1796	1796	71855	64225
229043	205447	932		10315	9943
63369	61494			8821	8821
17665	17665	784	784	12367	12367
4873255	4130597	11126	8298	1984	1984
158279	137812				
4524083	3825192	11126	8298		
42238	39735				
55976	44658				
92679	83200			1984	1984

3-5 全市城镇非私营单位从业人员平均工资

单位:元

		总计 Total	
		全市 Total	市区 District
总计	Total	61039	63185
(一)农、林、牧、渔业	Farming,forestry,animal,husbandry and fishery	39955	49660
(二)采矿业	Mining industry	51845	51918
(三)制造业	Manufacturing	71036	73282
(四)电力、热力、燃气及水生产和供应业	Electric power,heat,gas and water production and supply	76584	78763
(五)建筑业	Construction	42039	42571
(六)批发和零售业	Wholesale and retail trade	43185	44180
(七)交通运输、仓储及邮政业	Transportation,storage,post and telecommunication	53851	55647
(八)住宿和餐饮业	Hotels and catering services	33406	33402
(九)信息传输、软件和信息技术服务业	Information transmission、software、information technology services	71414	72533
(十)金融业	Finance	102325	106465
(十一)房地产业	Real estate	48482	49122
(十二)租赁和商务服务业	Leasing and services	45297	45574
(十三)科学研究、技术服务业	Scientific research technical services	68953	70063
(十四)水利、环境和公共设施管理业	Water conservancy,environment and public facilities management	33398	34820
(十五)居民服务、修理和其他服务业	Resident service、repair and other service	31563	31416
(十六)教育	Education	64165	69626
(十七)卫生和社会工作	Health and social work	64715	69482
(十八)文化、体育和娱乐业	Culture,sports and recreation services	47709	48175
(十九)公共管理社会保障和社会组织	public administration、social security、social organization	61741	66525

AVERAGE WAGE OF EMPLOYED PERSONS IN URBAN NON-PRIVATE UNITS

unit:yuan

国有 State-owned		集体 Collective-owned		其他 Others	
全市 Total	# 市区 District	全市 Total	# 市区 District	全市 Total	# 市区 District
72080	77184	36590	33750	53292	54376
38879	48335	45688	71750	53958	53958
28696	28696			51950	52024
97800	97973	36056	36849	54996	57087
70555	79653			77919	78611
47144	48257	29422	29422	41938	42451
74736	79446	25256	28847	39472	40411
61804	65127	26513	26513	47941	49112
33564	33648	30075	30075	33402	33361
67241	76252	43429	43429	72000	72145
99660	104561	62476	50733	107208	109142
51181	56318	35061	35061	48330	48642
47705	48119	36698	36698	44473	44725
72849	74784	79061	79061	61652	61797
33878	36015	27235	27173	46032	45900
59056	60288	34326	34326	26938	26949
65265	71717	75594	75594	48557	48557
67818	73083	38732	37596	38698	38908
53262	54738	47239	50391	36194	35668
61753	66540	64686	74089	35429	35429

3-6 全市城镇非私营单位在岗职工人数

单位:人

		总计 Total	
		全市 Total	市区 District
总计	Total	1196406	1075521
中央单位	Centre unit	225313	220246
省属单位	Provincial unit	97393	94220
市属单位	Unit belong to city	75320	74162
县及县以下单位	Unit below county	132936	59186
(一)农、林、牧、渔业	Farming, forestry, animal husbandry and fishery	11410	4120
1.农业	Farming	1437	572
2.林业	Forestry	1095	325
3.畜牧业	Animal husbandry	815	456
4.渔业	Fishery	42	42
5.农、林、牧、渔服务业	Farming, forestry, animal husbandry and fishery services	8021	2725
(二)采矿业	Mining industry	10234	10199
1.煤炭开采和洗选业	Coal mining and dressing	7991	7991
2.石油和天然气开采业	Extraction of petroleum and natural gas	54	19
3.黑色金属矿采选业	Minging and dressing of ferrous metals		
4.有色金属矿采选业	Mining and dressing of nonferrous metals	8	8
5.非金属矿采选业	Mining and dressing of nonmetal mineral products		
6.开采辅助活动	Minging auxiliary activities	2181	2181
7.其他矿采选业	Others		
(三)制造业	Manufacturing	377133	355088
1.农副食品加工业	Food processing	24967	15735
2.食品制造业	Food manufacturing	7174	4112
3.酒、饮料和精致茶制造业	Wine、drinks and Refined tea Industry	6051	2712
4.烟草制品业	Tobacco processing	1235	1235
5.纺织业	Textile industry	1273	1273
6.纺织服装、服饰业	Textile and garment、Clothing industry	2729	2729
7.皮革、毛皮、羽毛(绒)及其制品和制鞋业	Leather、furs、feather and their products	71	71
8.木材加工及木、竹、藤、棕草制品业	Timber, bamboo, cane, palm and straw products	6023	5982
9.家具制造业	Furniture	461	456
10.造纸及纸制品业	Paper making and paper products	311	251
11.印刷业和记录媒介的复制	Printing and record medium reproduction	3583	3133
12.文教、工美、体育和娱乐用品制造业	Culture and education、Industrial art、Sports and entertainment products manufacturing	671	671
13.石油加工、炼焦及核燃料加工业	Petroleum processing coking and nuclear processing	1444	195
14.化学原料及化学制品制造业	Raw chemical material and chemical products	5392	4392
15.医药制造业	Medical and pharmacutical products	13910	13488
16.化学纤维制造业	Chemical fiber manufacturing	32	32
17.橡胶和塑料制品业	Rubber adn Plastic products	5454	4615
18.非金属矿物制品业	Nonmetal mineral products	6818	5553
19.黑色金属冶炼及压延加工业	Smelting and pressing of ferrous metals	1365	1365
20.有色金属冶炼及压延加工业	Smelting and pressing of non-ferrous metals	370	335
21.金属制品业	Metal products	3828	3718
22.通用设备制造业	Ordinary machinery	6019	5955
23.专用设备制造业	Special purpose equipment	6048	6023
24.汽车制造业	Automobile industry	234065	233374

NUMBER OF STAFF AND WORKERS IN VRBAV NON-PRIVATE UNITS

unit:person

国有 State-owned		集体 Collective-owned		其他 Others	
全市 Total	# 市区 District	全市 Total	# 市区 District	全市 Total	# 市区 District
532558	449329	16612	13222	647236	612970
225313	220246				
97393	94220				
75320	74162				
132936	59186				
10458	3237	105	36	847	847
989	140	16		432	432
1059	289	36	36		
546	187			269	269
				42	42
7864	2621	53		104	104
46	46			10188	10153
46	46			7945	7945
				54	19
				8	8
				2181	2181
142775	142289	2345	2131	232013	210668
70	70	215	215	24682	15450
400	400	24	24	6750	3688
				6051	2712
1235	1235				
		11	11	1262	1262
44	44	114	114	2571	2571
34	34			37	37
		161	120	5862	5862
		1	1	460	455
				311	251
177	177	481	458	2925	2498
		25	25	646	646
				1444	195
151	151	9	9	5232	4232
562	535			13348	12953
				32	32
62	62	169	19	5223	4534
171	171	6	6	6641	5376
95	95	72	72	1198	1198
				370	335
		59	59	3769	3659
919	919	138	138	4962	4898
693	693	25	25	5330	5305
137987	137528	439	439	95639	95407

3-6 续表 1 continued1

		总计 Total	
		全市 Total	市区 District
25.铁路、船舶、航空航天和其他运输设备制造业	Railway、Ship、aerospace and other Transportation Equipment Manufacturing	23018	22947
26.电气机械及器材制造业	Electric equipment and machinery	3895	3895
27.计算机、通信及其他电子设备制业	Computer and Telecommunication equipment adn other electronic equipment	3964	3964
28.仪器仪表制造业	Instruments, meters	6294	6294
29.其他制造业	Others	252	167
30.废弃资源综合利用业	Comperehensive untilization of waste resources	413	413
31.金属制品、机械和设备修理业	Metal products、machinery、Equipment repair industry	3	3
(四)电力、燃气及水的生产和供应业	Electric power,gas and water production and supply	65559	61657
1.电力、热力的生产和供应业	Eleatrlc Power, and Head Power Production and Supply	57538	54779
2.燃气生产和供应业	Production and supply of gas	2156	2066
3.水的生产和供应业	Production and supply of water	5865	4812
(五)建筑业	Construction	127122	123922
1.房屋和土木工程建筑业	Building and civil construction	61057	59562
2.建筑安装业	Installment	36127	34473
3.建筑装饰业	Decoration	18306	18259
4.其他建筑业	Others	11632	11628
(六)批发和零售业	Wholesale and retail trade	57790	51941
1.批发业	Wholesale	19128	17701
2.零售业	Retail trade	38662	34240
(七)交通运输、仓储及邮政业	Transportation,storage,post and telecommunication	49532	45593
1.铁路运输业	Railway transportation	134	134
2.道路运输业	Highway transportation	28203	26336
3.水上运输业	Waterway	13	13
4.航空运输业	Air transportation	5745	5745
5.管道运输业	Pipeline transportation	1054	1054
6.装卸搬运和其他运输服务业	Handling and other transportation services	604	604
7.仓储业	Storage	6433	5033
8.邮政业	Post services	7346	6671
(八)住宿和餐饮业	Hotel and catering services	17221	17003
1.住宿业	Hotels	10847	10784
2.餐饮业	Catering services	6374	6219
(九)信息传输、软件和信息技术服务业	Information transmission、software、information technology services	35797	34327
1.电信、广播电视和卫星传输服务	Telecommunication、radio and television and satellite transmission services	25979	24509
2.互联网相关服务	Internet and related service	1126	1126
3.软件和信息技术服务业	Software and information technology services	8692	8692
(十)金融业	Finance	40101	35645
1.货币金融服务业	Monetary and financial services	31825	27553
2.资本市场服务业	Capital market services	2603	2603
3.保险业	Insurance	5012	4828
4.其他金融活动	Other finance services	661	661
(十一)房地产业	Real estate	31822	30551
其中:1.房地产开发经营	Real estate developing and management	10885	10134
2.房地产管理	Real estate management	18053	18010
3.房地产中介服务	Medium services	710	663
(十二)租赁和商务服务业	Leasing and services	30987	30297

单位：人 unit:person

国有 State-owned		集体 Collective-owned		其他 Others	
全市 Total	# 市区 District	全市 Total	# 市区 District	全市 Total	# 市区 District
		296	296	22722	22651
150	150	48	48	3697	3697
20	20			3944	3944
5	5	37	37	6252	6252
				252	167
		15	15	398	398
				3	3
12408	9619			53151	52038
7671	6025			49867	48754
109	19			2047	2047
4628	3575			1237	1237
6707	6411	1875	1875	118540	115636
1934	1934	234	234	58889	57394
4387	4091	754	754	30986	29628
215	215	818	818	17273	17226
171	171	69	69	11392	11388
6203	5064	457	264	51130	46613
5462	4410	289	136	13377	13155
741	654	168	128	37753	33458
21112	18575	158	158	28262	26860
				134	134
9174	8709	120	120	18909	17507
				13	13
5614	5614			131	131
				1054	1054
				604	604
2627	1227	38	38	3768	3768
3697	3025			3649	3649
5077	5016	228	228	11916	11759
4178	4160	79	79	6590	6545
899	856	149	149	5326	5214
4363	3292	7	7	31427	31028
4054	2983			21925	21526
128	128			998	998
181	181	7	7	8504	8504
15094	13131	2338	826	22669	21688
12601	10749	2338	826	16886	15978
877	877			1726	1726
1461	1350			3551	3478
155	155			506	506
3089	2490	293	293	28440	27768
177	50	11	11	10697	10073
1191	1191	123	123	16739	16696
47				663	663
9835	9481	768	768	20384	20048

3-6 续表 2 continued2

		总计 Total	
		全市 Total	市区 District
1.租赁业	Leaseing	404	404
2.商务服务业	Services	30583	29893
(十三)科学研究、技术服务	Scientific research technical services	41739	39896
1.研究与试验发展	Scientific research	10536	10536
2.专业技术服务业	Technical services	29105	27595
3.科技推广和应用服务业	Science and technology popularization and application services	2098	1765
(十四)水利、环境和公共设施管理业	Water conservancy,environment and public services	20393	16093
1.水利管理业	Water conservancy	4946	3541
2.环境管理业	Environment	339	308
3.公共设施管理业	Public management	15108	12244
(十五)居民服务和其他服务业	Resident services and other services	8406	8259
1.居民服务业	Resident services	2207	2060
2.机动车、电子产品和日用产品修理业	Motor vehicle、Electronics and daily consumer products repairing	1323	1323
3.其他服务业	Other social services	4876	4876
(十六)教育	Education	121209	88149
其中:1.初等教育	Primary education	33005	15635
2.中等教育	Secondary education	41559	26953
3.高等教育	Higher education	39241	39241
(十七)卫生和社会工作	Health and social work	57280	47888
1.卫生	Health care	56152	46846
2.社会工作	Social work	1128	1042
(十八)文化、体育和娱乐业	Culture,sports and recreation services	15785	14371
1.新闻出版业	News publishing	5666	5666
2.广播、电视、电影和影视录音制作业	Broadcast、TV、movies and video recording industry	4014	3226
3.文化艺术业	Culture and art	4127	3542
4.体育	Sports	1335	1294
5.娱乐业	Recreation services	643	643
(十九)公共管理、社会保障和社会组织	Public administration、social security、social organizations	76886	60522
其中:1.中国共产党机关	Chinese communist party	2386	1974
2.国家机构	State organs	71496	56052
3.人民政协和民主党派	Political consultation and democratic party	568	522
4.社会保障	Social security	941	692
5.群众团体、社会团体和宗教组织	Multitude organizations social organizations and religious organizations	1495	1282

单位：人 unit:person

国有 State-owned		集体 Collective-owned		其他 Others	
全市 Total	# 市区 District	全市 Total	# 市区 District	全市 Total	# 市区 District
53	53			351	351
9782	9428	768	768	20033	19697
27027	25247	193	193	14519	14456
9771	9771	5	5	760	760
16140	14630	188	188	12777	12777
1116	846			982	919
14164	10248	4198	3845	2031	2000
4766	3481	120		60	60
191	191			148	117
9207	6576	4078	3845	1823	1823
1411	1278	952	952	6043	6029
643	510	384	384	1180	1166
330	330	29	29	964	964
438	438	539	539	3899	3899
113832	80772	32	32	7345	7345
32545	15175			460	460
39239	24633	1	1	2319	2319
36606	36606			2635	2635
51174	42905	2407	1440	3699	3543
50188	42005	2407	1440	3557	3401
986	900			142	142
11131	9882	87	63	4567	4426
3259	3259	23	23	2384	2384
2459	1804	19	19	1536	1403
3911	3358	24		192	184
1114	1073			221	221
388	388	21	21	234	234
76652	60346	169	111	65	65
2386	1974				
71327	55941	169	111		
568	522				
941	692				
1430	1217			65	65

3-7 全市城镇非私营单位在岗职工工资总额

单位：千元

		总计 Total	
		全市 Total	市区 District
总计	Total	1196406	1075521
中央单位	Centre unit	225313	220246
省属单位	Provincial unit	97393	94220
市属单位	Unit belong to city	75320	74162
县及县以下单位	Unit below county	132936	59186
(一)农、林、牧、渔业	Farming, forestry, animal husbandry and fishery	11410	4120
1.农业	Farming	1437	572
2.林业	Forestry	1095	325
3.畜牧业	Animal husbandry	815	456
4.渔业	Fishery	42	42
5.农、林、牧、渔服务业	Farming, forestry, animal husbandry and fishery services	8021	2725
(二)采矿业	Mining industry	10234	10199
1.煤炭开采和洗选业	Coal mining and dressing	7991	7991
2.石油和天然气开采业	Extraction of petroleum and natural gas	54	19
3.黑色金属矿采选业	Minging and dressing of ferrous metals		
4.有色金属矿采选业	Mining and dressing of nonferrous metals	8	8
5.非金属矿采选业	Mining and dressing of nonmetal mineral products		
6.开采辅助活动	Minging auxiliary activities	2181	2181
7.其他矿采选业	Others		
(三)制造业	Manufacturing	377133	355088
1.农副食品加工业	Food processing	24967	15735
2.食品制造业	Food manufacturing	7174	4112
3.酒、饮料和精致茶制造业	Wine、drinks and Refined tea Industry	6051	2712
4.烟草制品业	Tobacco processing	1235	1235
5.纺织业	Textile industry	1273	1273
6.纺织服装、服饰业	Textile and garment、Clothing industry	2729	2729
7.皮革、毛皮、羽毛(绒)及其制品和制鞋业	Leather、furs、feather and their products	71	71
8.木材加工及木、竹、藤、棕草制品业	Timber, bamboo, cane, palm and straw products	6023	5982
9.家具制造业	Furniture	461	456
10.造纸及纸制品业	Paper making and paper products	311	251
11.印刷业和记录媒介的复制	Printing and record medium reproduction	3583	3133
12.文教、工美、体育和娱乐用品制造业	Culture and education、Industrial art、Sports and entertainment products manufacturing	671	671
13.石油加工、炼焦及核燃料加工业	Petroleum processing coking and nuclear processing	1444	195
14.化学原料及化学制品制造业	Raw chemical material and chemical products	5392	4392
15.医药制造业	Medical and pharmacutical products	13910	13488
16.化学纤维制造业	Chemical fiber manufacturing	32	32
17.橡胶和塑料制品业	Rubber adn Plastic products	5454	4615
18.非金属矿物制品业	Nonmetal mineral products	6818	5553
19.黑色金属冶炼及压延加工业	Smelting and pressing of ferrous metals	1365	1365
20.有色金属冶炼及压延加工业	Smelting and pressing of non-ferrous metals	370	335
21.金属制品业	Metal products	3828	3718
22.通用设备制造业	Ordinary machinery	6019	5955
23.专用设备制造业	Special purpose equipment	6048	6023
24.汽车制造业	Automobile industry	234065	233374

TOTAL WAGES OF STAFF AND WORKERS IN URBAN NON-PRIVATE UNITS

unit:1000yuan

国有 State-owned		集体 Collective-owned		其他 Others	
全市 Total	#市区 District	全市 Total	#市区 District	全市 Total	#市区 District
532558	449329	16612	13222	647236	612970
225313	220246				
97393	94220				
75320	74162				
132936	59186				
10458	3237	105	36	847	847
989	140	16		432	432
1059	289	36	36		
546	187			269	269
				42	42
7864	2621	53		104	104
46	46			10188	10153
46	46			7945	7945
				54	19
				8	8
				2181	2181
142775	142289	2345	2131	232013	210668
70	70	215	215	24682	15450
400	400	24	24	6750	3688
				6051	2712
1235	1235				
		11	11	1262	1262
44	44	114	114	2571	2571
34	34			37	37
		161	120	5862	5862
		1	1	460	455
				311	251
177	177	481	458	2925	2498
		25	25	646	646
				1444	195
151	151	9	9	5232	4232
562	535			13348	12953
				32	32
62	62	169	19	5223	4534
171	171	6	6	6641	5376
95	95	72	72	1198	1198
				370	335
		59	59	3769	3659
919	919	138	138	4962	4898
693	693	25	25	5330	5305
137987	137528	439	439	95639	95407

3-7 续表 1 continued1

		总计 Total	
		全市 Total	市区 District
25.铁路、船舶、航空航天和其他运输设备制造业	Railway、Ship、aerospace and other Transportation Equipment Manufacturing	1970189	1968928
26.电气机械及器材制造业	Electric equipment and machinery	215592	215592
27.计算机、通信及其他电子设备制业	Computer and Telecommunication equipment adn other electronic equipment	194371	194371
28.仪器仪表制造业	Instruments, meters	333335	333335
29.其他制造业	Others	7358	5894
30.废弃资源综合利用业	Comperehensive untilization of waste resources	26905	26905
31.金属制品、机械和设备修理业	Metal products、machinery、Equipment repair industry	84	84
(四)电力、燃气及水的生产和供应业	Electric power, gas and water production and supply	5040099	4861714
1.电力、热力的生产和供应业	Eleatrlc Power, and Head Power Production and Supply	4633548	4476781
2.燃气生产和供应业	Production and supply of gas	119198	117406
3.水的生产和供应业	Production and supply of water	287353	267527
(五)建筑业	Construction	7217452	7121804
1.房屋和土木工程建筑业	Building and civil construction	4238917	4181375
2.建筑安装业	Installment	1530978	1497035
3.建筑装饰业	Decoration	958464	954421
4.其他建筑业	Others	489093	488973
(六)批发和零售业	Wholesale and retail trade	2531040	2329748
1.批发业	Wholesale	1102900	1038719
2.零售业	Retail trade	1428140	1291029
(七)交通运输、仓储及邮政业	Transportation, storage, post and telecommunication	2642521	2514600
1.铁路运输业	Railway transportation	26421	26421
2.道路运输业	Highway transportation	1302577	1252619
3.水上运输业	Waterway	240	240
4.航空运输业	Air transportation	547654	547654
5.管道运输业	Pipeline transportation	82056	82056
6.装卸搬运和其他运输服务业	Handling and other transportation services	21999	21999
7.仓储业	Storage	245351	197840
8.邮政业	Post services	416223	385771
(八)住宿和餐饮业	Hotel and catering services	580022	572705
1.住宿业	Hotels	380124	376535
2.餐饮业	Catering services	199898	196170
(九)信息传输、软件和信息技术服务业	Information transmission、software、information technology services	2556080	2489347
1.电信、广播电视和卫星传输服务	Telecommunication、radio and television and satellite transmission services	1945350	1878617
2.互联网相关服务	Internet and related service	56988	56988
3.软件和信息技术服务业	Software and information technology services	553742	553742
(十)金融业	Finance	4442118	4140516
1.货币金融服务业	Monetary and financial services	3820390	3524833
2.资本市场服务业	Capital market services	253277	253277
3.保险业	Insurance	311267	305222
4.其他金融活动	Other finance services	57184	57184
(十一)房地产业	Real estate	1563771	1522154
其中:1.房地产开发经营	Real estate developing and management	807188	779957
2.房地产管理	Real estate management	611057	609796
3.房地产中介服务	Medium services	23644	22081
(十二)租赁和商务服务业	Leasing and services	1444915	1422095

单位:千元 unit:1000yuan

国有 State-owned		集体 Collective-owned		其他 Others	
全市 Total	# 市区 District	全市 Total	# 市区 District	全市 Total	# 市区 District
		13188	13188	1957001	1955740
5358	5358	1215	1215	209019	209019
998	998			193373	193373
120	120	2065	2065	331150	331150
				7358	5894
		574	574	26331	26331
				84	84
840966	722806			4199133	4138908
603297	506755			4030251	3970026
3674	1882			115524	115524
233995	214169			53358	53358
427575	423830	69809	69809	6720068	6628165
157141	157141	23508	23508	4058268	4000726
248323	244578	11682	11682	1270973	1240775
14973	14973	32242	32242	911249	907206
7138	7138	2377	2377	479578	479458
480583	417507	11538	7698	2038919	1904543
443976	389380	8087	4727	650837	644612
36607	28127	3451	2971	1388082	1259931
1331614	1238709	4189	4189	1306718	1271702
				26421	26421
471431	456489	3097	3097	828049	793033
				240	240
543206	543206			4448	4448
				82056	82056
				21999	21999
114526	67015	1092	1092	129733	129733
202451	171999			213772	213772
170407	168752	6857	6857	402758	397096
139230	138437	2903	2903	237991	235195
31177	30315	3954	3954	164767	161901
294872	252222	304	304	2260904	2236821
277007	234357			1668343	1644260
7731	7731			49257	49257
10134	10134	304	304	543304	543304
1524436	1381124	146070	41601	2771612	2717791
1403366	1264154	146070	41601	2270954	2219078
47078	47078			206199	206199
61192	57092			250075	248130
12800	12800			44384	44384
159409	142152	10273	10273	1394089	1369729
6392	2194	275	275	800521	777488
51128	51128	2774	2774	557155	555894
1563				22081	22081
477159	463630	28490	28490	939266	929975

3-7 续表 2 continued2

		总计 Total	
		全市 Total	市区 District
1.租赁业	Leaseing	16364	16364
2.商务服务业	Services	1428551	1405731
(十三)科学研究、技术服务	Scientific research technical services	2900060	2817943
1.研究与试验发展	Scientific research	785017	785017
2.专业技术服务业	Technical services	1999014	1930194
3.科技推广和应用服务业	Science and technology popularization and application services	116029	102732
(十四)水利、环境和公共设施管理业	Water conservancy,environment and public services	751791	641031
1.水利管理业	Water conservancy	205320	163143
2.环境管理业	Environment	11199	9461
3.公共设施管理业	Public management	535272	468427
(十五)居民服务和其他服务业	Resident services and other services	295744	289341
1.居民服务业	Resident services	109040	102637
2.机动车、电子产品和日用产品修理业	Motor vehicle、Electronics and daily consumer products repairing	50871	50871
3.其他服务业	Other social services	135833	135833
(十六)教育	Education	7849701	6209633
其中:1.初等教育	Primary education	1800651	892379
2.中等教育	Secondary education	2281044	1605633
3.高等教育	Higher education	3349997	3349997
(十七)卫生和社会工作	Health and social work	3708279	3332761
1.卫生	Health care	3658310	3286639
2.社会工作	Social work	49969	46122
(十八)文化、体育和娱乐业	Culture,sports and recreation services	799166	739178
1.新闻出版业	News publishing	267892	267892
2.广播、电视、电影和影视录音制作业	Broadcast、TV、movies and video recording industry	196074	162861
3.文化艺术业	Culture and art	238261	213361
4.体育	Sports	71403	69528
5.娱乐业	Recreation services	25536	25536
(十九)公共管理、社会保障和社会组织	Public administration、social security、social organizations	4835718	4103751
其中:1.中国共产党机关	Chinese communist party	158094	137627
2.国家机构	State organs	4487919	3799299
3.人民政协和民主党派	Political consultation and democratic party	42238	39735
4.社会保障	Social security	53153	42255
5.群众团体、社会团体和宗教组织	Multitude organizations social organizations and religious organizations	94314	84835

单位：千元 unit:1000yuan

国有 State-owned		集体 Collective-owned		其他 Others	
全市 Total	# 市区 District	全市 Total	# 市区 District	全市 Total	# 市区 District
2843	2843			13521	13521
474316	460787	28490	28490	925745	916454
1988355	1907958	19224	19224	892481	890761
751740	751740	240	240	33037	33037
1166406	1097586	18984	18984	813624	813624
70209	58632			45820	44100
547305	448263	110991	101011	93495	91757
200156	161045	3066		2098	2098
5848	5848			5351	3613
341301	281370	107925	101011	86046	86046
87666	81534	32781	32781	175297	175026
50693	44561	18087	18087	40260	39989
10799	10799	640	640	39432	39432
26174	26174	14054	14054	95605	95605
7488401	5848333	2419	2419	358881	358881
1772811	864539			27840	27840
2179061	1503650	68	68	101915	101915
3234646	3234646			115351	115351
3478472	3147287	93777	54580	136030	130894
3431256	3103918	93777	54580	133277	128141
47216	43369			2753	2753
606759	555705	3993	3061	188414	180412
170188	170188	645	645	97059	97059
130215	104632	1632	1632	64227	56597
227134	203538	932		10195	9823
62643	60768			8760	8760
16579	16579	784	784	8173	8173
4822648	4093469	11086	8298	1984	1984
158094	137627				
4476833	3791001	11086	8298		
42238	39735				
53153	42255				
92330	82851			1984	1984

3-8 全市城镇非私营单位在岗职工平均工资

单位:元

		总计 Total	
		全市 Total	市区 District
总计	Total	62519	64751
中央单位	Centre unit		
省属单位	Provincial unit		
市属单位	Unit belong to city		
县及县以下单位	Unit below county		
(一)农、林、牧、渔业	Farming,forestry,animal,husbandry and fishery	41897	50665
(二)采矿业	Mining industry	51845	51918
(三)制造业	Manufacturing	70799	73032
(四)电力、热力、燃气及水生产和供应业	Electric power,heat,gas and water production and supply	77085	79064
(五)建筑业	Construction	44174	44565
(六)批发和零售业	Wholesale and retail trade	43607	44641
(七)交通运输、仓储及邮政业	Transportation,storage,post and telecommunication	54471	56336
(八)住宿和餐饮业	Hotels and catering services	33458	33452
(九)信息传输、软件和信息技术服务业	Information transmission、software、information technology services	71653	72792
(十)金融业	Finance	111692	117278
(十一)房地产业	Real estate	49829	50520
(十二)租赁和商务服务业	Leasing and services	45937	46220
(十三)科学研究、技术服务业	Scientific research technical services	69884	71065
(十四)水利、环境和公共设施管理业	Water conservancy,environment and Θpublic facilities management	37552	40801
(十五)居民服务、修理和其他服务业	Resident service、repair and other service	35397	35251
(十六)教育	Education	65046	70682
(十七)卫生和社会工作	Health and social work	65681	70777
(十八)文化、体育和娱乐业	Culture,sports and recreation services	48736	49331
(十九)公共管理社会保障和社会组织	public administration、social security、social organization	62832	67711

AVERAGE WAGE OF STAFF AND WORKERS IN URBAN NON-PRIVATE UNITS

unit:yuan

国有 State-owned		集体 Collective-owned		其他 Others	
全市 Total	# 市区 District	全市 Total	# 市区 District	全市 Total	# 市区 District
73034	78193	37675	34642	54868	55973
95468	96272				
65388	65870				
61317	61487				
46869	51088				
40889	49575	46448	71750	53958	53958
28696	28696			51950	52024
96136	96305	35483	36264	55376	57518
70932	79657			78447	78961
50799	52183	29505	29505	44036	44389
76967	81768	25247	29159	39713	40679
62541	65934	26513	26513	48286	49500
33611	33696	30075	30075	33457	33414
67353	76431	43429	43429	72261	72410
100683	104845	62476	50733	124332	127524
51356	56342	35061	35061	49814	50148
47725	48089	36809	36809	45415	45692
73320	75303	80435	80435	63117	63278
39160	44594	27630	27576	46125	45970
61563	63156	34290	34290	29338	29362
66009	72542	75594	75594	49838	49838
68855	74466	38895	37772	38546	38749
54045	55693	47536	51017	37038	36476
62846	67729	65212	74089	35429	35429

统计资料

▶ 固定资产与投资

INVESTMENT IN FIXED ASSETS

STATISTICS

2016

长春统计年鉴

CHANGCHUN STATISTICAL YEARBOOK

第四篇　固定资产投资

全年完成全社会固定资产投资4284.2亿元，比上年增长12.0%。其中：房地产开发投资506.0亿元，下降5.3%，新增固定资产3294.1亿元。固定资产交付使用率76.9%，比上年下降12.3个百分点。房屋面积竣工率为20.9%，比上年提高8.2个百分点。

从各产业完成投资情况看，第一产业投资26.0亿元，下降11.9%；第二产业投资2183.9亿元，增长12.5%；第三产业投资2008.4亿元，增长13.1%。从投资主体看，国有经济投资1233.3亿元，增长20.5%；非国有经济投资2985.0亿元，增长9.6%，占全社会固定资产投资的比重为70.8%。全市工业投资2146.4亿元，增长14.1%。民间投资2888.6亿元，增长9.3%。

全市商品房施工面积6147.8万平方米，比上年增长1.3%。商品房竣工面积590.2万平方米，下降23.6%。商品房销售面积810.7万平方米，增长6.8%。商品房销售额534.2亿元，增长12.4%。空置面积570.1万平方米，增长9.0%。

4-1 1996-2015 年全社会固定资产投资总额

TOTAL OF INVESTMENT IN FIXED ASSETS(1996~2015)

单位:万元　　unit:10000 yuan

年份 Year	固定资产投资总额 Total	基本建设 Captial construction	更新改造 Innovation	其他投资 Others	房地产投资 Real estate	城镇私人建房 Urban private	农村集体 Rural collective	农村私人建房 Rural private
1996	1205555	573973	236484	38160	192506	32001	101995	30436
1997	1060320	454696	200814	33009	139689	38482	160878	32752
1998	1416535	507416	254283	61878	161594	59228	336181	35955
1999	1944338	701282	354519	39754	251955	63317	494290	39221
2000	2352422	850330	437508	56032	303296	74460	584810	45986
2001	2850446	1054118	529811	69078	485481	86464	572943	52551
2002	3204576	1202562	607447	75480	608399	99532	556648	54508
2003	3896440	1479758	930996	65672	777020	72022	515059	55913
2004	4599564	1860133	1317651	93188	903503	57896	307072	60121
2005	6504218	4994859 (城镇固定资产投资)			1066262	43097	400000 (农村固定资产投资)	
2006	9504180	7156604 (城镇固定资产投资)			1742021		605555 (农村固定资产投资)	
2007	13506330	9567890 (城镇固定资产投资)			2594979		1343461 (农村固定资产投资)	
2008	18187804	13626977 (城镇固定资产投资)			3528921		611906	420000
2009	23002699	16917007 (城镇固定资产投资)			4439252		1646440 (农村固定资产投资)	
2010	30014500	21928211 (城镇固定资产投资)			5427566		2658723 (农村固定资产投资)	
2011	24334400	16938878 (固定资产项目投资)			6664177		731345 (农村农户投资)	
2012	31729190	24539071 (固定资产项目投资)			6496535		693584 (农村农户投资)	
2013	34084100	27109378 (固定资产投资)			6135822		838900 (农村农户投资)	
2014	38526963	33182986 (固定资产项目投资)			5343977		718337 (农村农户投资)	
2015	42842200	37122100 (固定资产项目投资)			5060231		660000 (农村农户投资)	

注:1.2005 年固定资产投资总额中城镇固定资产投资包括以前年度的基本建设、更新改造、其他投资;农村固定资产投资包括以前年度的农村集体、农村私人建房投资。

1.Urban fixed assets investment includes capital construction, innovation, other investment,and rural fixed assets investment contains rural colletive, rural private house construction investment in prior years.

4-2 2015年长春市全社会固定资产投资完成情况综合表

单位:万元

指标名称	Item	全社会 The whole country	固定资产项目投资 Fixed Assets Projects Investment	房地产开发投资 Real Estate
一、计划投资	Investment			
1.计划总投资	Total	95083772	56167808	38915964
其中:本年新开工项目	There in new star this year	32834019	32834019	
2.自开始建设累计完成投资	Accumulation	72466791	45568712	26898079
二、自年初累计完成投资	Accumulation this year	42182331	37122100	5060231
其中:国有经济控股	State Holding	12332752	11370006	962746
其中:住宅	House	3679335	88786	3590549
1.按控股类型分	Grouped by Type of Owning			
国有控股	State-owned	12332752	11370006	962746
集体控股	Collective-owned	138985	91851	47134
私人控股	Privato-Dwned	24896378	21694011	3202367
港澳台商控股	Hongkong.Macao and Taiwna-Owned	644208	69625	574583
外商控股	Foraign-owned	333348	281039	52309
2.按建设性质分	Grouped by type of construction			
(1)新建	New Construction	16240924	16240924	
(2)扩建	Expansion	5147797	5147797	
(3)改建和技术改造	Reconstruction and technical reformation	8876128	8876128	
3.按构成分	Grouped by Structure			
建筑工程	Construction Projects	19193081	16127766	3065315
安装工程	Installation Projects	2174590	1740862	433728
设备工具器具购置	Purchase of Equipment tools and instruments	17501351	17462375	38976
其他费用	Other cost	3313309	1791097	1522212
4.按国民经济行业分	Grouped by sector			
(一)农、林、牧、渔业	Agriculture	259814	259814	
(二)采矿业	Mining industry	108230	108230	
(三)制造业	Manufacture	20560460	20560460	
(四)电力、燃气及水的生产和供应业	Electric power,gas and water production and supply	795766	795766	
(五)建筑业	Construction	374299	374299	
(六)批发和零售业	Wholesale and retail trade	2343188	2343188	
(七)交通运输、仓储和邮政业	Transport,storage, post and telecommunication	2540023	2540023	
(八)住宿和餐饮业	Hotels and catering	193386	193386	
(九)信息传输、软件和信息技术服务业	Information transmission、software、information technology services	928160	928160	

TABLE OF CHANGCHUN´S 2015 WHOLE SOCIETY FIXED ASSETS PROJECTS INVESTMENT COMPLETION STATUS

unit:10000yuan

指标名称 Item		全社会 The whole country	固定资产项目投资 Fixed Assets Projects Investment	房地产开发投资 Real Estate
(十)金融业	Finance	168199	168199	
(十一)房地产业	Real estate	5699325	639094	5060231
(十二)租赁和商务服务业	Leasing and business services	1544182	1544182	
(十三)科学研究、技术服务业	Science technical services	876143	876143	
(十四)水利、环境和公共设施管理业	Conservancy, environment and public utilities management	4089985	4089985	
(十五)居民服务和其他服务业	Resident services and others	255153	255153	
(十六)教育	Education	416463	416463	
(十七)卫生和社会工作	Health and social work	469494	469494	
(十八)文化、体育和娱乐业	Culture sport and arts	271011	271011	
(十九)公共管理和社会组织	Government and social organization	76069	76069	
三、新增固定资产	Newly increased	32940902	30456826	2484076
四、项目个数(个)	The numner of projects			
1.施工项目个数	The number of construction projects	3107	3107	
其中:本年新开工	There in new star this year	2867	2867	
2.本年投产项目个数	Number of under construction	2686	2686	
五、房屋建筑面积	Floor space of construction			
1.施工面积	Floor space under construction	80636941	19159411	61477530
其中:住宅	House	42121354	553419	41567935
2.竣工面积	Floor space completed	16823620	10922099	5901521
其中:住宅	House	4857372	510819	4346553
六、本年资金来源合计	Total funds sources	46839636	37996196	8843440
1.上年末结余资金	Balance of cost year	1522314	58295	1464019
2.本年资金来源小计	Subtotal of sources	45317322	37937901	7379421
(1)国家预算资金	State Budgetary Funds	613554	613554	
其中:中央预算资金	The Central Budget	16059	16059	
(2)国内贷款	Domestic loans	2245618	776242	1469376
(3)债券	Bond			
(4)利用外资	Usage of foreign funds	51901	51901	
其中:外商直接投资	Direct foreign investment	15810	15810	
(5)自筹资金	Fund raising	38527731	36298362	2229369
其中:企、事业单位自有资金	Own funds	19112738	17944118	1168620
其中:股东投入资金	include:shareholder investment	304689	15160	289529
其中:借入资金	include:borrowed money	397893	31770	366123
(6)其他资金来源	Other sources	3878518	197842	3680676

4-3 2015年长春市房地产开发投资完成情况

单位:万元

指标名称 Item		总计 Total	其中:地方 Local	其中:地市县属 Prefecture
计划总投资	Total	38915964	37449877	36816129
自开始建设累计完成投资	Accumulative investment acyully completed since starting ofconstrution	26898079	26146003	25656771
本年计划投资	Planned investment			
本年完成投资	Completed investment	5060231	4880424	4816546
其中:本月完成投资	Investment completed this month	424366	420015	405882
土地开发投资额	Land developing			
配套工程投资	Auxiliary project			
国有经济控股	State -owned economic proprietary	962746	799356	735478
内资企业	Domestic funds	4447590	4267783	4203905
国有企业	State-owned	54847	54847	54847
集体企业	Collective-owned			
股份合作企业	Cooperative	153945	153945	153945
联营企业	Joint owned			
国有联营企业	State joint			
集体联营企业	Collective joint			
国有与集体联营企业	State and collective joint			
其他联营企业	Other joint			
有限责任公司	Limited liability company	2930175	2766785	2738025
国有独资公司	State owned solely	83175		
其他有限责任公司	Others	2847000	2766785	2738025
股份有限公司	Share holding	277049	260632	225514
私营企业	Private	1031574	1031574	1031574
私营独资企业	Private-funded	133655	133655	133655
私营合伙企业	Private parthnership			
私营有限责任公司	Private limited liability corporations	879276	879276	879276
私营股份有限公司	Private share-holding corporations ltd.	18643	18643	18643
其他企业	Other			
港澳台商投资企业	Funded from Hongkong, Macao and Taiwan	574583	574583	574583
与港澳台商合资经营企业	Joint venture	258004	258004	258004
与港澳台商合资合作经营企业	Cooperative			
港澳台商独资经营企业	Sole tunds	316579	316579	316579
港澳台商投资股份有限公司	Share holding			
外商投资企业	Foreign investment	38058	38058	38058
中外合资经营企业	Joint venture	38058	38058	38058

BASIC CONDITIONS ON INVESTMENT OF REAL ESTATE DEVELOPMENT COMPLETED IN 2015

unit:10000yuan

指标名称	Item	总计 Total	其中:地方 Local	其中:地市县属 Prefecture
中外合作经营企业	Cooperative			
外资企业	Sole investment			
外商投资股份有限公司	Share holding			
按构成分:建筑工程	Construction Projects	3065315	2962378	2926563
安装工程	Installation Projects	433728	423609	403180
设备工器具购置	Purchase of Equipment tools and instruments	38976	38976	37766
其他费用	Other cost	1522212	1455461	1449037
其中:旧建筑物购置费	Purchase of old	66684	66684	66684
土地购置费	Durchase of land	1178963	1124840	1124840
住宅投资	House in vestment	3590549	3424710	3365182
其中:90 平米以下住房	House below 90sq.m	1527777	1433799	1418935
其中:144 平米以上住房	House above 144sq.m	734979	723625	701356
别墅、高档公寓	Villa and high-grade flat	204061	198422	197422
办公楼	Office buildings	337394	337344	336714
商业营业用房	Buniness houses	709711	700300	697700
其他	Others	422577	418070	416950
本年新增固定资产	Newly increased fixed assets	2484076	2369512	2262102
一、本年资金来源合计	Total funds sources	8843440	8607469	8413938
1. 上年末结余资金	Balance of last year	1464019	1461337	1381292
2. 本年资金来源小计	Subtotal fund sources	7379421	7146132	7032646
(1)国内贷款	Domestic loans	1469376	1356876	1356876
银行贷款	Bank loans	1157502	1045002	1045002
非银行金融机构贷款	Non-financial institution loans	311874	311874	311874
(2)利用外资	Usage of foreign funds			
其中:外商直接投资	Direct foreign investment			
(3)自筹资金	Fund raising	2229369	2173084	2154084
其中:自有资金	Own funds	1168620	1147806	1147806
股东投入资金	shareholder investment	289529	289529	289529
借入资金	borrowed money	366123	356555	337555
(4)其他资金来源	Other sources	3680676	3616172	3521686
其中:定金及预付款	Subscription and advanced payment	2176148	2127382	2075930
其中:个人按揭贷款	Personal mortgage loans	998681	982943	939909
二、本年各项应付款合计	Total payment	666897	628324	622683
其中:工程款	Project	417407	384980	379914

4-4 2015年长春市房地产面积综合表

单位:万元、平方米

指标名称	Item	总计 Total	住宅 House	90m²以下住房 House below 90m²
房屋施工面积	Floor space under construction	61477530	41567935	17286465
其中:本年新开工面积	Started area	10239430	6991800	3543016
房屋竣工面积	Floor space completed	5901521	4346553	2417708
其中:不可销售面积	Floor space of not sold	737316	584136	316144
出租房屋面积	Areas for renting	283171		
商品房销售面积	Sale areas of commercial houses	8107065	7131830	2538556
其中:现房销售面积	Areas of current houses	1423687	1108497	642809
其中:期房销售面积	Areas of future houses	6683378	6023333	1895747
商品房屋销售额	Sale of commercial house	5342083	4512852	1389797
其中:现房销售额	Sale of current houses	855096	656486	297406
其中:期房销售额	Sale of fucure houses	4486987	3856366	1092391
待售面积	No-purchase	5701259	3366841	1780281
其中:待售1-3年面积	1 to 3 years	1970955	1054013	420806
其中:待售3年以上面积	Above 3 years	427470	276877	123036

COMPREHENSIVE CONDITIONS ON CHANGCHUN REAL ESTATE IN 2015

unit:10000yuan,sq·m

144m² 以上住房 House over 144m²	别墅、高档公寓 Villa and top-grade flat	办公楼 Officebuilding	商业营业用房 Commericalhouse	其他房屋 Others
7503165	2960930	3821550	8746082	7341963
1006078	260387	676521	1431395	1139714
366214	174022	311848	600866	642254
18660		720	67645	84815
		28283	254888	
1237425	334041	157997	540848	276390
191063	89092	58424	149940	106826
1046362	244949	99573	390908	169564
1117503	393245	119650	565604	143977
203131	138453	30824	116987	50799
914372	254792	88826	448617	93178
468922	207049	414863	1324284	595271
322570	137642	332783	281903	302256
60189	29453	8427	133709	8457

统计资料

STATISTICS

▶ 能源消费与库存

CONSUMPTION AND STORAGE OF ENERGY

2016

CHANGCHUN STATISTICAL YEARBOOK

5-1 工业企业能源购进、消费及库存情况(2015)

单位:万元、平方米

能源名称	Item	计量单位	Unit	企业单位数(个) Enterprises (unit)	年初库存量 Inventory
原煤	Coal	吨	ton	514.00	2481622.80
其中:1.无烟煤	Anthracite	吨	ton	2.00	2968.19
2.炼焦烟煤	Bituminous coal for coking	吨	ton		297.93
3.一般烟煤	Normal bituminous coal	吨	ton	24.00	1422960.70
4.褐煤	Brown coal	吨	ton		1055395.98
洗精煤	Fine coal washing	吨	ton		
其他洗煤	Other coal washing	吨	ton		404.32
煤制品	Coal products	吨	ton	1.00	620.00
焦炭	Coke	吨	ton		90.00
其他焦化产品	Other coke products	吨	ton		
焦炉煤气	Coal gas	万立方米	10000cu·m		
高炉煤气	Blast furnace gas	万立方米	10000cu·m		
转炉煤气	Revolving gas	万立方米	10000cu·m		
发生炉煤气	Producer gas	万立方米	10000cu·m		
天然气	Natural gas	万立方米	10000cu·m	5.00	145.30
液化天然气	Liquefied natural gas	吨	ton	1.00	
煤层气	Coal seam gas	吨	ton		
原油	Crude oil	吨	ton		6015.00
汽油	Gasoline	吨	ton	28.00	1277.20
煤油	Kerosene	吨	ton		32.48
柴油	Diesel oil	吨	ton	17.00	1954.77
燃 料 油	Fuel oil	吨	ton		7006.74
液化石油气	Liquefied petroleum gas	吨	ton		2.35
炼厂干气	Coking gas	吨	ton		
石脑油	Naphtha	吨	ton		
润滑油	Lubricating oil	吨	ton		
石蜡	Paraffin wax	吨	ton		
溶剂油	Solvent oil	吨	ton		463.60
石油焦	Petroleum coke	吨	ton		
石油沥青	Petroleum asphalt	吨	ton		
其他石油制品	Other oil products	吨	ton		17.80
热力	Heat	百万千焦	million kilo-joule	2.00	
电力	Electricity	万千瓦时	10000kwh	13.00	
煤矸石用于燃料	Coal gangue for fuel	吨	ton		
城市生活垃圾用于燃料	Urban domestic waste for fuel	吨	ton		
生物质废料用于燃料	Biomass waste for fuel	吨	ton		
余热余压	Waste heat and waste pressure	百万千焦	million kilo-joule	1.00	
其它工业废料用于燃料	Other industrial waste for fuel	吨	ton		
其它燃料	Other fuel	吨标准煤	ton of SCE		55.00
能源合计	Total of energy	吨标准煤	ton of SCE	13.00	

ENERGY PURCHASE CONSUMPTION AND INVENORY OF INDUSTRIAL ENTERPRISES IN 2015

购进量 Purchase		消费量 Consumption					期末库存量 Inventory at the year-end
实物量 Physical quality	金额 (千元) Sum (1000 yuan)	合计 Total	1.工业生产消费 For production	用于原材料 For raw materials	2.非工业生产消费 Non-industrial production	合计中:运输工具消费 Conveyance consumption	
21629125.22	14899958.56	22091557.65	21987727.06		103830.70		1989214.67
121007.51	148.00	97122.56	94810.26		2312.30		887.63
2510.00		2510.00	2460.00		50.00		297.93
13139169.82	7456400.05	13555853.37	13487486.68		68366.80		1014290.47
8366437.89	7443410.51	8436071.72	8402970.12		33101.60		973738.64
377866.00		377522.00	377324.00		198.00		344.00
4123.22		4002.15	2666.65		1335.50		525.39
8461.50		8894.16	3445.50		5448.66		291.00
10380.65		9301.65	9206.65		95.00		1169.00
		1.35	1.35				
27271.41		31754.42	30807.81	1010.83	946.61		2408.24
1048.54		1048.54	1016.07		32.47	12.20	
694990.00	134112.00	697885.00	697880.00	15.00	5.00		3120.00
46154.73	63.20	49070.83	27132.92		21937.92	14801.25	1134.62
84.55	5.00	92.58	78.87		13.71	13.71	15.59
77991.61	780.20	78483.05	38800.07		39683.02	43928.58	1602.33
475.60		584.60	584.60				477.00
41.35		41.35	39.00		2.35		
105.00		105.00	90.00		15.00		
420.00		420.00	420.00				
1017.34		1104.68	1104.68				376.26
		17.90			17.90		
18060143.23	3294.00	25106259.69	17384007.07		7722252.62		
1201548.03	2168.06	1505616.99	1444368.77		61248.22	1889.13	
597573.00		597573.00	597573.00				
		889904.00	889904.00				
520.98		520.98	122.00		398.98		
3928.60		4547.45	4347.45		200.00		43.00
		17126510.51	16615466.12		511044.64		

5-2 工业企业能源购进、消费与库存情况(2015)

能源名称	Item	计量单位	Unit	企业单位数（个）Enterprises (unit)	工业生产消费量 Consumption industrial producing	加工转换投入合计 Total input in processing and transformation
原煤	Coal	吨	ton	514.00	20549650.00	18682081.00
其中:1.无烟煤	Anthracite	吨	ton	2.00		
2.炼焦烟煤	Bituminous coal for coking	吨	ton			
3.一般烟煤	Normal bituminous coal	吨	ton	24.00	12582875.00	10996763.00
4.褐煤	Brown coal	吨	ton		7966775.00	7685318.00
洗精煤	Fine coal washing	吨	ton		376735.00	376735.00
其他洗煤	Other coal washing	吨	ton			
煤制品	Coal products	吨	ton	1.00		
焦炭	Coke	吨	ton		8405.00	
其他焦化产品	Other coke products	吨	ton			
焦炉煤气	Coal gas	万立方米	10000cu·m		1.00	
高炉煤气	Blast furnace gas	万立方米	10000cu·m			
转炉煤气	Revolving gas	万立方米	10000cu·m			
发生炉煤气	Producer gas	万立方米	10000cu·m			
天然气	Natural gas	万立方米	10000cu·m	5.00	16611.00	1949.00
液化天然气	Liquefied natural gas	吨	ton	1.00	965.00	
煤层气	Coal seam gas	吨	ton			
原油	Crude oil	吨	ton		693842.00	693842.00
汽油	Gasoline	吨	ton	28.00	1730.00	430.00
煤油	Kerosene	吨	ton		26.00	
柴油	Diesel oil	吨	ton	17.00	7868.00	832.00
燃 料 油	Fuel oil	吨	ton		257.00	257.00
液化石油气	Liquefied petroleum gas	吨	ton			
炼厂干气	Coking gas	吨	ton			
石脑油	Naphtha	吨	ton			
润滑油	Lubricating oil	吨	ton			
石蜡	Paraffin wax	吨	ton			
溶剂油	Solvent oil	吨	ton			
石油焦	Petroleum coke	吨	ton			
石油沥青	Petroleum asphalt	吨	ton			
其他石油制品	Other oil products	吨	ton			
热力	Heat	百万千焦	million kilo-joule	2.00	6755366.00	
电力	Electricity	万千瓦时	10000kwh	13.00	608174.00	
煤矸石用于燃料	Coal gangue for fuel	吨	ton			
城市生活垃圾用于燃料	Urban domestic waste for fuel	吨	ton		597573.00	597573.00
生物质废料用于燃料	Biomass waste for fuel	吨	ton		889904.00	889904.00
余热余压	Waste heat and waste pressure	百万千焦	million kilo-joule	1.00		
其它工业废料用于燃料	Other industrial waste for fuel	吨	ton			
其它燃料	Other fuel	吨标准煤	ton of SCE			
能源合计	Total of energy	吨标准煤	ton of SCE	13.00	14007771.00	1139161.00

ENERGE PURCHASE CONSUMPTIEN AND INVENORY OF INDUSTRY ENTERPRISE IN 2015

火力发电 Thermal power	供热 Heating	原煤入选 Physical Coal	炼焦 Coking	炼油 Petroleum Refining	制气 Gas Production	天然气液化 Natural Liquefied Gas	加工型煤 Processing Coal	能源加工转换产出 Output in Processing and transformation of energy
12312202.00	6369879.00							
7419366.00	3577397.00							
4892836.00	2792482.00							
			376735.00					
								274885.00
								5165.00
61.00	90.00					1799.00		
								12158.00
				693842.00				
	430.00							251262.00
740.00	92.00							233051.00
257.00								
								121731.00
								80105261.00
								2289501.00
597573.00								
889904.00								
6622179.00	3556666.00		339062.00	991223.00		23931.00		6783471.00

统计资料

▶财政

GOVERNMENT FINANCE

STATISTICS

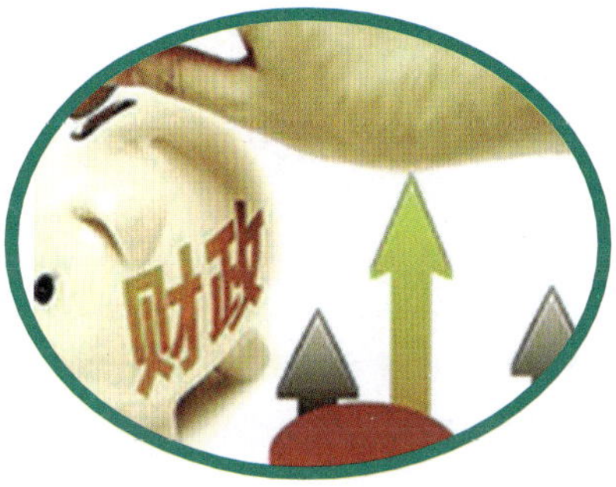

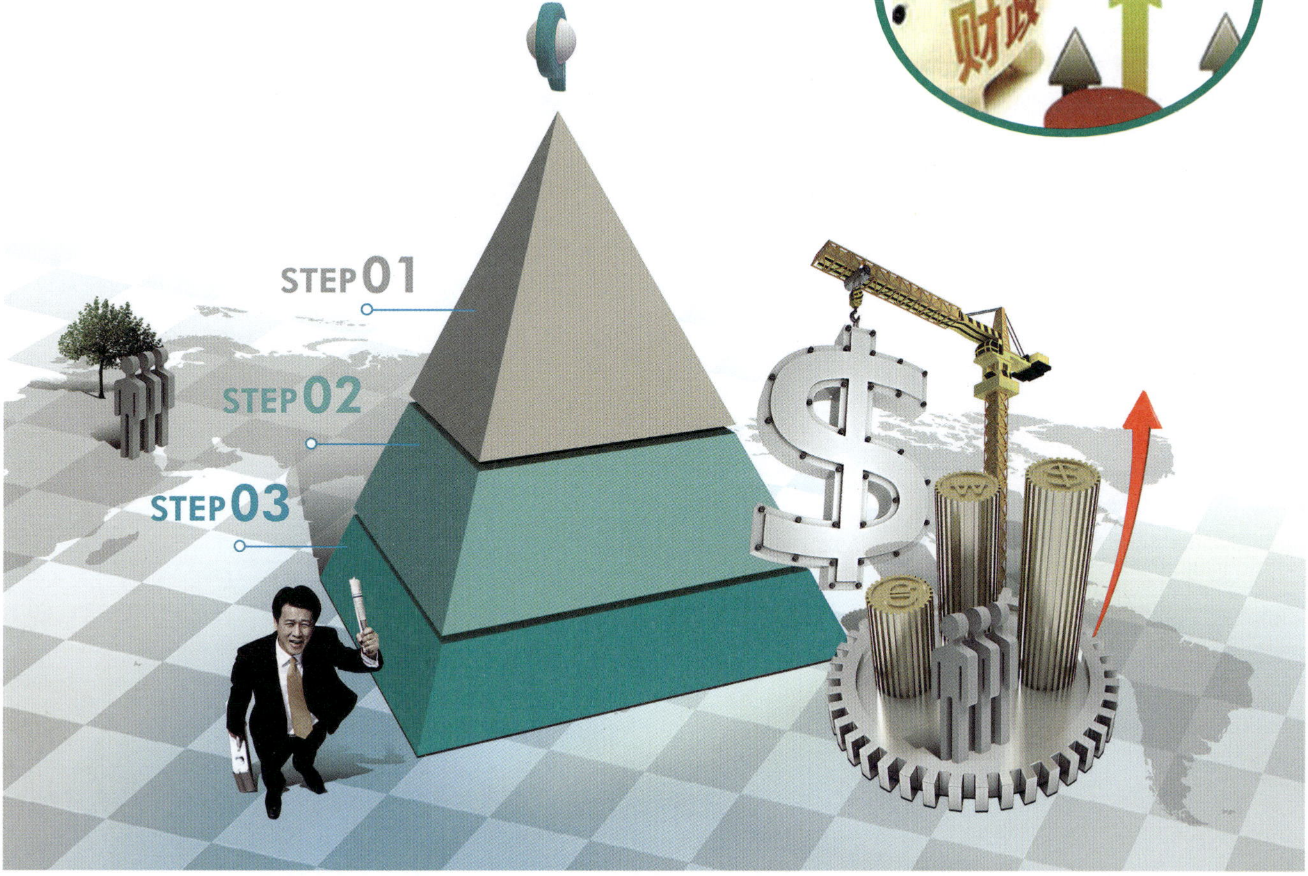

2016

长春统计年鉴

CHANGCHUN STATISTICAL YEARBOOK

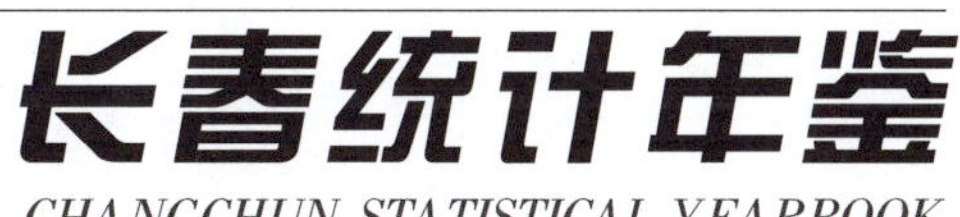

第六篇　财　政

2015年，财经形势严峻而复杂，全市各级财政及税务部门认真落实市委、市政府的决策部署，坚持稳中求进的工作总基调，积极适应经济发展新常态，全年财政收入降幅控制在合理区间。

一、财政收入缓中趋稳，降幅呈逐渐收窄趋势。

2015年，全市一般预算全口径财政收入完成1078.2亿元，下降6.8%。其中，市本级全口径财政收入完成419.5亿元，下降21.3%；各城区及开发区全口径财政收入完成607.3亿元，增长8.0%；三县(市)全口径财政收入完成51.4亿元，下降15.7%。2015年，全市地方级财政留用收入完成388.2亿元，下降2.3%。其中，营业税完成47.3亿元，增长4.2%；个人所得税完成13.4亿元，增长8.2%；资源税完成0.6亿元，增长17.2%；城市维护建设税完成37.8亿元，增长5.1%；房产税完成14.1亿元，增长17.9%；专项收入完成29.8亿元，增长57.3%。

二、财政支出快速增长，大财政作用日益凸显。

近年来，我市财政支出快速增长，特别是在今年的困难局势下，财政保民生、保建设、促发展、促改革，大财政职能作用凸显。2015年，全市财政支出完成765.7亿元，增长13.3%。重点支持了一汽Q工厂、龙嘉机场建设、轻轨地铁建设、新能源汽车、小锅炉改造等全市重大项目支出，建设幸福长春，推进养老医疗改革等，全市发展底气足，人民充满安全感。2015年，教育支出完成106.8亿元，增长24.7%；科学技术支出完成9.0亿元，增长28.4%；社会保障与就业支出完成105.7亿元，增长37.7%；医疗卫生与计划生育支出完成62.5亿元，增长23.7%；城乡社区支出完成173.6亿元，增长32.8%。

6-1 2015年全市一般预算全口径财政收入
GOVERNMENT REVENUE BY REGION

单位:万元 unit:10000yuan

		绝对值 Absolute number	同比增减(%) Increasing rate year on year (%)
全市收入总计	Total	10781863	-6.8
1.市本级	City level	4194689	-21.3
2.区合计	Total	6073187	8.0
南关区	Nanguan	530066	5.3
宽城区	Kuancheng	343656	2.4
朝阳区	Chaoyang	737285	9.0
二道区	Erdao	403337	8.9
绿园区	Lvyuan	506774	4.7
双阳区	Shuangyang	131759	-13.9
九台市	Jiutai	213533	5.0
经济开发区	Economic and technical developing area	743776	6.1
高新开发区	High-technical developing area	950367	13.2
净月开发区	Jingyue developing area	266002	0.1
汽车开发区	Xinxin developing area	1228334	15.4
莲花山度假区	Lianhua Mountain resort	18298	-36.6
3.县(市)合计	Total city and county	513987	-15.7
榆树市	Yushu	116748	-17.3
农安县	Nong'an	236670	-8.0
德惠市	Dehui	160569	-24.0

6-2 2015年全市地方级财政收入及一般预算财政支出

单位:万元

		绝对值 Absolute number	同比增减(%) Increasing rate year on year (%)
一、税收收入	Revenue Income	2999643	-6.3
增值税	Value added tax	444760	-3.1
营业税	Business tax	473446	4.2
企业所得税	Enterprises income tax	583295	-8.5
企业所得税退税	Income tax rebate		
个人所得税	Individual income tax	133725	8.2
资源税	Resourcex Tax	6105	17.2
固定资产投资方向调节税	Fixed assets investment adjustment tax		
城市维护建设税	Tax on the city maintenance and construction	377662	5.1
房产税	Tax on real estate	140855	17.9
印花税	Stamp tax	64858	-13.2
城镇土地使用税	Tax on use of urban land	108969	4.6
土地增值税	Land value-added tax	144225	-38.4
车船税	Tax on the use of vehicles and ships	49309	8.2
耕地占用税	Tax on the use of cultivated land	170872	-16.5
契税	Contract tax	300748	-20.7
烟叶税	Tabacoo leaf tax	740	-55.7
其他税收收入	Other Income	74	-9.8
二、非税收入	Non-yevenue Income	882570	14.6
专项收入	Special income	297825	57.3
行政性收费收入	Income aom administrative fees	185517	-7.0
罚没收入	Penalty and confiscafe income	80205	-15.9
国有资本经营收入	State-owned assets income	27409	-2.3
国有资源(资产)有偿使用收入	State resources inlome	275223	20.5
其他收入	Others	16391	-45.0
本年收入合计	Total	3882213	-2.3

THE CITY′S LOCAL FINANCIAL REVENUE AND GENERAL BUDGETARY FINANCIAL EXPENDITURE IN 2015

unit:10000yuan

		绝对值 Absolute number	同比增减(%) Increasing rate year on year (%)
一、一般公共服务	General publil services	738956	-5.0
二、外交	Dip lomaly		
三、国防	Defense	15090	-1.9
四、公共安全	Social Security	367797	5.6
五、教育	Education	1067720	24.7
六、科学技术	Science and technolgy	89975	28.4
七、文化体育与传媒	Education and the media	137187	-3.6
八、社会保障和就业	Social security and employment	1057033	37.7
九、医疗卫生与计划生育	Medical and health	624869	23.7
十、节能环保	Energy conservation and environmental protection	246151	-32.0
十一、城乡社区	Urban and rural community services	1735633	32.8
十二、农林水	Agriculture,forestry,water affairs	462737	28.9
十三、交通运输	Transport	194504	-35.2
十四、资源勘探信息等支出	Affairs of Mining,Power and Information	456915	105.6
十五、商业服务等支出	Management of Grain & Oil Reserves	77842	-28.5
十六、金融支出	Financial Supervision	2317	-43.8
十七、援助其他地区支出	Support in other areas of expenditure		
十八、国土海洋气象等支出	Land and Resources and Meteorology	60579	-18.0
十九、住房保障支出	Housing Security	199826	62.9
二十、粮油物资储备支出	Administrative affairs such as cereals and oil supplies	42323	47.1
二十一、债务付息支出	Debit Interest	22341	-94.1
二十二、其他支出	Others	57451	647.3
本年支出合计	Total	7657246	13.3

统计资料

STATISTICS

▶物价
PRICE

2016

第七篇 物 价

据国家统计局长春调查队调查数据显示:2015 年,长春市居民消费价格(CPI)同比上涨 1.3%,涨幅较上年同期下降 0.9 个百分点。各月 CPI 涨幅由低到高,中期冲高后,后期逐步回落。其中,服务类价格上涨 0.5%;消费品价格上涨 1.6%。

从居民消费价格八大类涨跌构成看,全年呈"五升三降"格局。其中,烟酒类价格上涨 3.4%;医疗保健及个人用品类价格上涨 3.3%;衣着类价格上涨 2.4%;居住类价格上涨 2.1%;食品类价格上涨 1.1%;家庭设备用品及维修服务类价格下降 0.5%;交通和通信类价格下降 0.8%;娱乐教育文化用品及服务类价格下降 0.6%。

7-1 2014-2015 年长春市居民消费价格分类指数
CONSUMER PRICE INDICES BY CATEGORY (2014-2015)

		2014	2015
居民消费价格总指数	General consumer price index	102.2	101.6
一、食品	Food	104.0	102.4
粮食	Grain	102.0	101.8
淀粉及制品	Starch and related products	100.1	101.4
干豆类及豆制品	Soybean products	101.1	97.8
油脂类	Oil and fat	98.1	102.2
肉禽及其制品	Meat and poultry	101.6	104.7
蛋类	Eggs	113.3	84.2
水产品类	Aquatic products	106.4	100.8
菜类	Vegetables	96.5	110.6
调味品	Seasoning	107.2	101.9
糖类	Sugar	101.1	103.3
茶及饮料	Tea and drink	101.3	96.8
干鲜瓜果	Dried and fresh fruits	114.9	103.4
糕点饼干面包	Cakes、cookes and bread	101.9	99.8
液体乳及乳制品	Milk and milk products	105.6	102.0
在外用膳食品	Catering food	103.2	100.9
其他食品	Processing services	101.3	102.2
二、烟酒	Tobacco,alcohol and articles	99.8	104.9
烟草	Tobacco	100.1	105.6
酒	Alcohol	99.4	103.8
三、衣着	Clothing	101.9	101.0
服装	Garments	101.9	101.0
衣着材料	Textiles	101.4	100.0
鞋袜帽	Shoes socks and hats	101.8	101.0
衣着加工服务费	Processing services	101.4	105.1
四、家庭设备用品及维修服务	Household facilites	101.5	100.3
耐用消费品	Durable consumer goods	101.9	100.1
室内装饰品	Interior decorations	98.9	100.0
床上用品	Bed daily articles	103.0	96.7
家庭日用杂品	Daily articles	100.6	102.1
家庭服务及加工维修服务	Maintain services	104.0	100.0
五、医疗保健和个人用品	Medical care and personal articles	100.2	104.2
医疗保健类	Medicine care	100.3	105.9
个人用品及服务	Personal articles and services	100.2	100.3
六、交通和通信	Transportation and telecommunication	100.2	99.8
交通	Transportation	100.0	98.8
通信	Telecommunication	100.5	101.0
七、娱乐教育文化用品及服务	Recreation education and culture	101.4	100.4
文娱用耐用消费品及服务	Recreation durable goods	99.6	98.9
教育	Education	101.6	100.4
文化娱乐类	Cultural goods	100.3	101.4
旅游	Tourism	104.9	101.5
八、居住	Residence	102.4	100.8
建房及装修材料	Housing	100.7	100.9
租房	Renting house	101.2	102.0
自有住房	Self-house	102.4	101.1
水、电、燃料	Water electricity and fuel	103.3	99.9

7-2 2014-2015年长春市商品零售价格分类指数
RETAIL PRICE INDICES BY CATEGORY (2014-2015)

(以上年同期为100 preceding year = 100)

		2014	2015
商品零售价格总指数	Retail price indices	101.2	101.6
一、食品	Food	103.8	102.4
1.粮食	Grain	102.0	101.8
2.淀粉及制品	Starch and related products	100.1	101.4
3.干豆类及豆制品	Soybean products	101.1	97.8
4.油脂	Oil and fat	98.1	102.2
5.肉禽及其制品	Meat poultry	101.6	104.7
6.蛋	Eggs	113.3	84.2
7.水产品	Aquatic products	106.4	100.8
8.菜	Vegetables	96.5	110.6
9.调味品	Seasoning	107.2	101.9
10.糖	Sugar	101.1	103.3
11.干鲜瓜果	Dried and fresh fruits	114.9	103.4
12.糕点饼干面包	Cakes cookies and bread	101.9	99.8
13.液体乳及乳制品	Milk and milk products	105.6	102.0
14.在外用膳食品	Catering food	103.2	100.9
15.其他食品	Other food	101.3	102.2
二、饮料、烟酒	Beverage,tobacco and alcohol	100.0	103.8
三、服装、鞋帽	Clothing,shoes and hats	101.8	101.0
四、纺织品	Textiles	102.7	98.0
五、家用电器及音像器材	Households facilities	101.7	99.3
六、文化办公用品	Official articles	99.5	99.9
七、日用品	Daily articles	100.4	101.1
八、体育娱乐用品	Sports and recreation articles	100.2	99.7
九、交通、通信用品	Transport and telecommunication	99.6	99.2
十、家具	Furniture	100.9	100.6
十一、化妆品	Cosmetics	99.5	102.3
十二、金银珠宝	Jeweliery	89.8	89.7
十三、中西药品及医疗保健用品	Traditional chinese and medical care	100.5	108.0
十四、书报杂志及电子出版物	Newspapers, magazines and electronic publishing	100.4	102.2
十五、燃料	Fuels	99.7	90.3
十六、建筑材料及五金电料	Construction materials and hardware	100.6	99.8

7-3 2015年长春市零售价格类指数
RETAIL PRICE INDICES BY CATEGORY IN 2015

类别及名称 Item	指数 Index	类别及名称 Item	指数 Index
商品零售价格总指数 General index	100.0	3.专业音像器材 Audiovisual products	100.0
一、食品类 Food	101.7	六、文化办公用品 Official articles	99.9
1.粮食 Grain	101.8	七、日用品 Daily articles	101.1
2.淀粉及制品 Starch and related products	101.4	1.日用百货 Daily articles	100.7
3.干豆类及豆制品 Soybean products	97.8	2.日用杂品 Small articles	102.0
4.油脂 Oil and fat	102.2	3.洗涤用品 Washing appliance	101.3
5.肉禽及其制品 Meat poultry	104.7	4.其他日用品 Others	100.7
6.蛋 Eggs	84.2	八、体育娱乐用品 Sports goods and cultural appliance	99.7
7.水产品 Aquatic products	100.8	1.体育用品 Sports goods	99.2
8.菜 Vegetables	110.6	2.娱乐用品 Cultural appliance	100.0
9.调味品 Seasoning	101.9	九、交通、通信用品 Transport and telecommunication	99.2
10.糖 Sugar	103.3	1.交通运输机械 Transports	98.8
11.干鲜瓜果 Dried and fresh fruits	103.4	2.通信器材 Telecommunication	104.2
12.糕点饼干面包 Cakes cookies and bread	99.8	十、家具 Furniture	100.6
13.液体乳及乳制品 Milk products	102.0	十一、化妆品 Cosmetics	102.3
14.在外用膳食品 Catering food	100.9	十二、金银珠宝 Jewellery	89.7
15.其他食品 Other food	102.2	十三、中西药品及医疗保健用品 Medicines and equipment	108.0
二、饮料、烟酒 Beverage,tobacco and liquor	103.8	1.医疗器具及用品 Equipment	100.0
1.茶及饮料 Tea	96.8	2.中药材及中成药 Chinese medicines	109.0
2.烟草 Tobacco	105.6	3.西药 Western medicines	108.8
3.酒 Alcohol	103.8	4.保健器及具品 Health care appliances and products	105.0
三、服装、鞋帽类 Clothing, shoes and hats	101.0	十四、书报杂志及电子出版物 Newspapers books and eleetronil publishing	102.2
1.服装 Clothing	101.0	1.教材及参考书 Books	101.6
2.鞋袜帽 Shoes socks and hats	101.0	2.书报杂志 Newspapers	104.1
3.其他 Others	104.0	3.电子音像制品 Electronic audiovisual products	100.0
四、纺织品类 Textiles	98.0	十五、燃料 Fuel	90.3
1.衣着材料 Clothing	100.0	1.煤炭及制品 Coal and products	99.1
2.床上用品 Beds	96.6	2.石油及制品 Oil and products	88.0
五、家用电器及音像器材 Households facilities	99.3	十六、建筑材料及五金电料 Construction materials and hardware	99.8
1.家庭设备 Households facilities	99.8	1.建筑装璜材料 Construction	100.0
2.文娱用耐用消费品 Recreational durable goods	98.4	2.五金电料 Hardware	99.1

统计资料

STATISTICS

▶人民生活

PEOPLE'S LIVELIHOOD

2016

CHANGCHUN STATISTICAL YEARBOOK

第八篇　人民生活

2015年,长春市城市居民人均可支配收入达到29089.72元,比上年增长6.5%,其中,工薪收入增长5.6%,经营净收入下降38.2%,财产性收入增长26.9%,转移性收入增长15.1%。城市居民人均消费性支出为23221.59元,比上年下降0.9%。农村居民人均生活消费支出8139.78元。2015年末城乡居民储蓄存款余额亿元,比年初增长。

2015年,城市居民人均消费支出23221.59元,比上年下降0.9%。其中:食品消费5541.19元,下降3.6%;衣着消费1819.45,下降15.4%;生活用品及服务消费1313.24元,增长2.6%;医疗保健消费2542.09元,下降8.0%;交通和通讯消费3081.60元,增长4.4%;教育文化娱乐消费3085.34,下降0.5%;居住消费5177.56元,增长9.3%。

2015年,农村居民人均生活消费支出8139.78元。其中,食品消费2119.37元,衣着消费513.75元,居住消费1388.53元,生活用品及服务消费303.22元,交通通信消费1318.46元,教育文化娱乐消费1234.22元,医疗保健消费1062.24元,其他商品和服务消费200元。

2015年,城市居民恩格尔系数为23.9%,农村居民恩格尔系数为26%。城市居民消费支出中,衣着消费比重为7.8%;家庭设备用品及服务消费比重为5.7%;医疗保健消费比重为10.9%;交通通讯消费比重为13.3%;教育文化娱乐消费比重为13.3%;居住消费比重为22.3%。农村居民人均生活消费支出中,衣着消费比重为7.8%;居住消费比重为17.1%;生活用品及服务消费比重为3.7%;交通通信消费比重为16.2%;教育文化娱乐消费比重为15.2%;医疗保健消费比重为13%;其他用品和服务消费比重为2.5%。

8-1 城市住户基本情况
BASIC STATISTICS ON URBAN HOUSEHOLDS

		单位 Unit	合计 Total
一、居民收入	Resident income		
(一)家庭总收入	Household income	元/人 yuan/person	30693.8
其中:可支配收入	Disposable income	元/人 yuan/person	29089.7
(一)工资性收入	Income	元/人 yuan/person	16344.5
1.工资及补贴收入	Wages and subsidies	元/人 yuan/person	15278.9
2.其他劳动收入	Others	元/人 yuan/person	381.6
(二)经营净收入	Business income	元/人 yuan/person	1278.5
(三)财产性收入	Property income	元/人 yuan/person	2546.7
(四)转移性收入	Transfer income	元/人 yuan/person	8920.0
(二)城镇居民人均现金消费支出	Urban cash payment per capita	元/人 yuan/person	19586.2
其中:(1)食品	Food	元/人 yuan/person	5190.7
(2)衣着	Garments	元/人 yuan/person	1819.4
(3)居住	Residence	元/人 yuan/person	2101.0
(4)生活用品及服务	Household facilities and services	元/人 yuan/person	1302.9
(5)医疗保健	Health care	元/人 yuan/person	2369.6
(6)交通和通信	Transportation and telecommunication	元/人 yuan/person	3057.8
(7)教育文化娱乐服务	Education and recreation service	元/人 yuan/person	3084.9
(8)其他	Others	元/人 yuan/person	659.9
二、家庭总支出	Household expenditure	元 yuan	27680.0
一、消费支出	Consumption	元 yuan	23231.0
(一)食品烟酒	Food, tobacco and alcohol	元 yuan	5544.6
1.食品	Food	元 yuan	3682.1
(1)谷物	Corn	元 yuan	493.6
(2)薯类	Tubers	元 yuan	21.8
(3)豆类	Beans	元 yuan	63.8
(4)食用油	Edible oil	元 yuan	152.6
(5)蔬菜和食用菌	Vegetables and edible fungi	元 yuan	528.9
(6)肉类	Meat	元 yuan	789.6
(7)禽类	Poultry	元 yuan	98.7
(8)水产品	Aquatic product	元 yuan	236.9
(9)蛋类	Eggs	元 yuan	102.6
(10)奶类	Milk	元 yuan	253.1
(11)干鲜瓜果类	Dried and fresh fruits	元 yuan	619.1
(12)糖果糕点类	confectionery	元 yuan	119.5
(13)其他食品	Others	元 yuan	201.8

8-1 续表 1 continued1

		单位 Unit		合计 Total
2.烟酒	Tobacco and alcohol	元	yuan	387.0
(1)烟草	Tobacco	元	yuan	262.7
(2)酒类	Alcohol	元	yuan	124.3
3.饮料	Beverage	元	yuan	100.8
4.饮食服务	catering service	元	yuan	1374.8
(1)食堂用餐	Eat-in	元	yuan	401.5
(2)其他在外饮食	Take-out	元	yuan	972.1
(3)食品加工服务费	Food processing	元	yuan	1.2
(二)衣着	Garments	元	yuan	1819.4
1.衣类	Clothing	元	yuan	1364.4
2.鞋类	Shoes	元	yuan	455.1
(三)居住	Housing	元	yuan	5182.8
1.租赁房房租	Rent	元	yuan	187.0
2.住房维修及管理	Maintenance and management	元	yuan	402.3
3.水电燃料及其他	Water, electricity, fuel and others	元	yuan	1523.1
4.自有住房折算租金	Imputed rent	元	yuan	3070.4
(四)生活用品及服务	Articles for daily use, and services	元	yuan	1313.2
1.家具及室内装饰品	Furnitures and indoor decorations	元	yuan	215.2
2.家用器具	Household appliances	元	yuan	318.5
3.家用纺织品	Household textile	元	yuan	114.6
4.家庭日用杂品	Daily groceries	元	yuan	322.4
5.个人用品	Personal products	元	yuan	283.8
6.家庭服务	Family services	元	yuan	58.8
(五)交通通信	Transportation and communication	元	yuan	3081.6
1.交通	Transportation	元	yuan	2134.4
(1)交通工具	Means of transport	元	yuan	902.5
(2)交通费	Expense on transport	元	yuan	469.6
(3)交通工具用燃料	Transportation fuel	元	yuan	499.2
(4)交通工具使用及维修	Transportation employment and maintenance	元	yuan	263.1
其中:车辆保险支出	of which: insurance on transportation	元	yuan	78.5
2.通信	Telecommunication	元	yuan	947.2
(1)通信工具	Means of telecommunication	元	yuan	271.5
(2)通信服务	Communication services	元	yuan	675.7
(六)教育文化娱乐	Education and recreation	元	yuan	3085.3
1.教育	Education	元	yuan	1697.8
(1)学前教育	Preschool education	元	yuan	338.6
(2)小学教育	Primary school education	元	yuan	307.8
(3)初中教育	Junior high school education	元	yuan	247.9
(4)高中教育	High school education	元	yuan	153.6
(5)中专职高教育	Vocational education	元	yuan	9.5
(6)大专及以上教育	College or higher education	元	yuan	557.2
(7)成人教育	Adult education	元	yuan	83.2
2.文化娱乐	Recreation	元	yuan	1387.6
(1)文娱耐用消费品	Durable consumer goods for recreation	元	yuan	267.7
(2)其他文娱用品	Other recreation goods	元	yuan	186.6
(3)文化娱乐服务	Cultural and entertaining services	元	yuan	933.3
(七)医疗保健	Health care	元	yuan	2542.8
1.医疗器具及药品	Medical appliances and medicine	元	yuan	875.1
2.医疗服务	Medical services	元	yuan	1667.7
(1)门诊总费用	Outpatient services	元	yuan	557.3
(2)住院总费用	Inpatient services	元	yuan	1110.4
(八)其他用品和服务	Other products and services	元	yuan	661.1
1.其他用品	Other products	元	yuan	316.5
2.其他服务	Other services	元	yuan	344.6

8-2 城市住房和耐用消费品拥有情况
URBAN HOUSING AND DURABLE CONSUMER GOODS

		单位 Unit	合计 Total
一、现住房情况	Housing conditions	-	-
(一)人均住房建筑面积	Floor space per capita	平方米/人 sq . m/person	29.4
(二)按居住空间样式分的户数比重	Grouped by patterns of living space		
1.单栋楼房	Detached storied building	%	0.6
2.单栋平房	Detached single story building	%	4.3
3.单元房	Apartment	%	94.5
4.筒子楼或连片平房	Tube-shaped apartment or contiguous single story buildings	%	0.5
5.其他	Others	%	
(三)按主要建筑材料分的户数比重	Grouped by main building materials		
1.钢筋混凝土	Reinforced concrete	%	28.5
2.砖混材料	Brick and concrete	%	68.1
3.砖瓦砖木	Brick and tile brick	%	3.3
4.竹草土坯	Bamboo, grass and mud brick	%	0.1
5.其他	Others	%	
(三)按房屋来源分的户数比重	Grouped by housing source		
1.租赁住房	Rented housing	%	6.2
2.自建住房	Self-built housing	%	4.4
3.购买商品房	Bought commercial housing	%	45.6
4.购买房改住房	Bought public housing	%	18.7
5.购买保障性住房	Bought security housing	%	0.5
6.拆迁安置房	Removal settlement building	%	22.8
7.继承或获赠住房	Inherited or given housing	%	1.1
8.其他	Others	%	0.7
(四)住房外道路为硬化路面的户比重	Proportions of housing with hardened road surface outside	%	99.3
二、生活设施状况	Conditions of living facilities		
(一)饮用水状况	Drinking water conditions		
1.是否有管道设施	Pipeline facilities		
①管道供水入户	with pipeline in housing	%	97.7
②管道供水至公共取水点	with pipeline at public water point	%	
③没有管道设施	without pipeline	%	2.3
2.主要饮用水来源	Main source of drinking water		
①经过净化处理的自来水	Purified water supply	%	96.7
②受保护的井水和泉水	Protected well and spring	%	1.1
③不受保护的井水和泉水	Unprotected well and spring	%	1.6
④江河湖泊水	Rivers and lakes water	%	

8-2 续表 2 continued2

		单位 Unit		合计 Total
⑤其他饮用水来源	Others	%		0.6
3.获取饮用水存在的主要困难	Main difficulties of acquiring drinking water			
①单次取水往返时间超过半小时	Round-trip time over half an hour for water acquiring	%		
②间断或定时供水	Discontinuous or Fixed-time water supply	%		1.9
③当年连续缺水超过 15 天	Continuous water shortage for over 15 days in a year	%		
④获取饮用水无困难	No difficulties in acquiring water	%		98.1
4.饮用前家里采取的主要处理措施	Main treatment measures before drinking			
①煮沸	Boiling	%		96.8
②加漂白剂/氯等	Adding bleaching agents/chlorine etc.	%		
③使用水过滤器	Using water filter	%		1.0
④其他处理措施	Other treatment measures	%		0.6
⑤没有任何水处理措施	No treatment measures	%		1.6
(二)住宅内厕所状况	In-door toilet conditions			
1.水冲式卫生厕所	Flush-type sanitary toilet	%		95.3
2.水冲式非卫生厕所	Flush-type non-sanitary toilet	%		
3.卫生旱厕	Sanitary dry pail latrine	%		0.4
4.普通旱厕	Ordinary dry pail latrine	%		4.3
5.无厕所	No toilet	%		
(三)主要炊用能源	Main energy for cook			
1.天然气、煤气、液化石油气	Natural gas, coal gas, LPG	%		96.6
2.煤炭	Coal	%		0.5
3.电	Electricity	%		1.1
4.沼气	Methane	%		
5.其他	Others	%		1.7
三、每百户耐用消费品拥有情况	Ownership of durable consumer goods per 100 families			
(一)家用汽车	Family car	辆	unit	28.2
(二)摩托车	Motorcycle	辆	unit	4.6
(三)电冰箱(柜)	Refrigerator	台	set	97.0
(四)洗衣机	Washing machine	台	set	99.8
(五)热水器	Water heater	台	set	66.6
其中:太阳能热水器	of which: solar water heater	台	set	4.4
(六)空调	Air conditioner	台	set	20.4
(七)彩色电视机	Colour TV set	台	set	111.2
(八)摄像机	Video camera	台	set	6.1
(九)照相机	Camera	台	set	36.8
(十)计算机	Computer	台	set	73.9
其中:接入互联网的计算机	of which: with access to internet	台	set	63.6
(十一)中高档乐器	High-grade musical instruments	架	pcs	4.7
(十二)固定电话	telephone	部	pcs	60.7
(十三)移动电话	Mobile phone	部	pcs	232.9
其中:接入互联网的移动电话	of which: with access to internet	部	pcs	127.5

8–3 农村住户基本情况
BASIC STATISTICS ON RURAL HOUSEHOLDS

		单位 Unit		合计 Total
消费支出	Consumption	元	yuan	10054.4
(一)食品烟酒	Food, tobacco and alcohol	元	yuan	2699.2
(二)衣着	Garment	元	yuan	575.5
(三)居住	Residence	元	yuan	2432.0
(四)生活用品及服务	Household facilities and services	元	yuan	422.3

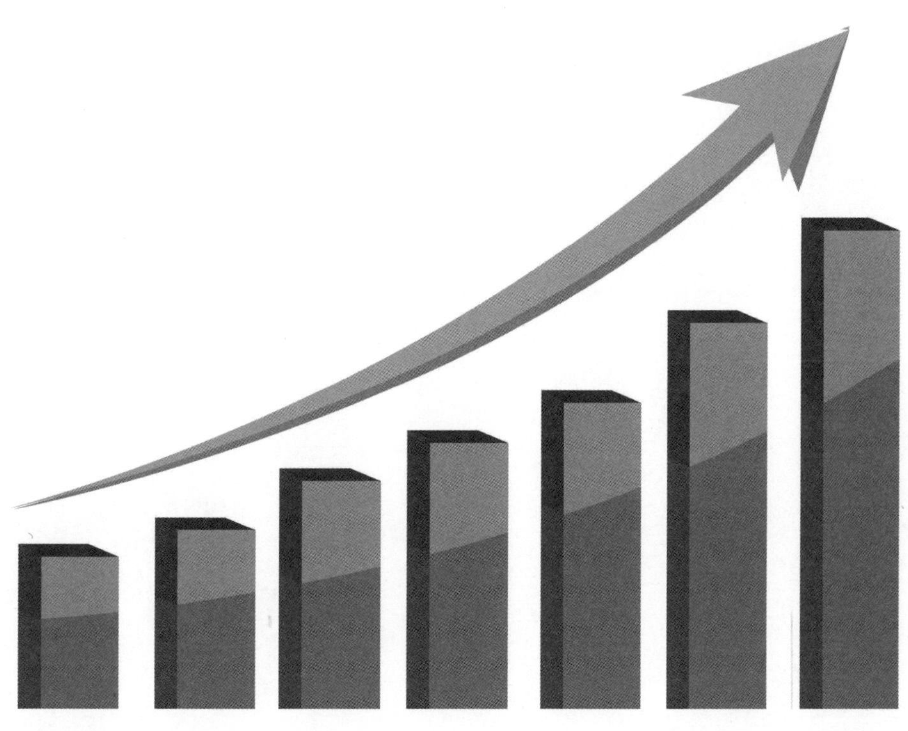

统计资料

STATISTICS

▶ 城市建设

GENERAL SURVEY OF CITY

2016

9-1 长春市城区用气情况

BASIC STATISTICS ON SUPPLY OF GAS IN CITY

		单位 Unit		2013	2014	2015
一、人工煤气	Gas					
生产能力	Production capacity of coal gas	万立方米/日	10000cu·m·day	80	80	
储气能力	Gas storage capacity	万立方米	10000cu·m	20	20	20
供气管道长度	Length of gas pipeline	公里	km	1540	1540	
供气总量	Total gas supply	万立方米	10000cu·m	13072.83	9309.4	4192.79
其中:家庭用量	Households	万立方米	10000cu·m	7106.05	6646.38	3480.42
用气户数	Households access to gas	户	Household	481702	26881	
其中:家庭用户	Households	户	Household	481655	254300	
用气人口	Population	万人	10000 persons	139.96	76.29	
二、天然气	Natural gas					
储气能力	Gas storage capacity	万立方米	10000cu·m	25	25	635
供气管道长度	Length of gas supply	公里	km	2542	2587.85	4449.27
供气总量	Total gas supply	万立方米	10000cu·m	36296.66	53058.26	45881.91
其中:家庭用量	Households	万立方米	10000cu·m	11171.38	17836	20545.27
用户总数	Households access to gas	户	Household	577922	1040491	1227397
用气人口	Population	万人	10000 persons	185.07	261.22	365.33
三、液化石油气	Liquefied Petroleum gas					
储气能力	Gas storage capacity	吨 Ton	Ton	6000	6000	6065
供气管道长度	Length of gas pipeline	公里 km	km			
供气总量	Total gas supply	吨 Ton	Ton	32555.76	43762	37743.25
其中:家庭用量	Households	吨 Ton	Ton	7523.64	7134	7634
用气户数	Households	户 Household	Household	93456	91646	116843
用气人口	Population	万人 10000persons	10000 persons	30.19	28	31.69
四、燃气普及率	Percentage of population access to gas	%		98.4	98.6	98.6

9-2 长春市政设施情况
BASIC STATISTICS ON PUBLIC UTILITIES

		单位 Unit		2013	2014	2015
道路长度	Length of paved roads	公里	km	3009.47		3373.83
道路面积	Area of paved roads	万平方米	10000sq·m	6759.96	7113.21	7655.2
桥梁数	Bridges	座	set	263		295
路灯数	Street lights	盏	unit	237242	248593	138417
排水管道长度	Length of exhaust piping	公里	km	4853.3	4962	5358.29
污水排放量	Volume of waste water discharged	万立方米	10000cu·m	26327	25974	30331
污水处理厂座数	Number of factory for waste water ischarged	座	set	7	5	11
污水处理厂污水处理能力	Capacity of wasted water discharged	万立方米/日	10000cu·m/day	84.3	81.5	156.3
污水处理总量	Volume of waste water treatment	万立方米	10000cu·m	20858	21670	28269

9-3 长春市园林绿化情况
BASIC STATISTICS ON PARKS, GARDENS AND GREEN AREAS

		单位 Unit		2013	2014	2015
绿化覆盖面积	Total area of green land	公顷	ha	12568		20544.68
其中:建成区	Finished area	公顷	ha	12287	18244	19624.15
园林绿地面积	Total area of parks and gardens	公顷	ha	10772		18078.72
其中:建成区	Finished area	公顷	ha	10727	16046	17276.97
公共绿地面积	Public green areas	公顷	ha	5018	5119	5897.35
公园个数	Parks	个	unit	46		55
公园面积	Area of parks	公顷	ha	1108		1813.26

9-4 长春市城区集中供热情况
BASIC STATISTICS ON HEATING IN CITY

		单位 Unit		2013	2014	2015
供热能力(热水)	Heating capacity (water)	兆瓦	Mega watts	17221.8	17905.8	18449.8
供热能力(蒸汽)	Heating capacity (steam)	吨/小时	ton/hour	116	116	116
供热总量(热水)	Volume supplied(water)	万吉焦	10000gigajoules	7976.85	8145.25	9177.12
供热总量(蒸汽)	Volume supplied(steam)	吨/小时	ton/hour	106.2	108.5	112.73
管道长度(热水)	Length of pipeline(water)	公里	km	5184.55	5209.55	5574.32
管道长度(蒸汽)	Length of pipeline (steam)	公里	km	33.2	35	35
供热面积	Heated area	万平方米	10000sq·m	16071.82	16407.23	18663.26

9-5 长春市城区自来水供应情况(公共供水)
BASIC STATISTICS ON TAP WATER SUPPLY IN CITY (WATER SUPPLY PUBLICLY)

		单位 Unit		2015
年底自来水生产能力	Production capacity of tap water	万立方米/日	10000cu·m/day	129
年末供水管道长度	Length of water supply pipeline	公里	km	2729
供水总量	Volume of water supply	万立方米	10000 cu·m	36298
生产运营用水	For productive use	万立方米	10000 cu·m	4474
居民家庭用水	For residential use	万立方米	10000 cu·m	10041
售水量	Volume of sale	万立方米	10000 cu·m	24766
用水户数	Households access to tap water	户	Household	1447493
其中:家庭用户	Households	户	Household	1324914
用水人口	Population access to tapwater	万人	10000persons	399
人均日生活用水量	Per capita comsumption of tapwater	升	liter	145

9-6 长春市公共交通情况
BASIC STATISTICS ON PUBLIC TRANSPORTATION

		单位 Unit		2015
一、汽车	Automobile			
运营车数	Operating automobile	辆	unit	4900
公共汽车	Buses	辆	unit	4900
标准运营车数	Number of standard operating	标台	unit	5574
运营线路网长度	Length of road	公里	km	4276
客运总量	Passengers traffic	万人次	10000person-times	72642
公共汽车	Buses	万人次	10000person-times	
其中:小公共汽车	Mini buses	万人次	10000person-times	
从业人数	Employment	人	person	10649
二、出租汽车	Taxi			
出租车数量	Number of taxi	辆	unit	15401
三、轨道交通	Orbital transport			
(一)轻轨	Light trolley			
运营车数	Operating automobile	列	train	351
运营线路网长度	Length of road	公里	km	47
客运总量	Passengers traffic	万人次	10000person-times	6292
(二)有轨电车	Trolley			
运营车数	Number of trolley operating	辆	unit	44
标准运营车数	Number of standard operating	标台	unit	75
运营线路网长度	Length of road	公里	km	17
客运总量	Passengers traffic	万人次/天	10000person-times/day	1546

9-7 长春市主要年份市区房屋情况
BASIC STATISTICS ON BUILDING CONSTRUCTION AND HOUSING

		2012	2013	2014	2015
实有房屋建筑面积(万平方米)	Floor space of building(10000sq·m)	12839.6	13083.7	15556.0	16473.3
#私房(万平方米)	Private building (10000sq·m)	7346.2	7822.4	8865.0	9577.4
实有住宅建筑面积(万平方米)	Floor space of housing (10000sq·m)	8513.3	8868.2	9659.0	10308.8
#私房(万平方米)	Private building (10000sq·m)	6658.6	7067.2	7993.0	8595.0

9-8 长春市主要年份全市供电情况
BASIC STATISTICS ON ELECTRICITY SUPPLY IN CITY

		2012	2013	2014	2015
年底发电设备容量总计(千瓦)	Total of power station production(kw)	4748914	4754914	4879914	4894968
年底供电设备容量(千伏安)	Total available for supply(1000kwva)	12252400	14168450	15150650	15926750
全年供电量(万千瓦小时)	Annual supply electricity(10000kwh)	1481731	1564269	1673210	1723491
#自供(万千瓦小时)	By power station (10000kwh)	47180	28190	15097	10222
网供(万千瓦小时)	From electicity net (10000kwh)	1481731	1564269	1673210	1723491
全年用电量(万千瓦小时)	Total electricity consumption(10000kwh)	1698834	1790291	1885731	1927890
#工业用电(万千瓦小时)	Industry(10000kwh)	897440	1005025	1061479	1064707
农业用电(万千瓦小时)	Agriculture (10000kwh)	31401	23250	25556	28506
城乡人民生活用电(万千瓦小时)	Residential consumption(10000kwh)	396362	310668	296246	309383
送配电线路长度(公里)	Length of electric wire (km)	5131.8	5609.1	6120.0	5952
#输电线路(公里)	Electric wire (km)	5131.8	5609.1	6120.0	5952

统计资料

▶农业
AGRICULTURE

STATISTICS

第十篇　农　　业

2015年，全年完成农林牧渔业总产值649.6亿元，同比增长6.2%。其中，种植业产值321.4亿元，同比增长2.6%；林业产值3.5亿元，同比增长9.8%；牧业产值302.1亿元，同比增长10.6%，渔业产值 5.5亿元，同比增长6.8%；农林牧渔服务业产值16.96亿元，同比增长3.0%。

全年农作物总播种面积133.4万公顷，比上年下降0.17%；粮食播种面积125.1万公顷，增长0.6%。粮食总产量达到955.7万吨，比上年下降1.3%，其中：玉米产量796.6万吨，比上年下降2.9%；水稻产量136.6万吨，比上年增长9.3%；蔬菜产量288.6万吨，比上年增长12%。猪出栏619.4万头，比上年下降2.0%；牛出栏108.8万头，比上年增长1.4%；羊出栏39.3万只，比上年增加4.4%；家禽出栏2.5亿只，比上年增长3.3%；肉类总产量114.4万吨，比上年下降0.1%；禽蛋产量33.4万吨，比上年增加5.3%；牛奶产量7.5万吨，比上年增加9.0%。

10-1 1996-2015年农林牧渔业总产值(现价)
GROSS OUTPUT VALUE OF AGRICULTURE(at current price)(1996-2015)

单位:亿元 unit:100million yuan

年份 Year	农林牧渔业总产值 Total	农业产值 Farming	林业产值 Forestry	林业产值 Forestry	渔业产值 Fishery
1996	172.9	99.3	0.5	71.9	1.2
1997	176.8	94.0	0.7	80.8	1.3
1998	198.9	108.2	0.6	88.6	1.5
1999	200.9	92.9	0.5	105.8	1.7
2000	197.6	83.8	1.0	111.7	1.1
2001	223.9	108.0	0.5	114.4	1.0
2002	242.1	115.9	0.6	124.8	0.8
2003	259.2	116.7	1.1	139.2	1.0
2004	281.5	126.6	0.8	152.2	0.7
2005	272.9	130.8	2.1	137.3	1.5
2006	289.0	142.2	1.7	142.3	1.5
2007	340.6	160.3	0.9	176.2	1.8
2008	405.2	171.4	1.9	228.0	2.4
2009	418.4	185.3	1.9	216.2	2.2
2010	474.7	213.4	3.2	242.3	2.4
2011	523.8	248.6	2.8	254.5	3.7
2012	562.5	284.1	3.8	255.2	4.2
2013	602.7	307.2	2.3	272.3	5.2
2014	626.9	322.5	3.0	279.8	5.2
2015	649.6	321.4	3.5	302.1	5.5

10-2 1996-2015年农作物播种面积
TOTAL SOWN AREAS OF FARM CROPS (1996-2015)

单位:公顷 unit:ha

年份 Year	农作物总播种面积 Total sown area	粮食作物 Grain crops		经济作物 Economic crops		其他作物 Other crops	
		播种面积 Sown area	占总播种面积(%) Percentage	播种面积 Sown area	占总播种面积(%) Percentage	播种面积 Sown area	占总播种面积(%) Percentage
1996	1124429	979061	87.1	32938	2.9	112430	10.0
1997	1122817	986045	87.8	27594	2.5	109178	9.7
1998	1122996	984485	87.7	21828	1.9	116683	10.4
1999	1121587	965869	86.1	26567	2.3	129151	11.6
2000	1121046	951131	84.8	38134	3.4	131781	11.8
2001	1114286	935373	84.0	42796	3.8	136117	12.2
2002	1109100	914514	82.5	41467	3.7	153119	13.8
2003	1106395	919045	83.1	169589	15.3	17761	1.6
2004	1139211	1012244	88.9	121564	10.7	5403	0.4
2005	1130795	1002871	88.7	119566	10.6	8358	0.7
2006	1140257	1006930	88.3	127143	11.2	6184	0.5
2007	1150344	1020703	88.7	122352	10.6	7289	0.6
2008	1189764	1097197	92.2	88768	7.5	3799	0.3
2009	1260099	1155556	91.7	100687	8.0	3856	0.3
2010	1257193	1150479	91.5	102575	8.2	4139	0.3
2011	1333060	1220935	91.6	107762	8.1	4363	0.3
2012	1344118	1245338	92.7	95585	7.1	3195	0.2
2013	1340272	1245453	92.9	94819	7.1	1402	0.1
2014	1336334	1243593	93.1	92741	6.9	1447	0.1
2015	1334123	1250636	93.7	83706	6.3	219	0.0

注:经济作物包括:油料、甜菜、烟叶、药材、蔬菜。

Note:Economic crops include:Oil-bearing, sugar beet,tobacco leaf, medical material and vegetables.

10-3 农作物总播种面积
TOTAL SOWN AREAS OF FARM CROPS

单位:公顷 unit:ha

		全市 Total	市辖区 District		榆树市 Yushu	农安县 Nong´an	九台市 Jiutai	德惠市 Dehui
			合计 Total	# 双阳区 Shuangyan				
农作物总播种面积	Sown area	1334123	144332	89556	391126	393945	180361	224359
一、粮食作物合计	Grain crops	1250636	131837	84493	378936	363182	169061	207620
(一)谷物	Corn	1222685	130480	83206	370734	353280	164616	203575
1.稻谷	Rice	168339	15302	11313	72054	12204	22805	45974
其中:粳稻	Geng rice	167559	15302	11313	72016	12204	22726	45311
糯稻	Glutinous rice	780			38		79	663
2.小麦	Wheat							
3.玉米	Corn	1051074	115165	71880	298668	337997	141783	157461
4.谷子	Millet	478	13	13	12	448	3	2
5.高粱	Sorghum	2794				2631	25	138
6.其它谷物	Others							
(二)豆类合计	Beans	5921	100	98	592	3874	898	457
其中:大豆	Soybean	4783	100	98	592	3631	178	282
绿豆	Mung beans	162				154	8	
红小豆	Red beans	362				89	223	50
(三)薯类(鲜薯)	Tubers	22030	1257	1189	7610	6028	3547	3588
其中: 1.马铃薯	Potato	21697	1257	1189	7610	5708	3543	3579
2.甘 薯		333				320	4	9
二、油料	Oilbearing crops	5462			49	4375	29	1009
花 生	Peanuts	2166				2134	8	24
油菜籽	Sesame							
芝 麻	sesame	71			49	22		
胡麻籽	Flaxseed							
葵花子	Sunflower seed	3213				2219	9	985
三、生麻	Raw hemp							
四、甜菜	Beet							
五、烟叶(未加工烟草)	Tobacco	5036			430	3824	203	579
其中:烤烟(未去梗烤烟叶)	fluecured tobacco leaf	1009			430			579
六、中草药材	Chinese medicinal herbs	221					220	1
七、蔬菜和食用菌	Vegetables and edible fungi	64048	11833	4727	10405	17675	9866	14269
1 .叶菜类	Leafy vegetables	5472	1070	371	823	541	1844	1194
其中:芹菜	celery	1834	170	127	609	204	613	238
油菜	Rape	1263	183	17	30	114	556	380
菠菜	spinach	2022	388	227	182	223	654	575
2、白菜类	cabbage class	23553	3671	1636	3935	8161	2911	4875
其中:大白菜	cabbage	21468	3481	1636	3843	6421	2911	4812
3、甘蓝类	cabbage class	491	99		15	347	30	
其中:卷心菜(结球甘蓝)	Cabbage (head cabbage)	364	78			256	30	
4、根茎类	rhizome class	4859	463	319	1255	1216	1013	912
其中:白萝卜	white radish	3627	315	203	1138	792	731	651
胡萝卜	carrot	1011	146	116	110	261	262	232
5、瓜菜类	melon vegetables	10456	2147	791	1621	2216	1422	3050
其中:黄瓜	cucumber	9619	2107	771	1605	1704	1153	3050
南瓜	Pumpkin	287	20	20		113	154	
冬瓜	Melon	24					24	
6、豆类(菜用)	beans (vegetable)	2792	411	199	6	253	604	1518
其中:豇豆	cowpea	606	40				386	180
四季豆	Green beans	2079	319	199	1	230	191	1338
7、茄果类	solanaceous fruit	9513	2348	994	1883	2310	1172	1800
其中:茄子	eggplant	2153	600	340	249	336	468	500
辣椒	chili	2406	171	94	179	1618	338	100
西红柿	tomatoes	4871	1577	560	1373	356	365	1200
8 、葱蒜类	Onions and garlic	5933	1248	417	825	2319	621	920
其中:大葱	green onions	3465	1161	338	516	693	385	710
蒜头	Garlic	1843	87	79	70	1264	212	210
9、水生菜类	water lettuce							
10、其他蔬菜	other	979	376		42	312	249	
11、食用菌	edible fungus	14423	6641		1152	1050	3740	1840
1.干 品	Dry goods	2930	2810				120	
其中:香 菇	fragrant mushroom	2920	2810				110	
2.鲜 品	fresh goods	11493	3831		1152	1050	3620	1840
其中:蘑 菇	mushroom	9028	3831		527	1050	3620	
八、瓜果类	Melon	8501	443	137	1306	4889	982	881
其中:西 瓜	Watermelon	4051	29	11	593	2746	309	374
香 瓜	Muskmelon	4427	394	113	713	2140	673	507
草 莓	strawberry	23	20	13		3		
九、其他农作物	Other crops	219	219	199				
其中:青饲料	Forage	191	191	191				

10-4 农作物总产量
YIELD OF MAJOR FARM CROPS

单位:吨 unit:ton

		全市 Total	市辖区 District 合计 Total	 # 双阳区 Shuangyang	榆树市 Yushu	农安县 Nong'an	九台市 Jiutai	德惠市 Dehui
农作物总播种面积	Sown area	9557275	744210	557586	3334208	2941299	1064013	1473545
一、粮食作物合计	Grain crops	9358273	742644	556611	3275879	2880450	1022429	1436871
(一)谷物	Corn	1365546	97940	75740	558130	114900	171044	423532
1.稻谷	Rice	1358287	97940	75740	557845	114900	170501	417101
其中:粳稻	Geng rice	7259			285		543	6431
糯稻	Glutinous rice							
2.小麦	Wheat	7966166	644669	480836	2717665	2740000	851220	1012612
3.玉米	Corn	2941	35	35	84	2800	15	7
4.谷子	Millet	23620				22750	150	720
5.高粱	Sorghum							
6.其它谷物	Others	26427	288	284	2350	18310	4017	1462
(二)豆类合计	Beans	21456	288	284	2350	17190	747	881
其中:大豆	Soybean	652				630	22	
绿豆	Mung beans	929				490	284	155
红小豆	Red beans	862875	6390	3455	279895	212695	187835	176060
(三)薯类(鲜薯)	Tubers	853140	6390	3455	279895	203550	187675	175630
其中: 1.马铃薯	Potato	9735				9145	160	430
2.甘 薯		13776			196	10836	121	2623
二、油料	Oilbearing crops	5503				5418	28	57
花 生	Peanuts							
油菜籽	Sesame	245			196	49		
芝 麻	sesame							
胡麻籽	Flaxseed	7980				5369	45	2566
葵花子	Sunflower seed							
三、生麻	Raw hemp							
四、甜菜	Beet	14681			1096	11472	608	1505
五、烟叶(未加工烟草)	Tobacco	2601			1096			1505
其中:烤烟(未去梗烤烟叶)	fluecured tobacco leaf	992					990	2
六、中草药材	Chinese medicinal herbs	2885783	289735	84850	664259	756648	403792	771349
七、蔬菜和食用菌	Vegetables and edible fungi	212034	21058	5846	66115	20262	46808	57791
1. 叶菜类	Leafy vegetables	82997	1691	521	46860	7935	17361	9150
其中:芹菜	celery	39686	3805	197	1500	3853	13648	16880
油菜	Rape	78138	8941	5128	13322	8474	15676	31725
菠菜	spinach	1119647	86035	23906	183378	387291	182839	280104
2、白菜类	cabbage class	985670	73815	23906	182736	271020	182839	275260
其中:大白菜	cabbage	15453	1598		1013	11267	1575	
3、甘蓝类	cabbage class	10741	770			8396	1575	
其中:卷心菜(结球甘蓝)	Cabbage (head cabbage)	265644	7243	5082	97317	50142	36232	74710
4、根茎类	rhizome class	215015	4934	3235	89196	42292	24531	54062
其中:白萝卜	white radish	46113	2305	1847	6610	7528	10350	19320
胡萝卜	carrot	425868	68842	17385	141201	75980	48495	91350
5、瓜菜类	melon vegetables	397270	68387	17030	139338	56913	41282	91350
其中:黄瓜	cucumber	10622	355	355		4294	5973	
南瓜	Pumpkin	1240					1240	
冬瓜	Melon	113913	7850	4550	110	9249	11344	85360
6、豆类(菜用)	beans (vegetable)	20092	1400				3752	14940
其中:豇豆	cowpea	93282	6350	4550	30	9160	7322	70420
四季豆	Green beans	433111	57835	17409	134420	103441	36815	100600
7、茄果类	solanaceous fruit	101433	11324	5657	13400	15086	15123	46500
其中:茄子	eggplant	114529	3816	2021	11200	80330	9883	9300
辣椒	chili	215037	42695	9731	109820	6797	10925	44800
西红柿	tomatoes	266959	32096	10672	37780	90884	24949	81250
8 、葱蒜类	Onions and garlic	173246	30588	9190	22791	39869	16808	63190
其中:大葱	green onions	67853	1508	1482	2520	37624	8141	18060
蒜头	Garlic							
9、水生菜类	water lettuce	31712	6514		2810	8027	14361	
10、其他蔬菜	other	14423	6641		1152	1050	3740	1840
11、食用菌	edible fungus	2930	2810				120	
1.干 品	Dry goods	2920	2810				110	
其中:香 菇	fragrant mushroom	11493	3831		1152	1050	3620	1840
2.鲜 品	fresh goods	9028	3831		527	1050	3620	
其中:蘑 菇	mushroom	276172	10278	4222	59495	145769	27925	32705
八、瓜果类	Melon	162656	478	150	34575	106325	6318	14960
其中:西 瓜	Watermelon	113345	9665	3955	24920	39408	21607	17745
香 瓜	Muskmelon	171	135	117		36		
草 莓	strawberry	4000	4000	3500				
九、其他农作物	Other crops	3210	3210	3210				
其中:青饲料	Forage							

10-5 农村基本情况及农业生产条件

		单位 Unit		全市 Total
一、乡村人口与从业人员	Number of rural laborers and population			
乡村户数	Number of rural households	户	household	1190552
乡村人口数	Rural population	人	person	4322762
1.男	Male	人	person	2271373
2.女	Female	人	person	2051389
乡村劳动力资源数	Rural labourers	人	person	2528596
1.男	Male	人	person	1355751
2.女	Female	人	person	1172845
乡村从业人员数	Rural labourer	人	person	2168859
1.男	Male	人	person	1198571
其中:农业从业人员	Agriculture		person	779104
2.女	Female	人	person	970288
其中:农业从业人员	Agriculture	人	person	640701
二、农村基础设施	Rural social basic facilities			
自来水受益村数	Villages access to tap water	个	person	736
通有线电视村数	Villages cable TV	个	person	1468
通宽带村数	Villages through broadband	个	person	1488
三、农业主要物质消耗	Energy and material consumption	吨	ton	
农用化肥施用量(实物)	Consumptin of chemical fertilizers	吨	ton	1047438
其中:1、氮肥	Nitrogenous fertilizer	吨	ton	440483
(1)硫酸铵	Sulphuric acid ammonia	吨	ton	21826
(2)硝酸铵	Nitric acid ammonia	吨	ton	18163
(3)尿素	Urea	吨	ton	368858
(4)碳酸氢铵	Carbonic acid hyorrogtn ammonia	吨	ton	22146
(5)氨水	Ammonia water	吨	ton	
(6)其他	Others	吨	ton	9490
2、磷肥	Phosphate fertilizer	吨	ton	115501
3、钾肥	Potash fertilizer	吨	ton	56300
4、复合肥	Compound fertilizer	吨	ton	441569
农用塑料薄膜使用量	Volume of use of plastic film	吨	ton	10560
其中: 地膜使用量	Volume of use of mulching film	吨	ton	4652
地膜覆盖面积	Coverage of mulching film	公顷	ha	27558
农用柴油使用量	Volume of diesel used	吨	ton	134825
农药使用量	Volume of pesticide	吨	ton	10524
农村用电量	Electricity consumption	千千瓦时	kkwh	1363413
年末耕地面积	Area of land at year-end	公顷	ha	1301639

BASIC CONDITIONS OF RURAL GRASSROOTS UNITS

市辖区 District		榆树市 Yushu	农安县 Nong´an	九台市 Jiutai	德惠市 Dehui
合计 Total	# 双阳区 Shuangyang				
212827	72500	304638	279320	186248	207519
715011	274440	1124799	1019520	648884	814548
375750	147279	590329	540561	337919	426814
339261	127161	534470	478959	310965	387734
427395	165747	612611	639785	391722	457083
228597	88279	335899	328280	211805	251170
198798	77468	276712	311505	179917	205913
365985	136857	550488	521031	347749	383606
196815	74061	306266	292697	190096	212697
119278	51220	186524	217899	138338	117065
169170	62796	244222	228334	157653	170909
102950	47248	155516	159132	118775	104328
187	93	198	190	89	72
260	134	388	244	268	308
244	134	376	302	258	308
122419	73609	322318	280821	160578	161302
36469	21102	141275	133973	55772	72994
1494	133	9925	2235	3684	4488
2938	1312	4041	7652	3532	
22986	13750	118976	123373	42070	61453
4314	4264	7273		3506	7053
4737	1643	1060	713	2980	
4621	3545	36766	36427	16693	20994
2788	1271	18269	11600	13523	10120
78541	47691	132423	98821	74590	57194
2111	881	3755	1452	1552	1690
601	300	1600	1096	571	784
3303	1169	4795	8936	1295	9229
11546	6226	47836	35921	18190	21332
1309	874	3175	1856	2453	1731
433196	300344	249561	256094	214418	210144
139564	86695	391007	377523	176306	217239

10-5 续表 1

		单位 Unit		全市 Total
四、农业机械化情况	Agricultural machinery			
(一)农业机械总动力	Power of agricultural machinery	千瓦	kw	6538377
1.柴油发动机动力	Diesel power	千瓦	kw	6128891
2.汽油发动机动力	Gasoline power	千瓦	kw	41382
3.电动机动力	Electric power	千瓦	kw	368104
(二)拖拉机配套机械及种植业机械	Tractors and planting machinery			
拖拉机	Tractors	台/千瓦	unit/kw	201098/4157414
其中:大中型拖拉机	Large and medium tractors	台/千瓦	unit/kw	126420/3392419
小型拖拉机	Mini tractors	台/千瓦	unit/kw	74678/764995
大中型拖拉机配套农具	Tractor towing farming machinery	台(套)	unit	460196
小型拖拉机配套农具	Mini tractor towing farm machinery	台(套)	unit	280777
种植业机械	Planting machinery	台	unit	70468
农用排灌动力机械	Irrigating machinery	台/千瓦	unit/kw	79821/549201
其中:柴油机	Diesel machinery	台/千瓦	unit/kw	53536/413833
电动机	Electric machinery	台/千瓦	unit/kw	26285/135368
农用水泵	Pump	台	unit	100176
机动喷雾(粉)机	Sprayer	台/千瓦	unit/kw	4591/9182
联合收割机	Compound harvesters	台/千瓦	unit/kw	13274/713774
其中:稻麦联合收割机		台/千瓦	unit/kw	3141/138204
玉米联合收割机		台/千瓦	unit/kw	10133/575570
(三)农产品初加工动力及作业机械	Farming products processing machinery	台/千瓦	unit/kw	34840/331549
其中:柴油机	Diesel machinery	台/千瓦	unit/kw	10361/108791
电动机	Electric machinery	台/千瓦	unit/kw	24479/222759
粮食加工机械	Grain	台(套)	unit	29942
油料加工机械	Oil plants	台(套)	unit	1217

continued1

市辖区 District 合计 Total	市辖区 District # 双阳区 Shuangyang	榆树市 Yushu	农安县 Nong´an	九台市 Jiutai	德惠市 Dehui
685296	395813	1724066	1865842	1001750	1261423
600355	346493	1631299	1828185	923826	1145226
3996	3710	18189	3328	5801	10068
80945	45609	74578	34329	72123	106129
21040/331770	14697/213559	48015/1213157	67906/1328385	31807/574962	32330/709140
5485/185653	2827/108226	38874/1109485	53489/1157126	10376/382830	18196/557325
15555/146117	11870/105333	9141/103672	14417/171260	21431/192132	14134/151815
35951.0	28239	120277	131010	73559	99399
31480.0	25237	81062	60291	39917	68027
6029.0	4602	25532	22542	7273	9092
13438/85086	8238/51340	15002/109510	9919/69032	12462/82043	29000/203530
6155/47578	3455/26707	12500/96625	6957/53778	6924/53523	21000/162330
7283/37507	4783/24632	2502/12885	2962/15254	5538/28521	8000/41200
13441.0	8241	4620	13700	26915	41500
141/282	111/222	302/604	2537/5074	1240/2480	371/742
1099/60385	985/52639	4269/197909	3598/192708	1727/115055	2581/147717
395/17380	336/14784	1091/48004	200/8800	543/23892	912/40128
704/43005	649/37855	3178/149905	3398/183908	1184/91163	1669/107589
5430/50137	2429/22315	7204/66665	6109/61493	8569/83656	7555/69598
693/7277	151/1586	792/8316	4215/44258	4056/42588	605/6353
4710/42861	2278/20730	6412/58349	1894/17235	4516/41068	6950/63245
3761.0	2276	9209	5610	4001	7361
90.0	18	93	828	96	110

10–5 续表 2

		单位 Unit		全市 Total
(四)畜牧养植机械	Animal husbandry machinery	台/千瓦	unit/kw	19451/134968
饲草料加工机械	Feed pulverizer	台/千瓦	unit/kw	18154/121087
(五)运输机械	Transportation	辆/千瓦	coach/kw	32610/555412
农用运输车	Truck	辆/千瓦	coach/kw	32610/555412
(六)农田基本建设农机械	Capital construction farming machinery	辆/千瓦	coach/kw	366/18666
(七)农机化作业情况	Agriculture mechanization conditions			
机耕面积	Machine–cultivated land	千公顷	1000ha	1028.6
机播面积	Machine–sowed land	千公顷	1000ha	1182.5
机电灌溉面积	Machine–irrigated land	千公顷	1000ha	184.5
机械植保面积	Machine–protected land	千公顷	1000ha	976.0
机收面积	Machine–harvested land	千公顷	1000ha	711.9
水稻机插面积	Machine–planted rice land	千公顷	1000ha	145.7
水稻机收面积	Machine–harvested rice land	千公顷	1000ha	136.9
玉米播种面积				1051.7
玉米机耕面积				836.0
玉米机播面积	Machine–sowed corn land	千公顷	1000ha	1029.7
玉米机收面积	Machine–harvested corn land	千公顷	1000ha	567.5

continued2

市辖区 District		榆树市 Yushu	农安县 Nong´an	九台市 Jiutai	德惠市 Dehui
合计 Total	# 双阳区 Shuangyang				
2594/17504	2130/14409	5925/40819	7164/49296	855/6697	2913/20652
2526/16849	2062/13754	5805/38719	6493/43308	720/4802	2610/17409
7411/128824	2111/33306	3730/63658	8662/146598	6867/122632	5940/93701
7411/128824	2111/33306	3730/63658	8662/146598	6867/122632	5940/93701
54/2754	47/2397	143/7293	17/867	65/3315	87/4437
108.0	72.9	289.1	320.0	142.0	169.5
113.8	81.8	366.3	345.9	166.0	190.5
10.2	5.2	80.0	15.0	22.3	57.0
75.4	55.4	304.6	248.0	180.0	168.0
44.9	39.9	241.5	209.0	99.5	117.0
11.7	8.9	67.0	11.0	21.0	35.0
11.9	9.0	60.0	9.0	19.0	37.0
115.7	72.0	299.0	338.0	142.0	157.0
91.0	61.0	208.0	300.0	114.0	123.0
98.7	72.0	296.0	338.0	142.0	155.0
32.0	30.0	179.0	200.0	76.5	80.0

10–6 林业生产情况

指标名称 Item		单位 Unit		全市 Total	农安 Nong´an	九台 Jiutai
1.当年造林面积	Areas of afforestation	公顷	ha	2829	269	133
2.迹地更新面积	Areas of renewly cutover	公顷	ha	695	137	125
3.零星(四旁)植树	Odd pieces of planting	百株	100plant	38600	350	200
4.育苗面积	Areas of grow seedlings	公顷	ha	1601	120	600
5.未成林、成林抚育管理面积	Areas of young trees	公顷	ha	1265	133	477
6.竹木采运	Timber yield	立方米	cu·m	259219	93000	30000
7.林产品采集	Natural and plantation of fruit	吨	ton			

BASIC STATISTICS ON FORESTRY PRODUCTION

榆树市 Yushu	德惠市 Dehui	双阳区 Shuangyang	朝阳区 Chaoyang	宽城区 Kuancheng	南关区 Nanguan	二道区 Erdao	绿园区 Lvyuan	莲花山开发区 Lian hua maitain developmen zone	净月开发区 Jing yue development zone
1306	184	333	3					300	301
281	92	49		4			7		
	36550	1500							
7	20	240		5					609
625				30					
61774	53857	13530	3000	660			3398		

10–7 畜牧业主要产品生产及存栏情况

指标名称	Item	单位	Unit	全市 Total
一、畜禽存栏	Live stock and poultry on hand			
猪	Pig	头	head	3853954
其中:能繁殖母猪	of which: productive sow	头	head	491228
牛	Cattle	头	head	2053474
1.肉牛	Beef cattle	头	head	668826
2.奶牛	Dairy cattle	头	head	55231
羊	Sheep	只	head	594790
1.山羊	Goat	只	head	144347
2.绵羊	Sheep	只	head	450443
活家禽	Live poultry	千只	1000heads	116601
其中:活鸡	of which: live chicken	千只	1000heads	102516
其中:肉鸡	of which: broiler	千只	1000heads	64038
其中:蛋鸡	of which:layer	千只	1000heads	38478
二、畜禽出栏	Live stock and poultry on hand			
猪	Pig	头	head	6193808
牛	Cattle	头	head	1087753
羊	Sheep	只	head	392889
1.山羊	Goat	只	head	75443
2.绵羊	Sheep	只	head	317446
活家禽	Live poultry	千只	1000heads	248638
其中:活鸡	of which: live chicken	千只	1000heads	217130
三、畜禽产品产量	Live stock and poultry products production	吨	ton	
猪肉	Pork	吨	ton	523135
牛肉	Beef	吨	ton	170617
羊肉	Mutton	吨	ton	5852
1.山羊肉	chevon	吨	ton	1049
2.绵羊肉	Sheep meat	吨	ton	4803
禽肉	Poultry meat	吨	ton	426433
其中:鸡肉	of which: chicken meat	吨	ton	373138
禽蛋	Poultry egg	吨	ton	333538
其中:鸡蛋	of which: chicken eggs	吨	ton	298637
生牛奶	Raw milk	吨	ton	75042

BASIC STATISTICS ON ANIMAL HUSBANDRY

市辖区 District		榆树市 Yushu	农安县 Nong´an	九台市 Jiutai	德惠市 Dehui
合计 Total	# 双阳区 Shuangyang				
193335	87834	1085710	1189070	587191	798648
20128	8692	168644	168419	56714	77323
176795	154700	713663	385881	397198	379937
11504		28547	374582		254193
8105	1219	29689	5510	9617	2310
23464	13809	106501	362672	19753	82400
14838	11356	58576	38337	9926	22670
8626	2453	47925	324335	9827	59730
11014	7834	17256	32599	31189	24543
10000	7834	16677	20107	31189	24543
410	48	7250	13549	26838	15991
9590	7786	9427	6558	4351	8552
362885	202375	1380887	1895903	1190079	1364054
89885	73664	359066	251857	241105	145840
21759	15471	60998	251013	20142	38977
12275	9835	29502	10326	3108	20232
9484	5636	31496	240687	17034	18745
3388	2182	30003	72873	33280	109094
1491	359	28503	70841	30461	85834
28367	15849	126102	153297	92630	122739
16483	12858	52733	41061	35535	24805
319	205	674	3921	317	621
209	150	343	155	46	296
110	55	331	3766	271	325
6101	4014	69733	143311	62011	145277
5108	3112	58700	126664	60953	121713
78480	59253	86293	23546	46246	98973
65532	55455	79986	16539	41660	94920
18494	2480	28788	4395	20428	2937

10-7 续表 1

		单位 Unit		全市 Total
非主要畜禽出栏产量	Non-primary production of livestock and poultry slaughter			
一、活牲畜出栏产量(除猪、牛、羊外)	Live cattle market production (pig, cattle and sheep excluded)	吨	ton	6981
1.马	Horses	吨	ton	4058
2.驴	Donkeys	吨	ton	1035
3.骡	Mules	吨	ton	1128
4.鹿	Deers	吨	ton	
二、家兔	Domestic rabbits	吨	ton	9836
三、其他肉产量	Other meat	吨	ton	845
四、其他奶产量	Other milk	吨	ton	338
五、山羊毛产量	Wool of goat	公斤	kg	152
1.山羊粗毛	Goat shag	公斤	kg	152
2.山羊绒	Cashmere	公斤	kg	
六、绵羊毛产量	Sheep wool	公斤	kg	212324
其中: 细羊毛	of which: Fine wool	公斤	kg	58000
半细羊毛	Medium fine wool	公斤	kg	154324
七、天然蜂蜜产量	Natural honey	吨	ton	367
八、其他禽蛋产量	Other poultry egg	公斤	kg	212298
九、鹿茸产量	Pilos antler	公斤	kg	64940
十、貂皮产量	Mink	张	sheet	115196
十一、蚕茧产量	Cocoon	公斤	kg	
非主要畜禽存栏数量	Number of non - major livestock and poultry			
一、活牲畜存栏(除猪、牛、羊外)	Live stock on hand (pig, cattle and sheep excluded)	头	head	376791
1.马	Horses	头	head	77934
2.驴	Donkeys	头	head	28735
3.骡	Mules	头	head	31936
4.鹿	Deers	头	head	238186
二、家兔	Domestic rabbits	头	head	1652961
非主要畜禽出栏数量	Number of non - major livestock and poultry slaughter			
一、活牲畜存栏(除猪、牛、羊外)	Live stock on hand (pig, cattle and sheep excluded)	头	head	78402
1.马	Horses	头	head	31077
2.驴	Donkeys	头	head	13232
3.骡	Mules	头	head	10107
4.鹿	Deers	头	head	
二、家兔	Domestic rabbits	头	head	4566540

continued1

市辖区 District		榆树市 Yushu	农安县 Nong´an	九台市 Jiutai	德惠市 Dehui
合计 Total	# 双阳区 Shuangyang				
1010	872	3850	1325	88	708
194	80	2694	629	37	504
31	15	403	531	25	45
25	23	753	165	26	159
		235	8871	725	5
59	59	634	57	69	26
		221	102		15
			152		
			152		
		199	2645	2880	206600
					58000
		199	2645	2880	148600
100	9	106	117	37	7
		18365	12973		180960
56956	55767	954	6622	400	8
		10284		104912	
217019	210562	81053	36075	7558	35086
1964	1213	49582	2937	1962	21489
763	591	7723	16319	535	3395
538	386	15827	6185	1012	8374
213754	208372	7921	10634	4049	1828
219		49795	1513799	87218	1930
26070	25055	30154	14758	836	6584
1242	662	19126	6303	330	4076
565	437	4850	6655	281	881
262	240	6178	1840	200	1627
227		100129	4034229	429565	2390

10–8 农作物每公顷产量
YIELD OF MAJOR FARM CROPS FOR UNIT AREA

单位:公斤/公顷

		全市 Total	市辖区 District		榆树市 Yushu	农安县 Nong´an	九台市 Jiutai	德惠市 Dehui
			合计 Total	#双阳区 Shuangyang				
一、粮食作物合计	Grain crops	7642	5645	6599	8799	8099	6294	7097
(一)谷物	Corn	7654	5692	6690	8836	8153	6211	7058
1.稻谷	Rice	8112	6400	6695	7746	9415	7500	9212
其中:粳稻	Geng rice	8106	6400	6695	7746	9415	7502	9205
糯稻	Glutinous rice	9306			7500		6873	9700
2.小麦	Wheat							
3.玉米	Corn	7579	5598	6689	9099	8107	6004	6431
4.谷子	Millet	6153	2692	2692	7000	6250	5000	3500
5.高粱	Sorghum	8454				8647	6000	5217
6.其它谷物	Others							
(二)豆类合计	Beans	4463	2880	2898	3970	4726	4473	3199
其中:大豆	Soybean	4486	2880	2898	3970	4734	4197	3124
绿豆	Mung beans	4025				4091	2750	
红小豆	Red beans	2566				5506	1274	3100
(三)薯类(鲜薯)	Tubers	39168	5084	2906	36780	35285	52956	49069
其中: 1.马铃薯	Potato	39321	5084	2906	36780	35660	52971	49072
2.甘　薯	Sweet potato	29234				28578	40000	47778
二、油料	Oilbearing crops	2522			4000	2477	4172	2600
花　生	Peanuts	2541				2539	3500	2375
油菜籽	Sesame							
芝　麻	sesame	3451			4000	2227		
胡麻籽	Flaxseed							
葵花子	Sunflower seed	2484				2420	5000	2605
三、生麻	Raw hemp							
四、甜菜	Beet							
五、烟叶(未加工烟草)	Tobacco	2915			2549	3000	2995	2599
其中:烤烟(未去梗烤烟叶)	fluecured tobacco leaf	2578			2549			2599
六、中草药材	Chinese medicinal herbs	4489					4500	2000

unit:kg/ha

		全市 Total	市辖区 District		榆树市 Yushu	农安县 Nong´an	九台市 Jiutai	德惠市 Dehui
			合计 Total	# 双阳区 Shuangyang				
七、蔬菜和食用菌	Vegetables and edible fungi	45057	24485	17950	63840	42809	40928	54058
1 .叶菜类	Leafy vegetables	38749	19680	15757	80334	37453	25384	48401
其中:芹菜	celery	45255	9947	4102	76946	38897	28321	38445
油菜	Rape	31422	20792	11588	50000	33798	24547	44421
菠菜	spinach	38644	23044	22590	73198	38000	23969	55174
2、白菜类	cabbage class	47537	23436	14612	46602	47456	62810	57457
其中:大白菜	cabbage	45913	21205	14612	47550	42208	62810	57203
3、甘蓝类	cabbage class	31473			67533	32470	52500	
其中:卷心菜	Cabbage	29508				32797	52500	
4、根茎类	rhizome class	54671	15644	15931	77543	41235	35767	81919
其中:白萝卜	white radish	59282	15663	15936	78380	53399	33558	83045
胡萝卜	carrot	45611	15788	15922	60091	28843	39504	83276
5、瓜菜类	melon vegetables	40730	32064	21979	87107	34287	34103	29951
其中:黄瓜	cucumber	41301	32457	22088	86815	33400	35804	29951
南瓜	Pumpkin	37010		17750		38000	38786	
冬瓜	Melon	51667					51667	
6、豆类(菜用)	beans (vegetable)	40800	19100	22864	18333	36557	18781	56232
其中:豇豆	cowpea	33155					9720	83000
四季豆	Green beans	44869	19906	22864	30000	39826	38335	52631
7、茄果类	solanaceous fruit	45528	24632	17514	71386	44780	31412	55889
其中:茄子	eggplant	47112	18873	16638	53815	44899	32314	93000
辣椒	chili	47601	22316	21500	62570	49648	29240	93000
西红柿	tomatoes	44146	27074	17377	79985	19093	29932	37333
8 、葱蒜类	Onions and garlic	44996	25718	25592	45794	39191	40176	88315
其中:大葱	green onions	49999	26346	27189	44169	57531	43657	89000
蒜头	Garlic	36817	17333	18759	36000	29766	38401	86000
9、水生菜类	water lettuce							
10、其他蔬菜	other	32392			66905	25728	57675	
11、食用菌	edible fungus	1000	1000		1000	1000	1000	1000
1.干　品	Dry goods	1000					1000	
其中:香 菇	fragrant mushroom	1000					1000	
2.鲜　品	fresh goods	1000	1000		1000	1000	1000	1000
其中:蘑 菇	mushroom	1000			1000	1000	1000	
八、瓜果类	Melon	32487	23201	30818	45555	29816	28437	37123
其中:西　瓜	Watermelon	40152	16483	13636	58305	38720	20447	40000
香　瓜	Muskmelon	25603	24530	35000	34951	18415	32105	35000
草　莓	strawberry	7435		9000		12000		
九、其他农作物	Other crops	18265	18265	17588				
其中:青饲料	Forage	16806	16806	16806				

10-9 水果生产情况
BASIC STATISTICS ON FRUITS

		单位 Unit	全市 Total	市辖区 District		榆树市 Yushu	农安县 Nong'an	九台市 Jiutai	德惠市 Dehui
				合计 Total	# 双阳区 Shuangyang				
一、水果产量合计	Output of fruits	吨 ton	59722	3800	155	18329	4974	8083	24536
1.苹果	Apple	吨 ton	5809	19		1987	74	2950	779
其中:红富士苹果	Hong fu shi apple	吨 ton							
国光苹果	Guoguang apple	吨 ton	86				74		12
2.梨	Pear	吨 ton	3304	16		1091	118	1251	828
其中:苹果梨	Apple pear	吨 ton	697				118	65	514
雪花梨	Snow pear	吨 ton	91						91
鸭梨	Ya pear	吨 ton	223						223
3.其他园林水果	Others	吨 ton	50609	3765	155	15251	4782	3882	22929
其中:山楂	Haw	吨 ton	87	15		17		28	27
桃	Peach	吨 ton	28			18	9	1	
葡萄	Grape	吨 ton	41250	3725	155	9751	4642	979	22153
蓝莓	Blueberry	吨 ton	25	25					
樱桃	Cherry	吨 ton	47					47	
二、食用坚果	Edible nuts	吨 ton							
其中:核桃	of which: Walnut	吨 ton							
板栗	Chinese chestnut	吨 ton							
松子	Pine nut	吨 ton							
三、水果面积	Area of fruit trees	公顷 ha	7100	207	10	2223	1706	1198	1766
1.苹果	Apple	公顷 ha	882	4		357	3	429	89
2.梨	Pear	公顷 ha	965	4		673	17	185	86
3.山楂	Haw	公顷 ha	180	5		14		159	2
4.桃	Peach	公顷 ha	21			9	2	10	
5.葡萄	Grape	公顷 ha	3881	184	10	445	1669	67	1516
6.蓝莓	Blueberry	公顷 ha	10	10					
7.樱桃	Cherry	公顷 ha	11					11	
8.其它	Other	公顷 ha	1150			725	15	337	73

10-10 渔业生产情况
BASIC STATISTICS ON FISHERY

		单位 Unit	全市 Total	市辖区 District 合计 Total	# 双阳区 Shuangyang	榆树市 Yushu	农安县 Nong´an	九台市 Jiutai	德惠市 Dehui
一、水产品产量	Output to aquatic	吨 ton	27466	3510	3510	5778	6233	6355	5590
# 国营	State-owned	吨 ton	7680	623	623	3041	3304	493	219
1.养殖产量	Artificially cultured	吨 ton	7570	623	623	2931	3304	493	219
2.捕捞产量	Naturally grown	吨 ton	110			110			
二、养殖面积	Areas of artificially	公顷 ha	21758	2214	2214	4384	10891	2213	2056
# 国营	State owned	公顷 ha	15795	772	772	3542	10228	1032	221

10-11 农林牧渔业总产值(现价)
GROSS OUTPUT VALUE OF FFAF(at current price)

单位：万元　　unit:10000yuan

		全市 Total	市辖区 District 合计 Total	# 双阳区 Shuangyang	榆树市 Yushu	农安县 Nong´an	九台市 Jiutai	德惠市 Dehui
农林牧渔业总产值	Total	6495784	581865	342029	1964809	1785899	790001	1373210
一、农业产值	Farming	3214298	285526	151521	1067224	850461	395576	615511
1.谷物及其他作物	Cereals and others	2073111	175594	118859	799228	541171	237542	319576
(1)谷物	Cereal	1836968	173812	117726	737573	453582	195223	276778
(2)薯类	Tubers	178614	1322	715	57938	44028	38882	36444
(3)油料	Oil-bearing	9869				7708	53	2108
(4)豆类	Beans	12869	140	138	1144	8917	1956	712
(5)麻类	Fiber crop							
(6)烟草	Tobacco	34471			2573	26936	1428	3534
(7)糖料	Sugar crop							
(8)其他农作物	Other	320	320	280				
2.蔬菜园艺作物	Vegetables	1003806	100936	29884	237870	259756	138530	266714
3.水果 坚果 饮料作物	Fruits nuts and beverage crops	135059	8996	2778	30126	49534	17187	29216
4.中草药材	Chinese medicinal herbs	2322					2317	5
二、林业产值	Forestry	35252	3207	1895	7358	10793	4071	9823
(一)林木的培育和种植	Plants	5718	861	353	320	197	653	3687
(二)竹木采运	Wood cutting and transport	29534	2346	1542	7038	10596	3418	6136
(三)林产品的采集	The collection of frest products							
三、牧业产值	Animal husbandry	3021298	260863	172383	833898	866860	360813	698864
(一)牲畜饲养	Animals	545509	56912	40407	163266	152811	107872	64648
1.牛的饲养	Cattle	474627	47494	37819	145350	125148	97599	59036
2.羊的饲养	Sheep and goats	40469	2242	1594	6283	25854	2075	4015
3.奶产品	Milk products	29988	7176	994	11633	1803	8192	1184
4.毛绒产品	Wool	425				6	6	413
(二)猪的饲养	Hogs	932747	72894	30660	271068	289884	127576	171325
(三)家禽饲养	Poultry	1508523	120805	91278	398892	402803	123143	462880
(四)其他畜牧业	Other livestock	34519	10252	10038	672	21362	2222	11
四、渔业产值	Fishery	55344	7073	7073	11643	12559	12805	11264
五、农林牧渔服务业	Farming,forestry,animal husbandry and fishery services	169592	25196	9157	44686	45226	16736	37748

10-12 农林牧渔业增加值(现价)
ADDED VALUE OF FFAF(at current price)

单位:万元 unit:10000 yuan

		全市 Total	市辖区 District		榆树市 Yushu	农安县 Nong´an	九台市 Jiutai	德惠市 Dehui
			合计 Total	# 双阳区 Shuangyang				
一、农林牧渔业总产值	Gross output value of FFAF	6495784	581865	342029	1964809	1785899	790001	1373210
二、中间消耗	Intermediate consumption	2979413	258062	146793	896467	807950	376727	640207
1.农业	Farming	1210692	119966	61270	409907	305575	151199	224045
2.林业	Forestry	19151	1786	1041	4943	3589	2574	6259
3.牧业	Animal husbandry	1634985	119147	76126	449164	474692	208080	383902
4.渔业	Fishery	28954	3655	3655	6144	6989	6425	5741
5.服务业	Service	85631	13508	4701	26309	17105	8449	20260
三、农林牧渔业增加值	Added value of FFAF	3516371	323803	195236	1068342	977949	413274	733003
1.农业	Farming	2003606	165560	90251	657317	544886	244377	391466
2.林业	Forestry	16101	1421	854	2415	7204	1497	3564
3.牧业	Animal husbandry	1386313	141716	96257	384734	392168	152733	314962
4.渔业	Fishery	26390	3418	3418	5499	5570	6380	5523
5.服务业	Services	83961	11688	4456	18377	28121	8287	17488

统计资料

STATISTICS

▶工业
INDUSTRY

2016

CHANGCHUN STATISTICAL YEARBOOK

第十一篇　工　业

2015年，受宏观经济和东北区域板块工业结构等因素影响，我市工业经济下行压力不断加大，特别是汽车工业受到严重冲击，重点企业困难重重，形势严峻超出预期，面对复杂严峻的工业经济形势，长春市委、市政府采取了一系列稳增长的政策措施，抓重点、抓增量、抓提质、抓政策、抓服务，通过多措并举，各项工作齐头并进，工业生产向好因素不断增加，工业经济显现筑底回稳迹象。

一、工业生产持续下降。2015年，全市规模以上工业累计完成增加值2131.8亿元，按可比价格计算，比上年增长3.3%，增幅回落3.4个百分点。月均增加值177.7亿元，比上年减少23.6亿元。从轻重工业看，轻工业完成增加值411.2亿元，按可比价格计算，比上年增长13%，增幅高于全市平均增幅9.7个百分点，占全市比重为19.3%，重工业完成增加值1720.6亿元，按可比价格计算，比上年增长1.2%，增幅低于全市2.1个百分点，占全市比重为80.7%。

二、民营和非公经济成为工业经济增长的亮点。2015年，全市民营和非公工业不断壮大，成为工业经济的增长亮点。民营工业完成增加值425.5亿元，比上年增长26.7%，高于全市平均增速23.4个百分点，民营工业占全市规上工业比重达到20%，比上年提高4.2个百分点；非公有制工业完成增加值615亿元，比上年增长15.7%，高于全市平均增速12.4个百分点，非公工业占全市规上工业比重达到28.8%，比上年提高3个百分点。

三、汽车工业生产下行。2015年，全市汽车工业完成增加值1193亿元，按可以价格计算，比上年下降4.4%，低于全市平均增速7.7个百分点。汽车工业占全市规上工业的比重为56%，比上年下降4.4个百分点。在汽车工业中，整车制造业增加值下降7.4%，零部件制造业增加值增长7.1%。扣除汽车工业，全市完成工业增加值938.8亿元，比上年增长15.1%。

2015年，全国汽车产销分别完成2450.33万辆和2459.76万辆，创历史新高，比上年分别增长3.3%和4.7%，总体呈现平稳增长态势，产销增速比上年分别下降4和2.2个百分点。一汽集团2015年累计产销汽车219.7万辆和221.8万辆，同比分别下降12.2%和10.2%，产销增速比上年分别下降23.6和21.5个百分点，其中轿车产销分别下降11.1%和8.8%，下降幅度超过行业平均水平（全国汽车行业轿车产销同比下降6.8%和5.3%）。

四、装备制造和生物医药工业成为带动全市工业增加的主力军。2015年，全市装备制造业完成工业增加值155.7亿元，按可比价计算，比上年增长29.6%；生物医药工业完成增加值52.2亿元，比上年增长24.1%。装备制造业和生物医药工业增加值增速分别高于全市规上平均增速26.3个和20.8个百分点，两大产业拉动全市工业增长2.2个百分点，对全市工业的贡献率达到67%。

五、电子、能源、建材、食品工业保持稳定增长。2015年，电子工业完成增加值36.4亿元，按可比价格计算，比上年增长16%；能源工业完成增加值148.6亿元，比上年增长11.7%；建材工业完成增加值141.2亿元，比上年增长11.6%；食品工业完成增加值278亿元，比上年增长9.3%。

六、工业能源消费大幅下降。2015年，全市规模以上工业企业能源消费总量为983.2万吨标准煤，比上年下降15.9%。按市供电公司提供的数据，全市工业企业用电量为101.4亿千瓦时，比上年下降4.8%。按当量值计算，全市万元工业增加值综合能耗为0.3948吨标准煤/万元，比上年下降18.5%。

七、工业经济效益持续下降，利润总额下降20%。2015年，全市规模以上工业企业实现主营业务收入9053.6亿元，同比下降13.3%；亏损企业147户，同比增长33.6%；亏损企业亏损额为40.2亿元，同比增长11.3%；实现利税总额1281.5亿元，同比下降17%；盈亏相抵实现利润总额733.5亿元，下降20%，全市利润总额由上年的高速增长转为大幅度下降。每百元主营业务收入中的成本为83.0元，同比增长1.2%；主营业务收入利润率为8.2%，同比下降0.7个百分点；主营活动利润608.3亿元，同比下降266%；主营活动利润率为6.9%，同比下降1.2个百分点。

11-1 2015年长春市主要工业产品产量
MAIN INDUSTRIAL PRODUCTS' OUTCOME OF CHANGCHUN IN 2015

产品	Products	单位	Unit	累计 Accumulative total
汽车	Vehicles	万辆	10000coach	219.7
#轿车	Cars	万辆	10000coach	163.1
#公路客车	Buses and cars	万辆	10000coach	2.5
#载货汽车	Truck	万辆	10000coach	11
铁路客车	Train	辆	coach	1062
摩托车	Motor cycle	万辆	10000coach	
发动机	Engine	万千瓦	10000KWH	24920.1
电动工具	Electrical tools	万台	10000unit	
变压器	Transformer	万千伏安	10000KVA	311.5
子午线轮胎	Meridian tyre	万条	10000item	322.6
电子元件	Electronic components	万件	10000pcs	124042.4
彩色电视机	Televisions	台	unit	
中小型拖拉机	Medium and small tractors	台	unit	4339
工业自动调节仪表与控制系统	Automatic Meter and System	台	unit	26682
金属切削机床	Metal-catting Machine Tools	台	unit	
发电量	Generated energy	亿千瓦时	100millions kwh	229
水泥	Cement	万吨	10000ton	1784.3
原煤	Raw coal	万吨	10000ton	343.5
焦炭	Coke	万吨	10000ton	27.5
钢材	Steels	万吨	10000ton	14.9
卷烟	Cigarette	万支	10000box	1980500
啤酒	Beer	万吨	10000ton	27.1
白酒	Wine	万吨	10000ton	19.6
中成药	Chinese medicine	吨	ton	10703.7
淀粉	Starch	万吨	10000ton	
饲料	Forage	万吨	10000ton	394.8
精炼食用植物油	Vegetable oil	万吨	10000ton	33
软饮料	Soft drink	万吨	10000ton	90.3
农用塑料薄膜	Plastic products	吨	ton	27694
鲜、冷藏肉	refrigerated meat	万吨	10000ton	70.1
天然原油	natural crude oil	万吨	10000ton	14.7
天然气	Gas	万立方米	10000cu·m	6.5
煤气生产量	The gas production	万立方米	10000cu·m	0.5
自来水生产量	Tap water production	亿立方米	100millions·m	3.5
服装	Clothing	万件	10000pcs	571.7

11-2 2015 规模以上工业企业主要经济指标(大行业)

单位:万元

		企 业 单位数(个) Enterprises (unit)	亏损企业 Loss-suffering enterprises
总计	Total	1340.0	166.0
煤炭开采和洗选业	Coal mining and dressing	5.0	4.0
石油和天然气开采业	Extraction of petroleum and natural gas	1.0	1.0
黑色金属矿采选业	Minging and dressing of ferrous metals		
有色金属矿采选业	Mining and dressing of nonferrous metals		
非金属矿采选业	Mining and dressing of nonmetal mineralproducts	3.0	
开采辅助活动	Mining auxiliary activities	3.0	1.0
其他采矿业	Others		
农副食品加工业	Food processing	227.0	18.0
食品制造业	Food manufacturing	48.0	7.0
酒、饮料和精制茶制造业	Wine、Drinks and refined tea industry	38.0	5.0
烟草制品业	Tobacco processing	1.0	
纺织业	Textile industry	6.0	2.0
纺织服装、服饰业	Textile and garment、Clothing industry	12.0	3.0
皮革、毛皮、羽毛(绒)及其制品业	Leather furs down and related products	2.0	
木材加工及木、竹、藤、棕、草制品业	Timber,bamboo,cane,palm and straw products	25.0	1.0
家具制造业	Furniture	23.0	
造纸及纸制品业	Paper making and paper products	12.0	2.0
印刷业和记录媒介的复制	Printing and record medium reproduction	25.0	4.0
文教、工美、体育和娱乐用品制造业	Culture and education、industrial art、sports and entertainment products manufacturing	5.0	
石油加工、炼焦及核燃料加工业	Petroleum processing coking and nuclear processing	10.0	5.0
化学原料及化学制品制造业	Raw chemical material and chemical products	53.0	5.0
医药制造业	Medical and pharmacutical products	53.0	9.0
化学纤维制造业	Chemical fiber manufacturing	1.0	
橡胶和塑料制品业	Rubber and Plastic products	51.0	3.0
非金属矿物制品业	Nonmetal mineral products	88.0	6.0
黑色金属冶炼及压延加工业	Smelting and pressing of ferrous metals	12.0	1.0
有色金属冶炼及压延加工业	Smelting and pressing of non-ferrous metals	5.0	1.0
金属制品业	Metal products	62.0	7.0
通用设备制造业	Ordinary machinery	64.0	5.0
专用设备制造业	Special purpose equipment	59.0	7.0
汽车制造业	Automobile industry	288.0	47.0
铁路、船舶、航空航天和其他运输设备制造业	Railway、Ship、aerospace and other Transportation Equipment Manufacturing	28.0	2.0
电气机械及器材制造业	Electric equipment and machinery	55.0	6.0
计算机、通信及其他电子设备制业	Computer and Telecommunication equipment and other electronic equipment	14.0	2.0
仪器仪表制造业	Instruments, meters	15.0	
其他制造业	Others	5.0	
废弃资源综合利用业	Comperehensive untilization of waste resources	3.0	
金属制品、机械和设备修理业	Metal products、machinery、Equipment repair industry		
电力、热力的生产和供应业	Production and supply of electric power and heat power	33.0	9.0
燃气生产和供应业	Production and supply of gas	3.0	2.0
水的生产和供应业	Production and supply of water	2.0	1.0

MAIN ECONOMIC INDICATORS OF INDUSTRIAL ENTERPRISES ABOVE DESIGNATED SIZE IN 2015

unit:person

工业总产值 (当年价格) Gross industrial output value (current price)	工业销售产值 (当年价格) Sale revenue (current price)	出口交货值 Export enterprises	年初存货 Stock in year beginning	产成品 Finished goods
85963907.7	84545745.6	1087561.2	10850330.7	3663507.4
101034.6	93027.1		12610.0	10375.0
2083.8	2083.8			
7518.5	7638.0		1200.1	1200.1
269361.2	271197.2		42133.9	12118.1
9829902.3	9456981.6	74969.9	614019.8	361737.4
1705202.5	1467415.6	14263.5	195176.7	39359.5
804743.8	770365.6	29.5	83114.5	22570.4
459343.0	443497.0		256817.3	3425.6
78597.5	73281.2		12094.1	7755.8
128941.6	118733.3	15721.3	97213.8	43064.2
25373.2	22835.7		2542.8	2049.1
463834.3	446419.9	22332.9	63208.0	51922.6
327173.6	311570.9	5460.6	6562.5	3710.4
160325.0	149749.9		5605.1	1871.6
289255.5	278923.7	3.8	12065.9	7717.6
106917.0	97244.5	17357.8	4337.7	1060.4
384682.2	377326.1		32035.9	22749.6
1373882.1	1329079.7	111.2	144577.5	83082.8
1383921.1	1244471.4	92252.7	167917.5	35125.7
8051.5	7057.2		187.6	120.5
995322.8	964672.3	15555.3	49493.5	19020.6
5396080.8	5347162.1		958364.7	212784.6
578260.3	554016.5		41477.6	10002.9
40433.0	40536.8	3.5	5637.9	1385.8
928775.8	864801.6	8300.0	49283.5	18612.9
1186362.5	1129133.1	1856.0	74639.0	22389.2
990598.3	912055.7	32892.8	80581.3	35948.7
47967455.2	47975262.1	419731.2	6547191.5	2541803.8
3709292.0	3640026.5	337833.3	1043955.0	39545.6
780598.3	733964.6	3750.7	77158.7	29009.9
264669.4	254160.9	4401.1	23679.5	5582.7
178699.3	170097.0	20734.1	35613.1	13330.2
117451.3	107424.2		1965.5	1775.2
105493.4	92165.7		1810.6	32.1
4518901.3	4522788.3		103140.0	591.7
184139.4	157348.5		781.0	675.1
111230.3	111230.3		2137.6	

11-2 续表 1 continued1

		资产总计 Total	流动资产合计 Current assets
总计	Total	79921832.0	44530097.5
煤炭开采和洗选业	Coal mining and dressing	321659.5	63597.4
石油和天然气开采业	Extraction of petroleum and natural gas	1397.6	356.6
黑色金属矿采选业	Minging and dressing of ferrous metals		
有色金属矿采选业	Mining and dressing of nonferrous metals		
非金属矿采选业	Mining and dressing of nonmetal mineralproducts	4380.9	2252.5
开采辅助活动	Mining auxiliary activities	736775.7	103781.3
其他采矿业	Others		
农副食品加工业	Food processing	3895904.4	1927701.0
食品制造业	Food manufacturing	1293550.8	629542.7
酒、饮料和精制茶制造业	Wine、Drinks and refined tea industry	537313.3	189719.3
烟草制品业	Tobacco processing	567187.7	444403.4
纺织业	Textile industry	100408.3	51834.4
纺织服装、服饰业	Textile and garment、Clothing industry	268189.2	202931.5
皮革、毛皮、羽毛(绒)及其制品业	Leather furs down and related products	16445.4	6216.2
木材加工及木、竹、藤、棕、草制品业	Timber、bamboo、cane、palm and straw products	504599.9	255266.5
家具制造业	Furniture	164716.7	76278.5
造纸及纸制品业	Paper making and paper products	56395.9	27191.4
印刷业和记录媒介的复制	Printing and record medium reproduction	173298.0	86795.4
文教、工美、体育和娱乐用品制造业	Culture and education、industrial art、sports and entertainment products manufacturing	37670.6	23361.9
石油加工、炼焦及核燃料加工业	Petroleum processing coking and nuclear processing	219032.2	112476.3
化学原料及化学制品制造业	Raw chemical material and chemical products	1148629.0	705796.6
医药制造业	Medical and pharmacutical products	1892784.5	1015196.5
化学纤维制造业	Chemical fiber manufacturing	9490.9	2474.7
橡胶和塑料制品业	Rubber and Plastic products	674426.5	311185.0
非金属矿物制品业	Nonmetal mineral products	5929274.4	4242889.1
黑色金属冶炼及压延加工业	Smelting and pressing of ferrous metals	193677.2	102742.1
有色金属冶炼及压延加工业	Smelting and pressing of non-ferrous metals	26977.7	17109.7
金属制品业	Metal products	440044.2	231696.7
通用设备制造业	Ordinary machinery	771344.9	458466.2
专用设备制造业	Special purpose equipment	594138.1	339525.7
汽车制造业	Automobile industry	44738888.3	27471787.8
铁路、船舶、航空航天和其他运输设备制造业	Railway、Ship、aerospace and other Transportation Equipment Manufacturing	4889651.8	3584596.9
电气机械及器材制造业	Electric equipment and machinery	532319.5	350804.5
计算机、通信及其他电子设备制造业	Computer and Telecommunication equipment and other electronic equipment	209741.4	130121.9
仪器仪表制造业	Instruments, meters	270426.2	138833.0
其他制造业	Others	48630.0	8190.3
废弃资源综合利用业	Comperehensive untilization of waste resources	39743.3	20729.8
金属制品、机械和设备修理业	Metal products、machinery、Equipment repairindustry		
电力、热力的生产和供应业	Production and supply of electric power and heat power	7758072.9	989807.0
燃气生产和供应业	Production and supply of gas	490022.0	108026.2
水的生产和供应业	Production and supply of water	364623.1	96411.5

单位:万元 unit:10000yuan

			资产总计 Total assets			
应收帐款 Accounts receivable	存货 Inventory	产成品 Finished goods	固定资产合计 Fixed assets	固定资产原价 Original value of fixed assets	累计折旧 Accumulated depreciation	本年折旧 Depreciation of the year
8341040.8	10172779.0	3338526.5	24140688.8	38266461.7	16681380.4	2633656.2
19829.9	13922.1	12421.5	150170.5	310239.2	160068.8	14453.7
61.6			976.1	1548.5	572.4	74.1
731.0	1409.5	1390.6	1888.4	2216.0	327.6	123.8
28436.0	47242.9	5009.8	607554.2	1254575.6	681212.2	100833.7
417229.1	428509.7	249525.3	1644716.7	1411467.3	457340.4	75033.7
149713.1	164362.4	39843.7	461567.6	621554.0	217507.5	70287.8
37614.5	104347.0	25643.0	210974.9	303248.7	110022.7	17308.4
79257.3	330268.2	8518.9	101599.9	175167.9	83635.2	8607.2
10159.6	15967.3	9909.6	47045.2	29029.4	5015.4	951.7
19000.8	99806.2	44115.8	34334.0	47945.7	21811.9	1937.5
1636.5	3791.9	2641.5	10226.1	11650.5	3235.9	875.9
23028.0	86256.3	41757.4	157074.0	258712.9	105523.4	11837.6
16333.3	19473.7	9556.4	63752.1	85944.7	24641.2	4358.1
8864.4	10699.8	4774.7	28032.3	38653.6	13172.9	2151.7
21205.4	16721.2	9262.2	54477.9	96487.0	44466.3	5124.6
5473.7	7140.0	2743.4	12218.8	19569.7	7440.9	951.0
11963.6	19674.8	4707.6	93250.6	128856.1	35605.6	6304.4
143276.7	160156.7	107930.9	172258.5	245990.0	96881.0	13133.5
191195.6	173309.3	39779.4	506989.6	652005.2	192631.1	36170.8
469.6	417.7	365.1	5093.0	1787.0	615.1	
128114.8	59719.7	29199.6	331828.3	494614.3	173608.9	29042.3
429126.5	1032841.1	229238.5	1576321.3	2229432.7	722489.9	242412.4
30499.5	33963.4	9401.2	84733.2	135694.1	51606.3	25640.6
4920.8	5812.4	2882.6	7204.4	10033.8	3852.7	834.3
63914.3	90621.9	42963.9	163994.5	237140.5	79384.7	14665.1
115467.7	110110.9	48746.7	238340.2	421422.7	193908.8	19644.8
94866.5	127900.2	49886.0	162871.0	254620.9	109126.3	18671.6
4696153.3	5330717.7	2185980.9	9133537.1	15888449.2	7438445.4	1241474.0
1180433.6	1373163.5	47495.9	846777.6	1325916.6	479772.3	73517.6
126104.3	80273.1	44359.6	147833.3	232891.1	107407.5	15835.5
35226.4	31951.0	12865.2	71998.2	81568.8	20607.5	4225.5
35903.9	35671.0	11824.1	78947.7	97514.7	23181.6	2958.0
2151.9	3235.9	2072.1	40324.1	44370.5	5461.4	3908.6
3820.0	403.1	291.8	7521.9	9953.2	6523.5	938.2
202600.9	150358.2	743.6	6424356.6	10347233.9	4704957.7	541177.6
1627.6	926.3	678.0	222986.2	300069.0	77082.8	9599.8
4629.1	1632.9		236912.8	458886.7	222235.6	18591.1

11-2 续表 2 continued2

		负债合计 Liabilities	流动负债合计 Current liabilites	应付账款 Account payable
总计	Total	45326658.7	32242556.6	13182762.1
煤炭开采和洗选业	Coal mining and dressing	271641.6	220024.2	26138.1
石油和天然气开采业	Extraction of petroleum and natural gas	877.4	877.4	63.4
黑色金属矿采选业	Minging and dressing of ferrous metals			
有色金属矿采选业	Mining and dressing of nonferrous metals			
非金属矿采选业	Mining and dressing of nonmetal mineralproducts	935.4	935.4	935.4
开采辅助活动	Mining auxiliary activities	430993.1	363594.7	32153.2
其他采矿业	Others			
农副食品加工业	Food processing	2700594.0	1822767.1	216243.1
食品制造业	Food manufacturing	730728.5	435907.1	108478.0
酒、饮料和精制茶制造业	Wine、Drinks and refined tea industry	303276.5	259701.6	32036.8
烟草制品业	Tobacco processing	292864.3	292864.3	136136.3
纺织业	Textile industry	86570.0	86095.7	8075.4
纺织服装、服饰业	Textile and garment、Clothing industry	136520.3	102182.9	34498.4
皮革、毛皮、羽毛(绒)及其制品业	Leather furs down and related products	7732.2	7732.2	657.2
木材加工及木、竹、藤、棕、草制品业	Timber, bamboo, cane, palm and straw products	284826.4	164992.5	14630.2
家具制造业	Furniture	76738.5	60990.2	11665.6
造纸及纸制品业	Paper making and paper products	26372.6	20226.1	6038.9
印刷业和记录媒介的复制	Printing and record medium reproduction	91426.7	59533.5	9165.3
文教、工美、体育和娱乐用品制造业	Culture and education、industrial art、sports and entertainment products manufacturing	17499.4	13003.5	2693.1
石油加工、炼焦及核燃料加工业	Petroleum processing coking and nuclear processing	176258.2	165011.9	31936.0
化学原料及化学制品制造业	Raw chemical material and chemical products	587181.8	506157.5	119052.2
医药制造业	Medical and pharmacutical products	856099.4	733509.3	94871.8
化学纤维制造业	Chemical fiber manufacturing	6205.4	6205.4	151.7
橡胶和塑料制品业	Rubber and Plastic products	371756.4	279166.8	78749.5
非金属矿物制品业	Nonmetal mineral products	4134971.3	2614330.5	621410.6
黑色金属冶炼及压延加工业	Smelting and pressing of ferrous metals	92601.2	81513.4	41811.0
有色金属冶炼及压延加工业	Smelting and pressing of non-ferrous metals	14430.8	11085.0	3129.5
金属制品业	Metal products	251726.2	218355.3	27413.1
通用设备制造业	Ordinary machinery	453871.2	379424.0	89218.7
专用设备制造业	Special purpose equipment	283648.7	253562.5	52763.0
汽车制造业	Automobile industry	23073422.2	16410400.5	8348681.2
铁路、船舶、航空航天和其他运输设备制造业	Railway、Ship、aerospace and other Transportation Equipment Manufacturing	3379713.2	3178483.5	1905728.6
电气机械及器材制造业	Electric equipment and machinery	325375.0	273980.9	96971.7
计算机、通信及其他电子设备制业	Computer and Telecommunication equipment and other electronic equipment	75053.9	37652.5	13186.8
仪器仪表制造业	Instruments, meters	91634.4	62087.9	10930.6
其他制造业	Others	5476.6	4123.0	1198.2
废弃资源综合利用业	Comperehensive untilization of waste resources	22729.6	120.0	120.0
金属制品、机械和设备修理业	Metal products、machinery、Equipment repair industry			
电力、热力的生产和供应业	Production and supply of electric power and heat power	5210594.2	3027648.3	985456.7
燃气生产和供应业	Production and supply of gas	330508.4	17108.4	2351.2
水的生产和供应业	Production and supply of water	123803.7	71201.6	18021.6

单位：万元 unit:10000yuan

非流动负债合计 Non-Current liabilites	所有者权益合计 Ownership interests	实收资本 Paid-up capital	国家资本 State	集体资本 Collective	法人资本 Corporation	个人资本 Private	港澳台资本 From HongKong Macao and Taiwan	外商资本 Foreign
8141543.1	34570085.2	19266817.9	3163703.7	190562.4	13641033.6	993624.4	206683.1	1071209.5
51617.4	50017.9	40132.3	30364.9		4286.9	5480.5		
	520.2	400.0			80.0	320.0		
	3445.5	2875.5				2875.5		
67398.4	305782.5	10829.2	3941.1		1565.9	5322.2		
498617.8	1192215.2	507626.3	9056.7	53002.0	180691.7	164152.2		100723.6
286711.9	554017.1	243552.8			112284.5	23805.8		107462.5
41100.0	234036.7	278094.1	158636.2	1994.2	67095.7	27679.3		22688.7
	274323.4	63769.4			63769.4			
474.3	13838.3	18249.5			6927.5	8482.3	2839.7	
20003.1	131668.7	43768.6	10000.0		10527.8	21580.8	1660.0	
	8713.2	600.0			300.0	300.0		
117603.0	219773.4	31986.9	17726.3	50.0	9390.6	4820.0		
15646.0	87978.1	19375.9			17877.5	1260.0		238.4
6146.5	30023.2	7958.8			5258.8	2700.0		
17611.6	81870.6	20907.3	2612.8	242.9	7750.0	10261.6	20.0	20.0
4495.9	20171.2	4551.0			4450.0	101.0		
11246.3	42773.8	37994.0		18366.0	14030.0	4848.0		750.0
73116.2	561446.9	140806.0	1325.2		40239.2	36629.8	5314.8	57297.0
120156.9	1036684.3	12407999.1	122110.0	5407.8	12107365.9	60849.8	12500.0	99765.5
	3285.5	2000.0			2000.0			
84441.1	302669.7	167707.3	11278.1	913.8	42925.8	17944.0	93708.1	937.4
1478557.4	1794302.4	409831.2	44508.9		73395.0	290727.3		1200.0
11087.8	101075.9	49722.5	18015.6	300.0	25780.4	550.0		5076.4
2613.1	12546.8	9710.6	633.2		6200.0	1400.0		1477.4
16230.2	188317.2	94681.8	1000.0	1000.0	54297.0	21803.4	11081.4	5500.0
67801.7	317473.4	166567.8	69521.4	300.0	23178.6	35030.3		38537.6
22470.4	310488.8	108426.5	19762.3	5759.5	29895.4	37687.3		15321.2
2686653.0	21652286.2	1976432.0	686575.8	55926.6	524178.3	133713.7	37051.5	538986.0
198101.6	1509938.0	676593.6	555627.7	37139.5	51976.4	15951.1		15898.9
44720.1	206944.2	95950.9	8300.0	100.0	15189.3	23363.3		48998.3
25230.5	134687.3	44984.8	10515.0	4402.5	18271.6	3220.8		8575.0
26191.5	178791.6	43518.6	11631.0	3977.6	9418.0	16736.4		1755.6
	43153.4	8607.0			8007.0	600.0		
	17013.7	1528.0				1528.0		
2092897.3	2547478.0	1488238.6	1340576.0	1680.0	91574.9	11900.0	42507.6	
	159513.6	9100.0	100.0		9000.0			
52602.1	240819.3	31740.0	29885.5		1854.5			

11-2 续表 3 continued3

		营业收入 Operation revenue	主营业务收入 Main operation income
总计	Total	94158421.7	89906322.2
煤炭开采和洗选业	Coal mining and dressing	100456.0	92465.9
石油和天然气开采业	Extraction of petroleum and natural gas	2058.7	2058.7
黑色金属矿采选业	Minging and dressing of ferrous metals		
有色金属矿采选业	Mining and dressing of nonferrous metals		
非金属矿采选业	Mining and dressing of nonmetal mineralproducts	7638.0	7638.0
开采辅助活动	Mining auxiliary activities	289324.0	275263.4
其他采矿业	Others		
农副食品加工业	Food processing	9453286.8	9441981.0
食品制造业	Food manufacturing	1308548.9	1130525.0
酒、饮料和精制茶制造业	Wine、Drinks and refined tea industry	727154.1	718099.2
烟草制品业	Tobacco processing	445940.6	435745.5
纺织业	Textile industry	64690.8	64338.7
纺织服装、服饰业	Textile and garment、Clothing industry	117387.7	116133.3
皮革、毛皮、羽毛(绒)及其制品业	Leather furs down and related products	23733.0	23733.0
木材加工及木、竹、藤、棕、草制品业	Timber,bamboo,cane,palm and straw products	425256.2	413515.2
家具制造业	Furniture	321034.8	321007.8
造纸及纸制品业	Paper making and paper products	157445.5	156724.2
印刷业和记录媒介的复制	Printing and record medium reproduction	273965.7	272642.3
文教、工美、体育和娱乐用品制造业	Culture and education,industrial art,sports and entertainment products manufacturing	105377.7	105377.7
石油加工、炼焦及核燃料加工业	Petroleum processing coking and nuclear processing	375772.2	375698.7
化学原料及化学制品制造业	Raw chemical material and chemical products	1073122.6	1062228.5
医药制造业	Medical and pharmacutical products	1045944.5	1041908.7
化学纤维制造业	Chemical fiber manufacturing	6031.8	6031.8
橡胶和塑料制品业	Rubber and Plastic products	973034.0	958108.0
非金属矿物制品业	Nonmetal mineral products	5353647.9	4912064.2
黑色金属冶炼及压延加工业	Smelting and pressing of ferrous metals	501786.7	493613.8
有色金属冶炼及压延加工业	Smelting and pressing of non-ferrous metals	44052.4	43826.2
金属制品业	Metal products	850996.3	846145.8
通用设备制造业	Ordinary machinery	1175014.0	1173970.5
专用设备制造业	Special purpose equipment	958953.2	951472.9
汽车制造业	Automobile industry	57789515.7	54414427.1
铁路、船舶、航空航天和其他运输设备制造业	Railway、Ship、aerospace and other Transportation Equipment Manufacturing	3687300.1	3661738.6
电气机械及器材制造业	Electric equipment and machinery	774131.4	752073.7
计算机、通信及其他电子设备制业	Computer and Telecommunication equipment and other electronic equipment	255519.8	254355.4
仪器仪表制造业	Instruments, meters	169469.6	168061.4
其他制造业	Others	114276.3	114276.3
废弃资源综合利用业	Comperehensive untilization of waste resources	75925.6	73431.7
金属制品、机械和设备修理业	Metal products、machinery、Equipment repair industry		
电力、热力的生产和供应业	Production and supply of electric power and heat power	4845743.7	4761514.5
燃气生产和供应业	Production and supply of gas	160555.9	160555.9
水的生产和供应业	Production and supply of water	104329.5	103569.6

单位:万元 unit:10000yuan

营业成本 Operating costs	主营业务成本 Main operation cost	营业税金及附加 Business taxes and extra charges	主营业务税金及附加 Main operation taxes and extra charges	其他业务收入 Other business revenue	其他业务利润 Other business profit
77389060.3	74265383.6	2422440.4	2417286.6	4252099.5	75045.9
95226.7	86849.7	2391.2	2391.2	7990.1	
1670.3	1670.3	4.5	4.5		
6067.5	6067.5	151.7	151.7		
230444.5	222539.7	9251.3	8796.1	14060.6	6155.7
8640840.6	8614361.7	26790.2	26650.6	11305.8	188.7
970175.3	959754.0	5109.1	5108.3	178023.9	95.3
628704.3	621987.4	11567.4	11567.4	9054.9	2158.1
152885.4	138576.3	200098.9	200098.9	10195.1	-4114.0
57162.9	56815.7	201.7	187.6	352.1	
97098.6	95974.8	638.9	618.7	1254.4	468.5
18464.4	18464.4	111.7	111.7		
365603.6	357042.0	3992.4	3128.6	11741.0	85.2
256978.7	256978.7	2177.8	2177.8	27.0	
126059.3	125460.0	830.9	830.9	721.3	255.4
229729.1	229299.4	1193.0	1193.0	1323.4	893.2
83666.8	83666.8	465.4	465.4		
290236.0	290236.0	71427.5	71427.5	73.5	
897988.4	870911.1	5219.7	5166.3	10894.1	-437.1
616017.7	615454.5	6727.7	6722.6	4035.8	503.8
4340.8	4340.8	33.5	33.5		
862588.1	849457.0	2728.1	2728.0	14926.0	575.0
4792396.0	4312909.6	36276.0	35567.8	441583.7	33.1
441123.2	435226.7	1520.6	1520.6	8172.9	
40546.7	40415.5	60.3	60.3	226.2	99.9
706670.9	702284.1	5483.2	5472.1	4850.5	
907546.2	906791.4	6249.7	6236.9	1043.5	1399.2
776244.4	770965.3	4100.0	4094.8	7480.3	548.5
46196454.9	43796528.4	1963782.4	1962843.8	3375088.6	39358.2
2922358.2	2905107.5	18761.9	18643.5	25561.5	8005.8
654307.0	641972.2	4373.6	4355.5	22057.7	51.1
186047.9	185025.6	1148.8	1111.5	1164.4	314.4
124708.4	123551.4	914.3	902.0	1408.2	451.6
99605.7	99605.7	1182.7	1182.7		
63063.8	63063.8	189.4	182.6	2493.9	
4629801.9	4571277.2	25897.2	24164.5	84229.2	18206.8
137655.2	127180.9	980.5	980.5		
78580.9	77570.5	407.2	407.2	759.9	-250.5

11-2 续表 4 continued4

		财务费用 Financial cost	利息收入 Interest income	利息支出 Interest expenditure
总计	Total	582180.6	184427.4	718447.7
煤炭开采和洗选业	Coal mining and dressing	5030.3	9.3	4983.2
石油和天然气开采业	Extraction of petroleum and natural gas	0.1		
黑色金属矿采选业	Minging and dressing of ferrous metals			
有色金属矿采选业	Mining and dressing of nonferrous metals			
非金属矿采选业	Mining and dressing of nonmetal mineralproducts	95.0	3.0	97.8
开采辅助活动	Mining auxiliary activities	12899.7	-85.9	12803.3
其他采矿业	Others			
农副食品加工业	Food processing	64910.4	305.4	67914.1
食品制造业	Food manufacturing	52942.5	-79.5	50033.9
酒、饮料和精制茶制造业	Wine、Drinks and refined tea industry	5860.8	-126.1	6042.0
烟草制品业	Tobacco processing	3448.3	370.0	4178.3
纺织业	Textile industry	579.0	97.7	292.7
纺织服装、服饰业	Textile and garment、Clothing industry	2967.3	60.9	2966.1
皮革、毛皮、羽毛(绒)及其制品业	Leather furs down and related products	586.0		345.6
木材加工及木、竹、藤、棕、草制品业	Timber,bamboo,cane,palm and straw products	16262.2	598.9	15265.0
家具制造业	Furniture	5538.7	198.1	4402.8
造纸及纸制品业	Paper making and paper products	2317.1	69.7	1640.2
印刷业和记录媒介的复制	Printing and record medium reproduction	3591.3	321.1	2122.4
文教、工美、体育和娱乐用品制造业	Culture and education,industrial art,sports and entertainment products manufacturing	1993.8	87.7	1557.5
石油加工、炼焦及核燃料加工业	Petroleum processing coking and nuclear processing	4935.7	175.6	4821.1
化学原料及化学制品制造业	Raw chemical material and chemical products	15518.6	48.7	5910.9
医药制造业	Medical and pharmacutical products	14823.1	-848.1	12500.1
化学纤维制造业	Chemical fiber manufacturing	148.6	37.2	111.4
橡胶和塑料制品业	Rubber and Plastic products	12494.5	767.2	9722.6
非金属矿物制品业	Nonmetal mineral products	166416.7	-5463.8	167071.6
黑色金属冶炼及压延加工业	Smelting and pressing of ferrous metals	5398.3	205.3	4169.5
有色金属冶炼及压延加工业	Smelting and pressing of non-ferrous metals	823.0	9.1	472.4
金属制品业	Metal products	17262.7	248.6	13270.0
通用设备制造业	Ordinary machinery	16421.4	2969.2	12985.5
专用设备制造业	Special purpose equipment	18712.6	400.2	14183.4
汽车制造业	Automobile industry	-81419.7	146867.8	113663.9
铁路、船舶、航空航天和其他运输设备制造业	Railway、Ship、aerospace and other Transportation Equipment Manufacturing	21351.5	12658.3	19891.8
电气机械及器材制造业	Electric equipment and machinery	13322.0	186.0	9504.4
计算机、通信及其他电子设备制业	Computer and Telecommunication equipment and other electronic equipment	2124.8	419.7	2385.8
仪器仪表制造业	Instruments, meters	1978.0	284.2	1745.5
其他制造业	Others	384.4		8.8
废弃资源综合利用业	Comperehensive untilization of waste resources	717.2	150.0	353.2
金属制品、机械和设备修理业	Metal products、machinery、Equipment repair industry			
电力、热力的生产和供应业	Production and supply of electric power and heat power	168411.7	23581.4	147394.5
燃气生产和供应业	Production and supply of gas	2997.8	51.9	3052.7
水的生产和供应业	Production and supply of water	335.2	-151.4	583.7

单位:万元 unit:10000yuan

销售费用 Marketing expenses	管理费用 Management expenses	税金 Tax	营业利润 Operating profit	资产减值损失 Impairment of Assets	公允价值变动收益 Fair Value Gain	投资收益 Investment income	补贴收入 Subsidies revenue
3328629.6	3883707.7	165485.2	7200937.2	147836.0	-10060.5	806447.9	97677.2
1628.2	6190.9	930.3	-10222.2	210.9			
	496.1	17.1	-112.3				
369.8	368.3	0.1	585.7				
4800.8	66578.0	341.8	-35129.5	439.4		-39.8	30.0
178850.4	210352.4	4643.3	330863.5	1249.6	164.3	410.4	19325.5
97308.7	102654.7	2389.3	79971.8	945.0	64.7	494.6	201.7
36171.8	23009.6	1768.0	23377.7	138.6	10.7	1665.7	5299.1
10570.9	33050.2	1053.0	47248.2	-331.1		1030.2	
1219.5	2851.9	109.2	2022.7	653.2			
7629.9	14969.5	218.4	-5790.2	91.9	23.6	194.7	1540.7
739.6	995.5	4.9	2835.8				
12571.7	12965.9	1455.9	26783.2	783.2	35.9	13670.6	
10968.6	15325.4	758.4	31650.9	685.6	45.5	2245.6	10.0
5218.3	7589.8	347.2	15361.2	262.5	25.8	167.6	40.0
7849.2	15763.9	1298.0	16346.6	349.0	156.2	700.4	156.0
3998.2	5827.8	347.7	9575.3	238.2	53.4	334.5	
2141.6	7847.3	213.1	-1053.3	396.2	22.4	137.7	53.4
37727.7	64607.2	1781.9	2224.1	1755.1	58.6	-48138.6	1541.2
128623.8	116661.8	3701.0	163946.8	6292.6	99.6	7049.9	4438.3
	1306.0		202.8				
21675.7	41144.5	2159.4	34245.1	397.7	135.5	2104.1	747.7
137105.4	189592.2	11056.6	134003.7	3393.7	37.3	105500.6	9176.8
8927.6	13226.2	786.4	30225.9	1534.1	21.7	147.8	10.3
180.7	1984.9	96.8	456.1				
25296.2	37475.8	1352.6	57710.0	1088.0	93.0	-102.6	30.0
30132.1	62032.5	2315.1	151720.5	1353.0	56.8	384.6	812.5
31401.0	57850.2	1872.8	71468.9	905.6	162.0	1568.2	1219.1
2350487.1	2299499.9	105092.8	5702013.2	40855.0	-11644.7	693804.3	5568.0
79767.9	269509.9	11201.2	344096.8	36810.2		5356.3	13508.9
23233.2	55438.2	1801.2	24394.4	677.6	61.0	1553.1	496.0
11088.7	26690.3	540.5	28993.6	1227.8	180.6	1621.4	1464.6
5524.6	18647.7	740.2	18915.8	281.0	41.5	1458.9	1319.4
3730.8	4022.4	26.5	5349.8				
729.7	2639.1	18.0	10233.6	2.6		1649.8	
26628.6	68945.9	3031.0	-106468.7	44046.3	75.1	11444.7	29149.6
16170.3	6829.5	486.2	-4070.0			7.5	60.0
8161.3	18766.3	1529.3	-3040.3	1103.5	-41.0	25.7	1478.4

11-2 续表 5 continued5

		负债合计 Liabilities	流动负债合计 Current liabilites	应付账款 Account payable
总计	Total	603309.0	150005.6	7654239.5
煤炭开采和洗选业	Coal mining and dressing	207.8	219.5	-10234.0
石油和天然气开采业	Extraction of petroleum and natural gas			-112.3
黑色金属矿采选业	Minging and dressing of ferrous metals			
有色金属矿采选业	Mining and dressing of nonferrous metals			
非金属矿采选业	Mining and dressing of nonmetal mineralproducts			585.7
开采辅助活动	Mining auxiliary activities	2663.4	1233.0	-33699.2
其他采矿业	Others			
农副食品加工业	Food processing	23218.4	2288.1	351794.5
食品制造业	Food manufacturing	5418.3	586.9	84803.4
酒、饮料和精制茶制造业	Wine、Drinks and refined tea industry	8846.8	4675.0	27549.3
烟草制品业	Tobacco processing	168.4	2140.5	45275.9
纺织业	Textile industry	9.9	11.7	2020.8
纺织服装、服饰业	Textile and garment、Clothing industry	1848.8	67.4	-4008.7
皮革、毛皮、羽毛(绒)及其制品业	Leather furs down and related products			2835.8
木材加工及木、竹、藤、棕、草制品业	Timber, bamboo, cane, palm and straw products	6295.5	278.2	32800.4
家具制造业	Furniture	747.7	0.2	32398.4
造纸及纸制品业	Paper making and paper products	43.6	3.8	15401.1
印刷业和记录媒介的复制	Printing and record medium reproduction	929.3	387.6	16888.1
文教、工美、体育和娱乐用品制造业	Culture and education、industrial art、sports and entertainment products manufacturing			9575.2
石油加工、炼焦及核燃料加工业	Petroleum processing coking and nuclear processing	217.3	84.7	-920.7
化学原料及化学制品制造业	Raw chemical material and chemical products	2031.2	572.9	3681.6
医药制造业	Medical and pharmaceutical products	11537.0	4775.1	170708.0
化学纤维制造业	Chemical fiber manufacturing			202.8
橡胶和塑料制品业	Rubber and Plastic products	1176.9	370.8	35051.1
非金属矿物制品业	Nonmetal mineral products	11751.9	27796.8	117960.0
黑色金属冶炼及压延加工业	Smelting and pressing of ferrous metals	12.8	35.9	30202.5
有色金属冶炼及压延加工业	Smelting and pressing of non-ferrous metals	5.9	4.8	457.2
金属制品业	Metal products	974.5	250.0	58434.1
通用设备制造业	Ordinary machinery	1712.7	331.6	153101.8
专用设备制造业	Special purpose equipment	1479.8	1252.8	71695.6
汽车制造业	Automobile industry	320956.3	44084.9	5978884.6
铁路、船舶、航空航天和其他运输设备制造业	Railway、Ship、aerospace and other Transportation Equipment Manufacturing	17996.7	4311.6	357781.8
电气机械及器材制造业	Electric equipment and machinery	1104.1	13427.8	12071.0
计算机、通信及其他电子设备制业	Computer and Telecommunication equipment and other electronic equipment	3335.8	177.0	32152.1
仪器仪表制造业	Instruments, meters	4485.9	396.5	23005.2
其他制造业	Others			5349.8
废弃资源综合利用业	Comperehensive untilization of waste resources	8.6		10242.2
金属制品、机械和设备修理业	Metal products、machinery、Equipment repair industry			
电力、热力的生产和供应业	Production and supply of electric power and heat power	172386.0	15775.4	50142.3
燃气生产和供应业	Production and supply of gas	152.5	24126.6	-28044.3
水的生产和供应业	Production and supply of water	1585.2	338.5	-1793.6

单位:万元 unit:10000yuan

营业成本 Operating costs	主营业务成本 Main operation cost	营业 税金及附加 Business taxes and extra charges	主营业务 税金及附加 Main operation taxes and extra charges	其他业务 收入 Other business revenue	其他业务 利润 Other business profit
1437305.4	435377.8	13240410.6	7188961.7	3939344.4	3163730.7
22.6	10379.9	569.7	11756.6	49477.5	8412.5
	112.3	−69.0	60.4	132.7	38.8
		810.9	225.3	237.6	73.5
5509.4	56594.8	−19297.7	20252.7	27333.0	5150.2
3871.8	18238.1	378645.0	35365.6	116834.0	60.3
6678.3	4306.1	118602.6	42866.8	55020.6	28690.1
2236.0	5069.6	52756.2	29210.9	31400.8	13639.5
11136.5		287042.8	253956.4	36154.3	41668.0
443.8	1252.5	3652.1	2184.3	5247.9	1429.6
339.5	6674.2	−246.5	4320.1	13674.8	3123.3
		4064.0	1233.1	728.7	1116.5
3490.6	545.1	36596.4	8742.5	38799.4	−196.4
1728.9		43242.6	13331.5	13035.0	8666.4
1003.2	13.4	21189.9	7139.2	5193.1	4957.9
2199.0	1016.8	24638.9	11247.8	11199.9	6557.8
1049.7		14128.0	5950.2	4390.9	4087.4
879.1	5539.6	84081.8	86094.7	4708.0	13575.0
14861.9	75869.9	33496.7	46458.9	49501.2	24595.4
26418.8	18744.9	226446.1	85857.9	89606.8	49010.4
		236.3	33.5	287.7	
4707.4	9041.5	50819.1	22634.8	38485.3	13039.9
14523.2	2723.5	252563.1	160182.9	129015.6	98327.1
1683.7	78.1	42985.6	15253.2	7405.9	11262.5
24.4	64.5	1055.2	719.2	1126.7	537.7
1921.8	8911.2	89360.2	34200.5	23478.4	25442.9
18192.5	2927.5	203925.2	71331.0	54433.4	44573.7
5907.4	10462.4	110171.1	46255.7	43289.8	34375.5
1237612.3	58659.5	10294664.8	5658485.3	2074724.4	2351997.8
49263.2	12932.5	512047.5	214730.1	216539.1	135503.8
3586.4	38991.8	39774.7	33091.3	30485.3	23330.1
4822.1	677.5	42025.6	15236.1	19207.1	8724.7
2611.6		29404.3	9750.9	16156.4	5484.8
113.0		8573.9	3363.6	1094.7	2041.4
		11726.4	1502.2	3180.1	1294.8
10467.3	53802.2	265748.5	229104.5	677836.6	189709.0
	28284.0	−27049.8	1480.7	19306.3	14.0
	3464.4	2028.4	5351.3	30615.4	3414.8

11-2 续表 6 continued6

		全部从业人员年平均人数(万人) Annual average of employment (10000person)	总资产贡献率(%) Ratio of TotalAssets to Industry Value
总计	Total	49.5	17.2
煤炭开采和洗选业	Coal mining and dressing	0.8	1.7
石油和天然气开采业	Extraction of petroleum and natural gas		-4.9
黑色金属矿采选业	Minging and dressing of ferrous metals		
有色金属矿采选业	Mining and dressing of nonferrous metals		
非金属矿采选业	Mining and dressing of nonmetal mineralproducts	0.0	20.7
开采辅助活动	Mining auxiliary activities	0.2	-0.9
其他采矿业	Others		
农副食品加工业	Food processing	3.5	11.5
食品制造业	Food manufacturing	1.1	13.0
酒、饮料和精制茶制造业	Wine、Drinks and refined tea industry	0.8	11.0
烟草制品业	Tobacco processing	0.1	51.3
纺织业	Textile industry	0.1	3.8
纺织服装、服饰业	Textile and garment、Clothing industry	0.5	1.0
皮革、毛皮、羽毛(绒)及其制品业	Leather furs down and related products	0.0	26.8
木材加工及木、竹、藤、棕、草制品业	Timber, bamboo, cane, palm and straw products	0.8	10.2
家具制造业	Furniture	0.3	28.8
造纸及纸制品业	Paper making and paper products	0.2	40.4
印刷业和记录媒介的复制	Printing and record medium reproduction	0.3	15.3
文教、工美、体育和娱乐用品制造业	Culture and education ,industrial art ,sports and entertainment products manufacturing	0.1	41.4
石油加工、炼焦及核燃料加工业	Petroleum processing coking and nuclear processing	0.1	40.5
化学原料及化学制品制造业	Raw chemical material and chemical products	0.8	3.4
医药制造业	Medical and pharmacutical products	1.4	12.7
化学纤维制造业	Chemical fiber manufacturing	0.0	3.3
橡胶和塑料制品业	Rubber and Plastic products	0.8	8.9
非金属矿物制品业	Nonmetal mineral products	1.0	7.2
黑色金属冶炼及压延加工业	Smelting and pressing of ferrous metals	0.2	24.2
有色金属冶炼及压延加工业	Smelting and pressing of non-ferrous metals	0.0	5.6
金属制品业	Metal products	0.7	23.3
通用设备制造业	Ordinary machinery	0.9	27.7
专用设备制造业	Special purpose equipment	0.9	20.9
汽车制造业	Automobile industry	24.3	22.9
铁路、船舶、航空航天和其他运输设备制造业	Railway、Ship、aerospace and other Transportation Equipment Manufacturing	2.3	10.6
电气机械及器材制造业	Electric equipment and machinery	0.6	9.2
计算机、通信及其他电子设备制业	Computer and Telecommunication equipment and other electronic equipment	0.4	21.0
仪器仪表制造业	Instruments, meters	0.3	11.4
其他制造业	Others	0.0	17.7
废弃资源综合利用业	Comperehensive untilization of waste resources	0.1	30.0
金属制品、机械和设备修理业	Metal products、machinery、Equipment repair industry		
电力、热力的生产和供应业	Production and supply of electric power and heat power	5.2	5.0
燃气生产和供应业	Production and supply of gas	0.2	-4.9
水的生产和供应业	Production and supply of water	0.3	0.8

单位:万元 unit:10000yuan

资产负债率(%) Ratio of Assetsto Industrial value(%)	流动资产周转率(次/年) Times of Annual Tumover of circulating Funds (time/year)	成本费用利润率(%) Ratio of Profits to cost(%)	产品销售率(%) Proportion of Products sold(%)
56.7	2.1	9.0	98.4
84.5	1.6	-9.5	92.1
62.8	5.8	-5.2	100.0
21.4	3.4	8.5	101.6
58.5	2.8	-10.7	100.7
69.3	4.9	3.9	96.2
56.5	2.1	6.9	86.1
56.4	3.8	4.0	95.7
51.6	1.0	22.6	96.6
86.2	1.3	3.3	93.2
50.9	0.6	-3.3	92.1
47.0	3.8	13.6	90.0
56.5	1.7	8.1	96.3
46.6	4.2	11.2	95.2
46.8	5.8	10.9	93.4
52.8	3.2	6.6	96.4
46.5	4.5	10.0	91.0
80.5	3.3	-0.3	98.1
51.1	1.5	0.4	96.7
45.2	1.0	19.5	89.9
65.4	2.4	3.5	87.7
55.1	3.1	3.7	96.9
69.7	1.3	2.2	99.1
47.8	4.9	6.4	95.8
53.5	2.6	1.1	100.3
57.2	3.7	7.4	93.1
58.8	2.6	15.1	95.2
47.7	2.8	8.1	92.1
51.6	2.1	11.8	100.0
69.1	1.0	10.9	98.1
61.1	2.2	1.6	94.0
35.8	2.0	14.2	96.0
33.9	1.2	15.3	95.2
11.3	14.0	5.0	91.5
57.2	3.7	15.3	87.4
67.2	4.9	1.0	100.1
67.5	1.5	-17.1	85.5
34.0	1.1	-1.7	100.0

11-3 2015规模以上工业企业主要经济指标(总表)

单位:万元

		企 业 单位数(个) Enterprises (unit)	亏损企业 Loss-suffering enterprises
总 计	Total	1340.0	166.0
一、按登记注册类型分组:	Grouped by type registered		
内资企业	Domestic funds	1180.0	128.0
国有企业	State-owned	16.0	4.0
中央企业	Centre enterprises	4.0	1.0
地方企业	Local enterprises	12.0	3.0
集体企业	Collective-owned	6.0	1.0
股份合作企业	Share holding cooperative		
联营企业	Joint ownership	1.0	
国有联营企业	State joint ownership enterprises	1.0	
集体联营企业	Collective-owned		
国有与集体联营企业	State-collective joint		
其他联营企业	Others		
有限责任公司	Limited company	448.0	63.0
国有独资公司	State-owned	17.0	3.0
其他有限责任公司	Others	431.0	60.0
股份有限公司	Share holding	68.0	13.0
私营企业	Private	625.0	46.0
私营独资企业	Solely Owned	18.0	1.0
私营合作企业	Private partnership	1.0	
私营有限责任公司	Limited company	582.0	42.0
私营股份有限公司	Private	24.0	3.0
其他企业	Others	16.0	1.0
港、澳、台商投资企业	Funded from Hongkong, Macao and Taiwan	24.0	5.0
合资经营企业(港或澳、台资)	Funded from Hongkong, Macao and Taiwan	12.0	
合作经营企业(港或澳、台资)	Cooperative	1.0	
港澳台商独资经营企业	Solely owned	10.0	5.0
港澳台商投资股份有限公司	Funded from Hongkong, Macao and Taiwan	1.0	
其他港澳台商投资企业	Others		
外商投资企业	Foreign funded	136.0	33.0
中外合资经营企业	Joint Venture	78.0	17.0
中外合作经营企业	Cooperative	3.0	
外资企业	Foreign funded	51.0	16.0
外商投资股份有限公司	Share holding	2.0	
其他外商投资企业	Others	2.0	
二、按经济组织类型分组	Grouped by ownership		
独资企业	Solely owned enterprises	101.0	27.0
国有企业	State-owned	16.0	4.0
集体企业	Collective-owned	6.0	1.0
私营独资企业	Solely Owned	18.0	1.0

MAIN ECONOMIC INDICATORS OF INDUSTRIAL ENTERPRISES ABOVE DESIGNATED SIZE IN 2015

unit:10000 yuan

工业总产值 (当年价格) Gross industrial output value (current price)	工业销售产值 (当年价格) Sale revenue (current price)		年初存货 Stock in year beginning	
		出口交货值 Export enterprises		产成品 Finished goods
85963907.7	84545745.6	1087561.2	10850330.7	3663507.4
72753058.5	71471828.2	729099.5	9662683.5	3338017.3
37482845.8	37396733.3	268235.2	5283165.3	1634070.0
36577559.2	36766732.9	234419.3	5209909.0	1591720.1
905286.6	630000.4	33815.9	73256.3	42349.9
65611.2	65210.6		875.6	451.2
16855.3	16855.3		929.0	
16855.3	16855.3		929.0	
12306235.8	12021397.1	77696.2	877361.4	353088.2
4066047.5	4060979.4	677.6	104829.7	8406.9
8240188.3	7960417.7	77018.6	772531.7	344681.3
12228546.3	11867784.4	304686.8	2332460.2	557809.3
10543833.6	9995849.3	78481.3	1158487.3	787812.4
203530.1	199427.3		3760.6	1539.1
17600.0	17600.0			
9756745.4	9235011.9	54340.8	1097174.9	761730.1
565958.1	543810.1	24140.5	57551.8	24543.2
109130.5	107998.2		9404.7	4786.2
3569723.4	3500775.2	35028.8	184726.9	104887.7
530522.6	567633.1	17888.5	54276.5	19458.3
11278.8	8247.3		666.9	
2935390.4	2832363.2	17140.3	109386.7	65032.6
92531.6	92531.6		20396.8	20396.8
9641125.8	9573142.2	323432.9	1002920.3	220602.4
6543071.2	6526445.3	99728.5	457883.1	105552.9
204566.6	251869.4		106105.0	3101.4
1870866.3	1817353.0	133680.8	224167.8	68372.1
710144.3	710144.3	90023.6	49763.1	18447.4
312477.4	267330.2		165001.3	25128.6
42558243.8	42311087.4	419056.3	5621356.0	1769465.0
37482845.8	37396733.3	268235.2	5283165.3	1634070.0
65611.2	65210.6		875.6	451.2
203530.1	199427.3		3760.6	1539.1

11-3 续表 1 continued1

		资产总计 Total	流动资产合计 Current assets	应收帐款 Accounts receivable
总 计	Total	79921832.0	44530097.5	8341040.8
一、按登记注册类型分组:	Grouped by type registered			
内资企业	Domestic funds	69679881.9	37835171.0	5900650.2
国有企业	State-owned	33155533.7	19719730.6	840892.2
中央企业	Centre enterprises	32065397.1	19279176.8	745330.2
地方企业	Local enterprises	1090136.6	440553.8	95562.0
集体企业	Collective-owned	34325.8	25011.0	5921.2
股份合作企业	Share holding cooperative			
联营企业	Joint ownership	20692.5	17273.4	7977.6
国有联营企业	State joint ownership enterprises	20692.5	17273.4	7977.6
集体联营企业	Collective-owned			
国有与集体联营企业	State-collective joint			
其他联营企业	Others			
有限责任公司	Limited company	12549881.5	3934735.3	1135247.3
国有独资公司	State-owned	5619278.5	578885.8	113612.4
其他有限责任公司	Others	6930603.0	3355849.5	1021634.9
股份有限公司	Share holding	14973090.6	9033370.5	1632118.0
私营企业	Private	8889962.5	5074471.8	2267010.1
私营独资企业	Solely Owned	73869.3	32260.7	7745.2
私营合作企业	Private partnership	1797.4	185.2	100.3
私营有限责任公司	Limited company	8344824.1	4803580.8	2170546.6
私营股份有限公司	Private	469471.7	238445.1	88618.0
其他企业	Others	56395.3	30578.4	11483.8
港、澳、台商投资企业	Funded from Hongkong, Macao and Taiwan	2493467.8	1264411.5	485329.1
合资经营企业(港或澳、台资)	Funded from Hongkong, Macao and Taiwan	501801.4	244224.0	125895.1
合作经营企业(港或澳、台资)	Cooperative	9865.2	2509.5	374.2
港澳台商独资经营企业	Solely owned	1885809.4	932414.1	335863.0
港澳台商投资股份有限公司	Funded from Hongkong, Macao and Taiwan	95991.8	85263.9	23196.8
其他港澳台商投资企业	Others			
外商投资企业	Foreign funded	7748482.3	5430515.0	1955061.5
中外合资经营企业	Joint Venture	4275188.2	3049552.6	1081011.0
中外合作经营企业	Cooperative	459863.7	225788.2	23402.8
外资企业	Foreign funded	1772527.8	1290528.0	591135.3
外商投资股份有限公司	Share holding	699034.5	527825.1	216951.7
其他外商投资企业	Others	541868.1	336821.1	42560.7
二、按经济组织类型分组	Grouped by ownership			
独资企业	Solely owned enterprises	36922066.0	21999944.4	1781556.9
国有企业	State-owned	33155533.7	19719730.6	840892.2
集体企业	Collective-owned	34325.8	25011.0	5921.2
私营独资企业	Solely Owned	73869.3	32260.7	7745.2

单位:万元 unit: 10000 yuan

存货 Inventory	产成品 Finished goods	资产总计 (Total assets) 固定资产合计 Fixed assets	固定资产原价 Original value of fixed assets	累计折旧 Accumulated depreciation	本年折旧 Depreciation of the year
10172779.0	3338526.5	24140688.8	38266461.7	16681380.4	2633656.2
9198217.0	3062578.1	21405276.9	34499446.7	14837796.8	2369141.1
4162962.1	1211597.3	7190051.2	13580355.5	6449485.7	1082465.5
4113032.2	1191973.2	6630991.2	12587222.5	5970002.4	998625.6
49929.9	19624.1	559060.0	993133.0	479483.3	83839.9
2618.7	1495.6	6855.2	6927.7	3693.5	219.2
936.4		2981.3	3691.7	710.4	244.3
936.4		2981.3	3691.7	710.4	244.3
979862.5	383755.0	7320626.3	11311217.1	4957168.2	619003.1
142829.4	8436.2	4806219.7	7740571.2	3684488.5	426987.1
837033.1	375318.8	2514406.6	3570645.9	1272679.7	192016.0
2695732.4	501732.9	4457819.1	7000090.7	2626064.2	514582.4
1346013.5	961156.7	2405494.9	2570850.7	794430.1	151680.4
5679.1	2141.3	33455.8	39571.5	6740.7	1638.3
72.4	52.0				
1272810.0	915847.7	2233107.6	2359704.4	735715.3	140071.0
67452.0	43115.7	138931.5	171574.8	51974.1	9971.1
10091.4	2840.6	21448.9	26313.3	6244.7	946.2
154835.3	66249.2	1066633.7	610404.4	247474.8	40580.8
46857.9	18277.5	221758.3	339440.6	150440.2	24081.9
606.1		6568.6	4029.3	2369.2	287.9
90788.0	31388.4	831190.7	254785.4	89632.4	15334.6
16583.3	16583.3	7116.1	12149.1	5033.0	876.4
819726.7	209699.2	1668778.2	3156610.6	1596108.8	223934.3
390872.3	93712.3	932149.3	1706968.4	839838.5	134230.4
97802.5	3101.4	148757.4	304493.2	168920.4	12944.6
249646.1	77015.9	396425.3	792745.3	426358.6	51206.8
38867.4	14491.8	116865.9	244122.9	127290.8	20196.5
42538.4	21377.8	74580.3	108280.8	33700.5	5356.0
4511694.0	1323638.5	8457978.2	14674385.4	6975910.9	1150864.4
4162962.1	1211597.3	7190051.2	13580355.5	6449485.7	1082465.5
2618.7	1495.6	6855.2	6927.7	3693.5	219.2
5679.1	2141.3	33455.8	39571.5	6740.7	1638.3

11-3 续表 2 continued2

		负债合计 Liabilities	流动负债合计 Current liabilites	应付账款 Account payable
总 计	Total	45326658.7	32242556.6	13182762.1
一、按登记注册类型分组:	Grouped by type registered			
内资企业	Domestic funds	39376889.3	27375910.6	11027071.7
国有企业	State-owned	15830576.4	12915205.7	6390880.8
中央企业	Centre enterprises	15086923.1	12589260.5	6302556.5
地方企业	Local enterprises	743653.3	325945.2	88324.3
集体企业	Collective-owned	6251.6	3751.2	1963.4
股份合作企业	Share holding cooperative			
联营企业	Joint ownership	17302.1	13702.1	4055.7
国有联营企业	State joint ownership enterprises	17302.1	13702.1	4055.7
集体联营企业	Collective-owned			
国有与集体联营企业	State-collective joint			
其他联营企业	Others			
有限责任公司	Limited company	7114991.1	4943548.0	1654310.4
国有独资公司	State-owned	3142811.4	2061877.6	773533.2
其他有限责任公司	Others	3972179.7	2881670.4	880777.2
股份有限公司	Share holding	9991743.0	7391098.2	2482663.3
私营企业	Private	6382860.7	2080469.6	472051.5
私营独资企业	Solely Owned	22240.0	15852.9	5799.9
私营合作企业	Private partnership	136.7		
私营有限责任公司	Limited company	6125814.3	1889201.5	400485.2
私营股份有限公司	Private	234669.7	175415.2	65766.4
其他企业	Others	33164.4	28135.8	21146.6
港、澳、台商投资企业	Funded from Hongkong, Macao and Taiwan	1924099.1	1143578.9	307921.1
合资经营企业(港或澳、台资)	Funded from Hongkong, Macao and Taiwan	262448.7	236837.5	117511.3
合作经营企业(港或澳、台资)	Cooperative	5625.6	2609.8	269.4
港澳台商独资经营企业	Solely owned	1636216.6	884323.4	182174.5
港澳台商投资股份有限公司	Funded from Hongkong, Macao and Taiwan	19808.2	19808.2	7965.9
其他港澳台商投资企业	Others			
外商投资企业	Foreign funded	4025670.3	3723067.1	1847769.3
中外合资经营企业	Joint Venture	2211685.2	2026386.0	1159518.0
中外合作经营企业	Cooperative	184639.0	168639.0	31279.2
外资企业	Foreign funded	1011738.1	913489.3	425943.4
外商投资股份有限公司	Share holding	268954.6	268267.2	192651.0
其他外商投资企业	Others	348653.4	346285.6	38377.7
二、按经济组织类型分组	Grouped by ownership			
独资企业	Solely owned enterprises	18507022.7	14732622.5	7006762.0
国有企业	State-owned	15830576.4	12915205.7	6390880.8
集体企业	Collective-owned	6251.6	3751.2	1963.4
私营独资企业	Solely Owned	22240.0	15852.9	5799.9

单位：万元 unit:10000 yuan

非流动负债合计 Non-Current liabilites	所有者权益合计 Ownership interests	实收资本 Paid-up capital	国家资本 State	集体资本 Collective	法人资本 Corporation	个人资本 Private	港澳台资本 From HongKong Macao and Taiwan	外商资本 Foreign
8141543.1	34570085.2	19266817.9	3163703.7	190562.4	13641033.6	993624.4	206683.1	1071209.5
7425954.2	30277906.9	5449870.7	3002034.0	124717.0	1245560.2	973084.2	7138.0	97337.0
2915370.6	17324957.0	845051.3	684973.8		67123.9			92953.6
2497662.6	16978474.0	673551.3	609781.9		63769.4			
417708.0	346483.0	171500.0	75191.9		3354.5			92953.6
2463.4	28074.0	2398.9		2348.9	50.0			
	3390.4	1000.0			1000.0			
	3390.4	1000.0			1000.0			
1910763.1	5428332.0	2496987.0	1690889.1	57891.4	466133.0	272252.1	5458.0	4363.4
1029316.7	2476466.9	1370743.5	1357839.3	300.0	12604.2			
881446.4	2951865.1	1126243.5	333049.8	57591.4	453528.8	272252.1	5458.0	4363.4
2273356.9	4981346.5	1238951.8	611507.2	45829.7	287045.1	294569.8		
323156.3	2488576.3	853110.4	14663.9	18647.0	416398.2	401701.0	1680.0	20.0
6324.0	51629.2	18042.5			3599.4	14443.1		
	1660.7	150.0	50.0	20.0	20.0	20.0	20.0	20.0
257727.9	2200484.7	764022.0	14613.9	18527.0	381009.4	348211.4	1660.0	
59104.4	234801.7	70895.9		100.0	31769.4	39026.5		
843.9	23230.7	12371.3			7810.0	4561.3		
455060.1	569368.2	12297253.3	23009.2	51192.0	12054661.2	1050.0	150748.0	16592.8
25611.2	239352.6	12115888.0	23009.2		12040125.0		50885.3	1868.4
3015.8	4239.5	1000.0				1000.0		
426433.1	249592.6	172264.3		51192.0	9000.0	50.0	97297.9	14724.4
	76183.5	8101.0			5536.2		2564.8	
260528.8	3722810.1	1519693.9	138660.5	14653.4	340812.2	19490.2	48797.1	957279.7
174400.3	2063501.9	725813.6	96344.2	14653.4	291401.9	4490.2	1042.4	317880.9
16000.0	275224.6	75903.1	33620.5		265.9		27507.6	14508.9
67760.7	760789.1	502949.1	8695.8		19122.3	15000.0	20247.1	439883.9
	430079.9	84406.0						84406.0
2367.8	193214.6	130622.1			30022.1			100600.0
3418351.8	18415041.9	1540706.1	693669.6	53540.9	98895.6	29493.1	117545.0	547561.9
2915370.6	17324957.0	845051.3	684973.8		67123.9			92953.6
2463.4	28074.0	2398.9		2348.9	50.0			
6324.0	51629.2	18042.5			3599.4	14443.1		

11-3 续表 3 continued3

		营业收入 Operation revenue	主营业务收入 Main operation income
总 计	Total	94158421.7	89906322.2
一、按登记注册类型分组:	Grouped by type registered		
内资企业	Domestic funds	79966502.7	75959435.5
国有企业	State-owned	45907638.9	42619264.3
中央企业	Centre enterprises	45314012.4	42195501.2
地方企业	Local enterprises	593626.5	423763.1
集体企业	Collective-owned	61908.6	61908.6
股份合作企业	Share holding cooperative		
联营企业	Joint ownership	16855.3	16826.6
国有联营企业	State joint ownership enterprises	16855.3	16826.6
集体联营企业	Collective-owned		
国有与集体联营企业	State-collective joint		
其他联营企业	Others		
有限责任公司	Limited company	11932418.1	11740969.5
国有独资公司	State-owned	4073392.5	4049525.0
其他有限责任公司	Others	7859025.6	7691444.5
股份有限公司	Share holding	12067592.7	11560915.5
私营企业	Private	9873626.7	9853088.6
私营独资企业	Solely Owned	192762.1	192063.8
私营合作企业	Private partnership	17600.0	17600.0
私营有限责任公司	Limited company	9136666.2	9117888.1
私营股份有限公司	Private	526598.4	525536.7
其他企业	Others	106462.4	106462.4
港、澳、台商投资企业	Funded from Hongkong, Macao and Taiwan	3528454.9	3491111.4
合资经营企业(港或澳、台资)	Funded from Hongkong, Macao and Taiwan	591100.1	574613.0
合作经营企业(港或澳、台资)	Cooperative	8247.3	8247.3
港澳台商独资经营企业	Solely owned	2836575.9	2815719.5
港澳台商投资股份有限公司	Funded from Hongkong, Macao and Taiwan	92531.6	92531.6
其他港澳台商投资企业	Others		
外商投资企业	Foreign funded	10663464.1	10455775.3
中外合资经营企业	Joint Venture	7376758.2	7255283.6
中外合作经营企业	Cooperative	251869.4	251869.4
外资企业	Foreign funded	1935160.7	1901952.0
外商投资股份有限公司	Share holding	821313.1	777571.0
其他外商投资企业	Others	278362.7	269099.3
二、按经济组织类型分组	Grouped by ownership		
独资企业	Solely owned enterprises	50934046.2	47590908.2
国有企业	State-owned	45907638.9	42619264.3
集体企业	Collective-owned	61908.6	61908.6
私营独资企业	Solely Owned	192762.1	192063.8

单位:万元 unit:10000 yuan

营业成本 Operating costs	主营业务成本 Main operation cost	营业税金及附加 Business taxes and extra charges	主营业务税金及附加 Main operation taxes and extra charges	其他业务收入 Other business revenue	其他业务利润 Other business profit
77389060.3	74265383.6	2422440.4	2417286.6	4252099.5	75045.9
65260182.9	62325499.3	2221289.5	2216595.9	4007067.2	56836.4
36043056.3	33824741.6	1979121.9	1979101.7	3288374.6	-4195.5
35631023.9	33415911.3	1976087.2	1976067.1	3118511.2	-4114.0
412032.4	408830.3	3034.7	3034.6	169863.4	-81.5
53247.9	53247.9	269.8	269.8		
12606.3	12583.8	61.2	61.2	28.7	6.4
12606.3	12583.8	61.2	61.2	28.7	6.4
10516903.6	10380836.9	68837.9	66503.3	191448.6	41896.7
3930540.9	3922553.5	20342.9	19268.6	23867.5	10501.5
6586362.7	6458283.4	48495.0	47234.7	167581.1	31395.2
10400387.5	9841551.9	65788.2	63622.8	506677.2	16926.9
8140258.9	8118814.8	106309.6	106151.2	20538.1	2201.9
171001.9	168984.5	1072.7	1062.4	698.3	232.4
14960.0	14960.0	18.0	18.0		
7521181.9	7502261.7	103316.6	103173.8	18778.1	1944.7
433115.1	432608.6	1902.3	1897.0	1061.7	24.8
93722.4	93722.4	900.9	885.9		
3293455.2	3261044.4	19034.5	19034.5	37343.5	2435.2
487042.1	473347.3	2550.9	2550.9	16487.1	2309.9
4975.3	4975.3	96.7	96.7		
2730769.7	2712053.7	15642.4	15642.4	20856.4	125.3
70668.1	70668.1	744.5	744.5		
8835422.2	8678839.9	182116.4	181656.2	207688.8	15774.3
6248733.1	6152849.3	160563.9	160438.6	121474.6	10615.0
196580.1	196580.1	569.0	273.7		
1545100.4	1512867.5	15539.0	15499.4	33208.7	6659.0
580819.3	562399.5	4818.6	4818.6	43742.1	
264189.3	254143.5	625.9	625.9	9263.4	-1499.7
40543176.2	38271895.2	2011645.8	2011575.7	3343138.0	2821.2
36043056.3	33824741.6	1979121.9	1979101.7	3288374.6	-4195.5
53247.9	53247.9	269.8	269.8		
171001.9	168984.5	1072.7	1062.4	698.3	232.4

11-3 续表 4 continued4

		财务费用 Financial cost	利息收入 Interest income	利息支出 Interest expenditure
总 计	Total	582180.6	184427.4	718447.7
一、按登记注册类型分组:	Grouped by type registered			
内资企业	Domestic funds	532736.0	185561.6	635542.6
国有企业	State-owned	-82653.5	146206.4	92506.0
中央企业	Centre enterprises	-124381.8	146238.1	50888.0
地方企业	Local enterprises	41728.3	-31.7	41618.0
集体企业	Collective-owned	-57.5	-104.1	112.5
股份合作企业	Share holding cooperative			
联营企业	Joint ownership	-25.1	-25.1	
国有联营企业	State joint ownership enterprises	-25.1	-25.1	
集体联营企业	Collective-owned			
国有与集体联营企业	State-collective joint			
其他联营企业	Others			
有限责任公司	Limited company	193877.6	28367.2	170805.6
国有独资公司	State-owned	100288.6	22805.5	80276.2
其他有限责任公司	Others	93589.0	5561.7	90529.4
股份有限公司	Share holding	277109.7	8250.4	267447.4
私营企业	Private	143332.9	2855.3	104547.4
私营独资企业	Solely Owned	1549.1	61.5	620.6
私营合作企业	Private partnership	528.0	157.6	
私营有限责任公司	Limited company	136209.6	3450.5	98369.7
私营股份有限公司	Private	5046.2	-814.3	5557.1
其他企业	Others	1151.9	11.5	123.7
港、澳、台商投资企业	Funded from Hongkong, Macao and Taiwan	26624.6	315.1	35297.5
合资经营企业(港或澳、台资)	Funded from Hongkong, Macao and Taiwan	3849.3	51.1	1343.5
合作经营企业(港或澳、台资)	Cooperative	70.2	1.0	69.2
港澳台商独资经营企业	Solely owned	22130.3	-34.8	33513.3
港澳台商投资股份有限公司	Funded from Hongkong, Macao and Taiwan	574.8	297.8	371.5
其他港澳台商投资企业	Others			
外商投资企业	Foreign funded	22820.0	-1449.3	47607.6
中外合资经营企业	Joint Venture	-1623.9	14152.1	12940.5
中外合作经营企业	Cooperative	9133.0	2.0	9127.3
外资企业	Foreign funded	8903.3	-5744.2	8955.4
外商投资股份有限公司	Share holding	1953.5	-10072.7	12065.0
其他外商投资企业	Others	4454.1	213.5	4519.4
二、按经济组织类型分组	Grouped by ownership			
独资企业	Solely owned enterprises	-50128.3	140384.8	135707.8
国有企业	State-owned	-82653.5	146206.4	92506.0
集体企业	Collective-owned	-57.5	-104.1	112.5
私营独资企业	Solely Owned	1549.1	61.5	620.6

单位:万元 unit:10000 yuan

销售费用 Marketing expenses	管理费用 Management expenses		营业利润 Operating profit	资产减值损失 Impairment of Assets	公允价值变动收益 Fair Value Gain	投资收益 Investment income	补贴收入 Subsidies revenue
		税金 Tax					
3328629.6	3883707.7	165485.2	7200937.2	147836.0	-10060.5	806447.9	97677.2
3076023.1	3153936.3	137861.9	6361173.5	136262.2	-10190.8	785305.1	77166.6
2181204.4	1610301.3	77779.3	4688716.1	63934.6	-12025.5	588067.9	6041.2
2146164.0	1516592.4	75144.6	4680980.3	62833.6	-11969.0	587256.2	3112.8
35040.4	93708.9	2634.7	7735.8	1101.0	-56.5	811.7	2928.4
1009.4	3144.0	177.5	4414.4	48.5	22.7	145.2	
15.1	474.0	41.6	3664.1	59.8			
15.1	474.0	41.6	3664.1	59.8			
264450.9	447566.7	20050.9	486441.9	14957.0	823.6	59802.3	32706.7
30569.2	59870.5	2669.8	-53912.5	5139.6	202.3	19245.0	4973.7
233881.7	387696.2	17381.1	540354.4	9817.4	621.3	40557.3	27733.0
342545.7	662285.8	25897.7	382937.7	50271.3	66.2	113669.3	29843.8
284705.1	425980.9	13803.9	790533.2	6957.0	913.9	23539.7	8574.9
3464.0	5715.1	484.4	10318.6	76.0	58.1	377.2	40.0
528.0	704.0	176.1	862.0				
258620.7	385269.9	12068.3	749068.6	6315.5	788.5	22530.1	7038.3
22092.4	34291.9	1075.1	30284.0	565.5	67.3	632.4	1496.6
2092.5	4183.6	111.0	4466.1	34.0	8.3	80.7	
42523.4	82526.3	2238.1	64168.1	134.2		12.9	4076.3
13915.1	40317.7	1414.9	43607.2	-177.4		5.4	3017.1
1212.8	1583.2	45.7	308.8				40.0
25772.4	37115.1	728.9	5153.2			7.5	1019.2
1623.1	3510.3	48.6	15098.9	311.6			
210083.1	647245.1	25385.2	775595.6	11439.6	130.3	21129.9	16434.3
92858.0	317168.2	10622.4	562114.2	8386.8	130.3	11312.8	337.6
18713.2	5438.7	424.5	21435.4				
64511.1	194909.1	13929.3	107004.1	1212.3		2019.8	383.8
31460.3	116903.6	73.2	84648.7	709.1			
2540.5	12825.5	335.8	393.2	1131.4		7797.3	15712.9
2275961.3	1851184.6	93099.4	4815606.4	65271.4	-11944.7	590617.6	7484.2
2181204.4	1610301.3	77779.3	4688716.1	63934.6	-12025.5	588067.9	6041.2
1009.4	3144.0	177.5	4414.4	48.5	22.7	145.2	
3464.0	5715.1	484.4	10318.6	76.0	58.1	377.2	40.0

11-3 续表 5 continued5

		营业外收入 Norbusiness revenue	业外支出 Norbusiness expenditure	利润总额 Profit
总 计	Total	603309.0	150005.6	7654239.5
一、按登记注册类型分组:	Grouped by type registered			
内资企业	Domestic funds	547133.2	107654.2	6800652.0
国有企业	State-owned	295063.3	24303.8	4959475.5
中央企业	Centre enterprises	286656.0	23089.7	4944546.3
地方企业	Local enterprises	8407.3	1214.1	14929.2
集体企业	Collective-owned	10.1		4424.5
股份合作企业	Share holding cooperative			
联营企业	Joint ownership	8.0	1.7	3670.4
国有联营企业	State joint ownership enterprises	8.0	1.7	3670.4
集体联营企业	Collective-owned			
国有与集体联营企业	State-collective joint			
其他联营企业	Others			
有限责任公司	Limited company	185602.3	21526.1	650518.9
国有独资公司	State-owned	138496.8	9378.9	75205.9
其他有限责任公司	Others	47105.5	12147.2	575313.0
股份有限公司	Share holding	48936.1	59330.7	372542.9
私营企业	Private	17497.3	2343.6	805686.0
私营独资企业	Solely Owned	333.3	118.8	10533.2
私营合作企业	Private partnership			862.0
私营有限责任公司	Limited company	12152.0	1820.4	759399.2
私营股份有限公司	Private	5012.0	404.4	34891.6
其他企业	Others	16.1	148.3	4333.8
港、澳、台商投资企业	Funded from Hongkong, Macao and Taiwan	5998.2	1230.7	68935.8
合资经营企业(港或澳、台资)	Funded from Hongkong, Macao and Taiwan	4567.4	400.9	47774.0
合作经营企业(港或澳、台资)	Cooperative	65.2	2.3	371.7
港澳台商独资经营企业	Solely owned	1359.6	804.7	5707.9
港澳台商投资股份有限公司	Funded from Hongkong, Macao and Taiwan	6.0	22.8	15082.2
其他港澳台商投资企业	Others			
外商投资企业	Foreign funded	50177.6	41120.7	784651.7
中外合资经营企业	Joint Venture	7769.0	14941.0	554941.7
中外合作经营企业	Cooperative	795.3	233.5	21997.2
外资企业	Foreign funded	23066.9	25690.0	104380.8
外商投资股份有限公司	Share holding	2564.9	209.2	87004.4
其他外商投资企业	Others	15981.5	47.0	16327.6
二、按经济组织类型分组	Grouped by ownership			
独资企业	Solely owned enterprises	319833.2	50917.3	5084521.9
国有企业	State-owned	295063.3	24303.8	4959475.5
集体企业	Collective-owned	10.1		4424.5
私营独资企业	Solely Owned	333.3	118.8	10533.2

单位:万元 unit:10000 yuan

应交所得税 Income tax payable	亏损企业亏损总额 Total loss of loss-suffering enterprises	利税总额 Pre-tax profits	应交税金及附加 Taxes and extra charges	本年应付职工薪酬 Wages payable of the year	本年应交增值税 Value added
1437305.4	435377.8	13240410.6	7188961.7	3939344.4	3163730.7
1242147.3	319163.1	11854748.0	6434105.2	3364444.2	2832806.5
1060520.6	39889.0	8981231.2	5160055.6	1493490.3	2042633.8
1059974.9	33813.1	8956612.9	5147186.1	1434916.0	2035979.4
545.7	6075.9	24618.3	12869.5	58574.3	6654.4
842.8	27.8	6526.7	3122.5	2321.1	1832.4
918.9		4241.3	1531.4	645.0	509.7
918.9		4241.3	1531.4	645.0	509.7
72534.4	81915.4	1006468.6	448535.0	1017728.7	287111.8
9174.5	7477.5	251602.8	188241.2	587802.8	156054.0
63359.9	74437.9	754865.8	260293.8	429925.9	131057.8
70965.9	179278.7	687841.6	412162.3	553243.2	249510.5
35914.1	18042.2	1161539.9	405571.9	291328.4	249544.3
1609.8	12.4	13541.3	5102.3	4566.6	1935.4
		880.0	194.1	12.0	
30509.5	17535.9	1099660.9	382839.5	259595.5	236945.1
3794.8	493.9	47457.7	17436.0	27154.3	10663.8
450.6	10.0	6898.7	3126.5	5687.5	1664.0
14506.7	20023.9	116071.6	63880.6	82490.1	28101.3
5515.2		64676.9	23833.0	42461.9	14352.0
144.9		1224.1	1043.0	1478.8	755.7
6434.9	20023.9	31237.1	32693.0	37434.0	9886.8
2411.7		18933.5	6311.6	1115.4	3106.8
180651.4	96190.8	1269591.0	690975.9	492410.1	302822.9
127998.9	33750.8	921547.6	505227.2	363438.5	206042.0
382.2		27449.4	6258.9	14805.9	4883.2
39263.4	62440.0	185103.8	133915.7	98415.2	65184.0
11050.1		116573.3	40692.2	1980.3	24750.3
1956.8		18916.9	4881.9	13770.2	1963.4
1108671.5	122393.1	9217640.1	5334889.1	1636227.2	2121472.4
1060520.6	39889.0	8981231.2	5160055.6	1493490.3	2042633.8
842.8	27.8	6526.7	3122.5	2321.1	1832.4
1609.8	12.4	13541.3	5102.3	4566.6	1935.4

11-3 续表 6 continued6

		全部从业人员年平均人数(万人) Annual average of employment (10000person)	总资产贡献率(%) Ratio of TotalAssets to Industry Value
总 计	Total	49.5	17.2
一、按登记注册类型分组:	Grouped by type registered		
内资企业	Domestic funds	41.9	17.7
国有企业	State-owned	15.3	26.9
中央企业	Centre enterprises	14.3	27.6
地方企业	Local enterprises	1.0	6.1
集体企业	Collective-owned	0.1	19.6
股份合作企业	Share holding cooperative		
联营企业	Joint ownership		20.6
国有联营企业	State joint ownership enterprises		20.6
集体联营企业	Collective-owned		
国有与集体联营企业	State-collective joint		
其他联营企业	Others		
有限责任公司	Limited company	12.8	9.2
国有独资公司	State-owned	4.5	5.5
其他有限责任公司	Others	8.4	12.1
股份有限公司	Share holding	5.6	6.3
私营企业	Private	8.0	14.2
私营独资企业	Solely Owned	0.1	19.1
私营合作企业	Private partnership		40.2
私营有限责任公司	Limited company	7.3	14.3
私营股份有限公司	Private	0.6	11.5
其他企业	Others	0.1	12.4
港、澳、台商投资企业	Funded from Hongkong, Macao and Taiwan	1.3	6.1
合资经营企业(港或澳、台资)	Funded from Hongkong, Macao and Taiwan	0.6	13.2
合作经营企业(港或澳、台资)	Cooperative	0.1	13.1
港澳台商独资经营企业	Solely owned	0.7	3.4
港澳台商投资股份有限公司	Funded from Hongkong, Macao and Taiwan	0.0	19.8
其他港澳台商投资企业	Others		
外商投资企业	Foreign funded	6.3	17.0
中外合资经营企业	Joint Venture	3.7	21.5
中外合作经营企业	Cooperative	0.1	8.0
外资企业	Foreign funded	1.9	11.3
外商投资股份有限公司	Share holding	0.4	19.8
其他外商投资企业	Others	0.2	4.3
二、按经济组织类型分组	Grouped by ownership		
独资企业	Solely owned enterprises	18.1	25.0
国有企业	State-owned	15.3	26.9
集体企业	Collective-owned	0.1	19.6
私营独资企业	Solely Owned	0.1	19.1

单位：万元 unit:10000 yuan

资产负债率(%) Ratio of Assetsto Industrial value(%)	流动资产周转率(次/年) Times of Annual Tumover of circulating Funds (time/year)	成本费用利润率(%) Ratio of Profits to cost(%)	产品销售率(%) Proportion of Products sold(%)
56.7	2.1	9.0	98.4
56.5	2.1	9.4	98.2
47.8	2.3	12.5	99.8
47.1	2.4	12.6	100.5
68.2	1.4	2.6	69.6
18.2	2.5	7.7	99.4
83.6	1.0	28.1	100.0
83.6	1.0	28.1	100.0
56.7	3.0	5.7	97.7
55.9	7.0	1.8	99.9
57.3	2.3	7.9	96.6
66.7	1.3	3.2	97.1
71.8	2.0	9.0	94.8
30.1	6.0	5.8	98.0
7.6	95.0	5.2	100.0
73.4	1.9	9.2	94.7
50.0	2.2	7.1	96.1
58.8	3.5	4.3	99.0
77.2	2.8	2.0	98.1
52.3	2.4	8.8	107.0
57.0	3.3	4.7	73.1
86.8	3.0	0.2	96.5
20.6	1.1	19.8	100.0
52.0	2.0	8.1	99.3
51.7	2.4	8.3	99.8
40.2	1.1	9.6	123.1
57.1	1.5	5.8	97.1
38.5	1.6	11.9	100.0
64.3	0.8	5.8	85.6
50.1	2.3	11.4	99.4
47.8	2.3	12.5	99.8
18.2	2.5	7.7	99.4
30.1	6.0	5.8	98.0

11-3 续表 7 continued7

		企 业 单位数(个) Enterprises	亏损企业 Loss-suffering enterprises
港澳台商独资经营企业	Solely owned	10.0	5.0
外资企业	Foreign funded	51.0	16.0
合作、合伙企业	Cooperation and partnership	24.0	1.0
股份合作企业	Share holding cooperative		
国有联营企业	State joint ownership enterprises	1.0	
集体联营企业	Collective-owned		
国有与集体联营企业	State-collective joint		
其他联营企业	Others		
私营合伙企业	Private partnership	1.0	
合作经营企业(港或澳、台资)	Cooperative	1.0	
中外合作经营企业	Cooperative	3.0	
其他企业(内资)	Others	16.0	1.0
其他港澳台商投资企业	Others		
其他外商投资企业	Others	2.0	
股份有限公司	Share holding	95.0	16.0
股份有限公司(内资)	Share holding (domestic)	68.0	13.0
私营股份有限公司	Private	24.0	3.0
港澳台商投资股份有限公司	Funded from Hongkong Macao and Taiwan	1.0	
外商投资股份有限公司	Share holding	2.0	
有限责任公司	Limited company	1120.0	122.0
国有独资公司	State-owned	17.0	3.0
私营有限责任公司	Limited company	582.0	42.0
合资经营企业(港或澳、台资)	Funded from Hongkong, Macao and Taiwan	12.0	
中外合资经营企业	Joint Venture	78.0	17.0
其他有限责任公司	Others	431.0	60.0
三、在总计中:亏损企业	Making loss enterprises	166.0	166.0
在总计中:国有控股企业	State share holding	107.0	28.0
农村工业	Rural industry	12.0	1.0
轻工业	Light-Industry	506.0	53.0
重工业	Heavy industry	834.0	113.0
在总计中:大型企业	Grouped by size of enterprises	48.0	13.0
中型企业	Medium-sized enterprises	171.0	33.0
小型企业	Small-sized enterprises	1121.0	120.0
纯小型企业		1042.0	110.0
微型企业		79.0	10.0

单位:万元 unit:10000 yuan

工业总产值(当年价格) Gross industrial output value (current price)	工业销售产值(当年价格) Sale revenue (current price)	出口交货值 Export enterprises	年初存货 Stock in year beginning	产成品 Finished goods
2935390.4	2832363.2	17140.3	109386.7	65032.6
1870866.3	1817353.0	133680.8	224167.8	68372.1
671908.6	669900.4		282106.9	33016.2
16855.3	16855.3		929.0	
17600.0	17600.0			
11278.8	8247.3		666.9	
204566.6	251869.4		106105.0	3101.4
109130.5	107998.2		9404.7	4786.2
312477.4	267330.2		165001.3	25128.6
13597180.3	13214270.4	418850.9	2460171.9	621196.7
12228546.3	11867784.4	304686.8	2332460.2	557809.3
565958.1	543810.1	24140.5	57551.8	24543.2
92531.6	92531.6		20396.8	20396.8
710144.3	710144.3	90023.6	49763.1	18447.4
29136575.0	28350487.4	249654.0	2486695.9	1239829.5
4066047.5	4060979.4	677.6	104829.7	8406.9
9756745.4	9235011.9	54340.8	1097174.9	761730.1
530522.6	567633.1	17888.5	54276.5	19458.3
6543071.2	6526445.3	99728.5	457883.1	105552.9
8240188.3	7960417.7	77018.6	772531.7	344681.3
6182080.3	5929383.1	108351.7	1425092.0	1032320.9
54196878.4	53865441.2	618318.4	7957563.5	2239612.9
180910.1	180153.0		4319.1	645.3
16493903.1	15595849.5	261119.2	1511263.3	556607.8
69470004.6	68949896.1	826442.0	9339067.4	3106899.6
56863914.1	56429738.8	724123.6	6995144.2	1918579.5
9303612.5	9116083.0	244028.9	1147127.7	407590.3
19796381.1	18999923.8	119408.7	2708058.8	1337337.6
19383304.9	18597165.7	107645.6	2680590.6	1324399.8
413076.2	402758.1	11763.1	27468.2	12937.8

11-3 续表 8 continued8

		资产总计 Total	流动资产合计 Current assets	应收帐款 Accounts receivable
港澳台商独资经营企业	Solely owned	1885809.4	932414.1	335863.0
外资企业	Foreign funded	1772527.8	1290528.0	591135.3
合作、合伙企业	Cooperation and partnership	1090482.2	613155.8	85899.4
股份合作企业	Share holding cooperative			
国有联营企业	State joint ownership enterprises	20692.5	17273.4	7977.6
集体联营企业	Collective-owned			
国有与集体联营企业	State-collective joint			
其他联营企业	Others			
私营合伙企业	Private partnership	1797.4	185.2	100.3
合作经营企业(港或澳、台资)	Cooperative	9865.2	2509.5	374.2
中外合作经营企业	Cooperative	459863.7	225788.2	23402.8
其他企业(内资)	Others	56395.3	30578.4	11483.8
其他港澳台商投资企业	Others			
其他外商投资企业	Others	541868.1	336821.1	42560.7
股份有限公司	Share holding	16237588.6	9884904.6	1960884.5
股份有限公司(内资)	Share holding (domestic)	14973090.6	9033370.5	1632118.0
私营股份有限公司	Private	469471.7	238445.1	88618.0
港澳台商投资股份有限公司	Funded from Hongkong Macao and Taiwan	95991.8	85263.9	23196.8
外商投资股份有限公司	Share holding	699034.5	527825.1	216951.7
有限责任公司	Limited company	25671695.2	12032092.7	4512700.0
国有独资公司	State-owned	5619278.5	578885.8	113612.4
私营有限责任公司	Limited company	8344824.1	4803580.8	2170546.6
合资经营企业(港或澳、台资)	Funded from Hongkong, Macao and Taiwan	501801.4	244224.0	125895.1
中外合资经营企业	Joint Venture	4275188.2	3049552.6	1081011.0
其他有限责任公司	Others	6930603.0	3355849.5	1021634.9
三、在总计中:亏损企业	Making loss enterprises	12816162.2	5956584.2	2581024.1
在总计中:国有控股企业	State share holding	55296421.6	30197267.9	2926957.1
农村工业	Rural industry	37552.9	20232.1	4664.1
轻工业	Light-Industry	9962609.7	5129976.2	1076969.8
重工业	Heavy industry	69959222.3	39400121.3	7264071.0
在总计中:大型企业	Grouped by size of enterprises	51539468.4	27817410.0	3438488.9
中型企业	Medium-sized enterprises	9298124.1	4757372.4	1514146.0
小型企业	Small-sized enterprises	19084239.5	11955315.1	3388405.9
纯小型企业		18622218.9	11825632.1	3352365.1
微型企业		462020.6	129683.0	36040.8

单位:万元 unit:10000 yuan

			资产总计 Total assets				
存货 Inventory	存货 Inventory	产成品 Finished goods	固定资产合计 Fixed assets	固定资产原价 Original value of fixed assets	累计折旧 Accumulated depreciation	本年折旧 Depreciation of the year	在建工程 Project under construction
90788.0	31388.4		831190.7	254785.4	89632.4	15334.6	
249646.1	77015.9		396425.3	792745.3	426358.6	51206.8	
152047.2	27371.8		254336.5	446808.3	211945.2	19779.0	
936.4			2981.3	3691.7	710.4	244.3	
72.4	52.0						
606.1			6568.6	4029.3	2369.2	287.9	
97802.5	3101.4		148757.4	304493.2	168920.4	12944.6	
10091.4	2840.6		21448.9	26313.3	6244.7	946.2	
42538.4	21377.8		74580.3	108280.8	33700.5	5356.0	
2818635.1	575923.7		4720732.6	7427937.5	2810362.1	545626.4	
2695732.4	501732.9		4457819.1	7000090.7	2626064.2	514582.4	
67452.0	43115.7		138931.5	171574.8	51974.1	9971.1	
16583.3	16583.3		7116.1	12149.1	5033.0	876.4	
38867.4	14491.8		116865.9	244122.9	127290.8	20196.5	
2690402.7	1411592.5		10707641.5	15717330.5	6683162.2	917386.4	
142829.4	8436.2		4806219.7	7740571.2	3684488.5	426987.1	
1272810.0	915847.7		2233107.6	2359704.4	735715.3	140071.0	
46857.9	18277.5		221758.3	339440.6	150440.2	24081.9	
390872.3	93712.3		932149.3	1706968.4	839838.5	134230.4	
837033.1	375318.8		2514406.6	3570645.9	1272679.7	192016.0	
1287988.1	905671.7		4771052.7	5835483.3	2371731.1	337645.9	
7244085.6	1764170.7		17230524.0	29710538.2	13409153.5	2118201.7	
5816.9	2387.5		14026.3	12442.8	3125.3	888.9	
1443323.5	481549.8		3621883.7	4274540.6	1528729.3	263892.4	
8729455.5	2856976.7		20518805.1	33991921.1	15152651.1	2369763.8	
6095707.4	1476488.4		15794607.1	26892446.3	12600259.4	1835341.1	
1134720.3	384593.7		3150553.8	4773362.6	1879988.7	278609.7	
2942351.3	1477444.4		5195527.9	6600652.8	2201132.3	519705.4	
2915039.2	1463350.1		4951167.4	6174266.3	2012468.5	502146.2	
27312.1	14094.3		244360.5	426386.5	188663.8	17559.2	

11-3 续表 9 continued9

		负债合计 Liabilities	流动负债合计 Current liabilites	应付账款 Account payable
港澳台商独资经营企业	Solely owned	1636216.60	884323.40	182174.50
外资企业	Foreign funded	1011738.10	913489.30	425943.40
合作、合伙企业	Cooperation and partnership	589521.20	559372.30	95128.60
股份合作企业	Share holding cooperative			
国有联营企业	State joint ownership enterprises	17302.10	13702.10	4055.70
集体联营企业	Collective-owned			
国有与集体联营企业	State-collective joint			
其他联营企业	Others			
私营合伙企业	Private partnership	136.70		
合作经营企业(港或澳、台资)	Cooperative	5625.60	2609.80	269.40
中外合作经营企业	Cooperative	184639.00	168639.00	31279.20
其他企业(内资)	Others	33164.40	28135.80	21146.60
其他港澳台商投资企业	Others			
其他外商投资企业	Others	348653.40	346285.60	38377.70
股份有限公司	Share holding	10515175.50	7854588.80	2749046.60
股份有限公司(内资)	Share holding (domestic)	9991743.00	7391098.20	2482663.30
私营股份有限公司	Private	234669.70	175415.20	65766.40
港澳台商投资股份有限公司	Funded from Hongkong Macao and Taiwan	19808.20	19808.20	7965.90
外商投资股份有限公司	Share holding	268954.60	268267.20	192651.00
有限责任公司	Limited company	15714939.30	9095973.00	3331824.90
国有独资公司	State-owned	3142811.40	2061877.60	773533.20
私营有限责任公司	Limited company	6125814.30	1889201.50	400485.20
合资经营企业(港或澳、台资)	Funded from Hongkong, Macao and Taiwan	262448.70	236837.50	117511.30
中外合资经营企业	Joint Venture	2211685.20	2026386.00	1159518.00
其他有限责任公司	Others	3972179.70	2881670.40	880777.20
三、在总计中:亏损企业	Making loss enterprises	10915339.70	4513093.40	975015.90
在总计中:国有控股企业	State share holding	30031358.20	22909645.00	10143821.80
农村工业	Rural industry	13686.10	11865.00	3201.10
轻工业	Light-Industry	5739867.10	4182396.30	781487.60
重工业	Heavy industry	39586791.60	28060160.30	12401274.50
在总计中:大型企业	Grouped by size of enterprises	27517493.30	21583098.80	10221485.90
中型企业	Medium-sized enterprises	5224369.70	4265321.60	1321212.60
小型企业	Small-sized enterprises	12584795.70	6394136.20	1640063.60
纯小型企业		12303650.40	6227795.40	1606899.20
微型企业		281145.30	166340.80	33164.40

单位:万元 unit:10000 yuan

非流动负债合计 Non-Current liabilites	所有者权益合计 Ownership interests	实收资本 Paid-up capital	国家资本 State	集体资本 Collective	法人资本 Corporation	个人资本 Private	港澳台资本 From HongKong Macao and Taiwan	外商资本 Foreign
426433.10	249592.60	172264.30		51192.00	9000.00	50.00	97297.90	14724.40
67760.70	760789.10	502949.10	8695.80		19122.30	15000.00	20247.10	439883.90
22227.50	500960.50	221046.50	33670.50	20.00	39118.00	5581.30	27527.60	115128.90
	3390.40	1000.00			1000.00			
	1660.70	150.00	50.00	20.00	20.00	20.00	20.00	20.00
3015.80	4239.50	1000.00				1000.00		
16000.00	275224.60	75903.10	33620.50		265.90		27507.60	14508.90
843.90	23230.70	12371.30			7810.00	4561.30		
2367.80	193214.60	130622.10			30022.10			100600.00
2332461.30	5722411.60	1402354.70	611507.20	45929.70	324350.70	333596.30	2564.80	84406.00
2273356.90	4981346.50	1238951.80	611507.20	45829.70	287045.10	294569.80		
59104.40	234801.70	70895.90		100.00	31769.40	39026.50		
	76183.50	8101.00			5536.20		2564.80	
	430079.90	84406.00						84406.00
2368502.50	9931671.20	16102710.60	1824856.40	91071.80	13178669.30	624953.70	59045.70	324112.70
1029316.70	2476466.90	1370743.50	1357839.30	300.00	12604.20			
257727.90	2200484.70	764022.00	14613.90	18527.00	381009.40	348211.40	1660.00	
25611.20	239352.60	12115888.00	23009.20		12040125.00		50885.30	1868.40
174400.30	2063501.90	725813.60	96344.20	14653.40	291401.90	4490.20	1042.40	317880.90
881446.40	2951865.10	1126243.50	333049.80	57591.40	453528.80	272252.10	5458.00	4363.40
1844211.80	1881090.10	1447881.00	424221.40	73569.90	470676.40	130773.00	91955.00	256684.70
6752315.50	25265061.90	3867194.80	2998231.70	41422.70	421740.10	253894.90	1853.30	150052.00
1345.20	23866.40	5044.10		2076.00	430.00	2538.10		
1132257.20	4210839.90	13751379.20	348579.30	61126.70	12613197.90	338418.20	27831.60	362225.10
7009285.90	30359245.30	5515438.70	2815124.40	129435.70	1027835.70	655206.20	178851.50	708984.40
5231468.80	24021974.80	3441124.10	2498723.00	92511.50	451384.50	14378.30	26262.30	357864.50
835400.10	4073751.90	1563832.20	461251.30	24672.90	353157.70	150271.80	98061.20	476417.60
2074674.20	6474358.50	14261861.60	203729.40	73378.00	12836491.40	828974.30	82359.60	236927.40
2003478.80	6318558.70	14146450.00	155495.00	73370.00	12819378.50	806426.00	54852.00	236927.40
71195.40	155799.80	115411.60	48234.40	8.00	17112.90	22548.30	27507.60	

11-3 续表 10 continued10

		营业收入 Operation revenue	主营业务收入 Main operation income
港澳台商独资经营企业	Solely owned	2836575.9	2815719.5
外资企业	Foreign funded	1935160.7	1901952.0
合作、合伙企业	Cooperation and partnership	679397.1	670105.0
股份合作企业	Share holding cooperative		
国有联营企业	State joint ownership enterprises	16855.3	16826.6
集体联营企业	Collective-owned		
国有与集体联营企业	State-collective joint		
其他联营企业	Others		
私营合伙企业	Private partnership	17600.0	17600.0
合作经营企业(港或澳、台资)	Cooperative	8247.3	8247.3
中外合作经营企业	Cooperative	251869.4	251869.4
其他企业(内资)	Others	106462.4	106462.4
其他港澳台商投资企业	Others		
其他外商投资企业	Others	278362.7	269099.3
股份有限公司	Share holding	13508035.8	12956554.8
股份有限公司(内资)	Share holding (domestic)	12067592.7	11560915.5
私营股份有限公司	Private	526598.4	525536.7
港澳台商投资股份有限公司	Funded from Hongkong Macao and Taiwan	92531.6	92531.6
外商投资股份有限公司	Share holding	821313.1	777571.0
有限责任公司	Limited company	29036942.6	28688754.2
国有独资公司	State-owned	4073392.5	4049525.0
私营有限责任公司	Limited company	9136666.2	9117888.1
合资经营企业(港或澳、台资)	Funded from Hongkong, Macao and Taiwan	591100.1	574613.0
中外合资经营企业	Joint Venture	7376758.2	7255283.6
其他有限责任公司	Others	7859025.6	7691444.5
三、在总计中:亏损企业	Making loss enterprises	6904028.8	6799653.5
在总计中:国有控股企业	State share holding	62774265.4	58843749.6
农村工业	Rural industry	98797.5	91050.7
轻工业	Light-Industry	15211245.8	14985135.8
重工业	Heavy industry	78947175.9	74921186.4
在总计中:大型企业	Grouped by size of enterprises	66310266.7	62787824.4
中型企业	Medium-sized enterprises	8995140.4	8802936.6
小型企业	Small-sized enterprises	18853014.6	18315561.2
纯小型企业		18464728.2	17930189.7
微型企业		388286.4	385371.5

单位：万元 unit:10000 yuan

营业成本 Operating costs	主营业务成本 Main operation cost	营业税金及附加 Business taxes and extra charges	主营业务税金及附加 Main operation taxes and extra charges	其他业务收入 Other business revenue	其他业务利润 Other business profit
2730769.7	2712053.7	15642.4	15642.4	20856.4	125.3
1545100.4	1512867.5	15539.0	15499.4	33208.7	6659.0
587033.4	576965.1	2271.7	1961.4	9292.1	-1493.3
12606.3	12583.8	61.2	61.2	28.7	6.4
14960.0	14960.0	18.0	18.0		
4975.3	4975.3	96.7	96.7		
196580.1	196580.1	569.0	273.7		
93722.4	93722.4	900.9	885.9		
264189.3	254143.5	625.9	625.9	9263.4	-1499.7
11484990.0	10907228.1	73253.6	71082.9	551481.0	16951.7
10400387.5	9841551.9	65788.2	63622.8	506677.2	16926.9
433115.1	432608.6	1902.3	1897.0	1061.7	24.8
70668.1	70668.1	744.5	744.5		
580819.3	562399.5	4818.6	4818.6	43742.1	
24773860.7	24509295.2	335269.3	332666.6	348188.4	56766.3
3930540.9	3922553.5	20342.9	19268.6	23867.5	10501.5
7521181.9	7502261.7	103316.6	103173.8	18778.1	1944.7
487042.1	473347.3	2550.9	2550.9	16487.1	2309.9
6248733.1	6152849.3	160563.9	160438.6	121474.6	10615.0
6586362.7	6458283.4	48495.0	47234.7	167581.1	31395.2
6524165.5	6408583.5	110300.7	110191.9	104375.3	3474.5
50675280.6	47819755.7	2212349.1	2208161.4	3930515.8	38882.1
84745.7	77205.6	378.9	377.3	7746.8	
12846218.2	12775595.8	261062.1	260873.2	226110.0	493.1
64542842.1	61489787.8	2161378.3	2156413.4	4025989.5	74552.8
53777745.7	51400215.9	2203523.3	2200914.9	3522442.3	29092.4
7385090.9	7209183.4	117517.3	116719.5	192203.8	32422.7
16226223.7	15655984.3	101399.8	99652.2	537453.4	13530.8
15886236.5	15319905.3	99364.7	97974.2	534538.5	13302.5
339987.2	336079.0	2035.1	1678.0	2914.9	228.3

11-3 续表 11 continued11

		财务费用 Financial cost	利息收入 Interest income	利息支出 Interest expenditure
港澳台商独资经营企业	Solely owned	22130.3	-34.8	33513.3
外资企业	Foreign funded	8903.3	-5744.2	8955.4
合作、合伙企业	Cooperation and partnership	15312.1	360.5	13839.6
股份合作企业	Share holding cooperative			
国有联营企业	State joint ownership enterprises	-25.1	-25.1	
集体联营企业	Collective-owned			
国有与集体联营企业	State-collective joint			
其他联营企业	Others			
私营合伙企业	Private partnership	528.0	157.6	
合作经营企业(港或澳、台资)	Cooperative	70.2	1.0	69.2
中外合作经营企业	Cooperative	9133.0	2.0	9127.3
其他企业(内资)	Others	1151.9	11.5	123.7
其他港澳台商投资企业	Others			
其他外商投资企业	Others	4454.1	213.5	4519.4
股份有限公司	Share holding	284684.2	-2338.8	285441.0
股份有限公司(内资)	Share holding (domestic)	277109.7	8250.4	267447.4
私营股份有限公司	Private	5046.2	-814.3	5557.1
港澳台商投资股份有限公司	Funded from Hongkong Macao and Taiwan	574.8	297.8	371.5
外商投资股份有限公司	Share holding	1953.5	-10072.7	12065.0
有限责任公司	Limited company	332312.6	46020.9	283459.3
国有独资公司	State-owned	100288.6	22805.5	80276.2
私营有限责任公司	Limited company	136209.6	3450.5	98369.7
合资经营企业(港或澳、台资)	Funded from Hongkong, Macao and Taiwan	3849.3	51.1	1343.5
中外合资经营企业	Joint Venture	-1623.9	14152.1	12940.5
其他有限责任公司	Others	93589.0	5561.7	90529.4
三、在总计中:亏损企业	Making loss enterprises	175389.5	1783.0	165730.3
在总计中:国有控股企业	State share holding	285969.6	186124.2	452950.5
农村工业	Rural industry	557.6	6.8	76.9
轻工业	Light-Industry	165919.0	515.9	160259.3
重工业	Heavy industry	416261.6	183911.5	558188.4
在总计中:大型企业	Grouped by size of enterprises	114951.9	158776.4	320912.2
中型企业	Medium-sized enterprises	144640.1	24298.8	116583.7
小型企业	Small-sized enterprises	322588.6	1352.2	280951.8
纯小型企业		318271.9	1259.2	277977.0
微型企业		4316.7	93.0	2974.8

单位:万元 unit:10000 yuan

销售费用 Marketing expenses	管理费用 Management expenses	税金 Tax	营业利润 Operating profit	资产减值损失 Impairment of Assets	公允价值变动收益 Fair Value Gain	投资收益 Investment income	补贴收入 Subsidies revenue
25772.4	37115.1	728.9	5153.2			7.5	1019.2
64511.1	194909.1	13929.3	107004.1	1212.3		2019.8	383.8
25102.1	25209.0	1134.7	31129.6	1225.2	8.3	7878.0	15752.9
15.1	474.0	41.6	3664.1	59.8			
528.0	704.0	176.1	862.0				
1212.8	1583.2	45.7	308.8				40.0
18713.2	5438.7	424.5	21435.4				
2092.5	4183.6	111.0	4466.1	34.0	8.3	80.7	
2540.5	12825.5	335.8	393.2	1131.4		7797.3	15712.9
397721.5	816991.6	27094.6	512969.3	51857.5	133.5	114301.7	31340.4
342545.7	662285.8	25897.7	382937.7	50271.3	66.2	113669.3	29843.8
22092.4	34291.9	1075.1	30284.0	565.5	67.3	632.4	1496.6
1623.1	3510.3	48.6	15098.9	311.6			
31460.3	116903.6	73.2	84648.7	709.1			
629844.7	1190322.5	44156.5	1841231.9	29481.9	1742.4	93650.6	43099.7
30569.2	59870.5	2669.8	-53912.5	5139.6	202.3	19245.0	4973.7
258620.7	385269.9	12068.3	749068.6	6315.5	788.5	22530.1	7038.3
13915.1	40317.7	1414.9	43607.2	-177.4		5.4	3017.1
92858.0	317168.2	10622.4	562114.2	8386.8	130.3	11312.8	337.6
233881.7	387696.2	17381.1	540354.4	9817.4	621.3	40557.3	27733.0
106134.0	330529.0	13633.2	-429179.2	50489.2	-41.0	-36154.8	26683.4
2521924.2	2391145.7	112714.0	5325413.8	126153.1	-11670.8	775643.2	58813.3
1414.3	7430.3	71.8	4111.6	158.2			2.0
529505.1	632483.9	20658.3	778521.8	13732.0	764.8	15438.6	32830.5
2799124.5	3251223.8	144826.9	6422415.4	134104.0	-10825.3	791009.3	64846.7
2572267.7	2523770.5	101835.2	5693751.2	79588.3	-11847.9	667180.0	46152.7
213961.6	539947.7	26219.3	552638.7	46091.4	53.4	4697.7	23045.2
542400.3	819989.5	37430.7	954547.3	22156.3	1734.0	134570.2	28479.3
534109.9	806854.7	35753.5	933723.9	22106.3	1691.0	134261.6	28187.5
8290.4	13134.8	1677.2	20823.4	50.0	43.0	308.6	291.8

11-3 续表 12 continued12

		营业外收入 Norbusiness revenue	营业外支出 Norbusiness expenditure
港澳台商独资经营企业	Solely owned	1359.6	804.7
外资企业	Foreign funded	23066.9	25690.0
合作、合伙企业	Cooperation and partnership	16866.1	432.8
股份合作企业	Share holding cooperative		
国有联营企业	State joint ownership enterprises	8.0	1.7
集体联营企业	Collective-owned		
国有与集体联营企业	State-collective joint		
其他联营企业	Others		
私营合伙企业	Private partnership		
合作经营企业(港或澳、台资)	Cooperative	65.2	2.3
中外合作经营企业	Cooperative	795.3	233.5
其他企业(内资)	Others	16.1	148.3
其他港澳台商投资企业	Others		
其他外商投资企业	Others	15981.5	47.0
股份有限公司	Share holding	56519.0	59967.1
股份有限公司(内资)	Share holding (domestic)	48936.1	59330.7
私营股份有限公司	Private	5012.0	404.4
港澳台商投资股份有限公司	Funded from Hongkong Macao and Taiwan	6.0	22.8
外商投资股份有限公司	Share holding	2564.9	209.2
有限责任公司	Limited company	210090.7	38688.4
国有独资公司	State-owned	138496.8	9378.9
私营有限责任公司	Limited company	12152.0	1820.4
合资经营企业(港或澳、台资)	Funded from Hongkong, Macao and Taiwan	4567.4	400.9
中外合资经营企业	Joint Venture	7769.0	14941.0
其他有限责任公司	Others	47105.5	12147.2
三、在总计中:亏损企业	Making loss enterprises	45629.5	51826.9
在总计中:国有控股企业	State share holding	509829.0	101263.0
农村工业	Rural industry	18.8	2.1
轻工业	Light-Industry	55070.0	15642.2
重工业	Heavy industry	548239.0	134363.4
在总计中:大型企业	Grouped by size of enterprises	483170.3	83153.5
中型企业	Medium-sized enterprises	70711.1	24935.2
小型企业	Small-sized enterprises	49427.6	41916.9
纯小型企业		46303.2	39534.5
微型企业		3124.4	2382.4

单位:万元 unit:10000 yuan

利润总额 Profit	应交所得税 Income tax payable	亏损企业亏损总额 Total loss of loss-suffering enterprises	利税总额 Pre-tax profits	应交税金及附加 Taxes and extra charges	本年应付职工薪酬 Wages payable of the year	本年应交增值税 Value added
5707.9	6434.9	20023.9	31237.1	32693.0	37434.0	9886.8
104380.8	39263.4	62440.0	185103.8	133915.7	98415.2	65184.0
47562.7	3853.4	10.0	59610.4	17035.8	36399.4	9776.0
3670.4	918.9		4241.3	1531.4	645.0	509.7
862.0			880.0	194.1	12.0	
371.7	144.9		1224.1	1043.0	1478.8	755.7
21997.2	382.2		27449.4	6258.9	14805.9	4883.2
4333.8	450.6	10.0	6898.7	3126.5	5687.5	1664.0
16327.6	1956.8		18916.9	4881.9	13770.2	1963.4
509521.1	88222.5	179772.6	870806.1	476602.1	583493.2	288031.4
372542.9	70965.9	179278.7	687841.6	412162.3	553243.2	249510.5
34891.6	3794.8	493.9	47457.7	17436.0	27154.3	10663.8
15082.2	2411.7		18933.5	6311.6	1115.4	3106.8
87004.4	11050.1		116573.3	40692.2	1980.3	24750.3
2012633.8	236558.0	133202.1	3092354.0	1360434.7	1683224.6	744450.9
75205.9	9174.5	7477.5	251602.8	188241.2	587802.8	156054.0
759399.2	30509.5	17535.9	1099660.9	382839.5	259595.5	236945.1
47774.0	5515.2		64676.9	23833.0	42461.9	14352.0
554941.7	127998.9	33750.8	921547.6	505227.2	363438.5	206042.0
575313.0	63359.9	74437.9	754865.8	260293.8	429925.9	131057.8
-435377.8	2707.9	435377.8	-234434.3	217284.6	418078.4	90642.8
5733980.3	1220013.3	187354.1	10520578.1	6119325.1	2876576.0	2574248.7
4128.5	405.6	27.8	4634.9	983.8	2355.0	127.5
817949.0	68522.2	63031.2	1268756.0	539987.5	445928.8	189744.9
6836290.5	1368783.2	372346.6	11971654.6	6648974.2	3493415.6	2973985.8
6093767.9	1228561.3	166449.4	10831761.7	6068390.3	2840461.9	2534470.5
598414.9	102462.8	198760.9	964633.2	494900.4	529180.3	248701.0
962056.7	106281.3	70167.5	1444015.7	625671.0	569702.2	380559.2
940491.4	104533.0	66870.1	1413150.3	612945.4	565415.4	373294.2
21565.3	1748.3	3297.4	30865.4	12725.6	4286.8	7265.0

11-3 续表 13 continued13

		全部从业人员年平均人数(万人) Annual average of employment (10000person)	总资产贡献率(%) Ratio of TotalAssets to Industry Value
港澳台商独资经营企业	Solely owned	0.7	3.4
外资企业	Foreign funded	1.9	11.3
合作、合伙企业	Cooperation and partnership	0.4	6.7
股份合作企业	Share holding cooperative		
国有联营企业	State joint ownership enterprises		20.6
集体联营企业	Collective-owned		
国有与集体联营企业	State-collective joint		
其他联营企业	Others		
私营合伙企业	Private partnership		40.2
合作经营企业(港或澳、台资)	Cooperative	0.1	13.1
中外合作经营企业	Cooperative	0.1	8.0
其他企业(内资)	Others	0.1	12.4
其他港澳台商投资企业	Others		
其他外商投资企业	Others	0.2	4.3
股份有限公司	Share holding	6.6	7.1
股份有限公司(内资)	Share holding (domestic)	5.6	6.3
私营股份有限公司	Private	0.6	11.5
港澳台商投资股份有限公司	Funded from Hongkong Macao and Taiwan	0.0	19.8
外商投资股份有限公司	Share holding	0.4	19.8
有限责任公司	Limited company	24.4	13.0
国有独资公司	State-owned	4.5	5.5
私营有限责任公司	Limited company	7.3	14.3
合资经营企业(港或澳、台资)	Funded from Hongkong, Macao and Taiwan	0.6	13.2
中外合资经营企业	Joint Venture	3.7	21.5
其他有限责任公司	Others	8.4	12.1
三、在总计中：亏损企业	Making loss enterprises	6.2	-0.6
在总计中：国有控股企业	State share holding	26.8	19.5
农村工业	Rural industry	0.1	12.5
轻工业	Light-Industry	9.4	14.3
重工业	Heavy industry	40.1	17.7
在总计中：大型企业	Grouped by size of enterprises	29.0	21.3
中型企业	Medium-sized enterprises	9.3	11.4
小型企业	Small-sized enterprises	11.1	9.0
纯小型企业		11.0	9.1
微型企业		0.2	7.3

单位:万元 unit:10000 yuan

资产负债率(%) Ratio of Assetsto Industrial value(%)	流动资产周转率(次/年) Times of Annual Tumover of circulating Funds (time/year)	成本费用利润率(%) Ratio of Profits to cost(%)	产品销售率(%) Proportion of Products sold(%)
86.8	3.0	0.2	96.5
57.1	1.5	5.8	97.1
54.1	1.1	7.3	99.7
83.6	1.0	28.1	100.0
7.6	95.0	5.2	100.0
57.0	3.3	4.7	73.1
40.2	1.1	9.6	123.1
58.8	3.5	4.3	99.0
64.3	0.8	5.8	85.6
64.8	1.4	3.9	97.2
66.7	1.3	3.2	97.1
50.0	2.2	7.1	96.1
20.6	1.1	19.8	100.0
38.5	1.6	11.9	100.0
61.2	2.4	7.5	97.3
55.9	7.0	1.8	99.9
73.4	1.9	9.2	94.7
52.3	2.4	8.8	107.0
51.7	2.4	8.3	99.8
57.3	2.3	7.9	96.6
85.2	1.2	-6.1	95.9
54.3	2.1	10.3	99.4
36.4	4.9	4.4	99.6
57.6	3.0	5.8	94.6
56.6	2.0	9.6	99.3
53.4	2.4	10.3	99.2
56.2	1.9	7.2	98.0
65.9	1.6	5.4	96.0
66.1	1.6	5.4	95.9
60.9	3.0	5.9	97.5

统计资料

STATISTICS

▶ 交通运输、邮电通信业

TRANSPORTATION,POST AND TELECOMMUICATION

2016

第十二篇　交通运输、邮电通信业

2015年，我市机动车保有量160.8万辆，比上年增加10.7万辆，增长7.1%，其中：个人机动车保有量为143.5万辆，比上年增加12.7万辆，增长9.7%。在总计中：新注册18.7万辆，比上年增加17.3万辆。在总计中：营运车辆20.2万辆，比上年减少0.9万辆，下降4.3%；非营运车辆140.4万辆，比上年增加11.6万辆，增长9.0%。

2015年末全市民用汽车保有量127.1万辆，增长11.0%。其中私人汽车保有量111.1万辆，增长15.1%。

全年公路货物周转量356.8亿吨公里，增长6.6%；旅客周转量58.2亿人公里，下降1.3%。民航完成货邮吞吐量7.8万吨，增长5.8%；完成旅客吞吐量855.6万人，增长15.3%。

2015年完成邮电业务总量74.4亿元，增长29.1%。其中：邮政业务总量5.5亿元，增长1.0%；电信业务总量68.9亿元，增长28.9%。全年特快专递完成42.0万件，下降19.2%；邮政储蓄平均余额2557.4亿元，增长1.8%。全市市话年末达到121.8万户，下降6.7%；农话年末达到24.5万户，下降5.4%。移动电话年末达到1080.9万户，下降5.7%。互联网用户达到511.6万户，下降8.0%，其中宽带用户106.0万户，下降4.4%。

12-1 2015年长春市机动车辆保有量
NUMBER OF CIVIL MOTOR VEHICLE OWNED 2015

单位:辆 unit:coach

		机动车保有量 Number of civil motor vehicle owned						报废 Ababdibed Non-operating
		总计 Total				营运 Operating	非营运 Non-operating	
			进口 Import	个人 Individual	新注册 new register			
总计	Total	1607825	66029	1434904	186779	202060	1404330	7080
一、汽车	Vehicles	1271058	65874	1111487	182601	179259	1090370	6501
1.载客汽车	Buses and cars	1119471	65490	1006987	173129	38318	1079724	4795
其中:大型	large	14159	126	824	836	8897	4045	849
中型	mudium	5135	168	1517	340	594	4329	254
小型	Smaller	1073427	64705	979698	171379	28822	1044605	3530
微型	Smaller	26750	491	24948	574	5	26745	162
2.载货汽车	Truck	127842	339	85020	8465	120479	7363	1612
其中:重型	heavy	36165	18	14854	2013	35501	664	739
中型	Mudium	7566	5	5444	95	7284	282	342
轻型	light	83848	316	64531	6357	77481	6367	525
微型	Small	263		191		213	50	6
3.其他汽车	Others	23745	45	19480	1007	20462	3283	94
其中:三轮汽车	Tricar	6746		6739	32	6149	597	1
低速货车	Low-speed truck/Therein	10997	3	10799	159	10780	217	15
二、摩托车	Motor cycle	323007	140	321723	3485	9401	313606	566
1.普通	Ordinary	314304	140	313064	3470	9395	304909	552
2.轻便	Light	8703		8659	15	6	8697	14
三、挂车	Trailer	13291	14	1444	622	13140	151	12
1.重型	Heavy	13238	3	1424	618	13098	140	9
2.中型	Medium-sized	16	7	14	2	9	7	1
3.轻型	Dght	37	4	6	2	33	4	2
四、拖拉机	Tractors	6		6				
1.大中型	Large and medium							
2.小型方向盘式	small							
3.手扶式	Shou fu	6		6				
五、其他类型	others	463	1	244	71	260	203	1

统计资料

▶建筑业

CONSTUCTION

STATISTICS

2016

CHANGCHUN STATISTICAL YEARBOOK

第十三篇　建筑业

2015年，全市建筑业发展步伐放缓，主要经济指标有所回落。

建筑业产值有所下降。2015年全年累计完成建筑业总产值1114.7亿元，比去年下降10.3；竣工产值836亿元，增长7.5；房屋建筑施工面积6288.4万平方米，下降8.6。

企业利润有所下降。2015年，全市建筑业企业实现工程结算收入1078亿元，下降7.4；实现工程结算税金及附加941亿元，下降6.4；实现工程结算利润100.9亿元，下降13.5；实现营业利润49.6亿元，下降2.7.产值利润率由2014年的4.1%，提高到4.5%，提高了0.4个百分点。

13-1 2015年长春市建筑业企业施工房屋竣工面积表

指标名称	Item	建筑业企业个数 Number of construction enterprises	本年实际房屋建筑竣工面积(平方米) Floor space of building completed (sq.m)
总　计	Total	1320	26635765
其中:国有及国有控股企业	State-owned and state-holding enterprise	104	3321030
一、按登记注册类型分组	Grouped by type registered		
内资企业	Domestic funded	1313	26635765
国有企业	State-owned	22	231834
集体企业	Collective-owned	7	
股份合作企业	Cooperative	2	29300
联营企业	Joint		
国有联营企业	State joint owned		
集体联营企业	Collective joint owned		
国有与集体联营企业	State-collective joint owned		
其他联营企业	Other joint owned		
有限责任公司	Limited liability corporations	684	12332798
国有独资公司	State-owned solely	23	278786
其他有限责任公司	Other	661	12054012
股份有限公司	Share holding	64	2898847
私营企业	Private	532	11142986
私营独资企业	Private funded	4	
私营合伙企业	Private partner	1	
私营有限责任公司	Private limited company	501	10480270
私营股份有限公司	Private share holding	26	662716
其他企业	Others	2	
港、澳、台商投资企业	Funded from Hongkong Macao and Taiwan	6	
与港澳台合资经营	joint venture	6	
与港澳台合作经营	Cooperative		
港、澳、台商独资	Solely owned		
港、澳、台商投资股份有限公司	Share holding		
其他港澳台投资	Others		
外商投资企业	Foreign funds	1	
中外合资经营企业	Joint venture	1	
中外合作经营企业	Cooperative		
外资企业	Foreign funded		
外商投资股份有限公司	Share holding		
其他外商投资	Others		
二、按国民经济行业分组	Grouped by sector		
房屋建筑业	Housing industry	369	21000924
土木工程建筑业	Engineering Construction	356	792236
铁路、道路、隧道和桥梁工程建筑	Railway roads and briages projects	180	524865
铁路工程建筑	Railway	10	36006
公路工程建筑	Roads	39	244149
市政道路工程建筑	Municipal road engineering construction	111	161687
其他道路、隧道和桥梁工程建筑	Others	20	83023
水利和内河港口工程建筑	Water conservation and inland port engineering construction	54	38930
水源及供水设施工程建筑	Water resources and water supply facilities engineering construction	32	
河湖治理及防洪设施工程建筑	The governance of rivers and lakes and flood control facilities engineering and construction	18	30930

COMPLETED SPACE OF CONSTRUCTION ENTERPRISES IN 2015

指标名称	Item	建筑业企业个数 Number of construction enterprises	本年实际房屋建筑竣工面积(平方米) Floor space of building completed (sq.m)
港口及航运设施工程建筑	Harbor and shipping facilities engineering constructions	4	8000
海洋工程建筑	Marine engineering constructions		
工矿工程建筑	Mining construction	6	
架线及管道工程建筑	Pipe–line construction	37	35000
架线及设备工程建筑	Wiring and equipment engineering constructions	28	35000
管道工程建筑	Pipes engineering constructions	9	
其他土木工程建筑	Others	79	193441
建筑安装业	Construction and installation projects	346	4511958
电气安装	Electrial installation	66	
管道和设备安装	Pipes and equipment installation	201	417620
其他建筑安装业	Others	79	4094338
建筑装饰和其他建筑业	Construction and decoration industry and others	249	330647
建筑装饰业	Construction and decoration industry	153	321469
工程准备活动	Project preparation activities	28	5628
建筑物拆除活动	Building demolition activities	27	5628
其他工程准备活动	Others	1	
提供施工设备服务	Equipment seruices	2	
其他未列明建筑业	Others	66	3550
三、按隶属关系分组	Grouped by administrative		
中央	Central	37	258945
省(自治区、直辖市)	Province	97	2051731
地区(州、盟、省辖市)	Areas(prefectures、leagues、Provincial cities)	142	5905302
县(区、市、旗)	County	42	1359640
街道	Street	1	
镇	Town		
乡	Township		
居委会	Resident committee		
村委会	Village committee		
其他	Others	1001	17060147
四、按企业资质等级分组	Group according to grades of enterprise qualification		
施工总承包	General construction contract	620	25468077
特级	Superfine	3	2622582
一级	First class	44	7496545
二级	Second class	217	10340905
三级及以下	Third class and below	356	5008045
专业承包	Responsibility contracts on specialties	700	1167688
一级	First class	59	260000
二级	Second class	139	138405
三级及以下	Third class and below	501	769283
五、按控股情况分	Grouped by owned		
国有控股	State–owned	104	3321030
集体控股	Collective–owned	27	368216
私人控股	Private–owned	816	19615211
港澳台控股	HongKong Macao and Taiwan–owned	4	
外商控股	Foreign–owned		
其他	Others	369	3331308

13-2 2015年长春市建筑业企业主要财务状况表

单位:千元

指标名称	Item	固定资产原价 Original value of fixed assets
总　计	Total	17170013
其中:国有及国有控股企业	State-owned and state-holding enterprise	6621230
一、按登记注册类型分组	Grouped by type registered	
内资企业	Domestic funded	16825937
国有企业	State-owned	3283829
集体企业	Collective-owned	102558
股份合作企业	Cooperative	11374
联营企业	Joint	
国有联营企业	State joint owned	
集体联营企业	Collective joint owned	
国有与集体联营企业	State-collective joint owned	
其他联营企业	Other joint owned	
有限责任公司	Limited liability corporations	8346844
国有独资公司	State-owned solely	2103406
其他有限责任公司	Other	6243438
股份有限公司	Share holding	858314
私营企业	Private	4215019
私营独资企业	Private funded	2731
私营合伙企业	Private partner	348
私营有限责任公司	Private limited company	4055247
私营股份有限公司	Private share holding	156693
其他企业	Others	7999
港、澳、台商投资企业	Funded from Hongkong Macao and Taiwan	344076
与港澳台合资经营	joint venture	344076
与港澳台合作经营	Cooperative	
港、澳、台商独资	Solely owned	
港、澳、台商投资股份有限公司	Share holding	
其他港澳台投资	Others	
外商投资企业	Foreign funds	
中外合资经营企业	Joint venture	
中外合作经营企业	Cooperative	
外资企业	Foreign funded	
外商投资股份有限公司	Share holding	
其他外商投资	Others	
二、按国民经济行业分组	Grouped by sector	
房屋建筑业	Housing industry	2831579
土木工程建筑业	Engineering Construction	11975614
铁路、道路、隧道和桥梁工程建筑	Railway roads and briages projects	8257814
铁路工程建筑	Railway	596943
公路工程建筑	Roads	2134625
市政道路工程建筑	Municipal road engineering construction	4387703
其他道路、隧道和桥梁工程建筑	Others	1138543
水利和内河港口工程建筑	Water conservation and inland port engineering construction	1148226
水源及供水设施工程建筑	Water resources and water supply facilities engineering construction	333733
河湖治理及防洪设施工程建筑	The govemance of rivers and lakes and flood control facilities engineering and construction	804894
港口及航运设施工程建筑	Harbor and shipping facilities engineering constructions	9599

MAIN FINANCIAL CONDITIONS OF CONSTRUCTION ENTERPRISES IN 2015

unit:1000yuan

资产合计 Current assets	流动负债合计 Current liabilites	非流动负债合计 Non-current liabilities	负债合计 Liabilities	所有者权益合计 Ownership interests
22867159	77741273	2915584	88066153	57005970
14033926	19906029	232844	20921474	14118440
22677634	75506996	2913708	85813295	56290996
11575494	6847754	65546	6960532	8754383
50666	527809	11581	539390	261731
5628	2438		2448	46384
6241381	37448463	1372931	41767570	27478599
1710410	4748843	136213	4895056	2513023
4530971	32699620	1236718	36872514	24965576
1926363	7408397	10103	10590196	3412390
2870728	23252966	1453547	25933990	16305740
2420	1286		1286	9103
55	96		96	4424
2781378	22330606	1446779	25004131	15658177
86875	920978	6768	928477	634036
7374	19169		19169	31769
189525	2234277	1876	2252858	714974
189525	2234277	1876	2252858	714974
2336239	29281390	313581	31482886	14481643
18821749	36534707	2457659	44016671	31902845
16293582	25554453	2286560	32798034	27198524
402762	4140417		4185447	3479719
1432513	3604729	406636	4747721	6505347
12456301	14871941	1614798	17278369	14410336
2002006	2937366	265126	6586497	2803122
615819	6189655	127902	6350453	2677880
198254	2443963	10330	2487183	875824
412657	3561135	117572	3678712	1680171
4908	184557		184558	121885

13-2 续表 1 continued1

指标名称	Item	固定资产原价 Original value of fixed assets
海洋工程建筑	Marine engineering constructions	
工矿工程建筑	Mining construction	445644
架线及管道工程建筑	Pipe-line construction	1907493
架线及设备工程建筑	Wiring and equipment engineering constructions	1891327
管道工程建筑	Pipes engineering constructions	16166
其他土木工程建筑	Others	216437
建筑安装业	Construction and installation projects	1550058
电气安装	Electrial installation	230224
管道和设备安装	Pipes and equipment installation	885505
其他建筑安装业	Others	434329
建筑装饰和其他建筑业	Construction and decoration industry and others	812762
建筑装饰业	Construction and decoration industry	447584
工程准备活动	Project preparation activities	37214
建筑物拆除活动	Building demolition activities	37077
其他工程准备活动	Others	137
提供施工设备服务	Equipment seruices	720
其他未列明建筑业	Others	327244
三、按隶属关系分组	Grouped by administrative	
中央	Central	2019638
省(自治区、直辖市)	Province	2131844
地区(州、盟、省辖市)	Areas(prefectures、leagues、Provincial cities)	2359766
县(区、市、旗)	County	2666500
街道	Street	
镇	Town	
乡	Township	
居委会	Resident committee	
村委会	Village committee	
其他	Others	7992265
四、按企业资质等级分组	Group according to grades of enterprise qualification	
施工总承包	General construction contract	14626585
特别	Superfine	354634
一级	First class	4948091
二级	Second class	5464279
三级及以下	Third class and below	3859581
专业承包	Responsibility contracts on specialties	2543428
一级	First class	675788
二级	Second class	717464
三级及以下	Third class and below	1150123
五、按控股情况分	Grouped by owned	
国有控股	State-owned	6621230
集体控股	Collective-owned	253850
私人控股	Private-owned	7169144
港澳台控股	HongKong Macao and Taiwan-owned	323280
外商控股	Foreign-owned	
其他	Others	2802509

单位：千元 unit:1000yuan

资产合计 Current assets	流动负债合计 Current liabilites	非流动负债合计 Non-current liabilities	负债合计 Liabilities	所有者权益合计 Ownership interests
168641	1695323		1695323	-825809
1624124	2281334	36782	2318626	2164835
1601595	2093592	36782	2130385	2070894
22529	187742		188241	93941
119583	813942	6415	854235	687415
1165937	9237743	105477	9591199	6532210
171495	999685	76216	1087964	956489
616610	2576725	28387	2661242	3573543
377832	5661333	874	5841993	2002178
543234	2687433	38867	2975397	4089272
332754	1174345	30708	1400011	2751653
26494	12641		12972	125333
26489	11181		11511	117214
5	1460		1461	8119
360			31226	21164
183626	1500447	8159	1531188	1191122
890622	10783894	178347	10974271	1383041
2339028	11344974	113086	15545811	8833117
2191672	8750358	48296	9240051	5819003
11413355	3188093	11325	3360810	10265385
	321		321	55196
6032482	43673633	2564530	48944889	30650228
21045085	69453220	2741748	79225556	46088226
329985	4681203	23307	4704511	1471032
3942855	32245724	1617586	36933333	13516250
4230673	22384827	781668	25753906	15027080
12541572	10141466	319187	11833806	16073864
1822074	8288053	173836	8840597	10917744
362404	2164635	48968	2233224	3064927
517177	2193975	30726	2316324	2648060
942440	3927527	94142	4289133	5192168
14033926	19906029	232844	20921474	14118440
278618	1252889	15648	1270561	706595
6446677	41650673	1749586	48432138	28254603
176167	2122923	1876	2141504	526067
1931771	12808759	915630	15300476	13400265

13-2 续表 2 continued2

指标名称	Item	主营业务收入 Main business revenue
总　计	Total	107796359
其中:国有及国有控股企业	State-owned and state-holding enterprise	20932780
一、按登记注册类型分组	Grouped by type registered	
内资企业	Domestic funded	106240620
国有企业	State-owned	3731320
集体企业	Collective-owned	584728
股份合作企业	Cooperative	53306
联营企业	Joint	
国有联营企业	State joint owned	
集体联营企业	Collective joint owned	
国有与集体联营企业	State-collective joint owned	
其他联营企业	Other joint owned	
有限责任公司	Limited liability corporations	55102240
国有独资公司	State-owned solely	6472672
其他有限责任公司	Other	48629568
股份有限公司	Share holding	8688949
私营企业	Private	38013713
私营独资企业	Private funded	9801
私营合伙企业	Private partner	7906
私营有限责任公司	Private limited company	34373933
私营股份有限公司	Private share holding	3622073
其他企业	Others	66364
港、澳、台商投资企业	Funded from Hongkong Macao and Taiwan	1555739
与港澳台合资经营	joint venture	1555739
与港澳台合作经营	Cooperative	
港、澳、台商独资	Solely owned	
港、澳、台商投资股份有限公司	Share holding	
其他港澳台投资	Others	
外商投资企业	Foreign funds	
中外合资经营企业	Joint venture	
中外合作经营企业	Cooperative	
外资企业	Foreign funded	
外商投资股份有限公司	Share holding	
其他外商投资	Others	
二、按国民经济行业分组	Grouped by sector	
房屋建筑业	Housing industry	48135592
土木工程建筑业	Engineering Construction	37726933
铁路、道路、隧道和桥梁工程建筑	Railway roads and briages projects	24652335
铁路工程建筑	Railway	2030239
公路工程建筑	Roads	6419331
市政道路工程建筑	Municipal road engineering construction	12463633
其他道路、隧道和桥梁工程建筑	Others	3739132
水利和内河港口工程建筑	Water conservation and inland port engineering construction	8122970
水源及供水设施工程建筑	Water resources and water supply facilities engineering construction	2048928
河湖治理及防洪设施工程建筑	The govemance of rivers and lakes and flood control facilities engineering and construction	5661622

单位：千元 unit:1000yuan

主营业务成本 Main operation cost	主营业务税金及附加 Main operation taxes and extra charges	管理费用 Management expenses	利润总额 Total profits	应交所得税 Income taxes payable	应付职工薪酬 (本年贷方累计发生额) Payroll payable (credit accumulated happening this year)
94135911	3419619	3900176	5010299	1629896	8978121
18763973	589344	886422	454620	209091	1460444
92729233	3380534	3868527	4973121	1616458	8721744
3452631	74022	228263	-84111	10249	368406
388362	21212	106335	80103	14895	53788
44376	342	1539	28520	560	9080
47677048	1834485	2249771	2558289	812107	3847004
5592660	186406	313921	222202	61810	311589
42084388	1648079	1935850	2336087	750297	3535415
8258367	281873	195919	423769	167743	1618080
32851697	1166348	1081728	1964394	609862	2822206
6749	240	2105	708	158	2154
6530	279	732	-851	166	1236
29536949	1051659	1022756	1815166	538687	2449613
3301469	114170	56135	149371	70851	369203
56752	2252	4972	2157	1042	3180
1406678	39085	31649	37178	13438	256266
1406678	39085	31649	37178	13438	256266
					111
					111
43148714	1644790	980588	2123390	772161	4957295
32296362	1061889	1715993	1797889	485017	2216800
20625983	740329	979014	1427656	353016	1302915
1549943	68063	43718	191962	24937	112873
5269711	212291	241667	480268	120269	362103
10790381	343175	552423	524965	114435	607416
3015948	116800	141206	230461	93375	220523
7093463	221500	426916	391430	90757	510911
1841299	51447	106283	117173	25965	213521
4948932	162353	315543	177837	60467	286650

13-2 续表 3 continued3

指标名称	Item	主营业务收入 Main business revenue
港口及航运设施工程建筑	Harbor and shipping facilities engineering constructions	412420
海洋工程建筑	Marine engineering constructions	
工矿工程建筑	Mining construction	392341
架线及管道工程建筑	Pipe-line construction	3503516
架线及设备工程建筑	Wiring and equipment engineering constructions	3372419
管道工程建筑	Pipes engineering constructions	131097
其他土木工程建筑	Others	1055771
建筑安装业	Construction and installation projects	17350782
电气安装	Electrial installation	1530673
管道和设备安装	Pipes and equipment installation	5566208
其他建筑安装业	Others	10253901
建筑装饰和其他建筑业	Construction and decoration industry and others	4583052
建筑装饰业	Construction and decoration industry	2464055
工程准备活动	Project preparation activities	86736
建筑物拆除活动	Building demolition activities	80317
其他工程准备活动	Others	6419
提供施工设备服务	Equipment seruices	57450
其他未列明建筑业	Others	1974811
三、按隶属关系分组	Grouped by administrative	
中央	Central	11214015
省(自治区、直辖市)	Province	14154616
地区(州、盟、省辖市)	Areas(prefectures、leagues、Provincial cities)	16043135
县(区、市、旗)	County	1838789
街道	Street	19795
镇	Town	
乡	Township	
居委会	Resident committee	
村委会	Village committee	
其他	Others	64526009
四、按企业资质等级分组	Group according to grades of enterprise qualification	
施工总承包	General construction contract	91626562
特别	Superfine	6037447
一级	First class	35102105
二级	Second class	35087715
三级及以下	Third class and below	15399295
专业承包	Responsibility contracts on specialties	16169797
一级	First class	4279637
二级	Second class	4147447
三级及以下	Third class and below	7736154
五、按控股情况分	Grouped by owned	
国有控股	State-owned	20932780
集体控股	Collective-owned	2466734
私人控股	Private-owned	63245980
港澳台控股	HongKong Macao and Taiwan-owned	1457605
外商控股	Foreign-owned	
其他	Others	19693260

单位：千元 unit:1000yuan

主营业务成本 Main operation cost	主营业务税金及附加 Main operation taxes and extra charges	管理费用 Management expenses	利润总额 Total profits	应交所得税 Income taxes payable	应付职工薪酬(本年贷方累计发生额) Payroll payable (credit accumulated happening this year)
303232	7700	5090	96420	4325	10740
460847	11529	72382	-134367	3828	59245
3244610	50207	154118	40877	21475	251847
3133224	46052	149794	36438	20473	242101
111386	4155	4324	4439	1002	9746
871459	38324	83563	72293	15941	91882
14990505	559126	770452	846133	320544	1240466
1193129	49111	187809	100692	19240	208333
4507644	171323	386145	402491	91869	556175
9289732	338692	196498	342950	209435	475958
3700330	153814	433143	242887	52174	563560
2017660	96135	158016	169577	36103	247339
61478	1253	17536	6173	945	10215
60958	1038	17253	773	445	10095
520	215	283	5400	500	120
49466	1859	4082	2042	69	20850
1571726	54567	253509	65095	15057	285156
10168440	284275	619204	142133	63832	645741
12031348	468629	449456	673668	223999	709622
14955409	545481	468819	626009	299102	2093187
1510527	73107	121410	96165	32783	198683
16780	665	1710	600	240	2160
55453407	2047462	2239577	3471724	1009940	5328728
80992236	2900451	2678218	4079909	1407808	7409787
5577852	201433	125292	131022	97836	160063
32246136	1030879	905832	1057218	547368	3076223
30451523	1151554	1042429	1748853	506795	2835274
12716725	516585	604665	1142816	255809	1338227
13143675	519168	1221958	930390	222088	1568334
3518044	138002	324160	250472	54752	391645
3250862	131943	278014	263335	54702	435931
6370444	248997	619647	414767	112509	740398
18763973	589344	886422	454620	209091	1460444
2062309	86490	190459	128800	32947	285021
55746736	2021676	1867011	3049997	1040490	5545334
1339357	35480	23090	20699	5650	244632
16223536	686629	933194	1356183	341718	1442690

13-3 2015 年长春市建筑业企业生产情况指标

单位：千元

项目	Item	建筑业总产值 Output value of construction	按构成分建筑工程产值 By register output value of construction
总　计	Total	111472996	90450999
其中：国有及国有控股企业	State-owned and state-holding enterprise	23505272	19460063
一、按登记注册类型分组	Grouped by type registered		
内资企业	Domestic funded		
国有企业	State-owned	109951468	89234796
集体企业	Collective-owned	4267393	2069271
股份合作企业	Cooperative	734097	42720
联营企业	Joint	47411	46400
国有联营企业	State joint owned		
集体联营企业	Collective joint owned		
国有与集体联营企业	State-collective joint owned		
其他联营企业	Other joint owned		
有限责任公司	Limited liability corporations	57007145	47381681
国有独资公司	State-owned solely	7337302	7061690
其他有限责任公司	Other	49669843	40319991
股份有限公司	Share holding	8626939	7578360
私营企业	Private	39202119	32089070
私营独资企业	Private funded	1740	1740
私营合伙企业	Private partner	9330	
私营有限责任公司	Private limited company	35515256	29721488
私营股份有限公司	Private share holding	3675793	2365842
其他企业	Others	66364	27294
港、澳、台商投资企业	Funded from Hongkong Macao and Taiwan	1521528	1216203
与港澳台合资经营	joint venture	1521528	1216203
与港澳台合作经营	Cooperative		
港、澳、台商独资	Solely owned		
港、澳、台商投资股份有限公司	Share holding		
其他港澳台投资	Others		
外商投资企业	Foreign funds		
中外合资经营企业	Joint venture		
中外合作经营企业	Cooperative		
外资企业	Foreign funded		
外商投资股份有限公司	Share holding		
其他外商投资	Others		
二、按国民经济行业分组	Grouped by sector		
房屋建筑业	Housing industry	52325224	47179866
土木工程建筑业	Engineering Construction	35894812	30195253
铁路、道路、隧道和桥梁工程建筑	Railway roads and briages projects	22237217	20006420
铁路工程建筑	Railway	2133102	2132091
公路工程建筑	Roads	5976292	5661221
市政道路工程建筑	Municipal road engineering construction	11397476	10244936
其他道路、隧道和桥梁工程建筑	Others	2730347	1968172
水利和内河港口工程建筑	Water conservation and inland port engineering construction	8958105	8554986
水源及供水设施工程建筑	Water resources and water supply facilities engineering construction	2595297	2584612
河湖治理及防洪设施工程建筑	The govemance of rivers and lakes and flood control facilities engineering and construction	5947109	5573252
港口及航运设施工程建筑	Harbor and shipping facilities engineering constructions	415699	397122

PRODUCTIVW INDICARIONS ABOUT CONSTRUCTION ENTERPRISES IN 2015

unit:1000yuan

项目	Item	建筑业总产值 Output value of construction	按构成分建筑工程产值 By register output value of construction
海洋工程建筑	Marine engineering constructions		
工矿工程建筑	Mining construction	475579	353103
架线及管道工程建筑	Pipe-line construction	3277163	545241
架线及设备工程建筑	Wiring and equipment engineering constructions	3142419	523230
管道工程建筑	Pipes engineering constructions	134744	22011
其他土木工程建筑	Others	946748	735503
建筑安装业	Construction and installation projects	19361255	10957762
电气安装	Electrial installation	1482243	46690
管道和设备安装	Pipes and equipment installation	5688606	1443795
其他建筑安装业	Others	12190406	9467277
建筑装饰和其他建筑业	Construction and decoration industry and others	3891705	2118118
建筑装饰业	Construction and decoration industry	2269242	1595642
工程准备活动	Project preparation activities	48362	38728
建筑物拆除活动	Building demolition activities	42902	38728
其他工程准备活动	Others	5460	
提供施工设备服务	Equipment seruices	59450	1450
其他未列明建筑业	Others	1514651	482298
三、按隶属关系分组	Grouped by administrative		
中央	Central	14566426	11818357
省(自治区、直辖市)	Province	13540800	12037090
地区(州、盟、省辖市)	Areas(prefectures、leagues、Provincial cities)	16527326	14037076
县(区、市、旗)	County	2268536	1795191
街道	Street	20385	
镇	Town		
乡	Township		
居委会	Resident committee		
村委会	Village committee		
其他	Others	64549523	50763285
四、按企业资质等级分组	Group according to grades of enterprise qualification		
施工总承包	General construction contract	49034148	49034148
特别	Superfine	8640433	8640433
一级	First class	15510730	15510730
二级	Second class	18271296	18271296
三级及以下	Third class and below	6611689	6611689
专业承包	Responsibility contracts on specialties	2082169	2082169
一级	First class	450000	450000
二级	Second class	448860	448860
三级及以下	Third class and below	1183309	1183309
五、按控股情况分	Grouped by owned		
国有控股	State-owned	7803919	7803919
集体控股	Collective-owned	479109	479109
私人控股	Private-owned	34745331	34745331
港澳台控股	HongKong Macao and Taiwan-owned		
外商控股	Foreign-owned		
其他	Others	8087958	8087958

13-3 续表 1 continued1

项目	Item	房屋建筑施工面积 Construction space	直接从事生产经营活动的人数 Avarage number of directly engaged in production and business operation activities
总　计	Total	62884484	332365
其中:国有及国有控股企业	State-owned and state-holding enterprise	9363029	62616
一、按登记注册类型分组	Grouped by type registered		
内资企业	Domestic funded	62708805	325596
国有企业	State-owned	854343	8917
集体企业	Collective-owned		2509
股份合作企业	Cooperative	32300	363
联营企业	Joint		
国有联营企业	State joint owned		
集体联营企业	Collective joint owned		
国有与集体联营企业	State-collective joint owned		
其他联营企业	Other joint owned		
有限责任公司	Limited liability corporations	28651918	164564
国有独资公司	State-owned solely	821305	14630
其他有限责任公司	Other	27830613	149934
股份有限公司	Share holding	6647597	34834
私营企业	Private	26522647	114305
私营独资企业	Private funded		72
私营合伙企业	Private partner		60
私营有限责任公司	Private limited company	25250579	107181
私营股份有限公司	Private share holding	1272068	6992
其他企业	Others		104
港、澳、台商投资企业	Funded from Hongkong Macao and Taiwan	175679	6769
与港澳台合资经营	joint venture	175679	6769
与港澳台合作经营	Cooperative		
港、澳、台商独资	Solely owned		
港、澳、台商投资股份有限公司	Share holding		
其他港澳台投资	Others		
外商投资企业	Foreign funds		
中外合资经营企业	Joint venture		
中外合作经营企业	Cooperative		
外资企业	Foreign funded		
外商投资股份有限公司	Share holding		
其他外商投资	Others		
二、按国民经济行业分组	Grouped by sector		
房屋建筑业	Housing industry	48667469	187581
土木工程建筑业	Engineering Construction	3825877	82430
铁路、道路、隧道和桥梁工程建筑	Railway roads and briages projects	2620967	52958
铁路工程建筑	Railway	36007	7323
公路工程建筑	Roads	244149	13334
市政道路工程建筑	Municipal road engineering construction	2105019	23063
其他道路、隧道和桥梁工程建筑	Others	235792	9238
水利和内河港口工程建筑	Water conservation and inland port engineering construction	71360	18209
水源及供水设施工程建筑	Water resources and water supply facilities engineering construction		7721
河湖治理及防洪设施工程建筑	The govemance of rivers and lakes and flood control facilities engineering and construction	54360	9685
港口及航运设施工程建筑	Harbor and shipping facilities engineering constructions	17000	803

单位：千元 unit:1000yuan

项目	Item	房屋建筑施工面积 Construction space	直接从事生产经营活动的人数 Avarage number of directly engaged in production and business operationa ctivities
海洋工程建筑	Marine engineering constructions		
工矿工程建筑	Mining construction		2997
架线及管道工程建筑	Pipe-line construction	80000	5009
架线及设备工程建筑	Wiring and equipment engineering constructions	80000	4603
管道工程建筑	Pipes engineering constructions		406
其他土木工程建筑	Others	1053550	3257
建筑安装业	Construction and installation projects	9596293	46611
电气安装	Electrial installation	7920	5250
管道和设备安装	Pipes and equipment installation	786240	17383
其他建筑安装业	Others	8802133	23978
建筑装饰和其他建筑业	Construction and decoration industry and others	794845	15743
建筑装饰业	Construction and decoration industry	690813	8659
工程准备活动	Project preparation activities	13645	368
建筑物拆除活动	Building demolition activities	13645	343
其他工程准备活动	Others		25
提供施工设备服务	Equipment seruices		511
其他未列明建筑业	Others	90387	6205
三、按隶属关系分组	Grouped by administrative		
中央	Central	2082226	23302
省(自治区、直辖市)	Province	6744657	29081
地区(州、盟、省辖市)	Areas(prefectures、leagues、Provincial cities)	14969653	59097
县(区、市、旗)	County	1415540	9744
街道	Street		50
镇	Town		
乡	Township		
居委会	Resident committee		
村委会	Village committee		
其他	Others	37672408	211091
四、按企业资质等级分组	Group according to grades of enterprise qualification		
施工总承包	General construction contract	49034148	281599
特别	Superfine	8640433	15605
一级	First class	15510730	82800
二级	Second class	18271296	124770
三级及以下	Third class and below	6611689	58424
专业承包	Responsibility contracts on specialties	2082169	50766
一级	First class	450000	11336
二级	Second class	448860	13937
三级及以下	Third class and below	1183309	25463
五、按控股情况分	Grouped by owned		
国有控股	State-owned	7803919	62616
集体控股	Collective-owned	479109	7347
私人控股	Private-owned	34745331	205660
港澳台控股	HongKong Macao and Taiwan-owned		6598
外商控股	Foreign-owned		
其他	Others	8087958	50144

统计资料

STATISTICS

▶ 批发零售贸易和住宿餐饮业

WHOLESALE RETAIL TRADES AND HOTELS CATERING

2016

第十四篇 批发零售贸易和住宿餐饮业

2015 年,我市消费品市场保持了较为繁荣活跃的势头,实现社会消费品零售总额 2409.3 亿元,同比增长 8.8%。

从分季度零售额增幅看:2015 年,长春市零售额增幅逐季回升。一季度实现零售额 540.7 亿元,同比增长 7.3%。上半年实现零售额 1127.6 亿元,同比增长 8.3%,增幅比一季度提高 1.0 个百分点。前三季度实现零售额 1734.2 亿元,同比增长 8.5%,增幅比上半年提高 0.2 个百分点,比一季度提高 1.2 个百分点。2015 年全年实现零售额 2409.3 亿元,同比增长 8.8%,增幅进一步提高,高于前三季度增幅 0.3 个百分点。

分行业看:除批发业实现零售额 171.5 亿元,下降 1.7%外,其余 3 个行业零售额均保持了增长态势。其中:零售业实现零售额 2000.6 亿元,增长 9.4%。住宿业实现零售额 20.9 亿元,增长 8.5%。餐饮业实现零售额 216.3 亿元,增长 12.4%。

从地域上看:2015 年,城镇实现零售额 2206.7 亿元,同比增长 8.6%。乡村实现零售额 202.6 亿元,同比增长 11.2%。

14-1 社会消费品零售总额(2015)
TOTAL RETAIL SALES OF CONSUMER GOODSIN 2015

单位:万元 unit:10000 yuan

指标名称	Item	2015
社会消费品零售总额	Total	24092939.2
(一)按销售单位所在地分组	Grouped by region	
1、城镇	Urban	22066619.9
2、乡村	Rural	2026319.3
(二)按行业分组	Grouped by sector	
(1)批发、零售贸易业	Wholesale and retail trade	21721190.5
批发业	Wholesale	1714643.2
零售业	Retail trade	20006547.3
限额以上	Above designated size	9257412.8
批发限额以上	Wholesale limit above	916630.9
零售限额以上	Retail trade limit above	8340781.9
限额以下	Under designated size	12463777.7
批发限额以下企业(单位)及个体户	Wholesale limit below and imdividucl	798012.3
零售限额以下企业(单位)及个体户	Retailtrade limit belon and indroidnal	11665765.4
(2)住宿和餐饮业	Hotels and catering	2371748.7
限额以上企业(单位)及个体户	Enterprises (companies) and self-employed individuals above limits	255046
限额以下企业(单位)及个体户	Enterprises (companies) and self-employed individuals under limits	2116702.7

14-2 限额以上批发和零售业法人基本情况(2015)

指标名称	Item	法人企业数(个) Corporate enterprises (unit)
总计	Total	540
一、批发业	Wholesale	208
1.按批发行业小类分组	Grouped by Sector	
农、林、牧产品批发	Farming、Fore、Animal、Husbandry	39
谷物、豆及薯类批发	Cereal beans and Tubers	31
种子批发	Seed	3
饲料批发	Forage	2
牲畜批发	Animal	1
其他农牧产品批发	Others	2
食品、饮料及烟草制品批发业	Food drink and tobaccos	17
米、面制品及食用油批发业	Grain and edible oil	6
肉、禽、蛋、奶及水产品批发	Meet fowl egg and marine products	3
盐及调味品批发	Salt and condiment	3
酒、饮料及茶叶批发	Alcohol beverage and tea tobaccos	2
烟草制品批发业	Tobaccos	1
其他食品批发	Others	2
纺织、服装及日用品批发业	Textile garment and daily articles	8
服装批发业	Garment	3
家用电器批发	Electrical household appliances	4
其他家庭用品批发	Others	1
文化、体育用品及器材批发业	Sporting goods and equipment wholesale	4
体育用品及器材批发	Sporting goods and equipment wholesale	1
图书批发	Books	3
医药及医疗器材批发	Medicine and medical appliance	44
西药批发	Western medicine	30
中药批发	Chinese medicine	9
医疗用品及器材批发	Medical component	5
矿产品、建材及化工产品批发	Minerals construction materials	48
煤炭及制品批发	Coal and related products	5
石油及制品批发	Petroleum and related products	8
非金属矿及制品批发	Non-metal materials	1

GENERAL INFORMATION OF THE ABOVE-NORM WHOLESALE AND RETAIL 2015

从业人员期末人数（人）(person)	其中:女性 Female	法人所属产业活动单位数（个）The number of legal persons´establishments	批发和零售业 Wholesale and retail trade	其他 Others
47126	23033	787	768	19
11703	4537	246	239	7
1704	500	6	5	1
1342	343			
157	69	5	5	
25	9			
127	56			
53	23	1		1
1552	640	5	4	1
284	127			
31	11			
167	67			
64	38			
836	271	5	4	1
170	126			
741	317			
93	53			
560	223			
88	41			
508	261			
39	20			
469	241			
2155	1100	2	1	1
1700	848	2	1	1
356	201			
99	51			
3234	1140	225	223	2
71	16			
2269	844	221	219	2
5	2			

14-2 续表 1

指标名称	Item	法人企业数（个）Corporate enterprises (unit)
金属及金属矿批发业	Metal materials	10
建材批发业	Construction materials	17
化肥批发业	Chemical fertilizers	3
其他化工产品批发	Others	4
机械设备、五金交电及电子产品批发业	Machinery hardware and electronic equipment	42
农业机械批发	Farm machinery	5
汽车批发	motorcycle	1
汽车零配件批发	motorcycle and parts	8
摩托车及零配件批发	Motor vehicles motorcycle and parts	1
五金产品批发	Hardware products	1
电器设备批发	Appliances	1
计算机、软件及辅助设备批发业	Computer software and accessories	2
通讯及广播电视设备批发	Communication and radiated television	1
其他机械设备及电子产品批发	Others	22
其他批发业	Other wholesale	6
其他未列明的批发	Others	6
2.按登记注册类型分组	Grouped by type registered	
内资企业	Domestic funds	205
国有企业	State-owned	5
有限责任公司	Limited liability corporations	98
国有独资企业	State-owned solely	8
其他有限责任公司	Limited liability corporations	90
股份有限公司	Share holding	12
私营企业	Private	88
私营独资企业	Private funded	2
私营合伙企业	Private partner	84
私营股份有限公司	Private share holding	2
其他企业	Others	2
港、澳、台商投资企业	Funded from Hongkong Macao and Taiwan	2

continued 1

从业人员期末人数（人）(person)	其中:女性 Female	法人所属产业活动单位数（个）The number of legal persons´establishments	批发和零售业 Wholesale and retail trade	其他 Others
274	77			
312	115			
232	70	4	4	
71	16			
1542	498	6	4	2
32	10			
13	2			
512	201	2	2	
47				
16	3			
21	8			
43	13			
40	18			
818	243	4	2	2
267	81	2	2	
267	81	2	2	
11000	4285	246	239	7
2980	1073	223	221	2
4527	1812	4	3	1
878	323			
3649	1489	4	3	1
693	271	1		1
2785	1127	18	15	3
115	79			
2650	1046	18	15	3
20	2			
15	2			
382	127			

14-2 续表 2

指标名称	Item	法人企业数 (个) Corporate enterprises (unit)
港、澳、台商独资经营企业	Solefunds	2
外商投资企业	Foreign funds	1
中外合资经营企业	Joint venture	1
国有控股	State-owned	26
私人控股	Private-owned	149
港澳台商控股	Hongkong Macao and Taiwan-Owned	2
其他	Others	31
独立门店	Substantive store	142
连锁门店	Chain store	1
其他	Others	65
大型	Large-sized	7
中型	Medium-sized	75
小型	Small-sized	103
微型	Micro-sized	23
二、零售业	Retail trade	332
综合零售业	Retail trade	33
百货零售业	Consumer goods	20
超级市场零售业	Supermarket	11
其他综合零售业	Other comprehensive retail business	2
食品、饮料及烟草制品专门零售业	Food beverage and tobaccos	12
粮油零售	Food and Oil	4
糕点、面包零售	Cake and bread	1
酒、饮料及茶叶零售	Alcohol beverage and tea	2
烟草制品零售	Tobaccos	2
其他食品零售	Others	3
纺织、服装及日用品专门零售业	Textile,garment and daily articles	19
服装零售业	Garments	8
化妆品级卫生用品零售	Cosmetic and sanitary accessories	2

continued 2

从业人员期末人数（人）(person)	其中：女性 Female	法人所属产业活动单位数（个）The number of legal persons´establishments	批发和零售业 Wholesale and retail trade	其他 Others
382	127			
321	125			
321	125			
4990	1801	225	223	2
4940	2066	19	15	4
382	127			
1391	543	2	1	1
8808	3395	230	226	4
396	188			
2499	954	16	13	3
3894	1488	223	221	2
4962	2034	14	11	3
2348	843	7	5	2
499	172	2	2	
35423	18496	541	529	12
14859	8692	39	38	1
9606	6438	5	5	
3234	2096	34	33	1
2019	158			
995	533	57	57	
321	96			
119	84	15	15	
40	21			
455	309	42	42	
60	23			
1323	910	22	22	
964	633	7	7	
63	45			

14-2 续表 3

指标名称 Item		法人企业数 (个) Corporate enterprises (unit)
钟表、眼镜零售	Clock and spectacles	5
其他日用品零售	Others	4
文化、体育用品及器材专门零售	Cultural and sport goods	12
图书、报刊零售	Books、Newspaper	8
珠宝首饰零售	Jewelry	2
工艺美术品及收藏品零售	Handicraft article and collection	1
照相器材零售	Photogrphic apparatus retail	1
医药及医疗器材专门零售业	Medicine and medical appliance	19
药品零售业	Medicine	14
医疗用品及器材零售	Medical component	5
汽车、摩托车、燃料及零配件专门零售业	Vehicles,motorcycle and part	169
汽车零售业	Vehicles	138
汽车零配件零售	Installation kit	15
机动车燃料零售业	Fuel	16
家用电器及电子产品专门零售业	Electrical household equipment	20
家用视听设备零售	Household audio and video equipment	3
日用家电设备零售	Household applianeces retail	7
计算机、软件及辅助设备零售业	Computer software and accessories	5
通信设备零售业	Teleconmmunicational equipment	2
其他电子产品零售	Others	3
五金、家具及室内装修材料专门零售业	Hardware funiture and indoor hareware fitting	12
五金零售	Hardware	5
家具零售	Funiture	2
陶瓷、石材装饰材料零售	Ceramics、decorative stone materials retail	3
其他室内装修材料零售	Others	2
货摊、无店铺及其他零售业	Other retail trade	36
邮购及电视、电话零售	Mail-order and TV and phone retail	1
生活用燃料零售	Fuel for life	17

continued 3

从业人员期末人数（人）(person)	其中:女性 Female	法人所属产业活动单位数（个）The number of legal persons´establishments	批发和零售业 Wholesale and retail trade	其他 Others
276	232	15	15	
20				
898	440	14	12	2
792	375	7	5	2
70	59	5	5	
26		2	2	
10	6			
2971	2300	284	278	6
2882	2242	284	278	6
89	58			
11804	4288	73	70	3
9089	3340	15	12	3
687	125			
2028	823	58	58	
1358	784	45	45	
75	51			
1012	556	25	25	
96	44			
136	115	20	20	
39	18			
325	158			
139	59			
39	22			
116	69			
31	8			
890	391	7	7	
35	26			
553	252	7	7	

14-2 续表 4

指标名称 Item		法人企业数 (个) Corporate enterprises (unit)
其他未列明的零售	Others	18
内资企业	Domestic funds	321
国有企业	State-owned	3
股份合作企业	Cooperative	2
有限责任公司	Limited liability corporations	143
国有独资公司	State-owned solely	6
其他有限责任公司	Limited liability corporations	137
股份有限公司	Share holding	5
私营企业	Private	163
私营独资企业	Private funded	7
私营有限责任公司	Private limited company	151
私营股份有限公司	Private share holding	5
其他企业	Others	5
港、澳、台商投资企业	Funded from Hongkong,Macao and Taiwan	4
合资经营企业(港或澳、台资)	Joint venture	3
港、澳、台商独资经营企业	Solefunds	1
外商投资企业	Foreign funds	7
中外合资经营企业	Joint venture	4
外资企业	Foreign funded	1
外商投资股份有限公司	Share holding	1
其他外商投资股份有限公司	Others	1
国有控股	State-owned	21
集体控股	Collective-owned	2
私人控股	Private-owned	255
港澳台商控股	Hongkong, Macao and Taiwan-Owned	3

continued 4

从业人员期末人数（人）(person)	其中:女性 Female	法人所属产业活动单位数（个）The number of legal persons´establishments	批发和零售业 Wholesale and retail trade	其他 Others
302	113			
33207	17263	518	507	11
143	64			
1796	1318			
14971	6686	173	173	
783	307	36	36	
14188	6379	137	137	
7146	5015	226	221	5
8974	4075	119	113	6
212	112			
8532	3846	119	113	6
230	117			
177	105			
956	606	19	19	
863	524	4	4	
93	82	15	15	
1260	627	4	3	1
527	263			
648	333	4	3	1
2				
83	31			
7598	4491	89	89	
1800	1305			
15310	7067	175	169	6
268	163	15	15	

14-2 续表 5

指标名称	Item	法人企业数（个）Corporate enterprises (unit)
外商控股	Foreign-owned	5
其他	Others	46
独立门店	Substantive store	264
连锁总店（总部）	Chain headquarter	15
连锁门店	Chain store	8
其他	Others	45
大型	Large-sized	20
中型	Medium-sized	114
小型	Small-sized	138
微型	Micro-sized	60
有店铺零售	Retail trade	318
超市	Market	4
大型超市	Super market	8
百货店	Consumer goods	26
专业店	Specialty store	144
专卖店	Exclusive shop	117
家居建材商店	Household items hall	3
购物中心	Shopping center	3
厂家直销中心	Direct sales by manufacturers	13
无店铺零售	Other retail trade	14
电视购物	TV shopping	1

continued 5

从业人员期末人数（人）(person)	其中：女性 Female	法人所属产业活动单位数（个）The number of legal persons´establishments	批发和零售业 Wholesale and retail trade	其他 Others
1005	517	4	3	1
9442	4953	258	253	5
21947	9641	116	112	4
9191	6424	402	396	6
1004	627	23	21	2
3281	1804			
19015	10819	370	364	6
12522	5945	153	152	1
3514	1600	18	13	5
372	132			
34929	18379	541	529	12
246	198	2	2	
3033	1947	32	31	1
11785	6643	5	5	
12643	6396	420	412	8
6422	2802	82	79	3
45	16			
399	247			
356	130			
494	117			
35	26			

14-3 限额以上批发和零售法人企业财务状况综合表(2015)

单位:万元

指标名称	Item	营业收入 Operation revenue	主营业务收入 Main operation income
总计	Total	525	394
一、批发业	Whole sale enterprises	197	136
农、林、牧产品批发	Farming、Fore、animal husbandry	37	24
谷物、豆及薯类批发	Cereal beans and Tubers	29	17
种子批发	Seed	3	3
饲料批发	Forage	2	1
牲畜批发	Animal	1	1
其他农牧产品批发	Others	2	2
食品、饮料及烟草制品批发	Food,drink and tobaccos	17	9
米、面制品及食用油批发	Grain and edible oil	6	3
肉、禽、蛋、奶及水产品批发	Meat fowl egg and marine products	3	
盐及调味品批发	Salt and condiment	3	2
酒、饮料机茶叶批发	Alcohol beverage and tea tobaccos	2	1
烟草制品批发	Tobaccos	1	1
其他食品批发	Others	2	2
纺织、服装及家庭用品批发	Textiles,garments and daily articles	8	6
服装批发	Garments	3	2
家用电器批发	Electrical household appliances	4	3
其他家庭用品批发	Others	1	1
文化、体育用品及器材批发	Cultural and sports goods	4	3
体育用品及器材批发	Sporting goods and equipment wholeasale	1	1
图书批发	Books	3	2
医药及医疗器材批发	Medicines and medical appliances	42	31
西药批发	Western medicine	29	20
中药批发	Chinese medicine	8	7
医疗用品及器材批发	Medical component	5	4
矿产品、建材及化工产品批发	Minerals and construction materials	46	32

LIMITATION ABOVE WHOLESALE AND RETAIL BUSINESS AS A LEGAL PERSON ENTERPRISE COMPREHENSIVE TABLE OF CHANGES IN FINANCIAL POSITION 2015

unit:10000 yuan

一、年初存货 Inventory	二、期末资产负债 The final balance sheet						
	流动资产合计 Circulating funds	应收帐款 Receivables	存货 Inventery	固定资产合计 otal fixed assets	固定资产原价 Original Value of fixed assets	累计折旧 Total depreciation	本年折旧 Depreciationg in this year
1537371.5	6604991.6	1483709.2	1462470.9	1487191.4	2057603.3	605575.2	110085.6
676520.7	3556510.6	1150767.3	623983.1	241978.7	386136.5	144190.8	21392.1
196856.1	550501.9	165662.1	199524.1	47548.5	66215.3	18666.8	2427.6
177690.3	471438.5	144593.8	180843.0	35434.5	50269.2	14834.7	1364.7
15673.6	69371.3	17821.1	17107.8	6863.6	8920.9	2057.3	564.4
852.8	1493.0	283.7	694.5	6.0	153.0	147.0	31.1
1036.6	1184.7	10.9	156.3	5029.3	6593.6	1564.3	403.9
1602.8	7014.4	2952.6	722.5	215.1	278.6	63.5	63.5
63144.8	231851.4	46587.1	70629.5	55129.4	84878.2	29761.9	5061.4
5484.7	18790.9	1427.6	5555.6	1076.4	1436.5	373.2	43.9
1078.2	3761.4	751.8	1077.2	690.4	924.8	234.4	33.2
2251.2	10701.3	1713.4	3108.2	2750.0	3846.6	1096.6	163.2
1240.4	9130.9	362.4	3438.3	517.6	520.3	2.7	2.1
50807.6	178912.7	39864.2	55373.5	50060.7	77807.7	27747.0	4796.0
2282.7	10554.2	2467.7	2076.7	34.3	342.3	308.0	23.0
8283.8	27463.2	5581.9	9969.4	349.8	1246.9	897.2	159.3
4702.6	10760.3	2141.4	7027.6	71.4	285.7	214.4	65.4
1558.9	9689.6	2991.5	880.6	229.6	576.4	346.8	21.1
2022.3	7013.3	449.0	2061.2	48.8	384.8	336.0	72.8
11967.2	53513.6	11988.7	11474.3	13300.0	20967.1	7667.1	735.5
384.2	2972.1	2601.4	349.6	18.1	61.6	43.5	43.5
11583.0	50541.5	9387.3	11124.7	13281.9	20905.5	7623.6	692.0
68441.9	507953.3	198045.0	68809.6	16546.8	27477.9	10938.9	1246.2
63651.4	456427.4	167863.0	59143.9	16165.9	26616.6	10458.5	1162.1
2985.7	35318.7	18829.1	7868.4	321.3	485.9	164.6	68.8
1804.8	16207.2	11352.9	1797.3	59.6	375.4	315.8	15.3
231556.1	1721323.4	505173.3	162790.8	85250.7	147492.5	62241.8	9163.1

14-3 续表 1 continued1

指标名称	Item	在建工程 Circulating funds	资产总计 Total assets
总计	Total	268883.4	9488066.0
一、批发业	Whole sale enterprises	63110.7	4200860.5
农、林、牧产品批发	Farming、Fore、animal husbandry	10563.2	668457.6
谷物、豆及薯类批发	Cereal beans and Tubers	1238.0	538486.8
种子批发	Seed	9325.2	110611.6
饲料批发	Forage		1502.2
牲畜批发	Animal		7313.5
其他农牧产品批发	Others		10543.5
食品、饮料及烟草制品批发	Food,drink and tobaccos	13.0	321854.4
米、面制品及食用油批发	Grain and edible oil	13.0	21686.3
肉、禽、蛋、奶及水产品批发	Meat fowl egg and marine products		4451.9
盐及调味品批发	Salt and condiment		14111.5
酒、饮料机茶叶批发	Alcohol beverage and tea tobaccos		33926.8
烟草制品批发	Tobaccos		237089.4
其他食品批发	Others		10588.5
纺织、服装及家庭用品批发	Textiles,garments and daily articles		30004.4
服装批发	Garments		12058.6
家用电器批发	Electrical household appliances		10883.7
其他家庭用品批发	Others		7062.1
文化、体育用品及器材批发	Cultural and sports goods		89266.4
体育用品及器材批发	Sporting goods and equipment wholeasale		2990.3
图书批发	Books		86276.1
医药及医疗器材批发	Medicines and medical appliances	10995.2	602277.1
西药批发	Western medicine	10995.2	546262.4
中药批发	Chinese medicine		39747.7
医疗用品及器材批发	Medical component		16267.0
矿产品、建材及化工产品批发	Minerals and construction materials	38703.3	1980022.1

单位:万元 unit:10000 yuan

二、期末资产负债 The final balance sheet				
流动负债合计 Total current liabilities	应付账款 Inventory	非流动负债合计 Non-current liabilities	负债合计 Total liabilities	所有者权益 Creditor′s equity
6978907.6	1155053.6	657779.8	7642854.7	1845211.3
3387328.6	614170.2	142257.6	3529991.3	670869.2
561141.9	138250.0	6471.9	567602.3	100855.3
517144.2	118185.9	5243.4	522387.6	16099.2
29234.7	18969.8	33.3	29256.5	81355.1
451.1	260.9		451.1	1051.1
10525.4	225.2		10525.4	-3211.9
3786.5	608.2	1195.2	4981.7	5561.8
109751.6	26001.4	201.9	109953.5	211900.9
13371.1	1834.0	200.0	13571.1	8115.2
3412.0		1.9	3413.9	1038.0
9635.3	2983.3		9635.3	4476.2
26734.7	3074.1		26734.7	7192.1
47245.2	18057.1		47245.2	189844.2
9353.3	52.9		9353.3	1235.2
28278.1	17246.1	2900.0	31178.1	-1173.7
15390.9	9048.4		15390.9	-3332.3
12521.4	8769.5		12521.4	-1637.7
365.8	-571.8	2900.0	3265.8	3796.3
62578.1	22185.8	1504.9	64083.0	25183.4
2598.8	-869.3		2598.8	391.5
59979.3	23055.1	1504.9	61484.2	24791.9
457264.7	150592.7	65717.6	523008.9	79268.2
408469.7	117615.8	65717.6	474194.0	72068.4
35818.1	27918.3		35818.1	3929.6
12976.9	5058.6		12996.8	3270.2
1775967.9	140857.9	56244.8	1832602.7	147419.4

14-3 续表 2 continued2

指标名称	Item	实收资本 Original Value of fixed assets	国家资本 State owned	集体资本 Collective
总计	Total	1264083.7	405990.4	6793.0
一、批发业	Whole sale enterprises	622933.9	372354.4	102.0
农、林、牧产品批发	Farming、Fore、animal husbandry	93177.4	5350.0	
谷物、豆及薯类批发	Cereal beans and Tubers	75347.1	5350.0	
种子批发	Seed	14000.0		
饲料批发	Forage	550.0		
牲畜批发	Animal	520.0		
其他农牧产品批发	Others	2760.3		
食品、饮料及烟草制品批发	Food,drink and tobaccos	15248.1	7261.7	
米、面制品及食用油批发	Grain and edible oil	7200.0	5000.0	
肉、禽、蛋、奶及水产品批发	Meat fowl egg and marine products	356.0		
盐及调味品批发	Salt and condiment	466.4	466.4	
酒、饮料机茶叶批发	Alcohol beverage and tea tobaccos	5100.0		
烟草制品批发	Tobaccos	1795.3	1795.3	
其他食品批发	Others	330.4		
纺织、服装及家庭用品批发	Textiles,garments and daily articles	2180.0		
服装批发	Garments	630.0		
家用电器批发	Electrical household appliances	1150.0		
其他家庭用品批发	Others	400.0		
文化、体育用品及器材批发	Cultural and sports goods	24515.2	21851.2	
体育用品及器材批发	Sporting goods and equipment wholeasale	500.0		
图书批发	Books	24015.2	21851.2	
医药及医疗器材批发	Medicines and medical appliances	47666.4	20000.0	
西药批发	Western medicine	41444.1	20000.0	
中药批发	Chinese medicine	5022.3		
医疗用品及器材批发	Medical component	1200.0		
矿产品、建材及化工产品批发	Minerals and construction materials	393315.8	306391.5	

单位:万元 unit:10000 yuan

二、期末资产负债 The final balance sheet				三、损益及分配 Gains and losses and distribution			
法人资本 Corporate	个人资本 Private	港澳台资本 Funded from Hongkong, Macao and Taiwan	外商资本 Foreign funds	营业收入 Operation revenue	主营业务收入 Operating revenue	营业成本 Operating costs	主营业务成本 Operating costs
373320.9	412970.6	52502.9	12505.9	12809930.7	12569970.9	11426878.0	11396940.7
113233.6	96743.9	35500.0	5000.0	6217858.5	6204978.5	5634750.6	5633220.6
25477.9	27349.5	35000.0		462591.5	461922.3	422168.0	422151.4
17969.6	17027.5	35000.0		368321.3	367728.7	349208.2	349191.6
5500.0	8500.0			62011.2	61940.7	42711.8	42711.8
550.0				10466.6	10466.6	10061.7	10061.7
	520.0			2806.1	2800.0	3222.1	3222.1
1458.3	1302.0			18986.3	18986.3	16964.2	16964.2
5786.4	2200.0			805090.5	804026.5	608244.5	607441.1
100.0	2100.0			84255.0	84255.0	79675.4	79675.4
356.0				11266.8	11266.8	9935.8	9935.8
				31140.3	31015.2	23863.2	23745.5
5000.0	100.0			12613.7	12613.7	9809.7	9809.7
				649533.5	648594.6	470523.0	469837.3
330.4				16281.2	16281.2	14437.4	14437.4
1600.0	80.0	500.0		145251.3	143547.2	135342.3	135309.4
600.0	30.0			31770.3	31769.7	28890.1	28889.6
600.0	50.0	500.0		95847.5	95803.9	91914.1	91881.7
400.0				17633.5	15973.6	14538.1	14538.1
568.0	2096.0			51491.2	50725.7	44175.8	44175.8
500.0				7227.1	7227.1	6740.5	6740.5
68.0	2096.0			44264.1	43498.6	37435.3	37435.3
15609.2	12057.2			660299.3	659943.4	592546.3	592546.3
13811.2	7632.9			570308.9	569953.0	512615.6	512615.6
1298.0	3724.3			69421.4	69421.4	61859.2	61859.2
500.0	700.0			20569.0	20569.0	18071.5	18071.5
49494.6	37429.7			2575331.4	2567966.1	2485732.7	2485180.3

14-3 续表 3 continued3

指标名称	Item	营业税金及附加 Business taxes and extra charges
总计	Total	106941.4
一、批发业	Whole sale enterprises	76360.5
农、林、牧产品批发	Farming、Fore、animal husbandry	401
谷物、豆及薯类批发	Cereal beans and Tubers	381.0
种子批发	Seed	4.4
饲料批发	Forage	3
牲畜批发	Animal	
其他农牧产品批发	Others	12.6
食品、饮料及烟草制品批发	Food,drink and tobaccos	69202.9
米、面制品及食用油批发	Grain and edible oil	94.4
肉、禽、蛋、奶及水产品批发	Meat fowl egg and marine products	71.7
盐及调味品批发	Salt and condiment	60.6
酒、饮料机茶叶批发	Alcohol beverage and tea tobaccos	41.7
烟草制品批发	Tobaccos	68888.7
其他食品批发	Others	45.8
纺织、服装及家庭用品批发	Textiles,garments and daily articles	284.5
服装批发	Garments	26.0
家用电器批发	Electrical household appliances	131.5
其他家庭用品批发	Others	127.0
文化、体育用品及器材批发	Cultural and sports goods	27.6
体育用品及器材批发	Sporting goods and equipment wholeasale	9.0
图书批发	Books	18.6
医药及医疗器材批发	Medicines and medical appliances	1087.9
西药批发	Western medicine	892.9
中药批发	Chinese medicine	124
医疗用品及器材批发	Medical component	71
矿产品、建材及化工产品批发	Minerals and construction materials	2665.1

单位:万元 unit:10000 yuan

三、损益及分配 Gainsay and losses and distribution							
主营业务税金及附加 Main operation taxes and extra charges	其他业务利润 Other business profit	销售费用 Marketing expenses	管理费用 Management expenses	税金 Taxes	财务费用 Financial expenses	利息收入 Interest income	利息收入 Interest income
103992.3	68174.2	530471.0	404809.2	18386.3	170536.7	16896.6	139026.7
76347.2	23373.3	277578.3	89290.7	4046.6	66911.8	11909.6	62362.3
387.7	19171.9	15022.9	8274.5	199.4	32668.6	−18.8	25849.3
367.7	58.1	12102.7	5355.3	193.5	31136.5	−18.7	25849.3
4.4	19035.5	1600.1	1886.7	1.0	1510.8		
3	78.3	114.9	164.7	4.9	0.2	−0.1	
		44.8	326.3		0.1		
12.6		1160.4	541.5		21		
69202.9	253.2	29749.4	21888.4	1229.6	−2321.9	4043.2	1033.9
94.4		2978.1	881.5	38.8	639	457.8	1000.1
71.7		1141	58.9		80.6		33.8
60.6		1423.9	2618.3	34.5	−10.9	11.6	
41.7		448.9	756.2		53.7		
68888.7	253.2	22676.3	16612.1	1135	−3091	3573.8	
45.8		1081.2	961.4	21.3	6.7		
284.5		7013.8	1781	44.8	79.3	48.5	104.2
26.0		2280.1	1142.0		0.3	−0.4	−5.9
131.5		3064.7	246.9	18.3	−32.6	48.9	0.2
127.0		1669.0	392.1	26.5	111.6		109.9
27.6		3595.1	5941.9	267.3	−13.0	3.3	−12.2
9.0		527.2			−0.3	−0.6	0.1
18.6		3067.9	5941.9	267.3	−12.7	3.9	−12.3
1087.9	2514.8	42436.7	17903.1	358.6	10322	359.9	4386.6
892.9	2514.8	37972.9	13342.3	328.4	10282.1	328.4	4362.9
124		3584.4	3430.3	15.2	19.5	30.3	4.1
71		879.4	1130.5	15	20.4	1.2	19.6
2665.1	494.1	58506.9	15262.3	1450.2	23756.8	7207.3	29082.1

14-3 续表 4 continued4

指标名称	Item	资产减值损失 Lost	公允价值变动收益 Revenue	投资收益 Investment income
总计	Total	7662.9	-0.3	31537.2
一、批发业	Whole sale enterprises	4803.0		12428.5
农、林、牧产品批发	Farming、Fore、animal husbandry	13.9		2564
谷物、豆及薯类批发	Cereal beans and Tubers	-10.6		2339.6
种子批发	Seed			
饲料批发	Forage	4.3		
牲畜批发	Animal			
其他农牧产品批发	Others	20.2		224.4
食品、饮料及烟草制品批发	Food,drink and tobaccos	78.2		343.8
米、面制品及食用油批发	Grain and edible oil	-0.7		34.4
肉、禽、蛋、奶及水产品批发	Meat fowl egg and marine products			
盐及调味品批发	Salt and condiment			
酒、饮料机茶叶批发	Alcohol beverage and tea tobaccos	192		
烟草制品批发	Tobaccos	-113.1		309.4
其他食品批发	Others			
纺织、服装及家庭用品批发	Textiles,garments and daily articles	218.7		
服装批发	Garments	327.8		
家用电器批发	Electrical household appliances	-109.1		
其他家庭用品批发	Others			
文化、体育用品及器材批发	Cultural and sports goods	479.6		2225.2
体育用品及器材批发	Sporting goods and equipment wholeasale			
图书批发	Books	479.6		2225.2
医药及医疗器材批发	Medicines and medical appliances	4.6		5771.9
西药批发	Western medicine	4.6		5766.5
中药批发	Chinese medicine			5.4
医疗用品及器材批发	Medical component			
矿产品、建材及化工产品批发	Minerals and construction materials	1532.7		599.2

单位:万元 unit:10000 yuan

三、损益及分配 Gains and losses and distribution					四、人工成本及增值税 Labor cost and VAT	
营业利润 Business profit	营业外收入 Norbusiness revenue	补贴收入 Subsidies revenue	利润总额 Total profit	应交所得税 Income taxes payable	应付职工薪酬(本年贷方累计发生额) payroll payable (credit accumulated happening this year)	应交增值税 VAT payableinput
195412.4	35373.3	17120.2	216145.0	68447.7	285823	150962
81227.1	18022.6	12632.4	90235.5	34890.4	115798	97057
-13404.5	12314.4	11290.1	-7433.6	675.6	6570.1	-4203.3
-27523.3	12165.6	11287.1	-21399.0	566.5	4866	-4203
14297.4	141.4		14139.4	5.2	789	
117.8			115.0	31.8	112	
-787.2	7.4	3	-779.8		601	
490.8			490.8	72.1	202.2	
78680.5	954	50.2	78869.4	20342.2	43357.9	34863.6
129.8	86.8		206.7		1086.3	164.1
-21.2	342.7		320.9	37.2	101.7	52.1
3164.8	100.8	50.2	3259.6	828.2	1391	418
1311.5			1308.5	327.2	646.6	345.2
74346.9	135.7		73738.3	18961.4	39800	32363.8
-251.3	288		35.4	188.2	331.9	1520.2
531.8	65.8		585.1	372.9	2867.6	752.2
-895.9	17.0		-883.1	13.6	648	219
632	40		664.9	158.5	1540.4	277.5
795.7	8.8		803.3	200.8	680	256
-490.6	1049.4		521.9	0.6	2231	1304
-49.3			-49.3		175	1304
-441.3	1049.4		571.2	0.6	2057	
1770.6	658.7		2120.4	1311.8	8669.9	23885.8
965.0	629.6		1427.6	1165	7088	22487
409.4	16.6		364.3	94.3	1255.9	868.9
396.2	12.5		328.5	52.5	326.3	530.2
-10981	2668.1	1091.9	-8334.6	4817.3	34019.5	22519.8

14-3 续表 5 continued5

指标名称 Item		法人企业数(个) Corporate enterprises (unit)	执行《2006 年企业会计准则》企业个数(个) Number of enterprises implmenting Accounting Standards for Business Enterprises 2006
煤炭及制品批发	Coal and related products	4	2
石油及制品批发	Petroleum and related products	8	6
非金属矿及制品批发	Non-metal materials	1	1
金属及金属矿批发	Metal materials	10	8
建材批发	Constructional materials	16	12
化肥批发	Chemical fertilizer	3	1
其他化工产品批发	Others	4	2
机械设备、五金产品及电子产品批发	Machinery,hardware and electric equipment	37	25
农业机械批发	Farm machinery	5	5
汽车批发	motorcycle	1	
汽车零件批发	motorcycle and parts	7	4
摩托车及零件批发	Motor vehicles,motorcycle and parts	1	
五金产品批发	Hardware products	1	1
电气设备批发	Electrical household appliances	1	
计算机、软件及辅助设备批发	Computer software and accessories	2	
通讯及广播电视设备批发	Communication and radiated television	1	1
其他机械设备及电子产品批发	Others	18	14
其他批发业	Other	6	6
其他未列明的批发	Others	6	6
内资企业	Domestic funds	194	133
国有企业	State-owned	4	4
有限责任公司	Limited liability corporations	94	65
国有独资企业	State-owned solely	8	6
其他有限责任公司	Limited liability corporations	86	59
股份有限公司	Share holding	11	8
私营企业	Private	84	55
私营独资企业	Private funded	2	2

单位:万元 unit:10000 yuan

一、年初存货 Inventory	二、期末资产负债 The final balance sheet						
	流动资产合计 Circulating funds	应收帐款 Receivables	存货 Inventery	固定资产合计 otal fixed assets	固定资产原价 Original Value of fixed assets	累计折旧 Total depreciation	本年折旧 Depreciationg in this year
2959.9	29725.2	4328.6	5664.2	381.8	484.2	102.4	61.6
26295.7	151601.0	6760.5	22385.8	65703.2	116550.2	50847.0	6379.8
920.3	6575.2	5416.2	341.7	17.2	27.9	10.7	6.8
84091.4	1026371.0	413729.1	71712.2	17012.2	26271.1	9258.9	2182.8
10599.8	188375.8	49480.3	12095.5	429.1	1257.8	828.7	144.6
106042.0	305052.8	23713.5	49723.3	1280.9	2364.2	1083.3	347.4
647	13622.4	1745.1	868.1	426.3	537.1	110.8	40.1
84015.4	300182.7	84840.8	83652.1	23436.7	36224.9	12800.2	2478.5
2338.5	1723.4	333.3	1159.8	4001.1	4696.8	695.7	37.8
111.1	282.3	183.9	88.5	2.3	55.7	53.4	1.1
31885.6	122205.9	4965.1	28394.4	4115.6	9445.8	5330.2	1178.6
2748.1	4123.4	510.7	2578.4	3192.5	4494.8	1302.3	208.3
720.0	2436.5	1544.6	614.3	27.2	58.1	30.9	20.0
824.1	1968.8	714.6	853.9	177.6	177.6		
1124.7	5852.7	2515.5	578.2	0.5	31.1	30.6	6.1
1537.0	3381.8	188.8	2492.0	40.5	135.4	94.9	9.2
42726.3	158207.9	73884.3	46892.6	11879.4	17129.6	5262.2	1017.4
12255.4	163721.1	132888.4	17133.3	416.8	1633.7	1216.9	120.5
12255.4	163721.1	132888.4	17133.3	416.8	1633.7	1216.9	120.5
655882.1	3445859.5	1150745.3	605985.4	238550.9	375815.4	137297.5	21018.3
135551.0	300225.3	40210.5	167669.9	100845.0	167334.5	66489.5	9297.7
247114.4	1979816.7	899570.0	234087.0	89372.8	135526.9	46166.2	7104.2
91233.1	660660.3	384997.2	80457.0	39001.7	66560.3	27558.6	3877.6
155881.3	1319156.4	514572.8	153630.0	50371.1	68966.6	18607.6	3226.6
160616.9	583126.9	76373.6	84167.3	13148.8	19347.8	6199.0	1233.6
112539.7	580592.4	134581.2	120061.2	34282.0	52360.6	18099.5	3292.5
1852.7	8906.4	1683.6	2038.8	28.4	344.7	324.1	9.1

14-3 续表 6 continued6

指标名称	Item	在建工程 Circulating funds	资产总计 Total assets
煤炭及制品批发	Coal and related products		39650.9
石油及制品批发	Petroleum and related products	38634.4	304554.0
非金属矿及制品批发	Non-metal materials		6592.4
金属及金属矿批发	Metal materials		1084066.9
建材批发	Constructional materials		206991.7
化肥批发	Chemical fertilizer	68.9	319747.9
其他化工产品批发	Others		18418.3
机械设备、五金产品及电子产品批发	Machinery,hardware and electric equipment	2836	343891.1
农业机械批发	Farm machinery		5778.7
汽车批发	motorcycle		291.4
汽车零件批发	motorcycle and parts	77	131418.3
摩托车及零件批发	Motor vehicles,motorcycle and parts	508.7	9067.3
五金产品批发	Hardware products		2465.5
电气设备批发	Electrical household appliances		2149.7
计算机、软件及辅助设备批发	Computer software and accessories		5853.2
通讯及广播电视设备批发	Communication and radiated television		3429.2
其他机械设备及电子产品批发	Others	2250.3	183437.8
其他批发业	Other		165087.4
其他未列明的批发	Others		165087.4
内资企业	Domestic funds	63079.2	4078198.7
国有企业	State-owned	7679.6	463192.6
有限责任公司	Limited liability corporations	12278.7	2225374.7
国有独资企业	State-owned solely		763582.1
其他有限责任公司	Limited liability corporations	12278.7	1461792.6
股份有限公司	Share holding	31023.7	713079.8
私营企业	Private	12097.2	673551.1
私营独资企业	Private funded		8936.1

单位:万元 unit:10000 yuan

二、期末资产负债 The final balance sheet				
流动负债合计 Total current liabilities	应付账款 Inventory	非流动负债合计 Non-current liabilities	负债合计 Total liabilities	所有者权益 Creditor´s equity
34862.7	3606.8	500	35362.7	4288.2
340214.9	18103.2	610.0	341214.9	-36660.9
6214.2	4357.4		6214.2	378.2
913169.2	88345.6	41134.8	954304.0	129762.9
176607.7	1356.7	14000.0	190607.7	16384.0
291192.1	24198.0		291192.1	28555.8
13707.1	890.2		13707.1	4711.2
255242.8	110984.2	9216.2	264459	79432.1
1079.8	234.9	355.5	1435.3	4343.4
72.1	42.5		72.1	219.3
75925.1	14824.1	8768.7	84693.8	46724.5
5905.6	1061.2		5905.6	3161.7
1879.5	1832.6		1879.5	586.0
201.1	201.1		201.1	1948.6
3286.3	919.9		3286.3	2566.9
1918.7	1845.5		1918.7	1510.5
164974.6	90022.4	92	165066.6	18371.2
137103.5	8052.1	0.3	137103.8	27983.6
137103.5	8052.1	0.3	137103.8	27983.6
3326943.3	608358.1	129983.5	3457331.9	620866.8
476459.2	30524.9	827.3	477286.5	-14093.9
1903635.1	411853.2	46548.2	1950573.4	274801.3
566049.7	75020.4	31504.9	597944.6	165637.5
1337585.4	336832.8	15043.3	1352628.8	109163.8
469661.1	30347	21720.6	491381.7	221698.1
477176.4	135632.8	60887.4	538090.3	135460.8
8508.9			8515.5	420.6

14-3 续表 7 continued7

指标名称 Item		实收资本 Driginal Value of fixed assets	国家资本 State owned	集体资本 Collective
煤炭及制品批发	Coal and related products	4600.0		
石油及制品批发	Petroleum and related products	176791.5	175141.5	
非金属矿及制品批发	Non-metal materials	500.0		
金属及金属矿批发	Metal materials	139730.0	116050.0	
建材批发	Constructional materials	42732.0		
化肥批发	Chemical fertilizer	22925.0	10200.0	
其他化工产品批发	Others	6037.3	5000.0	
机械设备、五金产品及电子产品批发	Machinery,hardware and electric equipment	42331.0	8500.0	102.0
农业机械批发	Farm machinery	1000.0		
汽车批发	motorcycle	200.0		102.0
汽车零件批发	motorcycle and parts	16918.0	7500.0	
摩托车及零件批发	Motor vehicles,motorcycle and parts	1600.0		
五金产品批发	Hardware products	50.0		
电气设备批发	Electrical household appliances	1745.0		
计算机、软件及辅助设备批发	Computer software and accessories	2150.0		
通讯及广播电视设备批发	Communication and radiated television	1000.0	1000.0	
其他机械设备及电子产品批发	Others	17668.0		
其他批发业	Other	4500.0	3000.0	
其他未列明的批发	Others	4500.0	3000.0	
内资企业	Domestic funds	574933.9	364854.4	102.0
国有企业	State-owned	2095.3	2095.3	
有限责任公司	Limited liability corporations	257986.9	167634.0	102.0
国有独资企业	State-owned solely	153234.0	153234.0	
其他有限责任公司	Limited liability corporations	104752.9	14400.0	102.0
股份有限公司	Share holding	224826.1	195125.1	
私营企业	Private	87025.6		
私营独资企业	Private funded	100.4		

单位:万元 unit:10000 yuan

二、期末资产负债 The final balance sheet				三、损益及分配 Gains and losses and distribution			
法人资本 Corporate	个人资本 Private	港澳台资本 Funded from Hongkong, Macao and Taiwan	外商资本 Foreign funds	营业收入 Operation revenue	主营业务收入 Operating revenue	营业成本 Operating costs	主营业务成本 Operating costs
3600.0	1000.0			21580.2	21580.2	20245.3	20245.3
419.8	1230.2			925026.4	924536.8	876331.5	875903.2
500.0				7568.5	7568.5	7569.7	7569.7
12200.0	11480.0			976183.9	976183.9	957595.7	957471.6
31537.5	11194.5			151905.5	151905.5	149282.9	149282.9
500.0	12225.0			402057.0	395181.3	385102.7	385102.7
737.3	300.0			91009.9	91009.9	89604.9	89604.9
14197.5	14531.5		5000.0	1375990.1	1375034.1	1221560.7	1221436.0
200.0	800.0			22655.5	22655.5	18876.5	18876.5
	98.0			2788.2	2788.2	2461.5	2461.5
1360.0	3058.0		5000.0	1203797.0	1203315.0	1069859.6	1069734.9
	1600.0			8822.9	8822.4	7857.0	7857.0
42.5	7.5			6014.8	6014.8	5548.7	5548.7
1745.0				2801.4	2801.4	2530.7	2530.7
100.0	2050.0			20132.1	20128.0	19337.1	19337.1
				15738.9	15499.8	14968.5	14968.5
10750.0	6918.0			93239.3	93009.0	80121.1	80121.1
500.0	1000.0			141813.2	141813.2	124980.3	124980.3
500.0	1000.0			141813.2	141813.2	124980.3	124980.3
113233.6	96743.9			5030625.2	5018050.8	4574517.2	4573009.5
				1418985.8	1418046.9	1207458.5	1206772.8
40766.0	49484.9			2142364.2	2138942.2	2022134.6	2021768.7
				918411.9	917412.1	881563.3	881321.5
40766.0	49484.9			1223952.3	1221530.1	1140571.3	1140447.2
19442.0	10259.0			734238.0	726275.7	695784.6	695339.7
53025.6	34000.0			734760.9	734580.2	648987.8	648976.6
100.4				6879.5	6879.5	5928.2	5928.2

14-3 续表 8 continued8

指标名称	Item	营业税金及附加 Business taxes and extra charges
煤炭及制品批发	Coal and related products	10.2
石油及制品批发	Petroleum and related products	952.6
非金属矿及制品批发	Non-metal materials	0.1
金属及金属矿批发	Metal materials	986.5
建材批发	Constructional materials	87.2
化肥批发	Chemical fertilizer	422.7
其他化工产品批发	Others	205.8
机械设备、五金产品及电子产品批发	Machinery,hardware and electric equipment	2385.4
农业机械批发	Farm machinery	174.2
汽车批发	motorcycle	6.7
汽车零件批发	motorcycle and parts	1894.2
摩托车及零件批发	Motor vehicles,motorcycle and parts	93.6
五金产品批发	Hardware products	6.4
电气设备批发	Electrical household appliances	2.6
计算机、软件及辅助设备批发	Computer software and accessories	7.2
通讯及广播电视设备批发	Communication and radiated television	10.1
其他机械设备及电子产品批发	Others	190.4
其他批发业	Other	306.1
其他未列明的批发	Others	306.1
内资企业	Domestic funds	74530.6
国有企业	State-owned	69443.3
有限责任公司	Limited liability corporations	2830.5
国有独资企业	State-owned solely	1078.1
其他有限责任公司	Limited liability corporations	1752.4
股份有限公司	Share holding	769.2
私营企业	Private	1483.2
私营独资企业	Private funded	32.9

单位:万元 unit:10000 yuan

三、损益及分配 Gainsay and losses and distribution							
主营业务税金及附加 Main operation taxes and extra charges	其他业务利润 Other business profit	销售费用 Marketing expenses	管理费用 Management expenses		财务费用 Financial expenses		
				税金 Taxes		利息收入 Interest income	利息收入 Interest income
10.2		544.9	482.4	16.6	232.4	0.3	182.1
952.6	-80.9	48348.3	4904.0	916.0	3457.3	74.6	2669.2
0.1		11.9	43.7	0.1			
986.5		3256.6	4929.9	491.8	13186.6	7357.4	19432.1
87.2	575.0	2274.2	1321.7	19.5	2336.3	933.1	2540.9
422.7		3631.8	2263.7	6.2	3782.9	-1158.1	4233.8
205.8		439.2	1316.9		761.3		24.0
2385.4	939.3	118425.3	15723.0	487.0	2364.4	200.9	1870.8
174.2		2274.0	723.7	0.2	222.6		39.0
6.7		209.5	49.7		0.6	0.2	
1894.2	767.6	107830.9	6552.2	266.5	30.4	84.5	157.8
93.6	0.5	275.8	456.6		133.5	15.7	117.8
6.4		381.7					6.2
2.6			255.6		0.2		
7.2	4.1		598.4		85.7	0.5	29.9
10.1		459.4	243.7		24.8		
190.4	167.1	6994.0	6843.1	220.3	1866.6	100.0	1520.1
306.1		2828.2	2516.5	9.7	55.6	65.3	47.6
306.1		2828.2	2516.5	9.7	55.6	65.3	47.6
74517.3	23090.0	169553.6	82888.3	3966.0	67291.2	12287.9	62362.3
69443.3	253.2	67236.6	17598.0	1673.9	1279.0	3579.7	3509.5
2817.2	1609.6	40372.4	37004.4	1805.0	46874.9	9238.7	47765.6
1078.1		10791.6	10557.5	1000.1	7940.4	2899.9	9821.0
1739.1	1609.6	29580.8	26446.9	804.9	38934.5	6338.8	37944.6
769.2	-41.6	13047	8634.5	154.4	9807.3	-1096.4	5852.3
1483.2	21225.1	48872.4	19560.0	332.7	9330.0	565.9	5234.9
32.9		60.0	815.5	35.3	1.3		1.3

14-3 续表 9 continued9

指标名称 Item		资产减值损失 Lost	公允价值变动收益 Revenue	投资收益 Investment income
煤炭及制品批发	Coal and related products			
石油及制品批发	Petroleum and related products	222.6		28.7
非金属矿及制品批发	Non-metal materials			
金属及金属矿批发	Metal materials	1199.2		148.9
建材批发	Constructional materials			555.5
化肥批发	Chemical fertilizer	110.9		
其他化工产品批发	Others			-133.9
机械设备、五金产品及电子产品批发	Machinery,hardware and electric equipment	370.9		924.4
农业机械批发	Farm machinery			
汽车批发	motorcycle	12.3		-12.3
汽车零件批发	motorcycle and parts			887.0
摩托车及零件批发	Motor vehicles,motorcycle and parts			
五金产品批发	Hardware products			
电气设备批发	Electrical household appliances			
计算机、软件及辅助设备批发	Computer software and accessories			
通讯及广播电视设备批发	Communication and radiated television	17.4		
其他机械设备及电子产品批发	Others	341.2		49.7
其他批发业	Other	2104.4		
其他未列明的批发	Others	2104.4		
内资企业	Domestic funds	4813.6		11627.4
国有企业	State-owned	-113.1		338.1
有限责任公司	Limited liability corporations	4865.8		4470.0
国有独资企业	State-owned solely	1897.8		2158.2
其他有限责任公司	Limited liability corporations	2968.0		2311.8
股份有限公司	Share holding	41.4		6253.4
私营企业	Private	19.5		565.9
私营独资企业	Private funded			

单位:万元 unit:10000 yuan

三、损益及分配 Gains and losses and distribution					四、人工成本及增值税 Labor cost and VAT	
营业利润 Business profit	营业外收入 Norbusiness revenue	补贴收入 Subsidies revenue	利润总额 Total profit	应交所得税 Income taxes payable	应付职工薪酬(本年贷方累计发生额) payroll payable (credit accumulated happening this year)	应交增值税 VAT payableinput
65.0			53.3	57.9	235.1	-47.1
-9161.2	2036.4	1051.8	-7346.3	1055.2	29619.1	17547.1
-56.9			-56.9		20.4	1.1
-4821.7	17.8		-4809.1	2197.4	2666.9	4296.4
-2407.3	556.3	0.1	-1595.0	185.7	502.3	135.0
6853.2	41.6	40.0	6855.7	1300.1	541.5	477.8
-1452.1	16.0		-1436.3	21.0	434.2	109.5
16098.2	312.0	200.2	14989.1	4991.0	17507.7	17176.2
384.5			378.5		104.5	
47.9			43.4	16.0	88.1	53.0
18516.7	233.2	200.0	16217.7	4363.7	12320.6	15577.0
6.4			6.4	2.8	196.9	158.7
78.0	0.6		80.0		88.1	69.2
12.3			12.3	3.8	0.5	22.0
103.7	15.4		119.1	29.7	249.0	60.7
15.0			14.5	4.2	267.2	
-3066.3	62.8	0.2	-1882.8	570.8	4192.8	1235.6
9022.1	0.2		8917.8	2379.0	573.8	758.3
9022.1	0.2		8917.8	2379.0	573.8	758.3
69293.1	17581.0	12233.6	78601.2	30975.5	104390.7	82608.8
56421.6	6427.1	5922.6	62104.2	19471.0	65638.5	36935.6
-6906.6	8617.5	6267.9	-5150.0	9118.0	23319.6	40852.4
6721.0	667.8	130.2	7339.1	3700.4	7078.2	15436.2
-13627.6	7949.7	6137.7	-12489.1	5417.6	16241.4	25416.2
12518.3	453.9	40.0	12929.1	1653.6	4494.1	-534.1
7256.2	2055.8	3.1	8714.1	732.9	10936.5	5354.9
41.6	259.3		300.9	11.5	456.2	110.5

14-3 续表 10 continued10

指标名称 Item		法人企业数(个) Corporate enterprises (unit)	执行《2006 年企业会计准则》企业个数(个) Number of enterprises implmenting Accounting Standards for Business Enterprises 2006
私营有限责任公司	Private limited company	81	53
私营股份有限公司	Private share holding	1	
其他企业	Others	1	1
港、澳、台商投资企业	Funded from HongKong, Macao and Taiwan	2	2
港、澳、台商独资经营企业	Sole funds	2	2
其他港、澳、台投资企业	Others		
外商投资企业	Foreign funded	1	1
中外合资经营企业	Joint venture	1	1
国有控股	State-owned	24	20
私人控股	Private-owned	141	94
港澳台商控股	Hongkong,Macao and Taiwan-Owned	2	2
其他	Others	30	20
独立门店	Substantive store	132	84
连锁门店	Chain store	1	1
其他	Others	64	51
大型	Large-sized	7	6
中型	Medium-sized	71	53
小型	Small-sized	100	64
微型	Micro-sized	19	13
二、零售业	Retail trade	328	258
综合零售	Retail trade	31	28
百货零售	Consumer goods	19	16
超级市场零售	Supermarket	10	10
其他综合零售	Others comprehensive retail business	2	2
食品、饮料及烟草制品专门零售	Food,beverage and tobaccos	12	11
粮油零售	Food and Oil	4	4
糕点、面包零售	Cake and bread	1	

单位：万元 unit:10000 yuan

一、年初存货 Inventory	二、期末资产负债 The final balance sheet						
	流动资产合计 Circulating funds	应收帐款 Receivables	存货 Inventery	固定资产合计 otal fixed assets	固定资产原价 Original Value of fixed assets	累计折旧 Total depreciation	本年折旧 Depreciationg in this year
110488.1	570945.9	132897.6	117823.5	34142.5	51514.9	17385.5	3258.4
198.9	740.1		198.9	111.1	501.0	389.9	25.0
60.1	2098.2	10.0		902.3	1245.6	343.3	90.3
336.0	34136.7	22.0	236.1	2800.7	6775.6	3974.9	341.4
336.0	34136.7	22.0	236.1	2800.7	6775.6	3974.9	341.4
20302.6	76514.4		17761.6	627.1	3545.5	2918.4	32.4
20302.6	76514.4		17761.6	627.1	3545.5	2918.4	32.4
428016.9	1829971.9	744914.6	395605.8	149909.6	253661.9	103752.3	14664.4
205883.9	1072098.0	271059.3	188152.8	68629.5	96164.3	27567.8	4575.9
336.0	34136.7	22.0	236.1	2800.7	6775.6	3974.9	341.4
42283.9	620304.0	134771.4	39988.4	20638.9	29534.7	8895.8	1810.4
508897.3	2665675.1	846389.1	414345.6	184958.1	289344.2	104405.9	15806.6
8011.9	41531.2	7323.4	7783.6	12486.1	18777.8	6291.7	607.0
159611.5	849304.3	297054.8	201853.9	44534.5	78014.5	33493.2	4978.5
196667.0	666419.1	64777.2	144882.7	100926.7	170448.3	69521.6	9443.1
398039.2	2243338.0	903459.2	390642.4	74841.3	125436.9	50607.7	8757.8
67107.9	489634.3	114485.3	72517.7	60842.9	77799.3	16956.4	2594.4
14706.6	157119.2	68045.6	15940.3	5367.8	12452.0	7105.1	596.8
860850.8	3048481.0	332941.9	838487.8	1245212.7	1671466.8	461384.4	88693.5
279386.7	1045977.3	42518.6	316817.0	902572.7	1195854.6	293771.8	56696.1
260268.6	955102.6	29433.5	298057.7	868771.0	1141243.6	272472.6	53676.0
18228.2	85666.1	12525.3	17814.4	28642.8	46485.1	18332.2	2280.3
889.9	5208.6	559.8	944.9	5158.9	8125.9	2967	739.8
55351.5	124716.0	2641.2	60446.3	24535.7	36257.6	11721.9	1658.1
33625.1	87504.1	2129.2	30518.7	12047.7	20835.5	8787.8	1108.6
78.4	1211.8	26.5	228.1	340.9	855.8	514.9	94.2

14-3 续表 11 continued11

指标名称	Item	在建工程 Circulating funds	资产总计 Total assets
私营有限责任公司	Private limited company	12097.2	663479.5
私营股份有限公司	Private share holding		1135.5
其他企业	Others		3000.5
港、澳、台商投资企业	Funded from HongKong, Macao and Taiwan	31.5	43328.6
港、澳、台商独资经营企业	Sole funds	31.5	43328.6
其他港、澳、台投资企业	Others		
外商投资企业	Foreign funded		79333.2
中外合资经营企业	Joint venture		79333.2
国有控股	State-owned	39909.8	2226020.3
私人控股	Private-owned	22793.9	1239257.8
港澳台商控股	Hongkong,Macao and Taiwan-Owned	31.5	43328.6
其他	Others	375.5	692253.8
独立门店	Substantive store	22410.7	3138194.3
连锁门店	Chain store		76411.8
其他	Others	40700	986254.4
大型	Large-sized	8047	848543.1
中型	Medium-sized	53812.7	2573103.4
小型	Small-sized	1206.5	594703.5
微型	Micro-sized	44.5	184510.5
二、零售业	Retail trade	205772.7	5287205.5
综合零售	Retail trade	183351.2	2633406.1
百货零售	Consumer goods	183128.7	2492589.8
超级市场零售	Supermarket	222.5	129954.5
其他综合零售	Others comprehensive retail business		10861.8
食品、饮料及烟草制品专门零售	Food,beverage and tobaccos	5.8	155447.2
粮油零售	Food and Oil		103061.0
糕点、面包零售	Cake and bread		1720.8

单位:万元 unit:10000 yuan

二、期末资产负债 The final balance sheet				
流动负债合计 Total current liabilities	应付账款 Inventory	非流动负债合计 Non-current liabilities	负债合计 Total liabilities	所有者权益 Creditor's equity
468984.0	135949.3	60887.4	529891.3	133588.2
-316.5	-316.5		-316.5	1452.0
11.5	0.2			3000.5
4204.1	191.5	3583.4	7787.5	35541.1
4204.1	191.5	3583.4	7787.5	35541.1
56181.2	5620.6	8690.7	64871.9	14461.3
56181.2	5620.6	8690.7	64871.9	14461.3
1849446.5	242270.2	44033	1893869.5	332150.8
915180.7	291792.0	70449.0	985644.8	253613.0
4204.1	191.5	3583.4	7787.5	35541.1
618497.3	79916.5	24192.2	642689.5	49564.3
2725611.2	465022.4	129556.2	2855182.5	283011.8
53258.1	17684.7	1504.9	54763	21648.8
608459.3	131463.1	11196.5	620045.8	366208.6
755220.4	48611	68822.6	824043	24500.1
2045659.6	416318.2	47417.3	2093467.0	479636.4
457785.4	118077.3	22434.3	480239.6	114463.9
128663.2	31163.7	3583.4	132241.7	52268.8
3591579.0	540883.4	515522.2	4112863.4	1174342.1
1695570.3	258634.5	406366.6	2101936.9	531469.2
1570018.6	235500.0	402708.8	1972727.4	519862.4
121308.3	22338.7	2080.7	123389	6565.5
4243.4	795.8	1577.1	5820.5	5041.3
145803.4	20462.5	382.9	146186.3	9260.9
102762.0	554.3	112.2	102874.2	186.8
893.5	491.6		893.5	827.3

14-3 续表 12 continued12

指标名称 Item		实收资本 Driginal Value of fixed assets	国家资本 State owned	集体资本 Collective
私营有限责任公司	Private limited company	85625.2		
私营股份有限公司	Private share holding	1300.0		
其他企业	Others	3000.0		
港、澳、台商投资企业	Funded from HongKong, Macao and Taiwan	35500.0		
港、澳、台商独资经营企业	Sole funds	35500.0		
其他港、澳、台投资企业	Others			
外商投资企业	Foreign funded	12500.0	7500.0	
中外合资经营企业	Joint venture	12500.0	7500.0	
国有控股	State-owned	388804.4	372004.4	
私人控股	Private-owned	150757.1		
港澳台商控股	Hongkong,Macao and Taiwan-Owned	35500.0		
其他	Others	47872.4	350.0	102.0
独立门店	Substantive store	333448.3	166011.7	102.0
连锁门店	Chain store	21851.2	21851.2	
其他	Others	267634.4	184491.5	
大型	Largo cized	38295.3	19495.3	
中型	Medium-sized	423078.8	352209.1	
小型	Small-sized	107308.8	600.0	102.0
微型	Micro-sized	54251.0	50.0	
二、零售业	Retail trade	641149.8	33636.0	6691.0
综合零售	Retail trade	93392.0	3795.4	6510.0
百货零售	Consumer goods	70799.2	3795.4	3510.0
超级市场零售	Supermarket	18592.8		
其他综合零售	Others comprehensive retail business	4000.0		3000.0
食品、饮料及烟草制品专门零售	Food,beverage and tobaccos	21920.2	18869.0	100.0
粮油零售	Food and Oil	14013.2	12000.0	
糕点、面包零售	Cake and bread	208.0		

单位:万元 unit:10000 yuan

二、期末资产负债 The final balance sheet				三、损益及分配 Gains and losses and distribution			
法人资本 Corporate	个人资本 Private	港澳台资本 Funded from Hongkong, Macao and Taiwan	外商资本 Foreign funds	营业收入 Operation revenue	主营业务收入 Operating revenue	营业成本 Operating costs	主营业务成本 Operating costs
52925.2	32700.0			727881.4	727700.7	643059.6	643048.4
	1300.0						
	3000.0			276.3	205.8	151.7	151.7
		35500.0		71281.4	71223.3	68278.4	68278.4
		35500.0		71281.4	71223.3	68278.4	68278.4
			5000.0	1115951.9	1115704.4	991955.0	991932.7
			5000.0	1115951.9	1115704.4	991955.0	991932.7
1500.0	10300.0		5000.0	4229961.1	4220231.8	3812277.3	3810899.2
81123.8	69633.3			1429968.8	1427117.5	1295934.3	1295803.9
		35500.0		71281.4	71223.3	68278.4	68278.4
30609.8	16810.6			486647.2	486405.9	458260.6	458239.1
94022.3	67812.3	500.0	5000.0	5317860.8	5306868.9	4832707.0	4831605.8
				33170.4	32404.9	26837.8	26837.8
19211.3	28931.6	35000.0		866827.3	865704.7	775205.8	774777.0
3000.0	10300.0	500.0	5000.0	3065925.4	3057862.7	2682137.7	2681429.7
40949.9	29919.8			2487697.5	2483756.2	2339412.0	2338601.2
60573.2	46033.6			580732.9	580246.3	532822.7	532811.5
8710.5	10490.5	35000.0		83502.7	83113.3	80378.2	80378.2
260087.3	316226.7	17002.9	7505.9	6592072.2	6364992.4	5792127.4	5763720.1
37747.4	28337.2	15478.9	1523.1	2138159.9	1946178.9	1728648.4	1709998.8
22153.4	25861.2	15478.9	0.3	1896047.5	1713908.7	1523657.7	1505068.7
15294.0	1776.0		1522.8	218345.7	208503.5	187157.7	187097.1
300.0	700.0			23766.7	23766.7	17833.0	17833.0
1811.2	1140.0			51526.2	50440.4	41420.2	40524.7
1013.2	1000.0			4156.7	3170.9	2948.3	2869.1
208.0				3516.8	3516.8	2152.2	2152.2

14-3 续表 13 continued13

指标名称 Item		营业税金及附加 Business taxes and extra charges
私营有限责任公司	Private limited company	1450.3
私营股份有限公司	Private share holding	
其他企业	Others	4.4
港、澳、台商投资企业	Funded from HongKong，Macao and Taiwan	94.6
港、澳、台商独资经营企业	Sole funds	94.6
其他港、澳、台投资企业	Others	
外商投资企业	Foreign funded	1735.3
中外合资经营企业	Joint venture	1735.3
国有控股	State-owned	73384.3
私人控股	Private-owned	2291.5
港澳台商控股	Hongkong,Macao and Taiwan-Owned	94.6
其他	Others	590.1
独立门店	Substantive store	74930.7
连锁门店	Chain store	16.7
其他	Others	1413.1
大型	Large-sized	72136.5
中型	Medium-sized	2819.7
小型	Small-sized	1331.7
微型	Micro-sized	72.6
二、零售业	Retail trade	30580.9
综合零售	Retail trade	20486.4
百货零售	Consumer goods	19525.9
超级市场零售	Supermarket	944.5
其他综合零售	Others comprehensive retail business	16.0
食品、饮料及烟草制品专门零售	Food,beverage and tobaccos	278.0
粮油零售	Food and Oil	10.5
糕点、面包零售	Cake and bread	29.6

单位：万元 unit:10000 yuan

三、损益及分配 Gainsay and losses and distribution							
主营业务税金及附加 Main operation taxes and extra charges	其他业务利润 Other business profit	销售费用 Marketing expenses	管理费用 Management expenses	税金 Taxes	财务费用 Financial expenses	利息收入 Interest income	利息收入 Interest income
1450.3	21225.1	48763.5	18737.9	297.4	9328.6	565.9	5233.6
		48.9	6.6		0.1		
4.4	43.7	25.2	91.4				
94.6	58.1	1532.3	2017.5	80.6			
94.6	58.1	1532.3	2017.5	80.6			
1735.3	225.2	106492.4	4384.9				
1735.3	225.2	106492.4	4384.9				
73371.0	436.8	195219.9	41521.6	2754.3	40621.2	5300.4	40854.9
2291.5	21816.0	73484.1	33716.9	837.5	14817.7	1244.5	7483.7
94.6	58.1	1532.3	2017.5	80.6			
590.1	1062.4	7342.0	12034.7	374.2	11646.2	5539.4	14023.7
74917.4	1363.2	248036.1	61507.1	3070.0	58388.6	10546.4	56941.4
16.7		2567.5	5426.2	238.3		3.5	
1413.1	22010.1	26974.7	22357.4	738.3	8539.0	1359.7	5433.2
72136.5	478.4	206355.7	27394.3	1759.6	8823.3	2491.6	9651.3
2819.7	22026.2	51648.2	39292.9	1666.9	52137.6	8093.3	47760.4
1318.4	116.1	18081.6	19363.9	479.5	4862.9	770.2	3456.2
72.6	752.6	1492.8	3239.6	140.6	1088.0	554.5	1494.4
27645.1	44800.9	252892.7	315518.5	14339.7	103624.9	4987.0	76664.4
18133.3	27166.2	80470.8	175021.2	9604.4	50866.5	2567.1	42306.6
17575.3	14974.9	54183.5	162827.0	9181.8	49398.2	2534.4	41732.0
542.0	12191.3	23684.6	10262.1	405.3	1381.6	32.7	568.1
16.0		2602.7	1932.1	17.3	86.7		6.5
198.0	410.6	6307.6	7605.8	240.4	3200.1	239.2	3261.0
10.5	139.2	3879.5	1245.0	101.6	3119.8	38.7	3156.0
29.6		533.0	614.2		8.2		

14-3 续表 14 continued14

指标名称	Item	资产减值损失 Lost	公允价值变动收益 Revenue	投资收益 Investment income
私营有限责任公司	Private limited company	19.5		565.9
私营股份有限公司	Private share holding			
其他企业	Others			
港、澳、台商投资企业	Funded from HongKong, Macao and Taiwan	-10.6		801.1
港、澳、台商独资经营企业	Sole funds	-10.6		801.1
其他港、澳、台投资企业	Others			
外商投资企业	Foreign funded			
中外合资经营企业	Joint venture			
国有控股	State-owned	3947.9		7099.9
私人控股	Private-owned	347.3		2373.4
港澳台商控股	Hongkong,Macao and Taiwan-Owned	-10.6		801.1
其他	Others	518.4		2154.1
独立门店	Substantive store	1579.8		8266.2
连锁门店	Chain store	479.6		2225.2
其他	Others	2743.6		1937.1
大型	Large-sized	75.5		338.1
中型	Medium-sized	4529.5		10470.9
小型	Small-sized	208.6		604.4
微型	Micro-sized	-10.6		1015.1
二、零售业	Retail trade	2859.9	-0.3	19108.7
综合零售	Retail trade	741.1	-0.5	16192.1
百货零售	Consumer goods	107.9	-0.5	751.1
超级市场零售	Supermarket	633.2		15441.0
其他综合零售	Others comprehensive retail business			
食品、饮料及烟草制品专门零售	Food,beverage and tobaccos	102.4		400.0
粮油零售	Food and Oil			
糕点、面包零售	Cake and bread			

单位:万元 unit:10000 yuan

三、损益及分配 Gains and losses and distribution					四、人工成本及增值税 Labor cost and VAT	
营业利润 Business profit	营业外收入 Norbusiness revenue	补贴收入 Subsidies revenue	利润总额 Total profit	应交所得税 Income taxes payable	应付职工薪酬（本年贷方累计发生额） payroll payable (credit accumulated happening this year)	应交增值税 VAT payableinput
7270.2	1796.5	3.1	8468.8	721.4	10468.3	5629.9
-55.6			-55.6		12.0	-385.5
3.6	26.7		3.8		2.0	
343.6	441.6	398.8	747.6	150.1	353.4	-12.6
343.6	441.6	398.8	747.6	150.1	353.4	-12.6
11590.4			10886.7	3764.8	11053.6	14460.5
11590.4			10886.7	3764.8	11053.6	14460.5
70179.3	7498.9	6192.8	76013.1	31025.1	88393.6	68569.3
11921.6	9310.6	5940.6	15879.4	2217.1	18988.0	8149.2
343.6	441.6	398.8	747.6	150.1	353.4	-12.6
-1217.4	771.5	100.2	-2404.6	1498.1	8062.7	20350.8
49069.3	10724.1	7102.7	52071.8	29984.9	101169.7	61670.2
83.6	457.5		504.9		1808.4	
32074.2	6841.0	5529.7	37658.8	4905.5	12819.6	35386.5
69451.4	1719.6	1011.8	69679.2	24170.3	78931.9	72769.4
8328.5	12769.4	10956.2	13882.5	8840.6	26698.6	21983.6
4720.9	3057.7	265.6	7259.9	1716.4	9571.7	2762.3
-1273.7	475.9	398.8	-586.1	163.1	595.5	-458.6
114185.3	17350.7	4487.8	125909.5	33557.3	170025.0	53905.2
98117.3	5268.2	2606.9	93024.8	23768.4	72707.3	16713.1
87098.0	4053.7	2606.9	84568.1	23714.3	59035.4	16135.6
9723.1	1214.5		7160.5	54.1	12837.8	577.5
1296.2			1296.2		834.1	
-6987.9	3829.3	1450.8	-2577.8	261.1	4398.1	143.4
-7046.4	3720.1	1450.8	-3349.0		224.6	-37.4
179.6			178.1	38.2	579.8	

14-3 续表 15 continued15

指标名称 Item		法人企业数(个) Corporate enterprises (unit)	执行《2006 年企业会计准则》企业个数(个) Number of enterprises implmenting Accounting Standards for Business Enterprises 2006
烟、饮料及茶叶零售	Alcohol、beverage and tea	2	2
烟草制品零售	Tobaccos	2	2
其他食品零售	Others	3	3
纺织、服装及日用品专门零售	Textile,garment and daily articles	19	13
纺织品及针织品零售	Textile and knitwear		
服装零售	Garments	8	8
鞋帽零售	Shoe and hat		
化妆品及卫生用品零售	Cosmetic and sanitary accessories	2	1
钟表、眼镜零售	Clock and spectacles	5	4
箱、包零售	Bags and suitcases retail		
厨房用具及日用杂品零售	Kitchenware and daily commodities retail		
自行车零售	Bicycle		
其他日用品零售	Others	4	
文化、体育用品及器材专门零售	Cultural and sport goods and equipment	11	10
文具用品零售	Stationery		
体育用品零售	Cultural and sports goods		
图书、报刊零售	Books、Newspaper	8	8
音像制品及电子出版物零售	Audio-visual and E-journal products		
珠宝首饰零售	Jewelry	1	1
工艺美术品及收藏品零售	Handicraft,article and collection	1	1
乐器零售	Musical instrument appliance		
照相器材零售	Photographic equipment retail	1	
其他文化用品零售	Others		
医药及医疗器材专门零售	Medicines and medical equipment	19	15
药品零售	Medicines	14	10
医疗用品及器材零售	Medical component	5	5
汽车、摩托车、燃料及零配件专门零售业	Vehicles,motorcycle and parts	168	125
汽车零售	Vehicles	137	105
汽车零配件零售	Installation kit	15	9
摩托车及零配件零售	Motoreycle		
机动车燃料零售业	Fuels	16	11
家用电器及电子产品专门零售	Electrical household applicances and electronic products	20	16
家用视听设备零售	Household audio and video equipment	3	3
日用家电设备零售	Household appliances retail	7	5
计算机、软件及辅助设备零售	Computer software and accessories	5	5
通信设备零售	Telecommunication equipment	2	2
其他电子产品零售	Others	3	1
五金、家具及室内装修材料专门零售	Hardware,furniture and indoor hardware fitting	12	8
五金零售	Hardware	5	3
灯具零售	Lamps		
家具零售	Funiture	2	2
涂料零售	Coating		
卫生洁具零售	Sanitary ware retail		

单位：万元 unit:10000 yuan

一、年初存货 Inventory	二、期末资产负债 The final balance sheet						
	流动资产合计 Circulating funds	应收帐款 Receivables	存货 Inventery	固定资产合计 otal fixed assets	固定资产原价 Original Value of fixed assets	累计折旧 Total depreciation	本年折旧 Depreciationg in this year
1233.8	5015.0	129.3	1139.6	263.3	294.3	31.0	11.8
18559.0	28889.2	56.1	27686.6	11870.9	14235.2	2364.3	443.1
1855.2	2095.9	300.1	873.3	12.9	36.8	23.9	0.4
31702.1	93583.8	20547.8	36798.4	33235.7	54325.6	21089.9	1412.5
14400.6	64256.0	16392.6	14955.7	29048.6	48962.1	19913.5	1134.3
3097.6	5578.0	1287.8	3314.1	667.5	870.4	202.9	35.5
13803.0	21430.5	1275.5	17806.0	3489.1	4422.5	933.4	228.9
400.9	2319.3	1591.9	722.6	30.5	70.6	40.1	13.8
15119.1	30155.9	2966.5	14630.1	6934.8	10865.5	3930.7	546.0
6923.8	18409.6	2052.7	5447.4	6816.9	10565.1	3748.2	541.5
4731.6	6500.5	698.6	5801.9	5.1	9.9	4.8	2.0
3192.6	4395.6	4.3	2958.2	108.5	276.0	167.5	
271.1	850.2	210.9	422.6	4.3	14.5	10.2	2.5
44401.2	351927.3	119863.2	47494.5	25253.6	34427.3	9173.7	2214.8
43996.8	348398.6	118700.4	46239.6	25124.4	34238.3	9113.9	2194.2
404.4	3528.7	1162.8	1254.9	129.2	189.0	59.8	20.6
404004.0	1263308.5	108738.2	334920.9	224306.5	306157.6	116491.5	24731.2
376913.9	1124837.0	80021.3	309189.8	136587.0	223806.1	87223.7	18779.6
17668.4	46274.3	10139.6	13796.4	3963.0	5245.8	1291.3	386.8
9421.7	92197.2	18577.3	11934.7	83756.5	77105.7	27976.5	5564.8
11963.5	73411.9	8228.5	9653.0	16313.5	18455.4	2141.9	762.9
1330.2	1825.7	1.0	1332.7	187.4	254.0	66.6	11.7
3858.4	52597.0	2265.0	4231.2	15029.9	16401.2	1371.3	579.7
2409.4	10613.4	5276.7	1396.6	563.2	876.3	313.1	86.2
3650.0	6802.7	224.2	2030.2	356.6	594.1	237.5	4.5
715.5	1573.1	461.6	662.3	176.4	329.8	153.4	80.8
5306.6	28364.1	11441.9	7086.5	2451.7	3243.9	792.2	168.8
2365.1	8531.9	2009.2	3471.0	138.5	286.7	148.2	29.2
66.4	6275.0	681.9	130.0	80.0	196.3	116.3	25.9

14-3 续表 16 continued16

指标名称	Item	在建工程 Circulating funds	资产总计 Total assets
烟、饮料及茶叶零售	Alcohol、beverage and tea		5309.6
烟草制品零售	Tobaccos	5.8	42469.7
其他食品零售	Others		2886.1
纺织、服装及日用品专门零售	Textile,garment and daily articles		134050.6
纺织品及针织品零售	Textile and knitwear		
服装零售	Garments		96456.2
鞋帽零售	Shoe and hat		
化妆品及卫生用品零售	Cosmetic and sanitary accessories		10267.5
钟表、眼镜零售	Clock and spectacles		24975.8
箱、包零售	Bags and suitcases retail		
厨房用具及日用杂品零售	Kitchenware and daily commodities retail		
自行车零售	Bicycle		
其他日用品零售	Others		2351.1
文化、体育用品及器材专门零售	Cultural and sport goods and equipment		42456.5
文具用品零售	Stationery		
体育用品零售	Cultural and sports goods		
图书、报刊零售	Books、Newspaper		30592.3
音像制品及电子出版物零售	Audio-visual and E-journal products		
珠宝首饰零售	Jewelry		6505.6
工艺美术品及收藏品零售	Handicraft,article and collection		4504.1
乐器零售	Musical instrument appliance		
照相器材零售	Photographic equipment retail		854.5
其他文化用品零售	Others		
医药及医疗器材专门零售	Medicines and medical equipment	436.2	390124.6
药品零售	Medicines	436.2	386440.8
医疗用品及器材零售	Medical component		3683.8
汽车、摩托车、燃料及零配件专门零售业	Vehicles,motorcycle and parts	21802.4	1744233.1
汽车零售	Vehicles	13365.0	1457261.5
汽车零配件零售	Installation kit	84	52894.2
摩托车及零配件零售	Motoreycle		
机动车燃料零售业	Fuels	8353.4	234077.4
家用电器及电子产品专门零售	Electrical household applicances and electronic products	177.1	106354.8
家用视听设备零售	Household audio and video equipment		2017.4
日用家电设备零售	Household appliances retail	177.1	84073.4
计算机、软件及辅助设备零售	Computer software and accessories		11316.0
通信设备零售	Telecommunication equipment		7180.7
其他电子产品零售	Others		1767.3
五金、家具及室内装修材料专门零售	Hardware,furniture and indoor hardware fitting		31883.1
五金零售	Hardware		8670.5
灯具零售	Lamps		
家具零售	Funiture		7184.5
涂料零售	Coating		
卫生洁具零售	Sanitary ware retail		

单位:万元 unit:10000 yuan

二、期末资产负债 The final balance sheet				
流动负债合计 Total current liabilities	应付账款 Inventory	非流动负债合计 Non-current liabilities	负债合计 Total liabilities	所有者权益 Creditor´s equity
5168.6	9.1		5168.6	141
34758.0	18815.3	270.7	35028.7	7441.0
2221.3	592.2		2221.3	664.8
112008.1	27280.1	13700.0	125708.1	8342.5
80439.6	24646.9	13700.0	94139.6	2316.6
5429.3	65.0		5429.3	4838.2
24139.4	2170.8		24139.4	836.4
1999.8	397.4		1999.8	351.3
29107.7	14916.3	13000.7	42108.4	348.1
20684.7	14241.6	13000.7	33685.4	-3093.1
4414.1	314.9		4414.1	2091.5
3248.1	367.5		3248.1	1256.0
760.8	-7.7		760.8	93.7
331311.0	95819.8	1923.8	333234.8	56889.8
328494.8	94846.1	1918.3	330413.1	56027.7
2816.2	973.7	5.5	2821.7	862.1
1153940.1	88516.3	73287.6	1232989.9	511243.2
976922.4	60886.5	50426.0	1033110.6	424150.9
35747.9	10918.6	389.5	36137.4	16756.8
141269.8	16711.2	22472.1	163741.9	70335.5
71934.5	9465.0	3735.7	75670.2	30684.6
498.6	1.0		498.6	1518.8
61774.2	6301.8	3661.6	65435.8	18637.6
8650.9	2885.3	0.2	8651.1	2664.9
349.0	113.1		349.0	6831.7
661.8	163.8	73.9	735.7	1031.6
25373.5	9877.1	2810.0	28183.5	3699.6
6035.1	1825.2		6035.1	2635.4
4939.5	29.5	2800.0	7739.5	-555.0

14-3 续表 17 continued17

指标名称	Item	实收资本 Original Value of fixed assets	国家资本 State owned	集体资本 Collective
烟、饮料及茶叶零售	Alcohol、beverage and tea	330.0		100.0
烟草制品零售	Tobaccos	6869.0	6869.0	
其他食品零售	Others	500.0		
纺织、服装及日用品专门零售	Textile,garment and daily articles	36896.1	250.0	6.0
纺织品及针织品零售	Textile and knitwear			
服装零售	Garments	30677.4	250.0	6.0
鞋帽零售	Shoe and hat			
化妆品及卫生用品零售	Cosmetic and sanitary accessories	4050.0		
钟表、眼镜零售	Clock and spectacles	1810.7		
箱、包零售	Bags and suitcases retail			
厨房用具及日用杂品零售	Kitchenware and daily commodities retail			
自行车零售	Bicycle			
其他日用品零售	Others	358.0		
文化、体育用品及器材专门零售	Cultural and sport goods and equipment	10282.3	3706.6	
文具用品零售	Stationery			
体育用品零售	Cultural and sports goods			
图书、报刊零售	Books、Newspaper	6682.3	3706.6	
音像制品及电子出版物零售	Audio-visual and E-journal products			
珠宝首饰零售	Jewelry	2000.0		
工艺美术品及收藏品零售	Handicraft,article and collection	1500.0		
乐器零售	Musical instrument appliance			
照相器材零售	Photographic equipment retail	100.0		
其他文化用品零售	Others			
医药及医疗器材专门零售	Medicines and medical equipment	14015.1	3500.0	
药品零售	Medicines	13445.1	3500.0	
医疗用品及器材零售	Medical component	570.0		
汽车、摩托车、燃料及零配件专门零售业	Vehicles,motorcycle and parts	407348.2	3435.0	75.0
汽车零售	Vehicles	340568.9	2635.0	75.0
汽车零配件零售	Installation kit	15640.0		
摩托车及零配件零售	Motorcycle			
机动车燃料零售业	Fuels	51139.3	800.0	
家用电器及电子产品专门零售	Electrical household applicances and electronic products	33430.1		
家用视听设备零售	Household audio and video equipment	216.0		
日用家电设备零售	Household appliances retail	25156.2		
计算机、软件及辅助设备零售	Computer software and accessories	2129.5		
通信设备零售	Telecommunication equipment	5180.0		
其他电子产品零售	Others	748.4		
五金、家具及室内装修材料专门零售	Hardware,furniture and indoor hardware fitting	5516.1		
五金零售	Hardware	2225.0		
灯具零售	Lamps			
家具零售	Funiture	2200.0		
涂料零售	Coating			
卫生洁具零售	Sanitary ware retail			

单位：万元 unit:10000 yuan

二、期末资产负债 The final balance sheet				三、损益及分配 Gains and losses and distribution			
法人资本 Corporate	个人资本 Private	港澳台资本 Funded from Hongkong, Macao and Taiwan	外商资本 Foreign funds	营业收入 Operation revenue	主营业务收入 Operating revenue	营业成本 Operating costs	主营业务成本 Operating costs
230.0				1838.0	1838.0	1264.7	1264.7
				39064.5	39064.5	32628.0	31861.7
360.0	140.0			2950.2	2850.2	2427.0	2377.0
6210.7	30425.4	4.0		126295.3	117062.2	91806.4	91784.1
5000.0	25417.4	4.0		79816.7	70593.3	50393.7	50371.4
	4050.0			21566.6	21566.6	19737.4	19737.4
910.7	900.0			19933.4	19923.7	16829.5	16829.5
300.0	58.0			4978.6	4978.6	4845.8	4845.8
4615.7	1960.0			52258.8	50844.2	41897.2	41654.6
2975.7				37150.5	35735.9	28507.2	28264.6
40.0	1960.0			4827.9	4827.9	4038.9	4038.9
1500.0				7539.3	7539.3	6736.3	6736.3
100.0				2741.1	2741.1	2614.8	2614.8
6807.1	3608.0	100.0		469179.7	465672.9	410107.7	409064.7
6357.1	3588.0			461896.0	458389.2	404847.7	403804.7
450.0	20.0	100.0		7283.7	7283.7	5260.0	5260.0
158928.0	237507.4	1420.0	5982.8	3396890.3	3378707.5	3167798.9	3160244.7
97298.4	233157.7	1420.0	5982.8	2706419.7	2690437.2	2524997.4	2519867.4
12310.0	3330.0			106654.5	106589.5	99030.8	99030.8
49319.6	1019.7			583816.1	581680.8	543770.7	541346.5
25133.5	8296.6			182964.4	181395.1	156562.8	156562.7
100.0	116.0			2062.2	2062.2	1946.5	1946.5
24362.0	794.2			130471.8	130202.5	109754.4	109754.3
471.5	1658.0			18722.5	17422.5	16201.0	16201.0
	5180.0			26947.0	26947.0	24492.4	24492.4
200.0	548.4			4760.9	4760.9	4168.5	4168.5
3540.0	1976.1			31276.5	31266.5	26854.7	26854.7
580.0	1645.0			17703.2	17693.2	15983.7	15983.7
2160.0	40.0			3157.3	3157.3	1561.0	1561.0

14-3 续表 18 continued18

指标名称	Item	营业税金及附加 Business taxes and extra charges
烟、饮料及茶叶零售	Alcohol、beverage and tea	16.7
烟草制品零售	Tobaccos	115.6
其他食品零售	Others	105.6
纺织、服装及日用品专门零售	Textile,garment and daily articles	1195.3
纺织品及针织品零售	Textile and knitwear	
服装零售	Garments	1127.0
鞋帽零售	Shoe and hat	
化妆品及卫生用品零售	Cosmetic and sanitary accessories	43.0
钟表、眼镜零售	Clock and spectacles	20.1
箱、包零售	Bags and suitcases retail	
厨房用具及日用杂品零售	Kitchenware and daily commodities retail	
自行车零售	Bicycle	
其他日用品零售	Others	5.2
文化、体育用品及器材专门零售	Cultural and sport goods and equipment	280.7
文具用品零售	Stationery	
体育用品零售	Cultural and sports goods	
图书、报刊零售	Books、Newspaper	153.4
音像制品及电子出版物零售	Audio-visual and E-journal products	
珠宝首饰零售	Jewelry	111.9
工艺美术品及收藏品零售	Handicraft,article and collection	12.8
乐器零售	Musical instrument appliance	
照相器材零售	Photographic equipment retail	2.6
其他文化用品零售	Others	
医药及医疗器材专门零售	Medicines and medical equipment	1284.7
药品零售	Medicines	1237.8
医疗用品及器材零售	Medical component	46.9
汽车、摩托车、燃料及零配件专门零售业	Vehicles,motorcycle and parts	5520.1
汽车零售	Vehicles	4656.3
汽车零配件零售	Installation kit	126.5
摩托车及零配件零售	Motoreycle	
机动车燃料零售业	Fuels	737.3
家用电器及电子产品专门零售	Electrical household applicances and electronic products	762.8
家用视听设备零售	Household audio and video equipment	3.6
日用家电设备零售	Household appliances retail	503.0
计算机、软件及辅助设备零售	Computer software and accessories	81.1
通信设备零售	Telecommunication equipment	160.3
其他电子产品零售	Others	14.8
五金、家具及室内装修材料专门零售	Hardware,furniture and indoor hardware fitting	115.5
五金零售	Hardware	30.2
灯具零售	Lamps	
家具零售	Funiture	76.0
涂料零售	Coating	
卫生洁具零售	Sanitary ware retail	

单位:万元 unit:10000 yuan

三、损益及分配 Gainsay and losses and distribution

主营业务税金及附加 Main operation taxes and extra charges	其他业务利润 Other business profit	销售费用 Marketing expenses	管理费用 Management expenses	税金 Taxes	财务费用 Financial expenses	利息收入 Interest income	利息收入 Interest income
16.7		325.3	158.1		4.4	1.1	0.3
115.6	271.4	1330.7	5253.9	135.8	-72.8	199.0	73.4
25.6		239.1	334.6	3.0	140.5	0.4	31.3
840.9	2075.5	13031.6	13074.2	617.2	3412.8	6.6	865.0
772.6	1386.4	9802.4	10730.4	524.3	2670.9	4.9	396.8
43.0	689.1	1701.6	524.9	49.2	216.0	0.4	189.8
20.1		1481.6	1727.0	40.3	489.7	1.3	242.5
5.2		46.0	91.9	3.4	36.2		35.9
278.5	1131.8	2838.6	5770.8	118.4	554.9	23.4	493.3
151.2	1131.8	2666.2	4739.5	112.6	355.6	23.4	294.7
111.9		44.0	459.9	1.2	124.1		123.7
12.8		128.4	474.3		74.9		74.9
2.6			97.1	4.6	0.3		
1223.7	1100.4	24522.3	13926.7	424.8	4973.1	130.4	6090.5
1176.8	1100.4	24470.5	12272.1	424.7	4972.9	130.2	6090.5
46.9		51.8	1654.6	0.1	0.2	0.2	
5435.0	12928.2	99818.4	85209.7	2747.5	39567.1	1900.1	23072.5
4581.0	12133.4	72468.6	76234.1	2550.1	34847.4	1829.8	19805.6
126.4	221.8	4645.5	2302.7	26.9	485.9	35.3	547.1
727.6	573.0	22704.3	6672.9	170.5	4233.8	35.0	2719.8
762.8	3.5	17884.7	7317.1	556.9	362.0	106.0	287.5
3.6	3.5	21.5	102.9	1.3	0.1		
503.0		16797.7	4003.4	3.6	107.4	79.2	63.5
81.1		956.9	761.8	72.8	202.9	18.3	221.2
160.3		58.0	1958.2	467.8	49.9	8.4	2.8
14.8		50.6	490.8	11.4	1.7	0.1	
115.5	-15.3	544.5	3406.3	8.2	305.6	8.6	295.4
30.2		38.2	1458.2	2.3	0.5	8.3	0.4
76.0		136.5	1334.7		217.5		217.2

14-3 续表 19 continued19

指标名称	Item	资产减值损失 Lost	公允价值变动收益 Revenue	投资收益 Investment income
烟、饮料及茶叶零售	Alcohol、beverage and tea	102.4		
烟草制品零售	Tobaccos			
其他食品零售	Others			400.0
纺织、服装及日用品专门零售	Textile,garment and daily articles	12.9		69.6
纺织品及针织品零售	Textile and knitwear			
服装零售	Garments	12.9		
鞋帽零售	Shoe and hat			
化妆品及卫生用品零售	Cosmetic and sanitary accessories			69.6
钟表、眼镜零售	Clock and spectacles			
箱、包零售	Bags and suitcases retail			
厨房用具及日用杂品零售	Kitchenware and daily commodities retail			
自行车零售	Bicycle			
其他日用品零售	Others			
文化、体育用品及器材专门零售	Cultural and sport goods and equipment	236.9		13.7
文具用品零售	Stationery			
体育用品零售	Cultural and sports goods			
图书、报刊零售	Books、Newspaper	236.9		13.7
音像制品及电子出版物零售	Audio-visual and E-journal products			
珠宝首饰零售	Jewelry			
工艺美术品及收藏品零售	Handicraft,article and collection			
乐器零售	Musical instrument appliance			
照相器材零售	Photographic equipment retail			
其他文化用品零售	Others			
医药及医疗器材专门零售	Medicines and medical equipment	166.3		351.5
药品零售	Medicines	166.3		351.5
医疗用品及器材零售	Medical component			
汽车、摩托车、燃料及零配件专门零售业	Vehicles,motorcycle and parts	1483.0	0.2	2073.0
汽车零售	Vehicles	381.5	0.2	966.0
汽车零配件零售	Installation kit			
摩托车及零配件零售	Motoreycle			
机动车燃料零售业	Fuels	1101.5		1107.0
家用电器及电子产品专门零售	Electrical household applicances and electronic products	117.3		-2.3
家用视听设备零售	Household audio and video equipment			-4.2
日用家电设备零售	Household appliances retail	117.3		1.9
计算机、软件及辅助设备零售	Computer software and accessories			
通信设备零售	Telecommunication equipment			
其他电子产品零售	Others			
五金、家具及室内装修材料专门零售	Hardware,furniture and indoor hardware fitting			
五金零售	Hardware			
灯具零售	Lamps			
家具零售	Funiture			
涂料零售	Coating			
卫生洁具零售	Sanitary ware retail			

单位:万元 unit:10000 yuan

三、损益及分配 Gains and losses and distribution					四、人工成本及增值税 Labor cost and VAT	
营业利润 Business profit	营业外收入 Norbusiness revenue	补贴收入 Subsidies revenue	利润总额 Total profit	应交所得税 Income taxes payable	应付职工薪酬（本年贷方累计发生额） payroll payable (credit accumulated happening this year)	应交增值税 VAT payableinput
-33.6	2.0		-33.7		284.6	
-190.9	106.8		625.7	218.7	3041.5	181.3
103.4	0.4		1.1	4.2	267.6	-0.5
3831.6	884.9	2.0	4868.2	18.2	10729.2	1121.1
5079.4	689.5	2.0	5272.3	2.6	9825.2	681.5
-586.8			97.0	8.8	91.1	390.1
-614.5	195.4		-454.6	6.1	773.0	34.7
-46.5			-46.5	0.7	39.9	14.8
667.1	675.2	375.7	883.2	115.9	3571.5	210.0
505.4	675.2	375.7	1158.5	99.0	3244.3	61.3
49.1			49.1	12.2	157.4	20.6
112.6			-350.7		137.2	106.3
			26.3	4.7	32.6	21.8
15593.3	397.0		15812.8	3968.0	12691.7	10135.8
15323.1	395.2		15633.1	3918.6	12263.1	9711.9
270.2	1.8		179.7	49.4	428.6	423.9
-841.2	4685.7	1.0	9599.6	4755.3	56462.1	22844.8
-6263.4	4158.2	1.0	3685.6	3539.1	45735.1	18021.8
-280.4	130.9		379.2	252.0	2500.4	396.5
5702.6	396.6		5534.8	964.2	8226.6	4426.5
-44.5	134.9		-317.6	98.1	5208.4	1865.7
-16.6			-16.6	1.2	79.5	18.2
-809.5	134.1		-716.3	5.2	4260.7	1374.3
518.9			155.4	37.5	402.5	273.9
228.2	0.7		220.5	48.2	367.6	89.8
34.5	0.1		39.4	6.0	98.1	109.5
49.9	8.4	0.6	75.6	45.9	1173.4	193.5
192.4	7.9	0.6	198.9	35.6	425.5	92.3
-168.4			-148.3		384.0	19.3

14-3 续表 20 continued20

指标名称	Item	法人企业数(个) Corporate enterprises (unit)	执行《2006 年企业会计准则》企业个数(个) Number of enterprises implmenting Accounting Standards for Business Enterprises 2006
木质装饰材料零售	Wooden decorative materials retail		
陶瓷、石材装饰材料零售	Ceramics、decorative stone materials retail	3	2
其他室内装修材料零售	Others	2	1
货摊、无店铺及其他零售业	Other retail trade	36	32
货摊食品零售	Food		
货摊纺织、服装及鞋零售	Booth textile、clothing and shoes retail		
货摊日用品零售	Booth commodity retail		
互联网零售	Internet retailer		
邮购及电子销售	Mail order and electronic sales	1	1
旧货零售	Second hand		
生活用燃料零售	Fuel for life	17	16
其他未列明的零售	Others	18	15
2.按登记注册类型分组	Grouped by type registered		
内资企业	Domestic funds	318	248
国有企业	State-owned	3	2
集体企业	Collective-owned		
股份合作企业	Cooperative	2	2
联营企业	Joint		
国有联营企业	State joint owned		
集体联营企业	Collective joint owned		
国有与集体联营企业	State-collective joint owned		
其他联营企业	Others joint owned		
有限责任公司	Limited liability company	141	117
国有独资公司	State owned solely	6	6
其他有限责任公司	Limited liability company	135	111
股份有限公司	Share holding	5	5
私营企业	Private	162	118
私营独资企业	Private funded	7	5
私营合伙企业	Private partner		
私营有限责任公司	Private limited company	150	109
私营股份有限公司	Private share holding	5	4
其他企业	Others	5	4
港、澳、台商投资企业	Funded from HongKong,Macao and Taiwan	4	4
与港澳台商合资经营企业	Joint venture	3	3
与港澳台商合作经营企业	Cooperative		
港、澳、台商独资经营企业	Solefunds	1	1
港、澳、台商投资股份有限公司	Share holding		
其他港澳台投资企业	others		
外商投资企业	Foreign funded	6	6
中外合资经营企业	Joint venture	3	3
中外合作经营企业	Cooperative		
外资企业	Foreign funds	1	1
外商投资股份有限公司	Share holding	1	1

单位:万元 unit:10000 yuan

一、年初存货 Inventory	二、期末资产负债 The final balance sheet						
	流动资产合计 Circulating funds	应收帐款 Receivables	存货 Inventery	固定资产合计 otal fixed assets	固定资产原价 Original Value of fixed assets	累计折旧 Total depreciation	本年折旧 Depreciationg in this year
1897.2	2712.5	406.5	2039.4	43.6	182.4	138.8	113.7
977.9	10844.7	8344.3	1446.1	2189.6	2578.5	388.9	
13616.1	37036.2	15996.0	10641.1	9608.5	11879.3	2270.8	503.1
0.3	1501.2	17.5		44.6	92.1	47.5	12.9
4088.9	10124.6	2848.9	3442.3	8306.5	9698.2	1391.7	155.7
9526.9	25410.4	13129.6	7198.8	1257.4	2089.0	831.6	334.5
828358.3	2645199.6	327202.3	809117.1	1184149.2	1535432.7	386413.8	81123.2
3019.3	16372.4	1384.8	3404.8	1012.6	1580.2	567.6	92.9
3392.1	4959.4	994.6	3105.8	1667.7	2458.6	790.9	124.1
290072.4	1093804.5	215891.8	241412.8	276307.2	371292.0	130106.4	26720.9
3944.3	8137.6	1205.0	3619.7	74871.8	50737.2	10492.7	2848.4
286128.1	1085666.9	214686.8	237793.1	201435.4	320554.8	119613.7	23872.5
267523.3	634305.3	10866.0	312852.0	764778.0	945182.4	180404.4	39524.2
257892.7	863168.1	92442.4	242918.0	139108.8	212423.4	73323.3	14495.7
9781.9	24797.8	1627.9	6076.4	6843.4	9968.7	3133.8	713.8
233930.8	812364.3	90153.4	225930.9	123628.8	191369.9	67741.3	13193.8
14180.0	26006.0	661.1	10910.7	8636.6	11084.8	2448.2	588.1
6458.5	32589.9	5622.7	5423.7	1274.9	2496.1	1221.2	165.4
8606.0	355864.2	121.5	7541.2	39927.2	106444.1	66516.9	3928.8
4786.4	352343.6	71.6	4158.8	37415.0	103714.7	66299.7	3813.6
3819.6	3520.6	49.9	3382.4	2512.2	2729.4	217.2	115.2
23886.5	47417.2	5618.1	21829.5	21136.3	29590.0	8453.7	3641.5
14241.7	34949.6	5562.7	14488.2	14457.4	20650.2	6192.8	2776.0
4312.5	5019.2	12.8	3678.5	2571.7	4156.4	1584.7	574.3
23.0	291.3	25.3	266.0				

14-3 续表 21 continued21

指标名称 Item			
		在建工程 Circulating funds	资产总计 Total assets
木质装饰材料零售	Wooden decorative materials retail		
陶瓷、石材装饰材料零售	Ceramics、decorative stone materials retail		2993.8
其他室内装修材料零售	Others		13034.3
货摊、无店铺及其他零售业	Other retail trade		49249.5
货摊食品零售	Food		
货摊纺织、服装及鞋零售	Booth textile、clothing and shoes retail		
货摊日用品零售	Booth commodity retail		
互联网零售	Internet retailer		
邮购及电子销售	Mail order and electronic sales		1679.1
旧货零售	Second hand		
生活用燃料零售	Fuel for life		20385.9
其他未列明的零售	Others		27184.5
2.按登记注册类型分组	Grouped by type registered		
内资企业	Domestic funds	205600.8	4468546.2
国有企业	State-owned		18737.0
集体企业	Collective-owned		
股份合作企业	Cooperative		6627.2
联营企业	Joint		
国有联营企业	State joint owned		
集体联营企业	Collective joint owned		
国有与集体联营企业	State-collective joint owned		
其他联营企业	Others joint owned		
有限责任公司	Limited liability company	15949.2	1528334.9
国有独资公司	State owned solely	1883.5	84200.7
其他有限责任公司	Limited liability company	14065.7	1444134.2
股份有限公司	Share holding	179522.1	1713216.8
私营企业	Private	10129.5	1166596.7
私营独资企业	Private funded	84.0	32204.3
私营合伙企业	Private partner		
私营有限责任公司	Private limited company	9969.1	1099362.8
私营股份有限公司	Private share holding	76.4	35029.6
其他企业	Others		35033.6
港、澳、台商投资企业	Funded from HongKong,Macao and Taiwan	162.4	741951.5
与港澳台商合资经营企业	Joint venture	162.4	735863.1
与港澳台商合作经营企业	Cooperative		
港、澳、台商独资经营企业	Solefunds		6088.4
港、澳、台商投资股份有限公司	Share holding		
其他港澳台投资企业	others		
外商投资企业	Foreign funded	9.5	76707.8
中外合资经营企业	Joint venture	9.5	52379.7
中外合作经营企业	Cooperative		
外资企业	Foreign funds		8967.6
外商投资股份有限公司	Share holding		298.0

单位:万元 unit:10000 yuan

二、期末资产负债 The final balance sheet				
流动负债合计 Total current liabilities	应付账款 Inventory	非流动负债合计 Non-current liabilities	负债合计 Total liabilities	所有者权益 Creditor's equity
2464.1	1271.7	10.0	2474.1	519.7
11934.8	6750.7		11934.8	1099.5
26530.4	15911.8	314.9	26845.3	22404.2
716.6	383.9	0.3	716.9	962.2
5071.9	1602.8	0.7	5072.6	15313.3
20741.9	13925.1	313.9	21055.8	6128.7
3115794.1	461060.4	316939.8	3438496.1	1030050.1
15107.2	3547.8	857.7	15964.9	2772.1
3538.1	732.5		3538.1	3089.1
1150740.4	194574.7	89203.8	1240087.6	288247.3
72513.3	2677.6	1836.4	74349.7	9851.0
1078227.1	191897.1	87367.4	1165737.9	278396.3
1170849.5	169966.0	163160.0	1334009.5	379207.3
744544.4	91071.4	63718.3	813881.5	352715.2
12355.4	3254.1	120.0	12475.4	19728.9
702276.6	85850.4	63598.1	771493.5	327869.3
29912.4	1966.9	0.2	29912.6	5117.0
31014.5	1168.0		31014.5	4019.1
416982.2	67927.4	198005.5	614987.7	126963.8
411729.7	66556.0	198005.5	609735.2	126127.9
5252.5	1371.4		5252.5	835.9
58802.7	11895.6	576.9	59379.6	17328.2
29596.7	8911.2	1.3	29598.0	22781.7
16138.5	2818.6	565.6	16704.1	-7736.5
188.0	26.0	10.0	198.0	100.0

14-3 续表 22 continued22

指标名称	Item	实收资本 Original Value of fixed assets	国家资本 State owned	集体资本 Collective
木质装饰材料零售	Wooden decorative materials retail			
陶瓷、石材装饰材料零售	Ceramics、decorative stone materials retail	341.1		
其他室内装修材料零售	Others	750.0		
货摊、无店铺及其他零售业	Other retail trade	18349.7	80.0	
货摊食品零售	Food			
货摊纺织、服装及鞋零售	Booth textile、clothing and shoes retail			
货摊日用品零售	Booth commodity retail			
互联网零售	Internet retailer			
邮购及电子销售	Mail order and electronic sales	1000.0		
旧货零售	Second hand			
生活用燃料零售	Fuel for life	11941.7		
其他未列明的零售	Others	5408.0	80.0	
2.按登记注册类型分组	Grouped by type registered			
内资企业	Domestic funds	609037.1	33636.0	6685.0
国有企业	State-owned	4080.4	2080.0	
集体企业	Collective-owned			
股份合作企业	Cooperative	2919.0		1500.0
联营企业	Joint			
国有联营企业	State joint owned			
集体联营企业	Collective joint owned			
国有与集体联营企业	State-collective joint owned			
其他联营企业	Others joint owned			
有限责任公司	Limited liability company	261019.7	27789.6	5185.0
国有独资公司	State owned solely	2034.8	1148.0	
其他有限责任公司	Limited liability company	258984.9	26641.6	5185.0
股份有限公司	Share holding	36090.2	3766.4	
私营企业	Private	300581.8		
私营独资企业	Private funded	9770.0		
私营合伙企业	Private partner			
私营有限责任公司	Private limited company	288456.8		
私营股份有限公司	Private share holding	2355.0		
其他企业	Others	4346.0		
港、澳、台商投资企业	Funded from HongKong,Macao and Taiwan	16422.1		6.0
与港澳台商合资经营企业	Joint venture	15588.8		6.0
与港澳台商合作经营企业	Cooperative			
港、澳、台商独资经营企业	Solefunds	833.3		
港、澳、台商投资股份有限公司	Share holding			
其他港澳台投资企业	others			
外商投资企业	Foreign funded	15690.6		
中外合资经营企业	Joint venture	8157.3		
中外合作经营企业	Cooperative			
外资企业	Foreign funds	1522.8		
外商投资股份有限公司	Share holding	100.0		

单位:万元 unit:10000 yuan

二、期末资产负债 The final balance sheet				三、损益及分配 Gains and losses and distribution			
法人资本 Corporate	个人资本 Private	港澳台资本 Funded from Hongkong, Macao and Taiwan	外商资本 Foreign funds	营业收入 Operation revenue	主营业务收入 Operating revenue	营业成本 Operating costs	主营业务成本 Operating costs
100.0	241.1			4509.9	4509.9	3629.9	3629.9
700.0	50.0			5906.1	5906.1	5680.1	5680.1
15293.7	2976.0			143521.1	143424.7	127031.1	127031.1
1000.0				6157.1	6157.1	4275.2	4275.2
11911.7	30.0			63898.2	63897.9	55307.2	55307.2
2382.0	2946.0			73465.8	73369.7	67448.7	67448.7
252354.0	316226.7	70.1	65.3	6135544.4	5926923.7	5410870.3	5386313.5
2000.4				24297.9	23827.7	21583.2	21375.0
819.0	600.0			35544.3	35544.3	34229.4	34229.4
159697.5	68212.2	70.1	65.3	2560493.1	2512456.5	2292335.1	2287543.5
886.8				109609.8	108402.8	94891.1	93282.0
158810.7	68212.2	70.1	65.3	2450883.3	2404053.7	2197444.0	2194261.5
18170.8	14153.0			1490244.7	1345106.8	1194999.6	1181752.3
68666.3	231915.5			1971447.7	1956495.6	1818461.9	1812152.2
240.0	9530.0			68213.4	68148.4	62751.1	62751.1
68426.3	220030.5			1854583.2	1839696.1	1710897.9	1705763.0
	2355.0			48651.1	48651.1	44812.9	43638.1
3000.0	1346.0			53516.7	53492.8	49261.1	49261.1
833.3		15582.8		256254.5	241430.8	199572.0	196480.0
		15582.8		254303.8	239489.8	198915.5	195823.5
833.3				1950.7	1941.0	656.5	656.5
6900.0		1350.0	7440.6	200273.3	196637.9	181685.1	180926.6
6800.0		1350.0	7.3	158979.8	155886.6	145397.5	144639.0
			1522.8	21866.3	21539.0	17743.6	17743.6
100.0				2031.0	2031.0	1827.9	1827.9

14-3 续表 23 continued23

指标名称	Item	营业税金及附加 Business taxes and extra charges
木质装饰材料零售	Wooden decorative materials retail	
陶瓷、石材装饰材料零售	Ceramics、decorative stone materials retail	6.1
其他室内装修材料零售	Others	3.2
货摊、无店铺及其他零售业	Other retail trade	657.4
货摊食品零售	Food	
货摊纺织、服装及鞋零售	Booth textile、clothing and shoes retail	
货摊日用品零售	Booth commodity retail	
互联网零售	Internet retailer	
邮购及电子销售	Mail order and electronic sales	32.4
旧货零售	Second hand	
生活用燃料零售	Fuel for life	487.9
其他未列明的零售	Others	137.1
2.按登记注册类型分组	Grouped by type registered	
内资企业	Domestic funds	28127.7
国有企业	State-owned	15.1
集体企业	Collective-owned	
股份合作企业	Cooperative	252.1
联营企业	Joint	
国有联营企业	State joint owned	
集体联营企业	Collective joint owned	
国有与集体联营企业	State-collective joint owned	
其他联营企业	Others joint owned	
有限责任公司	Limited liability company	6955.4
国有独资公司	State owned solely	149.3
其他有限责任公司	Limited liability company	6806.1
股份有限公司	Share holding	16258.2
私营企业	Private	4605.8
私营独资企业	Private funded	252.8
私营合伙企业	Private partner	
私营有限责任公司	Private limited company	4189.3
私营股份有限公司	Private share holding	163.7
其他企业	Others	41.1
港、澳、台商投资企业	Funded from HongKong,Macao and Taiwan	1901.0
与港澳台商合资经营企业	Joint venture	1887.7
与港澳台商合作经营企业	Cooperative	
港、澳、台商独资经营企业	Solefunds	13.3
港、澳、台商投资股份有限公司	Share holding	
其他港澳台投资企业	others	
外商投资企业	Foreign funded	552.2
中外合资经营企业	Joint venture	440.8
中外合作经营企业	Cooperative	
外资企业	Foreign funds	48.1
外商投资股份有限公司	Share holding	0.8

单位:万元 unit:10000 yuan

三、损益及分配 Gainsay and losses and distribution							
主营业务税金及附加 Main operation taxes and extra charges	其他业务利润 Other business profit	销售费用 Marketing expenses	管理费用 Management expenses	税金 Taxes	财务费用 Financial expenses	利息收入 Interest income	利息收入 Interest income
6.1	-15.3	328.4	470.2	5.4	77.8	0.2	77.8
3.2		41.4	143.2	0.5	9.8	0.1	
657.4		7474.2	4186.7	21.9	382.8	5.6	-7.4
32.4		2217.8	133.6	0.4	-1.5	2	0.5
487.9		3498.3	1616.0		349.7	-0.3	
137.1		1758.1	2437.1	21.5	34.6	3.9	-7.9
26499.0	43541.5	233354.6	285225.3	13826.8	83732.8	4438.7	57535.5
8.0	262.0	1332.3	828.4	0.2	228.5		174.6
252.1		260.0	380.7	35.5	186.7	0.2	
5964.2	31082.2	112578.0	92544.4	2930.0	32797.2	2139.5	19355.3
146.7	911.4	8831.1	3426.8	6.7	1433.0	24.6	13.0
5817.5	30170.8	103746.9	89117.6	2923.3	31364.2	2114.9	19342.3
16258.2	3085.9	61442.6	116332.6	8535.6	26569.7	628.1	25483.7
3975.4	9107.9	57531.8	71677.2	2266.4	23566.5	1655.2	12443.1
252.8	488.9	2749.6	2377.4	62.0	413.1	231.2	561.5
3687.7	8512.1	53702.7	67344.1	2118.1	22740.9	1424.0	11881.6
34.9	106.9	1079.5	1955.7	86.3	412.5		
41.1	3.5	209.9	3462.0	59.1	384.2	15.7	78.8
593.9	757.0	5895.2	25088.7	296.1	17735.1	509.4	17914.5
580.6	757.0	5332.7	24451.7	263.8	17519.9	509.1	17884.8
13.3		562.5	637.0	32.3	215.2	0.3	29.7
552.2	502.4	13642.9	5204.5	216.8	2157.0	38.9	1214.4
440.8	287.5	6292.6	3874.1	132.1	1141.9	-0.5	723.4
48.1		6521.1	309.0	0.7	289.4	1.9	-259.9
0.8			200.2		0.2	0.1	0.3

14-3 续表 24 continued24

指标名称	Item	资产减值损失 Lost	公允价值变动收益 Revenue	投资收益 Investment income
木质装饰材料零售	Wooden decorative materials retail			
陶瓷、石材装饰材料零售	Ceramics、decorative stone materials retail			
其他室内装修材料零售	Others			
货摊、无店铺及其他零售业	Other retail trade			11.1
货摊食品零售	Food			
货摊纺织、服装及鞋零售	Booth textile、clothing and shoes retail			
货摊日用品零售	Booth commodity retail			
互联网零售	Internet retailer			
邮购及电子销售	Mail order and electronic sales			
旧货零售	Second hand			
生活用燃料零售	Fuel for life			11.1
其他未列明的零售	Others			
2.按登记注册类型分组	Grouped by type registered			
内资企业	Domestic funds	2491.3	-0.3	19108.7
国有企业	State-owned	34.1		13.7
集体企业	Collective-owned			
股份合作企业	Cooperative			
联营企业	Joint			
国有联营企业	State joint owned			
集体联营企业	Collective joint owned			
国有与集体联营企业	State-collective joint owned			
其他联营企业	Others joint owned			
有限责任公司	Limited liability company	2206.1	-0.3	17381.5
国有独资公司	State owned solely	29.7		
其他有限责任公司	Limited liability company	2176.4	-0.3	17381.5
股份有限公司	Share holding	223.1		751.9
私营企业	Private	28.0		965.8
私营独资企业	Private funded	7.0		
私营合伙企业	Private partner			
私营有限责任公司	Private limited company	21.0		965.8
私营股份有限公司	Private share holding			
其他企业	Others			-4.2
港、澳、台商投资企业	Funded from HongKong,Macao and Taiwan			
与港澳台商合资经营企业	Joint venture			
与港澳台商合作经营企业	Cooperative			
港、澳、台商独资经营企业	Solefunds			
港、澳、台商投资股份有限公司	Share holding			
其他港澳台投资企业	others			
外商投资企业	Foreign funded	368.6		
中外合资经营企业	Joint venture	302.8		
中外合作经营企业	Cooperative			
外资企业	Foreign funds	39.9		
外商投资股份有限公司	Share holding			

单位:万元 unit:10000 yuan

三、损益及分配 Gains and losses and distribution					四、人工成本及增值税 Labor cost and VAT	
营业利润 Business profit	营业外收入 Norbusiness revenue	补贴收入 Subsidies revenue	利润总额 Total profit	应交所得税 Income taxes payable	应付职工薪酬（本年贷方累计发生额）payroll payable (credit accumulated happening this year)	应交增值税 VAT payableinput
-2.5			-2.5	3.1	316.8	55.6
28.4	0.5		27.5	7.2	47.1	26.3
3799.7	1467.1	50.8	4540.7	526.4	3083.3	677.8
-500.4	50.8	50.8	-449.6		122.8	303.0
2650.2	1400.8		3764.8	421.3	1913.5	109.2
1649.9	15.5		1225.5	105.1	1047.0	265.6
111459.7	16862.1	4487.8	120506.1	31731.8	156190.2	47520.3
290.0	58.2		144.0	11.6	580.3	31.8
235.4			235.4	4.0	3639.9	16.6
37591.1	7569.5	1519.8	36747.4	7496.6	62740.2	17410.6
848.8	116.0	10.0	1218.3		3291.6	703.1
36742.3	7453.5	1509.8	35529.1	7496.6	59448.6	16707.5
75170.8	3802.1	2600.0	78541.5	21499.5	48844.3	19056.4
-1981.8	5278.8	368.0	4747.3	2645.6	39759.4	10783.8
-313.0	14.2		-47.4	98.4	540.6	832.2
-1895.6	5262.5	368.0	4469.3	2537.0	37999.2	9941.3
226.8	2.1		325.4	10.2	1219.6	10.3
154.2	153.5		90.5	74.5	626.1	221.1
6062.6	429.1		5674.3	1487.9	7941.9	276.4
6196.4	282.2		5693.5	1483.7	7941.1	256.5
-133.8	146.9		-19.2	4.2	0.8	19.9
-3337.0	59.5		-270.9	337.6	5892.9	6108.5
1530.1	42.8		5950.5	324.4	2620.1	5741.2
-3084.8	3.7		-4452.1		2596.7	-76.1
1.9			1.9	0.5	6.0	6.5

14-3 续表 25 continued25

指标名称 Item		法人企业数(个) Corporate enterprises (unit)	执行《2006 年企业会计准则》企业个数(个) Number of enterprises implmenting Accounting Standards for Business Enterprises 2006
其它外商投资企业司	Others	1	1
3.按控股情况分	Grouped by owned		
国有控股	State-owned	20	19
集体控股	Collective-owned	2	1
私人控股	Private-owned	254	194
港澳台商控股	Hongkong,Macao and Taiwan-Owned	3	3
外商控股	Foreign-owned	4	4
其他	Others	45	37
4.按经营形式分	Grouped by form of management		
独立门店	Substantive store	262	205
连锁总店(总部)	Chain headquarter	14	11
连锁门店	Chain store	7	7
其他	Others	45	35
5.按单位规模分	Gruoped by size of enterprises		
大型	Large-sized	20	20
中型	Medium-sized	113	94
小型	Small-sized	137	104
微型	Micro-sized	58	40
6.按零售业态分组	Grouped by form of retail		
有店铺零售	Retail trade	314	248
食杂店	Traditional grocery store		
便利店	Convenience store		
折扣店	Discount store		
超市	Market	4	3
大型超市	Super market	7	7
仓储会员店	Warehouse store		
百货店	Consumer goods	25	21
专业店	Specialty store	143	121
专卖店	Exclusive shop	116	82
家居建材商店	Household items hall	3	2
购物中心	Shopping center	3	2
厂家直销中心	Direct sales by manufacturers	13	10
无店铺零售	Other retail trade	14	10
电视购物	TV shopping	1	1
邮购	Purchase by mail		
网上商店	Store on line		
自动售货亭	Vending machine		
电话购物	Call shopping		

单位:万元 unit:10000 yuan

一、年初存货 Inventory	二、期末资产负债 The final balance sheet						
	流动资产合计 Circulating funds	应收帐款 Receivables	存货 Inventery	固定资产合计 otal fixed assets	固定资产原价 Original Value of fixed assets	累计折旧 Total depreciation	本年折旧 Depreciationg in this year
5309.3	7157.1	17.3	3396.8	4107.2	4783.4	676.2	291.2
329782.2	790862.8	96562.8	368500.2	855736.6	1008002.2	186892.9	43881.5
3951.2	9799.7	3272.1	4135.1	1787.0	2640.0	853.0	152.9
439539.0	1413928.7	175855.7	368336.2	220634.0	371303.6	151171.7	23736.3
9507.0	16381.4	2601.8	12131.1	5034.4	6944.7	1910.3	713.3
14343.5	19872.4	2200.3	12040.0	15109.6	19149.2	4039.6	2644.2
63727.9	797636.0	52449.2	73345.2	146911.1	263427.1	116516.9	17565.3
488250.6	2128671.9	276980.7	427680.8	348672.8	601883.6	253223.9	40785.6
300930.5	704618.9	26933.2	335324.6	840034.8	984355.4	179437.8	43029.8
16611.2	47920.9	2142.1	19805.8	19547.5	26835.8	7288.3	1084.2
55058.5	167269.3	26885.9	55676.6	36957.6	58392.0	21434.4	3793.9
345698.9	1343497.6	70413.2	384607.2	979612.2	1267717.5	322732.6	60099.5
361877.3	1286587.8	170545.5	340875.9	186501.2	296739.3	110728.0	22186.8
111814.1	357976.9	81814.7	101105.5	46780.5	70016.0	23248.6	4931.1
41460.5	60418.7	10168.5	11899.2	32318.8	36994.0	4675.2	1476.1
854722.6	3032108.9	327219.9	832925.2	1235630.4	1659338.2	458838.1	88127.7
5272.8	17810.6	123.1	4282.9	14757.7	15094.6	826.8	152.5
15408.2	75509.5	12421.6	16100.4	51268.3	68437.2	17168.9	2564.1
257996.6	953392.6	31279.2	295858.7	839087.3	1113199.6	274112.3	53912.4
279503.2	1009808.6	142658.6	277040.7	191035.0	247885.9	91478.4	15948.4
277540.3	906883.8	133940.2	222625.0	102361.0	156266.1	53917.1	12414.7
73.2	6390.7	746.8	293.3	36.5	118.3	81.8	8.9
4002.8	30127.8	1030.6	5246.6	26427.2	44914.8	18487.6	928.1
14925.5	32185.3	5019.8	11477.6	10657.4	13421.7	2765.2	2198.6
6128.2	16372.1	5722.0	5562.6	9582.3	12128.6	2546.3	565.8
0.3	1501.2	17.5		44.6	92.1	47.5	12.9

14-3 续表 26 continued26

指标名称	Item	在建工程 Circulating funds	资产总计 Total assets
其它外商投资企业司	Others		15062.5
3.按控股情况分	Grouped by owned		
国有控股	State-owned	180758.7	1955803.8
集体控股	Collective-owned		11653.9
私人控股	Private-owned	20657.8	1919996.6
港澳台商控股	Hongkong,Macao and Taiwan-Owned	9.5	22542.7
外商控股	Foreign-owned		40452.8
其他	Others	4346.7	1336755.7
4.按经营形式分	Grouped by form of management		
独立门店	Substantive store	24271.3	3154654.7
连锁总店(总部)	Chain headquarter	180915.0	1849541.2
连锁门店	Chain store	222.5	72445.9
其他	Others	363.9	210563.7
5.按单位规模分	Gruoped by size of enterprises		
大型	Large-sized	189892.0	3082478.7
中型	Medium-sized	6396.0	1666338.2
小型	Small-sized	6285.5	439620.4
微型	Micro-sized	3199.2	98768.2
6.按零售业态分组	Grouped by form of retail		
有店铺零售	Retail trade	205762.2	5260334.9
食杂店	Traditional grocery store		
便利店	Convenience store		
折扣店	Discount store		
超市	Market		33287.0
大型超市	Super market	2360.9	143103.7
仓储会员店	Warehouse store		
百货店	Consumer goods	180990.3	2460683.9
专业店	Specialty store	16381.9	1335348.7
专卖店	Exclusive shop	6029.1	1178937.3
家居建材商店	Household items hall		7254.9
购物中心	Shopping center		57196.1
厂家直销中心	Direct sales by manufacturers		44523.3
无店铺零售	Other retail trade	10.5	26870.6
电视购物	TV shopping		1679.1
邮购	Purchase by mail		
网上商店	Store on line		
自动售货亭	Vending machine		
电话购物	Call shopping		

单位:万元 unit:10000 yuan

二、期末资产负债 The final balance sheet				
流动负债合计 Total current liabilities	应付账款 Inventory	非流动负债合计 Non-current liabilities	负债合计 Total liabilities	所有者权益合计 Creditor′s equity
12879.5	139.8		12879.5	2183.0
1441072.3	233621.5	166486.8	1607559.1	348244.7
9373.4	1861.9		9373.4	2280.5
1263273.7	163989.4	109632.6	1378668.3	541328.3
15893.7	6963.2	5.5	15899.2	6643.5
36257.5	6451.4	576.9	36834.4	3618.4
825708.4	127996.0	238820.4	1064529.0	272226.7
2064393.1	315916.2	361456.8	2431612.1	723042.6
1299472.1	191714.8	153300.0	1452772.1	396769.1
48925.1	4252.6	18.7	48943.8	23502.1
178788.7	28999.8	746.7	179535.4	31028.3
2007676.1	274683.1	425118.7	2432794.8	649683.9
1169934.5	182769.9	74990.0	1244924.5	421413.7
341132.4	70209.2	14942.0	361836.6	77783.8
72836.0	13221.2	471.5	73307.5	25460.7
3571566.4	537432.3	515521.9	4092850.5	1167484.4
31810.5	7523.4		31810.5	1476.5
123911.5	22215.8	2081.2	125992.7	17111.0
1540489.0	228560.6	404452.5	1944941.5	515742.4
998838.0	172014.6	64420.7	1068877.5	266471.2
797393.2	97592.7	27733.6	825270.0	353667.3
4650.3	86.9	2800.0	7450.3	-195.4
44516.1	3163.5	13700.0	58216.1	-1020.0
29957.8	6274.8	333.9	30291.9	14231.4
20012.6	3451.1	0.3	20012.9	6857.7
716.6	383.9	0.3	716.9	962.2

14-3 续表 27 continued27

指标名称	Item	实收资本 Original Value of fixed assets	国家资本 State owned	集体资本 Collective
其它外商投资企业司	Others	5910.5		
3.按控股情况分	Grouped by owned			
国有控股	State-owned	55701.6	31972.0	
集体控股	Collective-owned	2150.3		1500.0
私人控股	Private-owned	465898.7	85.0	75.0
港澳台商控股	Hongkong,Macao and Taiwan-Owned	3183.3		
外商控股	Foreign-owned	7540.6		
其他	Others	106675.3	1579.0	5116.0
4.按经营形式分	Grouped by form of management			
独立门店	Substantive store	542866.6	11249.6	5185.0
连锁总店(总部)	Chain headquarter	41745.2	10336.4	6.0
连锁门店	Chain store	20654.3		
其他	Others	35883.7	12050.0	1500.0
5.按单位规模分	Gruoped by size of enterprises			
大型	Large-sized	175593.8	10336.4	4500.0
中型	Medium-sized	349184.3	22059.9	2006.0
小型	Small-sized	97443.0	1075.7	100.0
微型	Micro-sized	18928.7	164.0	85.0
6.按零售业态分组	Grouped by form of retail			
有店铺零售	Retail trade	636278.8	33636.0	6691.0
食杂店	Traditional grocery store			
便利店	Convenience store			
折扣店	Discount store			
超市	Market	5418.8		
大型超市	Super market	16462.2	29.0	10.0
仓储会员店	Warehouse store			
百货店	Consumer goods	72820.6	4576.0	6500.0
专业店	Specialty store	204995.1	16296.0	
专卖店	Exclusive shop	298762.0	12735.0	181.0
家居建材商店	Household items hall	2445.0		
购物中心	Shopping center	20194.8		
厂家直销中心	Direct sales by manufacturers	15180.3		
无店铺零售	Other retail trade	4871.0		
电视购物	TV shopping	1000.0		
邮购	Purchase by mail			
网上商店	Store on line			
自动售货亭	Vending machine			
电话购物	Call shopping			

单位:万元 unit:10000 yuan

二、期末资产负债 The final balance sheet				三、损益及分配 Gains and losses and distribution			
法人资本 Corporate	个人资本 Private	港澳台资本 Funded from Hongkong, Macao and Taiwan	外商资本 Foreign funds	营业收入 Operation revenue	主营业务收入 Operating revenue	营业成本 Operating costs	主营业务成本 Operating costs
			5910.5	17396.2	17181.3	16716.1	16716.1
10087.2	13642.4			1803851.7	1659322.3	1499948.1	1484062.9
23.0	627.3			37667.9	37667.9	35810.0	35810.0
197313.0	268290.7	70.0	65.0	3563871.4	3537795.2	3294504.4	3286965.2
1733.3		1450.0		68494.4	66403.3	60995.1	60518.0
100.0			7440.6	101098.3	99831.8	92537.9	92256.5
50830.8	33666.3	15482.9	0.3	1017088.5	963971.9	808331.9	804107.5
217095.7	284831.5	16998.9	7505.9	4710015.5	4634831.8	4266849.1	4254504.3
13515.8	17883.0	4.0		1567680.7	1419344.4	1242140.9	1227352.7
18594.3	2060.0			99697.1	98582.3	88227.2	88166.6
10881.5	11452.2			214678.9	212233.9	194910.2	193696.5
109404.8	34351.0	15478.8	1522.8	3007464.8	2820930.9	2524131.8	2504658.6
80734.0	237112.6	1354.0	5917.8	2764882.8	2729931.4	2515893.1	2508578.2
61024.5	35142.8	100.0		650247.9	645036.8	589519.5	588173.3
8924.0	9620.3	70.1	65.3	169476.7	169093.3	162583.0	162310.0
257276.7	314166.3	17002.9	7505.9	6559183.0	6333358.6	5765270.2	5737966.7
700.0	4718.8			39729.5	39729.5	30093.5	30093.5
14799.0	101.0	0.1	1523.1	191652.5	181645.7	164340.2	164139.2
22108.4	24157.4	15478.8		1913536.6	1731527.7	1540042.3	1521591.1
136543.0	50806.1	1350.0		2297296.1	2280415.7	2077147.7	2072583.2
67745.9	211950.6	174.0	5975.5	1938141.0	1930483.5	1803274.2	1799474.5
2100.0	345.0			4891.5	4891.5	3322.7	3322.7
77.4	20117.4			47469.4	38932.9	28874.6	28868.9
13203.0	1970.0		7.3	126466.4	125732.1	118175.0	117893.6
2810.6	2060.4			32889.2	31633.8	26857.2	25753.4
1000.0				6157.1	6157.1	4275.2	4275.2

14-3 续表 28 continued28

指标名称	Item	营业税金及附加 Business taxes and extra charges
其它外商投资企业司	Others	62.5
3.按控股情况分	Grouped by owned	
国有控股	State-owned	16032.8
集体控股	Collective-owned	277.0
私人控股	Private-owned	7605.6
港澳台商控股	Hongkong,Macao and Taiwan-Owned	188.4
外商控股	Foreign-owned	261.8
其他	Others	6215.3
4.按经营形式分	Grouped by form of management	
独立门店	Substantive store	13010.6
连锁总店(总部)	Chain headquarter	16628.9
连锁门店	Chain store	262.5
其他	Others	678.9
5.按单位规模分	Gruoped by size of enterprises	
大型	Large-sized	21640.1
中型	Medium-sized	6685.1
小型	Small-sized	1993.7
微型	Micro-sized	262.0
6.按零售业态分组	Grouped by form of retail	
有店铺零售	Retail trade	30406.1
食杂店	Traditional grocery store	
便利店	Convenience store	
折扣店	Discount store	
超市	Market	179.3
大型超市	Super market	702.1
仓储会员店	Warehouse store	
百货店	Consumer goods	19649.5
专业店	Specialty store	5599.4
专卖店	Exclusive shop	3048.9
家居建材商店	Household items hall	73.7
购物中心	Shopping center	896.8
厂家直销中心	Direct sales by manufacturers	256.4
无店铺零售	Other retail trade	174.8
电视购物	TV shopping	32.4
邮购	Purchase by mail	
网上商店	Store on line	
自动售货亭	Vending machine	
电话购物	Call shopping	

单位：万元 unit:10000 yuan

三、损益及分配 Gainsay and losses and distribution							
主营业务税金及附加 Main operation taxes and extra charges	其他业务利润 Other business profit	销售费用 Marketing expenses	管理费用 Management expenses	税金 Taxes	财务费用 Financial expenses	利息收入 Interest income	利息收入 Interest income
62.5	214.9	829.2	821.2	84.0	725.5	37.4	750.6
15995.5	2154.5	67391.8	121243.5	8719.4	31675.6	723.2	30300.8
277.0		724.0	263.0	32.0	446.5	5.0	260.0
6928.3	21232.7	104495.5	114114.6	4198.8	40261.2	3197.3	23760.5
188.4		3373.9	2829.3	60.2	304.8	-3.3	101.9
261.8	214.9	9714.9	2107.1	84.7	1182.0	39.4	491.0
3994.1	21198.8	67192.6	74961.0	1244.6	29754.8	1025.4	21750.2
10511.6	37559.2	149288.2	180344.4	5197.6	70925.8	4067.7	47042.6
16314.3	6055.4	86995.5	120584.6	8645.2	27577.3	800.3	25522.2
199.0	1.1	4864.7	4954.0	169.2	1249.2	49.4	826.3
620.2	1185.2	11744.3	9635.5	327.7	3872.6	69.6	3273.3
19582.5	20136.7	130789.0	182567.0	9983.0	59375.6	1668.7	48608.0
5954.9	20835.5	97009.4	95965.4	3611.3	36997.7	2937.5	24560.4
1934.9	3831.7	21885.5	31415.7	697.3	6484.4	306.1	3371.2
172.8	-3.0	3208.8	5570.4	48.1	767.2	74.7	124.8
27528.8	43615.7	249756.7	312990.6	14230.1	103572.2	4986.9	76630.5
141.6		1723.8	5629.9	47.4	502.4	312.0	37.8
328.2	12135.0	22052.3	10069.5	335.7	1185.3	33.7	451.8
17706.0	15063.3	56732.1	159903.2	9210.7	49183.7	2226.4	41817.0
5442.1	9942.3	115258.0	69650.6	2013.9	23911.3	1240.1	16196.7
3038.5	6436.8	50085.4	54538.3	2087.5	25981.4	1157.3	17739.7
73.7		38.2	1334.6	1.5	217.7		217.4
542.4		571.3	8653.6	477.3	2245.1	0.5	0.3
256.3	38.3	3295.6	3210.9	56.1	345.3	16.9	169.8
116.3	1185.2	3136.0	2527.9	109.6	52.7	0.1	33.9
32.4		2217.8	133.6	0.4	-1.5	2.0	0.5

14-3 续表 29 continued29

指标名称 Item		资产减值损失 Lost	公允价值变动收益 Revenue	投资收益 Investment income
其它外商投资企业司	Others	25.9		
3.按控股情况分	Grouped by owned			
国有控股	State-owned	1792.8		65.2
集体控股	Collective-owned			
私人控股	Private-owned	55.5	0.2	3592.2
港澳台商控股	Hongkong,Macao and Taiwan-Owned	302.8		
外商控股	Foreign-owned	65.8		
其他	Others	643.0	-0.5	15451.3
4.按经营形式分	Grouped by form of management			
独立门店	Substantive store	1253.2	-0.3	3967.7
连锁总店(总部)	Chain headquarter	506.8		15141.0
连锁门店	Chain store			
其他	Others	1099.9		
5.按单位规模分	Gruoped by size of enterprises			
大型	Large-sized	680.8		17301.8
中型	Medium-sized	2084.0		1342.1
小型	Small-sized	87.8		65.4
微型	Micro-sized	7.3	-0.3	399.4
6.按零售业态分组	Grouped by form of retail			
有店铺零售	Retail trade	2861.5	-0.3	19108.7
食杂店	Traditional grocery store			
便利店	Convenience store			
折扣店	Discount store			
超市	Market	0.2		
大型超市	Super market	633.2	-0.5	15440.2
仓储会员店	Warehouse store			
百货店	Consumer goods	121.2		751.9
专业店	Specialty store	1907.8		1603.3
专卖店	Exclusive shop	186.2	0.2	1313.3
家居建材商店	Household items hall			
购物中心	Shopping center	12.9		
厂家直销中心	Direct sales by manufacturers			
无店铺零售	Other retail trade	-1.6		
电视购物	TV shopping			
邮购	Purchase by mail			
网上商店	Store on line			
自动售货亭	Vending machine			
电话购物	Call shopping			

单位:万元 unit:10000 yuan

三、损益及分配 Gains and losses and distribution					四、人工成本及增值税 Labor cost and VAT	
营业利润 Business profit	营业外收入 Norbusiness revenue	补贴收入 Subsidies revenue	利润总额 Total profit	应交所得税 Income taxes payable	应付职工薪酬(本年贷方累计发生额) payroll payable (credit accumulated happening this year)	应交增值税 VAT payableinput
-1784.2	13.0		-1771.2	12.7	670.1	436.9
65988.2	7793.7	4065.8	72238.6	21437.0	53755.1	17484.9
147.4			147.4		3686.4	
8312.4	7779.3	369.0	15668.4	5337.4	61521.8	26019.7
500.1	161.5		505.0	134.9	1945.7	-245.5
-4771.2	20.1		-1522.7	13.2	4158.2	367.3
44008.4	1596.1	53.0	38872.8	6634.8	44957.8	10278.8
31877.9	7808.5	386.2	35151.3	11112.7	99462.3	30901.3
88387.8	4772.2	2600.0	92475.7	21828.0	56948.4	20425.9
139.6	945.9		1034.0	385.9	4229.5	105.8
-6220.0	3824.1	1501.6	-2751.5	230.7	9384.8	2472.2
105582.5	7787.7	2600.0	109949.2	24062.2	93619.2	27485.5
11786.4	7213.3	1475.5	13842.2	8160.3	62106.2	20863.2
-341.5	2278.1	411.5	2303.9	1129.9	12651.1	5273.4
-2842.1	71.6	0.8	-185.8	204.9	1648.5	283.1
113000.2	17270.8	4437.0	124682.9	33492.9	167634.0	52012.3
1600.4	180.0		1226.3		302.6	36.9
8109.7	1051.9	0.2	7506.4	54.3	12620.0	552.6
88656.6	4038.3	2608.7	84541.2	23716.6	60374.7	16146.5
5616.4	10286.9	1821.5	15398.5	5141.1	54434.5	22983.0
3146.6	1609.6	6.0	5822.5	4523.4	35495.1	11515.8
-95.4			-76.7	14.4	426.6	1.3
6215.1	63.0		6168.6	1.1	2407.6	273.6
-249.2	41.1	0.6	4096.1	42.0	1572.9	502.6
1185.1	79.9	50.8	1226.6	64.4	2391.0	1892.9
-500.4	50.8	50.8	-449.6		122.8	303.0

14-4 限额以上批发和零售业法人企业商品购进、销售和库存 (2015)

单位:万元

指标名称	Item	法人企业数(个) Corporate enterprises (unit)	从业人员期末人数(人)(person)	商品购进额 Amount
总计	Total	525	46468	12501766.3
一、批发业	Wholesale	197	11250	6045195.8
1.按批发行业小类分组	Grouped by Sector			
农、林、牧产品批发	Farming、Fore、Animal、Husbandry	37	1564	399186.5
谷物、豆及薯类批发	Cereal beans and Tubers	29	1202	305497.9
种子批发	Seed	3	157	63392.9
饲料批发	Forage	2	25	9852.4
棉、麻批发	Cotton and Fiber			
林业产品批发	Forestry			
牲畜批发	Animal	1	127	2897.2
其他农牧产品批发	Others	2	53	17546.1
食品、饮料及烟草制品批发业	Food drink and tobaccos	17	1552	600900.0
米、面制品及食用油批发业	Grain and edible oil	6	284	89410.3
糕点、糖果及糖批发	Cake Candy and Suger			
果品、蔬菜批发	Fruit and Vegetable			
肉、禽、蛋、奶及水产品批发	Meet fowl egg and marine products	3	31	11512.0
盐及调味品批发	Salt and condiment	3	167	25149.4
营养和保健品批发	The nutrition and health care products retail			
酒、饮料及茶叶批发	Alcohol beverage and tea tobaccos	2	64	10356.3
烟草制品批发业	Tobaccos	1	836	448856.5
其他食品批发	Others	2	170	15615.5
纺织、服装及日用品批发业	Textile garment and daily articles	8	741	151750.0
纺织品、针织品及原料批发	Textile knitwear and raw moterial			
服装批发业	Garment	3	93	33844.2
鞋帽批发	Shoe and hat			
化妆品及卫生用品批发	Cosmetic and sanitary accessories			
厨房、卫生间用具及日用杂货批发	Kitchen rest room and daily articles			
灯具、装饰物品批发	Lamps and lanterns、decorative items wholesale			
家用电器批发	Electrical household appliances	4	560	100639.2
其他家庭用品批发	Others	1	88	17266.6
文化、体育用品及器材批发业	Sporting goods and equipment wholesale	4	508	58365.9
文具用品批发	Stationery			
体育用品及器材批发	Sporting goods and equipment wholesale	1	39	6705.9
图书批发	Books	3	469	51660.0
报刊批发	Newspaper			
音像制品及电子出版物批发	Audio-visual and E-journal products			
首饰、工艺品及收藏品批发	Jewelry handicraft article and collection			
其他文化用品批发	Others			
医药及医疗器材批发	Medicine and medical appliance	42	2103	643608.8
西药批发	Western medicine	29	1700	575311.6
中药批发	Chinese medicine	8	304	50027.4
医疗用品及器材批发	Medical component	5	99	18269.8
矿产品、建材及化工产品批发	Minerals construction materials	46	3046	2819019.5
煤炭及制品批发	Coal and related products	4	56	23702.4
石油及制品批发	Petroleum and related products	8	2269	1250945.6
非金属矿及制品批发	Non-metal materials	1	5	6991.1

TOTAL PURCHASE, SALES AND INVENTORY IN WHOLESALE AND RETAIL TRADE ABOVE DESIGNATED SIZE IN 2015

unit: 10000yuan

进口额 Imports	商品销售额 Commodity sales				期末商品库存额 Inventory	年末零售营业面积(平方米) Business areas (m^2)
		批发额 Wholesale	出口额 Exports	零售额 Retail		
377255.80	15551720.50	6518096.40	52323.70	9033624.10	1246496.30	3642667.00
124672.60	6658814.50	5828653.20	43283.40	830161.30	687509.10	148423.00
	486690.00	428728.50	15149.90	57961.50	200316.50	9486.00
	392872.70	343284.30	15149.90	49588.40	181651.90	3456.00
	61884.90	61884.90			17144.60	
	10140.00	9968.10		171.90	695.50	70.00
	2806.10	2806.10			102.00	180.00
	18986.30	10785.10		8201.20	722.50	5780.00
4252.30	883100.20	876599.90		6500.30	58079.50	2486.00
	91140.60	91140.60			4477.60	200.00
	11266.80	10883.90		382.90	2039.20	300.00
	31862.40	31862.40			3071.40	234.00
851.30	13120.30	12378.80		741.50	3156.10	575.00
3401.00	718377.50	718377.50			42887.90	
	17332.60	11956.70		5375.90	2447.30	1177.00
	152941.50	151945.30	14792.10	996.20	11310.80	1591.00
	32902.10	31905.90	14792.10	996.20	7799.20	1138.00
	101350.30	101350.30			1100.00	453.00
	18689.10	18689.10			2411.60	
	64044.80	62848.30		1196.50	16058.90	5000.00
	6740.50	6740.50			349.60	
	57304.30	56107.80		1196.50	15709.30	5000.00
101989.50	741197.70	739893.30	12.90	1304.40	81873.20	37220.00
101989.50	659561.30	658256.90	12.90	1304.40	72056.90	35402.00
	64108.10	64108.10			7075.80	858.00
	17528.30	17528.30			2740.50	960.00
	2783127.70	2031436.90		751690.80	208019.10	63514.00
	21580.20	21580.20			5574.20	230.00
	1099407.30	347726.30		751681.00	24509.10	22235.00
	7569.70	7569.70			341.70	

14-4 续表 1 continued1

指标名称 Item		法人企业数(个) Corporate enterprises (unit)	从业人员期末人数(人)(person)	商品购进额 Amount
金属及金属矿批发业	Metal materials	10	274	948941.2
建材批发业	Construction materials	16	139	169129.0
化肥批发业	Chemical fertilizers	3	232	327610.0
农药批发	Agricultural chemical			
农用薄膜批发	Agricultural film			
其他化工产品批发	Others	4	71	91700.2
机械设备、五金交电及电子产品批发业	Machinery hardware and electronic equipment	37	1469	1226885.5
农业机械批发	Farm machinery	5	32	21930.3
汽车批发	motorcycle	1	13	2861.0
汽车零配件批发	motorcycle and parts	7	512	1069879.5
摩托车及零配件批发	Motor vehicles motorcycle and parts	1	47	9192.6
五金产品批发	Hardware products	1	16	5443.1
电器设备批发	Appliances	1	21	2530.7
计算机、软件及辅助设备批发业	Computer software and accessories	2	43	21994.9
通讯及广播电视设备批发	Communication and radiated television	1	40	14968.5
其他机械设备及电子产品批发	Others	18	745	78084.9
贸易经纪与代理	Agency and brokerage			
贸易代理	Trade agency			
拍卖	Auction			
其他贸易经济与代理	Others			
其他批发业	Other wholesale	6	267	145479.6
再生物资回收与批发	Renewable materials recovery and wholesale			
其他未列明的批发	Others	6	267	145479.6
2.按登记注册类型分组	Grouped by type registered			
内资企业	Domestic funds	194	10547	4981844.8
国有企业	State-owned	4	2856	1331899.4
集体企业	Collective-owned			
股份合作企业	Cooperative			
联营企业	Joint			
国有联营企业	State joint owned			
集体联营企业	Collective joint owned			
国有与集体联营企业	State-collective joint owned			
其他联营企业	Other joint owned			
有限责任公司	Limited liability corporations	94	4296	2043247.3
国有独资企业	State-owned solely	8	878	913152.6
其他有限责任公司	Limited liability corporations	86	3418	1130094.7
股份有限公司	Share holding	11	693	889043.3
私营企业	Private	84	2692	717465.8
私营独资企业	Private funded	2	115	17400.1
私营合伙企业	Private partner			
私营有限责任公司	Private limited company	81	2573	700065.7
私营股份有限公司	Private share holding	1	4	
其他企业	Others	1	10	189.0
港、澳、台商投资企业	Funded from Hongkong Macao and Taiwan	2	382	72896.4
与港澳台商合资经营企业	Joint venture			
与港澳台商合作经营企业	Cooperative			

单位：万元 unit：10000yuan

进口额 Imports	商品销售额 Commodity sales				期末商品库存额 Inventory	年末零售营业面积(平方米) Business areas (m^2)
		批发额 Wholesale	出口额 Exports	零售额 Retail		
	989514.4	989514.4			72095.5	550.0
	170727.3	170717.5		9.8	12654.3	40404.0
	402057.0	402057.0			91919.3	30.0
	92271.8	92271.8			925.0	65.0
17836.4	1389253.5	1380601.9	10403.5	8651.6	95596.2	9021.0
	22847.4	21747.4		1100.0	1521.3	1788.0
	2788.2	1650.0		1138.2	88.5	60.0
17836.4	1207531.0	1207531.0	7020.5		28796.7	1332.0
	10322.2	10321.4		0.8	2578.4	
	6014.8	6014.8			614.3	98.0
	2801.4	2801.4			853.9	67.0
	22617.9	22617.9			630.0	
	15499.8	15499.8			2492.0	350.0
	98830.8	92418.2	3383.0	6412.6	58021.1	5326.0
594.4	158459.1	156599.1	2925.0	1860.0	16254.9	20105.0
594.4	158459.1	156599.1	2925.0	1860.0	16254.9	20105.0
124672.6	5470162.0	4640091.3	43283.4	830070.7	669392.9	148423.0
3401.0	1653329.8	904716.0		748613.8	156860.3	17000.0
19293.8	2247541.0	2232365.1	25108.3	15175.9	262981.2	19364.0
	943610.8	943220.6		390.2	85199.0	234.0
19293.8	1303930.2	1289144.5	25108.3	14785.7	177782.2	19130.0
101000.0	782922.5	733184.9		49737.6	85845.5	72852.0
977.8	786218.7	769675.3	18175.1	16543.4	163645.8	39207.0
	20136.9	19741.8		395.1	3345.5	2071.0
977.8	766081.8	749933.5	18175.1	16148.3	160300.3	36280.0
						856.0
	150.0	150.0			60.1	
	72700.6	72610.0		90.6	354.6	

14-4 续表 2 continued2

指标名称	Item	法人企业数(个) Corporate enterprises (unit)	从业人员期末人数(人)(person)	商品购进额 Amount
港、澳、台商独资经营企业	Solefunds	2	382	72896.4
港、澳、台商投资股份有限公司	Share holding			
其他港澳台投资企业	Others			
外商投资企业	Foreign funds	1	321	990454.6
中外合资经营企业	Joint venture	1	321	990454.6
中外合作经营企业	Cooperative			
外资企业	Foreign funded			
外商投资股份有限公司	Share holding			
其他外商投资企业	Others			
3.按控股情况分组	Grouped by owned			
国有控股	State-owned	24	4851	4186685.0
集体控股	Collective-owned			
私人控股	Private-owned	141	4799	1350363.1
港澳台商控股	Hongkong Macao and Taiwan-Owned	2	382	72896.4
外商控股	Foreign-owned			
其他	Others	30	1218	435251.3
4.按经营形式分组	Grouped by form of management			
独立门店	Substantive store	132	8407	4860820.4
连锁总店(总部)	Chain headquarter			
连锁门店	Chain store	1	396	44790.4
其他	Others	64	2447	1139585.0
5.按单位规模分	Grouped by size of enterprises			
大型	Large-sized	7	3894	2739268.3
中型	Medium-sized	71	4588	2636503.7
小型	Small-sized	100	2303	567636.5
微型	Micro-sized	19	465	101787.3
二、零售业	Retail trade	328	35218	6456570.5
1.按零售行业小类分组	Grouped by sectors			
综合零售业	Retail trade	31	14692	2408935.4
百货零售业	Consumer goods	19	9606	2183730.5
超级市场零售业	Supermarket	10	3067	202168.2
其他综合零售业	Other comprehensive retail business	2	2019	23036.7
食品、饮料及烟草制品专门零售业	Food beverage and tobaccos	12	995	36428.6
粮油零售	Food and Oil	4	321	3720.9
糕点、面包零售	Cake and bread	1	119	1821.5
果品、蔬菜零售	Fruit and Vegetable			
肉、禽、蛋及水产品零售	Meet,fowl,egg and marine products			
营养和保健品零售	Nutrition and health care			
酒、饮料及茶叶零售	Alcohol beverage and tea	2	40	1170.8
烟草制品零售	Tobaccos	2	455	25122.5
其他食品零售	Others	3	60	4592.9
纺织、服装及日用品专门零售业	Textile,garment and daily articles	19	1323	110315.9
纺织品及针织品零售	Textile and knitwear			
服装零售业	Garments	8	964	61253.9
鞋帽零售	Shoe and hat			
化妆品及卫生用品零售		2	63	20792.2
钟表、眼镜零售	Clock and spectacles	5	276	23347.1

单位:万元 unit:10000yuan

进口额 Imports	商品销售额 Commodity sales	批发额 Wholesale	出口额 Exports	零售额 Retail	期末商品库存额 Inventory	年末零售营业面积(平方米) Business areas (m^2)
	72700.6	72610.0		90.6	354.6	
	1115951.9	1115951.9			17761.6	
	1115951.9	1115951.9			17761.6	
104995.4	4534591.5	3785587.5	16065.3	749004.0	394690.3	19884.0
18825.9	1531274.0	1452772.1	25208.5	78501.9	248329.5	83625.0
	72700.6	72610.0		90.6	354.6	
851.3	520248.4	517683.6	2009.6	2564.8	44134.7	44914.0
123100.4	5674956.5	4851504.4	34965.8	823452.1	425626.5	89582.0
	46426.2	46426.2			12368.0	
1572.2	937431.8	930722.6	8317.6	6709.2	249514.6	58841.0
3401.0	3320362.3	2570537.2		749825.1	134396.0	19600.0
119442.5	2623704.2	2547995.0	37890.8	75709.2	415262.3	18903.0
1829.1	612400.8	607879.2	5392.6	4521.6	121171.8	106290.0
	102347.2	102241.8		105.4	16679.0	3630.0
252583.2	8892906.0	689443.2	9040.3	8203462.8	558987.2	3494244.0
100.0	4291467.7	7768.4	100.0	4283699.3	48664.5	2507934.0
100.0	4054896.7	2399.6	100.0	4052497.1	28705.6	2342864.0
	204846.8	2587.8		202259.0	18879.5	153210.0
	31724.2	2781.0		28943.2	1079.4	11860.0
100.0	54079.3	2271.7		51807.6	64227.0	8452.0
	3170.9	1314.4		1856.5	29747.2	1250.0
	3516.8			3516.8	228.1	1100.0
	2080.1			2080.1	1138.8	1200.0
	40976.3			40976.3	31689.7	4742.0
100.0	4335.2	957.3		3377.9	1423.2	160.0
	122624.6	16000.5		106624.1	38352.0	117405.0
	75644.6	4870.4		70774.2	13357.3	111202.0
	21726.9	4897.6		16829.3	3270.1	1060.0
	20274.5	1253.9		19020.6	21056.7	4951.0

14-4 续表 3 continued3

指标名称 Item		法人企业数（个）Corporate enterprises (unit)	从业人员期末人数（人）(person)	商品购进额 Amount
箱、包零售	Bags and suitcases retail			
厨房用具及日用杂品零售	Kitchenware and daily commodities retail			
自行车零售	Bicycle			
其他日用品零售	Others			
文化、体育用品及器材专门零售	Cultural and sport goods	11	867	56393.4
文具用品零售	Stationery			
体育用品零售业	Cultural and sports goods			
图书、报刊零售	Books、Newspaper	8	792	39224.0
音像制品及电子出版物零售	Audio-visual and E-journal products			
珠宝首饰零售	Jewelry	1	39	5855.6
工艺美术品及收藏品零售	Handicraft article and collection	1	26	8070.8
乐器零售	Musical instruments retail			
照相器材零售	Photogrphic apparatus retail	1	10	3243.0
其他文化用品零售	Others			
医药及医疗器材专门零售业	Medicine and medical appliance	19	2971	417384.8
药品零售业	Medicine	14	2882	412110.6
医疗用品及器材零售	Medical component	5	89	5274.2
汽车、摩托车、燃料及零配件专门零售业	Vehicles,motorcycle and part	168	11797	3115247.2
汽车零售业	Vehicles	137	9082	2527358.6
汽车零配件零售	Installation kit	15	687	49735.3
摩托车及零配件零售	Motoreycle			
机动车燃料零售业	Fuel	16	2028	538153.3
家用电器及电子产品专门零售业	Electrical household equipment	20	1358	177893.1
家用视听设备零售	Household audio and video equipment	3	75	1979.3
日用家电设备零售	Household applianeces retail	7	1012	124330.0
计算机、软件及辅助设备零售业	Computer software and accessories	5	96	16067.8
通信设备零售业	Teleconmmunicational equipment	2	136	30944.5
其他电子产品零售	Others	3	39	4571.5
五金、家具及室内装修材料专门零售业	Hardware funiture and indoor hareware fitting	12	325	32550.8
五金零售	Hardware	5	139	18546.5
灯具零售	Lamps			
家具零售	Funiture	2	39	3344.7
涂料零售	Coating			
卫生洁具零售	Sanitary ware retail			
木质装饰材料零售	Wooden decorative materials retail			
陶瓷、石材装饰材料零售	Ceramics、decorative stone materials retail	3	116	4393.3
其他室内装修材料零售	Others	2	31	6266.3
货摊、无店铺及其他零售业	Other retail trade	36	890	101421.3
货摊食品零售	Food			
货摊纺织、服装及鞋零售	Booth textile、clothing and shoes retail			
货摊日用品零售	Booth commodity retail			
互联网零售	Internet retail			
邮购及电视、电话零售	Mail-order and TV and phone retail	1	35	5001.9
旧货零售	Second hand			
生活用燃料零售	Fuel for life	17	553	58926.8
其他未列明的零售	Others	18	302	37492.6
2.按登记注册类型分组	Grouped by type registered			
内资企业	Domestic funds	318	33169	6238437.7

单位:万元 unit:10000yuan

进口额 Imports	商品销售额 Commodity sales	批发额 Wholesale	出口额 Exports	零售额 Retail	期末商品库存额 Inventory	年末零售营业面积(平方米) Business areas (m^2)
	57048.5	938.2		56110.3	19634.9	15560.0
	40569.0			40569.0	9957.6	15225.0
	4827.9	938.2		3889.7	5801.9	250.0
	8585.8			8585.8	3381.0	65.0
	3065.8			3065.8	494.4	20.0
	488178.2	302152.4		186025.8	45262.7	91839.0
	479761.5	298863.0		180898.5	43447.0	90712.0
	8416.7	3289.4		5127.3	1815.7	1127.0
252383.2	3518379.2	324235.8	8846.8	3194143.4	316508.8	617326.0
252383.2	2737473.4	77222.4		2660251.0	296044.3	387553.0
	107540.6	18263.4	8846.8	89277.2	9045.0	9185.0
	673365.2	228750.0		444615.2	11419.5	220588.0
	183704.3	7298.4		176405.9	9470.7	73463.0
	2062.2	100.0		1962.2	1332.7	2958.0
	130548.0	718.6		129829.4	4231.1	66014.0
	18833.0	4479.8		14353.2	1102.6	391.0
	26947.0			26947.0	2044.7	3760.0
	5314.1	2000.0		3314.1	759.6	340.0
	31474.6	9356.9		22117.7	6974.2	11737.0
	17298.7	5550.8		11747.9	3492.9	2281.0
	3555.0			3555.0	191.6	126.0
	4714.8	3440.9		1273.9	1744.0	8220.0
	5906.1	365.2		5540.9	1545.7	1110.0
	145949.6	19420.9	93.5	126528.7	9892.4	50528.0
	7203.8			7203.8		50.0
	63825.4	1764.6		62060.8	3371.5	47388.0
	74920.4	17656.3	93.5	57264.1	6520.9	3090.0
227138.7	8674624.8	685922.8	9040.3	7988702.0	531115.7	3372785.0

14-4 续表 4 continued4

指标名称	Item	法人企业数(个) Corporate enterprises (unit)	从业人员期末人数(人)(person)	商品购进额 Amount
国有企业	State-owned	3	143	31578.8
集体企业	Collective-owned			
股份合作企业	Cooperative	2	1796	32257.1
联营企业	Joint			
国有联营企业	State joint owned			
集体联营企业	Collective joint owned			
国有与集体联营企业	State-collective joint owned			
其他联营企业	Other joint owned			
有限责任公司	Limited liability corporations	141	14964	2443400.8
国有独资公司	State-owned solely	6	783	19441.7
其他有限责任公司	Limited liability corporations	135	14181	2423959.1
股份有限公司	Share holding	5	7146	1946786.9
私营企业	Private	162	8943	1734141.2
私营独资企业	Private funded	7	212	75893.9
私营合伙企业	Private partner			
私营有限责任公司	Private limited company	150	8501	1614373.1
私营股份有限公司	Private share holding	5	230	43874.2
其他企业	Others	5	177	50272.9
港、澳、台商投资企业	Funded from Hongkong,Macao and Taiwan	4	956	20805.0
与港澳台商合资经营企业	Joint venture	3	863	19585.7
与港澳台商合作经营企业	Cooperative			
港、澳、台商独资企业	Solefunds	1	93	1219.3
港、澳、台商投资股份有限公司	Share holding			
其他港澳台投资企业	Others			
外商投资企业	Foreign funds	6	1093	197327.8
中外合资经营企业	Joint venture	3	360	152321.1
中外合作经营企业	Cooperative			
外资企业	Foreign funded	1	648	24726.3
外商投资股份有限公司	Share holding	1	2	2296.3
其他外商投资股份有限公司	Others	1	83	17984.1
3.按控股情况分组	Grouped by owned			
国有控股	State-owned	20	7598	2173240.4
集体控股	Collective-owned	2	1800	31088.1
私人控股	Private-owned	254	15279	3334785.7
港澳台商控股	Hongkong, Macao and Taiwan-Owned	3	268	73795.0
外商控股	Foreign-owned	4	838	100252.5
其他	Others	45	9435	743408.8
4.按经营形式分组	Grouped by form of management			
独立门店	Substantive store	262	21909	4275143.8
连锁总店(总部)	Chain headquarter	14	9024	1904699.9
连锁门店	Chain store	7	1004	78097.9

单位:万元 unit:10000 yuan

进口额 Imports	商品销售额 Commodity sales				期末商品库存额 Inventory	年末零售营业面积(平方米) Business areas (m^2)
		批发额 Wholesale	出口额 Exports	零售额 Retail		
	28508.1	3200.0		25308.1	4142.9	5286.0
	35544.4	3815.4		31729.0	2386.7	743.0
135275.3	2700981.3	539512.3	100.0	2161469.0	255994.9	847264.0
	124335.0			124335.0	3781.2	206986.0
135275.3	2576646.3	539512.3	100.0	2037134.0	252213.7	640278.0
	3851752.0			3851752.0	27769.7	2120745.0
91863.4	2003349.8	137952.0	8940.3	1865397.8	235259.4	390543.0
	74570.3			74570.3	10253.7	13180.0
91863.4	1880357.3	137147.2	8940.3	1743210.1	212840.4	345507.0
	48422.2	804.8		47617.4	12165.3	31856.0
	54489.2	1443.1		53046.1	5562.1	8204.0
	23989.8	1489.4		22500.4	4550.3	61704.0
	22048.8	1489.4		20559.4	167.9	58506.0
	1941.0			1941.0	4382.4	3198.0
25444.5	194291.4	2031.0		192260.4	23321.2	59755.0
25444.5	150309.7			150309.7	15465.0	1300.0
	24554.5			24554.5	4193.4	47850.0
	2031.0	2031.0			266.0	50.0
	17396.2			17396.2	3396.8	10555.0
	4171653.8	293331.5		3878322.3	91092.7	2269473.0
	37667.9			37667.9	4421.3	833.0
248097.8	3703830.9	383121.7	8940.3	3320709.2	351588.0	727618.0
	69198.4	1489.4		67709.0	14329.4	4604.0
	99874.9	2031.0		97843.9	12393.8	58855.0
4485.4	810680.1	9469.6	100.0	801210.5	85162.0	432861.0
224639.6	4633501.0	608910.8	8946.8	4024590.2	432560.1	1127409.0
	3940181.7	7458.2		3932723.5	53634.8	2298842.0
27943.6	99892.1	8938.2		90953.9	17855.2	37000.0

14-4 续表 5 continued5

指标名称	Item	法人企业数（个） Corporate enterprises (unit)	从业人员期末人数（人）(person)	商品购进额 Amount
其他	Others	45	3281	198628.9
5.按单位规模分	Grouped by size of enterprises			
大型	Large-sized	20	19015	3145115.0
中型	Medium-sized	113	12355	2623861.1
小型	Small-sized	137	3483	537713.1
微型	Micro-sized	58	365	149881.3
6.按零售业态分组	Grouped by form of retail			
有店铺零售	Retail trade	314	34724	6434116.6
食杂店	Traditional grocery store			
便利店	Convenience store			
折扣店	Discount store			
超市	Market	4	246	39255.0
大型超市	Super market	7	2866	182211.6
仓储会员店	Warehouse store			
百货店	Consumer goods	25	11785	2196240.4
专业店	Specialty store	143	12612	2116822.8
专卖店	Exclusive shop	116	6415	1764642.5
家居建材商店	Household items hall	3	45	5623.2
购物中心	Shopping center	3	399	39451.0
厂家直销中心	Direct sales by manufacturers	13	356	89870.1
无店铺零售	Other retail trade	14	494	22453.9
电视购物	TV shopping	1	35	5001.9
邮购	Purchase by mail			
网上商店	Store on line			
自动售货亭	Vending machine			
电话购物	Call shopping			

单位:万元 unit:10000yuan

进口额 Imports	商品销售额 Commodity sales	批发额 Wholesale	出口额 Exports	零售额 Retail	期末商品库存额 Inventory	年末零售营业面积(平方米) Business areas (m^2)
	219331.2	64136.0	93.5	155195.2	54937.1	30993.0
	5249810.6	229927.4		5019883.2	97391.8	2692347.0
241688.5	2815720.3	345219.0		2470501.3	341809.0	502704.0
8779.1	654646.8	81867.2	8940.3	572779.6	96786.9	236867.0
2115.6	172728.3	32429.6	100.0	140298.7	22999.5	62326.0
252583.2	8857867.8	672458.4	8946.8	8185409.4	556243.4	3492736.0
	42436.4	2587.8		39848.6	4336.6	11860.0
100.0	176101.5	589.0	100.0	175512.5	25322.2	144850.0
	4080023.7	4048.4		4075975.3	18807.0	2363337.0
100086.1	2435168.0	299229.9	8846.8	2135938.1	266873.4	568692.0
152297.1	1970701.8	345693.1		1625008.7	223079.5	299878.0
	5624.9			5624.9	376.7	292.0
	43615.7	1253.9		42361.8	6106.1	92500.0
100.0	104195.8	19056.3		85139.5	11341.9	11327.0
	35038.2	16984.8	93.5	18053.4	2743.8	1508.0
	7203.8			7203.8		50.0

14-5 限额以上住宿业和餐饮业法人企业基本情况(2015)

指标名称	Item	法人企业数 (个) Corporate enterprises (unit)
总计	Total	108
一、住宿业	Hotels	51
1.按住宿行业小类分组	Grouped by sectors	
旅游饭店	Tourism restaurant	39
一般旅馆	Hotels	7
其他住宿服务	Other accommomodation services	5
2.按登记注册类型分组	Grouped by type registered	
内资企业	Domestic funds	47
国有企业	State-owned	17
集体企业	Collective-owned	1
股份合作企业	Cooperative	
联营企业	Joint	
国有联营企业	State joint owned	
集体联营企业	Collective joint owned	
国有与集体联营企业	State-collective joint owned	
其他联营企业	Other joint owned	
有限责任公司	Limited liability corporations	21
国有独资企业	State-owned soely	1
其他有限责任公司	Others	20
股份有限公司	Share holding	2
私营企业	Private	6
私营独资企业	Private funded	
私营合伙企业	Private partner	
私营有限责任公司	Private limited company	5
私营股份有限公司	Private share holding	1
其他企业	Others	
港、澳、台商投资企业	Funded from Hongkong,Macao and Taiwan	2
与港澳台商合资经营企业	Joint venture	1
与港澳台商合作经营企业	Cooperative	1
港、澳、台商独资经营企业	Solefunds	
港、澳、台商投资股份有限公司	Share holding	
其他港澳台投资企业	Others	

GENERAL INFORMATION OF THE ABOVE-NORM HOTELS AND CATERING 2015

从业人员期末人数（人）(person)	其中:女性 Female	法人所属产业活动单位数（个）The number of legal persons´establishments	住宿业和餐饮业 Hotels and catering	其它 Others
12581	7264	31	28	3
7223	4149	8	5	3
6481	3668	4	1	3
224	113	4	4	
518	368			
6261	3607	6	5	1
2741	1575	2	1	1
60	38			
2949	1708	4	4	
257	131			
2692	1577	4	4	
187	92			
324	194			
305	187			
19	7			
351	197	2		2
149	78			
202	119	2		2

14-5 续表 1 continuedl

指标名称	Item	法人企业数（个）Corporate enterprises (unit)
外商投资企业	Foreign funded	2
中外合资经营企业	Joint venture	1
中外合作经营企业	Cooperative	1
外资企业	Foreign funds	
外商投资股份有限公司	Share holding	
其他外商投资企业	Others	
3.按控股情况分组	Grouped by owned	
国有控股	State-owned	20
集体控股	Collective-owned	1
私人控股	Private-owned	13
港澳台商控股	Hongkong,Macao and Taiwan-Owned	2
外商控股	Foreign-owned	
其他	Others	15
4.按经营形式分组	Grouped by form of management	
独立门店	Substantive store	47
连锁总店(总部)	Chain headquarter	
连锁门店	Chain store	1
其他	Others	3
5.按单位规模分	Gruoped by size of enterprises	
大型	Large-sized	2
中型	Medium-sized	18
小型	Small-sized	28
微型	Micro-sized	3
6.按星级分组	Grouped by star	
五星	Five-star	2
四星	Four-star	12
三星	Three-star	18
二星	Two-star	2
一星	One-star	
其他	Others	17
二、餐饮业	Catering	57
1.按餐饮行业小类分组	Grouped by sector	
正餐服务	Dinner	56
快餐服务	Fast food	1
饮料及冷饮服务	Beverage and cold drink	
茶馆服务	The teahouse service	
咖啡馆服务	Coffee shops serve	
酒吧服务	Abar Service	
其他饮料及冷饮服务	Others	
其他餐饮服务	Others	
小吃服务	Anack service	
餐饮配送服务	Food and beverage distribution service	
其他未列明餐饮业	Others	
2.按登记注册类型分组	Grouped by type registered	
内资企业	Domestic funds	57
国有企业	State owned	3

单位:万元 unit:10000yuan

从业人员期末人数(人)(person)	其中:女性 Female	法人所属产业活动单位数(个) The number of legal persons´establishments	住宿业和餐饮业 Hotels and catering	其它 Others
611	345			
509	296			
102	49			
3185	1798	2	1	1
60	38			
742	471			
351	197	2		2
2885	1645	4	4	
6500	3740	8	5	3
18	15			
705	394			
1147	650			
4105	2362	4	1	3
1834	1052	4	4	
137	85			
862	454			
2798	1647	4	1	3
1466	855			
62	32			
2035	1161	4	4	
5358	3115	23	23	
4980	2820	23	23	
378	295			
5358	3115	23	23	
845	498			

14-5 续表 2 continued2

指标名称	Item	法人企业数（个）Corporate enterprises unit
集体企业	Collective owned	2
股份合作企业	Cooperative	
联营企业	Joint	
国有联营企业	State joint owned	
集体联营企业	Collective joint owned	
国有与集体联营企业	State-collective joint owned	
其他联营企业	Other joint owned	
有限责任公司	Limited liability corporations	26
国有独资企业	State owned solely	2
其他有限责任公司	Others	24
股份有限公司	Share holding	2
私营企业	Private	20
私营独资企业	Private funded	3
私营合伙企业	Private partner	
私营有限责任公司	Private limited company	15
私营股份有限公司	Private share holding	2
其他企业	Others	4
港、澳、台商投资企业	Funded from Hongkong,Macao and Taiwan	
与港澳台商合资经营企业	Joint venture	
与港澳台商合作经营企业	Cooperative	
港、澳、台商独资经营企业	Solefunds	
港、澳、台商投资股份有限公司	Share holding	
其它港澳台投资企业	Others	
外商投资企业	Foreign funded	
中外合资经营企业	Joint venture	
中外合作经营企业	Cooperative	
外资企业	Foreign funds	
外商投资股份有限公司	Share holding	
其他外商投资企业	Others	
3.按控股情况分组	Grouped by owned	
国有控股	State-owned	7
集体控股	Collective-owned	2
私人控股	Private-owned	35
港澳台商控股	Hongkong,Macao and Taiwan-Owned	
外商控股	Foreign-owned	
其他	Others	13
4.按经营形式分组	Grouped by form of retail	
独立门店	Substantive store	53
连锁总店（总部）	Chain headquarter	
连锁门店	Chain store	1
其他	Others	3
5.按单位规模分	Gruoped by size of enterprises	
大型	Large-sized	2
中型	Medium-sized	5
小型	Small-sized	50
微型	Micro-sized	

单位:万元 unit:10000yuan

从业人员期末人数（人）person	其中:女性 Female	法人所属产业活动单位数（个）The number of legal persons´establishments	住宿业和餐饮业 Hotels and catering	其它 Others
145	53			
2415	1459			
200	120			
2215	1339			
72	53			
1675	933	23	23	
205	141			
650	301			
820	491	23	23	
206	119			
1108	645			
145	53			
2715	1650	23	23	
1390	767			
4701	2692	23	23	
378	295			
279	128			
1060	707			
1702	966	23	23	
2596	1442			

14-6 限额以上住宿业和餐饮业法人企业经营情况(2015)

单位:万元

		法人企业数(个) Corporate enterprises (unit)	从业人员期末人数(人)(person)	营业额 Turnover
总计	Total	105	12454	229027.8
一、住宿业	Hotels	50	7130	131225.7
1.按住宿行业小类分组	Grouped by sectors			
旅游饭店	Tourism restaurant	38	6388	114149.7
一般旅馆	Hotels	7	224	7568.9
其他住宿服务	Other accommomodation services	5	518	9507.1
2.按登记注册类型分组	Grouped by type registered			
内资企业	Domestic funds	46	6168	105434.0
国有企业	State-owned	17	2741	41806.3
集体企业	Collective-owned	1	60	850.7
股份合作企业	Cooperative			
联营企业	Joint			
国有联营企业	State joint owned			
集体联营企业	Collective joint owned			
国有与集体联营企业	State-collective joint owned			
其他联营企业	Other joint owned			
有限责任公司	Limited liability corporations	21	2949	50940.6
国有独资企业	State-owned soely	1	257	4116.1
其他有限责任公司	Others	20	2692	46824.5
股份有限公司	Share holding	2	187	3316.1
私营企业	Private	5	231	8520.3
私营独资企业	Private funded			
私营合伙企业	Private partner			
私营有限责任公司	Private limited company	4	212	7999.3
私营股份有限公司	Private share holding	1	19	521.0
其他企业	Others			
港、澳、台商投资企业	Funded from Hongkong,Macao and Taiwan	2	351	6103.6
与港澳台商合资经营企业	Joint venture	1	149	3362.5
与港澳台商合作经营企业	Cooperative	1	202	2741.1
港、澳、台商独资经营企业	Solefunds			
港、澳、台商投资股份有限公司	Share holding			
其他港澳台投资企业	Others			
外商投资企业	Foreign funded	2	611	19688.1
中外合资经营企业	Joint venture	1	509	17331.7
中外合作经营企业	Cooperative	1	102	2356.4
外资企业	Foreign funds			
外商投资股份有限公司	Share holding			
其他外商投资企业	Others			
3.按控股情况分组	Grouped by owned			
国有控股	State-owned	20	3185	49238.5
集体控股	Collective-owned	1	60	850.7
私人控股	Private-owned	12	649	19786.1
港澳台商控股	Hongkong,Macao and Taiwan-Owned	2	351	6103.6
外商控股	Foreign-owned			
其他	Others	15	2885	55246.8
4.按经营形式分组	Grouped by form of management			

COMPREHENSIVE CONDITIONS OF ENTERPRISES ABOVE DESIGNATED SIZE IN HOTELS AND RESTAURANTS IN 2015

unit: 10000 yuan

客房收入 Guestroom income	餐费收入 Food bill	商品销售收入 Goodssale income	其他收入 Other income	客房间数(间) Rooms	床位数(个) Beds	餐位数(位) Seats	年末餐饮营业面积(平方米) Businessareas (m^2)
90962.8	117611.5	3504	16949	10987	18643	55085	274295
61274.0	54226.3	1790	13936	7659	12952	25059	139707
54968.3	46317.0	595	12269	6216	10455	20870	110611
3435.4	1636.2	1191	1306	760	1319	1671	13516
2870.3	6273.1	3	360	683	1178	2518	15580
50337.4	42441.6	1563	11092	6753	11632	20853	118919
20027.1	16730.3	316	4733	2344	3854	9607	54097
347.2	503.5			82	166	120	300
23318.4	21908.6	1176	4538	3539	6351	10043	50119
1701.1	2060.8		354	211	348	500	700
21617.3	19847.8	1176	4184	3328	6003	9543	49419
1549.3	95.2		1672	275	502	460	5000
5095.4	3204.0	71	150	513	759	623	9403
4874.0	3120.3	5		467	657	415	6403
221.4	83.7	66	150	46	102	208	3000
2464.7	3305.7	181	152	344	515	2003	17000
1230.3	2108.4	2	22	162	210	1200	9000
1234.4	1197.3	179	131	182	305	803	8000
8471.9	8479.0	45	2692	562	805	2203	3788
7872.3	6724.5	43	2692	457	635	459	1200
599.6	1754.5	2		105	170	1744	2588
23277.5	18886.3	316	6759	2830	4704	10567	59797
347.2	503.5			82	166	120	300
9906.8	7370.2	1155	1355	1385	3067	2726	21252
2464.7	3305.7	181	152	344	515	2003	17000
25277.8	24160.6	138	5671	3018	4500	9643	41358

14-6 续表 1 continued1

		法人企业数(个) Corporate enterprises (unit)	从业人员期末人数(人) (person)	营业额 Turnover
独立门店	Substantive store	46	6407	119279.5
连锁总店(总部)	Chain headquarter			
连锁门店	Chain store	1	18	279.1
其他	Others	3	705	11667.1
5.按单位规模分	Gruoped by size of enterprises			
大型	Large-sized	2	1147	28551.7
中型	Medium-sized	18	4105	67254.0
小型	Small-sized	28	1834	35367.5
微型	Micro-sized	2	44	52.5
6.按星级分组	Grouped by star			
五星	Five-star	2	862	21785.9
四星	Four-star	12	2798	41662.5
三星	Three-star	17	1373	24646.0
二星	Two-star	2	62	1980.2
一星	One-star			
其他	Others	17	2035	41151.1
二、餐饮业	Catering	55	5324	97802.1
1.按餐饮行业小类分组	Grouped by sector			
正餐服务	Dinner	54	4946	86032.0
快餐服务	Fast food	1	378	11770.1
饮料及冷饮服务	Beverage and cold drink			
茶馆服务	The teahouse service			
咖啡馆服务	Coffee shops serve			
酒吧服务	Abar Service			
其他饮料及冷饮服务	Others			
其他餐饮服务	Others			
小吃服务	Anack service			
餐饮配送服务	Food and beverage distribution service			
其他未列明餐饮业	Others			
2.按登记注册类型分组	Grouped by type registered			
内资企业	Domestic funds	55	5324	97802.1
国有企业	State owned	3	845	15556.1
集体企业	Collective owned	2	145	1443.1
股份合作企业	Cooperative			
联营企业	Joint			
国有联营企业	State joint owned			
集体联营企业	Collective joint owned			
国有与集体联营企业	State-collective joint owned			
其他联营企业	Other joint owned			
有限责任公司	Limited liability corporations	25	2395	50147.7
国有独资企业	State owned solely	2	200	2513.8

单位:万元 unit:10000yuan

客房收入 Guestroom income	餐费收入 Food bill	商品销售收入 Goodssale income	其他收入 Other income	客房间数(间) Rooms	床位数(个) Beds	餐位数(位) Seats	年末餐饮营业面积(平方米) Businessareas (m^2)
53991.6	49802.2	1755.4	13730.3	7004	12128	23819	130313
269.9	8.2	1		68	123	40	381
7012.5	4415.9	33.2	205.5	587	701	1200	9013
14718.8	10859.3	76.3	2897.3	996	1236	659	4213
28032.0	31805.0	331.9	7085.1	3451	5466	15197	79174
18481.6	11551.1	1381.4	3953.4	3176	6166	8954	51720
41.6	10.9			36	84	249	4600
9995.7	9037.0	44.3	2708.9	755	1048	1816	8819
17418.8	19610.7	260.5	4372.5	2266	3537	9952	47312
10954.7	9560.0	237.4	3893.9	1780	3120	6977	43947
1536.2	120.8		323.2	215	375	720	4764
21368.6	15897.8	1247.4	2637.3	2643	4872	5594	34865
29688.8	63385.2	1714.6	3013.5	3328	5691	30026	134588
29688.8	51623.8	1714.6	3004.8	3328	5691	28234	128596
	11761.4		8.7			1792	5992
29688.8	63385.2	1714.6	3013.5	3328	5691	30026	134588
10156.0	5262.8	137.3		400	856	1477	5400
462.4	716.6	170.7	93.4	147	278	1035	10000
11546.9	35850.6	215.3	2534.9	1480	2400	13409	66617
1044.5	1312.8		156.5	229	515	1910	4912

14-6 续表 2 continued2

		法人企业数(个) Corporate enterprises (unit)	从业人员期末人数(人) (person)	营业额 Turnover
其他有限责任公司	Others	23	2195	47633.9
股份有限公司	Share holding	2	72	1489.9
私营企业	Private	19	1661	25524.2
私营独资企业	Private funded	3	205	2661.2
私营合伙企业	Private partner			
私营有限责任公司	Private limited company	14	636	13989.2
私营股份有限公司	Private share holding	2	820	8873.8
其他企业	Others	4	206	3641.1
港、澳、台商投资企业	Funded from Hongkong,Macao and Taiwan			
与港澳台商合资经营企业	Joint venture			
与港澳台商合作经营企业	Cooperative			
港、澳、台商独资经营企业	Solefunds			
港、澳、台商投资股份有限公司	Share holding			
其它港澳台投资企业	Others			
外商投资企业	Foreign funded			
中外合资经营企业	Joint venture			
中外合作经营企业	Cooperative			
外资企业	Foreign funds			
外商投资股份有限公司	Share holding			
其他外商投资企业	Others			
3.按控股情况分组	Grouped by owned			
国有控股	State-owned	6	1088	18604.8
集体控股	Collective-owned	2	145	1443.1
私人控股	Private-owned	34	2701	48959.8
港澳台商控股	Hongkong,Macao and Taiwan-Owned			
外商控股	Foreign-owned			
其他	Others	13	1390	28794.4
4.按经营形式分组	Grouped by form of retail			
独立门店	Substantive store	52	4681	81839.3
连锁总店(总部)	Chain headquarter			
连锁门店	Chain store	1	378	11770.1
其他	Others	2	265	4192.7
5.按单位规模分	Gruoped by size of enterprises			
大型	Large-sized	2	1060	25700.2
中型	Medium-sized	5	1702	30902.0
小型	Small-sized	48	2562	41199.9
微型	Micro-sized			

单位:万元 unit:10000yuan

				客房间数(间) Rooms	床位数(个) Beds	餐位数(位) Seats	年末餐饮营业面积(平方米) Businessareas (m^2)
客房收入 Guestroom income	餐费收入 Food bill	商品销售收入 Goodssale income	其他收入 Other income				
10502.4	34537.8	215.3	2378.4	1251	1885	11499	61705
755.5	734.4			81	90	715	1955
5303.3	18800.3	1035.4	385.2	763	1271	11727	45096
597.2	2064.0			170	261	1825	10700
4535.7	8032.9	1035.4	385.2	573	980	5774	22583
170.4	8703.4			20	30	4128	11813
1464.7	2020.5	155.9		457	796	1663	5520
11305.1	7004.1	139.1	156.5	652	1407	3587	15672
462.4	716.6	170.7	93.4	147	278	1035	10000
9379.1	37389.4	1376.2	815.1	1427	2341	18970	83803
8542.2	18275.1	28.6	1948.5	1102	1665	6434	25113
28947.4	48172.5	1714.6	3004.8	3273	5575	27332	124246
	11761.4		8.7			1792	5992
741.4	3451.3			55	116	902	4350
9456.3	16097.9	137.3	8.7	245	560	2419	8492
9655.6	19595.8	4.3	1646.3	1007	1484	10299	24793
10576.9	27691.5	1573.0	1358.5	2076	3647	17308	101303

14-7 限额以上住宿和餐饮业法人企业主要财务状况综合表(2015)

单位:万元

指标名称	Item	法人企业数(个) Corporate enterprises (unit)	执行《2006年企业会计准则》企业个数(个) Number of enterprises implmenting Accounting Standards for Business Enterprises 2006	一、年初存货 Inventory
总计	Total	105	84	21969.3
一、住宿业	Hotels	50	42	18449.4
1.按住宿行业小类分组	Grouped by sectors			
旅游饭店	Tourism restaurant	38	34	17911.3
一般旅馆	Hotels	7	5	219.8
其他住宿业	Other	5	3	318.3
2.按登记注册类型分组	Grouped by type registered			
内资企业	Domestic funds	46	39	3821.4
国有企业	State-owned	17	14	1833.5
集体企业	Collective-owned	1	1	36.2
股份合作企业	Cooperative			
联营企业	Joint			
国有联营企业	State joint owned			
集体联营企业	Collective joine owned			
国有与集体联营企业	State-collective joint owned			
其他联营企业	Other joint owned			
有限责任公司	Limited liability corporations	21	16	1369.5
国有独资企业	State-owned solely	1	1	299.3
其他有限责任公司	Limited liability corporations	20	15	1070.2
股份有限公司	Share holding	2	2	167.5
私营企业	Private	5	6	414.7
私营独资企业	Private funded			
私营合伙企业	Private partner			
私营有限责任公司	Private limited company	4	5	393.2
私营股份有限公司	Private share holding	1	1	21.5
其他企业	Others			
港、澳、台商投资企业	Funded from Hongkong,Macao and Taiwan	2	1	13717.7
与港澳台商合资经营企业	Joint venture	1		80.3
与港澳台商合作经营企业	Cooperative	1	1	13637.4
港、澳、台商独资经营企业	Solefunds			
港、澳、台商投资股份有限公司	Share holding			
其它港澳台投资企业	Others			

MAIN FINANCIAL INDICATIONS OF ENTERPRISES ABOVE DESIGNATED SIZE IN HOTELS AND RESTAURANTS IN 2015

unit:10000 yuan

流动资产合计 Circulating funds	应收帐款 Receivables	存货 Inventery	固定资产合计 otal fixed assets	固定资产原价 Original Value of fixed assets	累计折旧 Total depreciation	本年折旧 Depreciationg in this year
204708.5	12873.4	9989.2	308665.8	497481.9	188816.1	13870.7
150555.7	9726.7	6818.5	207714.2	359604.1	151889.9	9074.1
139763.3	9174.8	4391.5	205361.7	355232.9	149871.2	8788.0
5700.8	104.9	172.0	1895.7	2642.0	746.3	19.6
5091.6	447.0	2255.0	456.8	1729.2	1272.4	266.5
118554.6	5729.0	5536.2	171123.7	273147.9	102024.2	7793.5
23217.7	1673.5	1492.1	74451.2	111803.9	37352.7	2782.3
437.3	2.3	36.2	18.4	95.5	77.1	5.9
79229.6	3599.2	3358.3	82687.1	138776.7	56089.6	4516.4
1933.7	309.9	293.7	18501.4	21937.5	3436.1	756.4
77295.9	3289.3	3064.6	64185.7	116839.2	52653.5	3760.0
2724.8	14.7	148.1	8920.4	16533.1	7612.7	59.4
12945.2	439.3	501.5	5046.6	5938.7	892.1	429.5
12880.9	409.0	499.4	4524.8	5416.9	892.1	429.5
64.3	30.3	2.1	521.8	521.8		
9788.3	148.7	392.5	1827.3	6322.5	4495.2	386.7
630.2	35.9	75.3	110.6	397.0	286.4	74.8
9158.1	112.8	317.2	1716.7	5925.5	4208.8	311.9

14-7 续表 1 continued1

指标名称	Item	在建工程 Circulating funds	资产总计 Total assets
总计	Total	30876.9	588031.7
一、住宿业	Hotels	15077.2	389400.6
1.按住宿行业小类分组	Grouped by sectors		
旅游饭店	Tourism restaurant	14110.9	374765.5
一般旅馆	Hotels	896.3	8807.5
其他住宿业	Other	70.0	5827.6
2.按登记注册类型分组	Grouped by type registered		
内资企业	Domestic funds	12582.5	315840.2
国有企业	State-owned	5006.9	105904.2
集体企业	Collective-owned		455.7
股份合作企业	Cooperative		
联营企业	Joint		
国有联营企业	State joint owned		
集体联营企业	Collective joine owned		
国有与集体联营企业	State-collective joint owned		
其他联营企业	Other joint owned		
有限责任公司	Limited liability corporations	7575.6	178048.1
国有独资企业	State-owned solely		20436.3
其他有限责任公司	Limited liability corporations	7575.6	157611.8
股份有限公司	Share holding		12359.0
私营企业	Private		19073.2
私营独资企业	Private funded		
私营合伙企业	Private partner		
私营有限责任公司	Private limited company		18487.1
私营股份有限公司	Private share holding		586.1
其他企业	Others		
港、澳、台商投资企业	Funded from Hongkong,Macao and Taiwan		13869.5
与港澳台商合资经营企业	Joint venture		750.8
与港澳台商合作经营企业	Cooperative		13118.7
港、澳、台商独资经营企业	Solefunds		
港、澳、台商投资股份有限公司	Share holding		
其它港澳台投资企业	Others		

单位:万元 unit:10000 yuan

二、期末资产负债 The final balance sheet				
流动负债合计 Total current liabilities	应付账款 Inventory	非流动负债合计 Non-current liabilities	负债合计 Total liabilities	所有者权益合计 Creditor's equity
218572.4	44389.2	103256.4	321798.8	266232.9
158701.5	33408.2	71510.6	230212.1	159188.5
142984.8	27896.9	67110.6	210095.4	164670.1
6979.9	1001.4	4400.0	11379.9	-2572.4
8736.8	4509.9		8736.8	-2909.2
128274.5	16660.0	50516.0	178790.5	137049.7
29601.8	7788.7	180.7	29782.5	76121.7
62.0	2.5		62.0	393.7
87172.5	7760.5	38357.9	125530.4	52517.7
12405.2	338.2		12405.2	8031.1
74767.3	7422.3	38357.9	113125.2	44486.6
6710.3	328.2		6710.3	5648.7
4727.9	780.1	11977.4	16705.3	2367.9
4691.8	780.1	11977.4	16669.2	1817.9
36.1			36.1	550.0
6846.4	1476.3	11414.0	18260.4	-4390.9
469.7	237.6		469.7	281.1
6376.7	1238.7	11414.0	17790.7	-4672.0

14-7 续表 2 continued2

		实收资本 Driginal	国家资本 State owned
总计	Total	160679.8	95553.3
一、住宿业	Hotels	130745.8	75637.0
1.按住宿行业小类分组	Grouped by sectors		
旅游饭店	Tourism restaurant	127753.3	74730.3
一般旅馆	Hotels	1746.7	896.7
其他住宿业	Other	1245.8	10.0
2.按登记注册类型分组	Grouped by type registered		
内资企业	Domestic funds	107110.3	73618.7
国有企业	State-owned	59020.0	57722.0
集体企业	Collective-owned	20.0	
股份合作企业	Cooperative		
联营企业	Joint		
国有联营企业	State joint owned		
集体联营企业	Collective joine owned		
国有与集体联营企业	State-collective joint owned		
其他联营企业	Other joint owned		
有限责任公司	Limited liability corporations	40120.5	15050.0
国有独资企业	State-owned solely	15000.0	15000.0
其他有限责任公司	Limited liability corporations	25120.5	50.0
股份有限公司	Share holding	3846.7	846.7
私营企业	Private	4103.1	
私营独资企业	Private funded		
私营合伙企业	Private partner		
私营有限责任公司	Private limited company	3603.1	
私营股份有限公司	Private share holding	500.0	
其他企业	Others		
港、澳、台商投资企业	Funded from Hongkong,Macao and Taiwan	2800.0	
与港澳台商合资经营企业	Joint venture	1000.0	
与港澳台商合作经营企业	Cooperative	1800.0	
港、澳、台商独资经营企业	Solefunds		
港、澳、台商投资股份有限公司	Share holding		
其它港澳台投资企业	Others		

单位：万元 unit:10000 yuan

集体资本 Collective	法人资本 Corporate	个人资本 Private	港澳台资本 Funded from Hongkong, Macao and Taiwan	外商资本 Foreign funds
132.0	31512.1	13923.8	18500.0	1058.6
20.0	24663.1	10867.1	18500.0	1058.6
20.0	24027.3	9417.1	18500.0	1058.6
	200.0	650.0		
	435.8	800.0		
20.0	23404.5	10067.1		
	1298.0			
20.0				
	18606.5	6464.0		
	18606.5	6464.0		
	3000.0			
	500.0	3603.1		
	500.0	3103.1		
		500.0		
	200.0	800.0	1800.0	
	200.0	800.0		
			1800.0	

14-7 续表 3 continued3

		营业收入 Operation revenue	主营业务收入 Operating revenue
总计	Total	226733.8	224480.6
一、住宿业	Hotels	130189.6	128880.5
1.按住宿行业小类分组	Grouped by sectors		
旅游饭店	Tourism restaurant	113052.6	111894.6
一般旅馆	Hotels	7616.7	7487.1
其他住宿业	Other	9520.3	9498.8
2.按登记注册类型分组	Grouped by type registered		
内资企业	Domestic funds	104378.6	103097.0
国有企业	State-owned	40382.1	39767.2
集体企业	Collective-owned	850.7	850.7
股份合作企业	Cooperative		
联营企业	Joint		
国有联营企业	State joint owned		
集体联营企业	Collective joine owned		
国有与集体联营企业	State-collective joint owned		
其他联营企业	Other joint owned		
有限责任公司	Limited liability corporations	51295.4	50718.3
国有独资企业	State-owned solely	4116.1	3761.9
其他有限责任公司	Limited liability corporations	47179.3	46956.4
股份有限公司	Share holding	3320.1	3235.5
私营企业	Private	8530.3	8525.3
私营独资企业	Private funded		
私营合伙企业	Private partner		
私营有限责任公司	Private limited company	8009.3	8004.3
私营股份有限公司	Private share holding	521.0	521.0
其他企业	Others		
港、澳、台商投资企业	Funded from Hongkong,Macao and Taiwan	6122.9	6095.4
与港澳台商合资经营企业	Joint venture	3362.5	3341.0
与港澳台商合作经营企业	Cooperative	2760.4	2754.4
港、澳、台商独资经营企业	Solefunds		
港、澳、台商投资股份有限公司	Share holding		
其它港澳台投资企业	Others		

单位:万元 unit:10000 yuan

营业成本 Operation costs	主营业务成本 Operation cost	营业税金及附加 Business taxes and extra charges	主营业务税金及附加 Operating taxes and extra harges	其他业务利润 Other profits	销售费用 Marking expenses
90793.9	87723.3	12558.3	11760.7	5930.8	74391.2
47077.3	46454.5	7141.7	7127.4	3969.6	43030.7
39526.0	38957.0	6310.4	6296.1	3493.6	39169.8
4792.6	4738.8	311.6	311.6	471.1	1218.6
2758.7	2758.7	519.7	519.7	4.9	2642.3
38648.3	38025.5	5788.3	5774.0	3969.6	36404.4
16381.4	15834.5	2187.2	2187.2	231.3	14929.5
328.3	328.3	47.6	47.6		250.5
17233.3	17157.4	2772.4	2762.1	3737.3	17027.5
901.6	881.7	210.7	210.7		1896.1
16331.7	16275.7	2561.7	2551.4	3737.3	15131.4
513.0	513.0	314.0	314.0		1400.7
4192.3	4192.3	467.1	463.1	1.0	2796.2
3750.3	3750.3	466.1	462.1	1.0	2751.2
442.0	442.0	1.0	1.0		45.0
1513.3	1513.3	349.0	349.0		2073.7
793.2	793.2	188.9	188.9		825.5
720.1	720.1	160.1	160.1		1248.2

14-7 续表 4 continued4

指标名称 Item		管理费用 Management expenses	税金 Taxes
总计	Total	62182.6	2119.1
一、住宿业	Hotels	39167.8	1846.2
1.按住宿行业小类分组	Grouped by sectors		
旅游饭店	Tourism restaurant	34491.7	1550.4
一般旅馆	Hotels	1213.5	45.2
其他住宿业	Other	3462.6	250.6
2.按登记注册类型分组	Grouped by type registered		
内资企业	Domestic funds	30635.5	1791.4
国有企业	State-owned	11612.7	803.1
集体企业	Collective-owned	120.5	
股份合作企业	Cooperative		
联营企业	Joint		
国有联营企业	State joint owned		
集体联营企业	Collective joine owned		
国有与集体联营企业	State-collective joint owned		
其他联营企业	Other joint owned		
有限责任公司	Limited liability corporations	15570.5	860.0
国有独资企业	State-owned solely	1522.7	177.8
其他有限责任公司	Limited liability corporations	14047.8	682.2
股份有限公司	Share holding	899.1	92.3
私营企业	Private	2432.7	36.0
私营独资企业	Private funded		
私营合伙企业	Private partner		
私营有限责任公司	Private limited company	2417.7	36.0
私营股份有限公司	Private share holding	15.0	
其他企业	Others		
港、澳、台商投资企业	Funded from Hongkong,Macao and Taiwan	2855.8	54.8
与港澳台商合资经营企业	Joint venture	1615.7	
与港澳台商合作经营企业	Cooperative	1240.1	54.8
港、澳、台商独资经营企业	Solefunds		
港、澳、台商投资股份有限公司	Share holding		
其它港澳台投资企业	Others		

单位：万元 unit:10000 yuan

三、损益及分配 Gains and losses and distribution				
财务费用 Financial expenses	利息收入 Interest income	利息支出 Interest expenditure	资产减值损失 Lost	公允减值变动收益 Revenue
8416.4	41.5	4790.5	29.6	
5811.3	-12.8	3593.7	29.6	
5459.4	-22.1	3387.0	29.8	
319.1	0.3	201.0		
32.8	9.0	5.7	-0.2	
4394.1	-21.3	3593.7	29.8	
119.9	-42.2	99.6		
4.1				
3480.8	14.9	2706.8		
263.7	3.9	242.6		
3217.1	11.0	2464.2		
1.5	6.0	6.0	-0.2	
787.8		781.3	30.0	
782.8		781.3	30.0	
5.0				
920.2	8.5		-0.2	
20.2	8.5		-0.2	
900.0				

14-7 续表 5 continued5

指标名称	Item	投资收益 Investment income	营业利润 Business profits
总计	Total	865.3	-13344.6
一、住宿业	Hotels	865.3	-8923.6
1.按住宿行业小类分组	Grouped by sectors		
旅游饭店	Tourism restaurant	865.3	-8404.9
一般旅馆	Hotels		-642.0
其他住宿业	Other		123.3
2.按登记注册类型分组	Grouped by type registered		
内资企业	Domestic funds	865.3	-8376.5
国有企业	State-owned		-4299.5
集体企业	Collective-owned		99.7
股份合作企业	Cooperative		
联营企业	Joint		
国有联营企业	State joint owned		
集体联营企业	Collective joine owned		
国有与集体联营企业	State-collective joint owned		
其他联营企业	Other joint owned		
有限责任公司	Limited liability corporations	865.3	-4308.1
国有独资企业	State-owned solely	865.3	186.6
其他有限责任公司	Limited liability corporations		-4494.7
股份有限公司	Share holding		192.0
私营企业	Private		-60.6
私营独资企业	Private funded		
私营合伙企业	Private partner		
私营有限责任公司	Private limited company		-73.6
私营股份有限公司	Private share holding		13.0
其他企业	Others		
港、澳、台商投资企业	Funded from Hongkong,Macao and Taiwan		-1589.0
与港澳台商合资经营企业	Joint venture		-80.9
与港澳台商合作经营企业	Cooperative		-1508.1
港、澳、台商独资经营企业	Solefunds		
港、澳、台商投资股份有限公司	Share holding		
其它港澳台投资企业	Others		

单位：万元 unit:10000 yuan

营业外收入 Norbusiness revenue	补贴收入 Subsidies revenue	利润总额 Total profits	应交所得税 Income taxes payable	四、人工成本 Workers cost 应付职工薪酬（本年贷方计发生额）payroll payable (credit accumulated happening this year)
2200.4	259.1	−12765.0	1018.3	36902.8
1911.2	185.1	−7892.6	517.2	23288.6
1889.7	183.0	−7390.8	495.9	20160.9
2.4	2.1	−647.9	9.9	881.0
19.1		146.1	11.4	2246.7
1796.0	185.1	−6655.4	82.0	21454.1
932.5		−3540.3	3.9	9020.7
4.3		103.4	17.0	257.1
857.1	183.4	−3370.4	53.6	10556.8
2.7		188.9		1509.7
854.4	183.4	−3559.3	53.6	9047.1
2.1	1.7	191.1		655.6
		−39.2	7.5	963.9
		−52.2	7.5	905.9
		13.0		58.0
18.6		−1574.0		916.4
18.6		−62.6		810.5
		−1511.4		105.9

14-7 续表 6 continued6

指标名称	Item	法人企业数(个) Corporate enterprises (unit)	执行《2006 年企业会计准则》企业个数(个) Number of enterprises implmenting Accounting Standards for Business Enterprises 2006	一、年初存货 Inventory
外商投资企业	Foreign funded	2	2	910.3
中外合资经营企业	Joint venture	1	1	372.9
中外合作经营企业	Cooperative	1	1	537.4
外资企业	Foreign funds			
外商投资股份有限公司	Share holding			
其他外商投资企业	Others			
2.按控股情况分组	Grouped by owned			
国有控股	State-owned	20	17	2300.3
集体控股	Collective-owned	1	1	36.2
私人控股	Private-owned	12	10	783.0
港澳台商控股	Hongkong,Macao and Taiwan-Owned	2	1	13717.7
外商控股	Foreign-owned			
其他	Others	15	13	1612.2
3.按经营形式分组	Grouped by form of management			
独立门店	Substantive store	46	39	18204.5
连锁总店(总部)	Chain headquarter			
连锁门店	Chain store	1		19.2
其他	Others	3	3	225.7
4.按单位规模分	Gruoped by size of enterprises			
大型	Large-sized	2	2	468.6
中型	Medium-sized	18	14	16489.4
小型	Small-sized	28	23	1474.9
微型	Micro-sized	2	3	16.5
5.按星级分组	Grouped by star			
五星	Five-star	2	2	623.4
四星	Four-star	12	11	15599.0
三星	Three-star	17	14	865.9
二星	Two-star	2	2	34.1
一星	One-star			
其他	Others	17	13	1327.0
二、餐饮业	Catering	55	42	3519.9
1.按餐饮行业小类分组	Grouped by sector			

单位:万元 unit:10000 yuan

流动资产合计 Circulating funds	应收帐款 Receivables	存货 Inventery	固定资产合计 otal fixed assets	固定资产原价 Original Value of fixed assets	累计折旧 Total depreciation	本年折旧 Depreciationg in this year
22212.8	3849.0	889.8	34763.2	80133.7	45370.5	893.9
9609.4	682.3	372.9	31690.0	74399.3	42709.3	842.8
12603.4	3166.7	516.9	3073.2	5734.4	2661.2	51.1
27876.2	1998.1	1933.9	101873.0	150274.5	48401.5	3598.1
437.3	2.3	36.2	18.4	95.5	77.1	5.9
21220.7	1168.6	865.6	6125.5	8444.4	2318.9	963.3
9788.3	148.7	392.5	1827.3	6322.5	4495.2	386.7
91233.2	6409.0	3590.3	97870.0	194467.2	96597.2	4120.1
114585.8	8960.8	6700.9	186343.6	323272.9	136929.3	7448.3
919.2	29.0	19.6	15.9	81.2	65.3	9.0
35050.7	736.9	98.0	21354.7	36250.0	14895.3	1616.8
44535.6	1419.2	470.9	53008.8	110310.3	57301.5	2450.6
83681.1	6591.2	5089.7	131719.7	212355.2	80635.5	5375.1
21892.7	1689.8	1243.4	22982.1	36878.5	13896.4	1245.8
446.3	26.5	14.5	3.6	60.1	56.5	2.6
27980.4	1517.1	607.5	41303.3	100104.6	58801.3	1422.8
40712.0	4873.6	4147.7	87337.6	133992.6	46655.0	3300.1
12496.2	1008.3	817.3	39074.9	59741.2	20666.3	1704.1
557.1	370.2	27.2	38.8	241.3	202.5	13.7
68810.0	1957.5	1218.8	39959.6	65524.4	25564.8	2633.4
54152.8	3146.7	3170.7	100951.6	137877.8	36926.2	4796.6

14-7 续表 7 continued7

指标名称	Item	在建工程 Circulationg funds	资产总计 Total assets
外商投资企业	Foreign funded	2494.7	59690.9
中外合资经营企业	Joint venture	2323.4	43622.8
中外合作经营企业	Cooperative	171.3	16068.1
外资企业	Foreign funds		
外商投资股份有限公司	Share holding		
其他外商投资企业	Others		
2.按控股情况分组	Grouped by owned		
国有控股	State-owned	5006.9	138699.5
集体控股	Collective-owned		455.7
私人控股	Private-owned	6507.0	35247.2
港澳台商控股	Hongkong,Macao and Taiwan-Owned		13869.5
外商控股	Foreign-owned		
其他	Others	3563.3	201128.7
3.按经营形式分组	Grouped by form of management		
独立门店	Substantive store	15077.2	328457.3
连锁总店(总部)	Chain headquarter		
连锁门店	Chain store		937.5
其他	Others		60005.8
4.按单位规模分	Gruoped by size of enterprises		
大型	Large-sized	2323.4	100816.2
中型	Medium-sized	11715.6	237652.9
小型	Small-sized	1038.2	50442.1
微型	Micro-sized		489.4
5.按星级分组	Grouped by star		
五星	Five-star	2323.4	72036.4
四星	Four-star	5194.5	141149.9
三星	Three-star	70.0	57146.5
二星	Two-star		598.7
一星	One-star		
其他	Others	7489.3	118469.1
二、餐饮业	Catering	15799.7	198631.1
1.按餐饮行业小类分组	Grouped by sector		

单位:万元 unit:10000 yuan

二、期末资产负债 The final balance sheet

流动负债合计 Total current liabilities	应付账款 Inventory	非流动负债合计 Non-current liabilities	负债合计 Total liabilities	所有者权益合计 Creditor′s equity
23580.6	15271.9	9580.6	33161.2	26529.7
5505.2	703.1	9580.6	15085.8	28537.0
18075.4	14568.8		18075.4	-2007.3
48717.3	8455.1	180.7	48898.0	89801.5
62.0	2.5		62.0	393.7
16196.3	2357.5	17627.4	33823.7	1423.5
6846.4	1476.3	11414.0	18260.4	-4390.9
86879.5	21116.8	42288.5	129168.0	71960.7
155679.1	32571.6	39322.2	195001.3	133456.0
500.6	31.7		500.6	436.9
2521.8	804.9	32188.4	34710.2	25295.6
7965.8	1508.0	39369.0	47334.8	53481.4
128467.9	24371.3	23478.4	151946.3	85706.6
21506.4	7498.4	8663.2	30169.6	20272.5
761.4	30.5		761.4	-272.0
23392.2	1554.3	9580.6	32972.8	39063.6
58725.7	19736.5	12114.2	70839.9	70310.0
27101.9	4227.9	4263.2	31365.1	25781.4
751.7	590.8		751.7	-153.0
48730.0	7298.7	45552.6	94282.6	24186.5
59870.9	10981.0	31745.8	91586.7	107044.4

14-7 续表 8 continued8

		实收资本 Original	国家资本 State owned
外商投资企业	Foreign funded	20835.5	2018.3
中外合资经营企业	Joint venture	16700.0	
中外合作经营企业	Cooperative	4135.5	2018.3
外资企业	Foreign funds		
外商投资股份有限公司	Share holding		
其他外商投资企业	Others		
2.按控股情况分组	Grouped by owned		
国有控股	State-owned	77866.7	73568.7
集体控股	Collective-owned	20.0	
私人控股	Private-owned	4673.2	
港澳台商控股	Hongkong,Macao and Taiwan-Owned	2800.0	
外商控股	Foreign-owned		
其他	Others	45385.9	2068.3
3.按经营形式分组	Grouped by form of management		
独立门店	Substantive store	128036.0	75637.0
连锁总店(总部)	Chain headquarter		
连锁门店	Chain store	10.0	
其他	Others	2699.8	
4.按单位规模分	Gruoped by size of enterprises		
大型	Large-sized	19299.8	
中型	Medium-sized	84936.9	53746.8
小型	Small-sized	26509.1	21890.2
微型	Micro-sized		
5.按星级分组	Grouped by star		
五星	Five-star	25700.6	
四星	Four-star	67920.7	53803.5
三星	Three-star	28377.9	18956.8
二星	Two-star	287.3	277.3
一星	One-star		
其他	Others	8459.3	2599.4
二、餐饮业	Catering	29934.0	19916.3
1.按餐饮行业小类分组	Grouped by sector		

单位:万元 unit:10000 yuan

集体资本 Collective	法人资本 Corporate	个人资本 Private	港澳台资本 Funded from Hongkong, Macao and Taiwan	外商资本 Foreign funds
	1058.6		16700.0	1058.6
			16700.0	
	1058.6			1058.6
	4298.0			
20.0				
	666.1	4007.1		
	200.0	800.0	1800.0	
	19499.0	6060.0	16700.0	1058.6
20.0	21963.3	10857.1	18500.0	1058.6
	10.0			
	2689.8	10.0		
	2599.8		16700.0	
	21031.5	7300.0	1800.0	1058.6
20.0	1031.8	3567.1		
	9000.6		16700.0	
	5258.6	6000.0	1800.0	1058.6
20.0	6738.0	2663.1		
	6.0	4.0		
	3659.9	2200.0		
112.0	6849.0	3056.7		

14-7 续表 9 continued9

		营业收入 Operation revenue	主营业务收入 Operating revenue
外商投资企业	Foreign funded	19688.1	19688.1
中外合资经营企业	Joint venture	17331.7	17331.7
中外合作经营企业	Cooperative	2356.4	2356.4
外资企业	Foreign funds		
外商投资股份有限公司	Share holding		
其他外商投资企业	Others		
2.按控股情况分组	Grouped by owned		
国有控股	State-owned	47818.3	46764.6
集体控股	Collective-owned	850.7	850.7
私人控股	Private-owned	19796.2	19791.2
港澳台商控股	Hongkong,Macao and Taiwan-Owned	6122.9	6095.4
外商控股	Foreign-owned		
其他	Others	55601.5	55378.6
3.按经营形式分组	Grouped by form of management		
独立门店	Substantive store	118243.4	116934.3
连锁总店(总部)	Chain headquarter		
连锁门店	Chain store	279.1	279.1
其他	Others	11667.1	11667.1
4.按单位规模分	Gruoped by size of enterprices		
大型	Large-sized	28551.7	28551.7
中型	Medium-sized	67274.0	66714.4
小型	Small-sized	34323.8	33574.3
微型	Micro-sized	40.1	40.1
5.按星级分组	Grouped by star		
五星	Five-star	21785.9	21785.9
四星	Four-star	40869.6	40410.9
三星	Three-star	24079.2	23862.2
二星	Two-star	1980.2	1980.2
一星	One-star		
其他	Others	41474.7	40841.3
二、餐饮业	Catering	96544.2	95600.1
1.按餐饮行业小类分组	Grouped by sector		

单位:万元 unit:10000 yuan

营业成本 Operation costs	主营业务成本 Operation cost	营业税金及附加 Business taxes and extra charges	主营业务税金及附加 Operating taxes and extra harges	其他业务利润 Other profits	销售费用 Marking expenses
6915.7	6915.7	1004.4	1004.4		4552.6
6188.5	6188.5	873.8	873.8		4277.5
727.2	727.2	130.6	130.6		275.1
17796.0	17229.2	2711.9	2711.9	231.3	18226.3
328.3	328.3	47.6	47.6		250.5
9912.6	9912.6	978.4	974.4	471.7	5662.7
1513.3	1513.3	349.0	349.0		2073.7
17527.1	17471.1	3054.8	3044.5	3266.6	16817.5
42117.0	41494.2	6490.2	6475.9	3969.6	39209.8
28.0	28.0	15.6	15.6		
4932.3	4932.3	635.9	635.9		3820.9
10977.3	10977.3	1484.7	1484.7		7993.9
17461.3	17439.2	4158.8	4148.6	3266.2	24639.7
18595.1	17994.4	1496.0	1491.9	703.4	10387.1
43.6	43.6	2.2	2.2		10.0
7126.2	7126.2	1123.2	1123.2	3267.1	6022.8
10061.3	10039.2	2548.2	2538.0	–0.9	16946.9
11938.6	11337.9	1194.3	1194.3	232.3	8736.7
719.5	719.5	112.5	112.5		296.3
17231.7	17231.7	2163.5	2159.4	471.1	11028.0
43716.6	41268.8	5416.6	4633.3	1961.2	31360.5

14-7 续表 10 continued10

指标名称	Item	管理费用 Management expenses	税金 Taxes
外商投资企业	Foreign funded	5676.5	
中外合资经营企业	Joint venture	3898.8	
中外合作经营企业	Cooperative	1777.7	
外资企业	Foreign funds		
外商投资股份有限公司	Share holding		
其他外商投资企业	Others		
2.按控股情况分组	Grouped by owned		
国有控股	State-owned	14034.5	1073.2
集体控股	Collective-owned	120.5	
私人控股	Private-owned	3801.0	81.2
港澳台商控股	Hongkong,Macao and Taiwan-Owned	2855.8	54.8
外商控股	Foreign-owned		
其他	Others	18356.0	637.0
3.按经营形式分组	Grouped by form of management		
独立门店	Substantive store	36746.2	1539.3
连锁总店(总部)	Chain headquarter		
连锁门店	Chain store	220.5	
其他	Others	2201.1	306.9
4.按单位规模分	Gruoped by size of enterprises		
大型	Large-sized	6097.8	306.9
中型	Medium-sized	25293.8	1422.1
小型	Small-sized	7774.0	117.2
微型	Micro-sized	2.2	
5.按星级分组	Grouped by star		
五星	Five-star	6052.2	79.5
四星	Four-star	16630.9	1250.3
三星	Three-star	4976.8	128.3
二星	Two-star	902.2	
一星	One-star		
其他	Others	10605.7	388.1
二、餐饮业	Catering	23014.8	272.9
1.按餐饮行业小类分组	Grouped by sector		

单位:万元 unit:10000 yuan

三、损益及分配 Gains and losses and distribution				
财务费用 Financial expenses			资产减值损失 Lost	公允减值变动收益 Revenue
	利息收入 Interest income	利息支出 Interest expenditure		
497.0				
454.1				
42.9				
385.1	-32.3	348.2	-0.2	
4.1				
1644.6	0.2	982.3	30.0	
920.2	8.5		-0.2	
2857.3	10.8	2263.2		
3539.9	-13.0	1336.0	29.6	
1.0	0.2			
2270.4		2257.7		
2546.5		2081.7		
2736.4	63.2	1075.1	-0.4	
528.4	-76.0	436.9	30.0	
479.7				
1402.5	39.2	347.7		
280.2	18.8	242.1	-0.2	
0.6	0.9			
3648.3	-71.7	3003.9	29.8	
2605.1	54.3	1196.8		

14-7 续表 11 continued11

指标名称	Item	投资收益 Investment income	营业利润 Business profits
外商投资企业	Foreign funded		1041.9
中外合资经营企业	Joint venture		1639.0
中外合作经营企业	Cooperative		-597.1
外资企业	Foreign funds		
外商投资股份有限公司	Share holding		
其他外商投资企业	Others		
2.按控股情况分组	Grouped by owned		
国有控股	State-owned	865.3	-3920.9
集体控股	Collective-owned		99.7
私人控股	Private-owned		-510.7
港澳台商控股	Hongkong,Macao and Taiwan-Owned		-1589.0
外商控股	Foreign-owned		
其他	Others		-3002.7
3.按经营形式分组	Grouped by form of management		
独立门店	Substantive store	865.3	-6763.1
连锁总店(总部)	Chain headquarter		
连锁门店	Chain store		33.0
其他	Others		-2193.5
4.按单位规模分	Gruoped by size of enterprises		
大型	Large-sized		-548.5
中型	Medium-sized	865.3	-6150.4
小型	Small-sized		-2209.0
微型	Micro-sized		-15.7
5.按星级分组	Grouped by star		
五星	Five-star		981.8
四星	Four-star	865.3	-5854.8
三星	Three-star		-374.1
二星	Two-star		-50.9
一星	One-star		
其他	Others		-3625.6
二、餐饮业	Catering		-4421.0
1.按餐饮行业小类分组	Grouped by sector		

单位:万元 unit:10000 yuan

营业外收入 Norbusiness revenue	补贴收入 Subsidies revenue	利润总额 Total profits	应交所得税 Income taxes payable	四、人工成本 Workers cost 应付职工薪酬(本年贷方计发生额) payroll payable (credit accumulated happening this year)
96.6		336.8	435.2	918.1
91.5		945.6	435.2	543.7
5.1		-608.8		374.4
937.3	1.7	-3160.3	3.9	11186.0
4.3		103.4	17.0	257.1
64.5		-249.1	20.3	2639.8
18.6		-1574.0		916.4
886.5	183.4	-3012.6	476.0	8289.3
1695.7	2.1	-5910.0	496.8	22907.6
		33.0	11.4	45.2
215.5	183.0	-2015.6	9.0	335.8
307.0	183.0	-1070.0	435.2	861.6
719.5		-5584.8	4.0	15945.9
884.7	2.1	-1161.1	78.0	6452.3
		-76.7		28.8
104.8		295.6	435.2	2457.8
1366.8		-4629.5	3.3	8917.7
71.9		-310.0	35.9	4549.5
61.9		11.0	0.6	669.7
305.8	185.1	-3259.7	42.2	6693.9
289.2	74.0	-4872.4	501.1	13614.2

14-7 续表 12 continued12

指标名称	Item	法人企业数(个) Corporate enterprises (unit)	执行《2006 年企业会计准则》企业个数(个) Number of enterprises implmenting Accounting Standards for Business Enterprises 2006	一、年初存货 Inventory
正餐服务业	Dinner	54	41	3372.1
快餐服务业	Fast food	1	1	147.8
饮料及冷饮服务业	Beverage and cold drink			
茶馆服务	The teahouse services			
咖啡馆服务	Coffee shaop serve			
酒吧服务	Bar Service			
其他饮料及冷饮服务	Others			
其他餐饮业	Others			
小吃服务	Snack service			
餐饮配送服务	Food and beverage distribution services			
其他未列明餐饮业	Others			
2.按登记注册类型分组	Grouped by type registered			
内资企业	Domestic funds	55	42	3519.9
国有企业	State-owned	3	2	278.9
集体企业	Collective-owned	2	1	27.5
股份合作企业	Cooperative			
联营企业	Joint			
国有联营企业	State joint owned			
集体联营企业	Collective joine owned			
国有与集体联营企业	State-collective joint owned			
其他联营企业	Other joint owned			
有限责任公司	Limited liability corporations	25	22	1803.0
国有独资公司	State-owned solely	2	2	213.7
其他有限责任公司	Limited liability corporations	23	20	1589.3
股份有限公司	Share holding	2	2	
私营企业	Private	19	12	1052.1
私营独资企业	Private funded	3	1	103.2
私营合伙企业	Private partner			
私营有限责任公司	Private limited company	14	9	692.7
私营股份有限公司	Private share holding	2	2	256.2
其他企业	Others	4	3	358.4
港、澳、台商投资企业	Funded from Hongkong,Macao and Taiwan			

单位:万元 unit:10000 yuan

流动资产合计 Circulating funds	应收帐款 Receivables	存货 Inventery	固定资产合计 otal fixed assets	固定资产原价 Original Value of fixed assets	累计折旧 Total depreciation	本年折旧 Depreciationg in this year
53553.7	2969.1	3013.0	98642.9	133494.0	34851.1	4610.0
599.1	177.6	157.7	2308.7	4383.8	2075.1	186.6
54152.8	3146.7	3170.7	100951.6	137877.8	36926.2	4796.6
5074.2	482.2	284.1	55748.1	68700.1	12952.0	1829.7
149.4	129.9	19.5	122.7	285.2	162.5	5.0
34487.9	1723.3	1284.0	36049.0	54745.3	18696.3	2050.7
2793.7	345.9	278.1	54.1	520.7	466.6	46.7
31694.2	1377.4	1005.9	35994.9	54224.6	18229.7	2004.0
23.7		13.7	170.3	241.8	71.5	19.0
8579.3	485.2	885.7	3551.3	6795.6	3244.3	473.3
780.3	23.5	126.9	128.4	242.3	113.9	23.6
6285.8	400.0	529.4	2801.4	4995.6	2194.2	208.3
1513.2	61.7	229.4	621.5	1557.7	936.2	241.4
5838.3	326.1	683.7	5310.2	7109.8	1799.6	418.9

14-7 续表 13 continued13

指标名称 Item		在建工程 Circulationg funds	资产总计 Total assets
正餐服务业	Dinner	15799.7	190486.0
快餐服务业	Fast food		8145.1
饮料及冷饮服务业	Beverage and cold drink		
茶馆服务	The teahouse services		
咖啡馆服务	Coffee shaop serve		
酒吧服务	Bar Service		
其他饮料及冷饮服务	Others		
其他餐饮业	Others		
小吃服务	Snack service		
餐饮配送服务	Food and beverage distribution services		
其他未列明餐饮业	Others		
2.按登记注册类型分组	Grouped by type registered		
内资企业	Domestic funds	15799.7	198631.1
国有企业	State-owned	9159.1	69983.8
集体企业	Collective-owned	6.0	930.4
股份合作企业	Cooperative		
联营企业	Joint		
国有联营企业	State joint owned		
集体联营企业	Collective joine owned		
国有与集体联营企业	State-collective joint owned		
其他联营企业	Other joint owned		
有限责任公司	Limited liability corporations	205.7	91114.0
国有独资公司	State-owned solely		3246.0
其他有限责任公司	Limited liability corporations	205.7	87868.0
股份有限公司	Share holding		221.9
私营企业	Private	6428.9	25118.3
私营独资企业	Private funded		960.7
私营合伙企业	Private partner		
私营有限责任公司	Private limited company	6428.9	20726.7
私营股份有限公司	Private share holding		3430.9
其他企业	Others		11262.7
港、澳、台商投资企业	Funded from Hongkong,Macao and Taiwan		

单位:万元 unit:10000 yuan

二、期末资产负债 The final balance sheet				
流动负债合计 Total current liabilities	应付账款 Inventory	非流动负债合计 Non-current liabilities	负债合计 Total liabilities	所有者权益合计 Creditor′s equity
55247.1	10454.9	31745.8	86962.9	103523.1
4623.8	526.1		4623.8	3521.3
59870.9	10981.0	31745.8	91586.7	107044.4
9971.4	1147.4	10320.0	20291.4	49692.4
774.4	458.0	24.0	798.4	132.0
29672.4	7233.8	8352.6	37995.0	53119.0
1687.0	83.1	372.6	2059.6	1186.4
27985.4	7150.7	7980.0	35935.4	51932.6
25.2	24.0		25.2	196.7
11514.5	1700.0	13048.7	24563.2	555.1
257.0	78.9		257.0	703.7
9113.9	1095.2	13048.7	22162.6	-1435.9
2143.6	525.9		2143.6	1287.3
7913.0	417.8	0.5	7913.5	3349.2

14-7 续表 14 continued14

		实收资本 Driginal	国家资本 State owned
正餐服务业	Dinner	25934.0	19916.3
快餐服务业	Fast food	4000.0	
饮料及冷饮服务业	Beverage and cold drink		
茶馆服务	The teahouse services		
咖啡馆服务	Coffee shaop serve		
酒吧服务	Bar Service		
其他饮料及冷饮服务	Others		
其他餐饮业	Others		
小吃服务	Snack service		
餐饮配送服务	Food and beverage distribution services		
其他未列明餐饮业	Others		
2.按登记注册类型分组	Grouped by type registered		
内资企业	Domestic funds	29934.0	19916.3
国有企业	State-owned	16816.9	16816.9
集体企业	Collective-owned	92.0	
股份合作企业	Cooperative		
联营企业	Joint		
国有联营企业	State joint owned		
集体联营企业	Collective joine owned		
国有与集体联营企业	State-collective joint owned		
其他联营企业	Other joint owned		
有限责任公司	Limited liability corporations	8916.6	2840.0
国有独资公司	State-owned solely	850.0	840.0
其他有限责任公司	Limited liability corporations	8066.6	2000.0
股份有限公司	Share holding	158.7	
私营企业	Private	3465.4	
私营独资企业	Private funded	542.7	
私营合伙企业	Private partner		
私营有限责任公司	Private limited company	1712.7	
私营股份有限公司	Private share holding	1210.0	
其他企业	Others	484.4	259.4
港、澳、台商投资企业	Funded from Hongkong,Macao and Taiwan		

单位:万元 unit:10000 yuan

集体资本 Collective	法人资本 Corporate	个人资本 Private	港澳台资本 Funded from Hongkong, Macao and Taiwan	外商资本 Foreign funds
112.0	2849.0	3056.7		
	4000.0			
112.0	6849.0	3056.7		
92.0				
20.0	5123.6	933.0		
10.0				
10.0	5123.6	933.0		
	1.0	157.7		
	1514.4	1951.0		
	512.7	30.0		
	1001.7	711.0		
		1210.0		
	210.0	15.0		

14-7 续表 15 continued15

		营业收入 Operation revenue	主营业务收入 Operating revenue
正餐服务业	Dinner	84774.1	83830.0
快餐服务业	Fast food	11770.1	11770.1
饮料及冷饮服务业	Beverage and cold drink		
茶馆服务	The teahouse services		
咖啡馆服务	Coffee shaop serve		
酒吧服务	Bar Service		
其他饮料及冷饮服务	Others		
其他餐饮业	Others		
小吃服务	Snack service		
餐饮配送服务	Food and beverage distribution services		
其他未列明餐饮业	Others		
2.按登记注册类型分组	Grouped by type registered		
内资企业	Domestic funds	96544.2	95600.1
国有企业	State-owned	15513.3	15049.4
集体企业	Collective-owned	1397.4	1397.4
股份合作企业	Cooperative		
联营企业	Joint		
国有联营企业	State joint owned		
集体联营企业	Collective joine owned		
国有与集体联营企业	State-collective joint owned		
其他联营企业	Other joint owned		
有限责任公司	Limited liability corporations	50087.8	49607.6
国有独资公司	State-owned solely	2513.8	2364.3
其他有限责任公司	Limited liability corporations	47574.0	47243.3
股份有限公司	Share holding	1378.0	1378.0
私营企业	Private	24489.7	24489.7
私营独资企业	Private funded	2604.8	2604.8
私营合伙企业	Private partner		
私营有限责任公司	Private limited company	13011.1	13011.1
私营股份有限公司	Private share holding	8873.8	8873.8
其他企业	Others	3678.0	3678.0
港、澳、台商投资企业	Funded from Hongkong,Macao and Taiwan		

单位:万元 unit:10000 yuan

营业成本 Operation costs	主营业务成本 Operation cost	营业税金及附加 Business taxes and extra charges	主营业务税金及附加 Operating taxes and extra harges	其他业务利润 Other profits	销售费用 Marking expenses
39418.4	36970.6	4757.5	3974.2	1961.2	25110.8
4298.2	4298.2	659.1	659.1		6249.7
43716.6	41268.8	5416.6	4633.3	1961.2	31360.5
3354.7	912.9	874.1	95.2	0.1	1994.2
697.9	697.9	75.8	75.8	58.0	600.9
26236.1	26232.2	2788.1	2783.7	862.5	18083.7
651.1	651.1	139.4	139.4		842.7
25585.0	25581.1	2648.7	2644.3	862.5	17241.0
1123.3	1123.3	79.0	79.0		
10843.4	10841.3	1289.8	1289.8	1040.6	9757.1
1244.7	1242.6	68.3	68.3	744.5	654.4
6513.1	6513.1	723.5	723.5	269.7	4028.7
3085.6	3085.6	498.0	498.0	26.4	5074.0
1461.2	1461.2	309.8	309.8		924.6

14-7 续表 16 continued16

指标名称	Item	管理费用 Management expenses	税金 Taxes
正餐服务业	Dinner	22338.9	270.1
快餐服务业	Fast food	675.9	2.8
饮料及冷饮服务业	Beverage and cold drink		
茶馆服务	The teahouse services		
咖啡馆服务	Coffee shaop serve		
酒吧服务	Bar Service		
其他饮料及冷饮服务	Others		
其他餐饮业	Others		
小吃服务	Snack service		
餐饮配送服务	Food and beverage distribution services		
其他未列明餐饮业	Others		
2.按登记注册类型分组	Grouped by type registered		
内资企业	Domestic funds	23014.8	272.9
国有企业	State-owned	10767.5	
集体企业	Collective-owned	68.2	4.0
股份合作企业	Cooperative		
联营企业	Joint		
国有联营企业	State joint owned		
集体联营企业	Collective joine owned		
国有与集体联营企业	State-collective joint owned		
其他联营企业	Other joint owned		
有限责任公司	Limited liability corporations	8625.8	198.8
国有独资公司	State-owned solely	770.1	
其他有限责任公司	Limited liability corporations	7855.7	198.8
股份有限公司	Share holding	154.2	
私营企业	Private	2928.9	40.6
私营独资企业	Private funded	570.9	7.5
私营合伙企业	Private partner		
私营有限责任公司	Private limited company	1874.4	26.1
私营股份有限公司	Private share holding	483.6	7.0
其他企业	Others	470.2	29.5
港、澳、台商投资企业	Funded from Hongkong,Macao and Taiwan		

单位：万元 unit:10000 yuan

三、损益及分配 Gains and losses and distribution				
财务费用 Financial expenses	利息收入 Interest income	利息支出 Interest expenditure	资产减值损失 Lost	公允减值变动收益 Revenue
2374.2	54.3	1196.8	270.1	270.1
230.9			2.8	2.8
2605.1	54.3	1196.8	272.9	272.9
188.1		2.5		
			4.0	4.0
1097.2	51.4	353.7	198.8	198.8
–44.1	53.3			
1141.3	–1.9	353.7	198.8	198.8
14.0				
982.2	2.5	840.6	40.6	40.6
8.1	2.5	0.3	7.5	7.5
935.6		840.3	26.1	26.1
38.5			7.0	7.0
323.6	0.4		29.5	29.5

14-7 续表 17 continued17

指标名称 Item		投资收益 Investment income	营业利润 Business profits
正餐服务业	Dinner		-4077.2
快餐服务业	Fast food		-343.8
饮料及冷饮服务业	Beverage and cold drink		
茶馆服务	The teahouse services		
咖啡馆服务	Coffee shaop serve		
酒吧服务	Bar Service		
其他饮料及冷饮服务	Others		
其他餐饮业	Others		
小吃服务	Snack service		
餐饮配送服务	Food and beverage distribution services		
其他未列明餐饮业	Others		
2.按登记注册类型分组	Grouped by type registered		
内资企业	Domestic funds		-4421.0
国有企业	State-owned		-1144.8
集体企业	Collective-owned		-119.8
股份合作企业	Cooperative		
联营企业	Joint		
国有联营企业	State joint owned		
集体联营企业	Collective joine owned		
国有与集体联营企业	State-collective joint owned		
其他联营企业	Other joint owned		
有限责任公司	Limited liability corporations		-2320.8
国有独资公司	State-owned solely		154.6
其他有限责任公司	Limited liability corporations		-2475.4
股份有限公司	Share holding		5.6
私营企业	Private		-1029.8
私营独资企业	Private funded		60.9
私营合伙企业	Private partner		
私营有限责任公司	Private limited company		-811.2
私营股份有限公司	Private share holding		-279.5
其他企业	Others		188.6
港、澳、台商投资企业	Funded from Hongkong,Macao and Taiwan		

单位:万元 unit:10000 yuan

营业外收入 Norbusiness revenue	补贴收入 Subsidies revenue	利润总额 Total profits	应交所得税 Income taxes payable	四、人工成本 Workers cost 应付职工薪酬（本年贷方计发生额）payroll payable (credit accumulated happening this year)
280.5	74.0	-4178.7	501.1	13497.1
8.7		-693.7		117.1
289.2	74.0	-4872.4	501.1	13614.2
61.5		-1124.3	64.1	2921.4
56.0		32.6	25.5	333.9
71.1	1.0	-2723.0	171.4	5395.8
7.7	1.0	162.3	23.9	696.6
63.4		-2885.3	147.5	4699.2
		7.4	1.8	181.5
28.4	1.0	-1336.7	152.7	4314.5
		60.9	11.3	394.8
13.1	1.0	-1124.4	102.9	1791.0
15.3		-273.2	38.5	2128.7
72.2	72.0	271.6	85.6	467.1

14-7 续表 18 continued18

指标名称	Item	法人企业数(个) Corporate enterprises (unit)	执行《2006 年企业会计准则》企业个数(个) Number of enterprises implmenting Accounting Standards for Business Enterprises 2006	一、年初存货 Inventory
与港澳台商合资经营企业	Joint venture			
与港澳台商合作经营企业	Cooperative			
港、澳、台商独资经营企业	Solefunds			
港、澳、台商投资股份有限公司	Share holding			
其他港澳台投资企业	Others			
外商投资企业	Foreign funded			
中外合资经营企业	Joint venture			
中外合作经营企业	Cooperative			
外资企业	Foreign funds			
外商投资股份有限公司	Share holding			
其他外商投资企业	Others			
3.按控股情况分组	Grouped by owned			
国有控股	State-owned	6	6	492.6
集体控股	Collective-owned	2	1	27.5
私人控股	Private-owned	34	26	1841.2
港澳台商控股	Hongkong,Macao and Taiwan-Owned			
外商控股	Foreign-owned			
其他	Others	13	9	1158.6
4.按经营形式分组	Grouped by form of management			
独立门店	Substantive store	52	38	3316.3
连锁总店(总部)	Chain headquarter			
连锁门店	Chain store	1	1	147.8
其他	Others	2	3	55.8
5.按单位规模分	Gruoped by size of enterprises			
大型	Large-sized	2	2	359.3
中型	Medium-sized	5	4	771.9
小型	Small-sized	48	36	2388.7
微型	Micro-sized			

单位:万元 unit:10000 yuan

流动资产合计 Circulating funds	应收帐款 Receivables	存货 Inventery	固定资产合计 otal fixed assets	固定资产原价 Original Value of fixed assets	累计折旧 Total depreciation	本年折旧 Depreciationg in this year
8592.7	1030.9	793.6	56155.1	70004.8	13849.7	1909.2
149.4	129.9	19.5	122.7	285.2	162.5	5.0
21980.3	1280.5	1854.5	12463.3	19659.3	7196.0	1212.1
23430.4	705.4	503.1	32210.5	47928.5	15718.0	1670.3
52352.4	2903.3	2955.2	97534.1	132215.7	34681.6	4459.2
599.1	177.6	157.7	2308.7	4383.8	2075.1	186.6
1201.3	65.8	57.8	1108.8	1278.3	169.5	150.8
4888.6	433.2	332.1	57416.5	72247.2	14830.7	1975.5
20510.6	978.1	559.1	31093.3	46833.4	15740.1	1652.8
28753.6	1735.4	2279.5	12441.8	18797.2	6355.4	1168.3

14-7 续表 19 continued19

指标名称	Item	在建工程 Circulationg funds	资产总计 Total assets
与港澳台商合资经营企业	Joint venture		
与港澳台商合作经营企业	Cooperative		
港、澳、台商独资经营企业	Solefunds		
港、澳、台商投资股份有限公司	Share holding		
其他港澳台投资企业	Others		
外商投资企业	Foreign funded		
中外合资经营企业	Joint venture		
中外合作经营企业	Cooperative		
外资企业	Foreign funds		
外商投资股份有限公司	Share holding		
其他外商投资企业	Others		
3.按控股情况分组	Grouped by owned		
国有控股	State-owned	9159.1	74312.6
集体控股	Collective-owned	6.0	930.4
私人控股	Private-owned	6528.4	53777.7
港澳台商控股	Hongkong,Macao and Taiwan-Owned		
外商控股	Foreign-owned		
其他	Others	106.2	69610.4
4.按经营形式分组	Grouped by form of management		
独立门店	Substantive store	15799.7	188175.8
连锁总店(总部)	Chain headquarter		
连锁门店	Chain store		8145.1
其他	Others		2310.2
5.按单位规模分	Gruoped by size of enterprises		
大型	Large-sized	9159.1	76701.6
中型	Medium-sized	6061.1	69623.6
小型	Small-sized	579.5	52305.9
微型	Micro-sized		

单位：万元 unit:10000 yuan

二、期末资产负债 The final balance sheet				
流动负债合计 Total current liabilities	应付账款 Inventory	非流动负债合计 Non-current liabilities	负债合计 Total liabilities	所有者权益 Creditor´s equity
12742.4	1430.2	10692.6	23435.0	50877.6
774.4	458.0	24.0	798.4	132.0
30565.5	3662.6	15228.7	45764.2	8013.5
15788.6	5430.2	5800.5	21589.1	48021.3
53565.2	9616.3	31745.8	85281.0	102894.8
4623.8	526.1		4623.8	3521.3
1681.9	838.6		1681.9	628.3
13228.3	767.7	10320.0	23548.3	53153.3
10802.1	3304.0	13000.0	23802.1	45821.5
35840.5	6909.3	8425.8	44236.3	8069.6

14-7 续表 20 continued20

指标名称	Item	实收资本 Driginal Value of fixed assets	国家资本 State owned
与港澳台商合资经营企业	Joint venture		
与港澳台商合作经营企业	Cooperative		
港、澳、台商独资经营企业	Solefunds		
港、澳、台商投资股份有限公司	Share holding		
其他港澳台投资企业	Others		
外商投资企业	Foreign funded		
中外合资经营企业	Joint venture		
中外合作经营企业	Cooperative		
外资企业	Foreign funds		
外商投资股份有限公司	Share holding		
其他外商投资企业	Others		
3.按控股情况分组	Grouped by owned		
国有控股	State-owned	17926.3	17916.3
集体控股	Collective-owned	92.0	
私人控股	Private-owned	8759.1	
港澳台商控股	Hongkong,Macao and Taiwan-Owned		
外商控股	Foreign-owned		
其他	Others	3156.6	2000.0
4.按经营形式分组	Grouped by form of management		
独立门店	Substantive store	25854.0	19916.3
连锁总店(总部)	Chain headquarter		
连锁门店	Chain store	4000.0	
其他	Others	80.0	
5.按单位规模分	Gruoped by size of enterprises		
大型	Large-sized	20653.4	16653.4
中型	Medium-sized	3290.0	2000.0
小型	Small-sized	5990.6	1262.9
微型	Micro-sized		

单位:万元 unit:10000 yuan

集体资本 Collective	法人资本 Corporate	个人资本 Private	港澳台资本 Funded from Hongkong, Macao and Taiwan	外商资本 Foreign funds
10.0				
92.0				
	6127.4	2631.7		
10.0	721.6	425.0		
112.0	2799.0	3026.7		
	4000.0			
	50.0	30.0		
	4000.0			
		1290.0		
112.0	2849.0	1766.7		

14-7 续表 21 continued21

		营业收入 Operation revenue	主营业务收入 Operating revenue
与港澳台商合资经营企业	Joint venture		
与港澳台商合作经营企业	Cooperative		
港、澳、台商独资经营企业	Solefunds		
港、澳、台商投资股份有限公司	Share holding		
其他港澳台投资企业	Others		
外商投资企业	Foreign funded		
中外合资经营企业	Joint venture		
中外合作经营企业	Cooperative		
外资企业	Foreign funds		
外商投资股份有限公司	Share holding		
其他外商投资企业	Others		
3.按控股情况分组	Grouped by owned		
国有控股	State-owned	18598.9	17985.5
集体控股	Collective-owned	1397.4	1397.4
私人控股	Private-owned	47793.3	47768.2
港澳台商控股	Hongkong,Macao and Taiwan-Owned		
外商控股	Foreign-owned		
其他	Others	28754.6	28449.0
4.按经营形式分组	Grouped by form of management		
独立门店	Substantive store	80581.4	79709.3
连锁总店(总部)	Chain headquarter		
连锁门店	Chain store	11770.1	11770.1
其他	Others	4192.7	4120.7
5.按单位规模分	Gruoped by size of enterprises		
大型	Large-sized	25700.2	25700.2
中型	Medium-sized	30902.1	30596.5
小型	Small-sized	39941.9	39303.4
微型	Micro-sized		

单位：万元 unit:10000 yuan

营业成本 Operation costs	主营业务成本 Operation cost	营业税金及附加 Business taxes and extra charges	主营业务税金及附加 Operating taxes and extra harges	其他业务利润 Other profits	销售费用 Marking expenses
4401.3	1959.5	1045.6	266.7	0.1	2940.0
697.9	697.9	75.8	75.8	58.0	600.9
21237.9	21235.8	2727.4	2727.4	1165.3	19150.7
17379.5	17375.6	1567.8	1563.4	737.8	8668.9
36423.9	33976.1	4517.3	3734.0	1961.2	24410.2
4298.2	4298.2	659.1	659.1		6249.7
2994.5	2994.5	240.2	240.2		700.6
6540.0	4298.2	1438.0	659.1	0.1	7618.1
15730.4	15726.5	1727.8	1723.4	764.2	12154.5
21446.2	21244.1	2250.8	2250.8	1196.9	11587.9

14-7 续表 22 continued22

指标名称	Item	管理费用 Management expenses	税金 Taxes
与港澳台商合资经营企业	Joint venture		
与港澳台商合作经营企业	Cooperative		
港、澳、台商独资经营企业	Solefunds		
港、澳、台商投资股份有限公司	Share holding		
其他港澳台投资企业	Others		
外商投资企业	Foreign funded		
中外合资经营企业	Joint venture		
中外合作经营企业	Cooperative		
外资企业	Foreign funds		
外商投资股份有限公司	Share holding		
其他外商投资企业	Others		
3.按控股情况分组	Grouped by owned		
国有控股	State-owned	11706.8	10.5
集体控股	Collective-owned	68.2	4.0
私人控股	Private-owned	5080.2	172.2
港澳台商控股	Hongkong,Macao and Taiwan-Owned		
外商控股	Foreign-owned		
其他	Others	6159.6	86.2
4.按经营形式分组	Grouped by form of management		
独立门店	Substantive store	22115.7	259.3
连锁总店(总部)	Chain headquarter		
连锁门店	Chain store	675.9	2.8
其他	Others	223.2	10.8
5.按单位规模分	Gruoped by size of enterprises		
大型	Large-sized	11165.3	2.8
中型	Medium-sized	5539.0	30.4
小型	Small-sized	6310.5	239.7
微型	Micro-sized		

单位:万元 unit:10000 yuan

三、损益及分配 Gains and losses and distribution				
财务费用 Financial expenses	利息收入 Interest income	利息支出 Interest expenditure	资产减值损失 Lost	公允减值变动收益 Revenue
143.6	53.7	2.5	53.7	2.5
1789.3	2.7	1070.6	2.7	1070.6
672.2	-2.1	123.7	-2.1	123.7
2374.0	54.3	1196.6	54.3	1196.6
230.9				
0.2		0.2		0.2
411.4				
995.4	-2.1	827.3	-2.1	827.3
1198.3	56.4	369.5	56.4	369.5

14-7 续表 23 continued23

指标名称	Item	投资收益 Investment income	营业利润 Business profits
与港澳台商合资经营企业	Joint venture		
与港澳台商合作经营企业	Cooperative		
港、澳、台商独资经营企业	Solefunds		
港、澳、台商投资股份有限公司	Share holding		
其他港澳台投资企业	Others		
外商投资企业	Foreign funded		
中外合资经营企业	Joint venture		
中外合作经营企业	Cooperative		
外资企业	Foreign funds		
外商投资股份有限公司	Share holding		
其他外商投资企业	Others		
3.按控股情况分组	Grouped by owned		
国有控股	State-owned		-1117.9
集体控股	Collective-owned		-119.8
私人控股	Private-owned		-1895.4
港澳台商控股	Hongkong,Macao and Taiwan-Owned		
外商控股	Foreign-owned		
其他	Others		-1287.9
4.按经营形式分组	Grouped by form of management		
独立门店	Substantive store		-4111.2
连锁总店(总部)	Chain headquarter		
连锁门店	Chain store		-343.8
其他	Others		34.0
5.按单位规模分	Gruoped by size of enterprises		
大型	Large-sized		-1472.7
中型	Medium-sized		-813.0
小型	Small-sized		-2135.3
微型	Micro-sized		

单位：万元 unit:10000 yuan

营业外收入 Norbusiness revenue	补贴收入 Subsidies revenue	利润总额 Total profits	应交所得税 Income taxes payable	四、人工成本 Workers cost 应付职工薪酬（本年贷方计发生额）payroll payable（credit accumulated happening this year）
141.4	73.0	−1017.7	88.0	3704.2
56.0		32.6	25.5	333.9
64.9	1.0	−2618.7	296.1	6305.2
26.9		−1268.6	91.5	3270.9
280.5	74.0	−4217.9	474.4	12525.7
8.7		−693.7		117.1
		39.2	26.7	971.4
8.7		−1822.6		2467.1
37.0		−790.5	87.2	4794.9
243.5	74.0	−2259.3	413.9	6352.2

统计资料

STATISTICS

▶ 对外经济贸易和旅游业

FOREIGN TRADE TOURISM

2016

第十五篇　对外经济贸易和旅游业

根据海关统计:2015 年长春市共实现对外进出口总额 139.9 亿美元,同比下降 32.5%。其中实现进口额 120.7 亿美元,同比下降 33.9%,实现出口额 19.2 亿美元,同比下降 22.2%。

从对外贸易方式来看,我市进出口以一般贸易为主。一般贸易全年实现进出口额 131.6 亿美元,同比下降 33.6%,占全市进出口总额 94.1%,超过九成。其次是加工贸易,加工贸易全年实现进出口额 7.2 亿美元,同比下降 14.6%,占全市进出口总额 5.1%。

从主要出口商品品种看,我市全年共实现出口总额 19.2 亿美元,同比下降 22.2%。前十类主要出口商品出口额三升七降,其中汽车零配件和汽车类商品出口额同比分别下降 9.7%、33.5%,两类商品分别位居出口榜单的第一和第二位,占全市出口总额 20.8%。

2015 年,全市完成实际利用外资 56.6 亿美元美元， 同比增长 13.2%。新设立外商投资企业 37 户,同比下降 9.8%;合同外资 7.4 亿美元,同比增长 71.9%。

15-1 对外经济贸易指标
FOREIGN TRADE AND ECONOMIC COOPERATION

		单位 Unit		2014	2015
进出口总额(一)	Total import and export(Ⅰ)	万美元	$ 10000	2071900	1399112
其中:进口	Imports	万美元	$ 10000	1825165	1207174
出口	Exports	万美元	$ 10000	246735	191937
1.国有企业	State owned	万美元	$ 10000	863953	474968
其中:进口	Imports	万美元	$ 10000	753461	393369
出口	Exports	万美元	$ 10000	110491	81599
2.集体企业	Collective owned	万美元	$ 10000	649	32
其中:进口	Imports	万美元	$ 10000	2	
出口	Exports	万美元	$ 10000	647	32
3.三资企业	Foreign funded	万美元	$ 10000	1118658	838487
其中:进口	Imports	万美元	$ 10000	1047188	769447
出口	Exports	万美元	$ 10000	71470	69040
4.私营企业	Private	万美元	$ 10000	88376	85294
其中:进口	Imports	万美元	$ 10000	63865	44348
出口	Exports	万美元	$ 10000	24511	40946
进出口总额(二)	Total import and export(Ⅱ)	万美元	$ 10000	2071225	1399112
其中:进口	Imports	万美元	$ 10000	1851336	1207174
出口	Exports	万美元	$ 10000	219889	191937
新批项目(企业)数	Number of new registered enterprises	个	unit	41	37
投资总额	Total investment	万美元	$ 10000	177825.3	262620.9
合同利用外资额	Contract foreign investment	万美元	$ 10000	42901.4	73763.9
其中:直接利用外资额	Direct foreign investments	万美元	$ 10000	42901.4	73763.9
实际利用外资额	Total of foreign funds actually used	万美元	$ 10000	500293	566394.6
其中:直接利用外资额	Direct foreign investment	万美元	$ 10000	106031	119796.9

注:进出口总额(一)中进出口总额是指在长春行政区域内工商注册、并在长春海关登记、赋予代码为“2201”的全部有外贸经营权的企业(公司)进出口总额。它是衡量我市有外贸经营权的企业(公司)经营规模和总体水平的标志。

进出口总额(二)中进出口总额是指在全国各地工商注册,并在当地海关登记的赋予相应代码的有外贸经营权的企业(公司),进口商品目的地为长春市、出口产品货源地产自长春市的进出口总额。它是衡量我市进口市场需求(包括项目)及出口生产质量、能力的标志。

Note:

lmport-export value （Ⅰ) by changchun foreign trade managing units refer to actul value of imports and exports carried out by corporation which have been registered by changchun customhouse and vested with ri- ght to run import,export business. It is a measure of trade rights to the city and the overall level of the enterprise size.

lmport value of commodities by the places of their destination and export value of commodities by the place of their origin in china:The places of their consumption,utilization or the place of their final des -tination.The latter indicator refers to the value of export commodities of the places of their origin or t -he place of the commodities dispatched,changchun.

15-2 2003-2015 长春市旅游经济情况

		2003	2004	2005
海外旅游者(人次)	International tourists(person-time)	68877	87201	110000
外国人(人次)	Foreigners(person-time)	51523	70249	87100
华侨(人次)	Overseas Chinese(person-time)			
港澳同胞(人次)	Compatriots from Hongkong and Macao(person-time)	8546	8378	12100
台湾同胞(人次)	Compatriots from Taiwan(person-time)	8808	8574	10700
海外旅游者(人天)	International tourists(person-day)	215277	258627	330000
外国人(人天)	Foreigners(person-day)	178884	220862	276000
华侨(人天)	Overseas Chinese(person-day)			
港澳同胞(人天)	Compatriots from Hongkong and Macao(person-day)	18188	20187	28700
台湾同胞(人天)	Compatriots from Taiwan(person-day)	18205	17578	24800
国内旅游者(万人次)	Domestic tourists(10000person-time)	1031	1100	1218.4
旅游外汇收入(万美元)	Foreign exchange earnings from tourism($10000)	3671	4295	5103.3
旅游业总收入(亿元)	Revenue of tourism(100 millon yuan)	83	96.7	120.2

DEVELOPMENT OF TOURISM (2003 - 2015)

2006	2007	2008	2009	2010	2011	2012	2013	2014	2015
151100	200248	217008	217000	249824	301639	356627	378261	394540	430582
117200	164834	187702	183251	219780	248034	286961	305616	314446	339611
17500	19210	13905	23326	20475	28809	36828	39554	41710	47558
16200	16204	10399	10534	9569	24796	32838	33091	38384	43413
420600	459611	595025	670934	806995	998963	1146277	1253593	1352119	1488153
340200	409052	510417	583681	722157	838729	935851	1058121	1124431	1227928
40800	50559	54444	57799	57121	85530	109363	112040	118830	137750
39500	47440	30164	29454	27717	74706	101063	100924	108858	122475
1366.7	1587.2	1896.6	2246.5	2612.64	3084.17	3620.21	4191.67	4948.31	5682.99
6665	8930	10680	11625	13747.87	16974.46	22379.05	24305.89	28901.84	31850.19
148.2	182.84	228.31	276.6	350.42	431.65	548.28	685.79	839.5	10742.64

15-3 主要出口商品情况
MAIN EXPORT GOODS

商品名称 Item		出口金额 (万美元) Export ($10000)	占出口总额比重(%) Proportion(%)
合计	Total	191937	100.0
粮食	Food	4847	2.5
汽车(包括整套散件)	Automobile	16181	8.4
汽车零件	Vehicle parts	23925	12.5
服装及衣着附件	Garments and accessories	8098	4.2
新的充气橡胶轮胎	New pneumaticrubber tire	8260	4.3
塑料制品	Plastic products	375	0.2
肉及杂碎	Meat	918	0.5
胶合板及类似多层板	Veneer and multiply wood	8684	4.5
家具及其零件	Furniture	3853	2.0
摩托车	Motorcycles	1618	0.8
通断保护电路装置及零件	Hardware	1665	0.9
医药品	Medicine materials	10419	5.4
箱包及类似容器	Bags and similar containers	111	0.1
纺织纱线、织物及制品	Weave and products	1193	0.6
家用或装饰用木制品	Timeber products for household or decoration	569	0.3
医疗仪器及器械	Medical apparatus and appliance	69	0.03
灯具照明装置及其零件	Lighting installation and its spares	387	0.2
手用或机用工具	Manual or machine tools	2149	1.1
玻璃制品	Glasswares	71	0.03
钢 材	Steel products	456	0.2

15-4 主要进口商品情况
MAIN IMPORT GOODS

商品名称	Item	进口金额(万美元) Import ($10000)	占进口总额比重(%) Proportion (%)
合计	Total	1207174	100.0
汽车零件汽车零配件	Vehicles parts	467731	38.7
汽车(包括整套散件)	Vehicles	252692	20.9
计量检测分析自控仪器及器具	Analysis of measurement control equipment and appliance	77836	6.4
大豆	Soybean	16057	1.3
金属加工机床	Metal-cutling machine tools	6289	0.5
通断保护电路装置及零件	Hardware	33304	2.8
活塞式内燃机的零件	Parts of piston eagine	11309	0.9
钢材	Steel products	8242	0.7
钢铁制标准坚固件	Standard strong steel products	16904	1.4
收音设备	Recording equipment	14118	1.2
集成电路	Integrated circuit	12152	1.0
电动机及发电机	Electromotor and dynamo	8116	0.7
电视、收音机及无线电讯装置的零附件	Electrical apparatus and parts	30878	2.6
初级形状的塑料	Initial shape plastics	7942	0.7
液泵及液体提升机	Pump and liquid elevator	6069	0.5
变压、整流、电感器及零件	Transformer rectifier inductor and parts	10920	0.9
机械提升搬运装卸设备及零件	Mechanical handling equipmeat and parts to upgrade handing	8095	0.7
医疗仪器及器械	Medical apparatus and appliance	2284	0.2
合成橡胶(包括乳胶)	Synthetic rubber (include emulsoid)	2229	0.2
电线和电缆	Wire and cable	4684	0.4
制冷设备用压缩机	Compressor for refrigeration facility	5490	0.5
塑料制品	Plastic products	4096	0.3
纺织纱线、织物及制品	Weave and products	4625	0.4
空气调节器	Air conditioners	5141	0.4
阀门	Valve	2197	0.2
棉 花	Conton	71	0.0

15-5 外贸进出口总值分国别(地区)出口情况(2015)
BASIC CONDITIONS OF FOREIGN TRADE BY COUNTRY IN 2015

国家(地区)	Country or region	出口额(万美元) Exports($10000)
总 值	Total	191937
日本	Japan	20466
韩国	Korea	9202
美国	United States	17022
德国	Germany	10994
印度	India	7701
香港	HongKong	2025
越南	Vietnam	4897
台湾	Taiwan	2010
比利时	France	3442
加 拿 大	Canada	2845
伊朗	Iran	12989
巴基斯坦	Pakistan	3376
英国	United Kingdom	3121
墨西哥	Mexico	4786
荷兰	Netherland	4914
澳大利亚	Australia	1439
俄罗斯	Russia	2573
菲 律 宾	Philippines	3502
尼日利亚	Nigeria	1201
意 大 利	Italy	1776
阿拉伯联合酋长国	United Arab Emirates	260
马来西亚	Malaysia	929
沙特阿拉伯	Saudi Arabia	2088
印度尼西亚	Indonesia	3327
埃及	Egypt	198
法国	France	778
约旦	Jordan	98
西班牙	Spain	2731
南非(阿扎尼亚)	South Africa	4370
柬埔寨	Cambodia	33
巴西	Brazil	13779
丹麦	Denmark	170
乌克兰	Ukraine	51
土耳其	Turkey	1130
泰国	Algeria	4939

15-6 外贸进出口总值分国别(地区)进口情况(2015)
BASIC CONDITIONS OF IMPORT IN FOREIGN TRADE BY COUNTRY IN 2015

国家(地区)	Country or region	进口额(万美元) Exports($10000)
总 值	Total	1207174
德国	Germany	643250
日本	Japan	119346
匈牙利	Hungary	63258
美国	United States	20887
意大利	Italy	19931
韩国	Korea	12167
捷克共和国	Czech	38061
比利时	Belgium	39786
法国	France	12632
瑞典	Sweden	3778
马来西亚	Malaysia	8698
墨西哥	Mexico	2033
西班牙	Spain	12258
奥地利	Austria	14369
巴西	Brazil	11889
英国	Britain	3671
俄罗斯	Russia	83
泰国	Thailand	11038
台湾	Taiwan	8024
澳大利亚	Australia	668
波兰	Poland	6954
瑞士	Switzerland	6127
荷兰	Netherlands	5888
菲律宾	Philippines	3969
新 加 坡	Singapore	2406
印度尼西亚	Indonesia	496
香港	HongKong	150
挪威	Norway	1319
印度	India	1469
以色列	Israel	1043
越南	Vietnam	391
土耳其	Turkey	2460
加 拿 大	Canada	757
丹麦	Denmark	1425
爱尔兰	Ireland	345

15-7 2015年新批外商项目(企业)分类表
NEW REGISTERED FOREIGN PROJECTS (ENTERPRISES) BY CATEGORY IN 2015

		户数(个) Enterprises (unit)	合同外资 (万美元) Investment ($10000)	比重 (%) Percentage (%)
总计	Total	37	73763.9	100.00
1.按行业类别分	Grouped by sector			
第一产业	Primary industry	3	14114	19.13
第二产业	Secondary industry	11	43636	59.16
第三产业	Terinary industry	23	16014	21.71
2.按国别、地区分	Grouped by country or region			
香港	Hongkong	10	25869.7	35.07
韩国	Korea	2	410.9	0.56
日本	Japan	1	551.4	0.75
荷兰	Holland		3500	4.74
德国	Germany	4	20046.5	27.18
新加坡	Singapore	1	717	0.97
3.按经济类型分	Grouped by ownership			
中外合资企业	Sino-foreign joint ventures	19	32498	44.06
中外合作企业	Sino-foreign cooperative enterprises	1	9000	12.20
外商独资企业	Exclusively foreign-owned enterprises	16	32116.5	43.54
外商股份制企业	Foreign investment share enterprises	1	149.2	0.20
投资性公司	Investment compani			

统计资料

▶ 金融保险业

BANKING AND INSURANCE

STATISTICS

2016

CHANGCHUN STATISTICAL YEARBOOK

第十六篇　金融保险业

2015年，全市金融机构按照国家“稳增长、促改革、调结构、惠民生”的总体要求，继续加大金融对我市经济增长和结构调整的支持力度，贷款结构不断优化，加大对小微企业、“三农”等领域的信贷支持力度，全市金融为地方经济发展提供了有力的资金保障。保险行业发展稳中求进，进中有为，为人民群众的生命和财产安全提供保障的功能得到充分发挥，行业发展再上新台阶。

一、各项存款持续增长

2015年末，全市人民币存款余额9848.6亿元，比年初增加1009.1亿元，增长11.4%。

从存款结构看：境内存款余额9840.4亿元，比年初增加1086.0亿元，增长12.4%。其中，住户存款余额3792.8亿元，比年初新增302.3亿元，增长8.7%；非金融企业存款余额为3569.2亿元，比年初增加344.1亿元，增长10.7%。其中，活期存款1319.2亿元，比年初增加94.3亿元，增长7.7%，定期存款2250.0亿元，比年初增加249.8亿元，增长12.5%。

二、各项贷款平稳增长

2015年末，全市人民币贷款余额8935.1亿元，比年初增加1455.5亿元，增长19.5%。

从贷款结构看：境内贷款余额8934.7亿元，比年初增加1455.6亿元，增长19.5%，其中，住户贷款余额1856.8亿元，比年初增加260.95亿元，增长16.4%；非金融企业及机关团体贷款余额7077.9亿元，比年初增加1197.6亿元，增长20.4%。

三、保险事业稳中求进

2015年，长春市保险业稳中求进，进中有为，推动各项改革不断深入，行业发展增质提速，市场秩序持续好转，产品创新能力切实加强，保障功能充分发挥，市场活力充分激活，市场潜力充分释放，行业发展再上新台阶。2015年全市保险业实现保费收入161.7亿元，同比增长25.4%，其中财产险保费收入60.6亿元，同比增长10.7%；人身险保费收入101亿元，同比增长36.3%。全年赔付支出55.6亿元，同比增长13.3%，其中财产险赔付支出33.6亿元，同比增长16.7%，人身险赔付支出21.9亿元，同比增长8.5%。

16-1 主要年份城乡居民储蓄存款(人民币)
DEPOSITS OF URBAN AND RURAL RESIDENTS(RMB)

单位:万元 unit:10000yuan

		2009	2010	2011	2012	2013	2014	2015
年末储蓄存款余额	Balance of deposits at year-end	18341564	20627232	23377845	27673822	20627232	23377845	23377845
按地区分	Grouped by region							
市辖区	District	15512984	17316468	19352550	22643743	17316468	19352550	19352550
榆树市	Yushu	676928	779902	893225	1090981	779902	893225	893225
农安县	Nong'an	722512	846674	1072861	1296227	846674	1072861	1072861
德惠市	Dehui	765246	865048	1039702	1339419	865048	1039702	1039702
九台市	Jiutai	663894	819140	1019507	1303452	819140	1019507	1019507

16-2 1996-2015 年保险费收入和赔款支出
PREMIUM AND CLAIM OF INSURANCE(1996-2015)

单位:千元 unit:1000yuan

年份 Year	保险费收入 Premium	赔款支出 Claim	赔付率(%) Payment rate
1995	242880	156920	64.6
1996	243165	27898	11.5
1997	834330	216260	25.9
1998	467423	288599	61.7
1999	840370	234360	27.9
2000	897800	284490	31.7
2001	1203345	404926	33.7
2002	1870688	484611	25.9
2003	2871260	562650	19.6
2004	3212130	579940	18.1
2005	2986980	665300	22.3
2006	3513544	902754	25.7
2007	4521397	1687103	37.3
2008	5685661	2069416	36.4
2009	6810096	2234097	32.8
2010	9325866	2259205	24.2
2011	8443132	2505617	29.7
2012	8953946	3167895	35.4
2013	10664214	4484021	42.0
2014	12888849	4902490	38.0
2015	16165574	5542237	34.3

注:因执行新会计准则,保费收入计算口径发生变化,2011 年保费收入为新口径。

Note:the calculating calibers of premium income have been changed,due to new accounting standards.New calibers were adopted for premium income of year 2011.

16-3 2015年全市金融机构信贷收支(人民币)
CREDIT FUNDS BALANCE SHEET OF FINANCIAL INSTITUTIONS (RMB) IN 2015

单位:亿元　　unit:100million yuan

来源项目名称	Item of sources	金额 Amount	运用项目名称	Item of uses	金额 Amount
一、各项存款	Deposits	9848.63	一、各项贷款	Loans	8935.14
(一).境内存款	Deposits of enterprises	9840.38	(一)境内贷款	Domestic loans	8934.70
1.住户存款	Household deposits	3792.78	1.住户贷款	Household loans	1856.80
(1)活期存款	Current deposits	1314.79	(1)短期贷款	Short term loans	360.84
(2)定期及其他存款	Regular and other deposits	2477.99	消费贷款	Consumer loans	163.61
2.非金融企业存款	Non - financial enterprise deposits	3569.21	经营贷款	business loans	197.23
(1)活期存款	Current deposits	1319.20	(2)中长期贷款	Medium and long-term loans	1495.96
(2)定期及其他存款	Regular and other deposits	2250.02	消费贷款	Consumer loans	1295.52
3.广义政府存款	Generalized government deposits	1970.92	经营贷款	business loans	200.44
(1)财政性存款	Financial deposits	263.61	2.非金融企业及机关团体贷款	Non - financial enterprises and institutions group loans	7077.90
(2)机关团体存款	Organ group deposit	1707.30	(1)短期贷款	Short term loans	2231.95
4.非银行业金融机构存款	Deposits of non - banking financial institutions	507.48	(2)中长期贷款	Medium and long-term loans	4281.98
(二)境外存款	Foreign deposits	8.25	(3)票据融资	Bill financing	557.77
二、金融债券	Bonds	66.91	(4)融资租赁	Lease	0.06
三、卖出回购资产	Sell repurchase assets	54.99	(5)各项垫款	The advance	6.14
四、借款及非银行业金融机构拆入	Borrowing and non-banking financial institutions		3.非银行业金融机构贷款	Non - banking financial institutions	
五、联行往来(净)	Interlinked (net)	683.63	(二)境外贷款	Foreign loans	0.44
六、应付及暂收款	Payable and temporary payment	302.42	二、债券投资	Bond investment	986.42
七、各项准备	The preparation	222.35	三、股权及其他投资	Equity and other investments	1320.03
八、所有者权益	Creditor's equity	592.78	四、买入返售资产	Buy back resale assets	113.50
其中:实收资本	Paid-up capital	202.66	五、存放非银行业金融机构款项	Deposit of non - banking financial institutions	0.23
九、其他	Others	-204.67	六、联行往来(净)	Interlinked (net)	
			其中:境内存放二级准备金	The territory of the secondary reserve	635.52
			七、金银占款	Gold and silver accounted for money	
			八、外汇买卖	Foreign Exchange Trading	3.73
			九、应收及预付款	Receivables and prepayments	88.70
			十、投资性房地产	Investment real estate	1.79
			十一、固定资产	Fixed assets	117.48
资金来源总计	Total of sources	11567.03	资金运用总计	Total of uses	11567.03

16-4 2015年全市金融机构年末储蓄存款余额(人民币)
DEPOSITS BALANCE SHEET OF FINANCE INSTITUTIONS IN 2015(RMB)

单位:万元　　unit:10000yuan

		金额 Amount
全市金融机构年末储蓄存款余额	Total	37927800
按地区划分	Grouped by object	
市辖区	District	28811594
榆树	Yushu	2150245
农安	Nong′an	2679418
德惠	Dehui	2397226
九台	Jutai	1889317

16-5 2015年全市保险业务状况
BASIC STATISTICS ON INSURANCE IN 2015

单位:千元　　unit:1000yuan

		保费收入 Premium	赔款支出 Claim	赔付率(%) Loss ratio
总计	Total	16165574	5556082	34.4
一、财产险合计	Property	6061940	3362862	55.5
企财险	Enterprises property insurance	313177	105073	33.6
家财险	Family property insurance	26812	14818	55.3
机动车险	Motor vehicle insurance	4581652	2506602	54.7
工程保险	Engineering insurance	21390	23914	111.8
责任险	Liability insurance	210297	62375	29.7
保证保险	Guarantee insurance	277195	74216	26.8
货运险	Freight transport insurance	229411	157021	68.4
农业保险	Agriculture insurance	282931	313823	110.9
其他	Other life insurance	119077	105020	88.2
二、人身险合计	Life insurance	10103634	2193220	21.7
人寿保险	Life insurance	8355426	1660147	19.9
意外伤害险	Accident injury insurance	297058	70740	23.8
健康险	Health insurance	1451151	462334	31.9

统计资料

STATISTICS

▶教育、科技及文化事业

EDUCATION,SCIENCE AND TECHNOLOGY CULTURE

2016

第十七篇　教育、科技及文化事业

2015 年，教育事业整体水平得到进一步提升。年末，长春市各级各类教育学校 1622 所(不含幼儿园，以下同)，其中:在长普通高校 37 所(含独立学院 6 所)，成人高校 8 所，中等职业学校 103 所，普通高中 67 所，初中 270 所(含职业初中，以下同)，小学 1126 所，特殊教育 10 所，工读学校 1 所。全市各级各类学校招生人数 34.5 万人，其中：研究生 1.6 万人，普通本专科 11.7 万人，成人本专科 3.7 万人，中等职业学校 1.6 万人，普通高中 3.9 万人，初中阶段 5.3 万人，小学 6.6 万人，特殊教育 131 人。全市各级各类学校在校人数 131.4 万人，其中在读研究生 4.9 万人，普通本专科在校生 42.6 万人，成人本专科生 10 万人，中等职业学校在校生 4.3 万人，普通高中在校生 12.2 万人，初中在校生 17.7 万人，小学在校生 39.6 万人，特殊教育在校生 950 人。

2015 年，文化事业得到进一步发展。2015 年全市共有文化(文物)事业机构 225 家，其中艺术表演团体 3 家，艺术表演场馆 6 家，公共图书馆 12 家，艺术馆、文化馆 12 家，文化站 160 家，文化艺术科研、科技机构 2 家，文物保护研究机构 1 家，文物保护管理机构 3 家，其他文化事业 18 家，其他文化企业 1 家，博物馆 9 家。文化市场管理机构 15 家。公共图书馆总藏量 463.15 万册，其中少儿图书馆藏量 55.89 万册。

全市共有国家综合档案馆 11 个，馆藏档案 143 万卷、146 万件，开放档案 16 万卷、8 万件。

2015 年，全市有各类文化经营场所 1134 家，其中互联网上网服务营业场所 696 家(连锁 94 家)，文化娱乐场所 257 家，演出场所 23 家，音像制品经营场所 155 家，古玩(美术品)经营店 3 家。其中市区(含开发区)文化经营场所 591 家，其中互联网上网服务营业场所 575 家(连锁 89 家)，文化娱乐场所 230 家，演出场所 12 家，古玩(美术品)经营店 3 家。

2015 年，全市有广播电台 4 座，节目 10 套，中波发射台和转播台 26 座，转播台 24 座，广播人口覆盖率为 100%；电视台 4 座，节目 9 套，电视人口覆盖率为 100%。

17-1 长春市各级各类教育基本情况
BASIC STATISTICS ON EDUCATION

		保费收入 Premium	赔款支出 Claim	赔付率(%) Loss ratio	教职工数(人) Teacher and staff(person)	
					合计 Total	其中:专任教师 Full time teacher
一、高等教育	Higher education	45	164701	575684	43712	27493
1、研究生培养机构	Graduate cultivation mechanism		15223	49541	0	0
普通高校	Instituions of higher education		15195	49425		
科研机构	Scientific research institution		28	116		
2.普通高等教育	Regular higher education	37	103442	426081	41903	26383
本科	Undergraduate		78204	337014		
专科	Specialty		25238	89067		
3.成人高等教育	Adult Higher Education	8	46036	100062	1502	926
普通高校	Instituions of higher education		38966	89022		
成人高校	Adult eduction shcolls		7070	11040		
4.民办其他高等教育机构					307	184
二、高中段教育	High school education	170	62083	164938	19343	15129
1.中等职业	Secondary vocation	103	17494	42990	6661	4946
其中:普通中专	Special education schools	12	5033	15788	1739	1394
成人中专	Special secondary schools for adults	12	2403	2915	1973	1506
职业高中	Vocational senior middle schools	79	4609	13852	2797	1976
其他机构	Others		5449	10435	152	70
2.普通高中	Senior secondary schools	67	44589	121948	12682	10183
三、初中阶段教育	junior high school education	270	60660	176904	25255	20398
1.职业初中	Vocational middle schools	4	118	249	87	75
2.普通初中	Junior secondary schools	266	60542	176655	25168	20323
四、小　学	Primary shools	1126	54044	395705	30817	26301
五、特殊教育	Special education schools	10	102	954	444	363
六、工读学校	Approved shcools	1		58	41	29
七、幼 儿 园	Kindergartens	791	41727	125782	17374	9907

注:专任教师统计口径是按办学类型

17–2 中学概况
BASIC STATISTICS ON SECONDARY SCHOOLS

		校数(所) Schools	班数(个) Classes (unit)	毕业生数(人) Graduates (person)	在校学生数(人) Student enrollment (person)	教职工数(人) Teacher and staff (person)	
						合计 Total	# 专职教师 Full time teacher
长春市	Changchun	337	6482	105249	298852	37937	30581
城区	District	187	3909	62262	176950	23941	20360
南关区	Nanguan	10	138	1978	5364	979	841
宽城区	Kuancheng	12	209	3145	9150	1309	1280
朝阳区	Chaoyang	12	216	3141	8584	1229	1073
二道区	Erdao	12	273	4439	12607	2093	1969
绿园区	Lvyuan	9	207	2923	9314	1087	937
市辖区	District	30	955	16397	44217	3959	3460
高新开发区	High-technical developing area	5	57	665	2479	540	487
经济开发区	Economic technical developing area	3	31	332	1130	205	193
净月开发区	Jingyue developing area	5	43	556	1707	258	230
汽车区	Motor vehicle development zone	12	207	2810	8352	1357	1193
省直	Directly under province	13	645	11941	31861	3399	2886
莲花山区	lianhuashan	3	16	225	586	174	153
双阳区	Shuangyang	26	322	4641	13403	1830	1274
九台市	Jiutai	35	590	9069	28196	5522	4384
三县(市)区	Four counties(cities)	150	2573	42987	121902	13996	10221
农安县	Nong'an	54	831	13924	40148	5715	3623
榆树市	Yushu	54	976	16614	45703	4621	3608
德惠市	Dehui	42	766	12449	36051	3660	2990

注:1.各项指标中含职业初中;2.教职工按办学类型。

17-3 小学概况
BASIC STATISTICS ON PRIMARY SCHOOLS

		校数(所) Schools	班数(个) Classes (unit)	毕业生数(人) Graduates (person)	在校学生数(人) Student enrollment (person)	教职工数(人) Teacher and staff (person)	
						合计 Total	#专职教师 Full time teacher
长春市	Changchun	1126	12310	54044	395705	30817	26301
城区	District	381	6202	30053	230354	14385	12614
南关区	Nanguan	25	445	2298	16786	1282	1163
宽城区	Kuancheng	26	570	2942	22678	1582	1536
朝阳区	Chaoyang	26	562	2762	22325	1650	1506
二道区	Erdao	16	509	2691	21263	957	858
绿园区	Lvyuan	27	514	2729	19928	1365	1196
市辖区	District	6	311	1766	13470	810	711
高新开发区	Economic technical developing area	2	131	434	5478	45	40
经济开发区	Economic developing area	14	236	1279	9455	608	584
净月开发区	Jingyue developing area	12	178	744	5814	425	390
汽车区	Automobile Disttict	9	330	1531	13931	481	431
省直	Directly under province	5	463	2300	20229	724	622
莲花山	lianhuashan	13	54	327	2100	170	153
双阳区	Shuangyang	111	787	2701	18208	2393	1785
九台市	Jiutai	89	1112	5549	38689	1893	1639
三县(市)区	Four counties(cities)	745	6108	23991	165351	16432	13687
农安县	Nong′an	306	2109	7390	58200	6185	4642
榆树市	Yushu	275	2400	8938	60575	5849	5187
德惠市	Dehui	164	1599	7663	46576	4398	3858

注:专任教师按办学类型。

17-4 幼儿园
BASIC STATISTICS ON KINDERGARTENS

		园数(所) Kindergartens (unit)	在园幼儿数(人) Children (person)	教职工数(人) Teacher and staff (person)	
				合计 Total	#专职教师 Full time teacher
长春市	Changchun	791	125782	17374	9907
城区	District	482	86008	14476	7875
南关区	Nanguan	35	7530	1252	724
宽城区	Kuancheng	60	8753	1647	854
朝阳区	Chaoyang	77	13183	2429	1257
二道区	Erdao	51	7334	1259	670
绿园区	Lvyuan	97	12047	2140	1143
市辖区	District	1	360	90	48
高新开发区	Economic technical developing area	10	2045	451	253
经济开发区	Economic developing area	35	5565	985	583
净月开发区	Jingyue developing area	20	2880	532	309
汽车区	Automobile Disttict	27	5973	898	458
省直	Directly under province		1270		
莲花山	lianhuashan	62	789	55	27
双阳区	Shuangyang	7	9596	1296	747
九台市	Jiutai	59	8683	1442	802
三县(市)区	Four counties(cities)	250	39774	2898	2032
农安县	Nong′an	90	14011	886	738
榆树市	Yushu	39	10917	592	461
德惠市	Dehui	121	14846	1420	833

17-5 文化事业基本情况
BASIC STATISTICS ON CULTURAL INSTITUTIONS

		单位 Unit	全市 Total	市区 District	县(市) County
一、座席个数	Seats	个 sets	34453	30761	3692
1.电影院、开放礼堂俱乐部	Cinema music hall	个 unit	32851	30059	2792
2.电影院、开放礼堂俱乐部	Theater	个 unit	1602	702	900
3.电影院、开放礼堂俱乐部	Performances	场 shous	326510	316501	10009
4.电影院、开放礼堂俱乐部	Cinema music hall	场 shows	326465	316456	10009
5.电影院、开放礼堂俱乐部	Theater	场 shows	45	45	
6.电影院、开放礼堂俱乐部	Performancing	场 shows	45	45	
7.电影院、开放礼堂俱乐部	Art performance group	场 shows	440	440	
8.电影院、开放礼堂俱乐部	Spectators	千人次 1000person-time	12661.4	12577.44	83.96
9.电影院、开放礼堂俱乐部	Cinema music hall	千人次 1000person-time	12629.81	12545.85	83.96
10.电影院、开放礼堂俱乐部	Theater	千人次 1000person-time	31.59	31.59	
11.电影院、开放礼堂俱乐部	Performancing	千人次 1000person-time	31.59	31.59	
12.电影院、开放礼堂俱乐部	Art performance group	千人次 1000person-time	130.06	130.06	
13.电影院、开放礼堂俱乐部	Number of exhibition	个 unit	236	116	120
14.电影院、开放礼堂俱乐部	Mass art centres	个 unit	13	13	
15.电影院、开放礼堂俱乐部	Cultural centers	个 unit	68	46	22
16.电影院、开放礼堂俱乐部	Museums	个 unit	27	6	21
17.电影院、开放礼堂俱乐部	Cultural department	个 unit	27	6	21
18.电影院、开放礼堂俱乐部	Arts store	个 unit			
19.电影院、开放礼堂俱乐部	Visitors	千人次 1000person-time	2567.21	2041.214	526
20.电影院、开放礼堂俱乐部	Agency of historical relics	千人次 1000person-time			
21.电影院、开放礼堂俱乐部	Museums	千人次 1000person-time	2567.21	2041.214	526
22.电影院、开放礼堂俱乐部	Cultural department	件 pcs	2567.21	2041.214	526
23.电影院、开放礼堂俱乐部	Number of collection	件 pcs	64820	57955	6865
24.电影院、开放礼堂俱乐部	Agency of historical relics	件 pcs	113	113	
25.电影院、开放礼堂俱乐部	Museums	件 pcs	64707	57842	6865
26.电影院、开放礼堂俱乐部	Cultural department	件 pcs	64707	57842	6865
27.电影院、开放礼堂俱乐部	Number of collections	千册(件) 1000 pcs	4634.48	4449.9	328.01
28.电影院、开放礼堂俱乐部	Mass art centres	千册 1000 pcs	1	1	
29.电影院、开放礼堂俱乐部	Cultural centers	千册 1000 pcs	2	2	
30.电影院、开放礼堂俱乐部	Public libraries	千册 1000 pcs	4631.48	4309.835	321.645
31.电影院、开放礼堂俱乐部					

17-6 文化事业机构、人数
INSTITUTIONS AND PERSONNEL INCULTURE AND ART

		机构数(个) Institutions			职工数(人) Workers and staff members(person)		
		总计 Total	市区 District	县(市) County	总计 Total	市区 District	县(市) County
一、电影事业	Film						
1.电影发行放映管理机构	Film renting units						
2.电影制片厂	Film studios	1					
3.电影院、影剧院	Cinemas	29					
4.开放礼堂、俱乐部	Music hall						
5.对内礼堂、俱乐部	Theatre						
6.电影队	Film team						
二、艺术业	Art institutions	10	7	3	442	387	55
1.艺术表演团体	Art performance troups	3	3		277	277	
2.艺术表演场所	Theatre	6	5	1	148	105	43
3.艺术创作机构	Art creation institution	3	1	2	17	5	12
三、文化科技科研机构	Institutions of S&R	2	2		32	32	
四、出版事业	Published						
1、报社	Newspapers						
2、出版	Published						
3、画报社	Painting						
4、杂志社	Magazine						
五、文物事业	Cultural relics	13	5	8	403	331	72
1.文物保护管理机构	Agency of historical relics	3		3	42	38	4
2.文物研究机构	Research historical relics agency	1	1		10	10	
3.博物馆	Museums	9	4	5	351	283	68
其中:文化部门	Cultural department	9	4	5	351	283	68
4.文物商店	Arts store						
六、图书馆	Public libraries	1	1		429	325	104
其中:少儿公共图书馆	Public libraries	1	1		37	37	
七、群众文化	Mass culture	172	99	73	870	575	295
1.群众艺术馆	Mass art centres	2	2		86	86	
2.文化馆	Culture centres	10	7	3	432	242	190
3.文化站	Culture department and stations	160	90	70	352	247	105
其中:乡镇文化站	Township cultural stations	95	33	62	196	100	96

17-7 2015年全部工业企业基本情况

指标名称	Item	企业数(个) Enterprises (unit)
总计	Total	1340
一、按企业规模分组	Grouped by size of enterprises	
大型企业	Large-sized enterprises	48
中型企业	Medium-sized enterprises	171
小型企业	Small-sized enterprises	1042
微型企业	Micro-sized enterprises	79
二、按隶属关系分组	Grouped by administrative	
中央	Central	27
省(自治区、直辖市)	Province (autonomous region, municipality)	36
地(区、市、州、盟)	Region (district, city, prefecture, league)	114
县(区、市、旗)	County (district, city, banner)	103
街道	Street	3
镇	Town	24
乡	Township	7
(社区)居委会	Residents committee	
村委会	Village committee	5
其他	Others	1021
三、按登记注册类型分组	Grouped by type registered	
内资企业	Domestic funds	1180
国有企业	State-owned	16
集体企业	Collective-owned	6
股份合作企业	Share holding cooperative	
联营企业	Joint ownership	1
国有联营企业	State joint ownership enterprises	1
集体联营企业	Joint ownership	
国有与集体联营企业	Joint ownership	
其他联营企业	Others	
有限责任公司	Limited company	448
国有独资公司	State-owned	17
其他有限责任公司	Others	431
股份有限公司	Share holding	68
私营企业	Private	625
私营独资企业	Solely Owned	18
私营合伙企业	Private partnership	1
私营有限责任公司	Limited company	582
私营股份有限公司	Private Share holding	24
其他企业	Others	16
港、澳、台商投资企业	Funded from Hongkong, Macao and Taiwan	24
合资经营企业(港或澳、台资)	Funded from Hongkong, Macao and taiwan	12
合作经营企业(港或澳、台资)	Cooperative	1
港、澳、台商独资经营企业	Solely owned	10
港、澳、台商投资股份有限公司	Company invested by Hong Kong, Macau or Taiwan	1
其他港澳台商投资企业	Others	

BASIC CONDITIONS OF ALL INDUSTRIAL ENTERPRISES IN 2015

#有 R&D 活动 With R&D activities	#有研发机构 With S&T institutions	从业人员期末人数（人） Employees at year-end (person)	从业人员平均人数（人） Average number of employees (person)	工业总产值（万元） Total industrial output value (10000yuan)	主营业务收入（万元） Main business revenue (10000yuan)
90	41	491793	495040	85957864.1	89894922.6
16	8	286097	290163	56863914.1	62787824.4
27	14	94243	93429	9303612.5	8802936.6
47	19	109698	109499	19377261.3	17918790.1
		1755	1949	413076.2	385371.5
7	5	205392	208837	44119083.7	49957288.7
6	3	23839	24003	5321103.9	4796621.4
21	9	58347	58080	6079890.8	6819745.5
1	2	13927	13988	2211325.7	2184524
		231	223	14755.5	15623.4
		3140	3125	435737.4	417018.6
		702	736	53119.7	36396.2
		416	416	116390.8	43254.9
55	22	185799	185632	27606456.6	25624449.9
68	37	417221	419223	72747014.9	75948035.9
3	1	149999	152713	37482845.8	42619264.3
		686	684	54211.6	50509
		43	43	16855.3	16826.6
		43	43	16855.3	16826.6
30	16	127987	128176	12306235.8	11740969.5
3	2	44035	44562	4066047.5	4049525
27	14	83952	83614	8240188.3	7691444.5
15	10	56417	56302	12228546.3	11560915.5
20	9	80745	79971	10549189.6	9853088.6
		1345	1330	203530.1	192063.8
		21	21	17600	17600
14	6	73931	73103	9762101.4	9117888.1
6	3	5448	5517	565958.1	525536.7
	1	1344	1334	109130.5	106462.4
6		12916	13183	3569723.4	3491111.4
5		5327	5575	530522.6	574613
		526	487	11278.8	8247.3
1		6882	6947	2935390.4	2815719.5
		181	174	92531.6	92531.6

17-7 续表 1

指标名称	Item	利润总额（万元） Profit (10000yuan)
总计	Total	7653740.2
一、按企业规模分组	Grouped by size of enterprises	
大型企业	Large-sized enterprises	6093767.9
中型企业	Medium-sized enterprises	598414.9
小型企业	Small-sized enterprises	939992.1
微型企业	Micro-sized enterprises	21565.3
二、按隶属关系分组	Grouped by administrative	
中央	Central	5289530.2
省(自治区、直辖市)	Province (autonomous region, municipality)	140471.4
地(区、市、州、盟)	Region (district, city, prefecture, league)	559851.1
县(区、市、旗)	County (district, city, banner)	114908.2
街道	Street	372.8
镇	Town	16979.4
乡	Township	1626.7
(社区)居委会	Residents committee	
村委会	Village committee	2502.8
其他	Others	1527497.6
三、按登记注册类型分组	Grouped by type registered	
内资企业	Domestic funds	6800152.7
国有企业	State-owned	4959475.5
集体企业	Collective-owned	4425.5
股份合作企业	Share holding cooperative	
联营企业	Joint ownership	3670.4
国有联营企业	State joint ownership enterprises	3670.4
集体联营企业	Joint ownership	
国有与集体联营企业	Joint ownership	
其他联营企业	Others	
有限责任公司	Limited company	650518.6
国有独资公司	State-owned	75205.9
其他有限责任公司	Others	575312.7
股份有限公司	Share holding	372042.9
私营企业	Private	805686
私营独资企业	Solely Owned	10533.2
私营合伙企业	Private partnership	862
私营有限责任公司	Limited company	759399.2
私营股份有限公司	Private Share holding	34891.6
其他企业	Others	4333.8
港、澳、台商投资企业	Funded from Hongkong, Macao and Taiwan	68935.8
合资经营企业(港或澳、台资)	Funded from Hongkong, Macao and taiwan	47774
合作经营企业(港或澳、台资)	Cooperative	371.7
港、澳、台商独资经营企业	Solely owned	5707.9
港、澳、台商投资股份有限公司	Company invested by Hong Kong, Macau or Taiwan	15082.2
其他港澳台商投资企业	Others	

continued1

主营业务税金及附加（万元）Taxes and Other Charges on Principal Business (10000yuan)	管理费用中的税金（万元）Taxes in management expenses (10000yuan)	应交增值税（万元）Value Added Tax Payable (10000yuan)	资产总计（万元）Tatal Assets (10000yuan)	出口交货值（万元）Delivery Value for Export (10000yuan)
			79921836.7	1087561.2
			51539468.4	724123.6
			9298124.1	244028.9
			18622223.6	107645.6
			462020.6	11763.1
			43691956.2	475452.6
			7184915.8	31107
			5886876.8	17820.4
			1459100.3	950.4
			12427	
			84670.6	
			20234.5	
			17318.4	
			21564337.1	562230.8
			69679886.6	729099.5
			33155533.7	268235.2
			34325.8	
			20692.5	
			20692.5	
			12549886.2	77696.2
			5619278.5	677.6
			6930607.7	77018.6
			14973090.6	304686.8
			8889962.5	78481.3
			73869.3	
			1797.4	
			8344824.1	54340.8
			469471.7	24140.5
			56395.3	
			2493467.8	35028.8
			501801.4	17888.5
			9865.2	
			1885809.4	17140.3
			95991.8	

17-7 续表 2

指标名称 Item		企业数(个) Enterprises (unit)
外商投资企业	Foreign funded	136
中外合资经营企业	Joint Venture	78
中外合作经营企业	Cooperative	3
外资企业	Solely owned	51
外商投资股份有限公司	Company invested by foreign businessmen	2
其他外商投资企业	Others	2
四、按国民经济行业大类分组	Grouped by sector	
采矿业	Mining Industry	12
煤炭开采和洗选业	Coal mining and dressing	5
石油和天然气开采业	Extraction of petroleum and natural gas	1
黑色金属矿采选业	Minging and dressing of ferrous metals	
有色金属矿采选业	Mining and dressing of nonferrous metals	
非金属矿采选业	Mining and dressing of nonmetal mineral products	3
开采辅助活动	Mining auxiliary activities	3
其他采矿业	Others	
制造业	Manufacturing	1291
农副食品加工业	Farm sideline food processing	227
食品制造业	Food manufacturing	48
酒、饮料和精制茶制造业	Alcohol, drink and fine tea manufacturing industries	38
烟草制品业	Tobacco processing	1
纺织业	Textile industry	6
纺织服装、服饰业	Textile clothing industry	12
皮革、毛皮、羽毛及其制品和制鞋业	Leather, fur, feather and related products and footwear industry	2
木材加工和木、竹、藤、棕、草制品业	Timber, bamboo, cane, palm and straw products	25
家具制造业	Furniture	23
造纸和纸制品业	Paper making and paper products	12
印刷和记录媒介复制业	Printing and record medium reproduction	25
文教、工美、体育和娱乐用品制造业	Education, arts and crafts, PE, and entertainment products	5
石油加工、炼焦和核燃料加工业	Petroleum processing coking and nuclear processing	10
化学原料和化学制品制造业	Raw chemical material and chemical products	53
医药制造业	Medical and pharmacutical products	53
化学纤维制造业	Chemical fiber manufacturing	1
橡胶和塑料制品业	Rubber and plastic products	51
非金属矿物制品业	Nonmetal mineral products	88
黑色金属冶炼和压延加工业	Smelting and pressing of ferrous metals	12
有色金属冶炼和压延加工业	Smelting and pressing of non-ferrous metals	5
金属制品业	Metal products	62

continued2

# 有 R&D 活动 With R&D activities	# 有研发机构 With S&T institutions	从业人员期末人数 （人） Employees at year-end (person)	从业人员平均人数 （人） Average number of employees (person)	工业总产值 （万元） Total industrial output value (10000yuan)	主营业务收入 （万元） Main business revenue (10000yuan)
16	4	61656	62634	9641125.8	10455775.3
14	3	36245	36733	6543071.2	7255283.6
		662	659	204566.6	251869.4
2	1	18740	19205	1870866.3	1901952
		4380	4370	710144.3	777571
		1629	1667	312477.4	269099.3
		10628	10573	379998.1	377426
		7927	7989	101034.6	92465.9
		35	35	2083.8	2058.7
		115	105	7518.5	7638
		2551	2444	269361.2	275263.4
89	41	423432	426891	80808481.2	84530391.5
2	3	34423	34661	9835258.3	9441981
		11118	11231	1705202.5	1130525
		7610	7570	804743.8	718099.2
		1235	1215	459343	435745.5
		1410	1419	78597.5	64338.7
	1	4753	4774	128941.6	116133.3
		216	214	25373.2	23733
		7669	7677	463834.3	413515.2
		2981	2963	327173.6	321007.8
		1525	1513	160325	156724.2
		2999	2991	289255.5	272642.3
		1174	1173	106917	105377.7
		1389	1387	384682.2	375698.7
2		8117	8042	1373882.1	1062228.5
16	8	14657	14437	1383921.1	1041908.7
		87	93	8051.5	6031.8
3		7714	7610	983923.2	946708.4
2	1	10148	10180	5396080.8	4912064.2
		1580	1562	578260.3	493613.8
		220	214	40433	43826.2
1		7022	6895	928775.8	846145.8

17-7 续表 3

指标名称 Item		利润总额（万元） Profit (10000yuan)
外商投资企业	Foreign funded	784651.7
中外合资经营企业	Joint Venture	554941.7
中外合作经营企业	Cooperative	21997.2
外资企业	Solely owned	104380.8
外商投资股份有限公司	Company invested by foreign businessmen	87004.4
其他外商投资企业	Others	16327.6
四、按国民经济行业大类分组	Grouped by sector	
采矿业	Mining Industry	-43459.8
煤炭开采和洗选业	Coal mining and dressing	-10234
石油和天然气开采业	Extraction of petroleum and natural gas	-112.3
黑色金属矿采选业	Minging and dressing of ferrous metals	
有色金属矿采选业	Mining and dressing of nonferrous metals	
非金属矿采选业	Mining and dressing of nonmetal mineral products	585.7
开采辅助活动	Mining auxiliary activities	-33699.2
其他采矿业	Others	
制造业	Manufacturing	7689116.7
农副食品加工业	Farm sideline food processing	351794.2
食品制造业	Food manufacturing	84803.4
酒、饮料和精制茶制造业	Alcohol, drink and fine tea manufacturing industries	27549.3
烟草制品业	Tobacco processing	45275.9
纺织业	Textile industry	2020.8
纺织服装、服饰业	Textile clothing industry	-4008.7
皮革、毛皮、羽毛及其制品和制鞋业	Leather, fur, feather and related products and footwear industry	2835.8
木材加工和木、竹、藤、棕、草制品业	Timber, bamboo, cane, palm and straw products	32800.4
家具制造业	Furniture	32398.4
造纸和纸制品业	Paper making and paper products	15401.1
印刷和记录媒介复制业	Printing and record medium reproduction	16888.1
文教、工美、体育和娱乐用品制造业	Education, arts and crafts, PE, and entertainment products	9575.2
石油加工、炼焦和核燃料加工业	Petroleum processing coking and nuclear processing	-920.7
化学原料和化学制品制造业	Raw chemical material and chemical products	3681.6
医药制造业	Medical and pharmacutical products	170708
化学纤维制造业	Chemical fiber manufacturing	202.8
橡胶和塑料制品业	Rubber and plastic products	35052.1
非金属矿物制品业	Nonmetal mineral products	117960
黑色金属冶炼和压延加工业	Smelting and pressing of ferrous metals	30202.5
有色金属冶炼和压延加工业	Smelting and pressing of non-ferrous metals	457.2
金属制品业	Metal products	58434.1

continued3

主营业务税金及附加（万元）Taxes and Other Charges on Principal Business (10000yuan)	管理费用中的税金（万元）Taxes in management expenses (10000yuan)	应交增值税（万元）Value Added Tax Payable (10000yuan)	资产总计（万元）Tatal Assets (10000yuan)	出口交货值（万元）Delivery Value for Export (10000yuan)
			7748482.3	323432.9
			4275188.2	99728.5
			459863.7	
			1772527.8	133680.8
			699034.5	90023.6
			541868.1	
			1064213.7	
			321659.5	
			1397.6	
			4380.9	
			736775.7	
			70348322.2	1087561.2
			3895909.1	74969.9
			1293550.8	14263.5
			537313.3	29.5
			567187.7	
			100408.3	
			268189.2	15721.3
			16445.4	
			504599.9	22332.9
			164716.7	5460.6
			56395.9	
			173298	3.8
			37670.6	17357.8
			219032.2	
			1148629	111.2
			1892784.5	92252.7
			9490.9	
			674426.5	15555.3
			5929274.4	
			193677.2	
			26977.7	3.5
			440044.2	8300

17-7 续表 4

指标名称 Item		企业数（个）Enterprises (unit)
通用设备制造业	Ordinary machinery	64
专用设备制造业	Special purpose equipment	59
汽车制造业	Automobile industry	288
铁路、船舶、航空航天和其他运输设备制造业	Railway, water way, aviation and other transportation equipment	28
电气机械和器材制造业	Electric equipment and machinery	55
计算机、通信和其他电子设备制造业	Telecommunication equipment computer and other electronic equipment	15
仪器仪表制造业	Instrument manufacturing	15
其他制造业	Others	5
废弃资源综合利用业	Waste resources comprehensive utilization industry	3
电力、热力、燃气及水生产和供应业	Production and supply of electric power and heat power and gas and water	37
电力、热力生产和供应业	Production and supply of electric power and heat power	32
燃气生产和供应业	Production and supply of gas	3
水的生产和供应业	Production and supply of water	2
五、按企业控股情况分组	Grouped by owned	
国有控股	State-owned	107
集体控股	Collective-owned	29
私人控股	Private-owned	945
港澳台商控股	Hongkong,Macao and Taiwan-owned	21
外商控股	Foreign-owned	87
其他	Others	151
六、按地区分组	Grouped by sector	
市辖区	District	
南关区	Nanguan	6
宽城区	Kuangcheng	152
朝阳区	Chaoyang	63
二道区	Erdao	56
绿园区	Lvyuan	65
双阳区	Shuangyang	45
九台区	Jiutai	225
农安县	nong´an	96
榆树市	Yushu	100
德惠市	Dehui	124

continued4

		从业人员期末人数（人）Employees at year-end (person)	从业人员平均人数（人）Average number of employees (person)	工业总产值（万元）Total industrial output value (10000yuan)	主营业务收入（万元）Main business revenue (10000yuan)
# 有 R&D 活动 With R&D activities	# 有科技机构 With S&T institutions				
6	2	9245	9278	1186362.5	1173970.5
10	2	8941	8862	990598.3	951472.9
29	18	239346	243238	47967455.2	54414427.1
6	2	23445	23297	3709292	3661738.6
5	2	6167	6384	780598.3	752073.7
3	2	4419	4232	309555.6	292890.3
4		2859	2846	178699.3	168061.4
		474	448	117451.3	114276.3
		489	485	105493.4	73431.7
1		57733	57576	4769384.8	4987105.1
1		52460	52179	4474015.1	4722979.6
		1942	1994	184139.4	160555.9
		3331	3403	111230.3	103569.6
26	11	265628	268348	54196878.4	58843749.6
3	1	11233	11152	2711024.2	2522767.5
33	17	128079	127484	16640954.2	15421318
2		9138	9275	3291513.2	3167384.5
5	2	38675	39320	5396434.9	6282973.5
21	10	39040	39461	3721059.2	3656729.5
2		4967	4249	159088.5	16943
7	5	22441	22764	2745800.1	2382184
4	3	53845	54892	5017387.9	816163.6
3	4	12087	11921	5130668.4	4664279.1
8	2	30402	30102	6220643.1	6199680.5
3	1	6299	6299	489169.9	449987
5	1	39531	38873	5135643.6	4999486.5
	1	10751	10648	1869854.5	1765828.9
1		14675	14565	1916254.1	1814791.8
		18788	18972	3577499.4	2774150.5

17-7 续表 5

指标名称	Item	利润总额（万元）Profit (10000yuan)
通用设备制造业	Ordinary machinery	152601.8
专用设备制造业	Special purpose equipment	71695.6
汽车制造业	Automobile industry	5978884.6
铁路、船舶、航空航天和其他运输设备制造业	Railway, water way, aviation and other transportation equipment	357781.8
电气机械和器材制造业	Electric equipment and machinery	12071
计算机、通信和其他电子设备制造业	Telecommunication equipment computer and other electronic equipment	44373.2
仪器仪表制造业	Instrument manufacturing	23005.2
其他制造业	Others	5349.8
废弃资源综合利用业	Waste resources comprehensive utilization industry	10242.2
电力、热力、燃气及水生产和供应业	Production and supply of electric power and heat power and gas and water	8083.3
电力、热力生产和供应业	Production and supply of electric power and heat power	37921.2
燃气生产和供应业	Production and supply of gas	-28044.3
水的生产和供应业	Production and supply of water	-1793.6
五、按企业控股情况分组	Grouped by owned	
国有控股	State-owned	5733980.3
集体控股	Collective-owned	-8497.8
私人控股	Private-owned	1191107.4
港澳台商控股	Hongkong,Macao and Taiwan-owned	43324.7
外商控股	Foreign-owned	409497
其他	Others	284328.6
六、按地区分组	Grouped by sector	
市辖区	District	
南关区	Nanguan	-1432.2
宽城区	Kuangcheng	147772.9
朝阳区	Chaoyang	191644.4
二道区	Erdao	69287.3
绿园区	Lvyuan	355674.8
双阳区	Shuangyang	28666.8
九台区	Jiutai	486548.6
农安县	nong´an	162009.3
榆树市	Yushu	24520
德惠市	Dehui	-1597

continued5

主营业务税金及附加 （万元） Taxes and Other Charges on Principal Business (10000yuan)	管理费用中的税金 （万元） Taxes in management expenses (10000yuan)	应交增值税 （万元） Value Added Tax Payable (10000yuan)	资产总计 （万元） Tatal Assets (10000yuan)	出口交货值 （万元） Delivery Value for Export (10000yuan)
			771344.9	1856
			594138.1	32892.8
			44738888.3	419731.2
			4889651.8	337833.3
			532319.5	3750.7
			313158.6	4401.1
			270426.2	20734.1
			48630	
			39743.3	
			8509300.8	
			7654655.7	
			490022	
			364623.1	
			55296421.6	618318.4
			1323144.6	65124.3
			12713804.2	102854.5
			2389569.2	17140.3
			4872406.8	234528.8
			3326490.3	49594.9
			493810.1	485.5
			1916817.7	10538.4
			5808655.2	7376
			6773406.5	
			10049965.1	374266.5
			614348	2035.6
			2383516.2	5400.7
			835859.7	
			1339271	53706.7
			129569.7	

17-8 2015年全部工业企业R&D人员

指标名称	Item	R&D人员合计（人）Personnel	#1.参加项目人员 Personnel in S&T project	2.管理和服务人员 S&t Management and service
总计	Total	23711	17984	5727
一、按企业规模分组	Grouped by size of enterprises			
大型	Large-sized enterprises	21016	15719	5297
中型	Medium-sized enterprises	1506	1213	293
小型	Small-sized enterprises	1189	1052	137
微型	Micro-sized enterprises			
二、按隶属关系分组	Grouped by administrative			
中央	Central	18895	13649	5246
省(自治区、直辖市)	Province (autonomous region, municipality)	374	264	110
地(区、市、州、盟)	Region (district, city, prefecture, league)	1051	953	98
县(区、市、旗)	County (district, city, banner)	11	11	
街道	Street			
镇	Town			
乡	Township			
（社区）居委会	Residents committee			
村委会	Village committee			
其他	Others	3380	3107	273
三、按登记注册类型分组	Grouped by type registered			
内资企业	Domestic funds	21516	15864	5652
国有企业	State-owned	17475	12317	5158
集体企业	Collective-owned			
股份合作企业	Share holding cooperative			
联营企业	Joint ownership			
国有联营企业	State joint ownership enterprises			
集体联营企业	Joint ownership			
国有与集体联营企业	Joint ownership			
其他联营企业	Others			
有限责任公司	Limited company	1020	813	207
国有独资公司	State-owned	119	117	2
其他有限责任公司	Others	901	696	205
股份有限公司	Share holding	2235	1986	249
私营企业	Private	786	748	38
私营独资企业	Solely Owned			
私营合伙企业	Private partnership			
私营有限责任公司	Limited company	358	343	15
私营股份有限公司	Private Share holding	428	405	23
其他企业	Others			
港、澳、台商投资企业	Funded from Hongkong, Macao and Taiwan	902	901	1
合资经营企业(港或澳、台资)	Funded from Hongkong, Macao and Taiwan	574	573	1
合作经营企业(港或澳、台资)	Cooperative			
港、澳、台商独资经营企业	Solely owned	328	328	
港、澳、台商投资股份有限公司	Company invested by Hong Kong, Macau or Taiwan businessmen			
其它港澳台投资企业	Others			
外商投资企业	Foreign funded	1293	1219	74
中外合资经营企业	Joint Venture	1259	1185	74
中外合作经营企业	Cooperative			
外资企业	Solely owned	34	34	
外商投资股份有限公司	Company invested by foreign businessmen			
其他外商投资企业	Others			

BASIC STATISTICS ON R&D PERSONNEL OF ALL INDUSTRIAL ENTERPRISE IN 2015

# 女性 Female	# 研究人员 Researcher	#1.全时人员 Full-time	2.非全时人员 Part-time	R&D 人员折合全时当量合计(人年) Full-time equivalent of R&D staff	# 研究人员 Researcher	#1.基础研究人员 fundamental research	2.应用研究人员 Application research	3.试验发展人员 Experimental developing
6614	6087	20591	3120	16746	4420		1247	15499
5787	5059	18724	2292	15172	3779		1180	13992
432	567	1022	484	873	362		67	805
395	461	845	344	702	279			702
5277	4365	16965	1930	13448	3167		1161	12287
144	168	291	83	203	90			203
256	343	804	247	878	294			878
2	6	10	1	2	1			2
935	1205	2521	859	2215	868		86	2129
6160	5394	18954	2562	15375	3950		1163	14212
4823	3692	15727	1748	12111	2536		1096	11015
344	428	682	338	738	320		67	671
46	53	105	14	119	53		65	54
298	375	577	324	619	267		2	617
717	944	1880	355	1921	821			1921
276	330	665	121	604	274			604
106	128	280	78	190	76			190
170	202	385	43	414	197			414
105	232	611	291	435	110		84	352
71	174	507	67	216	71			216
34	58	104	224	219	39		84	135
349	461	1026	267	935	360			935
340	449	996	263	908	351			908
9	12	30	4	28	10			28

17-8 续表 1

指标名称	Item	R&D 人员合计（人）Personnel	#1.参加项目人员 Personnel in S&T project
四、按国民经济行业大类分组	Grouped by sector		
制造业	Manufacturing	23708	17981
农副食品加工业	Farm sideline food processing	345	340
食品制造业	Food manufacturing		
酒、饮料和精制茶制造业	Alcohol, drink and fine tea manufacturing industries		
烟草制品业	Tobacco processing		
纺织业	Textile industry		
纺织服装、服饰业	Textile clothing industry		
皮革、毛皮、羽毛及其制品和制鞋业	Leather,fur,feather and related products and footwear industry		
木材加工和木、竹、藤、棕、草制品业	Timber,bamboo,cane,palm and straw products		
家具制造业	Furniture		
造纸和纸制品业	Paper making and paper products		
印刷和记录媒介复制业	Printing and record medium reproduction		
文教、工美、体育和娱乐用品制造业	Education,arts and crafts,PE,and entertainment products		
石油加工、炼焦和核燃料加工业	Petroleum processing coking and nuclear processing		
化学原料和化学制品制造业	Raw chemical material and chemical products	146	18
医药制造业	Medical and pharmacutical products	1066	957
化学纤维制造业	Chemical fiber manufacturing		
橡胶和塑料制品业	Rubber and plastic products	193	188
非金属矿物制品业	Nonmetal mineral products	122	100
黑色金属冶炼和压延加工业	Smelting and pressing of ferrous metals		
有色金属冶炼和压延加工业	Smelting and pressing of non-ferrous metals		
金属制品业	Metal products	4	4
通用设备制造业	Ordinary machinery	206	205
专用设备制造业	Special purpose equipment	176	167
汽车制造业	Automobile industry	19509	14214
铁路、船舶、航空航天和其他运输设备制造业	Railway, water way, aviation and other transportation equipment	1446	1411
电气机械和器材制造业	Electric equipment and machinery	178	176
计算机、通信和其他电子设备制造业	Telecommunication equipment computer and other electronicequipment	42	41
仪器仪表制造业	Instrument manufacturing	275	160
其他制造业	Others		
废弃资源综合利用业	Waste resources comprehensive utilization industry		
金属制品、机械和设备修理业	Metal products、machinery、Equipment repair industry		
电力、热力、燃气及水生产和供应业	Production and supply of electric power and heat power and gas and water	3	3
电力、热力生产和供应业	Production and supply of electric power and heat power	3	3
燃气生产和供应业	Production and supply of gas		
水的生产和供应业	Production and supply of water		
五、按企业控股情况分组	Grouped by owned		
国有控股	State-owned	19940	14568
集体控股	Collective-owned	305	113
私人控股	Private-owned	1269	1219
港澳台商控股	Hongkong,Macao and Taiwan-owned	345	345
外商控股	Foreign-owned	142	142
其他	Others	1710	1597
六、按地区分组	Grouped by sector		
市辖区	District		
南关区	Nanguan	9	9
宽城区	Kuangcheng	217	210
朝阳区	Chaoyang	88	59
二道区	Erdao	231	209
绿园区	Lvyuan	1520	1489
双阳区	Shuangyang	78	74
九台区	Jiutai	138	111
农安县	Nong´an		
榆树市	Yushu	10	10
德惠市	Dehui		

continued1

#管理和服务人员 S&t Management and service	#女性 Female	#研究人员 Researcher	#1.全时人员 Full-time	2.非全时人员 Part-time	R&D人员折合全时当量合计(人年) Full-time equivalent of R&D staff	#研究人员 Researcher	#1.基础研究人员 fundamental research	2.应用研究人员 Application research	3.试验发展人员 Experimental developing
5727	6613	6086	20588	3120	16743	4419		1247	15496
5	44	67	111	234	235	47		84	151
128	57	72	131	15	128	63			128
109	487	492	907	159	958	448		65	893
5	14	39	174	19	100	23			100
22	61	57	110	12	119	56			119
	1	2	4		4	2			4
1	51	85	164	42	61	20			61
9	43	60	148	28	94	31			94
5295	5258	4401	17312	2197	13640	3083		1096	12544
35	425	625	1288	158	1213	572			1213
2	34	40	79	99	62	14		2	60
1	19	19	25	17	13	6			13
115	119	127	135	140	116	54			116
	1	1	3		3	1			3
	1	1	3		3	1			3
5372	5555	4701	17824	2116	14154	3412		1161	12993
192	98	133	229	76	171	74			171
50	343	450	974	295	841	340		2	839
	37	67	119	226	236	48		84	152
	56	52	127	15	124	44			124
113	525	684	1318	392	1220	503			1220
	2	4	8	1	7	3			7
7	41	78	103	114	81	35		2	79
29	16	39	63	25	76	32			76
22	98	110	203	28	123	55			123
31	457	661	1362	158	1305	614		65	1240
4	18	18	30	48	51	13			51
27	48	59	124	14	95	38			95
	1	4	9	1	10	4			10

17-9 2015年全部工业企业R&D经费情况

指标名称	Item	R&D经费内部支出合计(万元) Internal expenses of R&D (10000 yuan)
总计	Total	635760.5
一、按企业规模分组	Grouped by size of enterprises	
大型	Large-sized enterprises	592392.6
中型	Medium-sized enterprises	23364.2
小型	Small-sized enterprises	20003.7
微型	Micro-sized enterprises	
二、按隶属关系分组	Grouped by administrative	
中央	Central	541861.2
省(自治区、直辖市)	Province (autonomous region, municipality)	4932.1
地(区、市、州、盟)	Region (district, city, prefecture, league)	23914.5
县(区、市、旗)	County (district, city, banner)	31.2
街道	Street	
镇	Town	
乡	Township	
(社区)居委会	Residents committee	
村委会	Village committee	
其他	Others	65021.5
三、按登记注册类型分组	Grouped by type registered	
内资企业	Domestic funds	577819.2
国有企业	State-owned	423975
集体企业	Collective-owned	
股份合作企业	Share holding cooperative	
联营企业	Joint ownership	
国有联营企业	State joint ownership enterprises	
集体联营企业	Joint ownership	
国有和集体联营企业	Joint ownership	
其他联营企业	Others	
有限责任公司	Limited company	20746.4
国有独资公司	State-owned	1155
其他有限责任公司	Others	19591.4
股份有限公司	Share holding	124095.5
私营企业	Private	9002.3
私营独资企业	Solely Owned	3475.5
私营合伙企业	Private partnership	5526.8
私营有限责任公司	Limited company	
私营股份有限公司	Private Share holding	
其他企业	Others	
港、澳、台商投资企业	Funded from Hongkong, Macao and Taiwan	17386.8
合资经营企业(港或澳、台资)	Funded from Hongkong, Macao and taiwan	10840.1
合作经营企业(港或澳、台资)	Cooperative	6546.7
港、澳、台商独资经营企业	Solely owned	
港、澳、台商投资股份有限公司	Company invested by Hong Kong, Macau or Taiwan businessmen	
外商投资企业	Foreign funded	40554.5
中外合资经营企业	Joint Venture	38470.9
中外合作经营企业	Cooperative	2083.6
外商企业	Solely owned	
外商投资股份有限公司	Company invested by foreign businessmen	
其他外商投资企业	Others	

EXPENDITURE FOR R&D FUNDS OF ALL INDUSTRIAL ENTERPRISES IN 2015

(一)按活动类型分组 Grouped by activity type			(二)按支出用途分组 Grouped by objects of expenditure				
①基础研究支出 fundamental research	②应用研究支出 Application research	③试验发展支出 Experimental developing	1.经常费支出 Regular expenses	#人员劳务费 personnel	2.资产性支出 Assets	#①土建工程 Civil engineering	②仪器设备 Equipment
	28193.2	607567.3	621859.8	181419.2	13900.7	1471.3	12429.4
	27227.7	565164.9	581739.7	166189.9	10652.9	1392.9	9260
	965.5	22398.7	22660.8	9312.4	703.4	30	673.4
		20003.7	17459.3	5916.9	2544.4	48.4	2496
	23150.4	518710.8	534357.5	144614.7	7503.7	1149.8	6353.9
		4932.1	4038.9	1758.8	893.2	48.4	844.8
		23914.5	22787.5	8420.1	1127	54.2	1072.8
		31.2	31.2	19.2			
	5042.8	59978.7	60644.7	26606.4	4376.8	218.9	4157.9
	23228.2	554591	566389.3	156052.2	11429.9	1425.9	10004
	22262.7	401712.3	416913.6	118977.1	7061.4	1152.8	5908.6
	965.5	19780.9	19121.8	7411.6	1624.6		1624.6
	887.7	267.3	1138.4	298.1	16.6		16.6
	77.8	19513.6	17983.4	7113.5	1608		1608
		124095.5	122190.2	27343.8	1905.3	273.1	1632.2
		9002.3	8163.7	2319.7	838.6		838.6
		3475.5	3214.3	1234.4	261.2		261.2
		5526.8	4949.4	1085.3	577.4		577.4
	4965	12421.8	17383.8	6560.6	3		3
		10840.1	10837.1	3580.4	3		3
	4965	1581.7	6546.7	2980.2			
		40554.5	38086.7	18806.4	2467.8	45.4	2422.4
		38470.9	36003.2	18462.7	2467.7	45.4	2422.3
		2083.6	2083.5	343.7	0.1		0.1

17-9 续表 1

指标名称	Item	1.政府资金 Government funds
总计	Total	16251.8
一、按企业规模分组	Grouped by size of enterprises	
大型	Large-sized enterprises	14148.4
中型	Medium-sized enterprises	500.1
小型	Small-sized enterprises	1603.3
微型	Micro-sized enterprises	
二、按隶属关系分组	Grouped by administrative	
中央	Central	12584.4
省(自治区、直辖市)	Province (autonomous region, municipality)	240
地(区、市、州、盟)	Region (district, city, prefecture, league)	320.3
县(区、市、旗)	County (district, city, banner)	8
街道	Street	3099.1
镇	Town	
乡	Township	
(社区)居委会	Residents committee	
村委会	Village committee	
其他	Others	
三、按登记注册类型分组	Grouped by type registered	
内资企业	Domestic funds	14658.3
国有企业	State-owned	5272.8
集体企业	Collective-owned	
股份合作企业	Share holding cooperative	
联营企业	Joint ownership	
国有联营企业	State joint ownership enterprises	
集体联营企业	Joint ownership	
国有和集体联营企业	Joint ownership	
其他联营企业	Others	
有限责任公司	Limited company	865.7
国有独资公司	State-owned	190.5
其他有限责任公司	Others	675.2
股份有限公司	Share holding	7738.8
私营企业	Private	781
私营独资企业	Solely Owned	471.6
私营合伙企业	Private partnership	309.4
私营有限责任公司	Limited company	
私营股份有限公司	Private Share holding	
其他企业	Others	
港、澳、台商投资企业	Funded from Hongkong, Macao and Taiwan	1480.2
合资经营企业(港或澳、台资)	Funded from Hongkong, Macao and taiwan	
合作经营企业(港或澳、台资)	Cooperative	1480.2
港、澳、台商独资经营企业	Solely owned	
港、澳、台商投资股份有限公司	Company invested by Hong Kong, Macau or Taiwan businessmen	
外商投资企业	Foreign funded	113.3
中外合资经营企业	Joint Venture	113.3
中外合作经营企业	Cooperative	
外商企业	Solely owned	
外商投资股份有限公司	Company invested by foreign businessmen	
其他外商投资企业	Others	

continued1

(三)按资金来源分组 Grouped by capital sources			R&D 经费外部支出 Exterior outlays of R&D			
2.企业资金 Enterprises funds	3.境外资金 Offshore funds	4.其他资金 Other funds		对境内研究机构支出 Expenses on domestic research institues	对境内高等学校支出 Expenses on domestic colleges	对境外支出 Expenses offshore
618760.2		748.5	58271.6	14027.8	4289.9	14263.2
577691.3		552.9	56388.2	13129.7	4219.7	14184.9
22847.1		17	679.1	519.7		28.4
18221.8		178.6	1204.3	378.4	70.2	49.9
529276.8			53983.4	10861.5	4112.3	14184.9
4139.2		552.9	368.5	30		
23594.2			2597.6	2548.6		
23.2						
61726.8		195.6	1322.1	587.7	177.6	78.3
562412.4		748.5	56898.3	13183	4182.5	14213.3
418702.2			37141.6	6405.4	447.4	10683.3
19278.1		602.6	1993.8	1936.9	20	
964.5			20.5	12.8		
18313.6		602.6	1973.3	1924.1	20	
116356.7			17623.5	4745.4	3671	3530
8075.4		145.9	139.4	95.3	44.1	
2998.9		5	128.1	84	44.1	
5076.5		140.9	11.3	11.3		
15906.6			107.4		107.4	
10840.1						
5066.5			107.4		107.4	
40441.2			1265.9	844.8		49.9
38357.6			854.5	844.8		
2083.6			411.4			49.9

17-9 续表 2

指标名称	Item	R&D 经费内部支出合计 Internal expenses of R&D
四、按国民经济行业大类分组	Grouped by sector	
制造业	Manufacturing	635704.5
农副食品加工业	Farm sideline food processing	7241.7
食品制造业	Food manufacturing	
酒、饮料和精制茶制造业	Alcohol, drink and fine tea manufacturing industries	
烟草制品业	Tobacco processing	
纺织业	Textile industry	
纺织服装、服饰业	Textile clothing industry	
皮革、毛皮、羽毛及其制品和制鞋业	Leather,fur,feather and related products and footwear industry	
木材加工和木、竹、藤、棕、草制品业	Timber, bamboo, cane, palm and straw products	
家具制造业	Furniture	
造纸和纸制品业	Paper making and paper products	
印刷和记录媒介复制业	Printing and record medium reproduction	
文教、工美、体育和娱乐用品制造业	Education,arts and crafts,PE,and entertainment products	
石油加工、炼焦和核燃料加工业	Petroleum processing coking and nuclear processing	
化学原料和化学制品制造业	Raw chemical material and chemical products	1980.3
医药制造业	Medical and pharmacutical products	18611.1
化学纤维制造业	Chemical fiber manufacturing	3776.5
橡胶和塑料制品业	Rubber and plastic products	1137.6
非金属矿物制品业	Nonmetal mineral products	50
黑色金属冶炼和压延加工业	Smelting and pressing of ferrous metals	
有色金属冶炼和压延加工业	Smelting and pressing of non-ferrous metals	
金属制品业	Metal products	
通用设备制造业	Ordinary machinery	1216.1
专用设备制造业	Special purpose equipment	1799
汽车制造业	Automobile industry	480172.8
铁路、船舶、航空航天和其他运输设备制造业	Railway, water way, aviation and other transportation equipment	115243.3
电气机械和器材制造业	Electric equipment and machinery	1953.2
计算机、通信和其他电子设备制造业	Telecommunication equipment computer and other electronicequipment	885.1
仪器仪表制造业	Instrument manufacturing	1637.8
其他制造业	Others	
废弃资源综合利用业	Waste resources comprehensive utilization industry	
金属制品、机械和设备修理业	Metal products、machinery、Equipment repair industry	
电力、热力、燃气及水生产和供应业	Production and supply of electric power and heat power and gas and water	56
电力、热力生产和供应业	Production and supply of electric power and heat power	56
燃气生产和供应业	Production and supply of gas	
水的生产和供应业	Production and supply of water	
五、按企业控股情况分组	Grouped by owned	
国有控股	State-owned	558741.9
集体控股	Collective-owned	3894.2
私人控股	Private-owned	16124.1
港澳台商控股	Hongkong,Macao and Taiwan-owned	7152.1
外商控股	Foreign-owned	9038.9
其他	Others	40809.3
六、按地区分组	Grouped by sector	
市辖区	District	
南关区	Nanguan	141.2
宽城区	Kuangcheng	1290.4
朝阳区	Chaoyang	2071.8
二道区	Erdao	1587.1
绿园区	Lvyuan	116411.7
双阳区	Shuangyang	708.2
九台区	Jiutai	1666.5
农安县	Nong´an	
榆树市	Yushu	638.6
德惠市	Dehui	

continued2

(一)按活动类型分组 Grouped by activity type			(二)按支出用途分组 Grouped by objects of expenditure				
①基础研究支出 fundamental research	②应用研究支出 Application research	③试验发展支出 Experimental developing	1.经常费支出 Regular expenses	# 人员劳务费 personnel	2.资产性支出 Assets	#①土建工程 Civil engineering	②仪器设备 Equipment
	28193.2	607511.3	621803.8	181415	13900.7	1471.3	12429.4
	4965	2276.7	7089.7	3072.5	152		152
		1980.3	1276.9	573.8	703.4	14.1	689.3
	887.7	17723.4	17693.9	5782.8	917.2	204.8	712.4
		3776.5	3751.2	1249.1	25.3		25.3
		1137.6	907.3	255.4	230.3		230.3
		50	17.7	16.8	32.3		32.3
		1216.1	1160.2	617.9	55.9	15.9	40
		1799	1722.5	957.9	76.5	3	73.5
	22262.7	457910.1	468638	142384.9	11534.8	1233.5	10301.3
		115243.3	115243.3	24966.4			
	77.8	1875.4	1883.9	496.6	69.3		69.3
		885.1	831.7	250.1	53.4		53.4
		1637.8	1587.5	790.8	50.3		50.3
		56	56	4.2			
		56	56	4.2			
	23150.4	535591.5	550022.5	151687.6	8719.4	1207	7512.4
		3894.2	3174.7	1688.6	719.5	59.5	660
	77.8	16046.3	14830.5	4636	1293.6		1293.6
	4965	2187.1	7152.1	3197.1			
		9038.9	8808.4	1250.1	230.5		230.5
		40809.3	37871.6	18959.8	2937.7	204.8	2732.9
		141.2	137.8	32.3	3.4		3.4
	77.8	1212.6	1269.2	439.4	21.2		21.2
		2071.8	1961.8	712.5	110		110
		1587.1	1242	608.2	345.1	15.9	329.2
	887.7	115524	116073.1	25227.5	338.6		338.6
		708.2	675.5	166.7	32.7		32.7
		1666.5	1639.8	575.8	26.7		26.7
		638.6	138.6	47	500		500

17-9 续表 3

指标名称	Item	1.政府资金 Government funds
四、按国民经济行业大类分组	Grouped by sector	
制造业	Manufacturing	16195.8
农副食品加工业	Farm sideline food processing	1580.2
食品制造业	Food manufacturing	
酒、饮料和精制茶制造业	Alcohol, drink and fine tea manufacturing industries	
烟草制品业	Tobacco processing	
纺织业	Textile industry	
纺织服装、服饰业	Textile clothing industry	
皮革、毛皮、羽毛及其制品和制鞋业	Leather,fur,feather and related products and footwear industry	
木材加工和木、竹、藤、棕、草制品业	Timber,bamboo,cane,palm and straw products	
家具制造业	Furniture	
造纸和纸制品业	Paper making and paper products	
印刷和记录媒介复制业	Printing and record medium reproduction	
文教、工美、体育和娱乐用品制造业	Education,arts and crafts,PE,and entertainment products	
石油加工、炼焦和核燃料加工业	Petroleum processing coking and nuclear processing	
化学原料和化学制品制造业	Raw chemical material and chemical products	
医药制造业	Medical and pharmacutical products	1187
化学纤维制造业	Chemical fiber manufacturing	
橡胶和塑料制品业	Rubber and plastic products	265
非金属矿物制品业	Nonmetal mineral products	
黑色金属冶炼和压延加工业	Smelting and pressing of ferrous metals	
有色金属冶炼和压延加工业	Smelting and pressing of non-ferrous metals	
金属制品业	Metal products	
通用设备制造业	Ordinary machinery	20
专用设备制造业	Special purpose equipment	330.5
汽车制造业	Automobile industry	5588.4
铁路、船舶、航空航天和其他运输设备制造业	Railway, water way, aviation and other transportation equipment	6704.9
电气机械和器材制造业	Electric equipment and machinery	
计算机、通信和其他电子设备制造业	Telecommunication equipment computer and other electronicequipment	105
仪器仪表制造业	Instrument manufacturing	414.8
其他制造业	Others	
废弃资源综合利用业	Waste resources comprehensive utilization industry	
金属制品、机械和设备修理业	Metal products、machinery、Equipment repair industry	
电力、热力、燃气及水生产和供应业	Production and supply of electric power and heat power and gas and water	56
电力、热力生产和供应业	Production and supply of electric power and heat power	56
燃气生产和供应业	Production and supply of gas	
水的生产和供应业	Production and supply of water	
五、按企业控股情况分组	Grouped by owned	
国有控股	State-owned	13152.2
集体控股	Collective-owned	3099.6
私人控股	Private-owned	
港澳台商控股	Hongkong,Macao and Taiwan-owned	1480.2
外商控股	Foreign-owned	
其他	Others	681
六、按地区分组	Grouped by sector	
市辖区	District	
南关区	Nanguan	56
宽城区	Kuangcheng	51
朝阳区	Chaoyang	76.6
二道区	Erdao	330
绿园区	Luyuan	6793.4
双阳区	Shuangyang	62
九台区	Jiutai	
农安县	Nong´an	45
榆树市	Yushu	
德惠市	Dehui	

continued3

(三)按资金来源分组 Grouped by capital sources			R&D经费外部支出 Exterior outlays of R&D			
2.企业资金 Enterprises funds	3.境外资金 Offshore funds	4.其他资金 Other funds		对境内研究机构支出 Expenses on domestic research instiutes	对境内高等学校支出 Expenses on domestic colleges	对境外支出 Expenses offshore
618760.2		748.5	58271.6	14027.8	4289.9	14263.2
5661.5			147.4		147.4	
1980.3			283.9	141.9		28.4
17424.1			1679.6	1679.6		
3771.5		5				
872.6			339.3	30		
50						
1196.1						
1430.8		37.7	19.5	15.4	4.1	
473890.6		693.8	38650.1	7435.9	467.4	10733.2
108538.4			16993.3	4607.6	3664.9	3501.6
1941.2		12	117.4	117.4		
780.1			35			
1223			6.1		6.1	
548893.3		590.6	56217.6	12601.2	4112.3	14213.3
69866.9		157.9	2054	1426.6	177.6	49.9
5671.9			107.4		107.4	
9038.9			1033	621.6		49.9
40128.3			470.4	440.9	26.1	
85.2						
1222.4		17	6.1		6.1	
1995.2			247.7	227.7	20	
1257.1			347.5	34.1	4.1	
109618.3			16851.8	4466.1	3664.9	3501.6
646.2			128.7	128.7		
1621.5						
638.6						

17-10 2015年工业企业全部R&D项目情况

指标名称	Item	项目数（项）Projects (unit)
总计	Total	1213
一、按企业规模分组	Grouped by size of enterprises	
大型	Large-sized enterprises	894
中型	Medium-sized enterprises	131
小型	Small-sized enterprises	188
微型	Micro-sized enterprises	
二、按隶属关系分组	Grouped by administrative	
中央	Central	761
省(自治区、直辖市)	Province (autonomous region, municipality)	34
地(区、市、州、盟)	Region (district, city, prefecture, league)	121
县(区、市、旗)	County (district, city, banner)	1
街道	Street	
镇	Town	
乡	village	
居委会	Neighborhood	
村委会	village	
其他	Others	296
三、按登记注册类型分组	Grouped by type registered	
内资企业	Domestic funds	1021
国有企业	State-owned	667
有限责任公司	Limited company	104
国有独资公司	State-owned	14
其他有限责任公司	Others	90
股份有限公司	Share holding	169
私营企业	Private	81
私营独资企业	Solely Owned	
私营有限责任公司	Limited company	58
私营股份有限公司	Private Share holding	23
其他企业	Others	
港、澳、台商投资企业	Funded from Hongkong, Macao and Taiwan	52
合资经营企业(港或澳、台资)	Funded from Hongkong, Macao and taiwan	35
港、澳、台商独资经营企业	Solely owned	
港、澳、台商投资股份有限公司	Company invested by Hong Kong, Macau or Taiwan businessmen	17
外商投资企业	Foreign funded	140
中外合资经营企业	Joint Venture	117
中外合作经营企业	Cooperative enterprises	
外资企业	Solely owned	23
外商投资有限股份公司	Company invested by foreign businessmen	
其它外商投资企业	Others	

SUMMARY OF ALL R&D PROJECTS OF ALL INDUSTRIAL ENTERPRISES IN 2015

参加项目人员 （人） Personnel	项目人员折合全时当量 （人年） Full-time equivalent of engaged project personnel (person year)	全部项目经费内部支出 （万元） Internal expenpenses of all projects (10000 yuan)
17984		575796.3
15719		536515.6
1213		21123.6
1052		18157.1
13649		490327.8
264		4167.3
953		22928.0
11		30.0
3107		58343.2
15864		519692.1
12317		412096
813		18434.8
117		1085.6
696		17349.2
1986		83228
748		5933.3
343		2831.6
405		3101.7
901		15935.1
573		10815.1
328		5120
1219		40169.1
1185		38085.7
34		2083.4

17-10 续表 1

指标名称	Item	项目数（项） Projects (unit)
四、按国民经济大类分组	Grouped by new sector	
制造业	Manufacturing	1212
农副食品加工业	Farm sideline food processing	18
食品制造业	Food manufacturing	
酒、饮料和精制茶制造业	Alcohol, drink and fine tea manufacturing industries	
纺织服装、服饰业	Textile clothing industry	
木材加工和木、竹、藤、棕、草制品业	Timber,bamboo,cane,palm and straw products	
化学原料和化学制品制造业	Raw chemical material and chemical products	2
医药制造业	Medical and pharmacutical products	108
橡胶和塑料制品业	Rubber and plastic products	22
非金属矿物制品业	Nonmetal mineral products	9
金属制品业	Nonmetal mineral products	1
通用设备制造业	Ordinary machinery	21
专用设备制造业	Special purpose equipment	22
汽车制造业	Automobile industry	865
铁路、船舶、航空航天和其他运输设备制造业	Railway, water way, aviation and other transportation equipment	86
电气机械和器材制造业	Electric equipment and machinery	32
计算机、通信和其他电子设备制造业	Telecommunication equipment computer and other electronic equipment	8
仪器仪表制造业	Instrument manufacturing	18
电力、热力、燃气及水生产和供应业	Production and supply of electric power and heat power and gas and water	1
电力、热力生产和供应业	Production and supply of electric power and heat power	1
五、按企业控股情况分组	Grouped by owned	
国有控股	State-owned	864
集体控股	Collective owned	6
私人控股	Private-owned	138
港澳台商控股	Hongkong,Macao and Taiwan-owned	22
外商控股	Foreign-owned	59
其他	Others	124
六、按地区分组	Grouped by sector	
市辖区	District	
南关区	Nanguan	4
宽城区	Kuangcheng	36
朝阳区	Chaoyang	6
二道区	Erdao	8
绿园区	Lvyuan	109
双阳区	Shuangyang	6
九台区	Jiutai	19
农安县	nong′an	
榆树市	Yushu	1
德惠市	Dehui	

continued1

参加项目人员 （人） Personnel	项目人员折合全时当量 （人年） Full-time equivalent of engaged project personnel (person year)	全部项目经费内部支出 （万元） Internal expenpenses of all projects (10000 yuan)
17981		575740.3
340		5320
18		1205.1
957		15072.8
188		3762.3
100		1137.2
4		50
205		1196.8
167		1632.8
14214		466654.8
1411		75877
176		1948.2
41		879.5
160		1003.8
3		56
3		56
14568		506254.7
113		2847.7
1219		12957.5
345		5725.3
142		9038.7
1597		38972.4
9		139.6
210		1122.6
59		1793.5
209		1567.8
1489		77147.5
74		698.8
111		1648.5
10		182.1

17-11 2015年工业企业办科技机构情况

指标名称	Item	机构数(个) Institutions
总计	Total	53
一、按企业规模分组	Grouped by size of enterprises	
大型	Large-sized enterprises	10
中型	Medium-sized enterprises	19
小型	Small-sized enterprises	24
微型	Micro-sized enterprises	
二、按隶属关系分组	Grouped by administrative	
中央	Central	7
省(自治区、直辖市)	Province (autonomous region, municipality)	4
地(区、市、州、盟)	Region (district, city, prefecture, league)	14
县(区、市、旗)	County (district, city, banner)	2
其他	Others	26
三、按登记注册类型分组	Grouped by type registered	
内资企业	Domestic funds	49
国有企业	State-owned	1
有限责任公司	Limited company	20
国有独资公司	State-owned	2
其他有限责任公司	Others	18
股份有限公司	Share holding	18
私营企业	Private	9
私营独资企业	Solely Owned	
私营有限责任公司	Limited company	6
私营股份有限公司	Private Share holding	3
其他企业	Others	1
港、澳、台商投资企业	Funded from Hongkong, Macao and Taiwan	
合资经营企业(港或澳、台资)	Funded from Hongkong, Macao and taiwan	
港、澳、台商独资经营企业	Solely owned	
港、澳、台商投资股份有限公司	Company invested by Hong Kong, Macau or Taiwan businessmen	
外商投资企业	Foreign funded	4
中外合资经营企业	Joint Venture	3
中外合作经营企业	Cooperative enterprises	
外资企业	Solely owned	1
外商投资有限股份公司	Company invested by foreign businessmen	
其它外商投资企业	Others	
四、按国民经济行业大类分组	Grouped by sector	
制造业	Manufacturing	53
农副食品加工业	Farm sideline food processing	3
食品制造业	Food manufacturing	
酒、饮料和精制茶制造业	Alcohol, drink and fine tea manufacturing industries	
烟草制品业	Tobacco processing	
纺织业	Textile industry	1
纺织服装、服饰业	Textile clothing industry	
皮革、毛皮、羽毛及其制品和制鞋业	Leather, fur, feather and related products and footwear industry	
木材加工和木、竹、藤、棕、草制品业	Timber, bamboo, cane, palm and straw products	
家具制造业	Furniture	
造纸和纸制品业	Paper making and paper products	
印刷和记录媒介复制业	Printing and record medium reproduction	
文教、工美、体育和娱乐用品制造业	Education, arts and crafts, PE, and entertainment products	

BASIC CONDITIONS OF R&D INSTITUTIONS OF ALL INDUSTRIAL ENTERPRISES IN 2015

机构人员合计(人) Personnel	博士毕业 Doctors	硕士毕业 Postgraduates	本科毕业 Bachelor	机构经费支出(万元) Institutions' expenses (10000yuan)	仪器和设备原价(万元) Prices of instruments and equipment (10000yuan)	进口 Import	境外机构数(个) Offshore institutions
4078	82	805	2665	133585.5	78066.9	11415.1	
2285	32	581	1429	114771	58530.7	8948.1	
1181	10	100	883	13994.8	11471.9	1208.7	
612	40	124	353	4819.7	8064.3	1258.3	
1285	20	357	871	97008	40581.6		
262	6	42	183	857.6	1820.4	1003.6	
890	14	108	630	11423.5	9006.8	194.7	
127	1	12	95	130.1	390.5		
1514	41	286	886	24166.3	26267.6	10216.8	
3428	77	707	2262	112135.9	62952.4	2467	
109		9	100	546	28.5		
863	15	88	648	8909.1	11994.3	1403.4	
223	8	30	146	3196.8	4318.6		
640	7	58	502	5712.3	7675.7	1403.4	
1821	31	446	1157	98458	46726.3	1003.6	
606	30	161	351	4219.8	4003.3	60	
192	26	40	117	3058.2	3241.3	60	
414	4	121	234	1161.6	762		
29	1	3	6	3	200		
650	5	98	403	21449.6	15114.5	8948.1	
614	5	91	374	19727	14425.7	8948.1	
36		7	29	1722.6	688.8		
4078	82	805	2665	133585.5	78066.9	11415.1	
85	9	28	48	238.8	451.4	60	
12			12	1546.8	63.6		

17-11 续表 1

		机构数 (个) Institutions
石油加工、炼焦和核燃料加工业	Petroleum processing coking and nuclear processing	
化学原料和化学制品制造业	Raw chemical material and chemical products	
医药制造业	Medical and pharmacutical products	8
化学纤维制造业	Chemical fiber manufacturing	
橡胶和塑料制品业	Rubber and plastic products	
非金属矿物制品业	Nonmetal mineral products	2
黑色金属冶炼和压延加工业	Smelting and pressing of ferrous metals	
有色金属冶炼和压延加工业	Smelting and pressing of non-ferrous metals	
金属制品业	Metal products	
通用设备制造业	Ordinary machinery	6
专用设备制造业	Special purpose equipment	2
汽车制造业	Automobile industry	22
铁路、船舶、航空航天和其他运输设备制造业	Railway, water way, aviation and other transportation equipment	4
电气机械和器材制造业	Electric equipment and machinery	2
计算机、通信和其他电子设备制造业	Telecommunication equipment computer and other electronic equipment	3
仪器仪表制造业	Instrument manufacturing	
其他制造业	Others	
废弃资源综合利用业	Waste resources comprehensive utilization industry	
金属制品、机械和设备修理业	Metal products、machinery、Equipment repair industry	
电力、热力、燃气及水生产和供应业	Production and supply of electric power and heat power and gas and water	
电力、热力生产和供应业	Production and supply of electric power and heat power	
燃气生产和供应业	Production and supply of gas	
水的生产和供应业	Production and supply of water	
五、按企业控股情况分组	Grouped by owned	
国有控股	State-owned	18
集体控股	Collective-owned	1
私人控股	Private-owned	17
港澳台商控股	Hongkong,Macao and Taiwan-owned	
外商控股	Foreign-owned	2
其他	Others	15
六、按地区分组	Grouped by sector	
市辖区	District	
南关区	Nanguan	
宽城区	Kuangcheng	13
朝阳区	Chaoyang	3
二道区	Erdao	5
绿园区	Lvyuan	4
双阳区	Shuangyang	1
九台区	Jiutai	1
农安县	nong´an	1
榆树市	Yushu	
德惠市	Dehui	

continued1

机构人员合计(人) Personnel	博士毕业 Doctors	硕士毕业 Postgraduates	本科毕业 Bachelor	机构经费支出(万元) Institutions´ expenses (10000yuan)	仪器和设备原价(万元) Prices of instruments and equipment (10000yuan)	进口 Import	境外机构数(个) Offshore institutions
699	11	170	429	4079.9	1549.8	194.7	
126	6	34	80	230	1809	1003.6	
139		12	114	556	32.5		
65	1	1	59	311	23		
1518	18	187	1018	30997	31048.7	10156.8	
1068	20	343	678	92816	40194.6		
159	1	3	65	1302.3	2055.5		
207	16	27	162	1507.7	838.8		
1866	40	465	1234	101720.9	50975	1198.3	
45			41	310	8		
1162	32	184	750	8894.7	8411.1	1268.7	
168		15	110	6880.3	772.6		
837	10	141	530	15779.6	17900.2	8948.1	
317	8	31	235	777.5	2001.8	60	
159	1	6	133	2258.4	1990.3		
253	6	47	194	1341	2307.5	1003.6	
1026	21	339	620	92659.5	40354.4		
122	1	1	45	822.3	226.1		
91		8	62	317.6	3.4		
8		8		35.6	125.6		

17-12 2015年全部工业企业自主知识产权保护情况

指标名称	Item	专利申请数（件）Patent application (piece)	发明专利（件）Inventions (piece)
总计	Total	1244	447
一、按企业规模分组	Grouped by size of enterprises		
大型	Large-sized enterprises	813	298
中型	Medium-sized enterprises	192	55
小型	Small-sized enterprises	239	94
微型	Micro-sized enterprises		
二、按隶属关系分组	Grouped by administrative		
中央	Central	641	245
省(自治区、直辖市)	Province (autonomous region, municipality)	41	18
地(区、市、州、盟)	Region (district, city, prefecture, league)	159	36
县(区、市、旗)	County (district, city, banner)	12	8
街道	Street		
镇	Town		
乡	Township		
(社区)居委会	Residents committee		
村委会	Village committee		
其他	Others	391	140
三、按登记注册类型分组	Grouped by type registered		
内资企业	Domestic funds	1014	394
国有企业	State-owned	276	41
集体企业	Collective-owned		
股份合作企业	Share holding cooperative		
联营企业	Joint ownership		
国有联营企业	State joint ownership enterprises		
集体联营企业	Joint ownership		
国有与集体联营企业	Joint ownership		
其他联营企业	Others		
有限责任公司	Limited company	393	182
国有独资公司	State-owned	182	115
其他有限责任公司	Others	211	67
股份有限公司	Share holding	239	116
私营企业	Private	104	53
私营独资企业	Solely Owned		
私营合伙企业	Private partnership		
私营有限责任公司	Limited company	84	39
私营股份有限公司	Private Share holding	20	14
其他企业	Others	2	2
港、澳、台商投资企业	Funded from Hongkong, Macao and Taiwan	36	11
合资经营企业(港或澳、台资)	Funded from Hongkong, Macao and taiwan	34	10
合作经营企业(港或澳、台资)	Cooperative		
港、澳、台商独资经营企业	Solely owned	2	1
港、澳、台商投资股份有限公司	Company invested by Hong Kong, Macao or Taiwan businessmen		
其它港澳台投资企业	Others		
外商投资企业	Foreign funded	194	42
中外合资经营企业	Joint Venture	176	39
中外合作经营企业	Cooperative		
外商企业	Solely owned	18	3
外商投资股份有限公司	Company invested by foreign businessmen		
其他外商投资企业	Others		

INDEPENDENT INTELLECTUAL PROPERTY RIGHTS OF ALL INDUSTRIAL ENTERPRISES AND RELEVANT CONDITIONS IN 2015

有效发明专利数(件) Effective patent inventions (piece)	境外授权 Offshore authorization	专利所有权转让及许可数(项) Number of patent ownership transferred and licensed	专利所有权转让与许可收入(万元) Income of patent ownership transferred and licensed (10000yuan)	发表科技论文(篇) Science and technology papers published	拥有注册商标数(件) Registered trademarks owned (piece)	境外注册 Overseas registration	形成国家或行业标准数(项) national standards or trade standards
1270	8	16		638	668	2	168
532	2	16		571	412	1	56
386	4			59	93		5
352	2			8	163	1	107
546	5			615	397		54
48	1				59		8
146	1	16		6	22		
17				5			
513	1			12	190	2	106
1009	8	16		634	661	2	114
291				422	373		37
326	6			174	109	1	9
42	3			146	37		7
284	3			28	72	1	2
201	2	16		31	49		20
190				7	127	1	45
139				7	100		45
51					27	1	
1					3		3
59				1			
46				1			
13							
202				3	7		54
167				3	7		54
35							

17-12 续表 1

指标名称	Item	专利申请数（件）Patent application (piece)	发明专利（件）Inventions (piece)
四、按国民经济行业大类分组	Grouped by sector		
制造业	Manufacturing	1059	335
农副食品加工业	Farm sideline food processing	11	4
食品制造业	Food manufacturing		
酒、饮料和精制茶制造业	Alcohol, drink and fine tea manufacturing industries		
烟草制品业	Tobacco processing		
纺织业	Textile industry	3	3
纺织服装、服饰业	Textile clothing industry		
皮革、毛皮、羽毛及其制品和制鞋业	Leather, fur, feather and related products and footwear industry		
化学原料和化学制品制造业	Raw chemical material and chemical products	30	6
医药制造业	Medical and pharmacutical products	35	32
化学纤维制造业	Chemical fiber manufacturing		
橡胶和塑料制品业	Rubber and plastic products	7	7
非金属矿物制品业	Nonmetal mineral products	10	6
黑色金属冶炼和压延加工业	Smelting and pressing of ferrous metals		
有色金属冶炼和压延加工业	Smelting and pressing of non-ferrous metals	4	
金属制品业	Metal products		
通用设备制造业	Ordinary machinery	50	22
专用设备制造业	Special purpose equipment	46	20
汽车制造业	Automobile industry	612	135
铁路、船舶、航空航天和其他运输设备制造业	Railway, water way, aviation and other transportation equipment	166	82
电气机械和器材制造业	Electric equipment and machinery	14	5
计算机、通信和其他电子设备制造业	Telecommunication equipment computer and other electronic equipment	54	9
仪器仪表制造业	Instrument manufacturing	17	4
其他制造业	Others		
废弃资源综合利用业	Waste resources comprehensive utilization industry		
金属制品、机械和设备修理业	Metal products、machinery、Equipment repair industry		
电力、热力、燃气及水生产和供应业	Production and supply of electric power and heat power and gas and water	185	112
电力、热力生产和供应业	Production and supply of electric power and heat power	185	112
燃气生产和供应业	Production and supply of gas		
水的生产和供应业	Production and supply of water		
五、按企业控股情况分组	Grouped by owned		
国有控股	State-owned	759	282
集体控股	Collective-owned	28	4
私人控股	Private-owned	171	81
港澳台商控股	Hongkong,Macao and Taiwan-owned	5	4
外商控股	Foreign-owned	56	6
其他	Others	225	70
六、按地区分组	Grouped by sector		
市辖区	District		
南关区	Nanguan	3	1
宽城区	Kuangcheng	38	18
朝阳区	Chaoyang	218	118
二道区	Erdao	31	19
绿园区	Lvyuan	162	89
双阳区	Shuangyang	8	7
九台区	Jiutai	21	6
农安县	nong′an	2	2
榆树市	Yushu		
德惠市	Dehui		

continued1

有效发明专利数(件) Effective patent inventions (piece)	境外授权 Offshore authorization	专利所有权转让及许可数(项) Number of patent ownership transferred and licensed	专利所有权转让与许可收入(万元) Income of patent ownership transferred and licensed (10000yuan)	发表科技论文(篇) Science and technology papers published	拥有注册商标数(件) Registered trademarks owned (piece)	境外注册 Overseas registration	形成国家或行业标准数(项) national standards or trade standards
1249	8	16		483	668	2	161
22				1	45		40
					1		
1					3		3
133	5			21	94	1	55
13					1		2
46	1				35		8
4							
84				9	7		
18	1			1	19	1	2
624		16		423	416		41
103	1			28			10
53					1		
116					18		
32					28		
21				155			7
21				155			7
661	7	16		621	467		62
1					4		
329				12	139	1	48
13							
96							
170	1			5	58	1	58
34				8	6		40
80				136			7
23	1			24	45		8
126	4			40	21		12
72	1			1			
68					9		
1					3		3

17-13 2015 年全部工业企业新产品开发、生产及销售情况

指标名称	Item	新产品开发项目数（项）Number of new product development
总计	Total	1549
一、按企业规模分组	Grouped by size of enterprises	
大型	Large-sized enterprises	922
中型	Medium-sized enterprises	263
小型	Small-sized enterprises	364
微型	Micro-sized enterprises	
二、按隶属关系分组	Grouped by administrative	
中央	Central	819
省(自治区、直辖市)	Province (autonomous region, municipality)	50
地(区、市、州、盟)	Region (district, city, prefecture, league)	188
县(区、市、旗)	County (district, city, banner)	16
街道	Street	
镇	Town	
乡	Township	
(社区)居委会	Residents	
村委会	Village committee	
其他	Others	476
三、按登记注册类型分组	Grouped by type registered	
内资企业	Domestic funds	1217
国有企业	State-owned	657
集体企业	Collective-owned	
股份合作企业	Share holding cooperative	
联营企业	Joint ownership	
国有联营企业	State joint ownership enterprises	
集体联营企业	Joint ownership	
国有与集体联营企业	Joint ownership	
其他联营企业	Others	
有限责任公司	Limited company	210
国有独资公司	State-owned	8
其他有限责任公司	Others	202
股份有限公司	Share holding	220
私营企业	Private	130
私营独资企业	Solely owned	
私营合伙企业	Private partnership	
私营有限责任公司	Limited company	101
私营股份有限公司	Private share holding	29
其他企业	Others	
港、澳、台商投资企业	Funded from Hongkong, Macao and taiwan	45
合资经营企业(港或澳、台资)	Funded from Hongkong, Macao and taiwan	37
合作经营企业(港或澳、台资)	Cooperative	
港、澳、台商独资经营企业	Solely owned	8
港、澳、台商投资股份有限公司	Company invested by Hongkong, Macao or Taiwan businessment	
其他港澳台投资企业	Others	
外商投资企业	Foreign funded	287
中外合资经营企业	Joint venture	229
中外合作经营企业	Cooperative enterprises	1
外资企业	Solely owned	57
外商投资股份有限公司	Company invested by foreign businessmen	
其他外商投资企业	Others	

NEW PRODUCT DEVELOPMENT, MANUFACTURING AND SALE OF ALL INDUSTRIAL ENTERPRISES IN 2015

新产品开发经费支出（万元）Expenses on new product development (10000yuan)	新产品产值（万元）Production value of new product (10000yuan)	新产品销售收入（万元）Sales income of new product (10000yuan)	
			出口 Export
860481.9	5455033.9	15534948.6	105341
779169.7	4715619.5	14788742	20260.5
47724.6	606255.9	610341	84379.1
33587.6	133158.5	135865.6	701.4
724136.9	3665650.5	13745442.8	2205
15301.4	70256.2	71912.9	2500
37234	611612.6	586629	1323
1355.3	6350	6150	
82454.3	1101164.6	1124813.9	99313
790409.5	4240538.6	14315634.9	8065.6
556669	970881.4	10907273	2140
46190.4	432097.7	419142.9	5925.6
626.3	25021	25021	1323
45564.1	407076.7	394121.9	4602.6
169692.6	2786822.1	2940606.4	
17857.5	50737.4	48612.6	
11498.4	50557.4	48446.3	
6359.1	180	166.3	
12055.8	159049.1	184295.7	17760.5
10049.6	159049.1	184295.7	17760.5
2006.2			
58016.6	1055446.2	1035018	79514.9
47656.4	1047684.9	1026834.5	79114.9
4630.2	1500	2000	
5730	6261.3	6183.5	400

17-13 续表 1

指标名称 Item		新产品开发项目数 （项） Number of new product development
四、按新国民经济行业大类分组		
制造业	Manufacturing	1542
农副食品加工业	Farm sideline food processing	16
食品制造业	Food manufacturing	1
酒、饮料和精制茶制造业	Alcohol, drink and fine tea manufacturing industries	
烟草制品业	Tobacco processing	
纺织业	Textile industry	
纺织服装、服饰业	Textile clothing industry	
皮革、毛皮、羽毛及其制品和制鞋业	Leather,fur,feather and related products and footwear industry	
木材加工和木、竹、藤、棕、草制品业	Timber,bamboo,cane,palm and straw products	
化学原料和化学制品制造业	Raw chemical material and chemical products	4
医药制造业	Medical and pharmaceutical products	
橡胶和塑料制品业	Rubber and plastic products	
非金属矿物制品业	Nonmetal mineral products	
黑色金属冶炼和压延加工业	Smelting and pressing of ferrous metals	
有色金属冶炼和压延加工业	Smelting and pressing of non-ferrous metals	
金属制品业	Nonmetal mineral products	
通用设备制造业	Ordinary machinery	35
专用设备制造业	Special purpose equipment	50
汽车制造业	Automobile industry	1042
铁路、船舶、航空航天和其他运输设备制造业	Railway, water way, aviation and other transportation equipment	122
电气机械和器材制造业	Electric equipment and machinery	27
计算机、通信和其他电子设备制造业	Telecommunication equipment computer and other electronic equipment	31
仪器仪表制造业	Instrument manufacturing	35
其他制造业	Others	
废弃资源综合利用业	Waste comprehensive utilization of resources industry	
金属制品、机械和设备修理业	Metal products、machinery、Equipment repair industry	
电力、热力、燃气及水生产和供应业	Production and supply of electric power and heat power and gas and water	7
电力、热力生产和供应业	Production and supply of electric power and heat power	7
燃气生产和供应业	Production and supply of gas	
水的生产和供应业	Water production and supply	
五、企业控股情况分组	Grouped by owned	
国有控股	State-owned	996
集体控股	Collective-owned	8
私人控股	Private-owned	219
港澳台商控股	Hongkong,Macao and Taiwan-owned	18
外商控股	Foreign-owned	133
其他	Others	175
六、按地区分组	Grouped by Region	
市辖区	District	
南关区	Nanguan	5
宽城区	Kuancheng	44
朝阳区	Chaoyang	45
二道区	Erdao	13
绿园区	Lvyuan	126
双阳区	Shuangyang	17
九台区	Jiutai	36
农安县	Nong´an	
榆树市	Yushu	2
德惠市	Dehui	

continued1

新产品开发经费支出（万元） Expenses on new product development (10000yuan)	新产品产值（万元） Production value of new product (10000yuan)	新产品销售收入（万元） Sales income of new product (10000yuan)	出口 Export
860066.9	5455033.9	15534948.6	105341
3805.1	18024.8	23190	
4630.2	1500	2000	
	765.2	765.2	
174.7			
2118.9	5126	4605.7	2140
2848.1	18614.8	19649.4	701.4
642707.3	2459272.5	12393572.3	22767.4
165102.1	2819915.4	2964201.1	79114.9
1815.1	43875.3	43094.4	
4847.2	37936.9	37300	617.3
1964.9	15093.6	12547.3	
415			
415			
756398.8	4112816.3	14195629.4	85695.2
3970.5	1220	1970	
33605	176789.7	174029.1	783.9
2824.6	9635.9	9621.8	
22169	266890.1	237099	400
41514	887681.9	916599.3	18461.9
152.2			
6478.2	106481.5	95825.8	
7909.7	157373.6	156514.6	
3097.2	6764.8	6230.8	2140.0
159868.4	2744671.0	2898564.7	79114.9
1720.3	19800.1	19800.1	
7395.4	24033.3	23757.6	
653.0			

17-14 2015年全部工业企业政府相关政策落实情况

指标名称	Item	来自政府部门的科技活动资金（万元）Science and technology activity fund from government	研究开发费用加计扣除减免税（万元）Research and development expenses with additional deduction of tax reduction and exemption	高新技术企业减免税（万元）High tech enterprise tax reduction and exemption
总计	Total	23610.6	122032	52312.6
一、按企业规模分组	Grouped by size of enterprises			
大型	Large-sized enterprises	16725.1	117164.2	40546.7
中型	Medium-sized enterprises	2616.4	2738.6	6025.2
小型	Small-sized enterprises	4269.1	2129.2	5740.7
微型	Micro-sized enterprises			
二、按隶属关系分组	Grouped by administrative			
中央	Central	15744.8	118636.5	33796.4
省(自治区、直辖市)	Province (autonomous region, municipality)	340	254.2	862.7
地(区、市、州、盟)	Region (district, city, prefecture, league)	1079.2	835.1	5384.7
县(区、市、旗)	County (district, city, banner)	93.5		0.9
街道	Street			
镇	Town			
乡	Township			
(社区)居委会	Residents			
村委会	Village committee			
其他	Others	6353.1	2306.2	12267.9
三、按登记注册类型分组	Grouped by type registered			
内资企业	Domestic funds	21811.9	121683	44118.4
国有企业	State-owned	7378.2	109566.7	916
集体企业	Collective-owned			
股份合作企业	Share holding cooperative			
有限责任公司	Limited company	3413.8	5481.3	7806.7
国有独资公司	State-owned	352.9	1432.7	
其他有限责任公司	Others	3060.9	4048.6	7806.7
股份有限公司	Share holding	8161.1	6102	34815.9
私营企业	Private	2858.8	533	579.8
私营独资企业	Solely owned			
私营合伙企业	Private partnership			
私营有限责任公司	Limited company	2549.4	533	507.1
私营股份有限公司	Private share holding	309.4		72.7
其他企业	Others			
港、澳、台商投资企业	Funded from Hongkong, Macao and taiwan	1675		513.8
合资经营企业(港或澳、台资)	Funded from Hongkong, Macao and taiwan			
合作经营企业(港或澳、台资)	Cooperative			513.8
港、澳、台商独资经营企业	Solely owned	1675		
港、澳、台商投资股份有限公司	Company invested by Hongkong, Macao or Taiwan businessment			
其他港澳台投资企业	Others			
外商投资企业	Foreign funded	123.7	349	7680.4
中外合资经营企业	Joint venture	123.7	229.1	7149.2
中外合作经营企业	Cooperative enterprises			
外资企业	Solely owned		119.9	531.2
外商投资股份有限公司	Company invested by foreign businessmen			

IMPLEMENTATION OF GOVERNMENT´S RELEVANT POLICIES OF ALL INDUSTRIAL ENTERPRISES SIZE IN 2015

指标名称	Item	来自政府部门的科技活动资金（万元）Science and technology activity fund from government	研究开发费用加计扣除减免税（万元）Research and development expenses with additional deduction of tax reduction and exemption	高新技术企业减免税（万元）High tech enterprise tax reduction and exemption
其他外商投资企业	Others			
四、按国民经济行业大类分组	Grouped by sectors			
制造业	Manufacturing	23554.6	122032	52312.6
农副食品加工业	Farm sideline food processing	1786	93.4	347.7
食品制造业	Food manufacturing			
酒、饮料和精制茶制造业	Alcohol, drink and fine tea manufacturing industries			
烟草制品业	Tobacco processing			
医药制造业	Medical and pharmacutical products	2895.2	2931.7	7446.6
化学纤维制造业	Chemical fiber manufacturing	10		
橡胶和塑料制品业	Rubber and plastic products	30		
非金属矿物制品业	Nonmetal mineral products	265	16.3	85.8
黑色金属冶炼和压延加工业	Smelting and pressing of ferrous metals			
有色金属冶炼和压延加工业	Smelting and pressing of non-ferrous metals			
金属制品业	Metal products	10		0.9
通用设备制造业	Ordinary machinery	20	154.2	72.8
专用设备制造业	Special purpose equipment	795.1	128.7	135.4
汽车制造业	Automobile industry	8107.7	111018.6	11260.6
铁路、船舶、航空航天和其他运输设备制造业	Railway, water way, aviation and other transportation equipment	6860	7597.9	32378.9
电气机械和器材制造业	Electric equipment and machinery	400		63.3
计算机、通信和其他电子设备制造业	Telecommunication equipment computer and other electronic equipment	1769	71.1	240
仪器仪表制造业	Instrument manufacturing	606.6	20.1	280.6
电力、热力、燃气及水生产和供应业	Production and supply of electric power and heat power and gas and water	56		
电力、热力生产和供应业	Production and supply of electric power and heat power	56		
五、企业控股情况分组	Grouped by owned			
国有控股	State-owned	17580	119114.7	34956.6
集体控股	Collective-owned	6030.6	2917.3	17356
私人控股	Private-owned			
港澳台商控股	Hongkong, Macao and Taiwan-owned			
外商控股	Foreign-owned			
其他	Others			
六、按地区分组	Grouped by Region			
市辖区	District			
南关区	Nanguan	56		
宽城区	Kuancheng	62.3	1759.4	170.9
朝阳区	Chaoyang	104	319	1573.5
二道区	Erdao	380	58.7	161.1
绿园区	Lvyuan	7054.4	7518.2	32290.5
双阳区	Shuangyang	562	153.1	669.6
九台区	Jiutai	95	282.4	601.7
农安县	Nong´an			
榆树市	Yushu			
德惠市	Dehui			

17-15 2015 年全部工业企业技术获取和技术改造情况

指标名称	Item	引进技术经费支出（万元）Expenses on technology introduction (10000yuan)
总计	Total	267832.6
一、按企业规模分组	Grouped by size of enterprises	
大型	Large-sized enterprises	266262
中型	Medium-sized enterprises	1523.4
小型	Small-sized enterprises	47.2
微型	Micro-sized enterprises	
二、按隶属关系分组	Grouped by administrative	
中央	Central	266262
省(自治区、直辖市)	Province (autonomous region, municipality)	
地(区、市、州、盟)	Region (district, city, prefecture, league)	
县(区、市、旗)	County (district, city, banner)	
其他	Others	1570.6
三、按登记注册类型分组	Grouped by type registered	
内资企业	Domestic funds	266309.2
国有企业	State-owned	266262
有限责任公司	Limited company	47.2
有限责任公司		47.2
国有独资公司	State-owned	
其他有限责任公司	Others	
股份有限公司	Share holding	
私营企业	Private	
私营独资企业	Solely owned	
私营合伙企业	Private partnership	
私营有限责任公司	Limited company	
私营股份有限公司	Private Share holding	
其他企业	Others	
港、澳、台商投资企业	Funded from Hongkong, Macao and taiwan	
合资经营企业(港或澳、台资)	Funded from Hongkong, Macao and taiwan	
合作经营企业(港或澳、台资)	Cooperative	
港、澳、台商独资经营企业	Solely owned	
港、澳、台商投资股份有限公司	Company invested by Hongkong, Macao or Taiwan businessment	
其他港澳台投资企业	Others	
外商投资企业	Foreign funded	1523.4
中外合资经营企业	Joint venture	
中外合作经营企业	Cooperative enterprises	
外资企业	Solely owned	1523.4
外商投资股份有限公司	Company invested by foreign businessmen	
其他外商投资企业	Others	
四、按国民经济行业大类分组	Grouped by sectors	
制造业	Manufacturing	267832.6
农副食品加工业	Farm sideline food processing	
食品制造业	Food manufacturing	
纺织服装、服饰业	Textile clothing industry	
木材加工和木、竹、藤、棕、草制品业	Timber, bamboo, cane, palm and straw products	
化学原料和化学制品制造业	Raw chemical material and chemical products	
医药制造业	Medical and pharmacutical products	
非金属矿物制品业		

BASIC STATISTICS ON TECHNOLOGICAL TRANSFORMATION TECHNOLOGY DEVELOPING OF ALL INDUSTRIAL ENTERPRISES SIZE IN 2015

消化吸收经费支出 （万元） Expenses on training (10000yuan)	购买国内技术经费支出 （万元） Technology developing (10000yuan)	技术改造经费支出 （万元） Innovation (10000yuan)
70	80207.8	140679.9
	79643	135209.9
10	75	5245.1
60	489.8	224.9
	79643	132795.3
	459.2	
		7612
10	75	6
60	30.6	266.6
70	80207.8	140679.9
	79643	105867.8
		26974.7
		26974.7
10	534.2	7618
60	30.6	219.4
60	30.6	219.4
60	30.6	219.4
70	80207.8	109898.8
60		120
		77.4
	459.2	22

17-15 续表 1

指标名称 Item		引进技术经费支出（万元）Expenses on technology introduction (10000yuan)
通用设备制造业	Ordinary machinery	
专用设备制造业	Special purpose equipment	
汽车制造业	Automobile industry	267785.4
铁路、船舶、航空航天和其他运输设备制造业	Railway, water way, aviation and other transportation equipment	
计算机、通信和其他电子设备制造业	Telecommunication equipment computer and other electronic equipment	
仪器仪表制造业	Instrument manufacturing	47.2
电力、热力、燃气及水生产和供应业	Production and supply of electric power and heat power and gas and water	
电力、热力生产和供应业	Production and supply of electric power and heat power	
燃气生产和供应业	Production and supply of gas	
水的生产和供应业	Water production and supply	
五、按企业控股情况分组	Grouped by owned	
国有控股	State-owned	
集体控股	Collective-owned	1570.6
私人控股	Private-owned	47.2
港澳台商控股	Hongkong, Macao and Taiwan-owned	1523.4
外商控股	Foreign-owned	
其他	Others	
六、按地区分组	Grouped by Region	
市辖区	District	
南关区	Nanguan	
宽城区	Kuancheng	
朝阳区	Chaoyang	
二道区	Erdao	
绿园区	Lvyuan	
双阳区	Shuangyang	
九台区	Jiutai	
农安县	Nong´an	
榆树市	Yushu	
德惠市	Dehui	

continued1

消化吸收经费支出 （万元） Expenses on training (10000yuan)	购买国内技术经费支出 （万元） Technology developing (10000yuan)	技术改造经费支出 （万元） Innovation (10000yuan)
10	79748.6	109475
		157.2
		47.2
		30781.1
		30781.1
70	105.6	272.6
70	105.6	272.6
60		277.2
	489.8	26770.3
10	75	28

17-16 2015 年全部工业企业限额以上 R&D 项目情况

指标名称	Item	项目数合计(项) Projects (unit)	参加科技项目人员(人) science and technology personnel	本年度项目经费内部支出(万元) Internal expenpenses of all projects (10000 yuan)
总计	Total	1213	17984	575796.3
一、按项目来源分组	Grouped by projects			
国家科技项目	National at projects	18	338	34459.7
地方科技项目	Local projects	39	460	3240.2
其他企业委托科技项目	Other enterprises projects	48	674	27355.5
本企业自选科技项目	Enterprises projects	1096	16440	509850.6
来自境外的科技项目	Foreign projects			
其他科技项目	Others	12	72	890.3
二、按项目合作形式分组	Grouped by cooperation type			
与境外机构合作	With foreign countries	4	110	5720.1
与境内高校合作	With higher education	19	227	2829.5
与境内独立研究院所合作	With institution	31	431	40652
与境内注册的外商独资企业合作	With foreign cooperate enterprises	1	25	931.8
与境内注册的其他企业合作	With others enterprises registered in China	10	133	2200.6
独立研究	Independent studies	1129	16891	519625.8
其他	Others	19	167	3836.5
三、按项目活动类型分组	Grouped by active type			
基础研究	Fundamental research			
应用研究	Application research	212	2074	26420.7
试验发展	Experimental development	1001	15910	549375.6
四、按项目成果形式分组	Grouped by forms of projects achievements			
论文或专著	Papers or monograph	3	60	2549
自主研制的新产品原型或样机样件、样品、配方、新装置	Prototype or sample machine, sample article, recipe, new device of self-developed product	259	2344	64468
自主开发的新技术或新工艺、新工法	Self-developed new technology, new process, or new method	926	15256	501010.1
发明专利	Inventions and patents	25	324	7769.2
五、按项目技术经济目标分组	Grouped by goals			
科学原理的探索、发现	Exploration and discovery of scientific principles	16	70	885.4
技术原理的研究	Technology principal research	202	2081	26458.5
开发全新产品	New products	304	3214	109812.8
增加产品功能或提高性能	Product function and performance improvement	634	12031	418856.5
提高劳动生产率	Raising productivity	19	270	6235.5
减少能源消耗或提高能源使用效率	Reducting energy consumption, or improving engergy usage effectiveness	18	122	6459.6
节约原材料	Saving material	5	82	3132
减少环境污染	Reducing environment waste	9	86	3330.3
其他	Others	6	28	625.7
六、企业规模分组	Grouped by size of enterprises			
大型	Large-sized enterprises	894	15719	536515.6
中型	Medium-sized enterprises	131	1213	21123.6
小型	Small-sized enterprises	188	1052	18157.1
微型	Micro-sized enterprises			
七、隶属关系分组	Grouped by administrative			
中央	Central	761	13649	490327.8
省(自治区、直辖市)	Province (autonomous region, municipality)	34	264	4167.3
地(区、市、州、盟)	Region (district, city, prefecture, league)	121	953	22928
县(区、市、旗)	County (district, city, banner)	1	11	30
乡				
其他	Others	296	3107	58343.2

R&D PROJECTS STATUS ABOVE NORM OF ALL INDUSTRIAL ENTERPRISES IN 2015

指标名称	Item	项目数合计(项) Projects (unit)	参加科技项目人员(人) science and technology personnel	本年度项目经费内部支出(万元) Internal expenpenses of all projects (10000 yuan)
八、登记注册类型分组	Grouped by type registered			
内资企业	Domestic funds	1021	15864	519692.1
国有企业	State-owned	667	12317	412096
集体企业	Collective-owned			
有限责任公司	Limited company	104	813	18434.8
国有独资公司	State-owned	14	117	1085.6
其他有限责任公司	Others	90	696	17349.2
股份有限公司	Share holding	169	1986	83228
私营企业	Private	81	748	5933.3
私营独资企业	Solely owned			
私营合伙企业	Private partnership	58	343	2831.6
私营有限责任公司	Limited company	23	405	3101.7
私营股份有限公司	Private Share holding			
其他企业	Others	52	901	15935.1
港、澳、台商投资企业	Funded from Hongkong, Macao and Taiwan	35	573	10815.1
合资经营企业(港或澳、台资)	Funded from Hongkong, Macao and taiwan			
合作经营企业(港或澳、台湾)	Cooperative	17	328	5120
港、澳、台商独资经营企业	Solely owned			
港、澳、台商投资股份有限公司	Company invested by Hong Kong, Macau or Taiwan businessmen	140	1219	40169.1
其他港澳台投资企业	Others	117	1185	38085.7
外商投资企业	Foreign funded			
中外合资经营企业	Joint venture	23	34	2083.4
中外合作经营企业	Cooperative enterprises			
外资企业	Solely owned			
外商投资股份有限公司	Company invested by foreign business			
其他外商投资企业	Others	1212	17981	575740.3
九、按国民经济行业大类分组	Grouped by sectors	18	340	5320
制造业	Manufacturing			
农副食品加工业	Farm sideline food processing			
食品制造业	Food manufacturing			
酒、饮料和精制茶制造业	Alcohol, drink and fine tea manufacturing industries			
烟草制品业	Tobacco processing			
纺织业	Textile industry			
纺织服装、服饰业	Textile clothing industry			
皮革、毛皮、羽毛及其制品和制鞋业	Leather, fur, feather and related products and footwear industry			
木材加工和木、竹、藤、棕、草制品业	Timber, bamboo, cane, palm and straw products			
家具制造业	Furniture manufacturing			
造纸和纸制品业	Paper making and paper products	2	18	1205.1
印刷和记录媒体介复制业	Printing and record medium reproduction	108	957	15072.8
文教、工美、体育和娱乐用品 制造业	Education, arts and craft, PE, and entertainmengt products			
石油加工、炼焦和核燃料加工业	Petroleum processing coking and nuclear processing			
化学原料和化学制品制造业	Raw chemical material and chemical □products"			
医药制造业	Medical and pharmacutical products			

17-16 续表 2 continued2

指标名称 Item		项目数合计(项) Projects (unit)	参加科技项目人员(人) science and technology personnel	本年度项目经费内部支出(万元) Internal expenpenses of all projects (10000 yuan)
化学纤维制造业	Chemical fiber manufacturing			
橡胶和塑料制品业	Rubber and plastic products			
非金属矿物制品业	Nonmetal mineral products			
黑色金属冶炼和压延加工业	Smelting and pressing of ferrous metals			
有色金属冶炼和压延加工业	Smelting and pressing of non-ferrous metals			
金属制品业	Metal products	1	4	50
通用设备制造业	Ordinary machinery	21	205	1196.8
专用设备制造业	Special purpose equipment	22	167	1632.8
汽车制造业	Automobile industry	865	14214	466654.8
铁路、船舶、航空航天和其他运输设备制造业	Railway, water way, aviation and other transportation equipment	86	1411	75877
电气机械和器材制造业	Electric equipment and machinery	32	176	1948.2
计算机、通信和其他电子设备制造业	Telecommunication equipment computer and other electronic equipment	8	41	879.5
仪器仪表制造业	Instrument manufacturing	18	160	1003.8
其他制造业	Others			
废弃资料综合利用	Waste resources comprehensive utilization industry			
金属制品、机械和设备修理业	Metal products、machinery、Equipment repair industry			
电力、热力、燃气及水生产和供应业	Production and supply of electric power and heat power and gas and water	1	3	56
电力、热力生产和供应业	Production and supply of electric power and heat power	1	3	56
燃气生产和供应业	Production and supply of gas			
水的生产和供应业	Water production and supply			
十、企业控股情况分组	Grouped by owned			
国有控股	State-owned	864	14568	506254.7
集体控股	Collective-owned	6	113	2847.7
私人控股	Private-owned	138	1219	12957.5
港澳台商控股	Hongkong, Macao and Taiwan-owned	22	345	5725.3
外商控股	Foreign-owned	59	142	9038.7
其他	Others	124	1597	38972.4
十一、按地区分组	Grouped by Region			
市辖区	District			
南关区	Nanguan	4	9	139.6
宽城区	Kuancheng	36	210	1122.6
朝阳区	Chaoyang	6	59	1793.5
二道区	Erdao	8	209	1567.8
绿园区	Lvyuan	109	1489	77147.5
双阳区	Shuangyang	6	74	698.8
九台区	Jiutai	19	111	1648.5
农安县	Nong'an			
榆树市	Yushu	1	10	182.1
德惠市	Dehui			

统计资料

STATISTICS

▶体育、卫生及其他事业

SPORTS,PUBLIC HEALTH AND OTHERS

2016

第十八篇　体育、卫生及其他事业

全年成功承办了瓦萨国际越野滑雪赛、国际雪联越野滑雪赛中国巡回赛、世界罗佩特越野滑雪巡回赛、中美男篮对抗赛等国际国内大型体育赛事 10 余项次，举办了市青少年短道、速滑、篮球等省市各级各类体育赛事 500 余项次。

以“繁荣群众体育，建设幸福长春”为主题，开展全民健身活动近 2000 项次，参与人数达百万人次，公布了《长春市民体质状况报告》。投入资金 650 万元，为城区安装 100 套健身路径，为 17 个乡镇、152 个行政村安装健身器材。全年体育彩票销售 15.36 亿元，占全省销售比例的 40.18%。

2015 年末，市辖区建成社区卫生服务中心 60 家，城区人口覆盖率达到 99.1%。374 万农民参加了新型合作医疗，常住人口参合率达到 99.52%，共筹集资金 17.96 亿元，已有 144.61 万参合农民受益，支付补偿金 15.35 亿元，占筹资总额的 91.16%。

18-1 公共体育场
STADIUMS AND GYMNASIUMS

	实际数(个) Number		实际数(个) Number		实际数(个) Number
体育场 stadium	46	体育馆 Gymnasiums	18	室内游泳池 Swimming pool	30
室外游泳池 Outdoor swimming pools	4	运动场 Stadiums	544	足球场 Football court	62
室内游泳馆 Swimming pools	30	室内网球场 Indoor tennis court	8	保龄球房 Bowling ball room	5

18-2 卫生机构床位、人员数
BEDS AND PERSONNEL IN HEALTH INSTITUTIONS

机构分类 Institutions		机构数(个) Institutions	床位数(张) beds	人员数(人) Personnel				
				合计 Total	#卫生技术员 Medical technical personnel			注册护士 Registered nurses
					合计 Total	执业医师 Certified doctors	执业助理医师 Assistant doctors	
总计	Total	4317	47343	65300	47502	18893	1678	18948
一、医院	Hospitals	166	42597	42589	34092	13403	684	15149
二、社区卫生服务中心(站)	Community health ceve canters	95	799	3492	2782	941	157	1001
三、卫生院	Clinics	135	3190	4029	2894	869	332	695
四、门诊部	Policlinic	295	140	2013	1867	1009	105	615
五、诊所、卫生所、医务室	Clinique meadical institute infirmary	1298		2542	2536	1329	55	898
六、急救中心(站)	First-aid centre	1		270	171	68		102
七、村卫生室	Village clinic	2209		6655	603	303	232	68
八、采供血机构	Blood bank	1		238	163	30	8	70
九、妇幼保健院(所站)	Maternity and child care centers	11	355	947	712	373	35	190
十、专科疾病防治院(所站)	Specialized prevention & treatment centers or station	7	262	412	261	114	16	68
十一、疾病预防控制中心	Sanitation and antiepidemic agencies	14		1174	883	410	48	72
十二、卫生监督所(中心)	Health care centre	13		481	380			
十三、健康教育所(站中心)	Health training centre	2		54	29	4	1	1
十四、计划生育技术服务机构		64		295	63	30	5	11
十五、其他卫生机构	Other institutions	6		109	66	10		8

18-3 计划生育情况
BASIC STATISTICS ON BIRTH CONTROL

		育龄妇女人数(人) Birth-aged women (person)	其中：已婚 Married	20周岁以前结婚人数(人) Married before 20 years old	23周岁以后结婚人数(人) Married after 23 years old	晚婚率(%) Rate of married at mature age (%)	晚育率(%) Rate of late child birth (%)	计划内出生(人) Plan birth (person)	计划生育率(%) Birthcon-trolrate (%)	领证率(%) Link card rate (%)
总计	Total	2052276	1404155	5407	13697	54.92	75.42	45622	96.33	33.62
南关区	Nanguan	122450	77967		827	66.48	95.78	2322	100	56.51
宽城区	Kuancheng	148616	104252	7	1065	71.1	94.68	3958	99.27	25.36
朝阳区	Chaoyang	181350	114450	46	739	84.07	93.94	3091	99.1	27.93
二道区	Erdao	87940	60248	4	327	68.99	93.53	1753	100	56.49
绿园区	Lvyuan	138333	95655	2	332	71.86	93.83	1792	99.89	37.58
榆树市	Yushu	326853	225727	1544	1605	43.51	53.34	5905	93.24	48.55
农安县	Nong′ an	300488	210834	1434	3335	55.56	65.61	7891	94.34	27.74
德惠市	Dehui	260380	159337	1090	1441	41.67	55.84	5905	95.16	19.99
九台市	Jiutai	200349	146467	884	1713	49.87	63.96	5787	93.9	25.13
双阳区	Shuangyang	91793	67526	305	891	57.37	65.6	2051	95.62	36.14
经开区	Developing area	72157	54007		416	63.22	95.51	2564	100	7.19
净旅区	Tourism area	40100	29873	54	375	57.78	90.1	747	99.47	17.05
高新区	High-technical area	22598	17287	5	292	77.04	89.27	756	100	28.69
汽开区	Motor vehicle development zone	45903	32141	3	169	73.16	93.72	822	99.52	43.3
莲花山区	Lianhua mountain area	12966	8384	29	170	52.15	73.33	278	100	36.67

18-4 节育情况
BASIC CONDITION OF CONTRACEPTION

		避孕人数 (人) Persons of contraception (person)	避孕率 (%) Rate of contraception (%)	手术例数 (个) Number of operation
总计	Total	1259614	89.71	39158
南关区	Nanguan	67509	86.59	898
宽城区	Kuancheng	91543	87.81	2426
朝阳区	Chaoyang	104515	91.32	2265
二道区	Erdao	55847	92.70	1540
绿园区	Lvyuan	86053	89.96	1278
榆树市	Yushu	192481	85.27	5875
农安县	Nong′ an	191620	90.89	6716
德惠市	Dehui	148631	93.28	4128
九台市	Jiutai	134820	92.05	7226
双阳区	Shuangyang	62770	92.96	2157
经开区	Developing area	44804	82.96	2008
净月区	Tourism area	27021	90.45	1134
高新区	High-technical area	15984	92.46	845
汽开区	Motor vehicles development zone	28419	88.42	260
莲花山区	Lianhua mountain area	7597	90.61	402

18-5 火灾基本情况
BASIC CONDITION OF CONTRACEPTION

		全市 Total
次数(次)	Cases	1771
死人(人)	Deaths(person)	7
伤人(人)	Injuries(person)	2
直接损失(元)	Direct losses (yuan)	25094861

18-6 交通事故情况
BASIC STATISTICS ON TRAFFIC ACCIDENTS

		次数 Times	死亡(人) Death (person)	伤人(人) Injuries (person)	直接折款(元) Loss(yuan)
总计	Total	1505	542	1446	17474562
市区合计	Total district				
南关交警大队	Nanguan traffic police department	67	22	61	570149
宽城交警大队	Kuancheng traffic police department	132	22	129	3154700
朝阳交警大队	Chao yang traffic police department	51	12	47	947623
二道交警大队	Erdao traffic police department	76	22	68	1336000
汽车厂交警大队	Automobile factory traffic police department	50	8	45	832602
双阳交警大队	Shuangyang traffic police department	105	40	105	873165
绿园交警大队	Lvyuan traffic police department	135	24	132	1818800
经济开发区交警大队	Econmic development zone traffic police department	64	10	72	454301
净月开发区交警大队	Jing yue development zone traffic police department	68	23	65	729900
高新交警大队	High-tech traffic police department	29	18	23	256900
公路治安巡逻大队	Road peace and patrol department	111	34	108	3273101
站前治安管理分局	Zhanqian public security and management office	34	14	36	380100
榆树交警大队	Yushu traffic police department	130	84	123	1128800
农安交警大队	Nong'an traffic police department	291	77	314	783506
九台交警大队	Jiutai traffic police department	74	63	56	417540
德惠交警大队	Dehui traffic police department	8	69	62	517375

18-7 刑事案件情况
BASIC STATISTICS ON PUBLIC ORDER

立案 Put on record	合计(起) Total(case)	31517	破案 Break cases	合计(件) Total(case)	13867
发案地域 Put on recordArea of Cases happened	城区 City zone	23635	破获年前案件 Break cases before the year		1960
	郊区 Suburb	1090	破获外省、区市案件 Break cases in other provinces and cities		2
	镇 Town	5361	直接受害人 Direct victims	死亡(人)Death (person)	109
				受伤(人)Injury (person)	210
	其他 Others	1431		其他(人)Others (person)	17683
补立年前案件 Makeup case before the year		2103	财物、损失总价值(万元) Total value of property and loss(10000yuan)		19062.41

主要统计 指标解释

EXPLANATORV NOTES ON MALN STATISTICAL LNDICATORS

2016

主要统计指标解释

自然资源

森林覆盖率　通常是指森林面积占土地总面积之比，一般用百分数表示。但国家规定在计算森林覆盖率时，森林面积还包括灌木林面积、农田林网树占地面积以及四旁树木的覆盖面积。森林覆盖率，是反映一个国家或地区森林资源和绿化水平的重要指标。计算公式：

$$森林覆盖率(\%)=\frac{森林面积}{土地总面积}\times 100\%$$

本《年鉴》内所列森林覆盖率是按有林地面积计算的。

森林蓄积量指森林面积上生长着的林木树干材积总量。它是反映一个国家或地区森林资源总规模和水平的重要指标。

矿产保有储量指探明的矿产储量(包括工业储量和远景储量)扣除已开采部分和地下损失量后的年末实有储量。它反映国家矿产资源的现状。

综　　合

国内生产总值　是按市场价格计算的国内生产总值的简称。它是一个国家(地区)所有常住单位在一定时期内生产活动的最终成果。国内生产总值有三种表现形态，即价值形态、收入形态和产品形态。从价值形态看，它是所有常住单位在一定时期内所生产的全部货物和服务价值超过同期投入的全部非固定资产货物和服务价值的差额，即所有常住单位的增加值之和；从收入形态看，它是所有常住单位在一定时期内所创造并分配给常住单位和非常住单位的初次分配收入之和；从产品形态看，它是最终使用的货物和服务减去进口货物和服务。在实际核算中，国内生产总值的三种表现形态表现为三种计算方法，即生产法、收入法和支出法。三种方法分别从不同的方面反映国内生产总值及构成。

国民生产总值　是按市场价格计算的国民生产总值的简称。它是一个国家所有常住单位在一定时期内收入初次分配的最终成果。一国常住单位从事生产活动所创造的增加值在初次分配过程中主要分配给该国的常住单位，但也有一部分以劳动者报酬和财产收入等形式分配给该国的非常住单位，同时，国外生产所创造的增加值也有一部分以劳动者报酬和财产收入等形式分配给该国的常住单位。从而产生了国民生产总值概念，它等于国内生产总值加上来自国外的劳动者报酬和财产收入减去付给国外的劳动者报酬和财产收入。与国内生产总值不同，国内生产总值是一个生产概念，而国民生产总值则是个收入概念。

国民生产总值同社会总产值、国民收入的区别，从核算范围看，社会总产值和国民收入都只计算物质生产部门的劳动成果，而国民生产总值除计算物质生产部门劳动成果外，还计算非物质生产部门的劳动成果。从这三个指标的价值构成看，社会总产值计算了社会产品的全部价值；国民生产总值计算在生产产品和提供劳务过程中增加的价值，即增加值不计算中间产品和中间劳务投入的价值；而国民收入除了不计算中间产品价值外，还不包括固定资产折旧价值，即只计算净产值。

三次产业　根据社会生产活动历史发展的顺序对产业结构的划分，产品直接取自自然界的部门称为第一产业，对初级产品进行再加工的部门称为第二产业，为生产和消费提供各种服务的部门称为第三产业。它是世界上通用的产业结构分类，但各国的划分不尽一致。我国的三次产业划分是：

第一产业：农业(包括种植业、林业、牧业、副业和渔业)。

第二产业：工业(包括采掘工业、制造业、自来水、电力、蒸汽、热水、煤气)和建筑业。

第三产业：除第一、第二产业以外的其他各业。由于第三产业包括的行业多、范围广，根据我国的实际情况，第三产业可分为两大部分，一是流通部门，二是服务部门。具体又可分为四个层次：

第一层次：流通部门，包括交通运输业、邮电通讯业、商业、饮食业、物资供销和仓储业。

第二层次：为生产和生活服务的部门，包括金融、保险业，地质普查业，房地产、公用事业，居民服务业，咨询服务业和综合技术服务业，农、林、牧、渔、水利服务业和水利业，公路、内河(湖)航道养护业等。

第三层次：为提高科学文化水平和居民素质服务的部门，包括教育、文化、广播电视，科学研究、卫生、体育和社会福利事业等。

第四层次：为社会公共需要服务的部门，包括国家机关、政党机关、社会团体，以及军队和警察等。

支出法国内生产总值 指一个国家(或地区)所有常住单位在一定时期内用于最终消费、资本形成总额，以及货物和服务的净出口总额,它反映本期生产的国民生产总值的使用构成。

最终消费 指常住单位在一定时期内对于货物和服务的全部最终消费支出,也就是常住单位为满足物质、文化和精神生活的需要,从本国经济领土和国外购买的货物和服务的支出,它不包括非常住单位在本国经济领土内的消费支出。最终消费分为居民消费和政府消费。

(一)居民消费:指常住住户在一定时期内对于货物和服务的全部最终消费支出。居民关于货物的最终消费支出在货物的所有权发生变化时记录,关于服务的最终消费支出在服务提供的时候记录。居民消费支出按市场价格计算,即按居民支付的购买者价格计算,货物的购买者价格是购买者取得交货所支付的价格,它包括购买者支付的运输和商业费用。居民消费支出除了直接以货币形式购买的货物和服务的消费支出外,还包括以其他方式获得的货物和服务的消费支出,即所谓的虚拟消费支出。居民虚拟消费支出包括如下几种类型:单位以实物报酬及实物转移的形式提供给劳动者的货物和服务;住户生产并由本住户消费了的货物和服务,其中的服务仅指住户的自有住房服务;金融机构提供的金融媒介服务;保险公司提供的保险服务。

(二)政府消费:指政府部门为全社会提供的公共服务的消费支出和免费或以较低的价格向居民住户提供的货物和服务的净支出,前者等于政府服务的产出价值减去政府单位所获得的经营收入的价值,政府服务的产出价值等于它的经常性业务支出加上固定资产折旧;后者等于政府部门向居民住户提供的货物和服务的市场价值减去向居民住户收取的价值。

资本形成总额 指常住单位在一定时期内获得减去处置的固定资产和存货的净额,包括固定资产形成总额和存货增加两项。

(一)固定资产形成总额:指常住单位在一定时期内购置、转入和自产自用的固定资产价值,扣除固定资产的销售和转出后的价值。可分为有形固定资产形成总额和无形固定资产形成总额。有形固定资产形成总额包括一定时期内完成的建筑工程、安装工程和设备工器具购置(减处置)价值,以及土地改良、新增役、种、奶、毛、娱乐用牲畜和新增经济林木价值。无形固定资产形成总额包括矿藏的勘探、计算机软件、娱乐和文学艺术品原件等获得减处置。

(二)存货增加:指常住单位在一定时期内存货实物量变动的市场价值即期末价值减期初价值的差额。存货增加可以是正值,也可以是负值,正值表示存货上升,负值表示存货下降。它包括生产单位购进的原材料、燃料和储备物资等存货,以及生产单位生产的产成品、在制品和半成品等存货等。

人　　口

人口数 指一定时点、一定地区范围内的有生命的个人的总和。年度统计的年末人口数是指每年 12 月 31 日 24 时的人口数。

出生率(又称粗出生率) 指在一定时期内(通常为一年)平均每千人所出生的人数的比率,一般用千分率表示。计算公式:

$$出生率=\frac{年出生人数}{年平均人数}\times 1000‰$$

出生人数是指活婴儿,即胎儿脱离母体时(不管怀孕月数),有过呼吸或其他生命现象。

年平均人数是年初、年底人口数的平均数,也可用年中人口数代替。

死亡率(又称粗死亡率) 指在一定时期内(通常为一年)一定地区的死亡人数与同期平均人数(或期中人数)之比,一般用千分率表示。计算公式为:

$$死亡率=\frac{年死亡人数}{年平均人数}\times 1000‰$$

人口自然增长率 指在一定时期内(通常为一年)人口自然增加数(出生人数减死亡人数)与该时期内平均人数(或期中人数)之比,一般用千分率表示。计算公式:

$$人口自然增长率=\frac{本年出生人数-本年死亡人数}{年平均人数}\times 1000‰$$

$$人口自然增长率=人口出生率-人口死亡率$$

从业人员和职工工资

从业人员 指从事一定社会劳动并取得劳动报酬或经营收入的人员。包括:

(1)全部职工

(2)再就业的离退休人员

(3)私营业主

(4)个体户主

(5)私营和个体从业人员

(6)乡镇企业从业人员

(7)农村从业人员

(8)其他从业人员(包括民办教师、宗教职业者、现役军人等)

这一指标反映了一定时期内全部劳动力资源的实际利用情况,是研究我国基本国情国力的重要指标。

各单位的从业人员是指在各级国家机关、政党机关、社会团体及企业、事业单位中工作,并取得劳动报酬的全部人员。包括职工、再就业的离退休人员、民办教师以及在各单位中工作的外方人员和港、澳、台方人员。

各单位的从业人员反映了各单位实际参加生产或工作的全部劳动力。

经济活动人口 指在16岁以上,有劳动能力,参加或要求参加社会经济活动的人口。包括:从业人员和失业人员。

城镇登记失业人员及失业率 指有非农业户口,在一定的劳动年龄内,有劳动能力,无业而要求就业,并在当地就业服务机构进行求职登记的人员。城镇登记失业率指城镇登记失业人数同城镇从业人数与城镇登记失业人数之和的比。计算公式为:

$$城镇登记失业率=\frac{城镇登记失业人数}{(城镇从业人数+城镇登记失业人数)}\times100\%$$

职工工资总额 指各单位在一定时期内直接支付给本单位全部职工的劳动报酬总额。

工资总额的计算原则应以直接支付给职工的全部劳动报酬为根据。各单位支付给职工的劳动报酬以及其他根据有关规定支付的工资,不论是计入成本的还是不计入成本的,不论是按国家规定列入计征奖金税项目的,还是未列入计征奖金税项目的,不论是以货币形式支付的还是以实物形式支付的,均包括在工资总额内。

职工平均工资 指企业、事业、机关单位的职工在一定时期内平均每人所得的货币工资额。

它表明一定时期职工工资收入的高低程度,是反映职工工资水平的主要指标。计算公式为:

$$职工平均工资=\frac{报告期实际支付的全部职工工资总额}{报告期全部职工平均人数}$$

职工平均实际工资 指扣除物价变动因素后的职工平均工资。计算公式为:

$$职工平均实际工资=\frac{报告期职工平均工资}{报告期城镇居民消费价格指数}$$

固定资产投资

全社会固定资产投资 固定资产投资是社会固定资产再生产的主要手段。通过建造和购置固定资产的活动,国民经济不断采用先进技术装备,建立新兴部门,进一步调整经济结构和生产力的地区分布,增强经济实力,为改善人民物质文化生活创造物质条件。这对我国的社会主义现代化建设具有重要意义。

固定资产投资额是以货币表现的建造和购置固定资产活动的工作量,它是反映固定资产投资规模、速度、比例关系和使用方向的综合性指标。全社会固定资产投资按经济类型可分为国有、集体、个体、联营、股份制、外商、港澳台商、其他等。按照管理渠道,全社会固定资产投资总额分为基本建设、更新改造、房地产开发投资和其他固定资产投资四个部分。

基本建设投资 基本建设是企业、事业、行政单位以扩大生产能力或工程效益为主要目的新建、扩建工程及有关工作。其综合范围为总投资50万元以上(含50万元,下同)的基本建设项目。具体包括:(1)列入中央和各级地方本年基本建设计划的建设项目,以及虽未列入本年基本建设计划,但使用以前年度基建计划内结转投资(包括利用基建设备材料)在本年继续施工的建设项目;(2)本年基本建设计划内投资与更新改造计划内投资结合安排的新建项目和新增生产能力(或工程效益)达到大中型项目标准的扩建项目,以及为改变生产力布局而进行的全厂性迁建项目;(3)国有单位既未列入基建计划,也未列入更新改造计划的总投资在50万元以上的新建、扩建、恢复项目和为改变生产力布局而进行的全厂性迁建项目,以及行政、事业单位增建业务用房和行政单位增建生活福利设施的项目。

更新改造投资 更新改造是指企业、事业单位对原有设施进行固定资产更新和技术改造,以及相应配套的工程和有关工作(不包括大修理和维护工程)。其综合范围为总投资50万元以上的更新改造项目。具体包括:(1)列入中央和各级地方本年更新改造计划的投资单位(项目)和虽未列入本年更新改造计划,但使用上年更新改造计划内结转的投资在本年继续施工的项目;(2)本年更新改造计划内投资与基本建设计划内投资结合安排的对企、事业单位原有设施进行技术改造或更新的项目和增建主要生产车间、分厂等其新增生产能力(或工程效益)未达到大中型项目标准的项目,以及由于城市环境保护和安全生产的需要而进行的迁建工作;(3)国有企、事业单位既未列入基建计划也未列入更新改造计划,总投资在50万元以上的属于改建或更新改造性质的项目,以及由于城市环境保护和安全生产的需要而进行的迁建工程。

房地产开发投资 指房地产开发公司、商品房建设公司及其他房地产开发法人单位和附属于其他法人单位实际从事房地产开发或经营的活动单位统一开发的包括统代建、拆迁还建的住宅、厂房、仓库、饭店、宾馆、度假村、写字楼、办公楼等房屋建筑物和配套的服务设施、土地开发工程(如道路、给水、排水、供电、供热、通讯、平整场地等基础设施工程)的投资。不包括单纯的土地交易活动。

其他固定资产投资 指全社会固定资产投资中未列入基本建设、更新改造和房地产开发投资的建造和购置固定资产的活动。具体包括:

(1)国有单位按规定不纳入基本建设计划和更新改造计划管理,计划总投资(或实际需要总投资)在50万元以上的以下工程:①用油田维护费和石油开发基金进行的油田维护和开发工程;②煤炭、铁矿、森工等采掘采伐业用维简费进行的开拓延伸工程;③交通部门用公路养路费对原有公路、桥梁进行改建的工程;④商业部门用简易建筑费建造的仓库工程。

(2)城镇集体固定资产投资:指所有隶属城市、县城和经国务院及省、自治区、直辖市批准建制的镇领导的集体单位(乡镇企业局管理的除外)建造和购置固定资产计划总投资(或实际需要总投资)在50万元以上的项目。

(3)除上述以外的其他各种企、事业单位、个体建造和购置固定资产总投资在50万元以上的、未列入基本建设计划和更新改造计划的项目。

城镇和工矿区私人建房投资和农村个人投资 城镇和工矿区私人建房包括市、县城、镇、工矿区所辖范围内的全部私人建房,不论其房主是否系本地的常住户口均应包括。农村个人投资包括农村个人建房及购置生产性固定资产的投资。

新增生产能力 指通过固定资产投资活动而增加的设计能力或工程效益,它是用实物形态表示的固定资产投资的成果。新增生产能力的计算,是以能独立发挥生产能力或效益的单项工程(或项目)为对象。当单项工程(或项目)建成,经有关部门鉴定合格,正式移交投入生产,即可计算新增生产能力。

新增生产能力或工程效益有以下几种表现形式:

(1)以建设项目或单位工程建成后的年产能力表示,如煤炭开采、石油开采等。

(2)以建设项目或单项工程建成后处理原料的能力表示,如选矿工程的年处理矿石能力,洗煤厂年洗原煤能力等。

(3)以新增的主要设备数量或容量表示。如棉纺锭枚数,发电机组容量等。

(4)以建筑物容积、容量、面积或长度表示。如水库容量、铁路公路里程等。

新增生产能力的数量一般按设计能力计算。设计能力是指设计文件中规定的在正常情况下能够达到的生产能力,而不论投产后的实际产量如何。以设备数量、建筑物容积、面积、长度等表示的新增生产能力(或效益),则按建成的实际数量计算。

房屋建筑面积 指从房屋外墙线算起的各层平面面积的总和,包括可供使用的有效面积和房屋结构(如柱、墙)占用面积。多层建筑按各层(包括地下室)面积总和计算。

住宅建筑面积 指施工和竣工房屋建筑面积中供居住用的施工和竣工房屋建筑面积。

施工面积 指报告期内施工的全部房屋建筑面积。包括本期新开工的面积、上期跨入本期继续施工的房屋面积、上期停缓建在本期恢复施工的房屋面积、本期竣工的房屋面积及本期施工后又停缓建的房屋面积。

竣工面积 指在报告期内房屋建筑按照设计要求已全部完工,达到住入和使用条件,经验收鉴定合格,正式移交使用单位的建筑面积。

房屋建筑面积竣工率 指一定时期内房屋竣工面积占同期房屋施工面积的比率。它是从房屋建筑施工速度的角度反映投资效果和建筑业经济效益的指标。

新增固定资产 指通过投资活动所形成的新的固定资产价值。包括已经建成投入生产或交付使用的工程价值和达到固定资产标准的设备、工具、器具的价值及有关应摊入的费用。它是以价值形式表示的固定资产投资成果的综合性指标,可以综合反映不同时期、不同部门、不同地区的固定资产投资成果。

建设项目投产率 指一定时期内全部建成投入生产项目个数与同期正式施工项目个数的比率。它是从项目建设速度的角度反映投资效果的指标。

固定资产交付使用率 指一定时期新增固定资产与同期完成投资额的比率。它是反映各个时期固定资产动用速度，衡量建设过程中投资效果的一个综合性指标。

能源和原材料消费

能源生产总量 指一定时期内全国(地区)一次能源生产量的总和，是观察全国(地区)能源生产水平、规模、构成和发展速度的总量指标。一次能源生产量包括原煤、原油、天然气、水电及其他动力能(如风能、地热能等)发电量。不包括低热值燃料生产量、生物质能、太阳能等的利用和由一次能源加工转换而成的二次能源产量。

能源消费总量 指一定时期内全国(地区)物质生产部门、非物质生产部门和生活消费的各种能源的总和，是观察能源消费水平、构成和增长速度的总量指标，能源消费总量包括原煤和原油及其制品、天然气、电力。不包括低热值燃料、生物质能和太阳能等的利用。能源消费总量分为三部分，即终端能源消费量、能源加工转换损失量和损失量。

(1)终端能源消费量 指一定时期内全国(地区)物质生产部门、非物质生产部门和生活消费的各种能源在扣除了用于加工转换二次能源消费量和损失量以后的数量。

(2)能源加工转换损失量 指一定时期内全国(地区)投入加工转换的各种能源数量之和与产出各种能源产品之和的差额。它是观察能源在加工转换过程中损失量变化的指标。

(3)能源损失量 指一定时期内能源在输送、分配、储存过程中发生的损失和由客观原因造成的各种损失量。包括各种气体能源放空、放散量。

财　政

财政收入 国家财政参与社会产品分配所取得的收入，是实现国家职能的财力保证。财政收入所包括的内容几经变化，目前主要包括：

(1)各项税收包括增值税、营业税、消费税、土地增值税、城市维护建设税、资源税、城市土地使用税、印花税、固定资产投资方向调节税、个人所得税、企业所得税、关税、农牧业税和耕地占用税等。

(2)专项收入包括征收排污费、征收城市水资源费收入，教育费附加收入等。

(3)其他收入包括基本建设贷款归还收入、国家能源交通重点建设基金收入、国家预算调节基金等。

(4)国有企业计划亏损补贴这项为负收入，冲减财政收入。

财政支出 国家财政将筹集起来的资金进行分配使用，以满足经济建设和各项事业的需要，主要包括：

(1)基本建设支出指按国家有关规定，属于基本建设范围内的基本建设有偿使用、拨款、资本金支出以及经国家批准对专项和政策性基建投资贷款，在部门的基建投资额中统筹支付的贴息支出。

(2)企业挖潜改造资金 指国家预算内拨给的用于企业挖潜、革新和改造方面的资金。包括各部门企业挖潜改造资金和企业挖潜改造贷款资金，为农业服务的县办“五小”企业技术改造补助，挖潜改造贷款利息支出。

(3)地质勘探费用国家预算用于地质勘探单位的勘探工作费用，包括地质勘探管理机构及其事业单位经费、地质勘探经费。

(4)科技三项费用国家预算用于科技支出的费用，包括新产品试制费、中间试验费、重要科学研究补助费。

(5)支援农村生产支出国家财政支援农村集体(户)各项生产的支出。包括对农村举办的小型农田水利和打井、喷灌等的补助费；对农村水土保持措施的补助费；对农村举办的小水电站的补助费；特大抗旱的补助费；农村开荒补助费；扶持乡镇企业资金；农村农技推广和植保补助费；农村草场和畜禽保护补助费；农村造林和林木保护补助费；农村水产补助费；发展粮食生产专项资金。

(6)农林水利气象等部门的事业费用国家财政用于农垦、农场、农业、畜牧、农机、林业、森工、水利、水产、气象、乡镇企业的技术推广、良种推广(示范)、植物(畜禽、森林)保护、水质监测、勘探设计、资源调查、干部训练等项费用，园艺特产补助费，中等专业学校经费，飞播牧草试验补助费，营林机构、气象机构经费，渔政费以及农业管理事业费等。

(7)工业交通商业等部门的事业费 国家预算支付给工交商各部门用于事业发展的经费。包括勘探设计费、中等专业学校经费、技术学校经费、干部训练费。

(8)文教科学卫生事业费国家预算用于文化、出版、文物、教育、卫生、中医、公费医疗、体育、档案、地震、海洋、通讯、电影电视、计划生育、党政群干部训练、自然科学、社会科学、科协等项事业的经费支出和高技术研究专项经费。主要包括工资、补助工资、福利费、离退休费、助学金、公务费、设备购置费、修缮费、业务费、差额补助费。

(9)抚恤和社会福利救济费国家预算用于抚恤和社会福利救济事业的经费,包括由民政部门开支的烈士家属和牺牲病残人员家属的一次性、定期抚恤金,革命伤残人员的抚恤金,各种伤残补助费、烈军属、复员退伍军人生活补助费、退伍军人安置费,优抚事业单位经费,烈士纪念建筑物管理、维修费,自然灾害救济事业费和特大自然灾害后重建补助费等。

(10)国防支出国家预算用于国防建设和保卫国家安全的支出,包括国防费、国防科研事业费、民兵建设以及专项工程支出等。

(11)行政管理费包括行政管理支出,党派团体补助支出,外交支出,公安安全支出,司法支出,法院支出,检察院支出和公检法办案费用补助。

(12)价格补贴支出经国家批准,由国家财政拨给的政策性补贴支出,主要包括粮食加价款,粮、棉、油差价补贴,棉花收购价外奖励款,副食品风险基金,市镇居民的肉食价格补贴,平抑市价肉食、蔬菜价差补贴等以及经国家批准的教材课本、报刊新闻纸等价格补贴。

物　价

商品零售价格指数　是反映城乡商品零售价格变动趋势的一种经济指数。零售物价的调整变动直接影响到城乡居民的生活支出和国家的财政收入,影响居民购买力和市场供需平衡,影响消费与积累的比例。因此,计算零售价格指数,可以从一个侧面对上述经济活动进行观察和分析。

居民消费价格指数　是反映一定时期内城乡居民所购买的生活消费品价格和服务项目价格变动趋势和程度的相对数,是对城市居民消费价格指数和农村居民消费价格指数进行综合汇总计算的结果。利用居民消费价格指数,可以观察和分析消费品的零售价格和服务价格变动对城乡居民实际生活费支出的影响程度。

城市居民消费价格指数　是反映城市居民家庭所购买的生活消费品价格和服务项目价格变动趋势和程度的相对数。城市居民消费价格指数可以观察和分析消费品的零售价格和服务项目价格变动对职工货币工资的影响,作为研究职工生活和确定工资政策的依据。

农村居民消费价格指数　是反映农村居民家庭所购买的生活消费品价格和服务项目价格变动趋势和程度的相对数。农村居民消费价格指数可以观察农村消费品的零售价格和服务项目价格变动对农村居民生活消费支出的影响,直接反映农民生活水平的实际变化情况,为分析和研究农村居民生活问题提供依据。

农产品收购价格指数　是反映国有商业、集体商业、个体商业、外贸部门、国家机关、社会团体等各种经济类型的商业企业和有关部门收购农产品价格的变动趋势和程度的相对数。农产品收购价格指数可以观察和研究农产品收购价格总水平的变化情况,以及对农民货币收入的影响,作为制订和检查农产品价格政策的依据。

农村工业品零售价格指数　是反映农村市场工业品零售价格水平变动趋势和程度的相对数。通过农村工业品零售价格指数,可以观察工业品零售价格变动对农民货币支出的影响。

工业品出厂价格指数　是反映全部工业产品出厂价格总水平的变动趋势和程度的相对数,包括工业企业售给本企业以外所有单位的各种产品和直接售给居民用于生活消费的产品。通过工业品出厂价格指数能观察出厂价格变动对工业总产值的影响。

固定资产投资价格指数　是反映固定资产投资额价格变动趋势和程度的相对数。固定资产投资额是由建筑安装工程投资完成额、设备、工器具购置投资完成额和其他费用投资完成额三部分组成的。编制固定资产投资价格指数应首先分别编制上述三部分投资的价格指数,然后采用加权算术平均法求出固定资产投资价格总指数。

编制固定资产投资价格指数可以准确地反映固定资产投资中涉及的各类商品和取费项目价格变动趋势和变动幅度,消除按现价计算的固定资产投资指标中的价格变动因素,真实地反映固定资产投资的规模、速度、结构和效益,为国家科学地制定、检查固定资产投资计划并提高宏观调控水平,为完善国民经济核算体系提供科学的、可靠的依据。

人民生活

城镇居民家庭就业人口　指城镇居民从事社会劳动并取得劳动报酬或经营收入的人口。就业人口包括通过国家统筹规划和指导由劳动部门介绍就业,自愿组织起来就业和自谋职业等方式,在国有制、集体所有制、中外合资、中外合作、外资在华独资的企事业单位和私营企业单位工作或从事个体劳动的有固定性职业或临时性职业的人口。被聘用和留用的离退休人员也计入就业人口。本指标可以反映城镇居民的就业情况,是计算就业面、负担系数的重要资料。

城镇居民家庭全部收入 指被调查城镇居民家庭全部的实际现金收入,包括经常或固定得到的收入和一次性收入。不包括周转性收入,如提取银行存款、向亲友借入款、收回借出款以及其他各种暂收款。

城镇居民家庭可支配收入 指被调查的城镇居民家庭在支付个人所得税之后,所余下的实际收入。

城镇居民家庭消费性支出 指被调查的城镇居民家庭用于日常生活的全部支出,包括购买商品支出和文化生活、服务等非商品性支出。不包括罚没、丢失款和缴纳的各种税款(如个人所得税、牌照税、房产税等),也不包括个体劳动者生产经营过程中发生的各项费用。

城镇居民家庭购买商品支出 指被调查的城镇居民家庭购买商品的全部支出,包括从商店、工厂、饮食业、工作单位食堂、集市以及直接从农民购买各种商品的开支。共分九类:食品、衣着品、日用品、文化娱乐用品、书报杂志、药及医疗用品、房屋及建筑材料、燃料、其他商品。不论自用的或赠送亲友的都包括在内。

农村居民家庭纯收入 指农村常住居民家庭总收入中,扣除从事生产和非生产经营费用支出、缴纳税款和上交承包集体任务金额以后剩余的,可直接用于进行生产性、非生产性建设投资、生活消费和积蓄的那一部分收入。它是反映农民家庭实际收入水平的综合性的主要指标。农民家庭纯收入,既包括从事生产性和非生产性的经营收入,又包括取自在外人口寄回带回和国家财政救济、各种补贴等非经营性收入;既包括货币收入,又包括自产自用的实物收入。但不包括向银行、信用社和向亲友借款等属于借贷性的收入。

农村居民家庭整半劳动力 指农村常住居民家庭成员中有劳动能力并经常参加实际劳动的人员。是生产的基本要素指标之一,是发展生产增加农民家庭收入的重要源泉。按规定,农村男 18 周岁至 50 周岁、女 18 周岁至 45 周岁为整劳动力;男 16 周岁到 17 周岁、51 周岁到 60 周岁,女 16 周岁到 17 周岁、46 周岁到 55 周岁为半劳动力。农民家庭整半劳动力,既包括在上述规定劳动年龄内和在劳动年龄以外有劳动能力并经常参加实际劳动的男女整半劳动力;也包括农民家庭常住人员中属于职工的劳动力。但不包括在劳动年龄内已丧失劳动能力的人员。

农村居民家庭生活消费支出 指农村常住居民家庭年内用于日常生活的全部开支。它是用来反映和研究农民家庭实际生活消费水平高低的重要指标。农民家庭生活消费支出,包括用于吃、穿、住、烧、用等生活消费品开支和文化、生活服务费用开支两大部分。

农村居民家庭商品性生活消费支出 指农村常住居民家庭用其货币收入,在市场上购买食品、衣着、家庭用家具器皿、日用杂品、燃料、耐用消费品、以及文教卫生用品等生活消费总量。包括向国有商店、集体商店和集市贸易市场以及其他流通渠道购买的全部生活消费品。农民家庭商品性生活消费支出,是农民家庭生活消费支出的一个重要组成部分,是用来反映和分析农民家庭生活消费水平的商品化程度,及其由自给性经济向商品经济发展趋势的重要指标,也是研究和预测农民家庭对市场消费品需求,制定商品供应计划的重要依据。

城乡居民储蓄存款余额 城乡居民储蓄存款,包括城镇居民储蓄存款和农民个人储蓄存款两部分。不包括居民的手存现金和工矿企业、部队、机关团体等集团存款。储蓄存款余额,是指城乡居民存入银行及农村信用社储蓄的时点数(存入数扣除取出数的余额),如月末、季末或年末数额。

市政公用事业

年底自来水生产能力 指年底城建部门管理的自来水厂和自备水源的社会单位取水、净化、送水、出厂输水干管等环节的实际生产能力。

年底供水管道长度 指从送水泵到用户水表之间所有管道的长度。

全年供水总量 指公用自来水厂和自备水源的社会单位全年的供水总量,包括有效供水量及损失水量。

生活用水量 指居民日常生活与公共福利设施的用水量。包括居民、饮食店、旅馆、医院、理发店、浴池、洗衣店、游泳池、商店、学校、机关、部队等单位的用水量。城市人口用水普及率 指城市用水的非农业人口数(不包括临时人口和流动人口)与城市非农业人口总数之比。计算公式:

$$用水普及率=\frac{城市用水的非农业人口数}{城市非农业人口数}\times 100\%$$

人工煤气生产能力 指城市煤气厂制气、净化、输送等环节的综合实际生产能力。

输气管道长度 指由压缩机、鼓风机、储气罐的出口到用户立管之间的全部管道长度。

全年供气总量 指全年售给各类用户的全部煤气量。包括工业用量、家庭用量和其他用量。

城市用气普及率 指使用煤气(包括人工煤气、液化石油气、天然气)的城市非农业人口数(不包括临时人口和流动人口)与城市非农业人口总数之比。计算公式:

$$城市煤气普及率=\frac{城市用气的非农业人口}{城市非农业人口总数}\times100\%$$

城市供热能力 指热电厂、热力公司和达到标准的集中采暖锅炉房向城市输送的供热源的设计能力。每小时向城市输送的蒸汽、热水能力。

城市供热总量 指热电厂、热力公司和达到标准的集中采暖锅炉房全年向城市输送的全部蒸汽、热水量。

城市供热管道长度 指热电厂、热力公司和达到标准的集中采暖锅炉房管理的集中供热热源到用户之间的全部供气、供热水的管道长度。

年底实有铺装道路长度 指除土路外,路面经过铺装宽度在3.5米以上的道路,包括高级、次高级道路和普通道路。

城市桥梁 指城市范围内,修建在河道上的桥梁和道路与道路立交、道路跨越铁路的立交桥,以及人行天桥。包括永久性桥和半永久性桥,不包括临时性桥、铁路桥、涵洞。

城市下水道总长度 指所有排水总管、干管、支管及暗渠、检查井、连接井进出水口等长度之和。

城市污水日处理能力 指污水处理厂每昼夜处理污水量的设计能力。

年末实有公共汽(电)车 指年底可参加营运的全部车辆数,包括年底营运车辆数和库存查封未参加营运的车辆,不包括非营运车辆,如架线车、油罐车、工程车、货车及其他专用车辆和借入客运车辆。

营运线路长度 指设置的固定营运线路长度,包括郊区营运线路长度。不包括临时行驶的线路长度。

城市园林绿地面积 指城市公共绿地、专用绿地、生产绿地、防护绿地、郊区风景名胜区的全部面积。

公共绿地 指供游览休息的各种公园、动物园、植物园、陵园以及花园、游园和供游览休息用的林荫道绿地、广场绿地。不包括一般栽植的行道树及林荫道的面积。

农 业

农林牧渔业总产值 是以货币表现的农、林、牧、渔业全部产品的总量,它反映一定时期内农业生产总规模和总成果。

农、林、牧、渔业的统计范围包括国有经济的各种专业农(农、林、牧、渔)场以及国家各级机关团体学校、部队、集体所有制的乡、镇、村各级办农场;工矿企业经营的农、林、牧、渔业,农村各种经济组织和农户经营的农林牧渔业和农民家庭兼营的商品性工业等。

(1)农业 包括种植业和其他农业。

种植业 包括谷物、豆类、薯类、棉、油料、糖料、麻类、烟叶、蔬菜、药材、瓜类和其他农作物的种植,以及茶园、桑园、果园的生产经营。

其他农业 包括采集野生植物的果实、纤维、树胶、树脂、油料以及柴草、野生药材、菌类以及农民家庭兼营的商品性工业。

(2)林业 包括林木的栽培(不包括茶园、桑园和果园的栽培、管理和收获等活动)、林产品的采集和村及村以下合作经济组织和农户的竹木采伐。

(3)牧业 包括除渔业养殖以外的一切动物饲养和放牧以及野生动物的捕猎和饲养。

(4)渔业 包括水生动物和海藻类植物的养殖和捕捞。

农业总产值的计算方法通常是按农林牧渔业产品及其副产品的产量分别乘以各自单位产品价格求得,少数生产周期较长,当年没有产品或产品产量不易统计的,则采用间接方法匡算其产值,然后将四业产品产值相加即为农业总产值。

1957年以前的农业总产值中包括了厩肥和农民自给性手工业(如农民自制衣服、鞋、袜、自己从事粮食初步加工等)。1958年及以后的农业总产值,林业中增加了村及村以下竹木采伐产值;牧业中取消了厩肥产值;副业中取消了农民自给性手工业产值,增加了村及村以下办的工业产值;渔业中增加了海洋捕捞水产品产值。1980年及以后的农业总产值,在副业中增加了农民家庭兼营工业商品部分的产值。从1984年起村及村以下办工业产值划归工业。从1993年起,取消副业。将野生动物的捕猎划入牧业,野生植物采集和农民家庭兼营商品性工业划归农业。

粮食产量 指全社会的产量。包括国有经济经营的、集体统一经营的和农民家庭经营的粮食产量,还包括工矿企业办的农场和其他生产单位的产量。粮食除包括稻谷、小麦、玉米、高粱、谷子及其他杂粮外,还包括薯类和豆类。其产量计算方法,豆类按去豆荚后的干豆计算;薯类(包括甘薯和马铃薯,不包括芋头和木薯)1963年以前按每4公斤鲜薯折1公斤粮食计算,从1964

年开始及以后改为按5公斤鲜薯折1公斤粮食计算。城市郊区作为蔬菜的薯类(如:马铃薯等)按鲜品计算,并且不做为粮食统计。其他粮食一律按脱粒后的原粮计算。油料产量指全部油料作物的生产量。包括花生、油菜籽、芝麻、向日葵籽、胡麻籽(亚麻籽)和其他油料。不包括大豆,也不包括木本油料和野生油料。花生以带壳干花生计算。水产品产量 指人工养殖的水产品和天然生长的水产品的捕捞量。包括海水的鱼类、虾蟹类、贝类和藻类以及内陆水域的鱼类、虾蟹类和贝类,不包括淡水生殖物。

猪、牛、羊肉产量 指当年出栏并已屠宰后除去头蹄下水后带骨肉(即胴体重)的重量。

耕地面积 指年初可以用来种植农作物、经常进行耕锄的田地,除包括熟地、当年新开荒地、连续撂荒未满三年的耕地和当年的休闲地(轮歇地)外,还包括以种植农作物为主并附带种植桑树、茶树、果树和其他林木的土地,以及沿海、沿湖地区已围垦利用的"海涂"、"湖田"等面积。但不包括属于专业性的桑园、茶园、果园、果木苗圃、林地、芦苇地、天然或人工草地面积。

农作物播种面积 指实际播种或移植有农作物的面积。凡是实际种植有农作物的面积,不论种植在耕地上还是种植在非耕地上,均包括在农作物播种面积中。在播种季节基本结束后,因遭灾而重新改种和补种的农作物面积,也包括在内。

有效灌溉面积 指具有一定的水源,地块比较平整,灌溉工程或设备已经配套,在一般年景下当年能够进行正常灌溉的耕地面积。

农用化肥施用量 指本年内实际用于农业生产的化肥数量。包括氮肥、磷肥、钾肥和复合肥。化肥施用量要求按折纯量计算数量。折纯法化肥施用量是把氮肥、磷肥和钾肥分别按含氮、含五氧化二磷、含氧化钾的百分之一百成份折算后的数量。复合肥按其所含主要成分折算。

农业机械总动力 指主要用于农、林、牧、渔业的各种动力机械的动力总和。包括耕作机械、排灌机械、收获机械、农用运输机械、植物保护机械、牧业机械、林业机械、渔业机械和其他农业机械〔内燃机按引擎马力折成瓦(特)计算,电动机按功率折成瓦(特)计算〕。不包括专门用于乡、镇、村、组办工业、基本建设、非农业运输、科学试验和教学等非农业生产方面的动力机械与作业机械。

农林牧渔业劳动力 指直接参加农林牧渔业生产劳动的劳动力。

期初(末)畜禽存栏头(只)数 指本期期初(末)农村各种合作经济组织和国营农场、农民个人、机关、团体、学校、工矿企业、部队等单位以及城镇居民饲养的大牲畜、猪、羊、家禽等畜禽的存栏头(只)数。

谷物 指籽实主要供作粮食的作物。这类作物包括稻谷、小麦、玉米、谷子、高粱和其他谷物,不包括豆类和薯类作物。

工　业

工业 指从事自然资源的开采,对采掘品和农产品进行加工和再加工的物质生产部门。具体包括:

(1)对自然资源的开采,如采矿、晒盐、森林采伐等(但不包括禽兽捕猎和水产捕捞);(2)对农副产品的加工、再加工,如粮油加工、食品加工、轧花、缫丝、纺织、制革等;(3)对采掘品的加工、再加工,如炼铁、炼钢、化工生产、石油加工、机器制造、木材加工等,以及电力、自来水、煤气的生产和供应等;(4)对工业品的修理、翻新,如机器设备的修理、交通运输工具(包括小卧车)的修理等。

1984年以前农村的村及村以下办工业归属农业,1984年以后划归工业。

本年鉴中涉及的企业登记注册类型:

(1)国有及国有控股企业。国有企业(即过去的全民所有制工业或国营工业)是指企业全部资产归国家所有,并按《中华人民共和国企业法人登记管理条例》规定登记注册的非公司制的经济组织。包括国有企业、国有独资公司和国有联营企业。1957年以前的公私合营和私营工业,后均改造为国营工业,1992年改为国有工业,这部分工业的资料不单独分列时,均包括在国有企业内。国有控股企业是对混合所有制经济的企业进行的"国有空股"分类。它是指这些企业的全部资产中国有资产(股份)相对其他所有者中的任何一个所有者占资(股)最多的企业。该分组反映了国有经济控股情况。

(2)集体企业　指企业资产归集体所有,并按《中华人民共和国企业法人登记管理条件》规定登记注册的经济组织。是社会主义公有制经济的组成部分。包括城乡所有使用集体投资举办的企业,以及部分个人通过集资自愿放弃所有权并依法经工商行政管理机关认定为集体所有制的企业。

(3)股份有限公司　指根据《中华人民共和国企业法人登记管理条例》规定登记注册,其全部注册资本由等额股份构成并通过发行股票筹集资本,股东以其认购的股份对公司承担有限责任,公司以其全部资产对其债务承担责任的经济组织。

(4)港、澳、台商投资企业 指企业注册登记类型中的港、澳、台合资、合作、独资经营企业和股份有限公司之和。

(5)外商投资企业 指企业注册登记类型中的中外资、合作经营企业、外资企业和外商投资股份有限公司之和。

(6)本年鉴中涉及的名为"其他"的企业均指除国有企业、集体企业、个体经营以外的其他类型工业企业(单位)。包括联营企业、私营企业、股份有限公司、有限责任公司;外商投资企业(中外合资经营、中外合作经营、外资企业)港、澳、台投资企业(与大陆合资经营与大陆合作经营,港、澳、台独资企业)及其它企业。

轻工业 指主要提供生活消费品和制作手工工具的工业。按其所使用的原料不同,可分为两大类:(1)以农产品为原料的轻工业,是指直接或间接以农产品为基本原料的轻工业。主要包括食品制造、饮料制造、烟草加工、纺织、缝纫、皮革和毛皮制作、造纸以及印刷等工业;(2)以非农产品为原料的轻工业,是指以工业品为原料的轻工业。主要包括文教体育用品、化学药品制造、合成纤维制造、日用化学制品、日用玻璃制品、日用金属制品、手工工具制造、医疗器械制造、文化和办公用机械制造等工业。

重工业 是指为国民经济各部门提供物质技术基础的主要生产资料的工业。按其生产性质和产品用途,可以分为下列三类:(1)采掘(伐)工业,是指对自然资源的开采,包括石油开采、煤炭开采、金属矿开采、非金属矿开采和木材采伐等工业;(2)原材料工业,指向国民经济各部门提供基本材料、动力和燃料的工业。包括金属冶炼及加工、炼焦及焦炭化学、化工原料、水泥、人造板以及电力、石油和煤炭加工等工业;(3)加工工业,是指对工业原材料进行再加工制造的工业,以及为农业提供的生产资料如化肥、农药等工业。

根据上述划分原则,修理业中以重工业产品为修理作业对象的划为重工业,反之划为轻工业。

工业总产值 是以货币表现的工业企业在一定时期内生产的已出售或可供出售工业产品总量,它反映一定时间内工业生产的总规模和总水平。它包括:在本企业内不再进行加工,经检验、包装入库(规定不需包装的产品除外)的成品价值,工业性作业价值,自制半成品、在产品期末期初差额价值。工业总产值采用"工厂法"计算,即以工业企业作为一个整体,按企业工业生产活动的最终成果来计算,企业内部不允许重复计算,不能把企业内部各个车间(分厂)生产的成果相加。但在企业之间、行业之间、地区之间存在着重复计算。

轻重工业总产值的划分也是按"工厂法"计算的,即一个工业企业在正常情况下生产的主要产品的性质属于轻工业,则该企业的全部总产值作为轻工业总产值;一个工业企业生产的主要产品的性质属于重工业,则该企业的全部总产值作为重工业总产值。

工业增加值 是指工业行业在报告期内以货币表现的工业生产活动的最终成果。

固定资产原价 固定资产原价指企业在建造、购置、安装、改建、扩建、技术改造某项固定资产时所支出的全部货币总额。它一般包括买价、包装费、运杂费和安装费等。

固定资产净值 是指固定资产原价减去历年已提折旧额后的净额。

流动资产 流动资产是指可以在一年或者超过一年的一个营业周期内变现或者耗用的资产,包括现金及各种存款、短期投资、应收及预付货款、存货等。

利税总额 指企业利润总额、产品销售税金及附加和应交增值税之和。

资金利税率 指在一定时期内已实现的利润、税金总额与同期的资产(固定资产净值和流动资产)之比。计算公式:

$$资金利税率(\%)=\frac{报告期累计实现利税总额}{固定资产净值平均余额+流动资产平均余额}\times100\%$$

资金利税率 反映每单位(通常是每万元)资金所提供的利润税金额。它是考察和评价部门或企业资金运用的经济效益,分析资金投入效果的主要分析指标。

工业成本费用利润率 指在一定时期内实现的利润与成本费用之比,是反映工业生产成本及费用投入的经济效益指标,同时也是反映降低成本的经济效益的指标。计算公式:

$$工业成本费用利润率(\%)=\frac{利润总额}{成本费用总额}\times100\%$$

工业增加值率 指在一定时期内工业增加值占同期工业总产值的比重,反映降低中间消耗的经济效益。计算公式:

$$工业增加值率(\%)=\frac{工业增加值(现价)}{工业总产值(现价)}\times100\%$$

流动资金周转次数 指在一定时期内流动资产完成的周转次数,反映流动资产的周转速度。计算公式:

$$流动资金周转次数=\frac{产品销售收入}{全部流动资产平均余额}$$

产品销售率 指一定时期内销售产值与同期全部工业总产值之比，反映工业产品生产已实现销售的程度。计算公式：

$$工业产品销售率(\%)=\frac{报告期现价工业销售产值}{报告期现价工业总产值}\times100\%$$

产品销售收入 指企业销售产品的销售收入和提供劳务等主要经营业务取得的业务总额。

产品销售成本 指企业销售产品和提供劳务等主要经营业务的实际成本。

产品销售税金及附加 指企业销售产品和提供工业性劳务等主要经营业务应负担的城市维护建设税、消费税、资源税和教育费附加。

产品销售利润 指企业销售产品和提供工业性劳务等主要经营业务收入扣除其成本、费用、税金后的利润。

利润总额 指企业实现的利润。

应交增值税 指企业在报告期内应交纳的增值税额。

产值利税率 指报告期已实现的利润、税金总额(包括利润总额、产品销售税金及附加和应交增值税)占同期全部工业总产值的百分比，计算公式为：

$$产值利税率(\%)=\frac{利税总额}{工业总产值}\times100\%$$

全员劳动生产率 指根据产品的价值量指标计算的平均每一个职工在单位时间内的产品生产量。是考核企业经济活动的重要指标，是企业生产技术水平、经营管理水平、职工技术熟练程度和劳动积极性的综合表现。目前我国的全员劳动生产率是将工业企业的工业增加值除以同一时期全部职工的平均人数来计算的。计算公式：

$$全员劳动生产率=\frac{工业增加值}{全部职工平均人数}$$

资本金 指企业在工商行政管理部门登记的注册资金合计。企业资本金按投资主体可分为国家资本金、法人资本金、个人资本金和外商资本金等。资本金合计包括企业各种投资主体注册的全部资本金。

总资产 指企业拥有或控制的全部资产。包括流动资产、长期投资、固定资产、无形及递延资产、其他长期资产、递延税项等，即为企业资产负债表的资产总计项。

(1)流动资产指企业可以在一年内或者超过一年的一个生产周期内变现或耗用的资产合计。包括现金及各种存款、短期投资、应收及预付款项、存货等。

(2)固定资产指企业固定资产净值、固定资产清理、在建工程、待处理固定资产损失所占用的资金合计。

(3)无形资产指企业长期使用而没有实物形态的资产。包括专利权、非专利技术、商标权、著作权、土地使用权、商誉等。

总负债 指企业承担并需要偿还的全部债务。包括流动负债和长期负债、递延税项等，即为企业资产负债表的负债合计项。

(1)流动负债指企业在一年内或者超过一年的一个营业周期内需要偿还的债务合计，其中包括短期借款，应付及预收款项、应付工资、应交税金和应交利润等。

(2)长期负债指企业在一年以上或者超过一年的一个生产周期以上需要偿还的债务合计，其中包括长期借款、应付债务、长期应付款项等。

所有者权益 指企业投资人对企业净资产的所有权。企业净资产等于企业全部资产减去全部负债后的余额，其中包括投资者对企业的最初投入，以及资本公积金、盈余公积金和未分配利润，对股份制企业即为股东权益。

交通运输和邮电通讯业

铁路营业里程 又称营业长度，指办理客货运输业务的铁路正线总长度。凡是全线或部分建成双线及以上的线路，以第一线的实际长度计算；复线、站线、段管线、岔线和特殊用途线以及不计算运费的联络线都不计算营业里程。铁路营业里程是反映铁路运输业基础设施发展水平的重要指标，也是计算客货周转量、运输密度和机车车辆运用效率等指标的基础资料。

铁路正线延展里程 是正线第一线、第二线、第三线和其他正线建筑里程之和，不包括站线、段管线、岔线及特殊用途线的延展里程。它是作为计算铁路线上钢轨、枕木及路基砂石需要量的主要依据。

公路里程 指在一定时期内实际达到《公路工程技术标准 JTJ01-88》规定的等级公路，并经公路主管部门正式验收交付使用的公路里程数。其计算单位为：km。它包括大中城市的郊区公路以及通过小城镇街道部分的公路里程，也包括桥梁、渡口的长度，但不包括大中城市的街道、厂矿、林区生产用道和农业生产用道的里程。两条或多条公路共同经由一路段，只计算一次，不得重复计算里程长度。公路里程是反映公路建设发展规模的重要指标,也是计算运输网密度等指标的基础资料。

内河航道里程 也称“内河通航里程”,是反映内河水运网规模、水平和发展情况的主要指标;是指在一定时期内,能通航运输船舶及排筏的天然河流、湖泊水库、运河及通航渠道的长度。包括全年季节性通航累计三个月以上的航道,但不包括仅供零散流放竹、木排的河道。

民用航空航线里程 指民航运输定期班机飞行的航线长度的总和。航线长度按机场之间的距离计算,通常有两种计算方法:将每条航线长度相加称为重复计算航线里程;如将两条或两条以上航线经过同一区段里程,只计算一次航线长度称为不重复计算航线里程。一般常用的是后者,它能确切反映民航运输网的规模,表明民航事业为国民经济服务和方便人民生活程度的主要指标。

货(客)运量 指在一定时期内,各种运输工具实际运送的货物(旅客)数量。是反映运输业为国民经济和人民生活服务的数量指标,也是制定和检查运输生产计划,研究运输发展规模和速度的重要指标。货运按吨计算,客运按人计算。货物不论运输距离长短,货物类别,均按实际重量统计;旅客不论行程远近或票价多少,均按一人一次作为客运量统计。半价票、小孩票也按一人统计。

货物(旅客)周转量 指在一定时期内,由各种运输工具运送的货物(旅客)数量与其相应运输距离的乘积之总和,是反映运输业生产总成果的重要指标,也是编制和检查运输生产计划,计算运输效率、劳动生产率以及核算运输单位成本的主要基础资料。通常以吨公里和人公里为计算单位。计算货物周转量通常按发出站与到达站之间的最短距离,也就是计费距离计算。

邮电业务总量 指以货币表现的邮电部门用于传递信息和提供其他邮电服务的总数量。它综合反映了一定时期邮电工作的总成果,是研究邮电业务量构成和发展趋势的重要指标。根据邮电管理体制不同,分为中央国营业务总量和地方国营业务总量。它用各种邮电分类业务量,如函件件数、电报份数、长话张数、市内电话和农村电话的年均户数、订销报刊累计份数等,分别乘以相应的平均单价(不变价),加总后再加上出租电路和设备的收入、代用户维护电话交换机和线路等设备的收入、其他业务收入求得。

市内电话 指接入县城(包括个别城镇)及县以上城市的市内电话网上,并按市内电话进行经营管理的电话。按计费办法分为包月制和计次制两种。

(1)住宅电话 指话机装在居民住宅里的电话。它包括私人付费、公费和免费三个部分。

(2)私人付费电话 指住宅居民自费安装并自己缴纳通话费的电话。

无线寻呼电话用户 指携带小型寻呼机,接收市话用户通过无线寻呼中心,在规定范围内向其发出声音、数字或文字显示信息的用户。目前在邮电部门办理登记手续的无线寻呼电话用户,每一部寻呼机按一户计算。

移动电话用户 指在邮电部门登记,通过移动电话交换机进入移动电话网、占有移动电话号码的电话用户。用户数量以实际办理登记手续进入邮电部门移动电话网的户数进行计算,一部或一台移动电话统计为一户。

建筑业

建筑业总产值(即自行完成施工产值)指 建筑业企业或附营建筑施工单位自行完成的按工程进度计算的建筑安装生产总值。建筑业产值包括:

① 建筑工程产值:指列入建筑工程预算内的各种工程价值。

② 设备安装工程产值:指设备安装工程价值。

③ 房屋、构筑物修理产值:指房屋、构筑物修理所完成的价值,但不包括被修理房屋、构筑物本身的价值和生产设备的修理价值。

④非标准设备制造产值:指加工制造没有定型的、非标准的生产设备的加工费和原材料价值,不论是现场还是附属加工厂为本单位承建工程制造的非标准设备的价值,都应计算产值。

建筑业增加值 指建筑业企业在报告期内以货币表现的建筑业生产经营活动的最终结果。目前建筑业增加值采用分配法(收入法)计算,即从收入的角度出发,根据生产要素在生产过程中应得的收入份额计算。具体计算公式为:

建筑业增加值=本年提取的固定资产折旧+应付工资+应付福利费+管理费中的劳动待业保险金、税金+工程结算税金及附加+工程结算利润。

房屋建筑施工面积 指在报告期内施工的全部房屋建筑面积。包括本期内新开工的、上期施工跨入本期继续施工、上期停建本期复工的房屋建筑面积;不包括上期开工后又停工,本期未施工的房屋建筑面积。

房屋建筑竣工面积 指在报告期内,按照设计所规定的工程内容全部完成,达到了设计规定的交工条件,经有关部门检查验收鉴定合格的房屋建筑面积。

自有机械设备年末总台数 指归本企业(或单位)所有,属于本企业固定资产的生产性机械设备年末总台数。包括施工机械、生产设备、运输设备以及其他设备。

自有机械设备年末总功率 指本企业(或单位)自有施工机械、生产设备、运输设备以及其他设备等列为在册固定资产的生产性机械设备年末总功率,按设定能力或查定能力计算。包括机械本身的动力和为该机械服务的单独动力设备,如电动机等。计算单位用千瓦,动力换算可按 1 马力=0.735 千瓦折合成千瓦数。电焊机、变压器、锅炉不计算动力。

工程结算收入 指企业(或单位)按工程的分部分项自行完成的建筑产品价值并已与甲方在报告期内办理结算手续的工程价款收入,以及向甲方收取的除工程价款以外的按规定列作营业收入的各种款项,如临时设施费、劳动保险费、施工机械调迁费等以及向甲方收取的各种索赔款。

工程结算利润 指已结算工程实现的利润。如为亏损以“-”号表示。其计算公式为:

工程结算利润=工程结算收入-工程结算成本-工程结算税金及附加

企业总收入 指与企业生产经营直接有关的各项收入,包括工程结算收入和其他业务收入,即:

企业总收入=工程结算收入+其他业务收入

批发零售贸易和餐饮业

社会消费品零售额 指各种经济类型的批发零售贸易业、餐饮业、制造业和其他行业对城乡居民和社会集团的消费品零售额。这个指标反映通过各种商品流通渠道向居民和社会集团供应的生活消费品来满足他们生活需要,是研究人民生活,社会消费品购买力、货币流通等问题的重要指标。社会消费品零售额包括:(1)售给城乡居民作为生活用的商品和修建房屋用的建筑材料;(2)售给机关、团体、学校、部队、企业、事业单位的职工食堂和旅店(招待所)附设专门供本店旅客食用,不对外营业的食堂的各种食品、燃料;企业、单位和国营农场直接售给本单位职工和职工食堂的自己生产的产品;(3)售给部队干部、战士生活用的粮食、副食品、衣着品、日用品、燃料;(4)售给来华的外国人、华桥、港澳台同胞的消费品;(5)居民自费购买的中、西药品、中药材及医疗用品;(6)报社、出版社直接售给居民和社会集团的报纸、图书、杂志、集邮公司出售的新、旧纪念邮票、特种邮票、首日封、集邮册、集邮工具等;(7)旧货寄售商店自购、自销部分的商品;(8)煤气公司、液化石油气站售给居民和社会集团的煤气灶具和罐装液化石油气;(9)农民售给非农业居民和社会集团的商品。不包括售给国民经济各部门企业、事业单位(包括国有经济的农场)生产经营用的各种原材料、燃料、设备、工具等和售给批发零售贸易业、餐饮业作为转卖用的商品、旧货寄售商店受托寄售卖出的商品、服务业的营业收入、邮局出售邮票的收入、自来水、电力、煤气生产(供应)单位的产品供应收入,也不包括农民之间的商品销售。

批发零售贸易业商品购、销、存总额 指以各种经济类型的批发、零售贸易业(不包括个体)为总体的商品购、销、存。

商品购进总额 指从本企业(单位)以外的单位和个人购进(包括从国外直接进口)作为转卖或加工后转卖的商品。这个指标反映批发零售贸易业从国内、国外市场上购进商品的总量。商品购进总额包括:(1)从工农业生产者购进的商品;(2)从出版社、报社的出版发行部门购进的图书、杂志和报纸;(3)从各种经济类型的批发零售贸易企业(单位)购进的商品;(4)从其他单位购进的商品,如从机关、团体、企业、单位购进的剩余物资,从餐饮业、服务业购进的商品,从海关、市场管理部门购进的缉私和没收的商品,从居民收购的废旧商品等;(5)从国(境)外直接进口的商品。不包括企业(单位)为自身经营用,和未通过买卖行为而收入的商品以及销售退回、商品升溢等。

商品销售总额 指对本企业(单位)以外的单位和个人出售(包括对国(境)外直接出口)的商品。这个指标反映批发零售贸易业在国内市场上销售商品以及出口商品的总量。商品销售总额包括:(1)售给城乡居民和社会集团消费用的商品;(2)售给工业、农业、建筑业、运输邮电业、批发零售贸易业、餐饮业、服务业等作为生产、经营使用的商品;(3)售给批发零售贸易业作为转卖或加工后转卖的商品;(4)对国(境)外直接出口的商品。不包括:出售本企业(单位)自用的废旧包装用品,未通过买卖行为付出的商品,经本单位介绍,由买卖双方直接结算,本单位只收取手续费的业务,购货退出的商品以及商品损耗和损失等。

批发零售贸易业年末库存 指年末各种经济类型的批发零售贸易企业(单位)已取得所有权的商品。它反映各地区、各批发零售贸易企业(单位)的商品库存情况,和对市场商品供应的保证程度。期末库存包括:(1)存放在批发零售贸易业经营单位(如门市部、批发站、经营处)仓库、货场、货柜和货架中的商品;(2)挑选、整理、包装中的商品;(3)已记入购进而尚未运到本单位的商品,即发货单或银行承兑凭证已到而货未到部分;(4)寄放他处的商品,如因购货方拒绝承付而暂时存放在购货方的商品和已办完加工成品收回手续而货未提回的商品;(5)委托其他单位代销(未作销售或调出)尚未售出的商品;(6)代其他单位购进尚未交付的商品。不包括所有权不属于本单位的商品、拨付除批发零售贸易业以外的其他行业所属独立核算加工厂等加工生产尚未收回成品的商品、代国家物资储备部门保管的商品等。期末库存总额计算方法是:农副产品采购单位按购进价计算,批发单位按进货价计算,零售单位按什么价格核算就按什么价格计算。

城乡集市贸易成交额 指在农村集市和城市集市上买卖双方(包括农民、非农业居民、机关、团体、工商企业、个体商贩)成交的全部商品金额,是反映集市贸易规模的综合性指标。

对外经济贸易和旅游业

利用外资 指我国各级政府、部门、企业和其他经济组织通过对外借款、吸收外商直接投资以及用其他方式筹措的境外现汇、设备、技术等。

对外借款 是我国利用外资的主要部分。包括我国通过外国政府贷款,国际金融组织贷款,外国银行商业贷款,出口信贷以及对外发行债券,股票等方式,从境外筹措的资金。

外商直接投资 是指外国企业和经济组织或个人(包括华侨、港澳台胞以及我国在境外注册的企业)按我国有关政策、法规、用现汇、实物、技术等在我国境内开办外商独资企业、与我国境内的企业或经济组织共同举办中外合资经营企业、合作经营企业或合作开发资源的投资(包括外商投资收益的再投资)以及经政府有关部门批准的项目投资总额内,企业从境外借入的资金。

旅游人数 指来我国参观、访问、旅行、探亲、访友、休养、考察、参加会议和从事经济、科技、文化、教育、体育、宗教等活动的外国人、华侨、港澳和台湾同胞的人数。不包括外国在我国的常驻机构,如使领馆、通讯社、企业办事处的工作人员;来我国常驻的外国专家、留学生以及在岸逗留不过夜人员。

国际旅游(外汇)收入 指入境旅游的外国人、华侨、港澳台同胞在中国大陆旅游过程中发生的一切旅游支出,对于国家来说就是国际旅游(外汇)收入。

进出口总额 海关进出口总额指实际进出我国国境的货物总金额。包括对外贸易实际进出口货物,来料加工装配进出口货物,国家间、联合国及国际组织无偿援助物资和赠送品,华侨、港澳台同胞和外籍华人捐赠品,租赁期满归承租人所有的租赁货物,进料加工进出口货物,边境地方贸易及边境地区小额贸易进出口货物(边民互市贸易除外),中外合资经营企业、中外合作经营企业、外商独资经营企业进出口货物和公用物品,到、离岸价格在规定限额以上的进出口货样和广告品(无商业价值、无使用价值和免费提供出口的除外),从保税仓库提取在中国境内销售的进口货物,以及其他进出口货物。进出口总额用以观察一个国家在对外贸易方面的总规模。我国规定出口货物按离岸价格统计,进口货物按到岸价格统计。

金融和保险

存款 企业、机关、团体或居民根据可以收回的原则,把货币资金存入银行或其他信用机构保管并取得一定利息的一种信用活动形式。根据存款对象的不同可划分为企业存款、财政存款、机关团体存款、基本建设存款、城镇储蓄存款、农村存款等科目。它是银行信贷资金的主要来源。

贷款 银行或其他信用机构根据必须归还的原则,按一定利率,为企业、个人等提供资金的一种信用活动形式。我国银行贷款分为流动资金贷款、固定资产贷款、城乡个体工商户贷款以及农业贷款等科目。

承保额 又叫保险金额。它是保险人对被保险人负担损失补偿或约定给付的金额。它是保险合同上的最高责任额,也是计算保费的依据。

保费 又叫保险费。是保险人根据保险合同的有关规定,为被保险人取得因约定危险事故发生所造成的经济损失补偿(或给付)权利,付给保险人的代价。包括财产险和人身险储金收入。

赔款 保险事故发生后,经查证确属保险责任范围以内的保险标的损失,保险人根据保险合同的规定履行赔偿义务,给矛被保险人的款项叫做赔款。赔款可分为已决赔款和未决赔款两种。

教育、科技和文化事业

普通高等学校 指按照国家规定的设置标准和审批程序批准举办,通过国家统一招生考试,招收高中毕业生为主要培养对象,实施高等教育的全日制大学、独立设置的学院和高等专科学校、短期职业大学。

成人高等学校 指按照国家有关规定审批,招收通过全国成人高教统一招生考试的具有高中毕业或同等学历的在职从业人员利用脱产、半脱产、业余或函授等多种形式对其实施高等学历教育,培养高等教育专科或本科毕业水平的专门人才,修业年限、课程设置和总学时数均按高等学历教育要求付诸实施的学校。包括广播电视大学、职工高等学校、农民高等学校、管理干部学院、教育学院、独立设置的函授学院等。

小学学龄儿童入学率 指调查范围内已入小学学习的学龄儿童占校内外学龄儿童总数(包括弱智儿童在内,但不包括盲聋哑儿童)的比重。计算公式:

$$\text{小学学龄儿童入学率}=\frac{\text{已入学的小学学龄儿童数}}{\text{校内外小学学龄儿童总数}}\times 100\%$$

独立研究与开发机构 指有明确的任务和研究方向,有一定学术水平的业务骨干和一定数量的研究人员,具有研究、开发、开展学术工作的基本条件,主要进行科学研究与技术开发活动,并且在行政上有独立的组织形式财务上独立核算盈亏,有权与其他单位签订合同,在银行有单独户头的单位。包括国务院各部门、中国科学院、中国社会科学院和各省、自治区、直辖市以及地(市)以上〔含地(市)〕各部门所属的国有独立的科学研究与技术开发机构。

独立研究与开发机构职工 指在科学研究与技术开发机构工作,并由其支付工资的各种人员。包括长期职工和临时职工,不包括编制以外的离休、退休人员和停薪留职人员,但包括招聘人员。

研究与发展经费支出 指报告期内用于研究与实验发展课题活动(基础研究、应用研究、实验发展)的全部实际支出。包括用于研究与发展课题活动的直接支出,还包括间接用于研究与发展活动的一切支出(院、所管理费、维持院、所正常运转的必需费用和与研究发展有关的基本建设支出)。

科学家和工程师 指具有大学本科及以上学历的和不具备上述学历但有高、中级职称的人员。

其他科技人员 指大专、中专毕业和具有初级职称的从事科技活动人员。

发明 指专利法及其实施细则所称的发明,指对有关产品、方法或其改进所提出的新的技术方案。

实用新型 指专利法及其实施细则所称的实用新型,指对产品的形状、构造或者其结合所提出的适于实用的新的技术方案。

外观设计 专利法及其实施细则所称的外观设计是指对产品的形状、图案、色彩或者其结合所作出的富有美感并适于工业上应用的新设计。

文化事业机构 指从事专业文化工作和为专业文化工作服务的独立建制的单独核算的单位。不包括这些单位另外举办独立核算的其他机构和各部门的业余文化组织。艺术表演团体 指从事戏曲、音乐、舞蹈、杂技等专业艺术表演,有独立帐户,实行单独核算的团体。不包括半工半艺、半农半艺和民间职业剧团。

电影放映单位 指具有放映机器设备、固定或不固定的放映场所与专职或兼职的放映技术人员,经有关部门登记批准,经常为一定的观众对象放映电影的机构。包括经批准对外开放进行营业,并与电影发行放映管理机构分帐的专用放映单位和军委系统租片单位。

艺术表演观众人数(人次) 指售票、包场演出或民族地区免费演出的艺术表演观众人次数。不包括彩排审查和内部观摩演出的观看人次数。

体育、卫生和其他事业

等级运动员人数 指经考核正式批准授予等级运动员称号的人数。运动员等级分为国际级运动健将、运动健将、一级运动员、二级运动员、三级运动员、少年级运动员。

等级裁判员人数 指经考核正式批准授予等级裁判员称号的人数。裁判员等级分为国际裁判、国家级裁判、一级裁判、二级裁判、三级裁判。

体育场 指有400米跑道(中心含足球场),有固定道牙,跑道6条以上,并有固定看台的室外田径场地。以看台容纳观众人数分:甲级25000人以上,乙级15000-25000人,丙级5000-15000人,丁级5000人以下。

体育馆 指有固定看台,可借篮球、排球、羽毛球、乒乓球、体操等项目训练比赛活动用的室内运动场地。以看台容纳观众人数分:甲级6000人以上,乙级4000-6000人,丙级2000-4000人,丁级2000人以下。

医院 指名称为医院,设有固定床位能收容病人住院并能为病人提供医疗、护理服务的医疗机构。包括县及县以上医院、农村乡卫生院、其他医院三部分。按所属性质分为卫生部门、工业及其他部门,集体经济单位三类。其中县及县以上医院按业务性质分为综合医院和专科医院。

卫生技术人员 指卫生事业机构支付工资的全部固定职工和合同制职工中现任职务为卫生技术工作的专业人员。包括中医师、西医师、中西医结合高级医师、护师、中药师、西药师、检验师、其他技师、中医士、西医士、护士、助产士、中药剂士、西药剂士、检验士、其他技士、其他中医、护理员、中药剂员、西药剂员、检验员,其他初级卫生技术人员。

医生 指经卫生部门审查合格,从事医疗工作的专业人员。分为中医医生和西医医生。包括卫生技术人员中的中医师、西医师、中西结合高级医师、中医士、西医士和其他中医。

社会福利事业单位 指集中收养社会孤老、残、幼的机构。包括由民政部门管理的社会福利院、儿童福利院、精神病人福利院和城镇集体办的福利院,以及农村集体举办的敬老院。

社会福利事业单位收养人数 包括民政部门管理的和城镇及农村集体举办的社会福利事业单位中收养的老人、少年儿童、缺乏生活自理能力的残疾人员和精神病人。

社会福利企业单位 指以安置城镇有一定劳动能力的盲、聋、哑和肢体残疾人员就业为目的,享受国家减免税待遇的国有或集体经济性质的企业。包括福利工厂、福利商业服务业、假肢厂和安置农场等单位。

律师 指受聘参加法律顾问处工作,担任法律顾问、刑(民)事代理人、刑事辩护人,办理非诉讼事件、解答法律询问,代写法律事务文书等主要从事律师业务的专职法律工作者和兼职律师。

公证人员 指在国家公证机关依法办理公证事务的司法人员。包括公证员、助理公证员和在公证处工作的其他人员。

办理公证文书 指公证处在一定时期内办结的公证文书件数。公证文书系按司法部规定或批准的格式制作。包括国内公证和涉外公证两部分。其中国内公证分为经济合同公证和民事法律关系公证两大类。

调解人员 在人民调解委员会担负调解民间一般民事纠纷和轻微违法行为所引起的纠纷的工作人员。包括调解委员会的委员和调解小组的调解员。

调解民间纠纷 指调解委员会依照法律规定,根据自愿原则,用说服教育的方法调解民间发生的有关民事权利和义务的争执,促成当事双方达到协议和谅解,解决纠纷。包括婚姻家庭纠纷,财产权益纠纷等。不包括法院受理调解的民事案件数。

离休、退休、退职人员 指正式办理了离休、退休、退职手续,并享受相应的离休、退休、退职待遇的人员。

保险福利费用指企业、事业、机关单位在工资以外实际支付给职工和离休、退休、退职人员个人以及用于集体的劳动保险和福利费用。

(1)职工保险福利费用具体包括:

①医疗卫生费指实行公费医疗企业的职工及其供养的直系亲属的医疗费、医务经费、职工因工负伤就医路费以及住院伙食补助费等;卫生部门开支的事业及机关单位职工的公费医疗经费;未参加公费医疗的企业、事业和机关单位职工的医药费。

②丧葬抚恤救济费指职工死亡的丧葬费、丧葬补助费和所遗供养直系亲属的抚恤费、救济费、生活补助费以及职工供养直系亲属死亡时的丧葬补助费等。

③生活困难补助指对生活困难的职工实际支付的定期补助和临时性补助。

④文体宣传费指企业、事业和机关单位实际支付的文体宣传费。不包括学习费。

⑤集体福利事业补贴费指对职工浴室、理发室、洗衣房、哺乳室、托儿所等集体福利设施各项支出与收入相抵后的差额补助费。

⑥集体福利设施费指按照国家规定开支的集体福利设施费用。如职工食堂炊事用具的购置费、修理费、职工宿舍的修缮费用。不包括由企业、事业、机关单位自筹经费开支的职工福利设施的基本建设费用。

⑦计划生育补贴指发给职工独生子女的补贴费和保健费。

⑧其他指上述费用以外,单位支付给职工的保险福利费。

(2)离休、退休、退职人员保险福利费用具体包括:

①离休金 指发给离休人员的工资和按 1982 年国务院发布的“关于老干部离职休养制度的几项规定”发给符合规定的离休干部相当于 1–2 个月标准工资的生活补贴和国务院〔1989〕82、83 号文件规定提高离休人员的待遇所增加的费用及粮油价格补贴等。

②退休金指按照国家有关规定发给退休人员的退休费和国务院〔1989〕82、83 号文件规定提高退休人员的待遇所增加的费用及粮油价格补贴等。

③退职生活费 指按照 1978 年国务院《关于工人退休、退职的暂行办法》规定定期发给退职人员的生活费用和国务院

〔1989〕82、83 号文件规定提高退职人员的待遇所增加的费用及粮油价格补贴等。

④医疗卫生费离休、退休、退职人员的医疗费、住院费以及住院伙食补助等费用。

⑤护理费因工致残、饮食起居需人扶助的离休、退休人员的护理费以及因病不能自理的离休人员的护理费。

⑥生活补贴按照 1985 年国务院《关于发给离休退休人员生活补贴费的通知》规定,发给离休、退休人员的生活补贴费。

⑦交通费补贴指按月发给离休人员的交通费补贴。

⑧丧葬抚恤救济费指离休、退休、退职人员死亡的丧葬费、丧葬补助费和所遗供养直系亲属的抚恤费、救济费、生活补助费以及供养直系亲属死亡时的丧葬补助费等。

⑨其他 包括易地安置的离休、退休、退职人员的安家补助费;离休、退休、退职人员的生活困难补助费、书报费、洗理费、副食品价格补贴、房租价格补贴、水电补贴、少数民族补贴以及老干部活动经费开支的旅游费用等。

工业废水排放量 指经过企业厂区所有排放口排到企业外部的工业废水量。包括生活废水、外排的直接冷却水、超标排放的矿井地下水和与工业废水混排的厂区生活污水,不包括外排的间接冷却水(清污不分流的间接冷却水应计算在内)。

工业废水排放达标量 指各项指标都达到国家或地方排放标准的外排工业废水量,包括未经处理外排达标的和经过处理后外排达标的两部分。国家排放标准见 GB8978–88。

工业废水处理量 指报告期内各种水治理设施实际处理的工业废水量, 包括处理后外排的和处理后回用的工业废水量。虽然处理但未达到国家或地方排放标准的废水量也应计算在内。计算时,如遇有车间和厂排放口均有治理设施,并对同一废水分级处理时,不应重复计算工业废水处理量。

工业废气排放量 指企业厂区内燃料燃烧和生产工艺过程中产生的各种排入空气的含有污染物的气体的总量,以标准状态〔273K,101325Pa〕计。

二氧化硫排放量 指企业在燃料燃烧和生产工艺过程中排入大气的二氧化硫量。

工业烟尘排放量 指企业厂区内的燃料燃烧产生的烟气中夹带的颗粒物的量。

工业粉尘排放量 指企业在生产工艺过程中排放的颗粒物重量。如钢铁企业的耐火材料粉尘、焦化企业的筛焦系统粉尘、烧结机的粉尘、石灰窑的粉尘、建材企业的水泥粉尘等。不包括电厂排入大气的烟尘。

工业固体废物产生量 指企业在生产过程中产生的固体状、半固体状和高浓度液体状废弃物的总量,包括危险废物、冶炼废渣、粉煤灰、炉渣、煤矸石、尾矿、放射性废物和其他废物等;不包括矿山开采的剥离废石和掘进废石(煤矸石和呈酸性或碱性的废石除外)。酸性或碱性废石是指采掘的废石其流经水、雨淋水的 pH 值小于 4 或 pH 值大于 10.5 者。

环境污染与破坏事故 指由于违反环境保护法规的经济、社会活动与行为,以及意外因素的影响或不可抗拒的自然灾害等原因,致使环境受到污染,国家重点保护的野生动植物、自然保护区受到破坏,人体健康受到危害,社会经济和人民财产受到损失,造成不良社会影响的突发性事件。

Explanatory Notes on Main Statistical Indicators

ADMINISTRATIVE DIVISION AND NATURAL RESOURCE

Forest Coverage-Rate refers to the ratio of area of afforested land to total area of land (measured in percentage).According to regulations of the government , calculation forest coverage-rate,in addition to afforested land,the area of bush forest,the area of forest land inside farm land and the area of trees planted by the side of farm houses and along the roads, rivers and fields should be included in the area of afforested land in the calculation of the forest coverage -rate.This indicator shows the forest resources and afforestation progress of a country or a region.The formula for calculating forest coverage-rate is as follows:

$$\text{Forestry Coverage-rate}(\%)=\frac{\text{Area of Afforested Land}}{\text{Area of Total Land}}\times 100\%$$

Stock Volume of Forest refers to total stock volume of wood growing in forest area,which shows the total size and level of forest resources of a country or a region.

Ensured Mineral Reserves refer to the actual mineral reserves ,which equal to the proven mineral reserves (including industrial reserves and prospective reserves) minus extracted parts and underground losses.This indicator shows the current condition of the mineral resources of a country.

GENERAL SURVEY

Gross Domestic Product refers to gross domestic product calculated at market prices, which is the final products of all resident units in a country (or region) during a certain period of time.Gross domestic product is expressed in three different forms, i. e. value added, income, and products respectively.The form of value added refers to the total value of all products and suervices produced by all resident units during a certain period of time minus total value of input of materials and services of the nature of non-fixed assets or the summation of the value added of all resident and non-resedent units;the form of products refers to all final goods and services minus imports of goods and services.In the practice of national accounting, gross domestic product is calculated with three approaches,i.e. product approach, income approach, and expenditure approach respectively to reflect gross domestic product and its composition from different aspects.

Gross National Product refers to gross national product calculated at market price, which is the final result of the primary distribution of the income created by all the resident units of a country during a certain period of time.The value added created by the resident units of a country engaged in production activities is mainly distributed to the resident units of that country while a part of it is distributed to the non-resident units of the country in the form of remuneration for the labourers and property income.Simultaneously a part of the value added created abroad is distributed to the resident units of the country in the form of remuneration for the labourers and property income.Thus the concept of gross national product is formed,which equals to gross domestic product plus overseas incomeas remuneration for the labourers and property in come minus payment abroad as remuneration for the labourers and property income.Unlike gross domestic product which is a comcept of production,gross national product is a concept of income.

The difference among gross national product and total value of society and notional income is that the total value of society and national income only take into account products of material production sectors,while the gross national product,in addition to products of material production sectors, also takes into account of products of non -material production sectors . in terms of the value composition of the three conceptions,the total value of society includes the total value of all products of the society;the gross national product includes only the newly created value in the process of producing goods and services,i.e.the value added and excludes the value of the input of intermediate goods and services; National income excludes both the intermediate input and depreciation of fixed assets and includes only the net value of output.Three Industries Industry structure has been classified according to the historical sequence of development.Primary industry refers to estraction of natural resources;secondary industry involves processing of primary products ;and tertiary industry provides services of various kinds for production and consumption.The above classification is universal although it varies to some extent form country to country.Industry in China comprises:

Primary industry: agriculture (including farming, forestry, animal husbandry, sideline production and fishery).

Secondary industry: industry (including mining and quarrying, manufacturing, water supply,electricity generation and supply, steam ,hot water, gas) and construction.

Tertiary industry: all other industries not included in primary or secondary .Due to the fact that tertiary industry involves in a large variety of industries in China, it is divided into two sectors: circulation sector and service sector and further into four levels:

The first level: circulation sector, including transportation, postal and telecommunications,services, commerse, catering trade, material supply and marketing, and storage.

The second level: service sector providing services for production and consumption, including banking, insurance, geological survey, real estate, puglic utilities, service for residents,consultancy service,and comprehensive technical services, and service for agriculture, forestry,animal husbandry, fishery, water conservancy, and maintenance of roads and inland water ways, etc.The third level : service sector for up grading scientific,educational and cultural level of thepeople, including education,culture, broadcasting, televiseon, scientific research, public health,sports, and social welfare, etc.The fourth level: sector ptoviding services for public needs, including government agencies,political and party organizations,social organizations, armies,and policemen.

GDP Calculated With Expenditure Approach refers to total expenditure on final comsumption, total capital formation and net export of goods and services by resident units of a country in a certain period of time. It reflects the composition of GDP by its use.

Final Consumption refers to the total expenditure of resident units on final consumption of goods and services in a certain period, namely the expenditure of the resident units for purchases of goods and services from domestic economic territory and abroad to meet the requirements of material, cultural and spiritual life.It excludes the expenditure of non–resedent units on consumption in the economic territory of the country. The final consumption is classi fied into resident consumption and government consumption.

(1)Resident consumption refers to the total expenditure of resident housen olds on the final consumption of goods and services in a certain period of time. The expenditure of residents on final consumption of goods is recorded when the change of the ownership of goods happens. The expenditure of residents on final consumption of services is recorded when the services are provided.The expenditure of the residents on consumption is calculated at market prices, namely the purchasers`privices which the residents pay;the purchasers`prices of goods are the prices the resedents pay when they obtain the goods,including the transport and commercial expenses paided by the residents. In addition to the expenditure on consumption of goods and services bought by the residents directly with money,the expenditure on goods and services obtained by the residents in other ways, i.e. the so – called fictitious expenditure on consumption, is also included in the expenditure of the residents on consumption. The fictitious expenditure of the residents on consumption includes the following types: (a) the goods and services provided to the residenrs by the units in the form of payment in kind and transfer in kind; (b) the goods and services produced and consumed by the households themselves, in which the services refer only to the services provided by the residential buildings owned by the households; (c) the ser vices of financial intermediary provided by the fiancial institutions; (d) the insurance services provided by the insurance companies.

(2) Government consumption refers to the expenditure on the consumption of the public services provided by the government to the whole society and the net expenditure on the goods and services provided by the government to the households free charge or at lower prices. The former equals tothe output value of the govenment services minus the value of operating in come obtained by the government departments. (The output value of the government serveces equa ls to its current operating expenditure plus depreciation of fixed assets). The latter equals to the market value of the goods and services provided by the government to the households minus the value received by the government from the households.

Total Capital Formation refers to the net amount of the fixed assets and stock acquired minus those disposed, including the total fixed assets formation and the increase in stock.

(1)Total Fixed Capital Formation refers to the value of fixed assets purchased, transferred in by the resident units and those produced and used by themselves in a certain period deducting the value of fixed assets sold and transferred out. It can be classified into total tangible assets formation and total intangible assets formation.The total tangible assers formation include the valus of the construction projects, installation projects completed and the equipment, apparatus and instruments purchased as well as the value of land improved, the value of draught animals,breeding stock, milk, wool and recreational animals and the newly increased economic forest in acertain period. The total intangible assets formation includes the prospecting of minerals, the acquisition of computer soft wares, the originals of recreational works and works of literature and arts minus the disposal of them.

(2) Increase in stock refers to market value of the change in a certain period, i. e. the difference of value between the begining and the end of the period. The increase in stock can depositive. A positive valus indicates the increase in stock while a negative value indicates the decrease in stock. The stock includes the raw materials,fuels and reserve mate rials purchased by the production units as well as the stock of finished products, semi –finished products, work– in –progress,etc.

POPULATION

Total Population refers to the total number of people alive at a certain point of time within agiven area.

The annual statistics on total population is taken at mid night, the 31st of December.

Birth Rate (or Crude Birth Rate) refers to the ratio of the number of births to the average population during a certain period of time(usually a year), which is often expressed in ‰ . The following formula is used:

$$\text{Birth Rate}=\frac{\text{Number of Births}}{\text{Average Number of Population}}\times 1000‰$$

Number of Births refers to live births, i.e. the births when babies had showed any vital phenomena regardless of the length of pregnancy.

Annual Average Number of Population is the average of the number of population at the baginning of the year and that at the end of the year. sometimes it is substituted for with the mid – year population.

Death Rate (or Crude Death Rate) refers to the ratio of the number of deaths to the average population (or mid–year population) during a certain period of time(usually a year), which is often expressed in ‰.The following formula is used:

$$\text{Birth Rate}=\frac{\text{Number of Deaths}}{\text{Annual Average Numger of Po pulation}}\times 1000‰$$

Natural Growth Rate of Population refers to the ratio of natur al increase in population (number of births minus number of deaths) in a certain period of time (usually a year) to the average population (or mid–year population) of the same period, which is often expressed in ‰.The following formulas are applied:

$$\text{Natural Growth of Population}=\frac{\text{Number of Births}-\text{Number of Deaths}}{\text{Average Number of Population}}\times 1000‰$$

Natural Growth Rate of Population=Birth Rate–Death Rate

EMPLOYMENT AND WAGE

Employed Persons refers to the persons who are engaged in social labour and receivere muneration payment or earn business income,including:

(1) total staff and workers,

(2) reemployed retirees,

(3) employers of private enterprises,

(4) employers of individual economy,

(5) employed persons in private enterprises and individual economy,

(6) employed persons in the enterprises in the urban areas,

(7) employed persons in the rural areas,

(8) other employed persons (including teachers in the schools run by the local people engaged in religious profession and the servicemen,etc.)

This indicator reflects the actual utilization of total labour force during a certain period of time and is often used for the research on China`s economic affairs and national power.

Persons employed in various units refer to all the persons working in government agencies of various levels, political and party organizations, social organizations, and enterprises and institutions and reciving payment, including staff and workers, reemployed retirees, teachers in schools run by the local people, foreigners, and Chinese compatriots from Hong Kong, Macao, and Taiwan working in various units.This indicator reflects the total number of laborers actually engaged in production or other operations in various units.

Economically Active Population refers to the population, th e members of which are aged 16 and over,capable to labour, participating in or desitous to participate in the social and economic activities,including employed persons and unemployed persons.

Registered Unemployed Persons And Registered Unemployent Rate in Urban Areas: The registered unemployed persons in urban areas refer to the persons who are registered as permanent residents in the urban areas engaged in non-agricultural activities, aged within the range of working age,capable to labour, unemployed but desirous to be employed and have been registered at the local employment service agencies to apply for a job. Registered unemployment rate in persons and the registered unemployed persons. The formula is as follows:

$$\text{Registered unemployment rate in urban areas}=\frac{\text{the number of the registered unemployed persons}}{\text{(the number of employed persons+the number of the registered unemployed persons)}}\times 100\%$$

Total Wages of Staff And Workers refer to the total remunera tion payment to staff and workersin various units during a certain period of time.The calculation of total wages is based on the total remuneration payment to the staff and workers. Therefore, all the wages and salaries and other payments to staff and workers are included in the total wages regardless of their sources, category, and forms(in kind or cash).

Average Wage of Staff And Workers refers to the average wage in money terms per person during acertain period of time for staff and workers in enterprises,insitutions, and government agencies,which reflects the general level of wage income during a certain period of time and is calculated as follows:

$$\text{Average wage of staff and workersm}=\frac{\text{Total Wages of Staff and Workers in Reference Period}}{\text{AverageNumber of Staff and Workers in Reference Period}}$$

Average Real Wage of Staff and Workers refers to average wage of sraff and workers after removing the effects of price changes,whichis calculated as follows:

$$\text{Average Real Wage of Staff and Workers}=\frac{\text{Average Wage of Staff and Workers in Reference Period}}{\text{Consumer Price Index of Urban Residents in Reference Period}}$$

INVESTMENT IN FIXED ASSETS

Total Investment in Fixed Assets in the Whole Country Investment in fixed assets is the essential means for social reproductuion of fixed assets. By means of construction and purchase of fixed assets, more advanced technonlogies and equipment are adopted in the national economy, and new sectors are established, which promote the adjustment of economic structure and the regional distribution of productive forces and enhance the economic strengths so as to provide the material conditions for improving prople´s livelihood. This is significant for speeding up the drive of socialist modernization in China.

Amount of investment in fixed assets refers to the volume of activities in construction and purchases of fixed assets in monetary terms. It is a comprehensive indicator which shows the size, pace, proportional relations and use orientation of the investment in fixed assets. Total investment in fixed assets in the whole country includes, by status of economic ownership, the investment by the state-owned units, collective units, individuals, joint ownership units, share-holding units, as well as investment by businessmen from foreign countries and from Hong Kong, Macau and Taiwan, and by other units. According to China´s current management system, the investment in fixed assets in the whole country is classified into the following four parts:investment in capital construction, investment in innoation,investment in real estates development and other investment in fixed assets.

Investment in Capital Construction Capital construction refers to the new construction projects or extension projects and the related work of the enterprises, institutions or administrative units mainly for the purpose of expanding production capacity or improving project efficiency covering only projects each with a total investment of 500000 RMB yuan and over. It includes(1)projects listed in the capital construction plan of the current year of the central government and the local governments at various levels as well as the projects, though not listed in the capital construction plan of the current year, but continued to be constructed in this year, using the investment listed in the plan of capital construction of previous years and carried forward to this year(also using the equipment and materials kept in stock of the capital construction);(2)new construction projects arranged both in the plan of capital construction and the plan of innovation;extension projects with the newly increased production capacity (or project efficiency)up to the standard of a large and mediumsized project; and the projects of moving the whole factory to a new site so as to improve the distribution of productive forces; (3)new construction projects, extension projects or restoration projects or restoration projects with the total investment of 500000RMB yuan and over by the state-owned units, though listed neither in the plan of capital construction nor in the plan of innovation; the projects in the state-owned units of moving the whole factory to a nes site so as to improve thd distribution of productive forces;and the projects of building additional business houses by the administrative units and institutions and building welfare facilities by the administrative units.

Investment in Innovation Innovation refers to the renewal of fixed assets and technolical innovation of the original facilities by the enterpriese and institutions as well as the corresponding supplementary projects and the related work (excluding majoroverhaul and maintenance projects) covering only projects each with a total investment of 500000RMB yuan and over.It includes(1) projects listed in the innocvation plan of the current year of the central government and the local governments at various levels as well as the projects, though not listed in the innovation plan of the current year, but continued to be constructed in this year, using the investment listed in the plan of innovation of previous years and crarried forward to this year;(2)projects of technological innovation or renewal of the original facilitiews,arranged both in the plan of innovation and in the plan of capital construction;extension projects (main workshops ora branchof the factory) with the newly increased production capacity (or project efficiency) not up to the standard of a large and mediumsized project; and the projects of moving the whole factory to a new site so as to meet the requirements of urban environmental protection or safe production; (3) projects of reconstruction or technological innovation with the total investment of 500000 RMB yuan and over by the state-owned units, though listed neither in the plan of capital construction nor in the plan of innovation; the projects in the state-owened units of moving the whole factory to a new site so as to meet the requirements of urban environmental protection or safe production.

Investment in Real Estate Development It includes the investment by the real estate development companies, commercial buildings construction companies and other real estate development units of various types of ownership in the construction of house buildings, such as residential buildings, factory buildings, warehouses, hotels, guesthouses, holiday villages, office buildings, and the complementary service facilities and land development projects, such as roads, water supply, water drainage, power supply, heating, telecommunications, land leveling and other projects of infrastructure. It excludes the activities in simple land transactions. Other Investment in Fixed Assets refers to the construction and purchases of fixed assets not listed in the investment in capital construction, investment in innovation and investment in real estate development. It includes:

A) The following projects of the state-owned units with the total planned (or actually needed) investment of 500000 yuan and over, which are not included in the plan of capital construction and the plan of innovation (1) projects of oil fields maintenance and exploitation with the oil fields maitenance funds and petroleum development funds;(2) opening and extending projects with the maintenance funds in coal, ore and other mining enterprises and logging enterprises;(3) project of reconstruction of the original highways and bridges with the highway maintenance funds in the department of communication;(4) projects of construction of warehouses with the funds of simple construction in the commercial department.B) The investment in fixed assets by urban collective units: refer to projects of construction and purchases of fixed assets with the planned total investment of 500000 yuan and over by all collective units in cities and county towns and in townships which are approved by the State Council or provincial governments, excluding investment by collective units under township enterprise administration offices.

C) The projects of construction and purchases of fixed assets by the enterprises, institutions or individuals other than those mentioned above with total investment of 500000 yuan and over, which are not included in the plan of capital construction and the plan of innovation.

Private Investment in House Construction in Urban Areas, Industrial and Mining Areas and Individual Investment in Rural Areas The private house construction in the urban areas and industrial and mining areas includes all the private house construction under the jurisdiction of cities, counties, towns and industrial and mining areas, no matter whether the owner of the house is registered as the permanent resident in the locality or not. The individual investment in the rural areas includes the investment in house construction and purchase of productive fixed assets by the individuals in the rural areas.

Newly Increased Production Capacity refers to the increase of designed capacity and project efficiency through investment in fixed assets, which reflects the accomplishment of investment in fixed assets, which reflects the accomplishment of investment in fixed assets in kind. The calculation of newly increased production capacity is based on individual project which operates independently and efficiently. When an individual project is completed and checked and accepted and put into production, it is counted as newly increased production capacity.

The newly increased production capacity and project efficiency are usually expressed in one of the following forms:

(1)annual production capacity, such as extraction of coal and petroleum;

(2)raw material processing capacity, such as ore dressing capacity of ore dressing projects, the dressing capacity of a coal washery;

(3)number or capacity of major equipment increased, such as the number of cotton spindles increased and the capacity of generating sets increased;

(4)physical measures of construction, such as volume, capacity,area, and length, for instance, the capacity of reservoire, the length of railways of highways.

Newly increased production capacity in terms of quantity is calculated in designed capacity of a capacity in general, which refers to the production capacity of a project under normal conditions designed capacity in general, which refers to the production capacity of a project under normal conditions designed in construction documents regardless of the actual output.

Foor Space of Builidings Under Construction and Completed refers to total floor space in each story of buildings calculated from the outside line of building walls,including both usable space and the space occupied by constructions like pillars or walls,The floor space of multi-story buildings includes the total floor space of each story(including basement).

Floor Space of Residential Buildings refers to the floor space of the residential buildings under construction and completed among the total space of buildings under construction and completed.

Floor Space Under Construction refers to total floor space of all buildings under construction during the reference period, including floor space of newly started buildings during the reference period, floor space of construction extended from the previous period to the current period, floor space of construction suspended during the previous period and resumed in the current period, floor space of construction completed in the current period, and floor space of construction started and then suspended in the current period.

Floor Space of Buildings Completed refers to the floor space of buildings completed in the reference period, which have come up to the designed standards and have been put into use.

Completion Rate of Floor Space of Buildings refers to the ratio of the floor space of buildings completed in certain period of time to the floor space of buildings under construction in the same period, which reflects the investment result and economic efficiency of the construction industry from the angle of the speed of project construction.

Newly Increased Fixed Assets refer to the newly increased value of fixed assets through investment, including the value of equipment, tools, and vessels considered as fixed assets, as well as the relevant expenses as investment in fixed assets. This is a comprehensive indicator of investment in fixed assets, reflecting the achievements of investment in fixed assets in fifferent periods, different sectors, and different regions.

Rate of Construction Projects Completed and Put into Use refers to the ratio of the number of construction projects completed and put into use in certain period of time to the number of projects under construction in the same period. This reflects the investment efficiency from the angle of the speed of projects construction.

Rate of Projects of Fixed Assets Completed and Put into Operation refers to the ratio of the newly increased fixed assets to the total investment made in the same period. This is a comprehensive indicator, reflecting the speed of the employment of fixed assets and the investment efficiency.

ENERGY AND MATERIAL

Total Eneray Production refers to the total production of primary energy by all energy producing enterprises in the country (region) in a given period of time. It is a comprehensive indicator to show the capacity, scale, composition and development of energy production of the country(region) .The production of primary energy includes that of coal, crude oil, natural gas, hydro- power and electricity generated by other means such as wind power and geothermal power. However, it excludes the production of fuels of low calorific value, bioenergy,solar energy and the secondary energy converted from the primary energy.

Total Domestic Energy Consrmpion refers to the total consumption of energy of various kinds by material production sectors, non-material production sectors and households in the country (region)in a given period of time. It is a comprehensive indicator to show the scale, composition and development of energy consumption. The total energy consumption includes that of coal, crude oil and their products,natural gas and electricity, However, it excludes the consumption of fuel of low calorific value, bioenergy and solar energy. Total domestic energy consumption can be divided intothree parts:

(1) Final Energy Consumption: It refers to the total energy consumption by material production sectors, non-material production sectors and households in the country (region) in a given period of time, but excludes the consumption in conversion of the primary energy into th e secondary energy and the loss in the process of energy conversion.

(2) Loss During the Process of Energy Conversion: It refers to the total input of various kinds of energy for conversion, minus the total output of various kinds of energy in the country in agiven period of time. It is an indicator to show the loss that occurs during the process of energy conversion.

(3) Loss: It refers to the total of the loss of energy during the course of energy transport,distribution and storage and the loss caused by any objective reason in a given period of time. Theloss of vareous kinds of gas due to gas discharges and stock taking is excluded.

PUBLIC FINANCE

Government Revenue refers to the revenue of the government finance by means of participating in the distribution of the social products, which is the financial resources for ensuring the government to function. The contents of government revenue have been changed several times. Now itincludes the following main items:

(1) Various tax revenues,including value added tax,business tax, consumption tax, land value added tax ,tax on city maintenance and construction,resources tax,tax on use of urban land, stamp tax,tax on adjustment of the orientation of investment in fixed assets, personal income tax, enterprise income tax,tariff,tax on agriculture and animal husbandry and ta x on occupancy of cultivated land etc.

(2) Special revenues, including revenue collected from imposing fee on sewage treatment, revenue collected from imposing fee on urban water resources, and extra-charges for education,etc.

(3) Other revenues, including revenue from the repayment of capital construction loan, the funds for the state key construction projects in energy industry and transportation,and the funds foustate budget adjustment,etc.

(4)Planned subsidies for the losses of the state-owned enterprises. This is an item of negativerevenue,used to eat up part of the government revenue.

Government Expenditure refers to the distribution and use of the funds the government financehas raised, so as to meet the needs of economic construction and various causes. It includes the following main items:

(1) Expenditure for capital construction: It refers to the non-gratuitous use and appropriation of funds for capital construction in the range of capital construction, outlay of capital as well as the loans on capital construction approved by the government for special purpose or policy purpose and the expenditure with discount paid in an overall way within the amount of the funds appropriated to the departments for capital construction.

(2) Innovation funds of the enterprises:They refer to the funds appropriated from the government budget for the enterprises to tap

the latent power, upgrade the technology and carry out innovation,including the innovation fund of the departments, loan of the enterprises for innovation,subsidies on the innovation of the small fertilizer plant, small cement plant,small coal mines,small machinery plant and small steel plant,the expenditure of interest for the loan for innovation.

(3) Geological prospecting expenses: They refer to the expenses appropriated from the government budget to the geological prospecting units for the expenditure of the prospecting: work, including the expenditures of the administrative agencies for geological prospecting and their institutional units as well as the geological prospecting expenditure.

(4) Expenditures for science and technology promotion:They refer to the expenses appropriated from the government budget for the scientific and technological expenditure, including new products development expenditure, expenditure for intermediate trial and subsidies on important scientific researches.

(5) Expenditure for supporting rural production: It refers to the expenditure s appropriated from the government budget for supporting the various expenditures of the rural collective units or households for production, including the subsidies to the small water conservancy projects and well drilling, sprinkling irrigation projects run by the villages; subsidies on the rural water and soilcon serving measures;subsidies to the small power stations run by the villages; subsidies to the expenditure for fighting against particularly severe draughts;subsidies on the rural waste land exclamation; fund for supportin the township enterprises; subsidies to the expenditure for popularization of the agricultural technologies and plant protection in the rural areas; subsidies to the expenditure for the protection of grass lands and cattle and rowls; subsidies on afforestation and forest protection in rural areas; subsidies on the rural aquatic products industry;special fund for developing grain prodrction.

(6) Operating expenses of the departments of farming, forestry, water conservancy and meteorologyetc.: They refer to the expenses apprlpriated from the government budget for the expenditures of agricultural exclamation, farms, agriculture, animal husbandry, agricultural machinery, forsetry,timber industry,water conservancy, aquatic products industry, meteorology,technology popularization in township enterprises, popularization (demonstration) of improved varieties, plant(cattle and fowls, forest) protection, water quality monitoring, prospecting and designing,resources investigation, cadres training, subsidies to horticulture gardens, expenditures of afforestation agencies and meteorology agencies, expenses for fishery administration and operating expenses for agricultural administration,etc.

(7) Operating expenses of the departments of industry, transport and commerce: They refer to the expenses appropriated form the government budget to the departments of industry, transport and commerce for the expenditure of buseness development, including expenses for prospecting and designing, expenditures of specialized secondary schools, expenditures of the technical training schools and expenditures for cadres training,etc.

(8) Operating expenses of the departments of culture, education,science and public health: Theyrefer to the expenses appropriated from the government budget for the expenditures of the causes of culture, publication,cultural relics, education, public health,traditional Chinese medical science, free medical services, sports,archives, earthquake, ocean, communications, broadcasting, film and television, family planning; expenditure for training of cadres of government,party and mass organization; expenditures for natural sciences, social sciences, association s for science and technology and the special expenditure for the high –tech researches. They include mainly wages,extra wages, welfare funds, pension for the retirees, stipend, expenses for official business,expenses for equipment purchases, expenses for repairs, business expenses and subsidies to theunits which are unable to support their expenditures by their own earnings.

(9)Pension for the disabled or for the families of the bereaved and relief funds for social welfard: They refer to the funds appropriated from the government budget for the expenditures of penseon for the disabled or for the families of the bereaved and relief funds for social welfare,including the lump–sum or regular pinsion paid by the departments of civil affairs to the members of martyrs′ families and families of those who died for the public interest, pension to the revolutionary disabled, subsidies for permanent disability of various kinds, subsidies to the military martyrs′ dependents and the demobilized armymen, expenditure for settling down the demobilized armymen, operating expenses of the consoling institutions, expenses for management and repair of the commemorative buildings for the martyrs,the expenses managed by the departments of civil affairs for the retirees and those who have quitted their work, expenses for social relief inrural and urban areas, operating expenses for providing relief to the areas of matural calmity andsubsidies on the reconstruction after the particularly severe natural calamities ,etc.

(10) Expenditures for national defence: They refer to the funds appropriated form the government budget for the expenditures for building up national defence and safeguarding national security,including expenses fo national defence, expenses of scientific researches on national defence,expenses for building up people´s militia and expenditure for special projects, etc.

(11) Administrative expenses: They include expenditrue for administration, subsidies to the parties and mass organizations ,diplomatic expenditure, expenditure for public security, judicial expenditure,law court expenditure, procuratorial expenditure and srbsidies to the expenses fortreating the cases by the public security departments, procuratorial organs and law courts.

(12) Expenditure for price subsidies: It refers to the expenditure appropriated, with the approval of the government, form the government budget for the policy subsidies to price adjustment,including the fund for the increase of grain prices, the subsidies to the difference between the selling prices and purchasing prices of grain ,cotton and edible oil, awards in addition to thepurchasing prices of cotton, risk fund for mom-staple food, siubsidies on the prices of meat and meat products, subsidies on the price difference for curbing the high market prices of meat, meatproducts and vegetables and the subsidies approved by the government on the prices of textbooks andnewaprint of newspapers and perodicals.

PRICE

Retail Price Index reflects the general change in retail prices of commodities. The change and adjustment in retail prices directly affect the living expenditure of urban an d rural residents,government revenue, purchasing power of resedents and the equilibrium of market supply and demand,amd the ratio of consumption to accumulation. Therefore,the clalculation of retail price index isuseful to analyze the changes of the above economic acivities.

Consumer Price Index reflects the relative change in prices of consumer goods and services purchased by urban and rural resedents, and is a composite index derived from the urban consumer price index and the rural consumer price index. Consumer price index can be used to analyze the impact of consumer price change on actual expenditure for living cost of urban and rural residents.

Urban Consumer Price Index reflects the relative change in prices of consumer goods and services purchased by urban and staff and worders and their families and can be used to observe and analyze the impact of price changes in consumer goods and services on money wages of staff and workers, andprovide bases for policy making concerning the living cost and wages of staff and workers.

Rural Consumer Price Index reflects the relative change in prices of consumer goods and services purchased by rural households and can be used to observe the impact of change in prices of consumer goods and services on living expenditure and actual change in peasants´ living cost. It providesbases for analysis and research on peasants´living cost and welfare.

Index of Purchasing Prices of Farm Products reflets the relative change in purchasing prices of farm products purchased by state-owned,collective-owned, and individual commercial enteprises,foreign trade sectors, government agencies, social orgazinations and other units of various types of ownership. It is used to observe the impact of change in purchasing prices of farm products on money income of peasants and is calculated with the method of weighted harmonic mean , taking theamount of purchases during a given period as the weight. Number of products involved in the current calculation totalled 276 in 11 categories.

Retail Price Index of Rural Industrial Products reflects the relative change in prices of industrial prodrcts in rural market and can be used to observe the impact of the price change on farmers´ money expenditure.

Ex-factory Price Index of Industrial Products reflects the change in general ex-factory prices ofall industrial products, including sales of industrial products to commercial enterpeises, foreign trade sectors, materials supplying and distributing sectors as well as sales of production means to industry and other sectors and sales of consumer goods to residents. It can be used to analyze theimpact of ex-factory prices on gross industrial output value.

Price Index of Investment in Fixed Assets reflects th e change in prices of investment in fixedassets. The investment in fixed assests consists of three components, namely the investment inconstruction and installation, the investment in purchases of equipment and instrument, and the investment in other items. Price index of investment in fixed assets in calculated as the weighted arithmetic mean of the price indices of the three components of investment in fixed assets.Price index of investmint in fixed assets reflects the changes of prices in various goods and services involved in investmetn in fixed assets and therefore can be used to observe the actual size, speed ,structure, and efficiency of investment in rixed assets and provides reliable and scientific data for government planning, management,decision making , and further improving the current national accounting system.

PEOPLE'S LIVELIHOOD

Employed Population in Urban Households rfefers to urban residnts engagd in certain work and receiving payment for their labour or income from their business operation, including those who work in state-owned or collective units ,joint ventures, foreign-owned units and private units with permanent or temporary jobs. The self-employed individuals and reemployed retires are also included.This indicator reflects the situation of urban employment and is the basic data for calculating employment rate and dependency ratio.

Total Income of Urban Households refers to the total actual cash income of the same holds,including regular or fixed income and occasional income. The income of a circulating nature such as withdrawal from band deposits, loans borrowed from relatives or friends, repayment of loans received and various temporary collection of money is excluded.

Disposable Income refers to the income of the sample horseholds which can be used for daily expenses, i.e. total income minus income tax.

Expenditure For Consumption refers to total expenditure of th e sample hoseholds for consumptionin daily life, including expenditure for various commodities and expenses for non- commodity items such as culture and service, etc.,but excluding fines and confiscation, loss ,tax payments (such asincome tax,license tax,real estates tax,etc.) and various espenses by individual laborers for business purposes.Expenditure For Purchases of Commodities refers to total expense s of the sample households for the purchases of commodities from shops,factories,catering trade,canteens,markets and the peasants.This expenditure is classified into nine itims: food ,clothing, daliy- life necessities, culturaland recreational articles, newspapers and magazines, medicines and medical appliances, housing and building materials, fuels and other commodities. No matter whether the commodities are purchased for their own consumption or for gifts to relatives and friends, they are all included.

Net Income of Rural Households refers to the total income of the permanet residents of the rural households during a year after the eduction of the expenses for productive and non-productive business operation,the payment ofr taxes and the payment for collective units for their contracted taskd. The net income can be spent for investments in productive and non- productive construction,for consumption in daily life and for savings deposit. It is a comprehensive indicator to show the actual level of the income of the peasants' household. The net income of the rural householdaincludes not only the income from the productive and non-productive business operation, but also the income from the non-business operation, such as the money remitted or brought back by the members of the bousehold who are in other places, the government relief payment and various subsidies. It includes not only the money income, but also the income inkind. But the income from borrowing frombanks, friends and relatives is excluded.

Able-bodied and Semi-Ablebodied Laborers of Rural Households refer to permanent residents of rural horseholds who are able to work and actually engaged in social labour, which are one factor of production and sources of rural household income. According to the relevant regulations, maleaged 18-50,female aged 18-45 are considered as able-bodied laborers; male aged 1 6- 17 and actually engaged in social labour are also considered as able-bodied or semi-ablebodied laborers, while those who are within the above ahe range but unaboe to work are not counted as able-bodied or semi-ablebodied laborers.

Expenditure of Rural Households For Consumption refers to total expenses of rural households on daily life, including expenses on food,clthing, housing,fuel, articles for daily use, and expecnseson cultural life and services. This indicator in used to show the actual consumption level of peasants.

Expenditure of Rural Households on Commodities refers tototal expenses of the permanent residents of the rural households on purchases of food, clothing,furniture,household appliances, articles for daily use, fuels, durable foodes,and cultural,educational and medicinal articles, including purchases from state-owned shops,collective shops, free mardets, and etc. Expenditure of peasants for purchase of commodities is an important part of peasants'consumption expenditure, which reflects the extent of commercialization of peasants´consumption and the developingprocess from self–sufficient economy toward commodity economy.It provides basis for the analysis and research of peasants´market demand and for the formulation of the plan of commodity supply.

The Outstanding Amount of Savings Deposits of Urban and Rural Residents includes two parts: the band savings deposit of urban residents and the band savings deposit of rural re sidents. The cashhold by residents and the deposits of organizations such as enterprises, etc. are not included. The outstanding amount of saving deposits is the amount of saving deposits at a certain point of time such as the end of month, quarter, or year.

General Survey of Cities(Prefecture)

Production Capacity of Tap Water at The Year-End refers to the actual comprehensive production capacity of the waterworks administered by the urban construction department and those owned by enterprises or institutions, taking the capacity of the main links, such as water inflow,purification, conveyance and outflow of the trunk pipelines inio account.

Length of Water Supply Pipelines at The Year-end refers to the total length of all the pipelines between the water pumps and the users´water meters.

Annual Volume of Water Supply refers to the total volume of water supplied by the public water-works and those owned by individual enterprises and institutions during the whole year, including both the effective water supply and loss during the water supply.

Consumption of Water For Residental Use refers to the water consumption of househoIes for daily life and the water consumption of public welfare facilities, including the consumption of restaurants,hotels,hospitals,barber shops, public bathhouses, laundries, swimming pools, shops,schools, institutions, army units and other units.

Percentage of Urban Population With Access to Tap Water refers to the ratio of the urban non-agricultural population (excluing temporary and mobile population) with access to tap water to the total urban non -agricultural population. The formula is:

$$\text{Percentage of Population with Access to Tap Water} = \frac{\text{Urban Non-agrecultural Population with Access to Tap Water}}{\text{Urban Non-agricultural Population}} \times 100\%$$

Production Capacity of Gaswork Gas refers to the actual comprehe nsive production capacity of theurban gasworkd in gas generation,purification and delivery.

Length of Gas Pipelines refers to the total pipeline length between the outlet of the compressor,blower or gas tank and the shaft pipe of users.

Volume of Gas Supply refers to the total volume of gas sold to users in a year, including the volume for industrial use, residential use and other uses.

Percentage of Urban Population With Access Gas refers to the ratio of the urban non-agricrltural population with access to gas (including gas, liquefied petroleum gas and natural gas) to the urbannon -agricultural population (excluding temporary and mobile population).The formual is:

$$\text{Percentage of Population with Access to Gas} = \frac{\text{Urban Non-agriculotural Population with Access to Gas}}{\text{Urban Non-agricultural Population}} \times 100\%$$

Heating Capacity in Urban Area refers to the capacity of hourly supply of steam and hot water tocities by thermal power plants,beating corporations and centralized neating boiler rooms which meet certain standard.

Feating Volume in Urban Area refers to the total volume of steam and hot water supplied to cities every year by therual power plants,heating corporations and centralized heating boiler rooms whichmeet certain standard.

Length of Heating Pipelines refers to the total length of pipelines for centralized supply of steam and hot water from the thermal power plants, heating corporations and centralized heatingboiler rooms which met certain standard to the users.

Length of Paved Roads at The Year -end refers to the length of r oads with a paved surface, and with a width of more than 3.5 meters,including high-quality,medium-quality and ordinary roads.

Urban Bridges refer to bridges over river courses, great separated junctions and overpasses inurban areas. Permanent bridges and semi -permanent bridges are included. Temporary bridges, railwaybridges and culverts are excluded.

Length of Urban Sewage Pipes refers to the total length of gener al drainage, trunks. branch and blind drainage, inspection wells,connection wells, inlets and outlets, etc.

Daily Disposal Capacity of Urban Sewage refers to the designed 24 - hour capacity of sewage disposal at the sewage treatment works.

Number of Public Vehicles (Buses and Trolley-Buses) at The Year-end refers to the total number of operational buses available at the year –end, including the year– end operational vehicles andvehicles in stock. Non–operational vehicles such as stringing cars, tank cars, m achine – shop cars,trucks and other special vehicles and the borrowed passenger vehicles are excluded.

Length of Routes in Operation refers to the length of designated regular routes in operation,including the length of suburbanroutes in operation. The length of temporary op erational lines is not included.

Area of Urban Gardens and Green Areasrefers to the total area of urban public green land, specialgreen land, production green land,protection green land and suburban scenic spots.

Public Green Arearefers to green areas of varions parks, zoos, botanical gardens, cemeterise,amusement parks, tree –flanked boulevards green–land squares for tourism and relaxing. Areas withtrees planted along–side the streets and boulevards are excluded.

AGRICULTURE

Gross Output Value of Farming,Forestry,Animal Husbandry and Fishery refers to the total volume of products of farming,forestry,animal husbandry and fishery in value terms,which reflects the total scale and total result of anricultural production during a hiven period of time. The statistical coverage of farming, forestry, animal husbandry and rishery are as follows: In terms of ownership, China′s agreculture includes specialized state farms (farming, forestry,animal husbandry, fishery), farms managed by various government agencies, organ ezations, schools,research institutions, and army;farms managed by rural collective organizatons at levels of township,town, and village; farming, forestry, animal husbandry, fishery run by various rural collective organizations and individual farmers.

(1) Farming includes cultivation of farm crops and other agricultural activities. Cultivation includes the cultivation of grain crops, beans, tubers,cotton,oil- bearing crops, sugarcrops, fiber crops tobacco, vegetables, medicinal herbs, melons and gourds, a nd cultivation andmanagement of tea plantations,mulberryficlds and orchards. Other agricultural activities includes gathering fruits, fiber, gum and resin of wild plants, oil-bearing plants, grass, wild medicinal herbs, fungus plants,and commodity industries of the rural households.

(2) Forestry refers to planting trees of various kinds (excluding tea plantations, mulberryfields and orchards), gathering of forest products, and cutting and felling of bamboo and trees by villages and other cooperative organizations under villages. (3) Animal husbandry refers to raising and grazing of all animals except fishe ry and aquaculture,and hunting and raising of wild animals.

(4) Fishery refers to cultivationand catching of fish and other aquatic animals and cultivationand collection of seaweed and other aquatic plants. Gross output value of agriculture is obtained by first multiplying the output of each product orby-product by its price, resulting in the output value of each single item. For a small number of products, annual output of which is not available or difficult to get due to the long production/growing process involved, the output value is estimated through an indirect approach. The sum of output value of all products of farming, forestry, animal husbandry, and fishery is then equal to the gross output value of agriculture.

Prior to 1957, China′s gross agricultural output value included barn yard men ure and handicraft products for self-con-sumption (clothes,shoes, stockings,and initial grain proce ssing undertaken bypeasants).Since 1958, cutting and felling of bamboo and trees by villages and other cooperative organizations under villages have been included in forestry; value of barnyar d manure has been excluded from animal husbandry; self-consumed handicrafts has been excluded from sidelineoccupations, while the output value of industries run by villages and cooperative orhanizationsunder village had been included in sideline occupations and the output value of fish catches bymotou fishing boats has been added to fishery. Since 1980, the value of handicraft products made forsale by individuals in households had been added to sideline occupations. Since 1984,industries run by villages and cooperative organizations under villages haue been included in the sector ofindustry. Since 1993, the subdivision of sideline occupations has been canceled, and the hunting of wild animals has been classified into animal husbandry, and the gathering of wild plants and commodity industry run by rural househole have been included in farming.

Grain Yield refers to the yield in the whole country including g rains produced by state farms,collectine units, indrstrial enterprises and mines.Grain includes rice, wheat, corn, sorghum, millet and other miscellaneous grains as well as tubers and beans. Output of beans re fers to dry beanswithout pods.The output of tubers (sweet potatoes and potatoes, not including ta ros and cassava) was converted into that of grain at the ratio 4:1 ,i. e. four dilograms of fresh tub ers was equivalentto one kilogram of grain up to 1963. Since 1964 the ratio for conversion has been 5: 1. Tuberssupplied as vegetables(such as potatoes) in cities and suburbs are calculated as fresh vegetables and their output is not included in the output of grain. Ouptut of all other grains refers to husked grain.

Yield of Oil-Bearing Crops refers to the total yield of oil- bearing crops of various kinds,including peanuts,(dry, inshell) rapeseeds,sesame, sun flower seeds, flax seeds, and other oil-bearing crops.Ssybeans, oil-bearing woody plants,and wild oil-bearing crops are not included.

Output of Aquatic Products refers to catches of both artificially cultured and naturally grown aquatic products, including fish, shrimps,crabs and shellfish in sea and inland water as well asseaweed.Freshwater plants are not included.

Output of Pork, Beef and Mutton refers to the meat of slaughtered hogs, cattle, sheep and goatswith head, feet, and offal taken away.

Cultivated Area (Area Under Cultivation) refers to farm land which is plowed constantly for growing crops, including cultivated land, newly cultivated land in the current year, farmland left without cultivation for less than three years and fallow land in the current year, rotation land,rotation land of grass and crops, farmland with some fruit trees,mulberry trees and other trees andcultivated seashore land, lake land,and etc. The land of mulberry fields, tea pl antations, orchards,nurseries of young plants, forest land, reed land, natural and man-made grassla nd and other landare not included in cultivated land.

Sown Area of Crops refers to area of land sown or trans planted with crops regard less of being incultivated area of non-cultivated area.Area of land resown due to natural disast ers is also included.

Irrigated Area refers to areas that are effectively irrigated, i . e.level land which has water source and complete sets of irrigation facilities to lift and move adequate water for irrigation purpose under normal conditions.

Consumption of Chemical Fertilizers in Agriculture refers to the quantity of chemical fertilizersapplied in agriculture in the year,including nitrogenous fertilizer, phosphate ferttilizer, potashferilier, and compound fertilizer. The consumptiohn of chemical fertilizers is required incalcration to convert the gross weight into weight containing 100% effective component (eg. 100% nitrogen content in nitrogenous fertilizer, 100% phosphorous pentoxide contern in phosphatefertilizer, 100% potasium oxide content in potash fertilizer). Compound fertilizer is converted with its major compoment.

Total Power of Farm Machinery refers to total mechanical power of machinery used in farning,forestry, animal husbandry, and fishery,including ploughing,irrigation and dra inage, harvesting,transport,plant protection, stock breeding,forestry and fishery. The power of internal combustionengines is required to convert horsepowers into watts and the power of electric motors is required to be converted into watts.Machinery employed for non-agricultural purposes, such as the machines used in township-run and village-run industry, construction,non -agricultural transport, scientific experiments and teaching, is excluded.

Laborers Engaged in Farming, Forestry, Animal Husbandry And Fishery refers to the total laborers who are directly engaged in production of farming, forestry, animal husbandry and fishery.

Number of Livestock or Poultry on Hand at Teh Beginning (or end) Of The Reference Perild refers to the total number of large animals, pigw, sheep, fowls, ets. raised by rural cooperative organizations, state farms, rural individuals, government agencies, schools, industrial and mining enterprises, army, and urban residents at the beginning (or end) of the reference period.

Cerealsrefer to seeds of various kinds of crops which are used mainly for grain. Cereals include paddy, wheat, maize, millet, Chinese sorghum, etc.,escept beans and tubers.

INDUSTRY

Industry refers to the material production sector which is engaged in extraction of natural resources and proce ssing and reprocesseing of minerals and agricultural products, including (1)extraction of natural resources, such as mining, salt production, logging (but not includinghunting and fishing); (2) processing and reprocessing of farm and sideline produces, such as ricehusking, flour milling, wine making,oil pressing, cotton ginning, silk reeling, spinning and weaving, and leather making; (3) manufacture of industrial products, such as steel making, iron smelting,chemicals manufacturing,petroleum processing,machine building, timber processing; water and gasproduction and electricity generation and supply; (4) repairing of industrial products such as therepairing of machinery and means of transport (including cars).

Prior to 1984, the rural industry run by villages and cooperative organiza tions under village wasclassified into agriculture. Since 1984, it has been grouped into industry.

(1)**State-owned and state holding majority shares enterprises** refer to state-owned enterprises and the enterprises which state holds majority shares. State-owned enterprises (industry ownership by the whole people or state-run industry) refers to non-corporation economic units, where the entire assets are owned by the state and which have registered in accordance with the Regulation of the People's Republic of China on the Management of Registration of Corporate Enterprises, including the state-owned enterprise, sole stae-funded corporation and state-owned joint ownership enterprise.Joint state-private industries and private industries, which existed before 1957,have been transformed into state-run industrics. Since 1992,those were named state-owned industries. Statistics on these enterprises has been included in the state-industries since 1957 when separation of data was no longer necessary.

(2)**Collective-owned Enterprises** refers to industrial enterprises where the means of production are owned collectives and some enterprises which were formerly owned privately but have been registered in industrial and commercial administration agency as collective units through raising fund from the public.

(3)**Share-holding Corporations Ltd.** Refer to economic units registered in accordance with the Regulation of the People´sRepublic of China on the Management of Registration of Corporate Enterprises, with total registered capitals divided into equal shares and raised throught issuing stocks. Each investor hears limited liability to the corporationdepending on the holding of shares, and the corporation bears liability to its debt to the maximum of its total assets.

Light Industry refers to the industry that produces consummer goods and hand tools. It consists of two categories, depending on the materials used:

(1)Industries using farm products as raw materials. These are branches of light industry which directly or indirectly use farm products as basic raw materials, including the manufacture of food and beverages, tobacco processing, textile, clothing, fur and leather manufacturing, paper making, printing, etc.

(2)Industries using non farm products as raw materials. These are branches of light industry which use manufactured goods as raw materials, including the manufacture of cultural, educational articles and sports goods, chemicals, synthetic fiber, chemical products for daily use, glass products for daily use, metal products for daily use, hand tools,medical apparatus and instruments, and the manufacture of cultural and clerical machinery.

Heavy Industry refers to the industry which produces capital goo ds,and provides various sectorsof the national economy with necessary material and technical basis. It consists of the following three branches according to the purpose of production or the use of products:

(1) Mining, quarrying and logging industry refers to the industry that extracts natural resources, including extraction of petroleum, coal, metal and non-metal ores and logging.

(2) Raw materials industry refers to the industry that provides various sector s of the national economy with raw materials, fuels and power. It includes smelting and processing of metals, coking and coke chemistry, chemical materials and building materials such as cement, plywood, and power,petroleum refining and coal dressing.

(3) Manufacturing industry refers to the industry that processes raw materials. It includes machine-builiding industry which equips sectors of the national economy, industries of metal structure and cement products, industries producing means of agricultural production, such as chemical fertilizers and pesticides.

According to the above principle of classification, the rpeairing trades which are engaged primarity in repairing products of heavy industry are classified into heavy in dustry while these engaged in repairing products of light industry are classified into light indrstry.

Gross Industrial Output Value is the total volume of indrstrial products sold or available forsale in value terms which reflects the total achievements and overall scale of industrial production during a given period. It includes the value of the finished products, which are not tobe further processed in the enterprises and have been inspected,packed and prt in storage, the value of industrial services rendered to other units and the changes in the value of the semi-finihed products and products in process between the behinning and closing of th e period (only theenterprises with long ptoduction cycle are required to calculatc the changes).The gross industrial output value is calculated with "factory method".Nodouble calculations are to be made within the same enterprise. However,double counting does occur among different enterprises.

Output value of light and heavy industries is also classified with the "factory" method. Undernormal conditions,if the major products of an industrial enterprise belong to light industry products, the gross output value of that enterprise is classified whohhy into light industry; thesame principle applies to heavy industry.

Value Added of Industry refers to the final results of industrial production of the industrial trade in money terms during the reference pereod.

Original Value of Fixed Assets refers to the original value of all fixed assets owned by industrial enterpreses, calculated at the cost paid at the time of purch ase, installation,reconstruction, expansion,and technical innoivation and transformation of the said assets, which includes expenses on purchase,package, transportation, and installation, etc.

Net Value of Fixed Assetsis obtained by deducting depreciation over years from the original value of fixed assets.

Working Capital (Circulating Assets) refers to assets which can be cashed in or spent or consumed in an operating cycle of one year or over one year, which includes cash, various deposits, shortterm investment, and receivable payments,and advance payments, stock, etc.

Total Value of Profit and Tax (Pre-Tax Profits) refers to the sum of the total profits, products sales tax and surcharges and the value added tax payable of industrial enterprises. It is alsocalled pre-tax profits.

Ration of Pre-Tax Profits to Assets refers to the ration of pre- tax profits realized in a givenperiod to total assets (net fixed assets plus working capital) , which reflects the economic efficiency of the assets utilization and is calculated as follows:

$$\text{Ratio of Pre-tax Profitsto Assets(\%)}=\frac{\text{Pre-tax Profits in Reference Per iod}}{\text{Average Net Fixed Asses+Average Balance of Working Capital}}\times 100\%$$

Ration of Profits to Total Industrial Costs refers to the ratil of profits realized in a given period to the total costs in the same period, which reflects the economec efficiency of input cost and is calculoated as follows:

$$\text{Ratio of Profits to Total Industrial Cost (\%)}=\frac{\text{Total Profits}}{\text{Tota l Costs}}\times 100\%$$

Value Added Rate of Industry refers to the ratio of value added of industry in a given period of the gross output value in the same period, which reflects the economic efficiency of cutting down the intermediate input and is calculated as follows:

$$\text{Value added Rate of Industry(\%)}=\frac{\text{Value Added of Industry (at Current Prices)}}{\text{Gross Output Value (at Current Prices)}}\times 100\%$$

Number of Times of The Turnover or Working Capital refers to the number of times of turnover of work in capital in a given period of time, which reflects the speed of the turnover of working capital and is calculated as follows:

$$\text{Turnover of Working Capital (\%)}=\frac{\text{Sales Revenue of Products}}{\text{Average Balance of total Working Capital}}\times 100\%$$

Sales Rate of Industrial Products refers to the ratio of total sales in a given period to the gross output value in the same period,which reflects the extent of industrial output sold and is calculated as follows:

$$\text{Sales Rate of Industrial Products(\%)}=\frac{\text{Total Sales (at Current Prices)}}{\text{Gross Output Value (at Current Prices)}}\times 100\%$$

Sales Revenue of Industrial Products refers to the revenre from the sales of products by industrial enterprises and the revenre from services provided and etc.

Sales Cost of Industrial Products refers to the actual cost of products of industrial enterprises and industrial enterprises and industrial services provided, etc.

Tax and Extra Charger on Sales of Products refer to the tax on c ity maintenance and construction,consumption tax,resources tax and extracharges for education, which should be borne by the enteprises in selling products and providing industrial services.

Sales Profit of Products refers to the profit gained by the enter prises by deducting cost, chargesand taxes from the business income of the enterprises obtained in selling prod ucts and providing industrial services.

Total Profits refer to the profits gained by the enterprises.

Value Added Tax Payable refers to the amount of the value added tax which should be paid by the eterprises in the reporting period.

Ratio of Per-Tax Profits to Gross Output Value refers to the rat io of the total amount of pre -tax profits gained (including total profits, sales tax and extra charges of prod ucts as well as thevalue added tax payable) in the reporting period to the gross output value in th e samd period (theratio is expressed in percentage). The formula is as follows:

$$\text{Ratio of Pre-tax Profits to Gross Output Value(\%)} = \frac{\text{Total Amount of Pr e-tax Profits}}{\text{Gross Output Value}} \times 100\%$$

Overall Labour Productivity of Industrial Enterprises refers to the average output per staff and worker in industrial enterprises in value terms. At present, the value added and the average number of staff and workers of an industrial enterprises in a given period are used to calculate the overall labour productivity. The formula used is:

$$\text{Overall Labour Productivity} = \frac{\text{Value Added of Industry}}{\text{Average Number of Staff and Workers}} \times 100\%$$

For the purpose of comparison of the overall labour productivity among different years, the data on the overall labour productivity of the years prior to 1990 have beeh adjusted on the bases of 1990 constant prices.

Capital refers to the corporation´s capital registered in the departments of administration for industry and commerce. According to the different nature of investors, corporations´ capital can be divided into state capital, legal person´s capital, personal capital, foreign capital, etc. Total capital includes total registered capital of all investors in the corporation.

Total Assets refer to all assets which are owned or controlled by enterprises, including circulating assets, long-term investmint, fixed assets, intangible assets and deferred assets, other long-term assets, and dererred taxes, etc. The summation of above items is equal to total assets shown in the balance sheets of the enterprises.

(1) Circulating assets (working capital) refer to assets which can be cashed in or spent or consumed in an operating cycle of one year or over one year,including cash, all kings of deposits,short term investmint, receivables,advance payment, stock, etc.

(2) Fixed assets refer to the net value of fixed assets, clearance of fixed as sets, project under construction, fised assets losses in suspense. These are corporations´ fund holdings.

(3) Intangible assets refer to the assets without matereial form used by enter prises over a longtime, such as patints, non-patent technolohies, trade marks, copy right, land use right, business reputation, etc.

Total Liabilities refer to the debts that enterprises are respon sible for repayment, including liquid liabilitier, long-term liabilities and deferred taxes, etc. Total liabilities correspond to the summation item of liabilities shown in the balance sheets of rhe enterprises .

(1) Liquid liabilities (also called quick liabilities or immediate liab ilities) refer to enterprises total debt payable within an operating cycle of one year or over on e year, includingshort term loans, payables and advance payments,wages payable, taxes payable and profit payable,etc.

(2) Long-term liabilities refers to total debt payable within an operating cycle of one year orover one yera, including long-tern loans, payable liabilities, long-term payables, etc.

Creditors´ Equity refers to investors´ ownership of net assets of the enterprise. It is equal to the total assets of the enterprise minus its total liabilities, including the primary input from investors, capital accumulation fund, surplus accumulation fund and undistributed profit. It is the stock nolders´ equity in stock companies.

TRANSPORTATION,POSTAL AND TELECOMMUNICATIONS SERVICES

Length of Railwaus in Operation refers to the total length of the trunk line under passenger and freight transportation. The calculation is based on the actual length of the first line even if this line has a full or partial double track or more tracks, excluding double tracks,stationsidings, tracks under the charge of stations, branch lines, special purpose lines and the non-payable connecting lines. The length of railways in operation is an important indi cator to show the development of the intra-structure for the railway transport, and also the essential data to calculate volume of passenger freight transport,traffic density and utilization efficiency of the locomotives and carriages.

Extention Length of Trunk Lines refers to the sum of the first, the second, the third lines and other constructed length of the trunk railways, excluding the extention length of the station lines, lines under the jurisdiction of depots, sidings and lines for special purpose. It provide simportant information for the calculation of the needs for rails, sleepers, sand and stone for the construction of railways.

Length of Highways refers to the length of highways which are built in conformity with the grades specified by the bighway engineering standard formulated by the Ministry of Communications, and have been formally checked and accepted by the departments of highways and put into use. The lengthof highways includes that of the suburb highways at large and medium-sized cities, highways passingthrough streets at small cities and towns, and also the length of bridges and fe rries. It does notinclude the length of streets in big and medium-sixed cities and highways built for the production purpose at factories,mines, forest areas and agricultural areas. If two or more highways go the semesaction of the way, the length of the section is only calculated for once and on duplication isallowed. The length of highways is an important indicator to show the development of the highway construction and to provide essential information to calculate the transport net work density.

Length of Navigable Inland Waterways refers to the length of the natural rivers, lakes,reservoirs, canals, and ditches open to navigation during a given period, which enables the transport byships and rafts. It includes the channels open to navigation for over 3 months a ccumulatively in ayear, yet this does not include the river courses which are only used to float o dd logs and bamboorafts.

Length of Civil Aviation Routes refers to the length of all rou tes for regular civil aviationflights. There are usually two ways to calculate the distance between airports connected by theroute length: One is to put the length of all air routes together , called duplic ated calculation ofthe length of the routes; the other is not to allow the duplication in calculati on when two or moreroutes passing the same section. The latter is usually used, as it can precisely show the size ofthe civil aviation network and indicate the extent of civil aviation serving th e national economyand the people.

Freight (Passenger) Traffic refers to the volume of freight (pas senger) transported with various means.Freight transport is calculated in tons and passenger traffic is calculated in the number of persons. Despite the type of freight and travelling distance, the freight transport is calculated in the actual weight of the goods: and despite the travelling distance and ticket price, the apassenger traffic is calculated by the principle that one person can be counted only once in onetravel.The passenger who travel with a half-price ticket or a child ticket is also calculated asalso calculated as one person.The freight (passenger)traffic provides a quant itative measure to show how the transport industry serves the national economy and people, and is also an important indicator for planning the transport industry and for studying the development scale and speed of the transport industry.

Freight Ton -Kilometers (Passenger-Kilometers) refer to the sum of the products of the volume of transported cargo (passengers)multiplying ty the transport distance, usually using ton - kilometer and passenger-kilometere as units for measurmement. Normally, the shortest distance between thedeparture station and the desination station (i.e.,the payable distance) is the basis to calculatethe freight ton -kilometers.This is an important indicator to show the total results of thetranspor industry, to prepare and examine the transport plan and to measure th e efficiency, thelabour productivity and the unit cost of transport.

Business Volume of Post and Telecommunications refers to the inf ormation delivered and other post and telecommunications services provided by the post and telecommunications departments for the customers. It is derived by first multiplying busindss volume of different types , such as number of letters,telegrams, long distance calls, city and rural telephone subscribers and accumulated number of newspapers and jounals subscribed and sold, etc.by their respective average unit price (fixed-price) and then adding these products together: plus the income from mainte nance of telephone exchanges and lines,and the income from other business operations. The business volume of post and telecommunitations indicates the total achievements made by the post and telecommunications deparment during a given period of time in a comprehensive way, and is an important indicator to study the composition and development of the post and telecommunications busines s.

Local (Urban)Telephone refers to telephones connected to urban telephone network (at and abovework (at and above county level).The telephone charge is either monthly fixed rate or numerical rate.

(1)Resident telephones refer to telephones installed in resident dwellings, in cluding those withtelephone charges paid by individuals, by public units and free of charge.

(2)Personal telephones refer to telephones instlled and paid at one´s own expe nse.

Subscriber of Pagding Services refer to subscribers who carry small size pagers and receive audiosignals, digital signals or literal signals sent out by city telephone through wireless pagingcenter within assigned area. Each pager is counted as a subscriber.

Mobile Thlephone Subscribers rerfer to the persons who own mobil e belephone number connected withthe mobile telephone communicaiton network and registered by post and telecommunications organization. The number of subscribers is calculated only when the subscribers who bave gone through all the register formalities and entered into the mobile telephone ne twork. One mobile telephone is treated as a subscriber.

CONSTRUCION

Gross Output Value of Construction (Output Value of Projeots Under Cons truction) refers to the gross output value of construction and installation projects that are undertaken by construction enterpreses or affiliated constructing units, calculated in line with the planned schedule. It includes;

(1) Output value of construction projects, that is the value of projects covered by the project budgets;

(2) Output value of installation projects, that is the value of the installation of equipment;

(3) Output value of repair of buidings and structures, that is the value created through therepairs of buildings or structures, but does not include the value of buildings or structures being repaired and the value of the repair of production equipmint;

(4) Output value of manufactured non–standard equipment, that is the valu e of non– standard production equipment (including raw materials and manufacturing cost) made for the construction project, irrespective of whether the equipment is manufactured on the construction site or by subsidiary owrkshops.

Value–added of Construction refers to the final result of the activities of production and management of construction in monetary terms in the reference period.At present,the vcalue added of construction is calculated with the income approach.In other words,it is the sum of income of various production factors in the production process.The formula is as follows:

Value–added of construction=depreciation of fixed assets in the year+wages payable+welfare expenses payable+insurance premium and tax for wait in for employment in the administrative expenses+taxes and sturcharges on project settlement+profit gained from project settlement.

Floor Space of Buildings Under Construction refer to floor space of building under construction during the reference period, in cluding newly started buildings, buildings started earlier and continued during the reference period,and buildings suspended earlier but restarted during thereference period. Excluded are buildings started and then suspended earlier that have not been restarted during the reference time.

Floor Space of Buildings Completed refers to the floor space of buildings that are completed in the reference period in accordance with the requirements of the design, up to the standard for putting them into use, and have been checked and accepted by concerned departments as qualified ones.

Total Number of Machinery and Equipment Owned by The Construction Ente rprises (or Units) By TheEnd of Year refers to the number of machines and equipment owned by the enterprises (or units, andlisted as the fixed assets of the enterprises (or units) by the end of the year, including machinery and equipment for construction, production and transportation.

Total Power of Machinery and Equipment Owned By The Construction Enterprises (Or Untits) By The End of Year refers to the total power of machinery and equipment owned by the enterprises (or nuits), and listed as the fixed assets of the enterprises (of units) by the end of the year, including machinery and equipment for construction, production and transportation. The power of the machineryis calculated on basis of the designed or verifide capacity, covering the power of the machinery/equipment and the separate power equipment serving the machinery/equipment (such aselectric motors), but excluding welders,transformers and boilers. The unit used for the calcuation of power is kilowatt, with horsepower converted to kilowatt by 1 horsepower=0.73 5 kilowatt.

Income From Settlement of Projects refers to the incom e received by the construction enterprise/unit from the commpleted portion of the project through settlement procedures with the contracte during the refercnce preiod, and other charges to the contractee as operational costs,such as facility fee,labour insurance premium,moving cost of construction unit, as well as various types of claims to the contractee.

Profit From Settlement of Projects refers to profit realized th rough settled projects. It is calculated with the following formula:

Profit from Settlement of Projects=Income from Settlement of Projects−Sttled Cost − Settled Taxes and Other Cost

Total Revenys of Enterprises refers to the sum of income from production and operation of enterprises, including income from settlement of projects and other operational income, namely:

Total Revenue of Enterprises =Income from Settlement of Projects + Other Operational Income

WHOLESALE,RETAIL SALES AND CATERING TRADE

Total Retail Sales of Consumer Goods refer to the sum of retail sales of consumer goods by the establishments in wholesale trade, retail sale trade,catering trade, manufacturing industry and other industries of different types of ownership, to urban and rural residents and social groups.This indicator is used to show the supply of consumers goods through various channels to households and institutions to meet their demands, and is therefore very important for the study of the issues on people′s livelihood,on the purchasing power of consumer goods and on the circulation of money.The retail sales of consumer goods include: (1) commodities sold to urban and rural residents forresidential use and building materials sold to them for the construction of repair of houses; (2) food and fuels sold to canteens of institutions,enterprises, schools,military units and to canteens of hotels and hostels that only serve their guests, and commodities produced by enterprises,institutions of state farms and sold directly to their employees of their canteens; (3) grain and non− staple food, clothing, daily articles and fuels sold to military personnel; (4) cosumer goods sold to foreigners, overseas Chinese, and Chinese compatriots from Taiwan, Hong Kong and Macao during their stay in the mainland of China; (5) Chinese and western medicines, herbs and medicalfacilities purchased by residents; (6) newspapers, books and magazines directly sold to residentsand social groups by publishers, new and old commemorative stamps,special stamps ,first− day covers,stamp albums and other stamp−collection articles sold by stamp companies; (7) consumer goods purchased and then sold by second−hand shops; (8)stoves and other heating facilities and liquified gas sold by gas companies to households and institutions;and (9) commodities sold by farmers to non− agricultural residents and social groups. Excluded under this heading are: raw materials, fuels,epuipment, tools sold to enterprises, institutions and state farms for production purpose;commodities sold to trade establishments for re− selling;commissioned sales at second− hand shops;operational income of urban public utilities; stamps sold at post offices;income of water, power,gas production and supply establishmets from the supply of their products; and sales of commodities among farmers.

Pruchase, Sales and Stock of Commodities by Wholesale and Retail Trade refer to the purchase, sales and stock of commodities by wholesale and retail estabilshments of different ownership (excluding individual sellers).

Total Purchasses of Commodities refer to the purchases of commodities by the establishments fromother establishments or individuals (including direct import from abroad)for the purpose of re −selling, either with or without further processing of the commodities purchased.

This indicator isused to show the total value of purchases of commodities by wholesale and retail establishmentsfrom domestic and overseas markets. The total purchases include: (1) agricultual and industrial products purchased from producers; (2) books,magazines and newspapers purchased from distribution departments of the publishers; (3)commodities purchased from wholesale and retail establishments;(4)commodities purchased from other units, such as surplus materials purchased from govermnent agencies, enterprises or institutions, commodities purchased from cate ring and service establishments, confiscated goods purchased from customs authorities or market m anagement agencies,second−hand goods and wastes purchased from residents; and (5) commodities directly imported from abroad.Excluded are commodities purchased by establishments (units) for use in their own businessoperation, commodities obtained without buying or selling procedures, rejected commodities, etc.

Total Sales of Commodities refer to selling of commodities by the establishments to other establishments and individuals (including direct export). This indicator is used to show the total value of sales of commodities at domestic markets and export. The total sales include: (1)commodities sold to urban and rural residents and social groups for their consumption; (2)commodities sold to establishments in industry, agriculture, construction, transportation, post and telecommunications, wholesale and retail trades, catering trade and public utility for their production and operation; (3)commodities sold to wholesale and retail establishments for re –selling, with or without further processing; and (4) commodities for direct to other countries.Excluded are selling of waste packaging materials used by the establishments (units) themselves, commoditie stransferred without buying of selling procedures,commission income from brokerage in transcationswhose settlement is directly handled by buyers and sellers, rejected commodities in the purchase, loss in commodities, etc.

Commodity Stock of Wholesale and Retail Enterprices at Year– End refers to total commodities possessed by wholesale and retail enterprises (units) of various types of owners hip, which reflects the commodity stock level of various wholesale and retail enterprises and the potential for market supply. It includes: (1)commodites located in storage,garages, counters, and shelves of operating units (such as sale stores,wholesale centers, and operating offices) of wholesale and retail enterprises; (2)commodities in the process of selecting, sorting, and packing; (3) commodities not arrived but recorded as purchase in the account, i.e. commodities not arrived but payment receiptsfor the commodities from the sellers or the banks arrived;(4) commodities deposited in other places rather than places mentioned above,for instance:commodities in the hold of purchasers temporarily due to the refusal of payment and commodities not taken back after going through the formalities; (5)commodities entrusted entrusted to other units to sell but not sold yet; (6) commodities purchased for other units but not delivered yet.Commodities not included as stock are thos e not owned by theenterprises (units),those allocated to financially independent factories rather than wholesale and retail enterprises for processing but not taken back yet, and finally those put in stock bywholesale and retail enterprises on behalf of the state material reserves units. In the calculation of the value of commodities stock at the end of period, the value is calculated at purchasing prices in agricultural goods purchasing units and wholesale units, and at the a ccunting prices in retail units.

Volume of Business (Transaction Value) at Urban and Rural Free Market refers to the value of all goods changed hands between sellers and buyers, includiug farmers, non– agricultural residents,institutions,organizations,enterprises and private, at urban and rural free markets. It is a comprehensive indicator used to show the size of the transaction at the free trade markets.

FOREIGN ECONOMY TRADE AND INTERNATIONAL TOURISM

Utilization of Foreign Capital refers to remittance,equipment and technology financed from abroad,by loans,foreign direct investment and other forms undertaken by the Chinese governments at alllevel,by various departments,enterprises and other economic units.

Foreing Loansa major part of China′s utilization of foreign capital,refer to funds borrowed from abroad,including loans of foreign governments, loans of international financial institutions,commercial loans of foreign bands,export credit,and funds raised by Chinese bonds and shares issued abroad.

Direct Investment By Foreing Entrepreneurs refers to the investments inside China by foreign enterprises and economic organizations or individuals (including overseas Chinese, compatriots from Hong Kong and Macao,and Chinese enterprises registered abroad),following the relevant policies and laws of China,for the establishment of ventures exclusively with foreign own investment, Sino –foreign joint ventures and cooperative enterprises or for co– operative exploration of resources with enterprises or economic organizations in China .It includes the re–investment of the foreign entrepreneurs with the profits gained from the investment and the funds that enterprises borrow form abroad in the total investment of projects which are approved by the relevant department of the government.

Number of Tourists refers to the number of foreigners,overseas Chinese,and compatriots from HongKong,Macao and Taiwan coming to China for sight seeing,visits,tours,family reunions, vacations, study tours and other activities of an economic,scientific and technological, cultural, physical cultureand religious nature.This does not include the number of employees of foreign organizations stationed in China such as embassies,consulates, news agencies, the offices of corporations and enterprises and foreign experts and students residing in China and the persons staying briefly inChina but not for passing the night.

Foreing Exchange Earnings From International Tourism refer to the total expenditures of the foreigners,overseas Chinese,compatriots from Hong Kong,Macao and Taiwan in the process of their tourism in the mainland of China.Their expenditures mentioned above are foreign exchange earnings to China.

Total Imports and Exports at Customs refer to the value of commodities imported into and exported from the boundary of China.They include the actual imports and exports through foreign trade,imported and exported goods under the processing and assembling trades and materials, supplies and gifts as aid given gratis between governments and by the United Nations and other internation alorganizations,and contributions donated by overseas Chinese,compatriots in Hong Kong and Macao and Chinese with foreign citizenship,leasing commodities owned by tenant at the expiration of leasing period,the imported and exported commodities processed with imported materials,commodities trading in border areas (excluding mutual exchange goods),the imported and exported commodities and articles for public use of the Sino-foreign joint ventures,cooperatioe enterprises and ventures exclucively with foreign own investment.Also included are import or export of samples and ad vertising goods forwhose CIF or FOB value are beyond the permitted ceiling (excluding goods of no tr ading or use value and free commodities for export),imported goods sold in China from bonded warehoues and other imported or exportde goods.The indicator of the total imports and exports at customs can be used toobserve the total size of external trade in a country.In accordance with the stipulation of theChinese government,imports are calculated at CIF,while exports are calculated at FOB

BANKING AND INSURANCE

Deposit is a form of credit by which enterprises,institutions,or ganizations or residents can putmoney into banks and other credit institutions for safekeeping and interest earning under the principle of free withdrawal.According to different depositors,deposits are divided into enterprise deposits,treasury deposits,deposits of govenment agencies and organizations, capital constructiondeposits, urban savings deposits,rural deposits and other deposits.Deposits are major sources of the credit funds of bands.

Loan is a form of credit by which banks and other credit institutions provide funds at certaininterest rate to enterprises and individuals in the light of the principle of unconditional repayment.Loans from Chinese banks include circulating capital loans,fixed assets loans, loans tourban and rural individuals engaged in industrial and commercial business and agricultural loans.

Amount Insured refers to the amount of compensation for the loss or agreed sum of money to be paid by the insurer to the insurant. It is the maximum amount of liabilities written in thein surance contract and is also used as a basis to calculate the premium.

Premium is the fee paid by the insurant based on a proportion of the benefit he or she may get from the insurance plus the insurance value.It includes the income from the deposit of property insurance and presonal insurance.

Settled Clain is the compensation paid by the insurer to the insurant in accordance with the insurance contract for the loss which has been checked and found to be in the range of liability of the insurance after an accident has happened to the insured property or to a person who has insured his life.It is further divided into settled and unsettled claim.

EDUCATION,SCIENCE AND CULTURE

Regular Institutions of Hegher Learning refer to educational est ablishments set up according to the government evaluation and approval procedures,enrolling graduates from senior secondary schoolsand providing higher education courses and training for senior professionals.They include full- time universities,colleges, high professional schools and short-term professional universities.

Institutions of Higher Learning For Adults refer to educational establishments, set up in line with relevant rules approved by the government, enrolling staff and workers with senior secondary school or equivalent education, and providing higher education courses in many forms of full- time,part-time, spare-time, or correspondence for adults. professionals thus trained receive aqualification equivalent to graduates studying regular courses at regular univer sities,colleges and professional colleges. Institutions of higher learning for adults include Radio and TV universities, schools of high education for staff and workers and peasants, colleges for management cadres,pedagogical colleges,independent correspondence colleges.

Proxlment Rrte of Primary School-Age Children refers to the propor tion of school- age children enrolled at schools to the total number of school- age children both in and outside schools (including regarded children, but excluding blind, deaf and mute children). The formula is:

$$\text{Enrollment Rate of Primary School-age Children} = \frac{\text{Total Primary School-age Children at Schools}}{\text{Total Primary school- age Children Both at and Outside Schools}} \times 100\%$$

Independent Research and Development Institutions refer to the state-owned insitutions which havederect mission and research purpose, a certain number of core member with higher research level and a certain number of research personnel, favorable conditions for R&D and engaging in scientific research and technological development. The institutions also have their own independent organization and finance, authority to sign contracts with other units, with their own accounts inbands. Independent research and development institutions include the institutions attached tocentral governmert agencies, Chinese Academy of Sciences. Chinses Academy of Social Sciences and the institutions attached to local governments.

Presonnel of Independent Research and Development Institutions refers to the persons who work and receive payment in research and development institutions. It includes regular full- time and temporary staff and workers, but excludes retirees and persons who leave their work temporarily without payment but still retain their posts.

Total Expenditure on Research and Development refers to all actual expenditure made for R&D (basic research, applied research and experimental development) in reference period. It includes direct expenditure on R&D and indirect expenditure on R&D (including m anagement expenses,administrative expense and investment in capital construction ralating to R & D.

Scientists and Engineers refer to persons who have completed university or higher education orobtained titles of senior and middle-level professional positions.

Other Technical Personnel refers to persons involved in science and technology with secondary specialized education or three-year college education and persons with junior professional titles.

Inventions refer to the inventions as specified by the patent law and its detailed rules and regulations for implementation. They refer to the new technical proposals to the products ormethods or their modifications.

Utility Models refer to the utility models as specified by the patent law and its detailed rulesand regulations for implementation. They refer to the practical and new technical proposals on the shape and structure of the product or the combination of both.

Desings refer to the designs as specified by the patent law and its detailed rules and regulationfor implementation. They refer to the aesthetics and industry-applicable new designs for the shape,pattern and color of the product, of their combinations.

Cultural Institutions refer to units which have their own organizatinal system and independent accounting system and specialize in or serve cultural development.They exclude other establishments run by these cultural institutions and amateur cultural groups established by various departments.

Art Troupe refers to the troupe which is engaged in drama, opera, music, dance, acrobatics or other art performance,opens independent accounts with banks annd has self- supporting accounting system;excluding the troupes which are engaged partly in industrial or agricultural activities,partly art performance and the professional troupes organized by the people.

Film Projection Units refer to units with film projection equipment, full or part- time projectionists,permanent or non-permanent places,approved by related administrative departments to show films regularly for certain groups of audience,includinng those film projection units whichhave been approved to give commercial shows and run business with independent accounting system aswell as those film-renting units of the military system.

Number or Spectators at art Performance refers to the number of attendants at commercial shows,completely booked shows or free shows given in minority national areas,and does not include thenumber of spectators at rehearsals for examination and internal shows for study.

SPORTS,PUBLIC HEALTY AND OTHERS

Number or Athletes in Grades refers to the number of athletes who have been given titles through examination.The titles of athletes include international masters of sports,masters of sports,first –grade,second–grade and third–grade sportsmen and young athletes.

Number of Referees in Grades refers to the number of referees who have been given titles after examination.They are classified as international referees,national referees and referees of the first,second and third grades.

Stadiums refer to stadiums for track annd field events with six –lane 400– meter tracks around soccer felds,permanent track marks and permanent bleachers. stadiums are classified according toseating capacity.They inclrde Class A stadiums seating 25000 people each.Class B stadiums seating15000 to 25000 people each.Class C stadiums seating 5000 to 15000 people each,and Class D stadiums seating fewer than 5000 people.

Gymnasiums refer to indoor sports grounds with permanent seats in which basketball, volleyball.badminton,tabble tennis and gymnastics competitions can be held.Gymnasiums are classified according to seating capacity.They include Class A gymnasiums seating over 6000people. Class B gymnasiums seating 4000 to 6000 people.Class C gymnasiums seating 2000 to 4000 people,and Class D gymnasiums seating fewer than 2000 people.

Hospitals refer to medical institutions named as"hospital"with permanent hospital beds, which areable to take in patients and provid them with medical and nursing services.Hospitals are classified into three categories:hospitals at or above the county level,hospitals of rural townships,and otherhospitals.According to their ownership,hospitals can be classified into three categories: hospitals under the public health departments,hospitals under industrial and other departments and collective–owned hospitals.Hospitals at or above county level are divided into comprehensi ve and specialized hospitals.

Medical Technical Personnel refers to all permanent medical staff and workers employee by medical institutions, including doctors of Chinese and Western medicine, senior doctors who integrate traditional Chinese thrapeutics with Western thrapeutics in practice, senior nurses,pharmacists of Chinese and Western medicine, laboratory specialists, other specilists, paramedics of Chinese and Western medicine, nurses, midwives, druggists in Chinese and Western medicine,laboratory technicians,other technieians, other practitioners of Chinese medicine , nursing attendants, pharmacological workers of Chinese and Western medicine, laboratory workers, and other primary medical personnel.

Doctors refer to qualified professional medical workers approved to practice by public health departments. They are classified into doctors of Chinese medicine,doctors of Western medicine,seniordoctors who integrate traditinal Chinese thrapeutics with Western thrape utics in practice,paramedics of Chinese medicine and Western medicine, annd other specialists of Chinese medicine.

Social Welfare Institutions refer to institutions taking care of old people without children,handicapped people and orphans. They include social welfare institutions run by civil affairs departments, children´s welfare institutions, social welfare institutions form ental patients,and collective–owned old people´s homes in rural areas.

Number of People Taken in By Social Welfare Institutions refers to the number of old people,children, totally dependent handicapped people and mental patients taken in by scoial welfare institutions run by civil affairs departments and those run by collective units in urban and ruralareas.

Social Welfare Enterprises are collective–owned enterprises which employ the blind, deaf–mute, and other handicapped people who are able to work in cities and towns and enjoy exemption from state taxes, including welfare plants,welfare commercial services, artificial limb plants and farms,etc.

Lawyers are legal workers who are employed full–time by legal counseling firms to act as legal advisers, agents in criminal or civil law suits, or defenders in criminal law suits, or to handle non–litigious legal affairs, to advise on matters of law or to write legal papers for others. Both full–time and part–time lawyers are included.

Notary Personnes refers to judicial workers of the state notary offices handling notarization work according to law. They include notaries, as sistant notaries, and other people working for notary offices.

Notarized Documents refer to the documents settled by notary offices in a year. The notarial documents are drawn up in accordance with the regulations of the Ministry of Justice, including domestic documents and foreign-related documents. Domestic documents are divided into two major categories, documents on economic contracts and documents on civil legal relations.

Mediators refer to workers on people´s mediation committees res ponsible for mediating in civil disputed and cases of slight in fraction of the law. They include members of the mediation committees and mediators of mediation groups.Mediation of Civil Disputes refers to mediation committees´ work in mediating in civil disputes concerning civil rights and duties through persuasion and education in a ccordance with the provisions of law on a voluntary basis, so as to solve disputes by helping the parties involved come to an agreement and understanding. These disputes include divorce cases and disputes over property ownership, but exclude the civil cases to be handled by the court.

Retired or Restgned Personnel refers to the persons who have formally gone through the formalities for their retirement or quitting work and enjoy the corresponding treatments.

Insurance and Welfare Funds refers to labour insurannce and welfare fund paid by entrprises,oranizations and institutions to their staff and worders as well as retired and resigned personsin addition to their wages and salaries.

(1) Insurance and Welfare Funds For Staff and Workess include:

① Medical Care Allowance: It refers to the cost of medical care of staff and workers and their dependent family members who are covered by the medicare system of enterprises, travellig expenses of injured employees to hospital and their perdiem subsidies during hospita lization, cost of medical care of employees who are covered by the medicare system of institutions and organizations, as well as cost of medicine of employees of enterprises and institutions who are not covered by the medicare system.

② Funeral Expenses and Pensions for family of the Deceased: They refer to funeral expenses of staff and workers, and pensions and allowance for their dependent family members, as well assbsidies to funeral expenses of staff and workers´ dependent family members.

③ Subsidies for Living Expenses: They refer to regular or abhoc subsidies to staff and worderswho have difficulties in making ends meet.

④ Expenses for Recreational, Sports and Pubilcity Acitivities: They refer to actual payment made by enterprises and institutions in recreational, sports and publicity activities, excluding training cost.

⑤ Subsidies to Collective Welfare Undertakings: They refer to subsidies to the operation of welfare undertakings that can not fully cover their cost, such as public bath rooms, barber shops,laundries, nurseries and kinder gartens.

⑥ Expenses for Collective Welfare Facilities: They refer to expenses for collective welfare facilities that are spent in line with state regulations,such as the purchase and repair of cook ingutensils for canteens, and repair of living quarters of staff and workers, but excluding the expenses for welfare projects that are constructed with self-raised funds.

⑦ Family Planning Subsidy: It refers to subsidy and health allowance paid to the one- child family of staff and workers.

⑧ Others: They refer to other insurance and welfare funds paid to staff and workers.

(2) Insurance and Welfare Funds For Retired and Resigned Staff and Workers

① Pensions for retired veteran cadres: They refer to pensions and other subsidies paid toretired in line with relevant government documents.

② Pensions for retirement: They refer to living allowance and other subsidies paid to retired staff and workers in line with the relevant government documents.

③ Resignation Allowances for Living Expenses: They refer to living allowance and subsidies paid to resigned staff and workers in line with relevant government instructions.

④ Expenses for Medical Care: They refer to the costs for medical treatment, hospetalization and food subsidies in hbospitals for retired and resigned staff and workers.

⑤ Nursing Cost: It refers to cost for nursing retired or resigned staff and workers who are unable to take care of themselves and need the help from nurses.

⑥ Living Subsidy: It refers to living subsidy paid to retired employees in line with the instructions in a 1985 State Council document.

⑦ Traffic Subsidy: It refers to the monthly traffic subsidy paid to senior retired staff.

⑧ Funeral Expenses and Pensions for Family of the Deceased: They refer to th e funeral expenses of retired staff and workers, and pensions and allowance for their dependent family members, as wellas subsidies to funeral expenses of retired staff a nd workers´dependent family members.

⑨ Others:They refer to other expenses,including moving and settlement allow ance, allowance for difficult families,book and newspaper allowance, subsidy for non- staple foods, housing subsidy, water and electricity subsidy, special allowanec for staff and workers of national minorities,travelling cost for senior retired staff, etc.

Volume of Industrial Waste Water Discharged refers to the volume of industrial waste water discharged, through all outlets, to the outside of industrial enterprises, including waste water produced, direct-cooling water,underground water from mines that does not meet the standard of discharge, and the domestic sewage mixed up with industrial waste water when discharged, but excluding discharged indirect-cooling water.

Volume of Waste Water up to The Standard For Discharge refer s to the volume of discharge din-dustrial waste water that, with or without treatment, has come up to the national or local standards for discharge.

Volume of Treated Industrial Wasth Water refers to the volume of industrial waste water after being treated and purified through various water treatment facilities in the reference period,including the volume discharged or recovered after being treated. The volume of waste water that fails to meet the national or local standards after treatment is also included. If there aretreatment facilities both at the outlets of workshops and at the outlets of the factory, and the same volume of waste water has been treated twice, duplication should be avoided in the calculation of the volume of treated industrial waste water.

Volume of Wasth Gas Emission refers to waste gas emitted from burning of fuels and from production process in the area of the factory, and is measured by 10000 standard cubic metres each year under normal condition.

Volume of Sulphur Dioxide Discharged refers to the volume of sulp hurdioxide discharged to the air in the process of fuel burning or in the production process.

Volume of Industrial Soot Discharged refers to the volume of solid soot in the smoke discharged in the process of fuel burning in the area of the factory.Industrial Dust Discharged refers to the total weight of solid dust discharged by industrial enterprises in the production process, such as dust of refactory materials from iron plants, dust from coke-screening system or from sintering machines of coking plants, dust from lime kilms, cementdust from building material enterprises, etc., but excluding smoke and dust discharged by powerplants.

Volume of Industrial Solid Wastes Produced refers to the total volume of solid, semi- solid or high con-centration liquid residue produced by industrial enterprises in their production process,including dangerous wastes, residues from melting, slag, powdered coal ash, gangue, chemical residues, tailings,radioactive residues and other residues, but excluding stripped or dug stones inmining (except gangue and acid or alkali stones which are stones washed or soaked by water with a pH value smaller than 4 or larger than 10.5.)

Accidents of Environment Pollution and Destruction refer to sudden accidents,due to economic and social behavior or activities in contrast with environment protection legislation, unexpected factors or irresistible natural disasters,that cause the pollution of environment, the destructionof natural protectionzones, wild plants and animals, the danger to the health of people, and theloss in the property of the society and people.

长春

统计年鉴

CHANG CHUN STATISTICAL YEARBOOK

2016

长春市统计局
国家统计局长春调查队 编